# 요한계시록 주해

철학 박사 김수흥 지음

도서
출판 언약

# *Exposition*

# *of*

# *Revelation*

by

Rev. Soo Heung Kim, S.T.M., Ph.D.

Published by
Eonyak Publishing Company
Suwon, Korea
2024

"성경의 원어를 읽든지 혹은 우리 번역문을 읽든지,
성경을 읽는 것은 성부 하나님, 성자 예수님, 성령 하나님을 읽는 것이고,
본문을 아는 것이 하나님을 아는 것이며,
성경 본문을 붙잡는 것이 하나님을 붙잡는 것이고,
성경본문을 연구하는 것이 하나님을 연구하는 것(신학)이다".

# ■ 머리말

신약 성경 27권 주해를 끝내갈수록 이제는 마지막 요한계시록 주해를 펴내야 한다는 압박감은 점점 더해 갔다. 주위의 어떤 이들은 필자(성경 저자를 '저자'라고 하니 본인을 지칭할 때는 '필자'라고 표현한다)가 꼭 주해를 안 써도 무방하다는 시선이었다. 캘빈(John Calvin)도 요한계시록 주해를 펴내지 못했으니 부족한 필자는 틀림없이 양해될 수 있을 것이라는 시선이었다. 그러나 필자의 마음속에는 참으로 부족한 사람이라도 예수님은 부족하지 않으시고 위대하시니 그리스도 안에서 가능할 것이라고 믿었다. 물론 힘든 것은 사실이었다. 힘든 이유는 이 책에는 무수한 상징(象徵)이 들어 있고 또 이 책을 잘 못쓰면 우리 교계에 큰 해독을 끼칠 수 있을 것이라는 생각, 또 큰 부담이었던 것은 각 신학교 도서관마다 요한계시록 해석 책이 넘쳐나기 때문이었다. 학설이 너무 많으니 어느 학설을 따라야 할지 참으로 난감할 것이라는 생각이 들었다. 게다가 필자에게는 남들에게는 없는 어려움이 있었다. 그것은 필자가 신학교 재학생 때와 목사 안수를 받고 얼마의 세월이 지나기까지 전(前) 천년설을 주장하다가 인생 50이 넘어 성경을 연구하고 또 연구하는 과정에서 무 천년설을 지지하기에 이르렀다는 것이다. 필자가 목사 초년 시절에 가르치던 학설을 떠나 무(無) 천년설로 돌아섰으니 과거의 성도들을 대할 때 죄송하다는 것이다. 이제 필자는 전 천년설을 비판하지 않고 겸손과 사랑으로 대할 것이다. 장점이 많은 학설임에 틀림없다.

참으로 요한계시록 주해 책을 하나 더 보탠다는 생각은 필자에게 용납되지 않았다. 그래서 필자는 다른 주해 책을 쓸 때보다 더 많은 기도를 드렸다. 어느 분은 계시록을 해석해서 세상에 출판하기 위해 4,000번을 독파하고 주해를 냈다는 글도 보았다. 필자는 계시록을 정독하고 묵상하며 연구하는 것만 가지고 바른 주해서를 펴내는 것은 부족한 것으로 알아서 주님께 많이 기도하기로 했다. 주님께서 풀어주실 때까지 기도하기로 하고 수시로 기도했다. 어느 날은 긴 시간 기도했고 어느 날은 아예 기도로 일관했다. 필자는 피조물이고 주님은 하나님이시니 주님께 매달리지 않고 무엇이 될 것인가. 때로는 아무 응답이 없으셔도 그래도 기도했다.

요한계시록은 하나님께서 역사를 전적으로 주장하신다는 것을 말하는 책이며 동시에 그리스도를 통하여 이 역사를 종결하신다는 것을 말해주는 책이다. 어떤 이들은 현세의 역사와 미래의 역사는 우연히 돌아가는 것으로 주장하나 일 초도 하나님의 손안에서 벗어나는 때가 없음을 계시록은 보여준다.

오늘날은 타락의 정도가 극(極)을 달리고 있다. 더 타락할 수 있을까 하는 생각마저 든다. 물론 더 타락할 것이다. 사람들은 한없이 거짓을 말하고 남의 것을 몰래 혹은 노골적으로 가져간다. 그리고 남녀 간 음란은 하늘을 찌르고 있다. 우리가 아무리 음란을 경계해도 세계 전체가 음란하니 음란의 물결을 막을 장사가 없다. 타락의 정도를 어떻게 더 말할 수 있을까. 이 타락의 물결을 거스르고 오히려 각개인과 교회가 성령으로 충만해지게 하기 위해 이 책을 내놓는다. 주님이시여, 넘치는 은혜를 우리에게 주시고 이 나라와 민족을 살려주옵소서!

2012년 4월
수원 원천동 우거에서
저자 김수홍

# ▌일러두기
## : 본 주해를 쓰면서 주력한 것

1. 성경을 성경으로 해석해야 한다는 원리를 따랐다. 따라서 외경이나 위경에서는 인용하지 않았다.

2. 본 주해를 집필함에 있어 문법적 해석, 역사적 해석, 정경적 해석의 원리를 따랐다. 성경을 많이 읽는 중에 문단의 양식과 구조와 배경을 파악해냈다.

3. 문맥을 살펴 주해하는 일에 심혈을 기울였다.

4. 매절마다 빼놓지 않고 주해하였다. 난해 구절도 모두 해결하느라 노력했다.

5. 매절을 주해하면서도 군더더기 글이 되지 않도록 노력했다. 군더더기 글은 오히려 성경을 더 복잡하게 만들어 놓기 때문이다.

6. 절이 바뀔 때마다 독자의 편의를 위하여 한 줄씩 떼어놓아 눈의 피로를 덜도록 했다.

7. 본 주해를 집필하는 데 취한 순서는 먼저 개요를 쓰고, 다음 한절 한절을 주해했다. 그리고 실생활을 위하여 적용을 시도했다.

8. 매절(every verse)을 주해할 때 히브리어 원어의 어순을 따르지 않고 한글 개역개정판 성경의 어순(語順)을 따랐다. 이유는 우리의 독자들을 위해야 했기 때문이다.

9. 구약 원어 히브리어는 주해에 필요한 때에만 인용했다.

10. 소위 자유주의자의 주석이나 주해 또는 강해는 개혁주의 입장에 맞는 것만 참고했다.

11. 주해의 흐름을 거스르는 말은 각주(footnote)로 처리했다.

12. 본 주해는 성경학자들과 목회자를 위하여 집필했지만 일반 성도들도 얼마든지 이해할 수 있도록 평이하게 집필했다. 특히 남북통일이 되는 날 북한 주민들도 읽고 이해할 수 있도록 가능한 쉽게 집필했다.

13. 영어 번역이 필요할 경우는 English Standard Version(ESV)을 인용했다. 그러나 때로는 RSV(1946-52년의 개정표준역)나 NIV(new international version)나 다른 번역판들(NASB 등)을 인용하기도 했다.

14. 틀린 듯이 보이는 다른 학자의 주석을 반박할 때는 "혹자는"이라고 말했고 그 학자의 이름은 기재하지 않았다. 그러나 단지 필자와 다른 견해를 제시하는 학자의 이름은 기재했다.

15. 성경 본문에서 벗어난 해석들이나 주장들을 반박할 때는 간단히 했다. 너무 많은 지면을 쓰는 것은 바람직하지 않고 독자들을 피곤하게 만들기 때문이다.

16. 성경 장절(Bible references)을 빨리 알아볼 수 있도록 매절마다 장절을 표기했다(예: 창 1:1; 출 1:1; 레 1:1; 민 1:1 등).

17. 가능한 한 성경 장절을 많이 넣어 주해 사용자들의 편의를 도모했다.

18. 필자가 주해하고 있는 성경 책명 약자는 기재하지 않았다(예: 1:1; 출 1:1; 막 1:1; 눅 1:1; 요 1:1; 롬 1:1 등). 제일 앞의 1:1은 욥기 1장 1절이란 뜻이다.

19. 신구약 성경을 지칭할 때는 '성서'라는 낱말을 사용하지 않고 줄곧 '성경'이라는 용어를 사용했다. '성서'라는 용어는 다른 경건 서적에도 붙일 수 있는 용어이므로 반드시 '성경'이라는 용어를 사용했다.

20. 목회자들의 성경공부 준비와 설교 작성을 염두에 두고 집필했다.

21. QT에도 적절하게 사용할 수 있도록 주해했다.

22. 가정 예배의 교재로 사용할 수 있도록 쉽게 집필했다.

23. 오늘날 믿음을 잃은 수많은 젊은이들이 주님 앞으로 돌아오기를 바라면서 주해를 집필하고 있다.

# 요한계시록 주해
## Exposition of Revelation

■ 총 론

## 본서의 저자는 누구인가?

본서의 저자가 요한 사도라는 것은 본서의 내증에 의해 확실하다(1:1, 4, 9; 22:8). 그는 소아시아에 있는 교회들에게 잘 알려져 있다(1:4; 11). 그리고 외증들도 한몫하고 있다. 주후 2세기의 순교자 유스티노(Justin Martyr-A.D. 140)도 본서가 요한 사도의 글이라 했고, 이레네우스(Irenaeus-A.D. 180)도 여러 번 본서가 요한사도의 저서라 했으며 터틀리안(Tertullian)과 알렉산드리아의 클레멘트(Clement of Alexandria-A.D. 200)와 히폴리터스(Hippolytus-A.D. 240)도 역시 본서가 요한의 저술이라고 했으며, 무라토리 정경도 본서가 요한의 저서라고 했다.

그런데 알렉산드리아의 디오니시어스(Dionysius)가 요한계시록의 저자가 요한 사도일수 없다고 이의를 제기한 때부터 계속해서 적지 않은 문제가 되었다. 디오니시어스가 본서를 요한 사도가 저술했을 수 없다고 주장한 이유는 요한복음과 요한계시록 간에 현저한 차이가 있기 때문이라는 것이다. 종교개혁자인 루터와 쯔윙글리, 그리고 에라스무스 등은 요한계시록을 비(非)사도적 글로 보았다.

역사상 요한 장로가 저자라는 학설이 있어왔다. 소아시아 에베소 지역의 요한 장로가 요한 계시록을 저술했다고 주장하는 학설이 있어 왔으나 조직신학자 디이슨(Henry Thiessen)은 요한 장로가 어떤 인물인지도 명확하지 않고 또한 그가 요한 사도인지도 사실은 명확하지 않다고 주장한다. 아무튼 요한 장로라는 사람이 요한계시록을 저술했을 수도 있다는 주장은 몇 가지 근거가 있다. (1) 요한복음과 요한계시록의 언어적 차이를 든다. 디오니시어스를 중심하여 어떤 학자들은 요한 사도가 요한계시록을 저술하지 않았을 것이라고 주장했는데 그 이유는 바로 요한복음과 요한계시록의 언어의 차이이다. 요한계시록에는 문법에 어긋난 표현(성의 불일치, 수의 불일치, 격의 불일치, 한정 동사를 분사로 사용하는가 하면 때로는 분사를 한정 동사와 같이 쓴 일 등)이 많이 속출한다는 점이다. 또 요한계시록에는 히브리 사상이 많이 있다는 점을 든다. 예를 들면 불필요한 인칭대명사의 가중적 용법, 호격 대신에 주격을 사용하는 점, 헬라어 전치사를 히브리어 전치사같이 사용한 경우를 든다. (2) 내용의 차이를 든다. 요한복음은 사색적인데 비해 요한계시록은 그런 점이 없고 그 내용이 변화무쌍하여 똑 같은 저자의 산물이라고 할 수 없다는 것이다. 요한복음이 제시하는 예수는 현실적이고 구체적이며 복음적인데 비해 요한계시록이 제시하는 예수는 상징적이고 환상적이라는 것이다.

그러나 위에 말한 차이들 때문에 요한 계시록을 요한 사도가 아닌 요한 장로가 저술했다고 주장하는 것은 설득력이 약하다고 할 수 있다. 요한계시록의 문법 위반은 요한 사도가 문법을 몰라서가 아니라 문법을 알고 있으면서도 뜻을 강조하기 위하여 문법을 위반할 수도 있다는 것을 간과해서는 안 될 것이다. 그리고 요한계시록에 히브리 사상이 나타난다고 주장하는 것은 인정하나 요한복음에도 히브리 사상이 나타나는 것을 부인할 수 없다. 또 요한복음은 사색적이고 요한계시록은 변화무쌍한 점은 인정하나 요한복음은 성령의 감동으로 기록한 반면 요한계시록은 주님께서 보여주신 내용을 받아 기록하는 입장인 고로 변화무쌍한 점이 있을 것은 당연하다고 할 것이다. 요한복음과 요한계시록의 일치점이 현저하게 눈에 띈다. "하나님의 말씀", "증거", "어린양", "이기는 자", "참되신 자", "생명", "생명수", "목자", "신부," "하나님의 진노", "하나님의 계명", "하늘의 음성"이란 단어들은 요한 사도가 쓴 여러 책에서 공통적으로 발견되는 단어들이다.

## 요한계시록은 언제 기록되었는가?

요한계시록이 언제 기록되었는가하는 것은 책 내용을 살펴보면 대강 알 수 있다. 박해가 임박하고 있을 때 기록되었음을 알 수 있다(2:10, 13). 짐승에 관해 기록한 13:1-10은 로마 제국에 종속된 백성들이 로마 황제를 신으로 숭배할 것이 기대되고 있다. 로마 황제의 박해는 1세기에 있었다. 1세기에 기독교인들에게 대한 심한 박해는 특히 두 황제의 시대였다. 네로 시대설과 도미시안 황제 시대설로 나눌 수 있을 것이다.

1) 네로 황제 시대 설: 로마의 황제 네로 통치(AD 54-68년) 말기에 계시록이 기록되었을 것이라고 추측하는 학자들이 있는데 이유는 네로의 통치 시기 말년인 64년에 로마의 대 화재가 난 것을 두고 네로는 이 화재를 기독교인들이 냈다고 뒤집어씌웠다. 그는 이 화재를 기독교인들을 박해하는 구실로 악용했다. 그러나 이 박해가 로마의 국경을 넘어 확대되지는 않은 것 같다.

혹자들은 계시록 11:8이 AD 70년에 일어난 예루살렘의 몰락을 예언하기 때문에 계시록은 예루살렘 멸망 조금 전 네로 통치 말년에 기록되었을 것으로 간주한다(AD 66년-68년). 그러나 계 11:8은 계시록의 저작 시기를 결정하지 못한다. 이유는 11:8이 하나의 상징으로 취급되기 때문이다. 11:1-2이 팔레스틴에 있는 돌 성전을 지칭하는 것이 아니라 교회를 상징하기 때문에 11:8도 하나의 상징으로 취급할 수밖에 없다.

2) 도미시안시대 설: 이레니우스는 계시록이 로마 황제 도미시안의 통치 (AD 81-96년) 말엽에 기록되었다고 주장한다. 훗날 교회 역사가들은 여러 로마 황제들 중 도미시안을 최악의 박해자로 꼽고 있다. 그는 그의 통치기간 중에 자신을 "신과 주님"으로 부르도록 했다.

요한계시록이 늦게 기록되었으리라고 보는 이유는 2-3장을 살펴보면 에베소 교회는 첫 사랑을 버렸고 사대 교회는 죽었고 라오디게아 교회는 미지근했는데 이런 상태는 아무래도 많은 세월이 흐른 뒤에 나타나는 현상이다.

라오디게아 교회(3:14)는 부유하게 보였는데 이렇게 부유하게 보인 것은 네로 시대의 일은 아니다. 이유는 네로 시대에는 라오디게아가 지진으로

망했기 때문이다. 라오디게아가 복구되기까지는 상당한 세월이 지나 도미시안 시대에 이르러 부유하다는 말을 들을 수 있었다.

1:9은 요한이 밧모 섬에 정배 가서 있었다고 말한다. 유명한 외증들은 요한이 밧모 섬에 정배 간 사실을 전하고 있다. 그런고로 대체로 AD 95-96년경 요한이 본서를 기록한 것으로 본다.

## 그리스도는 왜 요한에게 계시록을 주셨는가?

그리스도는 세계에 흩어져 있는 교회에 책망을 하시고 또 권고를 하시기 위해서 계시록을 요한에게 주신다(2:1-3:22). 이미 박해를 받고 있는 신자들에게(1:9; 2:9, 13; 3:9), 그리고 더 많은 박해를 받을 사람들에게(2:10; 13:7-10) 힘을 주기 위해서 계시록이 주어진다. 로마 관리들은 황제를 숭배하도록 강요하고 이단들은 기독교인들을 유혹하고 이교 사회와 타협하게 한다(2:2, 4, 14-15, 20-24; 3:1-2, 15, 17). 그리스도께서는 이들을 아신다고 위로하신다.

그리스도는 어린 양의 피로써 승리가 주어질 것이라고 말씀하신다(5:9-10; 12:11). 그리스도는 사탄과 그의 모든 졸개들을 패배시키기 위해서 재림하실 것이라고 하신다(19:11-20:11). 그리스도는 그리스도를 믿는 성도들이 영원한 평안을 누리게 될 것이라고 안심을 주신다(7:15-17; 21:3-4). 그리스도는 그의 성도들을 위하여 모든 일을 하신다.

## 요한계시록은 이해할 수 있는 책인가?

요한계시록은 이해할 수 있는 책이다. 요한 사도는 "이 예언의 말씀을 읽는 자와 듣는 자와 그 가운데에 기록한 것을 지키는 자는 복이 있나니 때가 가까움이라"고 말한다. 읽는 자도 이해하고 읽는 것이고 듣는 자도 들으면서 이해가 가며 또 계시록 가운데에 기록한 내용을 지키는 자도 이해가 가니 지키는 것이다. 계시록의 내용은 다름 아니라 '하나님께서 역사를 온전히 주장하고 계시며 그리스도 안에서 역사를 종결하실 것이라'는 것이다. 우리가 성령의 인도 아래 계시록을 대하면 계시록의 대강을 이해할 것이며 또한 선배들의 좋은 주석을 참고하면서 성령의 조명을 받으면서 연구한다면 얼마 가지 않아 이 계시록의 내용을 이해할 수 있을 것이다. 물론 계시록의 내용을 100% 다 이해할 수 있는 것은 아니다. 요점을 이해해서 우리의 삶에 적용할 수 있을 정도로 이해할 수 있다는 것이다. 이런 점은 다른 성경도 마찬가지이다. 우리가 모든 성경의 내용을 100% 다 이해하는 것은 아니다. 필자도 고린도전서 15:29의 내용을 다 이해하지 못하고 주해를 출판하는 수밖에 없었다.

아무튼 계시록은 우리의 자세만 바로 가지면 풀리는 책이다. 다시 말해 이해할 수 있는 명료한 책이다. 계시록은 예수님을 보여주는 책이고 하나님께서 예수님 안에서 역사를 종결하실 것을 보여주는 책이다. 우리가 지극히 낮은 마음을 가지고 성령에만 의존한다면 성령께서 풀어주신다. 그러나 불행히도 우리나라에 수많은 자칭 예수가 있고 적그리스도가 있다. 그 이유는 무엇인가. 그들은 계시록을 이용하여 자기가 올라가고 자기를 신격화하려 하기 때문이다. 모든 이단 교주들을 보라. 모든 이단의 교주들은 놀라울 정도로 교만하다. 자기가 무엇이 된 듯 생각하고 또 사람들을 자기 앞으로 끌어당긴다. 계시록은 하나님께서 그의 종들에게 보여주시기 위해서 계획된 책이다. 그러나 이단의 교주들은 하나님의 종들이 아니고 하나님과 맞먹으려는 사람들이다.

## 계시록의 내용은 언제 이루어질 것인가?

계시록의 메시지는 언제 이루어질 것인가? 얼핏 보면 지금 이루어지고 있는 것도 같고 또는 전적으로 앞으로 이루어질 것으로 보이기도 한다. 다시 말해 6:1-18:24의 내용이 지금 역사상에서 이루어지고 있는 것처럼 보이기도 하고 혹은 전적으로 앞으로 이루어질 것으로 보이기도 한다. 이에 대한 견해는 네 가지이다.

1) 과거론적 해석(preterist interpretation): 혹자들은 계시록의 메시지가

이미 AD 70년 예루살렘 멸망 때에 이루어졌다고 주장한다. 예루살렘 멸망 때에 예수님의 메시지가 이루어졌다고 주장하려면 예수님의 메시지는 주후 70년 이전에 다 이루어진 것이어야 한다. 또 예수님의 메시지는 주후 70년 이전에 요한 사도에게 주어졌어야 한다(그러나 요한계시록은 전통에 따라 주후 95-96년에 기록된 것으로 본다). 혹은 로마 제국의 멸망 때에 이루어졌다고 주장한다. 이렇게 예수님의 메시지가 과거에 다 이루어졌다고 주장하는 학파들을 과거주의자들(preterists)이라고 한다. 과거주의자들의 견해가 상당히 옳다고 할 수 있는 이유가 많이 있다. 이유는 하나님께서 요한에게 계시를 주실 때는 요한 당시에 어떤 이유가 있어서 계시를 주셨기 때문이다. 그들에게 위로와 격려가 필요하기 때문에 계시를 주신 것은 사실이다. 그러나 계시록이 과거에 모두 다 이루어졌다고 보는 것은 무리이다. 이유는 계시록은 예언(1:3)이기 때문이다. 앞으로 이루어질 것들이 많다.

2) 미래론적 해석(futuristic interpretation): 혹자들(세대주의자들)은 예수님의 메시지는 예수님께서 재림하시기 직전, 위기의 때에 이루어질 것이라고 주장한다. 이렇게 예수님의 메시지가 미래에 이루어질 것이라고 주장하는 학파들을 미래주의자들(futurists)라고 하는데 이들은 일명 말단파(末端派)라고 불리기도 한다. 미래주의자들은 지나치게 문자적 해석에 치우치는 경향이 있다. 계시록에 나오는 성전(聖殿)을 문자(文字)대로 해석하여 예루살렘에 재건될 성전으로 본다. 그리고 이스라엘이란 말도 문자대로 유대인으로 본다. 계시록을 주로 그리스도의 재림 직전에 있을 사건으로 보는 것은 장점이지만 모든 계시를 문자대로 해석하려는 것은 이 학파의 약점이다. Keneth Gentry는 미래주의자들의 해석의 특징을 다음과 같이 지적한다. 첫째, 구약의 이스라엘에게 주어진 예언과 신약 교회 사이의 뚜렷한 구분을 강조한다. 그들은 신약 교회가 영적 이스라엘이라고 믿지 않는다. 신약의 교회는 이스라엘을 계승한 것이 아니며 미래 회복에 대해 이스라엘에게 주어진 약속이 모두 문자적으로 성취될 것으로 믿는다. 둘째, 이들은 전천년 입장을 고수한다. 그리스도께서 재림하셔서 예루살렘에서 천년 동안

왕 노릇하실 것이라고 믿는다. 미래주의자들은 환난 전 휴거를 믿는다. 그들은 4장에서 모두 천상으로 휴거될 것을 믿으며 4-22장의 내용은 예수 그리스도께서 재림하시기 전에 성취될 것을 믿는다.

3) 역사주의적 해석(historical interpretation): 혹자들은 예수님의 메시지(6:1-18:24)는 역사상, 즉 주후 1세기(6:1)부터 예수님의 재림 때(19:11)까지 연대기적인 순서로 이루어질 것이라고 주장한다. 이렇게 예수님의 메시지가 역사상에서 연대순으로 이루어질 것이라고 주장하는 학파들을 역사주의자들(historicists)이라고 부른다. 이 학파에서는 6장에 나타나는 6인(印)의 내용은 기독교를 국교로 정한 콘스탄틴(Constantinus) 대제의 혁신적인 정치를 지칭한다고 본다. 역사주의자들은 2-3장의 일곱 교회로부터 시작해서 19장의 그리스도의 재림까지 연대적으로 성취될 것이라고 믿는다. 이 역사주의 해석방법은 신학계에서 지지자가 가장 적다.

4) 이상주의적 해석(idealistic interpretation): 혹자들은 계시록의 메시지가 그 어느 때에 구체적으로 이루어지기보다는 영적인 교훈을 우리에게 주기로 계획되었다는 것이다. 이렇게 주장하는 사람들은 계시록의 내용이 어느 한 때에 이루어지는 것이 아니고 교회 시대 전반에 걸쳐 영적인 교훈을 주기로 되어 있다고 주장한다. 이렇게 영적인 교훈을 목적으로 예수님의 메시지가 기록되었다고 주장하는 학파를 이상주의자들(idealists)이라고 부른다. 이들은 계시록을 영적인 유익을 목표한 책으로 간주하며 상징주의적으로 해석한다. 이상주의자들은 계시록이 영적인 전쟁의 원리를 다루는 책이지 특정한 사건을 다루는 책이 아니라고 말한다. 이상주의자들의 이상주의적 해석은 우리에게 많은 유익을 주는 것은 사실이지만 그리스도의 재림 때까지 성취될 것들을 보여주는 것을 잊어서는 안 될 것이다.

각 학파가 13:1-8(내가 보니 바다에서 한 짐승이 나오는데 뿔이 열이요 머리가 일곱이라 그 뿔에는 열 왕관이 있고 그 머리들에는 신성 모독 하는 이름들이 있더라. 내가 본 짐승은 표범과 비슷하고 그 발은 곰의 발 같고 그 입은 사자의 입 같은데 용이 자기의 능력과 보좌와 큰 권세를 그에게 주었더라. 그의 머리 하나가 상하여 죽게 된 것 같더니 그 죽게 되었던 상처가 나으매 온 땅이 놀랍게 여겨 짐승을 따르고 용이 짐승에게 권세를 주므로 용에게 경배하며 짐승에게 경배하여 이르되 누가 이 짐승과 같으냐 누가 능히 이와 더불어 싸우리요 하더라 또 짐승이 과장되고 신성 모독을 말하는 입을 받고 또 마흔 두 달 동안 일할 권세를 받으니라. 짐승이 입을 벌려 하나님을 향하여 비방하되 그의 이름과 그의 장막 곧  하늘에 사는 자들을 비방하더라 또 권세를 받아 성도들과 싸워 이기게 되고 각 족속과 백성과 방언과 나라를 다스리는 권세를 받으니 죽임을 당한 어린 양의 생명 책에 창세 이후로 이름이 기록되지 못하고 이 땅에 사는 자들은 다 그 짐승에게 경배하리라)을 어떻게 해석하는가를 보는 것은 흥미 있는 일이다.

과거주의자들은 여기 짐승 속에서 로마 황제를 본다. 미래주의자들은 미래의 적그리스도를 본다(살후 2:3-12의 적그리스도). 역사주의자들은 이 짐승 속에서 중세의 종교개혁자들을 박해한 로마 교황을 본다. 이상주의자들은 여기에 묘사된 짐승은 어느 한 때의 짐승이 아니라 항상 기독교인들을 박해하는 국가와 권력을 예상한다.

그러면 우리는 어떤 해석법을 따라야 할 것인가. 우리가 어떤 한 가지 해석법만을 선호할 수 없는 경우가 있다. 계시록에 나오는 사탄의 활동을 고찰할 때 우리는 이상주의자들의 해석법을 따를 수밖에 없을 것이다. 이유는 사탄이 한번만 활동하는 것이 아니라 항상 활동하기 때문에 이상주의자들의 해석법을 따르는 수밖에 없다. 계시록은 하나님의 모든 종들에게 주신 것이니 모든 종들은 예수님의 재림 때까지 항상 지구상에 있을 것이니 종들에 해당하는 메시지들은 반복해서 적용되는 것이다. 그런고로 종들에 관한 메시지는 이상주의자들의 해석법을 따라서 해석해야 할 것이다. 그리고 메시지에 나오는 상징들은 어떤 한 때만을 위한 상징은 아니다. 즉 여러 세대를 위한 상징이므로 이상주의자들이 취하는 해석법을 따라야 한다. 따라서 계시록의 메시지는 주후 1세기부터 인류 종말을 넘어 일반화되어야 하므로 이상주의자들의 해석과 일치하는 수밖에 없다.

그러나 그리스도의 메시지의 많은 부분은 그리스도의 재림 직전에 있을 일이기도 하다. 계시록의 메시지에서 19:11-21(그리스도의 재림에 관한 메시지)은 분명 그리스도의 재림을 가리킨다. 1:3에서 언급하는 "때가 가까움이라"는 말씀도 분명 그리스도께서 오시는 때를 가리킨다. 또 22:20(내가 속히 오리라)도 틀림없이 재림 때를 언급하는 글이다. 이런 글들을 해석할 때는 미래주의자들의 해석법을 따르는 것이 적합하다.

또 다른 면에서 그리스도의 메시지 중에는 과거주의자들의 해석법을 따라야 하는 구절들이 있다. 예를 들면 2-3장에 등장하는 7교회 이야기는 분명 1세기에 있었던 내용들이다. 물론 초대교회 7교회에서 있었던 일들이 후에도 등장하기는 하지만 아무튼 초대교회에서 일어났던 것들임은 분명하다.

계시록에서 역사주의의 해석법을 따라야 하는 구절들은 없는가? 역사주의는 2-3장에 등장하는 일곱 교회의 상황으로부터 시작하는 것을 올바르게 보고 있고 또 그리스도의 재림으로 끝나는 것을 올바른 것으로 본다. 역사주의는 계시록에 발전의 드라마가 있다는 것을 인정한다. 역사주의는 단순하게 2-3장에 언급된 1세기부터 19:11-21에 등장하는 재림 사이의 이상들을 세계 역사의 사건들과 연결하려고 한다. 그런데 문제는 역사주의는 계시록에 등장하는 이상들이 연대적인 순서대로 사건들을 묘사한다고 가정한다. 그러나 계시록에 등장하는 이상들의 순서는 단순히 연대적으로 진행되는 것이 아니고 주제적이라는 것이다(12:5을 보라). 그런고로 역사주의의 해석법은 모든 이상들을 연대적인 순서로 가정할 수는 없는 일이다.

그런고로 우리가 계시록을 해석하려고 할 때 어떤 해석법(과거주의 해석법, 역사주의 해석법, 미래주의 해석법, 이상주의해석법)을 따라야 할 것인가? 우리가 역사주의를 따라야 하는 경우는 별로 없지만(역사주의는 연대적 순서를 따라야 하니 말이다) 그래도 우리가 지금 그리스도의 초림과 재림 사이 그 어느 시점에 살고 있으니 계시록의 메시지를 우리들의 현실에 적용해야 하는 것은 사실이다. 우리는 과거주의 해석법을 무시할 수 없다. 이는 계시록이 일곱 교회와 일곱 교회의 역사적인 상황을 말하고 있기 때문에 과거주의 해석법을 등한시해서는 안 된다.1) 그리고 우리는 또 미래주의 해석법을 무시하지 못한다. 왜냐하면 그리스도의 재림과 그 직전에 있는 마지막 위기에 관심을 기울여야 하기 때문이다. 그리고 또 우리는 이상주의 해석법도 등한할 수 없는 일이다. 그 이유는 계시록에 있는 메시지들은 역사상에서 여러 번 구현되기 때문이다. 따라서 어느 하나의 학파의 해석에 집착하기 보다는 각 학파의 장점을 살려 통합해야 할 것이다. 계시록은 분명히 초대교회 때도 성취되었고 교회 역사상에서도 성취되었으며 지금 우리 시대에도 성취되고 있고 또 앞으로 예수님 재림 직전에 결정적으로 성취될 것이니 모든 해석법을 동원하여야 할 것이다.

## 계시록을 해석할 때 주의할 점들은 무엇인가?

1. 계시록이 기록될 당시의 배경을 살펴야 할 것이다. 계시록은 기록될 당시의 여러 사건들을 살펴서 해석하지 않으면 이해할 수 없게 된다. 이 예언서가 나올 당시의 상황과 환경을 잘 이해하지 않으면 계시록을 이해할 수가 없다. 계시록은 제 1세기의 박해받고 시달리는 성도들을 강하게 하고 위로하려는 목적으로 쓰였기 때문에 그 사실을 오늘도 깊이 살펴야 한다.

계시록에는 무서운 재앙들이 진술되어 있으나 성도들을 위해서는 큰 위로가 기록되어 있음을 잊어서는 안 된다. 그러니까 계시록은 주후 1세기 성도들을 위해서 쓴 것이고 또 우리를 위해서 쓴 것이기에 먼저 당시의

---

1) 개혁주의자들은 완전(철저)과거론(주님의 재림과 완전한 심판 그리고 새 하늘과 새 땅이 임한 것으로 보는 과거론-이단적 색채가 있음) 보다는 수정된 형태인 부분적 과거론적 해석(partial preterist interpretation)에 주목해야 할 것이다. 부분적 과거론적 해석이란 1세기의 배경 속에서 계시록의 의미를 우선적으로 찾으려고 하면서도 동시에 계 20장 이후를 미래적인 측면으로 정당하게 고려하는 해석법을 말한다. 그런데 이 부분적 과거론적 해석에도 두 지류가 있다는 것을 감안해야 한다. 1) 계시록 4-19장의 내용을 하나님께서 AD 70년을 정점으로 배교한 유대인들을 심판하시고 교회는 구원하신다는 것을 중심주제로 보는 철저한 부분적 과거론(the consistent partial preterism). 2) 계시록 4-14장은 AD 70년의 예루살렘의 멸망을 주제로 하지만 계시록 12-19장에는 주제의 전환이 일어나서 팔레스타인과 디아스포라의 초대 교회의 박해 세력인 로마 제국에 대한 하나님의 심판을 주제로 한다는 전환적 부분적 과거론(the transitional partial preterism).

성도들에게 무엇을 말하려는 것인지 알아야 한다. 당시의 성도들은 한없는 박해를 받았다. 그들은 피를 흘렸다(6:10; 7:14; 16:6; 17:6; 19:2). 그들은 각종 고난을 다 당했다.

본서는 하나님께서 요한을 통해서 오늘날의 성도들을 위해서 쓰신 것이다. 그러나 오늘날 성도들은 요한 계시록을 읽지 않는다. 너무 어렵다는 이유에서이다. 계시록은 몇몇 이단자들의 손에 들어가서 별별 이단 사설을 만들어 오늘 교계를 어지럽히고 있다. 우리는 하나님께서 이 계시록을 오늘의 성도들에게도 주신 것을 알고 읽고 연구해야 할 것이다. 이단자들은 계시록 전체의 뜻을 살피지 않고 부분적으로 자신들의 입맛에 맞는 것들을 골라서 해괴한 뜻을 가지고 교계를 혼란하게 만든다. 우리는 해석법을 따라 성령께서 인도하시는 대로 정확하게 해석하여 읽어야 하고 교회에서 가르쳐야 하고 신학교에서 강의해야 할 것이다.

2. 성경 전체 문맥을 고려해야 할 것이다. 하나님께서 계시록을 왜 주셨는가를 살펴야 할 것이다. 계시록의 배경이 되는 구약까지를 잘 살펴 해석하지 않으면 안 된다. 뿐만 아니라 계시록을 해석할 때는 신약 성경도 고려해야 할 것이다. 모두다 영감에 의해 기록되었기 때문이다. 이단자들은 성경 지식이 많이 약하다. 그들은 성경을 성경으로 해석하지 못하고 부분적으로 자기 입맛에 맞는 것만을 빼내서 자기에게 유익한대로 해석하여 교계를 혼란하게 만든다. 개혁주의자들은 성경은 성경이 해석한다는 원리를 근거하여 어디까지나 성경에 입각하여 해석해야 할 것이다. 성경을 성경으로 해석하기 위해서는 성경의 문맥에 익숙해야 하며 성경 전체에 익숙해야 한다. 예를 들면 계 20장을 해석할 때 계 12장에 비추어 해석해야 할 것이다. 우리는 계시록을 해석할 때 문맥에 익숙해지기 위해 성경을 많이 숙독해서 문맥을 바로 이해하여 뜻을 찾아내야 할 것이다.

## 계시록의 재앙들은 점진적인가 혹은 반복적인가?

본서의 재앙들, 곧 일곱 인(印) 재앙, 일곱 나팔 재앙, 일곱 대접 재앙이 기록된 6-16장은 본서의 본론 중 핵심이다. 이 부분(6-16장)은 교회를 박해하는 세상은 멸망당하고 성도는 구원을 받는다는 내용이다. 그런데 일곱 인 재앙, 일곱 나팔 재앙, 일곱 대접 재앙은 점진적인가? 아니면 반복적인가? 또는 아니면 점진적이면서도 반복적으로 보아야 하는 것인가? 세 가지 견해가 있다.

1) 재앙들은 점진적으로 진행될 것이라고 보는 견해.

일곱 인(印) 재앙, 일곱 나팔 재앙, 일곱 대접 재앙은 서로 관련성이 있다는 견해이다. 즉 일곱 나팔 재앙은 일곱 번째 인에서 시작되고, 일곱 대접재앙은 일곱 번째 나팔에서 출발하는 고로 이 재앙들은 같은 재앙의 반복이 아니라 시간적으로 연속되는 재앙들이라는 것이다. 다시 말해 이 세 재앙들의 그룹은 각각 독립되어 있는 것이 아니고 일곱 나팔 재앙은 일곱째 인의 내용이고, 일곱 대접 재앙은 일곱째 나팔의 내용이라고 할 수 있다는 것이다. 이렇게 볼 때 6-16장 전체가 사실상 일곱 인의 내용이라 볼 수 있으며 일곱 인은 재앙의 대략적인 개관을, 그리고 일곱 나팔, 일곱 대접은 보다 더 심화된 내용을 보여준다는 것이다. 이 세 재앙들의 그룹은 전진할수록 종말을 향하여 가까워지고, 계시는 보다 발전된다는 것이다(계시적인 전진). 뿐만 아니라 시간적으로 종말을 향해 갈수록 고통의 양상은 더 깊어지고, 사탄에 대한 심판도 더 심층적인 데로 전진해 간다는 것이다.

그러나 이 학설, 다시 말해 일곱 인(印) 재앙, 일곱 나팔 재앙, 일곱 대접 재앙이 철저하게 시간적 순서로 이어진다는 이 학설은 중요한 것을 간과하고 있다. 첫째, 이 세 그룹(인, 나팔, 대접) 재앙들의 일곱 번 째 모두가 4:5("보좌로부터 번개와 음성과 우렛소리가 나고")에서 처음으로 소개된 종말적 현상으로 '번개, 음성, 우렛소리'와 같은 동일한 현상으로 끝나고 있다는 것을 간과하고 있다는 것이다. 이것은 일곱 인(印) 재앙, 일곱 나팔 재앙, 일곱 대접 재앙의 끝나는 시점이 적어도 동일하다는 결론을 피할 수 없는 것이다. 둘째, 세 그룹의 심판의 내용을 살펴보면 서로 철저하게 연대기적 순서로 짜여 있다는 근거를 쉽게 찾을 수 없다는 것이다.

그런고로 계시록의 모든 사건들이 연대기적 순서로 진행된다고 결론하기 어려운 것이다.

2) 재앙들은 반복적으로 진행될 것이라고 보는 견해.

재앙들이 반복적으로 진행될 것이라고 보는 견해가 있다. 이 견해는 본서의 기본 배열은 연대적인 순서로 되는 것이 아니라고 주장하는 견해로, 인 재앙, 나팔 재앙, 대접 재앙이 동일한 것을 세 가지 각도에서 본 것일 뿐이라고 주장한다. 이 견해는 독자들에게 강한 인상을 심어주기 위해 동일한 사건을 다른 각도에서 진술했다는 주장이다.

위와 같은 주장은 앞(1번)에서 본바 인 재앙, 나팔 재앙, 대접 재앙의 마지막 일곱 번째가 동일한 현상으로 마무리 된다는 점을 관찰한데서 출발한다. 다시 말해 세 그룹 심판의 끝나는 시점이 동일하다는 점은 이 세 그룹의 심판이 반복된다는 것을 보여주는 것이다. 그리고 세 그룹의 재앙은 시작도 같고(예수님의 초림에서 시작하니 말이다) 끝(예수님의 재림)도 같으니 연대기적 순서를 적용할 수 없고 반복적이라고 해야 한다.

또한 이 세 재앙들은 모두 재앙을 묘사하고 있다는 점에서 서로 동일하다. 각각(인 재앙, 나팔 재앙, 대접 재앙)의 처음 네 부분은 사건의 연속이라기보다는 같은 상황을 여러 다른 측면에서 본 것들이다. 각각에서 다섯째 부분은 외적인 재앙들을 넘어 인간의 내적인 성품을 묘사한다. 한 마디로 말해 이 세 재앙(인 재앙, 나팔 재앙, 대접 재앙)은 반복적이다. 인(印)을 떼는 것은 그리스도의 재림 시까지 역사를 통해 무엇이 일어날 것인가, 교회가 어떤 고난을 받을 것인가를 알려준다. 나팔 소리들은 다시 같은 출발선에서 시작해서 그리스도의 재림 시까지 역사를 통해 일어날 일들을 선포하면서 믿지 않은 세상에 대해 경고를 한다. 그리고 일곱 대접 재앙에서 세상은 실제로 징벌을 받는다. 일곱 대접을 부을 때마다 세상은 하나님의 보복에 의해 붕괴되는 것을 볼 수 있다.

3) 재앙들은 전진하면서도 또 반복적으로 진행될 것이라고 하는 견해.

재앙들이 점진적으로만 진행될 것이라고 보는 견해와 또 반복적으로만 진행될 것이라고 보는 견해에는 문제가 있다. 점진적으로 재앙들이 진행될 것이라고 보는 견해는 본서에 존재하는 반복성을 무시하고 있으며 또 한편 반복적으로만 재앙들이 진행될 것이라고 보는 견해도 문제가 있다고 보아야 할 것이다. 다시 말해 만일 일곱 나팔이 일곱 인과 동시에 나타나는 동일한 재앙이라면 제 7인의 내용이 일곱 나팔이 되는 본문을 볼 때 결국 제 1인과 제 7인을 동일한 것으로 만드는 결과를 낳는다. 이것은 모순이 아닐 수 없다. 또한 일곱 인의 내용, 일곱 나팔의 내용, 일곱 대접의 내용을 동일한 사건이라고 단정할 수가 없다. 왜냐하면 일곱 인은 어린 양이 떼시는 것이고 일곱 나팔, 일곱 대접은 천사에 의해 행해지는 재앙이기 때문이다.

본문에서 살펴볼 때 일곱째 인(8:1-2)과 일곱째 나팔(11:15-19; 16:1)은 모두 다른 여섯 인들(6:1-17)이나 여섯 나팔들(8:7-9:21)과 같이 어떤 재앙을 표현하고 있지 않다는 것을 알 수 있다. 일곱째 인(8:1-2)은 어떠한 내용도 그 자체 안에 포함하고 있지 않다. 오히려 일곱 나팔들이 일곱째 인의 내용을 이루고 있다. 이와 똑 같이 일곱째 나팔(11:15-19; 16:1)도 어떤 재앙이나 화를 포함하고 있지 않다. 다만 종말의 선포가 나오며 일곱 대접의 재앙을 그 내용으로 한다. 그리고 재앙들의 심도(인->나팔->대접)가 갈수록 현저하게 극심해지고 있다. 예를 들면 나팔 재앙의 영향은 땅, 바다, 물, 하늘, 인구 등의 3분의 1에 영향을 끼치지만 대접 재앙은 전체로 확대되고 있다.

이 세 재앙 그룹은 온전히 병행되는 사건들이 아니고, 반복되면서도 최후의 절정을 향해 점점 올라가는 과정을 그려가고 있다. 다시 말해 세 재앙들에는 반복도 있고 전진도 있다. 같은 종류의 재앙들이 반복되어 있지만 그 사건들이 반복될 때마다 그 정도가 더욱 무섭고 그 결과는 더욱 심화되며 인상은 더욱 자세해진다. 결국은 이 환상들은 모두 같은 종말로 도달하고 있다.

본서는 그리스도의 재림 때까지 무수한 환난이 있을 것이라는 것을 예고하고 있고, 재앙들은 대체로 유사한 형식을 가지고 반복되나 이런 반복

은 단순한 반복이 아닌, 전진하는 반복(progressive recapitulation)이라고
해야 할 것이다. 이를 통해 재림이 가까울수록 재앙이 더욱 격심해질 것을
넉넉히 직감할 수가 있다. 여기서 주의할 것은 점진적 반복재현은 시간적
진행을 뜻하기 보다는 문학적, 수사학적 표현으로서의 진행을 뜻한다고
보아야 할 것이다.

빌(G. K. Beale)은 심판과 구원이 반복된다고 보았다. 계시록 전체를
상고할 때 각 결론 부분마다 심판과 구원의 주제가 반복되고 있다(6:1-17과
7:9-17, 14:14-20과 15:2-4).2) 이외에도 그(Beale)는 중요한 주제, 이미지,
구절이 반복되는 것으로 보았다. 11:2-3과 12:6, 13:5에 나오는 3년 반의
반복은 11장, 12장, 13장이 연대기적인 것이 아니고 동일한 사건을 언급하고
있다고 보았다.3)

위와 같은 세 가지 견해들을 두고 혹자는 "이 견해들은 우리가 계시록을
고찰하고 연구하는데 도움이 된다. 많은 사람들이 어느 한 견해에 매우
공감할지 모르지만 진실은 하나님만이 알고 계신다. 하나님께서는 이유가
있어서 계시록의 많은 부분을 그분의 백성들에게 명확히 밝히지 않은 채
내버려 두셨다. 아마도 그렇게 함으로써 우리가 그것을 연구하고 주의하며
도덕적으로 깨어 있게 하시려는 듯하다"고 말하나(Grant Osbourne)4) 사실
은 하나님께서 계시를 명확히 밝히지 않은 채 내버려 두셨다고 보기보다는
하나님께서는 명확하게 주셨는데(1:1) 우리가 깨닫지 못하는 것이라고 보아
야 한다. 우리는 죄를 자복하고 고백하여 심령이 밝아져서(요일 1:7) 계시를
더욱 밝히 알아야 할 것이다.

## 계시록이 사용한 상징들은 어떤 역할을 하는가?

요한이 계시록에 사용한 상징들은 독자들에게 매우 혼돈스럽고 복잡해

---

2) G. K. Beale, *The Book of Revelation,* Grand Rapids: Eerdman, 1999, p. 121.
3) Ibid., p. 132.
4) Grant Osbourne, *Revelation.* Grand Rapids: Baker Academic, p. 132.

서 때로는 상징이 계시록의 내용을 더욱 감추기라도 한 것처럼 보인다. 그러나 요한은 많은 상징을 사용하여 독자들에게 더욱 선명하게 뜻을 전달하려고 노력한 것이 사실이다. 요한은 1:3에서 "이 예언의 말씀을 읽는 자와 듣는 자와 그 가운데에 기록한 것을 지키는 자는 복이 있나니 때가 가까움이라"고 말했으니 계시록의 말씀을 읽고 듣고 지키기를 소원한 것은 사실이다. 그렇다면 요한은 상징어를 사용하여 계시록의 뜻을 숨기기를 바란 것이 아니라 더욱 드러내기를 바란 것이다. 요한은 상징을 통해서 그가 전달하려는 의미를 더욱 분명하게 하기를 원했다.

상징의 유형들을 보면 요한이 사용한 상징은 유대주의나 구약이다. 구약성경 중에서는 특히 에스겔, 다니엘, 요엘, 아모스, 스가랴, 시편 등이다. 요한은 구약의 책들을 사용할 때 여러 장소들(유브라데, 애굽, 소돔, 바벨론, 예루살렘), 여러 물건들(예: 일곱 촛대), 사람들(발람, 이세벨, 모세, 엘리야), 그리고 숫자들(열 뿔, 일곱 머리 등)을 포함한다. 요한은 유대주의 상징을 사용하는데 그 목적은 그의 독자들을 이교적 환경이나 로마 황제숭배로부터 떼어놓기 원했다. 계시록 해석자들과 독자들은 수많은 상징들을 만나 당황하지 말고 요한이 말하고자 하는 본의에 충실해야 할 것이다.

물론 우리는 요한이 상징을 사용한 것은 박해 세력을 향해서는 메시지를 숨기려는 의도에서였을 것이라고 알아야 한다. 수많은 박해세력이 주위에 우글거리고 있을 때 저자는 메시지를 숨길 필요가 있었을 것이다. 이는 마치 예수님께서 비유를 사용하신 목적과도 같다. 예수님은 비유를 사용하여 그의 메시지를 숨기고 싶은 사람들에게는 숨기려 했고, 그리고 메시지를 나타내기를 원하는 사람들에게는 더욱 분명히 메시지를 나타내시려고 한 것과 같다(막 4:10-12).

## 계시록은 어떤 구조로 짜여 있는가?
  A. 계시록에는 숫자가 많이 나온다.
  1) 하나는 유일신을 말하여 주며 홀로 절대적인 존재를 말해준다.

2) 둘은 확실성을 드러내는 숫자이다. 하나를 가지고는 부족하다고 느껴질 때 보충한다는 개념이다. 성경 역사를 보면 모세와 아론, 여호수아와 갈렙, 스룹바벨과 여호수아, 70인 전도여행을 보낼 때 둘씩 짝지어 보내셨다. 그리고 11장의 "두 감람나무"와 "두 촛대", 그리고 "두 증인"은 바로 증인의 수이다.

3) 셋은 계시록에서 완전수이다. 계시록에서는 하나님을 "전에도 계시고 지금도 계시고 장차 오실 자"라고 표현하고, 하나님을 찬양할 때 "거룩하다, 거룩하다, 거룩하다"고 말한다(4:8).

4) 넷은 세상을 말해주는 상징수이다. "사방"(7:1), "나라, 족속, 백성, 방언"등(5:9; 7:9)은 세상을 지칭하는 수(數)이다.

5) 여섯은 불완전하다는 것을 나타내는 수이다. 적그리스도의 수를 "666"으로 말한다(13:18).

6) 일곱은 완전을 나타내는 수이다. 하나님의 완전수 3+세상의 수 4=7이 되는데 계시록 전체가 이 7수로 되었다고 할 수 있다. 계시록에 보면 7교회, 7인, 7나팔, 7대접 등. 그리고 계시록에는 7을 반으로 쪼갠 3.5라는 숫자를 많이 사용하고 있다. "한 때와 두 때와 반 때", "3년 반", "42개월", "1260일" 등. 교회가 박해를 받을 것을 이 숫자로 많이 묘사하고 있다.

7) 열이라는 수는 충족함을 나타내는 수이다. 부족이 없는 것을 나타낼 때는 10이라는 숫자로 묘사한다.

8) 열둘은 택한 백성의 수이다. 7장에 12,000명이나 144,000명의 표현이 나오는데 12,000은 택한 백성의 수 12 x 1,000의 수이며, 144,000은 12,000 x 12의 수이다. 144,000명을 문자적으로 취급하는 것은 아주 어리석은 것이다.

9) 천(1,000)이라는 수는 충족함을 나타내는 10을 100배 한 것이다. 오랜 기간에 걸쳐 된다는 것을 드러내고 있다(20:3-6).

B. 본서의 구조:

본서의 구조는 1:19에 보인다. 요한이 이미 "본 것"(1장)과 "이제 있는

일"(2-3장), 그리고 "장차 될 일"(4-22장)로 구성되어 있다. 이제 본서의
대체적인 구조를 살피면 다음과 같다.

1) 서론(1장-3장):

　(1) 서문에 이어 어린 양이 나타나심(1장).

　(2) 7 교회에 보내는 편지(2장-3장)

2) 땅위의 대 환난과 천상의 구원(4장-18장): 지상의 대 환난 및 천상에서
의 교회의 영광을 보여주심.

　(1) 심판의 보좌와 심판자(4장-5장): 하나님의 보좌의 광경(4장)과
심판을 실행하시는 어린양의 모습(5장).

　(2) 7인 환난(6장-7장): 어린 양이 7인 중 6인까지 떼심(6장)과 첫째
삽경이 나타나 천상에서의 구원 받은 여러 무리들이 찬양함(7장).

　(3) 7나팔의 환난(8장-14장): 제 7인이 7나팔로 발전하는 것을 보여줌
(8장-9장). 강한 천사(10장)와 성전의 두 증인(11:1-14)의 삽경이 보임. 교회
와 사탄의 투쟁(12장-13장)과 미래의 대 심판의 예표(14장)가 나타남.

　(4) 7대접의 환난(15장-18장): 마지막 환난의 서곡(15장), 7대접의 환난
계속(16장), 마지막 삽경인 대 음녀(17장)와 바벨론의 멸망(18장)이 보임.

3) 대 심판과 천년왕국(19장-20장): 악의 세력의 멸망이 예고됨. 천상의
심판의 보좌(19:1-10), 짐승과 거짓 선지자의 멸망(19:11-21), 사탄의 멸망과
천년왕국의 광경이 교대로 계시됨(20:1-10), 모든 인류에 대한 심판
(20:11-15).

4) 신천신지(21:1-22:5): 신천신지의 모습(21장), 그곳에서의 생활상
(22:1-5).

5) 결론(22:6-21): 격려의 말씀과 경고의 말씀이 나타난다.


C. 병행적인 성격:

　계시록에서 특히 눈에 띄는 것이 병행적인 성격이다. 이는 마치 히브리인
의 시 가운데 "상승적 병행 체"(ascending parallelism)와 같은 것이다. 7인의

환난(6장-8장)에서 1/4이 죽는 사건이 생겨서 세상 종말을 고하는 것 같지만 다시 7나팔의 계시가 이어진다(8장-12장). 그런데 7나팔의 계시에서 세상 종말이 이른 것 같은 분위기였는데 1/3이 죽는 사건이 발생한다. 그러나 아직도 세상의 끝은 이르지 않고 다시 7대접의 재앙이 생긴 다음에야 다 죽는다(15장-16장). 그런 다음 대 심판이 있고 그 다음에 역사가 끝난다. 계시록은 병행적이어서 매 계시마다 말세적인 특징이 나타난다고 할 수 있다.

이 병행적인 성격은 계시록 전체를 연대순으로 관찰할 때 보이는 관찰이다. 그런고로 계시록은 그리스도께서 연대순으로 주신 계시가 아니라 주제별로 주신 것으로 보는 것이 나을 것이다. 제 6인이 떼어졌을 때 우주적인 심판이 오는 고로 제 7인을 6인 앞으로 가져다 놓으면 논리적으로 풀린다. 다시 말해 제 7인(나팔재앙으로 나아가는 것)을 제 6인 앞으로 가져다가 놓으면 순리로 풀린다. 계시록은 주제 별로 주신 계시로 보아야 한다 (12:5-6). 계시록의 자세한 구조에 대해서는 내용분해에서 나온다.

## 본서의 일곱 구분에서 발견되는 것은 무엇인가?

본서 전체를 주제 별로 살펴보면 일곱으로 구분할 수가 있다. 한 구분 한 구분은 모두 그리스도의 초림에서 시작하여 재림으로 마치는 것을 발견할 수가 있다. 필자가 이 부분("일곱 구분에서 발견되는 것은 무엇인가")을 작성하는 데는 헨드릭슨(William Hendriksen)의 글에서 힘입은 바가 큼을 알려둔다.

첫째 구분. 1:1-3:22을 살펴보면 촛대 사이로 다니시는 그리스도를 보게 되는데 여기 촛대들은 일곱 교회를 상징한다. 이 일곱 숫자는 계시록 중에 여러 차례 나타나는데 완전의 상징으로 쓰였으니 여기 일곱 교회도 역시 고금동서를 막론하여 세상 어디에나 존재하는 모든 교회를 상징한다고 볼 수 있다. 본서에 나타난 한 교회 한 교회는 어떤 특정시대를 대표하는 교회가 아니라 고금동서에 퍼져있는 모든 교회의 성도들의 신앙 상태를 묘사하고 있다고 할 수 있다. 이 구분(1:1-3:22)을 살펴보면 그리스도께서 그의 백성을 구원하시고자 초림하신 때부터(1:5) 재림하실 때(1:7)까지의 모든 세대를 포함한다고 볼 수 있다. 일곱 편지 중 마지막으로 보낸 편지는 라오디게아 교회에 보내졌는데 이 교회는 특별히 인류 마지막 시대의 신자들을 보여주고 있다고 볼 수 있다.

둘째 구분. 4:1-7:17을 살펴보면 두 번째 구분임을 알 수가 있다. 제 4장은 제 3장 마지막과는 전혀 달리 완전히 새로운 주제를 제시하고 있다. 제 4장은 보좌에 앉아 계신 하나님께서 그를 둘러싸고 있는 네 생물과 24장로의 경배를 받으시고 있다. 그리고 주님의 손에는 일곱 인으로 봉해진 한 개의 책이 들려 있다(5:1). 어린 양이 그 책을 취하시고 찬양을 받으시는 것이 보인다. 6장부터는 어린 양이 그 인(印)을 하나하나 떼어내는 것을 볼 수 있다. 여섯 번째 인과 일곱 번째 인 사이에 인침을 받은 144,000의 사람이 보좌 앞에 서 있는 것을 볼 수 있다. 이 단원은 그리스도의 초림부터 재림까지의 전체 기간을 포함하고 있다. 죽임을 당하신 어린 양이 하늘로부터 오셔서 다스리신다(5:5-6). 그리고 이 부분의 끝 부분에는 최후의 심판이 소개된다. 불신자들은 그리스도의 재림을 맞이하여 살려고 안간 힘을 쓰고 있다. 즉 "산들과 바위에게 말하되 우리 위에 떨어져 보좌에 앉으신 이의 얼굴에서와 그 어린 양의 진노에서 우리를 가리라 그들의 진노의 큰 날이 이르렀으니 누가 능히 서리요"라고 야단이다(6:16-17). 그리고 재림을 맞이하여 그리스도인들은 지복(至福)에 이르는 모습이 보인다. 즉 "그들이 다시는 주리지도 아니하며 목마르지도 아니하고 해나 아무 뜨거운 기운에 상하지도 아니하리니 이는 보좌 가운데에 계신 어린 양이 그들의 목자가 되사 생명수 샘으로 인도하시고 하나님께서 그들의 눈에서 모든 눈물을 씻어 주실 것임이라"고 말씀한다(7:16-17). 우리는 참 복의 시대를 바라보고 있다.

셋째 구분. 8:1-11:19을 살펴보면 세 번째 구분이 이르렀음을 알 수가 있다. 이 구분에는 일곱 나팔의 재앙이 나오고 있다. 이 구분의 끝부분에서도 최후의 심판에 관한 내용들이 나온다. "이방들이 분노하매 주의 진노가 내려 죽은 자를 심판하시며 종 선지자들과 성도들과 또 작은 자든지 큰 자든지 주의 이름을 경외하는 자들에게 상주시며 또 땅을 망하게 하는 자들을 멸망시키실 때로소이다"라고 말씀한다(11:15, 18). 인류 종말의 시기에 이르러 이 구분의 최후의 환상은 끝난다.

넷째 구분. 12:1-14:20을 살펴보면 넷째 구분에 도달했음을 알 수 있다. 이 구분도 역시 예수님의 탄생 때부터 재림까지의 전체 기간을 포함하고 있다. 12:5은 예수님의 탄생에 대한 분명한 이유를 제시한다. 이 구분도 역시 그리스도의 재림을 감동적으로 그리면서 끝을 맺는다. 즉 "또 내가 보니 흰 구름이 있고 구름 위에 인자와 같은 이가 앉으셨는데 그 머리에는 금 면류관이 있고 그 손에는 예리한 낫을 가졌더라...구름 위에 앉으신 이가 낫을 땅에 휘두르매 땅의 곡식이 거두어지니라"고 말씀한다(14:14, 16).

다섯째 구분. 15:1-16:21을 살펴보면 다섯째 구분에 도달했음을 알 수 있다. 이 구분은 진노의 대접에 대해 진술한다. 이 구분에서도 최후의 심판과 그와 관련되어 발생할 사건들에 대한 명백한 진술을 볼 수 있다. 즉 "각 섬도 없어지고 산악도 간 데 없더라"고 말씀한다(16:20).

여섯째 구분. 18:1-19:21을 살펴보면 여섯째 구분에 와 있음을 발견한다. 이 구분은 바벨론의 멸망과 적그리스도와 거짓 선지자에게 내린 징벌에 대한 생생한 모습이 그려지고 있다. 예수님은 심판하러 오신다. 즉 "내가 하늘이 열린 것을 보니 보라 백마와 그것을 탄자가 있으니 그 이름은 충신과 진실이라 그가 공의로 심판하며 싸우더라"고 말씀한다(19:11).

일곱째 구분. 20:1-22:21을 살펴보면 마지막 구분에 도달했음을 알 수가 있다. 20:1은 분명히 새로운 주제를 제시한다. 이 새로운 주제는 마귀의 최후의 운명을 그린 것이다. 20:2-3에서는 마귀가 무저갱에 던져진 후에 천년 동안 매인바 된 것을 보여준다. 천년이 지난 후에 마귀는 잠시 동안 풀림을 받는다(20:7). 그 후 그리스도의 재림이 있어 마귀는 최후적으로 멸망 받는다. 이 재림의 순간에 우주에는 엄청난 변화가 찾아온다. 즉 "내가 크고 흰 보좌와 그 위에 앉으신 이를 보니 땅과 하늘이 그 앞에서 피하여 간 데 없더라"고 말씀한다(20:11f).

이 일곱 구분을 살펴보면 각 구분은 서로 같은 목적과 병행관계에 있음을 발견할 수가 있다. 각 구분은 그리스도의 초림부터 재림까지의 전 기간을 포함하고 있다. 계시록은 그리스도의 재림을 향하고 있음을 알 수가 있다.

## 하나님은 불신자 심판에 긍휼을 보이시는가?

하나님께서는 불신자 심판에 긍휼을 보이시는가? 혹은 전혀 보이시지 않는가? 하나님께서는 악인들 심판에도 긍휼을 보이신다. 하나님께서는 마지막 일곱 가지 대접 재앙들을 내리실 때에도 먼저 예고하시고 준비하시는 시간을 가지신다(15:1-16:21). 요한은 15:1-16:21에서 천사들이 일곱 금 대접에 담긴 재앙들을 쏟는 것을 보여준다. 그리고 이것이 마지막 재앙임을 말해준다. 하나님께서는 강조하신 다음 실제 재앙을 내리신다. 이 부분의 재앙들은 일곱 나팔의 환난과 흡사하다. 일곱째 인이 일곱 나팔로 발전한 것처럼(8:1) 일곱째 나팔(11:15-19)은 일곱 대접 재앙(15:1)으로 발전한 것으로 보인다. 요한은 15:1-16:21에서 먼저 대접재앙이 준비되는 것을 보여준다(15:1-8). 제 15장은 제 16장 이하의 대접 재앙의 서론인 셈이다. 계시록은 중요한 사건에 앞서 보통 머리말이 앞서 나오는 것이 특징이다. 하나님은 진노를 쏟으시기 전에 미리 알려주시는 분이시다.

하나님은 인(印) 재앙에 대한 예비는 제 5장에서 보여주셨고, 나팔 재앙에 대한 예비는 8:1-5에서 보여주셨다. 대접 재앙에 대한 예비는 제 15장에서 보여주셨다. 하나님은 환난을 내리시기 전 그 환난의 근원이 하늘이란 사실을 다시 확인하신다.

서론 격인 제 15 장에서는 먼저 일곱 대접을 가진 일곱 천사가 출현하는 것을 보여주시고(1절), 일곱 대접이 내리는 것을 목격한 하늘의 승리자들은 하나님을 찬양하는 것을 보여주시며(2-4절). 그리고 일곱 천사들이 일곱 대접을 부을 준비를 하는 것을 보여주신다(5-8절). 미리 보여주신 후 심판을 내리시는 것은 하나님의 긍휼이 크심을 뜻한다.

■ 내용분해

I. 서론(1:1-20)

    A. 서문 1:1-3

    B. 문안 1:4-6

    C. 본서의 요지 1:7-8

    D. 계시자가 나타나심 1:9-20

II. 일곱 교회에 보내는 편지들 2:1-3:20

    A. 에베소 교회에 보냄 2:1-7

    B. 서머나 교회에 보냄 2:8-11

    C. 버가모 교회에 보냄 2:12-17

    D. 두아디라 교회에 보냄 2:18-29

    E. 사데 교회에 보냄 3:1-6

    F. 빌라델비아 교회에 보냄 3:7-13

    G. 라오디게아 교회에 보냄 3:14-22

III. 심판의 보좌 4:1-11

IV. 일곱 인들 5:1-8:5

    A. 어린 양이 출현하시다 5:1-7

    B. 4 생물과 24 장로가 찬송하다 5:8-10

    C. 천사와 만물이 찬송하다 5:11-14

    D. 첫째 인 6:1-2

    E. 둘째 인 6:3-4

    F. 셋째 인 6:5-6

    G. 넷째 인 6:7-8

H. 다섯째 인   6:9-11

I. 여섯째 인   6:12-17

J. 첫째 삽경-천상의 구원   7:1-17

K. 일곱째 인   8:1-5

V. 일곱 나팔들   8:6-11:19

   A. 첫째 나팔   8:6-7

   B. 둘째 나팔   8:8-9

   C. 셋째 나팔   8:10-11

   D. 넷째 나팔   8:12

   E. 독수리   8:13

   F. 다섯째 나팔   9:1-12

   G. 여섯째 나팔   9:13-21

   H. 둘째 삽경-강한 천사   10:1-11

   I. 셋째 삽경-두 증인   11:1-13

   J. 일곱째 나팔   11:14-19

   K. 넷째 삽경-여자와 용   12:1-17

      1. 여자가 해산하다   12:1-6

      2. 용(사탄)이 내어 쫓기다   12:7-12

      3. 용(사탄)과 여자와 그 자녀들 사이의 전쟁   12:13-17

   L. 다섯째 삽경-두 짐승   13:1-18

      1. 바다에서 올라온 짐승   13:1-10

      2. 땅에서 나온 짐승   13:11-18

   M. 여섯째 삽경   14:1-20

      1. 시온산의 144,000   14:1-5

      2. 복음의 선언   14:6-7

      3. 바벨론 멸망의 선언   14:8

      4. 불신자 심판에 대한 선언   14:9-12

    5. 주안에서 죽는 자가 복이 있다　14:13

    6. 예수님의 재림과 신자의 구원　14:14-16

    7. 예수님의 재림과 불신자의 심판　14:17-20

VI. 마지막 일곱 가지 재앙들　15:1-16:21

  A. 재앙을 예비하다-대접재앙 준비　15:1-8

  B. 첫째 대접　16:1-2

  C. 둘째 대접　16:3

  D. 셋째 대접　16:4-7

  E. 넷째 대접　16:8-9

  F. 다섯째 대접　16:10-11

  G. 여섯째 대접　16:12-16

  H. 일곱째 대접　16:17-21

VII. 하나님의 승리　17:1-20:15

  A. 큰 음녀에 대한 하나님의 심판　17:1-18

    1. 큰 음녀의 모양　17:1-6

    2. 큰 음녀와 짐승　17:7-14

    3. 큰 음녀의 멸망　17:15-18

  B. 바벨론에 대한 심판　18:1-19:10

    1. 멸망 선언　18:1-8

    2. 바벨론 애가　18:9-20

    3. 멸망의 모양　18:21-24

    4. 하늘의 찬송　19:1-10

  C. 최후의 승리　19:11-20:15

    1. 그리스도의 재림　19:11-16

    2. 짐승의 심판　19:17-21

  D. 최후의 심판과 천년왕국　20:1-15

    1. 사탄이 결박당하다　20:1-3

2. 천년 왕국  20:4-6

3. 사탄이 심판 받다  20:7-10

4. 흰 보좌의 심판  20:11-15

VIII. 신천신지  21:1-22:5

A. 신천신지  21:1-8

1. 신천신지의 외형  21:1-2

2. 신천신지에서의 삶  21:3-8

B. 새 예루살렘  21:9-22:5

1. 새 예루살렘의 외형  21:9-17

2. 새 예루살렘의 재료  21:18-21

3. 새 예루살렘 안에서의 삶  21:22-27

4. 새 예루살렘 안에서의 음식물  22:1-5

IX. 결론  22:6-21

A. 계시록의 가치  22:6-7

B. 천사가 증언하다  22:8-9

C. 심판에 대해 증언하다  22:10-15

D. 예수님이 자증하시다  22:16

E. 성령과 신부가 증언하시다  22:17

F. 계시록의 가치에 대한 증언  22:18-19

G. 예수님의 재림 약속  22:20

H. 축도  22:21

# ■ 참고도서

## 주석, 주해, 강해서

김수흥. *마태복음주해*, 도서출판 목양, 2010.

_____. *마가복음주해*, 기독교연합신문, 2008.

_____. *누가복음주해*, 기독교연합신문, 2010.

_____. *로마서주해*, 서울: 기독교연합신문사, 2008.

_____. *고린도전후서주해*, 도서출판 목양, 2011.

김추성. *요한계시록연구*, 도서출판 경건, 2008.

래드, G. E. *요한계시록*, 반즈 신구약 성경주석, 이남종역. 서울: 크리스챤서
    적, 1990.

렌스키, R. C. H. *계시록*, 성경주석, 배영철역. 서울: 백합출판사, 1978.

모리스, 레온. *요한계시록*, 김근수역. 서울: 기독교문서선교회, 1983.

바톤, 브루스 B(Barton, Bruce B). *적용을 도와주는 요한계시록*, 전광규옮김.
    서울: 성서유니온선교회, 2008.

박윤선. *요한계시록*, 성경주석. 영음사, 1995.

벵겔, J. A. *요한계시록*, 벵겔 신약주석, 라형택역. 서울: 도서출판 로고스,
    1991.

스미스, 척. *어떤 세상이 올 것인가*(A Commentary on the Book of
    Revelation), 김동백옮김. 서울: 포도원, 2004.

왈부르드, 존. *요한계시록*, Bible Knowledge Commentary, 30, 장동민옮김, 서울: 도서출판 두란노, 1983.

_____. *요한계시록해석*, 권영달역. 서울: 보이스사, 1991.

윌콕, 마이클. *요한계시록*, 정옥배 옮김. 서울: 두란노서원, 1988.

이광복. *계시록설교노트*, 서울: 도서출판 흰돌, 2002.

이상근. *계시록*, 신약주해. 경북인쇄사, 1981.

이순한. *요한계시록강해*. 서울: 한국기독교교육연구원, 1985.

젠센, 어빙 L. *요한계시록*, "젠센 40 씨리즈" 어빙 젠센의 성경연구, 김경신옮김. 서울: 아가페출판사, 1985.

조세광. *요한계시록강해*, 조동진역. 크리스챤신문사 1966.

테니, 메릴 C. *요한계시록해석*, 김근수역. 서울: 기독교문서선교회, 1998.

포이쓰레스, 번 S. *요한계시록 맥잡기*, 유상섭 옮김. 경기도: 크리스챤 출판사, 2002.

한, 조셉 J. *요한계시록주해*, -역사적해석을 중심으로- 서울: 도서출판 회명, 1996.

헨드릭슨, 윌렴. *요한계시록* 신약성경주석, 김영익, 문영탁옮김. 서울: 아가페출판사, 1983.

홍창표. *요한계시록해설*, 제 2권. 서울: 크리스챤북, 2001.

_____. *천년왕국: 그리스도로 더불어 왕 노릇함*. 경기도 수원시: 합신대학원출판부, 2007.

휴즈, P. E. *요한계시록*, 여수룬 성경주석 시리즈. 오광만옮김, 서울: 여수룬, 1994.

Aune, David E. *Revelation* (Word), Word Books, 1998. (three vols).

Barclay, William. *The Revelation of John,* vol. 1. DSB. Philadelphia: Westminster Press, 1976.

Bauckham, Richard J. *The Theology of the Book of Revelation* (New Testament Theology), Cambridge University Press, 1993.

_____. *The Climax of Prophecy*: Studies on the Book of Revelation. T. & T. 1993.

Baxter, J. Sidlow. *Explore the Book.* Grand Rapids: Zondervan Publishing House, 1966.

Beale, Gregory K. *The Book of Revelation,* (NIGTC), Eerdmans, 1998. (amil).

_____. *John's Use of the Old Testament in Revelation,* England: Sheffield Academic Press, 1998.

Beasley-Murray, G. R. *The Book of Revelation,* NCBC. Grand Rapids: Eerdmans, 1983.

Blevins, James L. *Revelation,* Knox Preaching Guides. Atlanta: John Knox Press, 1973.

Blount, Brian K. *Revelation, A Commentary.* Louisville: Westminster John Knox Press, 2009.

Boring, Eugene. *Revelation* (Interpretation). John Knox Press, 1989.

Brighton, Louis A. *Revelation* (Concordia), Condordia, 1999.

Bullinger, E. W. *Commentary on Revelation,* Grand Rapids: Kregel Publications, 1984.

Bruce, F. F. *The Book of the Acts,* The New International Commentary on the New Testament (Grand Rapids: Wm. B. Eerdmans Publishing Co., 1984.

Caird, G. B. *The Revelation of St. John the Devine.* New York: Harper and Row, Publishers, 1966.

Chapman, Charles T. *The Message of the Book of Revelation,* Collegeville: The Liturgical Press, 1995.

Charles, R. H. *A Critical and Exegetical Commentary on the Revelation of St. John* (ICC). Charles Scribner's Sons, 1920. (two vols)

Collins, Adela Yarbro. *The Apocalypse,* Collegeville: The Liturgical Press, 1991.

Eugene M. Boring. *Revelation*(Interpretation), John Knox Press, 1989.

Farmer, Ronald L. *Revelation: Charice Commentaries for Today,* St. Louis: Chalice Press, 2005.

Farrer, Austin. *The Revelation of St. John.* Clarendon, 1964.

Ford, J. Massyngberde. *Revelation.* Garden City: Doubleday & Company, 1975.

Giblin, S. J. Charles Homer. *The Book of Revelation,* The Open Book of Prophecy. Collegeville: The Liturgical Press, 1991.

Gilmour S. MacLean. "The Revelation To John," in *The Interpreter's One-Volume Commentary on the Bible.* Nashville: Abingdon Press, 1980.

Gregory K. Beale. *The Book of Revelation, A Commentary on the Greek Text*(NIGTC). Eerdmans, 1998.

Harrington, Wilford J. *Revelation.* Collegeville, Minn: The Liturgical Press, 1993.

Hendriksen, William. *More Than Conquerors*, Baker, 1952.

Hughes, Philip E. *The Book of Revelation* (Pillar), Eerdmans, 1990. (amil).

Ironside, H. A. *Lectures on the Book of Revelation*, Neptume, N.J.: Loizeaux Brothers, 1920.

Johnson, Dennis E. *Triumph of the Lamb: Commentary on Revelation.* Presbyterian & Reformed, 2001.

Julien, Jerome M. *What the Spirit Says to the Churches.* Inheritance Publications, 1996.

Kiddle, Martin. *The Revelation of St. John.* London: Hodder and Stoughton, 1940.

Kistemaker, Simon J. *Revelation* (NTC). Grand Rapids: Baker Books, 2001.

Ladd, George E. *A Commentary of the Revelation of John*, Grand Rapids: Eerdmans, 1972. (histpre-mil).

Louis A. Brighton. *Revelation*(Concordia), Condordia, 1999.

MacArthur, John. *Revelation 1-11: The MacArthur New Testamnet Commentary.* Chicago: Moody Press, 1999.

Metzger, Bruce M. *The Canon of the New Testament, Its Origen, Development, and Significance,* Oxford: Clarendon Press, 1987.

_____. *The Text of the New Testament, Its Transmission, Corruption, and Restoration.* 2nd ed. New York and Oxford: Oxford University Press, 1968.

Milligan, William. *The Book of Revelation.* Ed. by W, Robertson Nicoll. Grand Rapids: Baker Book House, 1982.

Morris, Leon. *Apocalyptic,* Grand Rapids: Eerdmans, 1972.

Mounce, Robert. *The Book of Revelation* (NICNT). Eerdmans, 1997.

Newport, John P. *The Lion and the Lamb, A Commentary on the Book of Revelation for Today*. Nashville: Broadman Press, 1986.

Osborne, Grant R. *Revelation*. Grand Rapids: Baker Academic, 2002.

Packer, J. I. "Revelation and Inspiration," in *The New Bible Commentary*. Grand Rapids: Wm. B. Eerdmans Publishing Co., 1970.

Philips, John. *Exploring Revelation*. Chicago: Moody Press, 1987.

Ramsay, James B. *Revelation: An Exposition of the First 11 Chapters*, The Geneva Series of Commentaries. Edinburgh: The Banner of Truth Trust, 1984.

Roloff, Jergen. *The Revelation of John: A Continental Commentary*, Fortress, 1993.

Smalley, Stephen S. *The Revelation of John*. Downers Grove, III: InterVarsity Press, 2005.

Strand, Kenneth A. *Interpreting the Book of Revelation*. Naples: Ann Arbor Publishers, 1979.

Sweet, J. P. M. *Revelation*. Philadephia: The Westminster Press, 1979.

Swete, Henry B. *The Apocalypse of St.John: The Greek Text with Introduction, Notes and Indices*, Macmillan, 1917.

Talbert, Charles H. *The Apocalypse: A Reading of the Revelation to John*. Westminster John Knox, 1994.

Thomas, Robert L. *Revelation 1-7, An Exegetical Commentary*. Chicago: Moody Press, 1992.

_____. *Revelation 8-22, An Exegetical Commentary*. Chicago: Moody Press, 1995.

Van Daalen, David H. *A Guide to the Revelation,* TEF Study Guide 20. SPEC, 1986.

Vangorder, John. *ABC's of the Revelation.* Fincastle: Scripture Truth Book Co., 1969.

Wall, Robert W. *Revelation* (NIBC). Hendrickson, 1991.

Wiersbe, W. Warren. *Be Victorious.* Victor Books, 1987.

Wilcock, Michael. *The Message of Revelation,* The Bible Speaks Today, Downers Grove: InterVarsity Press, 1975.


## 종말론

래드, 조지. *개혁주의 종말론강의,* 이승구옮김. 서울:도서출판 이레서원, 2000.

맥아더, 존. *재림, 다시 오실 주님의 약속,* 김미연옮김, 서울: 도서출판넥서스, 2010.

바빙크, 헤르만. *개혁주의종말론,* 김성봉옮김. 서울: 도서출판 나눔과 섬김, 1999.

손기태. *666, 짐승의 비밀,* 서울: 마라나다 예언연구원, 1991.

신복윤. *종말론.* 서울: 개혁주의신행협회, 2001.

에릭슨, 밀라드 J. *종말론,* 기독교신학 시리즈 7, 이은수역. 서울: 기독교문서선교회, 1994.

퀴스토르프, H. *칼빈의 종말론,* 이숙희 옮김. 서울: 성광문화사, 1986.

트래비스, 스테팬 H. *종말론해설,* 김근수역. 서울: 기독교문서선교회, 1987.

홍창표. *천년왕국,* 홍창표교수의 신학 3부작 시리즈 01, 수원: 합신대학원출판부, 2007.

Boettner, Loraine. *The Millenium*. Carlisle: The Presbyterian and Reformed Publishing Company, 1980.

Carver, Everett I. *When Jesus Comes Again*. Phillipsburg: Presbyterian and Reformed Publishing Company, 1979.

Charles, R. H. *Eschatology: The Doctrine of a Future Life in Israel, Judaism, Christinity*. New York: Schocken Books, 1963.

Cox, William E. *Biblical Studies in Final Things*, 1966.

Feinberg, Charles L. *Millennialism: The Two Major Views*. Chicago: Moody Press, 1980.

Walvoord, John F. *The Millenial Kingdom*. Grand Rapids: Zondervan, 1981.

## 논문

김수흥. *그리스도의 말씀이 연합에 미친 영향*. 도서출판 목양, 2011.

## 사전

Moulton, James Hope and Milligan, George. *The Vocabuluary of the Greek Testament*. Grand Rapids: Wm. B. Eerdmans Publishing Company, 1982.

*The Analytical Greek Lexicon with A Grammatical Analysis of Each Word, and Lexicographical Illustration of the Meanings*. New and Evanston: Harper and Row Publishers, n.d.

Unger, M. F. *Unger's Bible Dictionary*, Chicago: Moody, 1957.

# 제 1 장

I. 서론  1:1-20

　요한 사도는 1절-3절에서 본서의 서문을 기록하고(1절은 계시의 경로, 2절은 내용, 3절은 계시록이 주는 복을 기록함), 4절-6절에서는 서신의 형태를 따라 수신자들에게 문안한다. 그리고 7절-8절에서는 본서의 요지를 말하며 9절-20절에서는 계시자가 나타나신 사실을 말한다. 전체적으로 보아 1절-3절은 서문이고, 4절-6절만 서신 형태를 따르고, 7절-8절은 본서의 요지, 9절-20절은 계시자이신 그리스도께서 나타나신 사실을 말하고 있다고 할 것이다.

## A. 서문  1:1-3

　서문은 계시록의 신적인 권위를 말하고(하나님과 예수 그리스도로 말미암은) 계시가 반드시 이루어질 것을 선언하며("반드시"), 계시록의 중요성을 말해준다(3절). 계시록은 상징적인 양식으로 기록되었지만 이해될 수 있도록 기록되었다는 것을 말해준다. 계시록은 누구든지 이해할 수 있도록 기록되었다고 말한다(그의 종들을 위한 계시라고 말한다).

**계 1:1. 예수 그리스도의 계시라 이는 하나님이 그에게 주사 반드시 속히 일어날 일들을 그 종들에게 보이시려고 그의 천사를 그 종 요한에게 보내어 알게 하신 것이라**(Ἀποκάλυψις Ἰησοῦ Χριστοῦ ἣν ἔδωκεν αὐτῷ ὁ θεὸς δεῖξαι τοῖς δούλοις αὐτοῦ ἃ δεῖ γενέσθαι ἐν τάχει, καὶ ἐσήμανεν ἀποσ- τείλας διὰ τοῦ ἀγγέλου αὐτοῦ τῷ δούλῳ αὐτοῦ Ἰωάννῃ-The Revelation of Jesus Christ, which God gave unto him, to shew unto his servants things which must shortly come to pass; and he sent and signified [it] by his angel unto his servant John/-KJV).

요한은 계시록을 "예수 그리스도의 계시"(ʼΑποκάλυψις Ἰησοῦ Χριστοῦ)라고 부른다. 그러니까 "요한계시록"이란 말은 틀린 명칭이다. "요한계시록"이란 명칭은 2세기에 붙인 명칭이고 원래의 명칭은 "예수 그리스도의 계시"이다(벧전 1:7, 13 참조). "계시"(ἀποκάλυψις)란 '숨은 것을 드러내는 것', '감추어진 것을 벗기는 것'이란 뜻으로 "예수 그리스도의 계시"란 '예수 그리스도께서 드러내시는 것'을 뜻한다. 이 계시록은 예수님께서 드러내신 것으로서 요한 사도가 필요에 의하여 삽입한 것(인사, 축도 등)을 제외하고는 전적으로 예수 그리스도께서 하나님으로부터 받아서 드러내신 것이다.

예수 그리스도는 계시를 하나님으로부터 받아서 드러내셨다. 그래서 요한은 "이는 하나님이 그에게 주신" 것이라고 말한다(요 3:32; 8:26; 12:49). 즉 '계시는 하나님이 예수님에게 주신 것'이다. 그러니까 예수님께서 드러내신 것은 다른 데서 온 것이 아니라 하나님께서 예수님에게 주신 것으로 예수님은 그것을 가감 없이 증언하셨다.

하나님은 "반드시 속히 일어날 일들을 그 종들에게 보이시려고" 예수님에게 주셔서 드러내게 하셨다(4:1). 하나님은 앞으로 "반드시" 일어날 일들을 세계상에 흩어져 있는 종들에게 보이시려고 예수님에게 주셔서 계시하셨다. 하나님께서 예수님에게 주신 계시는 반드시 일어날 일이다. 결코 하나라도 안 일어나고 불발할 것들은 없다. 하나님께서 예수님에게 주신 계시는 반드시 일어날 것이지만 또 한편 "속히" 일어날 일들이다. 그러나 여기서 말하는 "속히"란 말은 하나님의 시간관념으로(2:16; 3:11; 22:6-7, 12, 20) 결코 우리의 시간관념에 속한 것은 아니다. 즉 "빠른 시간 내에"라는 뜻은 아니다. 하나님에게 있어서는 천년이 하루 같고 하루가 천년 같기 때문이다(벧후 3:8). 우리는 하나님의 시간관념에 익숙하지 않아서 너무

하나님을 보채는 수가 있다. 우리는 조급해하지 말고 하나님께 맡기고 기다
려야 한다. 모리스(Leon Morris)는 "'속히'라는 말은 '갑자기'란 말로 이해될
수 있는 용어로서, '그 시간이 지체되지 않고', '곧'이란 의미보다 더 근본적
인 의미이다"라고 주장한다. 본문에서 말하는 "종들"이란 말은 소아시아에
있는 교회의 사자들만 뜻하는 것이 아니라 그 후대의 무수한 종들과 성도들
을 지칭하는 말이다.

하나님께서 예수님에게 계시를 주셨는데 그 계시를 직접적으로 종들에
게 주시는 것은 아니다. 즉 하나님은 "그의 천사를 그 종 요한에게 보내어
알게 하신다"(he sent and signified [it] by his angel unto his servant John)고
말씀하신다(22:6, 16). 하나님은 그의 천사(단 8:15-16; 9:2, 21; 10:10; 슥
1:19; 눅 1:26-31)를 종 요한에게 보내서 알게 하신다는 것이다. 하나님의
말씀은 성령에 의해서만 깨달을 수 있는 법인데(요 14:26; 고전 12:3) 천사도
사람인 요한 사도에게 깨닫게 할 수 있다는 것이다(눅 1:35-37 참조). 여기
요한이 자신을 "종"(δούλω)이라고 표현한 것에 주목해야 한다. 이 말은
'노예'란 뜻으로 바울도 자신을 종종 노예라고 했고(롬 1:1; 빌 1:1 등),
베드로도(벧후 1:1), 야고보도(약 1:1), 유다도(유 1:1) 사용했다. 우리도
하나님의 종임을 명심해야 한다.

요한계시록이 오늘 우리들에게 도착한 경로는 성부 하나님→ 예수님→
천사→ 요한→ 성도들(오늘 우리들)의 순서이다. 오늘 우리가 하나님의
계시를 받았다는 것은 엄청난 사건이고 또 찬양할 일이며 감사할 일이다.

**계 1:2. 요한은 하나님의 말씀과 예수 그리스도의 증거 곧 자기가 본 것을
다 증언하였느니라**(ὃς ἐμαρτύρησεν τὸν λόγον τοῦ θεοῦ καὶ τὴν μαρτυρ-
ίαν Ἰησοῦ Χριστοῦ ὅσα εἶδεν-Who bare record of the word of God,
and of the testimony of Jesus Christ, and of all things that he saw-KJV).

요한 사도는 자신이 "하나님의 말씀과 예수 그리스도의 증거 곧 자기가
본 것을 다 증언하였다"고 말한다(9절; 6:9; 12:17; 고전 1:6). 본문의 "하나님

의 말씀"(τὸν λόγον τοῦ θεου)이란 '본서에 기록된 말씀'(22:6 참조)을 지칭한다.[5] 하나님은 그의 말씀을 그리스도에게 주셔서 종들에게 계시하셨다(1절). 본문의 "예수 그리스도의 증거"(τὴν μαρτυρίαν Ἰησοῦ Χριστου)란 '예수 그리스도에 대한 증거'란 뜻이 아니라 '예수 그리스도께서 증거 하신 것'을 지칭하는 말이다. 다시 말해 예수 그리스도께서 하나님의 말씀을 받아서 증언해 주신 것을 지칭한다. 만약 예수 그리스도에 대한(about) 증거라고 하면 하나님의 말씀을 제외하고 예수님께 대한 증거가 따로 있게 되어 계시의 이중성을 드러내게 된다. 계시는 어디까지나 하나님으로부터 왔고 하나님으로부터 온 것을 예수님께서 증언해 주셔서 우리에게까지 온 것으로 알아야 한다.

요한 사도는 "자기가 본 것을 다 증언했다"고 말한다. 다시 말해 예수님께서 하나님의 말씀을 받아서 증언하셨는데 요한은 예수님께서 증언하신 것을 보고 그것을 다 증언했다고 말한다. 여기 "증언했다"(ἐμαρτύρησεν)는 말은 부정과거 시제로 단번에 증언한 것을 뜻하는데 요한 사도가 본 것들(많은 환상들)을 증언했다는 뜻이다.

**계 1:3. 이 예언의 말씀을 읽는 자와 듣는 자와 그 가운데에 기록한 것을 지키는 자는 복이 있나니 때가 가까움이라**(μακάριος ὁ ἀναγινώσκων καὶ οἱ ἀκούοντες τοὺς λόγους τῆς προφητείας καὶ τηροῦντες τὰ ἐν αὐτῇ γεγραμμένα, ὁ γὰρ καιρὸς ἐγγύς-Blessed [is] he that readeth, and they that hear the words of this prophecy, and keep those things which are written therein: for the time [is] at hand-KJV).

요한 사도는 "이 예언의 말씀"(10:11; 19:10; 22:6, 7, 10, 18, 10)[6]

---

5) 본문의 "하나님의 말씀"이란 '하나님께서 드러내신 말씀'을 지칭하는 것이지 성육신하신 말씀(요 1:14)을 지칭하는 것은 아니다.
6) "예언"이란 '예견'을 포함하나 '예견'만을 뜻하는 것은 아니다. "예언"이란 그 내용이 하나님으로부터 왔다는 뜻에서 사용되는 말이다. 요한계시록은 하나님으로부터 왔기에 예언이다.

즉 '2절에서 언급한 하나님의 말씀' 다시 말해 '예수님께서 증거 해 주신 것' 곧 '요한 사도가 증언한 것들'을 "읽는 자와 듣는 자와 그 가운데에 기록한 것을 지키는 자는 복이 있다"고 말한다. 여기 "읽는 자"는 단수, "듣는 자"는 복수, "지키는 자"란 말도 복수로 된 것은 읽는 자는 사람들 앞에서나 강단에서 한 사람이 읽기 때문에 단수로 표기되었고, 듣는 자가 복수로 표기된 것은 여러 사람들이 듣기 때문이며 지키는 자도 모두가 지켜야 하기 때문에 복수로 표기 되어 있다. 옛날 초대교회 때는 한 개의 두루마리에 기록된 계시를 한 사람이 읽어야 했기에 단수로 기록되었다. 여기에 기록된 사람들은 세 무리가 아니라 두 무리이다. 하나는 여러 사람들 앞에서 읽는 자이고 또 다른 부류는 듣고 지키는 무리이다. 듣고 지키는 사람들은 두 무리가 아니라 한 무리임이 헬라어 관사가 보여주고 있다(ὁ ἀναγινώσκων καὶ οἱ ἀκούοντες τοὺς λόγους τῆς προφητείας καὶ τηροῦντες τὰ ἐν αὐτῇ γεγραμμένα). 즉 듣는 자들과 지키는 자들이란 말 앞에 관사가 하나밖에 없는 것을 보면 듣는 자들과 지키는 자들은 똑 같은 사람들임을 알 수 있다.

요한 사도는 계시(하나님의 말씀, 그리스도께서 증언해 주신 것들)를 읽는 자와 듣는 자들과 지키는 자들 모두가 복이 있다는 확신을 가지고 말하고 있다. "복이 있다"는 말은 여러 곳에 산재해 있다(1:3; 14:13; 16:15; 19:9; 20:6; 22:7, 14; 눅 11:28). 그 이유는 "때가 가깝기"(ὁ γὰρ καιρὸς ἐγγύς) 때문이라고 말한다(22:10; 롬 13:11; 약 5:8; 벧전 4:7). 여기 "때"(καιρὸς)란 말은 '역사상 한번 밖에 없는 시간', '의미가 있는 때'를 지칭한다. 헬라어에서 일반적인 시간을 가리킬 때는 "크로노스"(χρονος)라는 단어를 사용한다(이 두 낱말-"καιρὸς"와 "χρονος"가 때로는 동의어로 사용되기도 하나 대체적으로 다르게 사용된다). 요한 사도는 "때" 즉 '의미 있는 때'(환난의 때, 마지막 때, 그리스도인이 반드시 넘겨야 하는 때)가 가깝기 때문에 계시록을 읽고 듣고 지키는 사람들은 복이 있다고 한다. 읽고 듣고 지키는 것 자체가 바로 마지막 때를 준비하는 것이니 복이 있는 것은 당연한 일이다. 우리는 계시록이 어렵다고 덮어둘 것이 아니라 열어놓고 읽고 듣고 지켜야 할 것이다. 그래서 종말(그리스도께서 오신 때부터 종말이다)을 대비해야 할 것이다.

B. 문안 1:4-6

요한 사도는 본서의 서문을 쓴 뒤 이 부분(4-6절)에서는 수신자들에게 문안하고 있다. 당시 서간문의 형식은 송신자-수신자-축복의 순서였는데 요한도 그 순서를 따라 문안을 기록했다.

**계 1:4. 요한은 아시아에 있는 일곱 교회에 편지하노니 이제도 계시고 전에도 계셨고 장차 오실이시며 그의 보좌 앞에 있는 일곱 영과**('Ιωάννης ταῖς ἑπτὰ ἐκκλησίαις ταῖς ἐν τῇ Ἀσίᾳ· χάρις ὑμῖν καὶ εἰρήνη ἀπὸ ὁ ὢν καὶ ὁ ἦν καὶ ὁ ἐρχόμεχρονος καὶ ἀπὸ τῶν ἑπτὰ πνευμάτων ἃ ἐνώπιον τοῦ θρόνου αὐτοῦ-John to the seven churches which are in Asia: Grace [be] unto you, and peace, from him which is, and which was, and which is to come; and from the seven Spirits which are before his throne-KJV).

본 절의 초두에 나오는 "요한"(헬라어에서도 "요한"이란 말이 절 초두에 나온다)이란 말에 아무 칭호도 붙지 않은 것은 "요한"이 수신자들에게 잘 알려진 요한 사도이었음을 보여준다.

요한은 "아시아에 있는 일곱 교회에 편지한다"('Ιωάννης ταῖς ἑπτὰ ἐκκλησίαις ταῖς ἐν τῇ Ἀσίᾳ)고 말한다. 여기 "아시아7)에 있는 일곱 교회"

---

7) "아시아": 본래 아시아는 루디아의 성읍 이름이었는데, 그 주변의 지역을 가리키는 이름으로 되고, 확대되어 소아시아(Asia Minor)를 가리키고, 다시 확대되어 아시아 대륙 전체를 가리키는 이름으로 되었다. 구약 가경과 신약성경에서는 이 말은 다음 의미로 인용되어 있다.

(1)셀레우코스 왕조(Seleucid Dynasty, BC 312- 64)의 왕국: 알렉산더 대왕의 사후 일어난 왕조인데, 지배 영역은 헤레스폰트에서 인더스 강과 약사르테스 강(Jaxartes)에 이르고, 오늘날의 터키, 시리아, 이락, 아프가니스탄을 포괄하고 있었다. 이 '아시아'란 명칭은 마그네시아(Magnesia) 싸움(BC 189)의 결과 안디오코스 II세가 소아시아를 로마에 할양한 후에도 셀레우코스 왕조의 영역을 지칭했다.

(2)로마의 속주(屬州): 이른바 '총독 관할하의 아시아'(Asia Proconsularis)인데, BC 133년

란 많은 주석가들이 동의하는 바와 같이 전 세계에 흩어져 있는 교회들을 가리킨다고 말할 수 있다. 이유는 "일곱"8)이란 수는 유대인들에게는 성수이며 완전수인 고로 세계에 흩어져 있는 모든 교회들을 지칭한다고 보는 것이다. 당시에 요한은 아시아에 있는 일곱 교회에 편지하였으나 실제로는 전 세계에 있는 모든 교회에 편지를 보낸 셈이다. 본문에는 "편지한다"는 말은 없으나 문맥에 의하여 "편지한다"는 말을 넣어야 하는 것은 당연하다. 계시는 교회에서부터 나는 것이 아니라 하나님으로부터 나기 때문에 이렇게 편지로 계시가 전달된 것이다.

요한은 편지 서두에 일곱 교회에 성부 성령 성자로부터 은혜와 평강이 임하기를 기원하면서(4절-5a) 먼저 성부가 어떤 분임을 설명한다. 요한은 성부를 "이제도 계시고 전에도 계셨고 장차 오실 이"(ὁ ὢν καὶ ὁ ἦν καὶ ὁ ἐρχόμεχρονος)라고 묘사한다(이 구절은 하나님의 대명사로 본서에 여러 차례 반복되어 있다. 1:8; 4:8; 11:17; 16:5; 출 3:14). 이 명칭은 과거와 현재와 미래를 지배하시는, 하나님의 불변성과 영원성을 강조하는 표현이다. 하나님은 영원히 계시면서 불변하시는 분이니 얼마나 믿을 수 있는 분인지 가슴이 설레는 일이다.

요한은 성부 하나님을 말한 다음 "일곱 영"을 말한다. 즉 "그의 보좌 앞에 있는 일곱 영"(3:1; 4:5; 5:6; 슥 3:9; 4:10)으로부터 은혜와 평강이 임하기를 기원한다. 이 표현이 성부와 성자(다음 절)와 함께 쓰인 것을 감안할 때 성령님을 표현하는 것으로 보인다. 요한은 결코 "성령"이라는 명칭은

---

버가모 최후의 왕 앗달로스 II세(Attalos II)의 종전의 영역으로 형성되었다. 이것은 소아시아의 서부 연안 지대를 차지하는 무시아, 루디아, 가리아(Caria)의 제 지방과, 브루기아의 내륙을 포괄하고 있었다. 이것이 신약성경에 '아시아'란 말로 쓰이고 있는 일반적인 의미이다(행 6:9; 16:6; 벧전 1:1; 계 1:4). 또, 행 19:10, 22, 26; 20:16, 18 등과, 롬 16:5; 고전 16:19; 고후 1:8, 딤후 1:15도 같은 뜻의 아시아를 가리키나, 그 중에는 한정된 의미의 '속주 아시아'(Provincia Asia), 즉 소아시아의 연안 지역을 가리키는 인용도 있다.

8) 소아시아에는 일곱 교회 이외에도 골로새와 히에라볼리 등과 같은 교회들이 있었으나 요한이 "일곱"이란 숫자를 택한 이유는 일곱이란 숫자가 성수이며 완전수이기 때문이었다. 요한은 일곱 교회를 택하여 편지하고 있었으나 온 우주적 교회에 편지한 셈이다. 오늘 우리 교회에도 편지한 것이니 우리는 요한의 편지를 잘 받아서 믿고 순종해야 할 것이다.

사용하지 않고 다양한 방법으로 성령을 묘사한다. "일곱 영"이란 말은 3:1; 4:5; 5:6에 다시 나타난다("영"이란 말은 2:7, 17에서 나온다). 요한이 성령님을 "일곱 영"이라고 묘사한 것은 성령님이 완전한 영이시기 때문이었을 것이다.

**계 1:5.** 또 충성된 증인으로 죽은 자들 가운데에서 먼저 나시고 땅의 임금들의 머리가 되신 예수 그리스도로 말미암아 은혜와 평강이 너희에게 있기를 원하노라 우리를 사랑하사 그의 피로 우리 죄에서 우리를 해방하시고(καὶ ἀπὸ Ἰησοῦ Χριστοῦ, ὁ μάρτυς, ὁ πιστός, ὁ πρωτότοκος τῶν νεκρῶν καὶ ὁ ἄρχων τῶν βασιλέων τῆς γῆς. Τῷ ἀγαπῶντι ἡμᾶς καὶ λύσαντι ἡμᾶς ἐκ τῶν ἁμαρτιῶν ἡμῶν ἐν τῷ αἵματι αὐτοῦ-And from Jesus Christ, [who is] the faithful witness, [and] the first begotten of the dead, and the prince of the kings of the earth. Unto him that loved us, and washed us from our sins in his own blood-KJV).

요한은 은혜와 평강의 원천이신 예수님에 대해 말한다. 즉 "충성된 증인으로 죽은 자들 가운데에서 먼저 나시고 땅의 임금들의 머리가 되신 예수 그리스도"라고 묘사한다(3:14; 요 8:14; 딤전 6:13). 요한이 은혜와 평강의 원천으로서의 성삼위를 말할 때 성자를 제일 뒤에 설명하는 이유는 뒤 따르는 긴 설명구절 때문이다(5-7절).

요한은 예수님을 첫째, "충성된 증인"이라고 말한다. "충성된 증인"이란 '충실한 증인'이란 뜻인데 충실한 순교자란 뜻이다(시 89:37; 사 55:4). 여기 "증인"을 '순교자'라고 해석하는 이유는 모름지기 증인은 순교하기 때문이다. 예수님께서는 하나님을 증거 하시는 중에 죽으셨다. 그리고 "증인"을 또 '순교자'라고 해석해야 하는 이유는 바로 뒤따라오는 말 즉 "죽은 자들 가운데에서 먼저 나시고"란 말 때문이다. 예수님은 신실하신 순교자가 되셨고 또 죽은 자들 가운데에서 먼저 나신 분이시다. 요한은 둘째, 예수님은 "죽은 자들 가운데에서 먼저 나신 분"이라고 말한다(행 26:23; 고전 15:20,

23; 골 1:18). 어떤 학자의 견해를 따르면 아담 시대부터 지금까지 죽은 자들이 1,000억을 넘었다고 하는데 그 중에서 먼저 나신 분, 즉 먼저 부활하신 분이시다. 예수님 이후에는 아직까지 부활한 사람이 없다. 야이로의 딸이나 나인성 과부의 아들이나 나사로는 다시 살아나긴 했으나 부활할 몸으로 살아난 것은 아니었다. 오직 예수님만 영원히 죽지 않으시는 분으로 살아나신 것이다. 예수님께서 부활의 첫 열매이시니 우리는 다음 차례로 부활할 것이다(고전 15:20). 셋째, 요한은 "땅의 임금들의 머리가 되신 예수 그리스도"라고 묘사한다(17:14; 19:16; 엡 1:20; 빌 2:9-10). 예수님은 부활 승천하셔서 땅의 임금들의 주장자가 되셨다고 말한다. 여기 이 말은 예수님께서 로마 황제들을 얼마든지 주장하시는 분이라는 것을 드러내는 말이다(6:15; 17:14; 19:16). 세상의 왕들이 아무리 독재자라 할지라고 예수님의 주장 곧 예수님의 주권 안에 있다. 수신자들은 로마의 독재자들을 두려워할 필요가 없었다. 오늘도 역시 성도들은 아무 것도 두려워할 필요가 없다.

요한은 수신자들에게 예수님으로부터 "은혜와 평강이 너희에게 있기를 원하노라"고 말한다. "은혜"란 헬라인들의 인사말로 하나님께서 그리스도를 통하여 주시는 무조건적인 호의를 지칭하고 "평강"이란 유대인들의 인사말로 은혜를 받은 자가 가지는 마음의 안정감을 말한다. 우리 자신들도 성삼위로부터 오는 무조건적인 호의를 받아야 하고 동시에 은혜를 받은 자로서 느끼는 평강을 가져야 한다. 그리고 더 나아가서 우리는 다른 사람들에게도 은혜와 평강을 빌어주어야 한다.

요한은 이 하반 절부터 6절까지에 걸쳐 하나님께 대한 송영을 한다. 사람에 대한 축복(4절-5a) 다음에 예수님께 대한 송영(5b-6절)을 한다. 요한은 예수님께서 "우리를 사랑하셔서서"(요 13:34; 15:9; 갈 2:20) 행하신 것에 대해 송영을 한다. 여기 "우리를 사랑하사"(ἀγαπῶντι)란 말은 현재분사로 예수님의 지속적인 사랑을 보여주고 있다. 예수님은 지금도 우리를 사랑하고 계신다.

요한은 예수님께서 우리를 사랑하셔서서 행하신 두 가지 일을 말한다.

하나(또 하나는 6절에 있음)는 "그의 피로 우리 죄에서 우리를 해방하셨다"
고 말한다(히 9:14; 요일 1:7). 예수님은 그의 십자가의 피로 우리의 죄를
씻으셔서 우리를 원죄와 자범죄로부터 우리를 해방하셨다(마 20:28; 요
8:34-36; 갈 3:13; 딤전 2:6; 히 9:12; 벧전 1:18-19; 계 5:9; 14:3-4). 여기
또 주의할 것은 "해방하신"(λύσαντι)이란 말은 부정(단순)과거 분사로 이미
과거에 단번에 해방하신 것을 가리킨다. 예수 그리스도는 이미 십자가에서
우리의 모든 죄를 씻으셨다.

**계 1:6. 그의 아버지 하나님을 위하여 우리를 나라와 제사장으로 삼으신
그에게 영광과 능력이 세세토록 있기를 원하노라 아멘**(καὶ ἐποίησεν ἡμᾶς
βασιλείαν, ἱερεῖς τῷ θεῷ καὶ πατρὶ αὐτοῦ, αὐτῷ ἡ δόξα καὶ τὸ κράτος
εἰς τοὺς αἰῶνας ((τῶν αἰώνων))· ἀμήν-and made us a kingdom, priests
to his God and Father, to him be glory and dominion for ever and ever.
Amen-RSV).

예수님께서 우리를 사랑하셔서 행하신 또 하나의 일은 "그의 아버지
하나님을 위하여 우리를 나라와 제사장으로 삼으신" 것이라고 한다(5:10;
20:6; 벧전 2:5, 9). 요한은 예수님께서 우리를 나라와 제사장으로 삼으신
것이 "그(그리스도)의 아버지 하나님을 위하여" 하신 일이라고 한다. "그(그
리스도)의 아버지 하나님을 위하여"라는 말은 우리를 나라와 제사장으로
삼으신 것이 우리만 위해서 하신 것이 아니라 그리스도의 아버지 하나님을
위해서도 하신 일이라는 것이다. 이를 통해 우리가 알게 되는 것은 예수님께
서 우리를 나라와 제사장으로 만드신 것이 일차적으로는 우리를 위한 것이지
만 궁극적인 목적은 하나님을 영화롭게 하려는 것이다.[9]

요한은 예수님께서 "우리를 나라와 제사장으로 삼으셨다"고 말한다.

---

9) 박윤선박사는 "그리스도의 구원행위의 업적은 물론 제 1차적으로 우리에게 미쳤다. 그러
나 그것의 최종목적은 하나님을 영화롭게 하는데 있는 것이다(엡 1:6; 계 22:2). 하나님은 우리를
구원하사 자기를 알고 또 섬기게 하려는 것을 일향(一向) 목적하시는데(엡 1:5-6), 그리스도께서
그 구원 행위로써 이루신 것이다"라고 주장한다(*계시록*, 성경주석, 영음사, 1995).

"우리를 나라로 삼으셨다"(καὶ ἐποίησεν ἡμᾶς βασιλείαν)는 말을 번역할
때 "우리를 왕들로 삼으셨다"(has made us kings)고 번역한 번역판이
있고(KJV, NKJV, YLT, Webster), "우리를 나라로 삼으셨다"(has made
us a kingdom)고 번역한 번역판들이 있다(NIV, ASV, NASB, RSV,
NRSV, NLT, DBY, 개역판, 개역개정판, 표준새번역, 현대인의 성경).
후자의 번역이 더 옳은 것으로 보아야 한다. 예수님은 우리를 한 나라로
만드셨다. 한 신령한 나라로 만드신 것을 지칭한다. 여기 "나라"란 말은
교회와 비슷한 말이지만 현실 교회에는 가라지도 있지만 신령한 나라
안에는 가라지가 없는 것이 특징이다. 우리 각자는 지금 이 나라의 일원으
로 존재하고 있다.

그리고 예수님은 우리를 "제사장"(ἱερεῖς)으로 삼으셨다. 우리는 한 신령
한 나라 안에서 하나님을 섬기는 '제사장들'이 되었다(출 19:6; 벧전 2:9).
우리는 누구든지 제사장으로 하나님께 나아가 기도하는 사람들이 되었다(히
4:16). 우리는 쉬지 말고 하나님께 나아가 기도해야 한다.

요한은 우리 주님께서 우리를 나라의 일원으로 삼으신 것과 또 우리를
제사장들로 삼아주신 것에 대해서 너무 감사하여 "영광과 능력이 세세토록
있기를 원하고 있다"(딤전 6:16; 히 13:21; 벧전 4:11; 5:11). 여기 "영광"이란
'하나님의 속성의 총체'를 뜻하는 말로서 우리를 신령한 나라가 되게 하시고
또 하나님을 섬기는 제사장들로 삼아주신 하나님의 놀라운 영광과 능력이
하나님께 세세토록 있기를 기원하고 있다.

"세세토록"이란 말은 '영원토록'이란 뜻으로 본서에 12회 나타난다(1:6,
18; 4:9-10; 5:13; 7:12; 10:6; 11:15; 15:7; 19:3; 20:10; 22:5). 그리고 "아멘"
이란 말은 기도나 찬미의 앞에나 끝에 두어 그 기도나 찬미의 내용을 확인하
는 말이다(1:6, 7; 5:14; 7:12; 14:4; 19:4; 22:20, 21). '과연 그렇습니다',
'틀림없이 그렇다'는 뜻을 지닌다.[10]

---

10) 이 "아멘"은 기도나 찬미의 내용에 대한 확인으로만 쓰이는 것이 아니라 그리스도의
대명사로 쓰이기도 한다(3:14).

## C. 본서의 요지    1:7-8

요한은 문안 인사(4-6절)를 마친 다음 본서의 요지를 발표한다. 즉 요한은 그리스도께서 앞으로 누구든지 볼 수 있도록 다시 오신다고 말한다(7절). 그리고 요한은 성부 하나님께서 친히 하신 말씀을 기록한다(8절).

**계 1:7. 볼지어다 그가 구름을 타고 오시리라 각 사람의 눈이 그를 보겠고 그를 찌른 자들도 볼 것이요 땅에 있는 모든 족속이 그로 말미암아 애곡하리니 그러하리라 아멘**(Ἰδοὺ ἔρχεται μετὰ τῶν νεφελῶν, καὶ ὄψεται αὐτὸν πᾶς ὀφθαλμὸς καὶ οἵτινες αὐτὸν ἐξεκέντησαν, καὶ κόψονται ἐπ᾽ αὐτὸν πᾶσαι αἱ φυλαὶ τῆς γῆς. ναί, ἀμήν).

요한은 앞(6절)에서 축복을 한 다음 본 절에서는 "볼지어다 그가 구름을 타고 오시리라"고 말한다(22:20과 비교할 것). 이는 찬송의 삶을 영위하는 중에 그리스도의 재림을 맞이한다는 뜻일 것이다. 본문의 "볼지어다"(Ἰδοὺ)라는 말은 중대한 사건을 말하기 위하여 사용하는 낱말이다. 그리스도의 재림에 대해 말하는 것만큼 중요한 것은 없을 것이다.

본문의 "구름"이란 '신비의 구름', '영광의 구름' 다시 말해 모세의 회막 위에 머물렀던 영광의 구름일 것이다(출 40:34). 출 13:21; 14:19; 사 19:1; 단 7:13; 마 24:30; 26:64 참조. 예수님께서 승천하실 때에도 영광의 구름에 싸여 승천하셨다(행 1:9-11 참조).

그리고 요한은 예수님께서 구름 타고 오실 때 그를 볼 사람들에 대해서 언급한다. 첫째, "각 사람의 눈이 그를 볼 것이라"고 말한다. 예수님께서 초림하실 때에는 불과 몇 사람만 보았으나 예수님께서 재림하실 때에는 모든 사람이 볼 것이라고 한다. 우리도 주님께서 다시 오실 때에 주님을 분명히 볼 수 있을 것이다.

둘째, "그를 찌른 자들도 볼 것이라"고 말한다(슥 12:10; 요 19:37). 스가랴 12:10은 "내(여호와)가 다윗의 집과 예루살렘 주민에게 은총과 간구하는 심령을 부어 주리니 그들이 그 찌른 바 그를 바라보고 그를 위하여 애통하기를 독자를 위하여 애통하듯 하며 그를 위하여 통곡하기를 장자를 위하여 통곡하듯 하리로다"라고 증언한다. 그들은 재림하시는 예수님을 보기 원하지 않았겠지만 하나님의 권능에 의하여 그들이 예수님을 보게 될 것이다. 요 19:34; 20:25, 27 참조. 예수님을 찔렀던 로마 군병들이나 그 배후에 있던 유대인만 아니라 예수님과 그 종들을 박해했던 모든 사람들은 예수님을 보게 될 것이다.

그리고 셋째, "땅에 있는 모든 족속이 그로 말미암아 애곡하리라"고 말한다. 모든 족속이 애곡하는 이유는 예수님을 구주로 믿지 않았기 때문이며 또한 심판에 대한 두려움 때문일 것이다.

요한은 "그러하리라. 아멘"(ναί, ἀμήν)이라고 덧붙인다. "그러하리라"(ναί)는 말은 헬라어, "아멘"(ἀμήν)이란 말은 히브리어로 되어 있어 두 단어의 뜻은 똑 같으므로 '그러하리라, 그러하리라' 혹은 '아멘, 아멘'의 뜻이다. 최상급의 확인이다. 요한이 이처럼 땅 위에 있는 모든 족속이 통곡할 것이라고 말한 다음 '그러하리라, 그러하리라'하고 이중으로 확인하는 것을 보고 혹시 요한에게 그들에 대한 대단한 복수심이 있는 것이 아닌가하고 생각할 수도 있다. 그러나 요한이 땅에 있는 모든 족속이 통곡하리라고 말한 다음 아주 기쁜 듯이 이중으로 확인하는 이유는 "사악한 자들이 타도됨은 성도들의 승리이며 무수한 핍박을 당한 기독교인들의 변호이기" 때문이다.[11]

**계 1:8. 주 하나님이 이르시되 나는 알파와 오메가라 이제도 있고 전에도 있었고 장차 올 자요 전능한 자라 하시더라**(Ἐγώ εἰμι τὸ Ἄλφα καὶ τὸ Ὦ, λέγει κύριος ὁ θεός, ὁ ὢν καὶ ὁ ἦν καὶ ὁ ἐρχόμενος, ὁ παντοκράτωρ).

요한이 주님의 재림을 말한 다음 본 절에서는 하나님께서 직접 요한이 말한 바를 직접 뒷받침한다. 요한은 주 하나님이 말씀하신 것을 인용한다.

---

11) 레온 모리스(Leon Morris), 요한계시록, 김근수역, p. 59.

즉 "나는 알파와 오메가라 이제도 있고 전에도 있었고 장차 올 자요 전능한 자라"고 하신 말씀을 기록한다. 하나님은 자신이 "알파와 오메가라"고 하신다(17절; 2:8; 21:6; 22:13; 사 41:4; 44:6; 48:12). "알파"(Ἄλφα)란 말은 헬라어의 알파벳 중 첫 글자로 하나님께서 역사를 시작하셨다는 뜻이고, 또 "오메가"(Ὦ)란 말은 헬라어의 알파벳 중 마지막 글자로 하나님께서 역사를 마감하신다는 뜻이다. 하나님께서 시작하신 역사를 하나님께서 마감하신다는 뜻이다. 하나님은 창조주이시고 심판주란 뜻이다.

요한은 하나님께서 친히 하신 말씀 즉 "이제도 있고 전에도 있었고 장차 올 자"(ὁ ὢν καὶ ὁ ἦν καὶ ὁ ἐρχόμενος)라고 하신다(4절; 4:8; 11:17; 16:5). "이제도 있고"(ὁ ὢν)란 말은 현재분사로 '지금 역사상에 계속해서 존재 한다'는 뜻이고, "전에도 있었고"(ὁ ἦν)란 말은 미완료과거 시제로 '과거에 계속해서 있었다'는 뜻이며, "장차 올 자"(ὁ ἐρχόμενος)란 말은 '앞으로 그리스도 안에서 올 자'란 뜻이다. 요한은 앞(7절)에서 예수님께서 "구름을 타고 오시리라"고 했는데 본 절에서는 하나님께서 그리스도 안에서 오실 것이라고 말한다. 성부와 성자는 서로 다른 위격(位格)이지만 활동 면에서는 동일하시다는 것을 보여준다.

요한은 하나님께서 "전능한 자"(ὁ παντοκράτωρ)라고 하시는 말씀을 여기 기록한다(1:8; 4:8; 11:17; 15:3; 16:7, 14; 19:6, 15; 21:22). 고후 6:18 참조. 본문에서 하나님이 전능한 자라고 자신을 소개하시는 이유는 하나님께서 예수 안에서 분명히 재림을 이루신다는 것을 말씀하기 위함일 것이다. 하나님은 전능하셔서 창조하셨고 또 전능하셔서 심판하실 것이다. 하나님은 전능하셔서 그리스도 안에서 반드시 재림하실 것이다. 그리스도께서 재림하시는 것을 막을 세력은 세상에 아무 것도 없다.

D. 계시자가 나타나심  1:9-20

요한은 계시를 받는 자신의 형편(9-11절)과 계시자이신 예수님께서 나타나신 모양(12-16절)을 말하고, 또 예수님께서 요한에게 명령하신 말씀(17-20

절)을 기록한다.

**계 1:9. 나 요한은 너희 형제요 예수의 환난과 나라와 참음에 동참하는 자라 하나님의 말씀과 예수를 증언하였음으로 말미암아 밧모라 하는 섬에 있었더니**(Ἐγὼ Ἰωάννης, ὁ ἀδελφὸς ὑμῶν καὶ συγκοινωνὸς ἐν τῇ θλίψει καὶ βασιλείᾳ καὶ ὑπομονῇ ἐν Ἰησοῦ, ἐγενόμην ἐν τῇ νήσῳ τῇ καλουμένῃ Πάτμῳ διὰ τὸν λόγον τοῦ θεοῦ καὶ τὴν μαρτυρίαν Ἰησοῦ).

"나 요한"(Ἐγὼ Ἰωάννης)이란 자기소개의 말(22:8)은 다니엘서에도 빈번히 나타난다(단 7:15, 28; 8:1; 9:2). 이런 식의 자기소개는 계시문학의 한 특징으로 볼 것이다. "나 요한"이라고 말할 때 '사도'라고 하지 않은 것은 아마도 수신자들 측에서 요한이 사도임을 잘 알고 있었기 때문이었을 것이고, 또 요한 자신이 수신자들과 똑같은 수난자들임을 드러내기 위함이었을 것으로 보인다.

요한 사도는 자신을 "나 요한은 너희 형제요 예수의 환난과 나라와 참음에 동참하는 자라"고 밝힌다(롬 8:17; 빌 1:7; 4:14; 딤전 1:8; 딤후 2:12 참조). 여기 "너희 형제요 예수의 환난과 나라와 참음에 동참하는 자"(ὁ ἀδελφὸς ὑμῶν καὶ συγκοινωνὸς ἐν τῇ θλίψει καὶ βασιλείᾳ καὶ ὑπομονῇ ἐν Ἰησου)란 말이 헬라어에서 한 개의 관사로 묶여 있는 이유는 요한이 영적으로 수신자들과 한 형제이고 또 환난에 동참하는 면에 있어서 똑같다는 것을 보여주기 위함이었을 것이다. 오늘 우리 예수님을 믿는 사람들은 피차 형제이고 또 똑같이 환난에 처해있는 사람들임을 기억해야 할 것이다. 요한은 과거에는 소아시아의 그리스도인들을 알지 못했었는데 이제는 그리스도 때문에 형제가 되었다는 것을 드러낸다.

"예수의 환난과 나라와 참음"(τῇ θλίψει καὶ βασιλείᾳ καὶ ὑπομονῇ ἐν Ἰησου)이란 말은 "예수의 환난"(τῇ θλίψει ἐν Ἰησου), "예수의 나라"(βασιλείᾳ ἐν Ἰησου), "예수의 참음"(ὑπομονῇ ἐν Ἰησου)이란 뜻이다. 이유는 "예수의"(ἐν Ἰησου)란 말이 세 낱말에 연결되기 때문이다. "예수의

환난"이란 '예수님을 전하기 때문에 환난을 당하고 있다'는 뜻으로 우리가 예수님을 전하기 위해서는 환난을 당한다는 것을 보여준다. 그리고 "예수님의 나라"(βασιλεία ἐν Ἰησοῦ)란 '예수님을 왕으로 섬기는 천국'을 의미한다. 누구든지 예수님을 믿으면 영적으로 예수님이 다스리시는 천국의 시민이 된다. 그리고 "예수의 참음"(ὑπομονῇ ἐν Ἰησοῦ)이란 '예수 안에서의 참음'이란 뜻으로 누구든지 예수 안에 있으면 적극적으로 인내할 수 있게 된다는 것을 보여준다(행 14:22; 골 1:24).

요한 사도는 "하나님의 말씀과 예수를 증언하였음으로 말미암아 밧모라 하는 섬에 있었다"(ἐγενόμην ἐν τῇ νήσῳ τῇ καλουμένῃ Πάτμῳ διὰ τὸν λόγον τοῦ θεοῦ καὶ τὴν μαρτυρίαν Ἰησοῦ)고 말한다. "하나님의 말씀과 예수를 증언하였다"(2절; 6:9)는 말은 별개의 사실이 아니라 하나님의 말씀을 전하면 결국 그 말씀의 핵심인 예수를 증언하게 된다는 것을 보여준다. 요한은 하나님의 말씀 즉 복음을 증언하였으므로 밧모라 하는 섬에 정배되어 갔다. 요한은 로마의 가장 악독했던 제 7대 황제 도미시안 (AD. 81-96) 때 밧트모스[12]라는 섬으로 보내졌다. 요한은 여기서 요한계시록을 쓰게 되었다.

**계 1:10.** 주의 날에 내가 성령에 감동되어 내 뒤에서 나는 나팔 소리와 같은 큰 음성을 들으니(ἐγενόμην ἐν πνεύματι ἐν τῇ κυριακῇ ἡμέρᾳ καὶ

---

12) "밧모": (Patmos) '송진'이란 뜻. 에베소의 서남쪽 90㎞ 지점에 있는 섬으로 에게해의 스포라데스 군도(Sporades)에 속하는 작은 섬이다. 남북 16㎞, 동서 9㎞, 면적 40㎢로서 전라남도의 압해도(40.2㎢)나 고금도(40.1㎢)만 하다. 세 산괴(山塊)가 지협(地峽)으로 이어져 있기 때문에 해안은 길다(60㎞). 지표는 완전히 화산암으로 되어 있으며, 겨우 밀이나 포도가 재배되고 있을 정도이다. 산은 최고봉 일리아스(ProphitisIlias, 예언자 엘리야)라 할지라도 269m에 불과하다. 그러나 전망은 아름답다. 조기(早期)에는 도리안인, 다음에 이오니아인에 의해 식민이 진행되었지만, 로마 시대에는 범죄자의 유형지로 쓰이고 있었다. 전설에 의하면 요한은 도미티아누스(Domitianus, 81-96 재위)때에 여기에 유형되었다고 한다. 그는 여기서 계시록을 썼다(계 1:9). 섬의 남쪽은 전부 성 요한 수도원에 속해 있다. 그것은 1088년, 비잔틴 황제 알렉시우스 콤메누스 (Alexius Commenus)의 허가에 따라 성 크리스토둘로스(St. Christodulos)가 일리아스 산정의 고대 신전 자리에 세운 것이다. 그 아래쪽에는 '계시의 굴'이 있는데, 요한이 여기서 계시를 받았다고 하는 작은 교회당이 있다.

ἤκουσα ὀπίσω μου φωνὴν μεγάλην ὡς σάλπιγγος-I was in the Spirit on the Lord's day, and heard behind me a great voice, as of a trumpet-KJV).

요한은 앞(9절)에서 수신자들에게 자신을 소개한 다음 본 절에는 수신자들에게 편지를 써 보내기 전 자신이 주일에 성령에 감동되어 자기를 깨우는 큰 음성을 들은 사실을 기록한다. 그는 평범한 상태에서 편지를 쓴 것이 아니라 "주의 날에 내가 성령에 감동되어 내 뒤에서 나는 나팔 소리와 같은 큰 음성을 들었다"고 말한다(4:2; 17:3; 21:10; 행 10:10; 고후 12:2).

"주의 날"(on the Lord's day)이란 '주님이 부활하신 날, 곧 우리가 오늘 주님을 경배하는 날'을 지칭한다(요 20:26). 이 표현은 신약에서 다시 보이지 않고 이곳에만 보이나 "안식 후 첫날"(막 16:2; 눅 23:56; 요 20:19; 행 20:7) 또는 "매주일 첫날"(고전 16:2)이란 말로 표현되었다. 주님께서 부활하신 주의 날은 사도 시대부터 지켜지기 시작했으나 이날이 유대교의 안식일을 대치해서 지켜진 것은 2세기부터였다.

주일에 요한은 "내가 성령에 감동되었다"고 말한다(4:2). 이 구절은 문자적으로는 '요한이 성령 안에 있었다'(I was in the Spirit)는 뜻이지만 그저 성령을 받은 것이나 혹은 성령 안에 있었다는 표현이 아니라 성령에 의한 황홀한 경지에 있었다는 뜻이다. 다시 말해 요한은 하나님의 영에 의해 전적으로 통제를 받는 상태에 있었다는 뜻이다. 이와 비슷한 경우로는 행 10:10; 11:5; 12:11; 22:17; 고후 12:2-4등을 들 수 있다. 그러나 황홀경에 있었다하여 몰아적(沒我的)인 상태에 있었다는 뜻은 아니다. 요한은 천사로부터 그리스도의 계시를 받기 위해(1절 참조) 완전히 성령님이 주장하시는 황홀경에 있었다. 요한은 성령을 향하여 완전히 개방되어 있었고 환상들을 보도록 준비되어 있었다.

요한은 성령에 감동되어 "내 뒤에서 나는 나팔 소리와 같은 큰 음성을 들었다"(heard behind me a great voice, as of a trumpet)고 말한다(4:1; 10:8). 요한은 자기 뒤에서 나는 "큰 음성"을 들었는데 그 음성은 나팔 소리에 가장 가까운 큰 소리였다. 그리고 이 큰 음성은 천사의 음성이 아니라 그리스도의 음성이었다(1절, 11절, 19절 참조). "큰 음성"이란 낱말은 계시록에 많이 나타난다(1:10; 5:2, 12; 6:10; 7:2, 10; 8:13; 10:3; 11:12, 15; 12:10; 14:7, 9, 15, 18; 16:1, 17: 19:1, 17; 21:3). 그리스도께서 큰 음성을 내신 것은 요한의 마음을 깨워 계시를 받아 기록하려는 의도에서였다.

**계 1:11. 이르되 네가 보는 것을 두루마리에 써서 에베소, 서머나, 버가모, 두아디라, 사데, 빌라델비아, 라오디게아 등 일곱 교회에 보내라 하시기로** (λεγούσης, Ὁ βλέπεις γράψον εἰς βιβλίον καὶ πέμψον ταῖς ἑπτὰ ἐκκλησίαις, εἰς Ἔφεσον καὶ εἰς Σμύρναν καὶ εἰς Πέργαμον καὶ εἰς Θυάτειρα καὶ εἰς Σάρδεις καὶ εἰς Φιλαδέλφειαν καὶ εἰς Λαοδίκειαν-saying, "Write what you see in a book and send it to the seven churches, to Ephesus and to Smyrna and to Pergamum and to Thyatira and to Sardis and to Philadelphia and to La-odicea."-RSV).

요한은 자기 뒤에서 나는 그리스도의 큰 음성이 말씀하시는 것을 들었는데 그리스도께서 이르시기를(λεγούσης) "네가 보는 것을 두루마리에 써서 에베소, 서머나, 버가모, 두아디라, 사데, 빌라델비아, 라오디게아 등 일곱 교회에 보내라"고 하시는 말씀을 들었다. 요한은 자신이 보는 것("네가 보는 것"은 계시록 전체의 내용을 포괄하는 말이다)을 두루마리에 쓰라는 부탁을 받았다. 결코 엉뚱한 것을 써서 보내라는 말이 아니라 요한이 성령에 감동된 상태에서 보는 것을 두루마리에 쓰라는 부탁을 받은 것이다.

요한은 "에베소, 서머나, 버가모, 두아디라, 사데, 빌라델비아, 라오디게아 등 일곱 교회에 보내라"고 하시는 음성을 들었다. 많은 주석가들이 공통적으로 말하는 바와 같이 요한 사도 당시 소아시아에는 교회가 일곱 이상이 있었는데 주님께서 일곱 교회를 지명하신 것은 이 일곱 교회가 세계 교회를 대표하기 때문이라고 한다. 일곱 숫자는 완전수로 세계 교회를 대표한다는 것이다. 본 절에 기록된 일곱 교회의 이름에 대해서는 제 2장과 제 3장에 나오는 각 교회의 이름이 나올 때 참조하라.

**계 1:12. 몸을 돌이켜 나에게 말한 음성을 알아보려고 돌이킬 때에 일곱 금 촛대를 보았는데**(Καὶ ἐπέστρεψα βλέπειν τὴν φωνὴν ἥτις ἐλάλει μετ᾽ ἐμοῦ, καὶ ἐπιστρέψας εἶδον ἑπτὰ λυχνίας χρυσᾶς-Then I turned to see the voice that was speaking to me, and on turning I saw seven golden lampstands-RSV).

요한은 자기 뒤에서 나는 그리스도의 큰 음성(10절)을 알아보려고 "몸을 돌이킬 때에 일곱 금 촛대를 보았다"고 말한다(출 25:37; 왕상 7:49; 슥 4:2 참조, 그러나 요한이 사용한 촛대라는 말은 구약의 것과는 다르다. 요한이 사용한 단어는 "촛대"라기 보다는 "등잔"에 더 가깝다[13]). 본문의 "일곱 금 촛대"는 20절("일곱 촛대는 일곱 교회니라")에 해설된 바와 같이 '일곱 교회'(에베소, 서머나, 버가모, 두아디라, 사데, 빌라델비아, 라오디게아 교회)를 가리키는 말이다. 당시의 일곱 교회를 가리키는 말이지만 이는 전 세계에 흩어져 있는 모든 교회를 가리키는 말이기도 하다. 그런데 본문의 "교회"라는 단어 앞에 "금"이란 말이 붙은 이유는 교회란 그리스도께서 세우신 것이기에 아주 귀하며 신적(神的)이란 것을 보여준다. 오늘 우리 교회는 주님의 피가 지불된 것이기에 얼마나 귀한지 형언할 길 없다(행 20:28).

**계 1:13. 촛대 사이에 인자 같은 이가 발에 끌리는 옷을 입고 가슴에 금띠를 띠고**(καὶ ἐν μέσῳ τῶν λυχνιῶν ὅμοιον υἱὸν ἀνθρώπου ἐνδεδυμένον ποδήρη καὶ περιεζωσμένον πρὸς τοῖς μαστοῖς ζώνην χρυσᾶν-and among the lampstands was someone "like a son of man," dressed in a robe reaching down to his feet and with a golden sash around his

---

13) 레온 모리스(Leon Morris), *요한계시록*, 김근수역, p. 62

chest-NIV).

요한이 몸을 돌이켜 일곱 금 촛대를 보았을 때(앞 절) "촛대 사이에 인자 같은 이"가 계신 것을 보았다(2:1; 14:14; 슥 1:26; 단 7:13; 10:16). "촛대 사이"란 말은 '교회들 사이'라는 뜻이다(20절). 그리고 "인자 같은 이"란 말은 단 7:13에 기록된 "인자" 즉 '메시아'와 동일한 분이시다. 구약의 "인자 같은 이"는 아직 육신을 입지 않으신 메시아이고, 본 절에서 요한이 말하는 "인자 같은 이"는 성육신 하셔서 우리 죄를 대신하여 십자가에서 죽으셨다가 부활 승천하신 메시아시다. "촛대 사이에 인자 같은 이"가 계신 것은 일곱 교회에 예수님께서 두루 다니신다는 뜻과 당시 원수들에게 환난 당하는 교회들을 지켜 주신다는 뜻이다. 예수님은 항상 우리 교회들 사이에 계셔서 교회를 통치하시고 구원을 이루시며 우리를 원수들에게서 지켜주시니 주의 몸된 교회는 염려할 것이 없다.

그리고 요한은 일곱 촛대, 다시 말해 일곱 교회 사이에 "인자 같은 이가 발에 끌리는 옷을 입고"(someone "like a son of man," dressed in a robe reaching down to his feet) 계신 것을 보았다(단 10:5). 메시아가 "발에 끌리는 옷을 입고" 계시다는 말은 '대제사장이나 왕과 같은 높은 사람들이 입는 옷을 입고' 계신 메시아를 보았다는 말이다(출 28:4; 29:5; 단 10:5-6; 슥 3:4). 그리스도는 땅에서 대제사장의 역할을 감당하시느라 십자가에서 피를 흘려 죽으셨고, 죽으신 후 부활하시고, 또한 승천하셔서 하나님 우편에서 온 우주를 다스리시는 왕의 역할을 하고 계신다. 이 그리스도야말로 그 어떤 원수(로마 황제들을 포함)도 물리치실 수 있으신 분이시다.

요한이 예수님께서 "가슴에 금띠를 띠고"(with a golden sash around his chest) 계신 것을 본 것은 예수님께서 대제사장으로서 그리고 왕으로서 가슴에 금띠를 띠고 계신 것을 본 것을 뜻한다(15:6). 예수님은 대제사장 겸 왕이시다(시 110:1-7; 사 6:1-5). 우리 교회들은 지금 우리를 위해 희생하신 대제사장 겸 우리를 다스리시는 왕을 모시고 있으니 얼마나 든든한가.

**계 1:14. 그의 머리와 털의 희기가 흰 양털 같고 눈 같으며 그의 눈은 불꽃같고**
(ἡ δὲ κεφαλὴ αὐτοῦ καὶ αἱ τρίχες λευκαὶ ὡς ἔριον λευκόν ὡς χιὼν καὶ οἱ ὀφθαλμοὶ αὐτοῦ ὡς φλὸξ πυρὸς- His head and [his] hairs [were] white like wool, as white as snow; and his eyes [were] as a flame of fire-KJV).

요한은 예수님의 "머리와 털의 희기가 흰 양털 같고 눈 같은 것"을 보았다(단 7:9). "머리와 털의 희기가 흰 양털 같고 눈 같다"는 말은 예수님이 영생(장수)하신다는 것을 생각나게 한다(단 7:9). 동시에 예수님이 지극히 거룩하시다는 것을 알게 한다(시 51:8; 사 1:18). 즉 요한은 주님이 영원하신 분임을 보았고 또 거룩하심을 보았다. 그리고 요한은 예수님의 "눈은 불꽃 같으심"을 보았다(2:18; 19:12; 단 10:6). 예수님의 눈이 불 꽃 같다는 말의 의미는 그리스도께서 전지 하시다는 의미이다(2:18; 19:12; 신 4:24; 렘 17:10; 단 10:6). 예수님께서는 지상에서의 삶, 곧 그의 공생애 중에서도 자신의 전지하심을 드러내 주셨다.

**계 1:15. 그의 발은 풀무 불에 단련한 빛난 주석 같고 그의 음성은 많은 물소리와 같으며**(καὶ οἱ πόδες αὐτοῦ ὅμοιοι χαλκολιβάνῳ ὡς ἐν καμίνῳ πεπυρωμένης καὶ ἡ φωνὴ αὐτοῦ ὡς φωνὴ ὑδάτων πολλῶν-his feet were the sound of many waters-RSV).

요한은 예수님의 발이 "풀무 불에 단련한 빛난 주석 같음"(his feet were like burnished bronze, refined as in a furnace)을 보았다(2:18; 겔 1:7; 단 10:6). 단 10:6은 "그(인자)의 팔과 발은 빛난 놋과 같더라"고 증언한다. 요한은 예수님의 발을 풀무 불에 단련한 빛난 주석과 같은 단단한 발로 보았다. 그렇기에 예수님의 발은 로마 황제들을 얼마든지 짓밟을 수도 있어 보였고, 또 어떤 원수도 심판할 수 있는 발처럼 보였다(마 22:44). 단 2:31-35

참조. 요한이 본 예수님의 발은 초림 때의 상하신 발과는 전혀 달라서 절대로 상하지 않을 발이었다. 우리 주님의 발이야말로 우리의 원수들을 얼마든지 밟으실 수 있는 발이시다.

그리고 요한이 들은 예수님의 음성은 "많은 물소리와 같았다"(14:2; 19:6; 겔 43:2; 단 10:6). 겔 43:2에 보면 하나님의 음성이 많은 물소리와 같다고 했는데 여기서는 예수님의 음성이 많은 물소리와 같다고 말한다 (시 29:3; 사 17:12 참조). 요한은 예수님과 하나님을 동일시하고 있다. 예수님의 음성이 많은 물소리와 같다는 말씀은 예수님께서 그 원수들을 심판하시는 음성이 대단할 것을 보여준다. 예수님은 그 무서운 발로 원수들을 밟으실 뿐만 아니라 음성으로도 꾸짖으실 것이다. 당시 가장 강한 자처럼 보이는 로마의 황제 같은 사람들도 예수님 앞에서는 아무 것도 아님을 보여준다.

**계 1:16. 그의 오른손에 일곱별이 있고 그의 입에서 좌우에 날선 검이 나오고 그 얼굴은 해가 힘 있게 비치는 것 같더라**(καὶ ἔχων ἐν τῇ δεξιᾷ χειρὶ αὐτοῦ ἀστέρας ἑπτὰ καὶ ἐκ τοῦ στόματος αὐτοῦ ῥομφαία δίστομος ὀξεῖα ἐκπορευομένη καὶ ἡ ὄψις αὐτοῦ ὡς ὁ ἥλιος φαίνει ἐν τῇ δυνάμει αὐτοῦ-And he had in his right hand seven stars: and out of his mouth went a sharp twoedged sword: and his countenance [was] as the sun shineth in his strength-KJV).

요한은 "그(인자)의 오른손에 일곱별이 있는 것"을 보았다(20절; 2:1; 3:1). 예수님의 오른손 안에 일곱별이 있다는 것은 예수님의 힘 있는 손안에 일곱 교회의 사역자들(20절에 의하면 별은 교회의 사역자들이다)이 있다는 뜻으로 예수님께서 원수들의 박해를 막아주신다는 뜻이다. 세계에 흩어져서 일하고 있는 모든 사역자들은 지금도 예수님의 능력 있는 손 안에서 보호 받으며 능력 있게 일할 수 있다는 뜻이다.

그리고 요한은 "그(인자)의 입에서 좌우에 날선 검이 나오는 것"을 보았다(2:12, 16; 19:15, 21; 사 49:2; 엡 6:16; 히 4:12). "좌우에 날선 검"(사 11:4; 눅 2:35; 엡 6:17; 히 4:12)이란 예수님께서 심판하실 때 쓰시는 심판의 말씀을 지칭한다. 예수님은 로마 황제뿐 아니라 그를 대적하는 모든 원수들을 자신의 말씀으로 정죄하며 심판하실 것이다(요 12:48; 계 19:20).

그리고 요한은 "그(인자의) 얼굴은 해가 힘 있게 비치는 것 같더라"고 말한다(10:1; 삿 5:31; 행 26:13). 주님의 모습은 휘황찬란하여 원수들에게 심한 두려움을 주고도 남음이 있다. 본 절 해석과 관련하여 예수님의 얼굴이 해가 힘 있게 비치는 것 같다는 부분을 예수님이 따뜻하시고 인자하신 분이라고 해석해서는 안 될 것이다. 그 이유는 14-16절 사이 예수님의 모습은 모두 원수를 향하신 무서운 모습을 묘사하는 것이기 때문이다. 예수님은 원수들에게는 참으로 두려운 분으로서 심판주가 되신다.

**계 1:17. 내가 볼 때에 그의 발 앞에 엎드러져 죽은 자 같이 되매 그가 오른 손을 내게 얹고 이르시되 두려워하지 말라 나는 처음이요 마지막이니** (Καὶ ὅτε εἶδον αὐτόν, ἔπεσα πρὸς τοὺς πόδας αὐτοῦ ὡς νεκρός, καὶ ἔθηκεν τὴν δεξιὰν αὐτοῦ ἐπ' ἐμὲ λέγων, Μὴ φοβοῦ· ἐγώ εἰμι ὁ πρῶτος καὶ ὁ ἔσχατος-And when I saw him, I fell at his feet as dead. And he laid his right hand upon me, saying unto me, Fear not; I am the first and the last-KJV).

본 절은 예수님(12-16절에 기록된 예수님)을 본 요한의 반응과 또 요한의 반응에 다시 반응하시는 예수님의 자세와 두 마디 말씀을 기록하고 있다. 요한은 "내가 볼 때에 그의 발 앞에 엎드러져 죽은 자 같이 되었다"고 말한다. 요한은 12-16절에 기록된 예수님의 모습을 보고 "그의 발 앞에 엎드러져 죽은 자같이 되었다"고 말한다(겔 1:28; 단 8:17). 요한이 예수님의 발 앞에 엎드러져 죽은 사람과 같이 된 것은 갑자기 예수님의 어마어마한 모습을 보고 두려워했던 까닭이었다. 그가 사람이었으니 연약함이 있고, 또 죄의식도 있었을 것이기 때문이었을 것이다(Greijdanus). 사람이 이렇게 죽은 자같이 될 때에 계시를 받게 된다(단 8:17, 27; 10:9; 마 17:6; 행 26:14).

예수님의 발 앞에 엎드러진 요한을 보시고 예수님은 "그가 오른 손을 내게 얹고 이르시되 두려워하지 말라 나는 처음이요 마지막이라"고 하신다. 예수님이 "오른 손을 요한에게 얹으신 것"(단 8:18; 10:10)은 두려워하는 요한을 위로하시려는 자세였다. 예수님은 항상 두려워하는 성도들에게 가까이해 주신다. 혹자는 예수님의 오른 손에 일곱별을 붙잡고 계시다고 했는데(16절) 어떻게 오른 손을 요한에게 얹으셨을까하고 의심을 품을지 모르나 그러나 예수님은 그 이상의 일도 다 감당하신다.

예수님은 "두려워하지 말라. 나는 처음이요 나중이라"고 하신다(8절 참조). 성경에는 두려워하지 말라는 말이 365번 있다고 한다(마 14:27; 17:7; 요 6:20 등). 이는 하나님께서 우리에게 매일 두려워하지 말라고 말씀하신 것이 아닐까. 하나님 안에 있는 우리는 언제나 하나님과 함께 하기에 두려워할 필요가 없다. 그리고 예수님은 두려워하지 않을 이유를 말씀하신다. 이유는 "나는 처음이요 나중이기" 때문에 두려워하지 말라는 것이다. "처음이요 나중이라"(2:8; 22:13; 사 41:4; 44:6; 48:12)는 말씀은 예수님께서 역사를 시작하셨고 또 역사를 끝내실 전능하신 분이란 뜻이다. 세상에 대해 예수님께서는 재림하심으로 역사를 끝내시겠다고 하신다. 8절에서 요한은 "처음이요 나중이라"는 말씀을 성부 하나님에게 적용했으나(사 41:4; 44:6; 48:12) 본 절에서는 예수님께 적용한다. 예수님은 성부 하나님과 똑같은 하나님이시다. 우리는 역사를 시작하고 역사를 마감하시는 예수님께서 우리를 향하여 두려워말라고 말씀하시는 음성을 들으며 지극한 감사를 예수님께 올려 드려야 한다.

**계 1:18. 곧 살아 있는 자라 내가 전에 죽었었노라 볼지어다 이제 세세토록 살아 있어 사망과 음부의 열쇠를 가졌노니**(καὶ ὁ ζῶν, καὶ ἐγενόμην νεκρὸς καὶ ἰδοὺ ζῶν εἰμι εἰς τοὺς αἰῶνας τῶν αἰώνων καὶ ἔχω τὰς κλεῖς τοῦ θανάτου καὶ τοῦ ᾅδου- and the living one; I died, and behold I am alive for evermore, and I have the keys of Death and Hades-RSV).

예수님은 앞 절(17절)에서 자신을 소개하시면서 "나는 처음이요 마지막이니"라고 하시고는 본 절에서는 "살아있는 자"라고 하신다(롬 6:9). 여기 "살아있는 자"(ζῶν)란 말은 현재 분사로 '영원히 살아 있는 자'란 뜻이다. 예수님은 자신이 살아계신 분으로서 "전에 죽었었으나" 부활하셔서 영원히 계속해서 살아 계시다는 것이다. 예수님께서는 영원히 살아 계신 하나님의 속성을 자신에게 적용하고 계시다(시 42:2; 살전 1:9).

예수님은 자신이 "이제 세세토록 살아 있어 사망과 음부의 열쇠를 가지고 있다"고 말씀하신다(4:9; 5:14). 예수님은 죽지 않고 살아계시면서 "사망과 음부의 열쇠를 가지고 있다"고 하신다. "사망과 음부의 열쇠를 가지고 있다"(I have the keys of Death and Hades)는 말씀은 '죽게 하는 권세와 지옥으로 보내는 권세'를 가지고 있다는 뜻이다(20:1; 시 68:20). 여기 "음부"(ᾅδης)란 말은 구약에서는 단순히 '죽음'을 뜻했으나(창 37:35; 42:38; 삼상 2:6; 시 18:5; 잠 5:5) 신약에서는 형벌의 뜻으로 사용되었다(마 11:23; 눅 16:23). 그리스도는 사람을 죽게 하고 음부로 보내는 권세를 가지셨고 또 죽음과 음부에서 끌어내는 권세도 가지셨다. 주의해야 할 것은 12-16절까지의 문맥을 살필 때 예수님께서 원수들을 얼마든지 제어하시고 또 원수를 심판하실 수 있으신 분으로 묘사된 것을 감안할 때 예수님께서 사망과 지옥의 권세를 가지셨다는 말씀은 그 원수들을 죽게 하는 권세 또 지옥으로 보내는 권세를 행사하실 것이라는 것을 보여준다고 볼 수 있다.

**계 1:19. 그러므로 네가 본 것과 지금 있는 일과 장차 될 일을 기록하라** (γράψον οὖν ἃ εἶδες καὶ ἃ εἰσὶν καὶ ἃ μέλλει γενέσθαι μετὰ ταῦτα-Write, therefore, what you have seen, what is now and what will take place later-NIV).

예수님은 요한 사도에게 "그러므로 네가 본 것과 지금 있는 일과 장차 될 일을 기록하라"고 명하신다. 예수님은 11절에서도 기록하라고 명하셨는데 본 절에서는 명령을 더 확대하신다. 11절에서는 "네가 보는 것"을 기록하라고만 하셨는데 본 절에서는 "그러므로 네가 본 것과 지금 있는 일과 장차 될 일을 기록하라"고 하신다(2:1; 4:1). 예수님은 "그러므로"(οὖν) 즉 '자신이 역사를 시작하신 분이시고 재림하셔서 역사를 마감하실 분이며(187) 또 원수들을 죽이는 권세를 가지실 뿐 아니라 지옥으로 보내는 권세를 가지신 위대하신 분이므로(18절)' "네(요한 사도)가 본 것과 지금 있는 일과 장차 될 일을 기록하라"고 하신다. 후대의 성도들이 요한 사도가 본 환상이나 예수님께서 일곱 교회(세계 교회)를 경고하신 일들과 앞으로 일어날 일들을 보면서 위로를 받도록 하기 위해 기록하라는 것이다.

요한 사도는 예수님으로부터 "이미 본 것들(복수임)" 즉 '1:12-16에 기록된 예수님의 두려운 모습들'과 "지금 있는 일" 즉 '2:1-3:22에 기록된 바 일곱 교회(세계 교회)에 벌어질 상황들'과 "장차 될 일" 즉 '4:1-22:5에 일어날 일들'을 기록하라고 하신다. 이런 것들을 기록하여 후대의 성도들이 위로를 받고 또 경고를 받도록 하기 위해 기록하라고 하신다. 계시록의 주제는 예수 그리스도이신데 계시록은 성도들에게 영원한 승리를 보여주시고 또 원수들을 죽이시고 또 죽이시는 일들을 보여주시며 또 믿는 자가 하나님 나라에서 영광스럽게 살 것을 보여주시는 책이니 그 모든 것을 기록하라는 것이다. 요한계시록은 성도들에게 놀라운 위로를 전하는 책이다.

**계 1:20. 네가 본 것은 내 오른손의 일곱별의 비밀과 또 일곱 금 촛대라 일곱별은 일곱 교회의 사자요 일곱 촛대는 일곱 교회니라**(τὸ μυστήριον τῶν ἑπτὰ ἀστέρων οὓς εἶδες ἐπὶ τῆς δεξιᾶς μου καὶ τὰς ἑπτὰ λυχνίας τὰς χρυσᾶς· οἱ ἑπτὰ ἀστέρες ἄγγελοι τῶν ἑπτὰ ἐκκλησιῶν εἰσιν καὶ αἱ λυχνίαι αἱ ἑπτὰ ἑπτὰ ἐκκλησίαι εἰσίν).

예수님은 요한이 앞 절에서 본 것이 무엇임을 설명한다. 예수님은 요한이 "본 것은 내(예수님) 오른손의 일곱별의 비밀과 또 일곱 금 촛대라 일곱별은 일곱 교회의 사자요 일곱 촛대는 일곱 교회라"고 하신다. 예수님은 요한이 앞(12-16절)에서 본 것은 한 마디로 예수님의 손안에 있는 일곱별의 비밀과 또 일곱 금 촛대를 보았다는 것이다. "예수님의 오른 손의 일곱별의 비밀"(16절)이란 '일곱 별 즉 일곱 교회(세계 교회)의 모든 사자들이 예수님의 권능의 손 안에서 보호를 받으며 권능을 받아 사명을 감당하게 된다는 비밀(10:7; 17:5, 7)'14)이란 뜻이고 "일곱 금 촛대"란 말은 '금처럼 귀한 일곱 교회(세계 교회)가 예수님의 능력의 통제 아래에 있다'는 뜻이다.

그리고 예수님은 요한 사도에게 "일곱별은 일곱 교회의 사자요 일곱 촛대는 일곱 교회라"고 설명해주신다(12절; 2:1; 마 2:7). 여기 "사자"(ἄγγε- λοι)란 말은 '하나님으로부터 보냄을 받은 심부름꾼'이란 뜻으로 세계 교회에서 일하는 사역자들을 지칭한다. 모든 교회에서 담임하고 있는 일꾼들은 하나님으로부터 보냄을 받은 자들이니 충성을 다해야 할 자들이다. 그리고 "일곱 촛대"(슥 4:2; 마 5:15; 빌 2:15)란 말은 '일곱 개의 촛대'를 뜻하는데 교회는 빛을 발해야 한다는 것을 보여준다.

---

14) 여기 "비밀"이란 말은 지금까지는 나타나지 않았던 일이 이제 나타난 것을 지칭하는 말이다. 예수님의 오른 손의 일곱별이란 비밀은 지금까지 나타나지 않았던 비밀 혹은 교리였다. 그러나 이제 드디어 요한 사도에게 나타났다는 뜻이다. 일곱 교회의 사자들이 예수님의 권능의 손안에 있다는 것은 예전에는 미처 몰랐던 비밀이었다. 그러나 이제 그 비밀이 나타났으니 교회의 사자들 즉 일꾼들은 얼마나 든든한지 알 수 없다. 지금도 교회의 모든 목사들은 예수님의 능력의 손안에서 보호를 받으며 또 능력을 받아서 일하는 자들임을 알고 담대해야 할 것이다.

# 제 2 장

II. 일곱 교회에 보내는 편지들   2:1-3:20

2:1-3:20에 나타난 교회의 형편들은 요한 당시로 보아 "이제 있는 일"(1:19)에 해당한다. 1:19절에 기록된 분류로 대로 본다면 "네 본 것"은 1장에 기록된 일이고, "이제 있는 일"은 이 부분(2:1-3:20)에 나타난 교회의 형편들을 말하며, "장차 될 일"은 4장 이후에 진행될 일을 가리킨다.

이 부분(2:1-3:20)에 기록된 일곱 교회의 일은 전 세계 교회의 일을 포함한다. 다시 말해 전 세계 교회와 성도들은 이 일곱 교회의 모습에서 자아의 모습을 발견해야 할 것이다. 혹자들은 이 일곱 교회들 하나하나가 순서대로 각 시대의 교회를 그대로 보여준다(예: 에베소교회는 주후 100년까지의 초대교회, 서머나 교회는 주후 100년부터 313년 니케야 전 시대 교회를 보여준다는 식)고 주장하나 설득력이 약하다. 그렇게 맞추다보면 그렇게 보이지만 실제로 많이 다른 점도 있는 것을 부인할 수 없다.

일곱 교회 중에 칭찬만 받은 교회가 둘이고(서머나 교회와 빌라델비아 교회), 또 책망만 받은 교회가 둘이며(사데 교회와 라오디게아 교회), 나머지 세 교회는 칭찬도 들었고 책망도 들었다. 오늘 우리 교회는 주님으로 어떤 평가를 받고 있는지를 깊이 성찰해야 할 것이다.

## A. 에베소 교회에 보냄   2:1-7

에베소 교회는 교리 면에서 건전했으나 실천면에서는 실패한 교회였다. 에베소 교인들은 바른 교리를 보수했으나 실천면에서 사랑을 잃어버리고 말았다. 에베소 교회가 바른 교리를 파수하려고 수고도 많이 했고 연단도 많이 겪었으며 거짓 사도를 드러내기에 힘을 썼고 또 이단을 방지하는 일에 힘을 썼으나 그런 일을 하다가 사랑을 잃어버려 그리스도로부터 큰 책망을 들었다. 오늘 보수 교회의 현실은 어떤지 많은 것을 생각해야 할 것이다.

**계 2:1. 에베소 교회의 사자에게 편지하라 오른손에 있는 일곱별을 붙잡고 일곱 금 촛대 사이를 거니시는 이가 이르시되**(Τῷ ἀγγέλῳ τῆς ἐν Ἐφέσῳ ἐκκλησίας γράψον· Τάδε λέγει ὁ κρατῶν τοὺς ἑπτὰ ἀστέρας ἐν τῇ δεξιᾷ αὐτοῦ, ὁ περιπατῶν ἐν μέσῳ τῶν ἑπτὰ λυχνιῶν τῶν χρυσῶν-Unto the angel of the church of Ephesus write; These things saith he that holdeth the seven stars in his right hand, who walketh in the midst of the seven golden candlesticks-KJV).

예수님은 요한 사도가 "본 것"(1:19)이 무엇인지를 1:20에서 설명하신 다음 본 절(2:1)부터 3:22까지는 "지금 있는 일"(1:19)이 무엇인지를 말씀하신다. 예수님은 먼저 요한 사도에게 "에베소 교회의 사자에게 편지하라"고 부탁하신다. "에베소"15)는 무역항으로 소아시아에 있는 도시

---

15) "에베소": 로마 제국 아시아현에 있던 항구 도시이다. 상업과 종교의 중심지인데, 사도 바울이 여기에 3년 머물면서 복음을 전했다(행 20:31).
(1)위치: 지형이 복잡한 소아시아의 서해안에는 몇 줄기의 강이 흘러들어 자연적인 교통로를 이루고, 그 하구에 도시 형성에 적합한 지세를 형성하고 있었다. 헤르무스(Hermus) 하구에 가까운 서머나, 메안데르(Maeander) 강 하구에 있는 밀레도 등이 그 좋은 예이지만, 이들 도시의 중간에 있는 에베소도 카이스테르(Cayster) 강의 하구에 있다.
(2)성경에 나타난 에베소: 이 도시에는 유대인도 많이 살고 회당도 가지고 있었다(행18:19; 19:17). 바울은 제 2차 전도여행에서 돌아오는 길에 들려 얼마동안 전도하다가 브리스길라와 아굴라를 남겨 두고 떠났다(행 18:21). 제 3차 전도여행 때에도 들렸으나 이번에는 적어도 2년 3개월 체재하면서 열심히 전도한 결과 아시아에 살고 있던 자는 유대인도, 헬라인도 다 주의 말씀을 들었다(행 19:1-10). 곧 은장색 데메드리오의 소동이 일어났고, 그 후 바울은 에베소를 떠났다. 이 에베소 체류 중 골로새 지방에서 온 에바브라와 빌레몬이 회심한 것 같다. 제 3차 전도여행에서 돌아오는 도중 에베소에 들릴 수 없어 바울은 밀레도로 에베소 교회의 장로들을 불러 작별의 인사와 교훈을 주었다(행 20:17-38). 후에 로마 옥중에서 그는 에베소 교회에 편지를 써서 두기고에 들려 보냈다(엡 1:1; 6:21; 딤후 4:12). 에베소 교회는 계시록에 기록되어 있는 일곱 교회 중 하나이며, 사도 요한이 후년에 에베소에서 활약한 것으로 보인다. AD 431년 교회의 제 3회 세계 회의가 에베소에서 열려 그리스도의 이성 일인격(二性一人洛)의 교리를

중 가장 중요한 도시이다. 이 무역항은 당시 동서양 문화의 교류에 중요한
항구였다.

예수님은 자신을 두 가지 역할을 하시는 분으로 소개하신다. 즉 "오른손
에 있는 일곱별을 붙잡고 일곱 금 촛대 사이를 거니시는 이'라고 알려주신다.
먼저 "오른손에 있는 일곱별을 붙잡고 있는 분"(he that holdeth the seven
stars in his right hand)으로 소개하신다(1:16, 20). 예수님의 "오른손에
있는 일곱별을 붙잡고 있다는"말은 1:20에서 하나의 비밀이라고 예수님께서
발표하셨는데 예수님이 일곱 교회의 일꾼들을 그의 손 안에 넣고 보호하시며
또 권능을 주서서 사역하게 하시는 것이 하나의 비밀로서 지금까지는 모르던
일이었다는 것이다. 예수님은 당시 에베소 교회의 사자를 손에 잡고 일하시
고 계셨다. 예수님은 에베소 교회의 목사를 그만큼 아끼고 계셨다. 예수님은
오늘도 교회의 사자들을 손에 넣으시고 보호하시며 일하신다.

그리고 다음으로 예수님은 자신을 "일곱 금 촛대 사이를 거니시는 이"라
고 소개하신다(1:13). '일곱 개의 금 촛대 즉 일곱의 귀한 교회 사이를 두루
다니시고 감찰하시는 분'이라고 소개하신다. 예수님은 지금도 세계의 모든
교회를 두루 감찰하신다. 모르시는 것이 하나도 없으시다. 모든 교회들은
예수님의 뜻에 맞게 서야 한다는 것을 보여준다. 에베소 교회는 교회의
일꾼들을 손 안에 넣으시고 일하시며 또 두루 감찰하시는 예수님 앞에서
부족한 것이 극명하게 나타났다. 에베소 교회 가운데 드러난 문제는 사랑의
부족이었다. 에베소 교회가 교리를 수호하는 데는 합격했으나 처음 사랑을
버린 것은 예수님께 책망받기에 안성맞춤이었다(2-4절). 예수님께서 에베소
교회에 자신을 나타내신 모습은 에베소 교회의 형편을 아시는 분으로서
그에 걸맞게 나타나신 것이다. 에베소 교회에서 뿐만 아니라 예수님께서
일곱 교회에 드러내신 여러 모습은 각 교회의 형편에 맞는 것이었다. 예수님
께서 오늘 우리 교회에 나타나실 때에도 우리 교회의 형편에 걸맞게 나타나

정했다. 또, 449년 소위 도적회의(그리스도 단성설을 주장하다가 패하여 추방된 유티케스를
회복한)가 개최되었다.

시고 우리 개인에게 나타나실 때에도 우리 형편에 걸맞게 나타나신다. 우리
는 우리 개인에게 나타나신 모습대로 예수님께서 다른 사람에게 나타나셔야
한다고 말해서는 안 된다. 예수님의 많은 별명(1절, 8절, 12절, 18절, 3:1;
3:7; 3:14)은 개 교회의 형편에 걸맞게 나타나심을 볼 수 있다. 이것만 보아도
예수님께서 전지하신 분이심을 알 수 있다.

**계 2:2. 내가 네 행위와 수고와 네 인내를 알고 또 악한 자들을 용납하지
아니한 것과 자칭 사도라 하되 아닌 자들을 시험하여 그의 거짓된 것을
네가 드러낸 것과**(Οἶδα τὰ ἔργα σου καὶ τὸν κόπον καὶ τὴν ὑπομονήν
σου καὶ ὅτι οὐ δύνῃ βαστάσαι κακούς, καὶ ἐπείρασας τοὺς λέγοντας
ἑαυτοὺς ἀποστόλους καὶ οὐκ εἰσὶν καὶ εὗρες αὐτοὺς ψευδεῖς-I know
thy works, and thy labour, and thy patience, and how thou canst not
bear them which are evil: and thou hast tried them which say they are
apostles, and are not, and hast found them liars-KJV).

본 절에는 "아노라"(Οἶδα)는 단어가 제일 처음 나타난다. "내(예수)가
아노라"는 단어가 본 절 초두에 나타난 것은 아신다는 것을 강조하기 위함인
데 예수님께서 에베소 교회의 사정을 속속히 아신다는 뜻이다. 예수님은
에베소 교회에 대해 모르시는 것이 없으셨다. 예수님은 "내가 네 행위와
수고와 네 인내를 알고 또 악한 자들을 용납하지 아니한 것과 자칭 사도라
하되 아닌 자들을 시험하여 그의 거짓된 것을 네가 드러낸 것과"(9절, 13절,
19절; 3:1, 8, 15; 시 1:6)  또 다음 절(3절)의 "네가 참고 내 이름을 위하여
견디고 게으르지 아니한 것"도 아신다고 하신다.

여기 "행위들"이라는 말이 제일 처음에 나타난 것은 에베소 교회가 행한
모든 일을 지칭한다. 에베소 교회 교역자와 성도들이 교리대로 행한 행위들
을 예수님께서 다 아신다는 것이다. 그리고 예수님은 에베소 교회의 "수고"
를 아신다고 한다. 에베소 교회 교인들이 교리에 가르친 대로 행할 때 많은
수고를 한 것으로 보인다. 에베소 교회에는 "악한 자들"과 "자칭 사도라

하되 아닌 자들"을 드러내고 또 그들의 거짓된 것을 드러내는 일에는 많은 "수고"가 따랐을 것이다. 교역자와 성도들은 참으로 많은 수고를 했다. 여기 "수고"란 말을 두고 혹자들은 "사랑의 수고"를 뜻하는 것으로 말하나 악한 사람들과 거짓 사도들을 드러내는데 수고한 것으로 보아야 할 것이다. 예수님은 에베소 교회의 사역자와 교우들이 많이 수고 한 것을 알아주셨다. 이 예수님은 우리의 수고도 알아주신다.

그리고 예수님은 '네 인내'를 아신다고 한다. 여기 "인내"란 말은 소극적으로 견딜 뿐 아니라 적극적으로 극복하는 것을 뜻한다. 교리를 지킬 때 인내심이 필요하고 수고할 때도 역시 인내심이 필요하다. 신앙생활에 인내가 필요치 않은 때가 없다. 혹자는 여기 인내란 말이 소망의 인내를 지칭한다고 하나 차라리 현실적으로 어려운 환경에서 끝까지 극복하는 것을 지칭한다. 우리는 주님의 일을 할 때 잘 견딜 뿐 아니라 적극적으로 능히 극복해야 할 것이다.

예수님은 에베소 교회의 사역자와 교인들이 "악한 자들을 용납하지 아니한 것과 자칭 사도라 하되 아닌 자들을 시험하여 그의 거짓된 것을 네가 드러낸 것"을 아신다고 한다(고후 11:13; 벧후 2:1; 요일 4:1). "악한 자들을 용납하지 아니한 것"은 교회 안에 악한 자들을 그냥 지나치지 않고 드러내어 교정한 것을 뜻한다. 교회 안에 침입한 거짓 스승들을 드러내어 추방한 것을 뜻할 것이다. 혹자들은 여기 "악한 자들"(κακούς)이란 헬라어 단어에 관사가 없다는 이유로 "악한 것들"을 지칭한다고 주장하나 만약 이 단어가 "악한 것들"이라는 뜻이 되기 위해서는 중성이 되어야 하는데 이 단어 (κακούς)는 남성 복수이므로 "악한 자들"이라고 해석해야 한다. 그런고로 악한 자들은 아마도 에베소 교회 안에 침투한 거짓 스승들을 지칭하거나 아니면 에베소 교회 안에서 생겨난, 내부에 존재하는 악한 자들을 가리킬 것이다. 에베소 교회는 바른 것을 지향하는 교회였다. 또 에베소 교회는 "자칭 사도라는 하는 사람들을 시험하여 그들이 사도(넓은 의미의 사도)가 아닌 것을 드러냈다." 당시 초대교회는 지나가는 전도자들을 넓은 의미로 사도라 했는데 그런 순례 전도자들 중 진짜 전도자가 아닌 사람들이 있어 에베소 교회의 교역자와 교인들은 그런 사람들(율법을 지켜야 구원을 받는다고 주장하는 이단들)을 시험하여 그들이 가짜임을 드러내어 몰아냈다(그들은 흉악한 이리들이었다, 행 20:29). 이 교회는 호락호락한 교회가 아니었다. 이단자들을 분별하여 사정없이 드러냈다.

**계 2:3. 또 네가 참고 내 이름을 위하여 견디고 게으르지 아니한 것을 아노라** (καὶ ὑπομονὴν ἔχεις καὶ ἐβάστασας διὰ τὸ ὄνομά μου καὶ οὐ κεκοπί- ᾽ακες.-I know you are enduring patiently and bearing up for my name's sake, and you have not grown weary-RSV).

본 절에서 "네가 참았다"는 말을 "내(예수) 이름"과 무관하게 해석해서는 안 될 것이다. 에베소 교회의 교역자와 성도들은 예수 그리스도의 이름을 위하여 "참고 견디고 게으르지 아니"한 것으로 보아야 한다. 본문의 "내 이름을 위하여"란 말은 '예수 그리스도 자신이나 혹은 그리스도의 복음'이란 뜻이다. 에베소 교인들은 당시에 유행했던 로마 황제 숭배를 하지 않기 위해서 참고 견디고 게으르지 아니했고(갈 6:9; 히 12:3, 5) 또 예수님의 복음을 전하기 위해 온갖 고통을 참았고 또 견디었으며 게으르지 않았다. 아무튼 그들은 끝까지 참았으며 견디었고 주님을 위하여 게으르지 않았다. 오늘 우리도 주님을 위하여 살아야 한다. 본 절의 내용은 대체로 앞 절에서 언급한 것을 다시 한 번 말하고 있는 것으로 보인다.

본 절의 "견디고"(ἐβάστασας)란 말은 앞 절(2절)에서 말한바 악한 자들을 용납하지 아니한 것(οὐ δύνῃ βαστάσαι κακούς)을 지칭하고 또 "게으르지 아니한 것"(οὐ κεκοπίακες)이란 말은 앞 절(2절)에서 "수고"(κόπον)라고 하는 말에 그 뜻이 이미 나타났다. 이 두 단어는 헬라어에서 그 어원이 같다(Leon Morris). 요한이 이렇게 앞 절에 말한 것을 다시 한 번 말하는 이유는 "내 이름을 위하여"란 말을 넣어서 문장을 다시 구성하기 위함이었을 것이다. 그리스도인인 우리는 그리스도를 위하여 견디기도 하고 또 수고도

해야 한다.

**계 2:4. 그러나 너를 책망할 것이 있나니 너의 처음 사랑을 버렸느니라**(ἀλλὰ ἔχω κατὰ σοῦ ὅτι τὴν ἀγάπην σου τὴν πρώτην ἀφῆκες-Nevertheless I have [somewhat] against thee, because thou hast left thy first love-KJV).

예수님은 에베소 교회가 잘 한 일(2-3절)을 알아주신다고 하셨지만 "그러나 너를 책망할 것이 있나니 너의 처음 사랑을 버렸다"고 하신다. 예수님은 에베소 교회가 잘 한 일(2-3절)을 먼저 말씀하시고 책망을 뒤에 말씀하신다. 이것은 그리스도의 사랑에 기인한 것이다. 그리고 그리스도는 책망을 아주 묻어두시지 않고 뒤에라도 드러내시니 에베소 교회를 고쳐보시려는 의도에서였다.

에베소 교회의 문제점은 "처음 사랑을 버린 것"이었다. 여기 "처음 사랑"이란 '처음 예수님을 믿을 때에 예수님과 사람을 향해 가졌던 첫 사랑'을 지칭한다. 혹자들은 여기 "처음 사랑"을 예수님에 대한 첫 사랑으로 말하기도 하고 혹자들은 사람을 향한 첫 사랑을 지칭한다고 주장한다. 그러나 예수님과 사람을 향한 첫 사랑이라고 해야 옳다. 이유는 예수님 사랑과 성도 사랑을 구분해서 생각할 수 없기 때문이다. 예수님과 성도들은 연합되었기 때문에 예수님을 사랑하는 것과 예수님을 믿는 성도들을 사랑하는 것은 똑 같은 것이다. 이는 마치 성도 박해는 예수님 박해이니(행 9:4) 성도 사랑은 예수 사랑이란 공식이 성립되는 것이다.

에베소 교회는 교리는 잘 지켰으나 교리를 지키기 위해 논쟁을 하다가 사랑을 잃었다. 오늘날도 교리를 잘 파수하는 개인과 교단은 사랑과 인정을 잃는 것을 볼 수 있다. 우리는 두 가지를 다 잘 지켜야 할 것이다. 교리도 파수하면서 사랑도 지켜야 할 것이다. 쉽지는 않으나 기도하고 노력하면 가능하다. 교회는 다른 무엇보다 사랑이 가장 중요한 것임을 바울 사도도 말하였다(고전 13:1-3).

계 2:5. 그러므로 어디서 떨어진 것을 생각하고 회개하여 처음 행위를 가지라 만일 그리하지 아니하고 회개하지 아니하면 내가 네게 가서 네 촛대를 그 자리에서 옮기리라(μνημόνευε οὖν πόθεν πέπτωκας καὶ μετανόησον καὶ τὰ πρῶτα ἔργα ποίησον· εἰ δὲ μή, ἔρχομαί σοι καὶ κινήσω τὴν λυχνίαν σου ἐκ τοῦ τόπου αὐτῆς, ἐὰν μὴ μετανοήσῃς-Remember then from what you have fallen, repent and do the works you did at first. If not, I will come to you and remove your lampstand from its place, unless you repent-RSV).

첫 사랑을 버린 에베소 교회를 향해 예수님은 해결책을 주신다. 즉 "그러 므로 어디서 떨어진 것을 생각하고 회개하여 처음 행위를 가지라"고 하신다. 세 개의 단계가 필요하다는 것이다. 첫째, "어디서 떨어진 것을 생각하라"고 하신다. '어느 시점에서 떨어졌는지를 생각해야 한다'는 것이다. 어느 점에서 죄를 지어서 사랑이 식어졌는지를 생각해야 한다. 가령 논쟁을 하다가 사랑 이 식어졌다면 논쟁하는 중 무슨 말을 하다가 사랑이 식어졌는지를 생각해야 한다. 박윤선 박사는 "죄행의 출발점이 무엇인지 알아야 한다"고 말한다.16) 에베소 교회는 악한 자들을 용납하지 아니하고 자칭 사도라 하되 아닌 자들 을 시험하여 그들의 거짓된 것들을 드러내는 중에 죄를 지어 사랑을 잃었는 데 오늘 우리들은 다른 많은 이유들에 의해서 첫 사랑을 잃을 수가 있다. 예를 들어 게을러서, 세상을 사랑하다가, 서로 다투다가, 명예를 얻으려다가, 인터넷의 음란물 동영상을 보다가, TV 음란물을 시청하다가 사랑을 잃을 수가 있다. 둘째, "회개하라"(μετανόησον)고 하신다. "회개하라"(μετα-νόησον)는 말은 부정과거 명령형으로 '단번에 죄를 깨끗하게 자복하라'는 뜻이다. 어떤 죄를 지었기에 사랑이 식어졌는지를 알아 바로 그 죄를 깊이 자복하고 그리스도에게 돌아서야 하는 것이다. 우리는 죄를 지지부진하게 처리해서는 안 될 것이다. 단칼에 처리해야 한다. 셋째, "처음 행위를 가지라"

16) 박윤선, 계시록 성경주석, p. 71.

고 하신다. 여기 "처음 행위"란 '처음 사랑'을 지칭한다. 우리는 처음 사랑을 가질 때까지 죄를 자복하고 첫 사랑을 되찾아야 한다. 에베소 교회가 주님을 얼마나 사랑했는지는 사도행전 18장과 19장에 묘사되어 있다. 바울 사도는 제 3차 전도 여행 때 에베소에 와서 3년간 말씀을 전한 일이 있었는데(행 19:1f; 20:31) 그 어간에 우상제조 업자들이 바울을 에베소에서 쫓아내려는 추방 운동을 벌일 만큼 바울은 에베소 교회에서 강한 영적인 힘을 발휘하고 있었다. 그래서 아데미 숭배에 열심이 특심했던 사람들이 열광적인 기독교 신자들이 되었다. 에베소 교회는 바울의 선교사역으로 그 어떤 지역보다 소아시아 교회의 핵심이 되었다(행 19:26). 바울 사도는 후에 로마에 투옥되어 있으면서 에베소서를 써서 보냈고 석방 후에는 에베소를 다시 방문한 것으로 보인다. 그 후 바울 사도는 에베소 교회를 디모데에게 맡겼으며(딤전 1:3) 아마도 몇 년 후에 요한 사도가 에베소에 도착하여 목회를 시작한 것 같다.

예수님은 에베소 교회의 사자에게 "만일 그리하지 아니하고 회개하지 아니하면 내가 네게 가서 네 촛대를 그 자리에서 옮기리라"고 하신다(마 21:41, 43). '만일 어디서 떨어진 것을 생각하지 않고 또 회개하지 않으면 내(예수)가 네게 가서 네 촛대를 그 자리에서 옮기리라'고 하신다. 본문의 "내가 네게 가서"란 말은 현재형으로 '내가 네게 지금 가고 있다'는 뜻이다. 우리가 잘못한 것을 회개하지 않으면 예수님은 즉시 오시기 시작하는 것이다. 예수님이 오셔서 촛대를 그 자리에서 옮기시리라고 하신다. 예수님께서 오셔서 촛대를 옮기시면 겉모양은 교회이나 속은 이미 교회가 아닌 것으로 된다. 교회의 은혜도 사라지고 영력도 사라지며 복도 사라지고 모든 것이 사라져 버리는 것이다. 그리스도에 대한 사랑과 성도에 대한 사랑을 잃어버리면 모든 것은 끝나는 것이다. 따라서 오늘을 사는 우리 역시 그리스도에 대한 사랑과 성도에 대한 사랑을 잃지 않았는지 깊이 점검해야 할 것이다.

**계 2:6. 오직 네게 이것이 있으니 네가 니골라 당의 행위를 미워하는도다**

**나도 이것을 미워하노라**(ἀλλὰ τοῦτο ἔχεις, ὅτι μισεῖς τὰ ἔργα τῶν Νικολαϊτῶν ἃ κἀγὼ μισῶ).

잃어버린 사랑을 회복하는 방법을 제시하신(5절) 예수님은 본 절에서 에베소 교회가 잘하고 있는 것을 한 가지 말씀하신다. 즉 "오직 네게 이것이 있으니 네가 니골라 당의 행위를 미워하는도다. 나도 이것을 미워하노라"고 말씀하신다(15절). "니골라 당의 행위"란 14절(20절; 행 15:28-29 참조)에 의하면 "발람의 교훈을 지키는 자"와 동일한 내용이다. "발람의 교훈"(14절)이란 다름 아니라 성도들로 하여금 우상을 섬기게 하고 또 행음하게 하는 교훈인데 니골라 당의 교훈도 마찬가지이다.

니골라 당에 대해 혹자들은 사도행전 6장에서 말하는 일곱 집사 중한 사람 니골라가 타락하여 만든 집단이라고 하나 성령 충만한 사람(행 6:5)이 어떻게 타락할 수 있을까 의심된다. 그런고로 이 이론은 있을 수없는 이론으로 보아야 한다.

다수의 학자들은 어원적으로 "니골라"라는 말이 '백성을 이김'이라는 뜻이고, 14절의 히브리말 "발람"이라는 말도 '백성을 삼킴'이라는 뜻이니, 서로 뜻이 같다 하여 니골라 당을 칭하여 발람의 교훈을 따르는 자들이라고 말한다(14절 참조). 니골라 당은 종교적 방종주의를 따르며 믿고 구원을 얻은 자는 그 행위는 아무래도 좋다는 식의 교훈을 전하는 것으로 볼 수있다(Ewald, Bousset, Charles, Trench, Morris, 박윤선, 이상근, 이순한). 따라서 니골라 당은 어떤 개인 이름이 아니고 무율법주의와 무도덕주의를 표방하는 거짓 스승들의 무리로 보인다. 저들은 율법의 때는 지났으므로 율법을 지킬 필요가 없다고 주장하고, 그리스도인은 은혜로 보호를 받기 때문에 어디서 무슨 일을 행하든 해 받음이 없다고 생각했다.

예수님은 에베소 교회를 향하여 "네가 니골라 당의 행위를 미워하는도다 나도 이것을 미워하노라"고 말씀하신다. 예수님은 에베소 교회의 교인들이 니골라 당의 행위를 미워하는 것을 대단히 칭찬하시면서 "나도 이것을 미워한다"고 말씀하신다. 진리를 사랑하는 사람들은 비 진리를 미워함에서 더욱 그 사랑이 드러난다. 그리스도와 연합된 자들은 그리스도께서 미워하시는 것을 동일하게 미워한다. 우리는 오늘 이단을 분명히 미워함으로 질 높은 사랑을 해야 한다.

**계 2:7. 귀 있는 자는 성령이 교회들에게 하시는 말씀을 들을지어다 이기는 그에게는 내가 하나님의 낙원에 있는 생명나무의 열매를 주어 먹게 하리라**(ὁ ἔχων οὖς ἀκουσάτω τί τὸ πνεῦμα λέγει ταῖς ἐκκλησίαις. τῷ νικῶντι δώσω αὐτῷ φαγεῖν ἐκ τοῦ ξύλου τῆς ζωῆς, ὅ ἐστιν ἐν τῷ παραδείσῳ τοῦ θεοῦ).

예수님은 "귀 있는 자는 성령이 교회들에게 하시는 말씀을 들으라"고 말씀하신다(11절, 17절, 29절; 3:6, 13, 22; 13:9). 예수님께서는 2-6절까지 에베소 교회의 장점과 단점을 말씀하시고 또 단점을 고치는 방법(5절)까지 다 말씀하신 후 들을 수 있는 귀를 가진 자는 그 귀를 가지고 성령이 교회들에게 하시는 말씀을 들으라고 권하신다. 예수님은 공생애 중에도 자주 "귀 있는 자는 들으라"고 하셨다(막 11:15; 13:9, 43; 막 4:9, 23; 7:16; 눅 8:8; 14:35). 부활 승천하신 후에 천사를 시켜 말씀하시는 지금도 여전히 "귀 있는 자는 성령이 교회들에게 하시는 말씀을 들으라"고 하신다. 예수님(성령님)의 음성을 들을 수 있는 자가 있고 들을 수 없는 자가 있음을 암시하신다.

여기 주의해야 할 것은 예수님께서 천사를 통하여 말씀하시면서 "성령이 교회들에게 하시는 말씀을 들으라"고 말씀하신다. 예수님께서 말씀하시는 것을 성령이 말씀하시는 것으로 바꾸어 말씀하신다. 예수님과 성령님은 별개의 실존, 별개의 위(位)이지만 활동하실 때는 함께 하시기에 "성령"이란 말로 바꾸어 나왔다(요 10:30; 롬 8:9-11). 그리고 본문에 에베소 교회에 말씀하시면서도 "교회들"이라고 복수로 쓴 것을 보면 이것은 에베소 교회에 보내는 서신이 모든 교회를 상대하고 기록된 것임을 알 수 있다(박윤선). 우리는 교회들에게 그리고 각 성도에게 말씀하시는 성령의 음성을 들을 수 있어야 한다.

예수님은 성령이 교회들에게 말씀하시는 것을 들으라고 부탁하신 다음 "이기는 그에게는 내가 하나님의 낙원에 있는 생명나무의 열매를 주어 먹게 하리라"고 하신다. 여기 "이긴다"(νικῶντι)는 표현은 현재분사로 '현재 이기고 있는'이란 뜻으로 현세에서 계속해서 이기는 것을 지칭한다. 현세에서 계속해서 이기고 있는 것은 성령님께서 말씀하시는 것을 그대로 따라서 순종하는 것을 지칭한다. 에베소 교회는 어떻게 해서 그리스도와 성도들에게 대한 사랑이 식어졌는지 곰곰이 생각하여 회개하고 처음 사랑을 회복하는 것(5절)이 바로 "이기는" 것이다. 각 교회마다 문제가 다 다른데 각기 다른 문제들을 극복하는 것이 "이기는" 것이다. "이긴다"는 말은 본서에 15회 나타난다. 혹자는 "이긴다"는 말을 '순교하는 것'이라고 해석하나 문맥에 따라 '문제되는 것을 극복하는 것'이라고 해석해야 한다.

예수님의 말씀을 들어 회개하면 예수님께서 "하나님의 낙원에 있는 생명나무의 열매를 주어 먹게 하리라"고 하신다(22:2, 14; 창 2:9). 다시 말해 예수님을 다시 얻게 하여 주시겠다는 뜻이다. 에베소 교회가 그리스도에 대한 사랑을 잃어 예수님과의 거리가 생겼을지라도 회개하는 경우에는 다시 예수님과 가까워져서 예수님으로부터 은혜를 받게 해주시겠다는 것이다. 본문의 "하나님의 낙원"이란 의인(義人)이 별세하여 가는 곳을 지칭한다(눅 23:43). 낙원은 바울이 가 본 삼층천과 동일한 곳이다(고후 12:4).

"하나님의 낙원에 있는 생명나무"란 생명의 주 그리스도를 비유하는 언어이다. 우리가 생명의 주님을 다시 얻어 은혜가 회복되는 것 이상 더 기쁨은 없다. 그것이 바로 구원이고 은혜이며 평안이다. 바울 사도는 그리스도를 더 알고 더 얻으며 그 안에 자신을 발견하고 또 현세에서 부활의 권능을 알기 위해 모든 노력을 경주하고 있다고 말한다(빌 3:7-16).

## B. 서머나 교회에 보냄  2:8-11

일곱 교회 중에 예수님으로부터 책망을 듣지 않은 두 교회(다른 한 교회는 빌라델비아 교회였다) 중 하나였다. 그 중에 서머나 교회는 순교의 교회라는 이름을 얻었으며 영적으로 아주 부요한 교회였다. 오늘 우리 교회들이 다른 것은 없어도 믿음이 부요한 교회가 되어야 할 것이다.

**계 2:8. 서머나 교회의 사자에게 편지하라 처음이며 마지막이요 죽었다가 살아나신 이가 이르시되**(Καὶ τῷ ἀγγέλῳ τῆς ἐν Σμύρνῃ ἐκκλησίας γρά-ψον· Τάδε λέγει ὁ πρῶτος καὶ ὁ ἔσχατος, ὃς ἐγένετο νεκρὸς καὶ ἔζησεν).

예수님은 요한 사도에게 "서머나 교회의 사자에게 편지하라"고 하신다. "서머나"17)는 '아시아에서 제일 큰 도시'로 에베소와 서로 겨루는 가장 큰 도시들 중 하나였는데 만(gulf)으로 잘 보호된 탁월한 항구를 포함하여 천연적인 유익점이 많은 곳이었다.18) 서머나는 로마 황제 숭배가 첫 번 시행된 도시 중 하나였고 그 당시 로마의 신실한 동맹국이었다.

---

17) "서머나": 소아시아의 서안에 있는 중요한 해항 도시이다. 오늘날은 이즈미르(Izmir)라 불리고 있다. 신약성경 시대에도, 현재에도, 소아시아와 에게해의 전 영역 중에서 가장 번성한 상업 중심지 중 하나였다. 성읍은 가늘고 긴 만(灣)의 동단에 있다. 이것은 원래 에올리아 헬라인 (AeolianGreeks)의 식민지로서 건설되었지만, 후에 이오니아 헬라인(Ionian Greeks)에게 점령되어 이오니아 동맹에 참가했다(BC 688). 그 무렵까지의 성읍은 그 후의 지역의 동북쪽3-4㎞의 지역에 있었다. 이미 BC 195년 서머나는 로마측에 붙어 로마시의 제사를 위해 신전을 세웠다. 서머나의 로마에 대한 충성은 결코 변하지 않았으므로 로마도 성읍을 수호하여 충성에 보답하였다. BC 23년 아시아도가 황제 디베료를 위한 신전 건축 허가를 얻어 11개의 성읍이 이 특권을 놓고 다투었을 때 로마의 원로원은 서머나의 오랜 세월에 걸친 충성과 공헌 때문에 이 성읍에 그 특권을 주었다. 이리하여 이 성읍은 '아시아 제일의 성읍'의 칭호를 위해 에베소, 버가모와 다투었다. 성읍은 또 로마로부터 시 자체의 화폐를 주조할 것을 허가 받았다. 서머나의 종교는 다종다양하였다. 성읍은 제국의 제사, 특히 황제 예배를 자랑으로 여기고 있었다. 또 키벨레 (Cybele) 숭배의 변형인 '시필루스(Sipylus)의 어머니'의 제사를 하고 있었다. 호메로스도 숭배되고 있었는데, 이것은 판테온이 수용되고 있었던 것을 의미하고 있다. 성읍에는 또 꽤 많은 유대인이 거주하여 그리스도인에게 공격적인 정의를 나타내고 있었다. 기독교가 언제, 어떻게 서머나에 전도되었는지는 오늘날 전혀 알 길이 없다. 서머나 교회에 관한 최고(最古)의 기사는 요한계시록이며, 거기서 서머나는 '일곱 교회' 중 하나의 소재지로 되어 있다(계 1:11; 2:8-11). 서머나 교회는 외면적으로 풍성하지 못한 데다가 고난 중에 있었다. 더구나 일정 기간의 극렬한 박해('십일 동안')가 목전에 임박해 있으며, 그리스도인 중 어떤 자들에게는 투옥의 운명이 기다리고 있었다. 유대인들은 교회가 자신을 '참 유대인, 참 회당'이라 부르는 것을 부정하고, 교회를 공격하여 분명히 사단적인 박해에 가담했던 것 같다. 그러나 그리스도인은 이 극렬한 시련 속에서 신앙을 입증한다면 최후 심판 때에 구원 받아 '생명의 면류관'을 받게 될 것이라고 기록되어 있다.

18) 레온 모리스, *요한계시록*, p. 75.

요한은 예수님으로부터 "서머나 교회의 사자"(1:20 주해 참조)에게 편지하라는 부탁을 받고 예수님이 어떤 분이심을 말한다. 예수님은 첫째, "처음이며 마지막"이신 분이라고 말한다(1:8, 17, 18). 이는 '창조주시며 심판 주'라는 뜻으로(1:8; 1:18 주해 참조) 아무리 사탄의 무리가 위협적이라 해도(9절) 창조주시며 심판 주이신 예수님 앞에는 아무 것도 아니라는 것을 보여주신 말씀이다. 하나님(예수님) 이외에는 모두 피조물로서 창조조이시고 심판 주이신 그리스도 앞에는 그의 다스림을 받는 피조물 밖에 되지 않는다는 것을 드러내고 있다. 그리고 둘째, "죽었다가 살아나신 이"라고 소개한다(1:18절 주해 참조). 예수님의 이 칭호는 죽음의 위협에 놓인 서머나 교인들에게(10절) 크게 힘을 주고 위로를 주는 이름이다. 그러므로 우리는 세상에서 그 어떤 세력 앞에서라도 위축되지 말고 그리스도를 바라보아야 할 것이다.

**계 2:9. 내가 네 환난과 궁핍을 알거니와 실상은 네가 부요한 자니라 자칭 유대인이라 하는 자들의 비방도 알거니와 실상은 유대인이 아니요 사탄의 회당이라**(Οἶδά σου τὴν θλῖψιν καὶ τὴν πτωχείαν, ἀλλὰ πλούσιος εἶ, καὶ τὴν βλασφημίαν ἐκ τῶν λεγόντων Ἰουδαίους εἶναι ἑαυτοὺς καὶ οὐκ εἰσὶν ἀλλὰ συναγωγὴ τοῦ Σατανᾶ).

예수님은 서머나 교회의 사자(물론 모든 성도들에게도 하신 말씀이다)에게 "내가 네 환난과 궁핍을 알거니와 실상은 네가 부요한 자니라"고 말씀하신다(2절; 눅 12:21; 딤전 6:18; 약 2:5). 예수님은 먼저 서머나 교인들의 환난과 궁핍을 아신다고 말씀하신다. 여기 "알거니와"(Οἶδα)라는 단어는 문장 초두에 나타나 아신다는 말을 강조하고 있다. 예수님은 서머나 교인들이 예수님을 믿기 위하여 외부로부터 고난을 받아 생활상 궁핍을 당하는 사실을 잘 알고 계신다고 말씀하신다. 서머나 교회의 교인들은 예수님을 믿음으로 인하여 유대교의 유대인이나 이방인 폭도들에게 박해를 받아(히 10:34) 일상적인 생활이 많이 어려워졌다. 예수님의 이 말씀은 서머나 교인들에게 큰 위로가 되었을 것이다. 예수님께서 아신다는 것 자체가 얼마나 위로가 되었겠는가.

예수님은 "내가 네 환난과 궁핍을 알거니와 실상은 네가 부요한 자니라"고 말씀하신다. 예수님께서 교인들이 환난을 당해서 궁핍해진 것을 알아주시는 것도 감사한 일인데 또 서머나 교인들이 부요하다고 하신다. 이는 영적으로 부요한 자라는 뜻이다(고후 6:10; 딤전 6:17-18; 약 2:5). 다시 말해 믿음이 풍부하다는 뜻이니 얼마나 위로가 되었겠는가. 사실은 믿음이 부요한 자가 참 부요한 것이다. 왜냐하면 믿음이 부요하면 하나님을 가진 자이고 그리스도를 가진 자이니 모든 것을 가진 자이기 때문이다(고전 3:21-22).

예수님은 서머나 교인들을 괴롭힌 자들이 누구인지 말씀하신다. 즉 그들은 "자칭 유대인이라 하는 자들의 비방도 알거니와 실상은 유대인이 아니요 사탄의 회당이라"고 하신다(3:9; 롬 2:17, 28, 29; 9:6). 겉보기에는 유대인들이 비방했지만 실상은 유대인이 아니고 사탄의 집합이라고 하신다. 다시 말해 유대인들 배후에 사탄이 활동하고 있었음을 알려주신다. 요한 사도 이후 이곳에서 폴리갑(Polycarp)이 순교 당했다. 기독교인들에 대한 유대인들의 적개심은 이 같은 처형을 몰고 올 정도로 맹렬하였다. 안식일을 지키는 것을 무엇보다 소중히 한다는 그들은 자신들의 욕망을 이루기 위하여 안식일임에도 불구하고 그들이 죽일 자들인 순교자를 화형시키기 위해 불태울 나무를 모아왔다. 이와 같은 적개심은 요한이 요한계시록을 저술할 당시로 거슬러 올라갈 수 있다(이 증언은 여러 주경신학들이 이구동성으로 전한다).

오늘의 교회에서도 교역자가 복음을 전할 때 중직자들의 훼방과 압박이 있게 마련인데 그 배후에는 사탄이 활동하고 있음을 알 수 있다. 그런 역할을 감당하는 중직자들도 자신들이 왜 그런 일을 해야 하는지 알 수 없다고 말한다. 그런 일을 하지 않으려 해도 이상하게 마음이 그쪽으로 돌아간다고 실토하는 것을 볼 수 있다.

**계 2:10. 너는 장차 받을 고난을 두려워하지 말라 볼지어다 마귀가 장차**

너희 가운데에서 몇 사람을 옥에 던져 시험을 받게 하리니 너희가 십 일 동안 환난을 받으리라 네가 죽도록 충성하라 그리하면 내가 생명의 관을 네게 주리라(μηδὲν φοβοῦ ἃ μέλλεις πάσχειν. ἰδοὺ μέλλει βάλλειν ὁ διάβολος ἐξ ὑμῶν εἰς φυλακὴν ἵνα πειρασθῆτε καὶ ἕξετε θλῖψιν ἡμερῶν δέκα. γίνου πιστὸς ἄχρι θανάτου, καὶ δώσω σοι τὸν στέφανον τῆς ζωῆς).

　　예수님은 서머나 교인들의 영적인 상태를 말씀하신(9절) 다음 이제 본 절에서는 그들이 "장차 받을 고난을 두려워하지 말라"고 부탁하신다(마 10:22). 사탄은 교인들을 박해(9절)만 하는 것이 아니라 옥에 던져 시험을 받게 할 것이니 "두려워하지 말라"고 알려주신다.

　　예수님은 "볼지어다 마귀가 장차 너희 가운데에서 몇 사람을 옥에 던져 시험을 받게 하리니 너희가 십 일 동안 환난을 받으리라"고 하신다. 여기 "볼지어다"(ἰδου)라는 말은 심각한 경고를 하는 말이다. 경고의 내용은 "마귀가 장차 너희 가운데에서 몇 사람을 옥에 던져 시험을 받게 할 것이라"고 한다. 본문의 "시험을 받게 할 것이라"는 말씀은 '그리스도를 부인하느냐 아니면 그리스도에게 끝까지 충실할 것이냐 하는 시험을 받게 할 것이라'는 뜻이다. 우리의 신앙생활에는 항상 이런 시험이 따른다. 그런 시험이 닥쳐왔을 때 성도는 그리스도에게서 물러갈 것이 아니라 오히려 그리스도에게 더욱 충실해야 할 것이다. 수많은 시험에 둘러쌓인 성도들은 항상 그리스도를 택해야 한다. 예수님은 서머나 교인들이 감옥에서 "너희가 십 일 동안 환난을 받으리라"고 하신다. 여기 10일이란 기간이 문자 그대로 10일이냐 아니면 아주 짧은 기간을 표현하는 것이냐의 논쟁이 있다.19) 우리는 길지

---

19) 본문의 "10일"이 무엇을 지칭하느냐 하는 문제는 어려운 문제이다. 1) 여기 날수는 햇수의 상징이라고 보는 해석. 로마의 디오클레시안(Diocletian) 황제의 10년간의 혹독한 박해의 기간을 가리킨다고 한다. 2) 혹자는 로마의 십자 박해자들, 곧 네로(54-68)), 도미시안(81-96), 트라얀(98-117), 하드리안(117-138), 아우렐리우스(161-180), 세베투스(183-211), 맥시멈(235-238), 데키우스(249-251), 발레리안(253-260), 도미클레시안 황제(284-305) 등의 10시대를 가리킨다고 한다. 3) 길지 않은 기간, 즉 신자들을 정결하게 만들어주는 짧은 기간을 가리킨다고 보기도 한다. 이 몇 가지 견해 중에 신자들을 정결하게 만들어주는 짧은 기간을 가리킨다고

않은 기간을 가리킨다고 본다(사 26:20; 54:8; 마 24:22; 고후 4:17; 벧전 1:6).

예수님은 "네가 죽도록 충성하라 그리하면 내가 생명의 관을 네게 주리라"고 권고하신다(마 24:13). "네가 죽도록 충성하라"는 명령은 '죽기에 이르러도 그리스도에게 신실 하라,' '죽음에 이르러도 그리스도에게 신실 하라,' '죽음이 닥쳐와도 그리스도에게 신실 하라'는 뜻이다. 이 말씀은 '죽을 때까지(시간적으로) 그리스도에게 신실하라'는 뜻을 포함하지만 시간적으로 오랜 동안 그리스도에게 신실 하라는 뜻이라기보다는 죽음의 위경이 닥쳐와도 그리스도를 배반하지 말고 그리스도에게 신실 하라는 뜻이다. 우리는 생명의 위협을 느끼면서도 그리스도를 믿는 믿음을 버리지 말고 충성해야 할 것이다.

예수님은 "그리하면 내가 생명의 관을 네게 주리라"고 하신다(3:11; 약 1:12). 성도가 시험을 만나 죽음의 경지에 이르러도 그리스도에게 신실하면 그리스도께서 "생명의 관을 주시리라"고 하신다. '생명의 관'이란 '생명의 부요함'을 뜻한다. 시험을 만나 그리스도를 배신하면 생명의 부요를 잃을 것이나 그리스도를 택하면 생명의 부요함을 얻게 되는 것이다. 현세에서 생명의 부요함을 받는 자는 내세에서도 생명이 약속되어 있다.

계 2:11. 귀 있는 자는 성령이 교회들에게 하시는 말씀을 들을지어다 이기는 자는 둘째 사망의 해를 받지 아니하리라(ὁ ἔχων οὖς ἀκουσάτω τί τὸ πνεῦμα λέγει ταῖς ἐκκλησίαις. ὁ νικῶν οὐ μὴ ἀδικηθῇ ἐκ τοῦ θανάτου τοῦ δευτέρου).

예수님은 다시 "귀 있는 자는 성령이 교회들에게 하시는 말씀을 들으라"고 하신다(7절; 13:9). 이 구절 주해를 위해서는 7절 주해를 참조하라. 예수님은 "이기는 자는 둘째 사망의 해를 받지 아니하리라"고 하신다. 여기 "이기는

---

보는 것이 좋을 것이다(단 1:12, 14; 롬 8:18; 고전 10:13; 벧전 1:6).

자"란 말은 '죽음의 위경을 만나도 끝까지 그리스도에게 신실한 것'을 지칭한다(10절). 끝까지 그리스도에게 충성(신실)하면 "둘째 사망의 해를 받지 않을 것"이라고 하신다(20:14; 21:8). "둘째 사망의 해를 받지 아니하리라"는 말은 영과 육이 불 못(지옥)에 던져지지 않으리라는 말이다. 그리스도께 신실하면 절대로 지옥으로 떨어지는 일이 없을 것이다.

### C. 버가모 교회에 보냄 2:12-17

버가모 교회는 예수님으로부터 칭찬과 책망 두 가지를 받은 교회였다. 한편으로는 순수한 믿음으로 순교에까지 이른 교인들이 있었으며, 다른 한편 우상숭배와 패륜에 빠진 니골라 당이 있었다. 잘못된 교인들을 그냥 두고 지내서는 안 될 것을 보여준다. 버가모 교회는 일찍부터 형성된 황제 숭배와 우상숭배를 강요받고 있었고 12절부터 17절까지의 본문을 감안할 때 '발람의 교훈'이나 '니골라 당의 교훈' 등 각종 이단 사설에 노출되어 있었다. 각종 우상들과 이단 사설들이 난무하는 버가모 지역에 위치한 교회에 불가항력적 심판의 능력을 가지신 이로 그리스도를 소개한 것은 아주 적절하다고 하겠다.

**계 2:12. 버가모 교회의 사자에게 편지하라 좌우에 날선 검을 가지신 이가 이르시되**(Καὶ τῷ ἀγγέλῳ τῆς ἐν Περγάμῳ ἐκκλησίας γράψον· Τάδε λέγει ὁ ἔχων τὴν ῥομφαίαν τὴν δίστομον τὴν ὀξεῖαν, And to the angel of the church in Pergamos write; These things saith he which hath the sharp sword with two edges-KJV).

예수님은 요한 사도에게 소아시아의 일곱 교회 중에 하나인 버가모[20]

---

20) "버가모": 버가모는 알렉산더 대왕 이후 아탈즈(Attalids)의 독립왕국의 수도가 되기까지 는 결코 중요한 도시가 아니었다. 이 왕국의 최후의 왕은 BC 133년에 이 왕국이 로마에 귀속되기 를 유언하였기에 아시아의 로마 식민지의 수도가 되었다. 버가모는 24km 정도 내륙에 위치하였 으므로 무역에는 좋은 위치가 아니었다. 그러나 실용적 중요성은 없었지만 이십만 권이 넘는 양피지 두루마리가 소장되어 있었던 큰 도서관을 가지고 있었다. 오늘 우리가 쓰는 '양피

교회의 사자에게 편지하라고 말씀하신다. 그리고 예수님은 자신을 "좌우에 날선 검을 가지신 이"(1:16)라 소개하고 13절 이하의 메시지를 말씀하신다. 예수님께서 좌우에 날선 검을 가지셨다고 자신을 소개하신 것은 버가모 지역의 우상숭배 자들이 회개하지 않으면 그들과 싸우시겠다는 뜻이었다(16절 참조). "검"은 '칼'을 상징하는 말인데( 롬 13:4) 예수님의 입에서 나오는 말씀을 뜻한다. 예수님의 말씀은 때로는 성도들을 위로하고 격려하지만 악인들은 파괴하신다. 누구든지 회개하지 않으면 예수님께서 말씀으로 심판하신다. 13절 이하는 예수님께서 말씀하시는 메시지이다.

**계 2:13. 네가 어디에 사는 것을 내가 아노니 거기는 사탄의 권좌가 있는데라 네가 내 이름을 굳게 잡아서 내 충성된 증인 안디바가 너희 가운데 곧 사탄이 사는 곳에서 죽임을 당할 때에도 나를 믿는 믿음을 저버리지 아니하였도다**(Οἶδα ποῦ κατοικεῖς, ὅπου ὁ θρόνος τοῦ Σατανᾶ, καὶ κρατεῖς τὸ ὄνομά μου καὶ οὐκ ἠρνήσω τὴν πίστιν μου καὶ ἐν ταῖς ἡμέραις Ἀντιπᾶς ὁ μάρτυς μου ὁ πιστός μου, ὃς ἀπεκτάνθη παρ' ὑμῖν, ὅπου ὁ Σατανᾶς κατοικεῖ).

예수님은 본 절에서 버가모 교회의 사자와 성도들에게 칭찬하시며 격려하신다. 예수님은 먼저 "네가 어디에 사는 것을 내가 안다"고 하시고 "거기는 사탄의 권좌가 있는 데라"고 말씀하신다(9절). 즉 '버가모 교회 교인들이 사는 곳은 사탄의 권좌가 있는 곳이라'고 하신다. "사탄의 권좌"란 '사탄의

---

지'(parchment)라는 말은 '버가모'(Bergamum)라는 명칭에서 유래되었다.

버가모는 종교적으로 유명한 도시였다. 많은 사람들이 아스클레피우스(Asclepius) 신으로부터 치유를 받고자 세계 도처에서 모여들었다. 버가모는 '고대 세계의 신전도시'로 묘사되었다. 제우스, 디오니시우스, 그리고 아테네 등의 중요한 신전도 역시 이 도시에 자리 잡고 있었다. 그리고 버가모는 가이사 숭배의 중심지였고 주전 29년에 이미 로마와 아우구스투스(Augustus)에게 바친 신전이 있었다. 버가모는 서머나나 에베소보다 먼저 '네오코로스', 즉 '신전 청소부'라는 명칭을 얻었다. 그리고 황제 숭배가 극심한 곳이었다. 그래서 황제에게 바친 제 2신전, 제 3신전 등이 있었다. 버가모는 그 당시 세계에 있어 황제 숭배의 중심지였다. 그러나 황제숭배만이 이 고장의 전체적인 종교 활동은 아니었다. 원추형을 하고 있는 이 도시 뒤편에는 수많은 이교도의 신전들이 즐비하게 자리 잡고 있었다(Leon Morris, *요한계시록*, 틴델 신약주석 시리즈 (20), 김근수역, pp. 78-79)

보좌'란 뜻으로 사탄이 왕이나 심판자의 권세를 떨치고 있음을 나타내는 표현이다. 사탄은 그 지역에서 아주 대단한 권세를 행사하고 있었다. 사탄은 그 지역에 있는 각종 우상숭배 시설, 그리고 황제숭배 시설, 또 이단사설들을 통하여 대단한 위세를 떨치고 있었다. 버가모는 로마의 전체 통치구 중에서 황제숭배의 중심지였다고 한다(Charles). 예수님은 지금도 우리가 사는 곳을 아시며 우리가 당하는 위험을 샅샅이 아신다.

사탄이 지배하고 있는 곳에서도 예수님은 버가모 교회의 사자와 교우들이 예수님의 "이름을 굳게 잡은 것"이 대견스럽게 여기셨다. "예수님의 이름"이란 '예수님 자신이나 예수님의 복음'을 지칭하는 말로 버가모 교인들은 예수님을 믿는 믿음을 굳게 잡고 있었다.

예수님은 버가모 교회 교인들이 예수님을 믿는 믿음을 굳게 잡고 있었고 또 "내 충성된 증인 안디바21)가 너희 가운데 곧 사탄이 사는 곳에서 죽임을 당할 때에도 나를 믿는 믿음을 저버리지 아니하였도다"고 칭찬하신다. 즉 '예수님을 신실하게 증거하던 안디바가 버가모 교회 교인들이 사는 곳 즉 사탄이 사는 곳에서 죽임을 당할 때에도 예수님을 믿는 믿음을 버리지 않고 계속해서 믿고 있었다'고 칭찬하신다. 우리는 세상에서 사탄과 대치하되 그리스도의 힘을 빌어 넉넉히 이기며 살아야 하겠다.

**계 2:14. 그러나 네게 두어 가지 책망할 것이 있나니 거기 네게 발람의 교훈을 지키는 자들이 있도다 발람이 발락을 가르쳐 이스라엘 자손 앞에 걸림돌을 놓아 우상의 제물을 먹게 하였고 또 행음하게 하였느니라**(ἀλλ' ἔχω κατὰ σοῦ ὀλίγα ὅτι ἔχεις ἐκεῖ κρατοῦντας τὴν διδαχὴν Βαλαάμ, ὃς ἐδίδασκεν τῷ Βαλὰκ βαλεῖν σκάνδαλον ἐνώπιον τῶν υἱῶν Ἰσραὴλ φαγεῖν εἰδωλόθυτα καὶ πορνεῦσαι).

---

21) 안디바에 대해서는 알려진 것이 없다. 전설에 의하면 안디바는 버가모의 감독으로서 도미티아누스 황제 통치 때 황제 숭배를 거부하다가 체포되었으며 불에 벌겋게 달군 놋쇠 황소 위에 얹혀져 처참하게 타 죽었다고 한다(렌스키).

예수님은 버가모 교회의 사자와 교인들을 향하여 "그러나 네게 두어 가지 책망할 것이 있다"고 말씀하신다. 예수님은 먼저 버가모 교회의 사자와 교인들을 칭찬하신(13절) 다음 두어 가지 정도 책망하실 것이 있다고 하신다. 책망할 것은 많지는 않고 두어 가지에 불과하지만 문맥을 살필 때 큰 책망이었다.

예수님은 "거기 네게 발람의 교훈을 지키는 자들이 있다"고 말씀하신다 (민 24:14; 25:1; 31:16; 벧후 2:15; 유 1:11). 즉 '버가모 교회에 발람의 교훈을 지키는 자들이 있다'고 말씀하신다. '버가모 교회에 발람의 교훈을 지키는 자들이 있다'는 말씀은 옛날 거짓 선지자 발람이 모압 왕 발락에게 매수되어 발락 왕에게 이스라엘 백성들로 하여금 우상을 섬기도록 꾀를 가르쳐주어 결국 모압 여인들을 통해 이스라엘 사람들로 하여금 우상을 섬기게 했고 음행하게 해서 이스라엘 백성들 수만 명을 죽음에 이르도록 했다(민 22-25장; 31:8, 16; 벧후 2:15; 유 1:11). 이 사건은 하나의 속담이 되어 신약 시대에도 성도들 중에 우상의 제물을 먹고 행음하는 사람들이 있는 경우 "발람의 교훈"을 지키는 자들이 있다고 말하게 된 것이다. 오늘도 수많은 성도들은 세상 것을 우상화하고 또 행음하며 살아가고 있다. 발람의 교훈은 우리 교회에 버젓이 존재한다.

예수님은 옛날 역사적인 사건으로 돌아가 거짓 선지자 발람이 행한 일(민 22-25장; 31:8, 16)을 요한 사도에게 말씀하셔서 버가모 교회에 경종을 울리신다. 즉 "발람이 발락을 가르쳐 이스라엘 자손 앞에 걸림돌을 놓아 우상의 제물을 먹게 하였고 또 행음하게 하였다"고 말씀하신다. 발람은 모압 왕 발락에게 묘한 꾀를 "가르쳐" 주었다. 발람은 이스라엘 백성을 정면으로 저주하지는 못하고 어떻게 하면 이스라엘 백성들이 저주를 받을 수 있을는지 모압 왕에게 알려주었다. 오늘도 교회 안에 복음 전도자를 향하여 직접적으로 저주하지는 못하고 다른 사람들을 시켜서 전도자들을 괴롭히게 하고 자신은 뒤로 빠지는 사람들이 있다. 아주 조심해야 한다.

발람은 "이스라엘 자손 앞에 걸림돌을 놓아 우상의 제물을 먹게 하였고

또 행음하게 하였다"(20절; 민 22:4, 7; 25:1-3, 18; 31:16; 행 15:29; 고전
6:13; 8:9-10; 10:19-20). 여기 "걸림돌을 놓았다"는 말은 '걸려 넘어지게
하는 돌을 놓았다'는 뜻으로 모압 여인들을 이용하여 이스라엘 자손들로
하여금 우상숭배에 참여하게 했고 그 우상 시설에 있었던 여인들과 음행하는
자리에 참여하게 만들었다.

우상의 제물을 먹는 문제에 대해서 바울은 자유로운 태도를 취했다(롬
14:2-21). 그러나 바울은 우상의 제물은 아무 것도 아니기에 먹을 수 있다는
것이지 결코 우상숭배 시설에 참여하는 것 자체를 허용한 것은 아니었다.
예루살렘 총회에서는 우상의 제물을 먹는 문제를 금했다(행 15:29).

지금도 교회 안에는 교인들로 하여금 걸려 넘어지도록 만드는 수많은
걸림돌이 있다. 성도들의 신앙을 약화시키는 진화론이 있고 성도들의 신앙을
떨어뜨리는 세상 재물의 유혹이 있으며 남자들을 유혹하는 여인들이 있고
성도들로 하여금 서로 싸우게 만드는 무수한 사건들이 존재하고 있다. 우리
는 그리스도만 바라보아야 한다.

**계 2:15. 이와 같이 네게도 니골라 당의 교훈을 지키는 자들이 있도다**(οὕτως
ἔχεις καὶ σὺ κρατοῦντας τὴν διδαχὴν ((τῶν)) Νικολαϊτῶν ὁμοίως).
예수님은 "이와 같이" 즉 '발람이 발락을 가르쳐 이스라엘 앞에 걸림돌을
놓아 이스라엘을 유혹한 것이' "네게도 니골라 당의 교훈을 지키는 자들이
있다"고 하신다(6절). 니골라 당의 교훈에 대해서는 6절 주해를 참조하라.
예수님은 발람의 교훈(앞 절)과 본 절 니골라 당의 교훈을 똑같은 것으로
말씀하신다.

**계 2:16. 그러므로 회개하라 그리하지 아니하면 내가 네게 속히 가서 내
입의 검으로 그들과 싸우리라**(μετανόησον οὖν· εἰ δὲ μή, ἔρχομαί σοι
ταχὺ καὶ πολεμήσω μετ᾽ αὐτῶν ἐν τῇ ῥομφαίᾳ τοῦ στόματός μου,
Repent; or else I will come unto thee quickly, and will fight against

them with the sword of my mouth-KJV).

예수님은 "그러므로 회개하라"(μετανόησον οὖν)고 권고하신다. 회개의 길은 살 길이 열린다는 뜻이다. 본문에 "그러므로"(οὖν)란 말이 없는 사본들이 있으나 있는 사본들이 더 좋은 사본들이다. 이 "그러므로"란 말은 바로 앞 절과 본 절을 관련시키는 접속사다. 그런데 혹자는 본 절에 나타난 예수님의 회개 권고가 옛날 하나님의 권고를 거스르고 모압 왕 발락의 요청대로 가다가 칼을 뽑아든 천사를 만나게 된 발람에게 하신 권고라고 주장하나 바로 앞 절에 나타난 버가모 교회의 우상숭배 자들과 행음 자들에게 하신 권고이다. 오늘 우리가 범죄 했을 때 예수님께서 바로 심판하시지 않고 회개하라고 권고하시는 것은 얼마나 다행인지 알 수 없다.

예수님은 버가모 교회의 범죄자들이 회개하지 아니하면 "내가 네게 속히 가서 내 입의 검으로 그들과 싸우리라"고 하신다(1:16; 19:15, 21; 사 11:14; 살후 2:8). 본문의 "속히"란 말은 '갑자기'라는 뜻일 수도 있다(1:1; 22:7, 12, 20). 주님은 재림 이전에도 언제든지 갑자기 임하셔서 심판하실 수도 있다는 것을 보여준다. "내 입의 검"이란 '그리스도의 말씀'을 지칭하는 것으로(1:16; 2:12; 19:15, 21) 그리스도의 말씀은 때로는 우리를 위로하고 격려하시지만 때로는 범죄 한 자들을 파멸시키신다.

계 2:17. 귀 있는 자는 성령이 교회들에게 하시는 말씀을 들을지어다 이기는 그에게는 내가 감추었던 만나를 주고 또 흰 돌을 줄 터인데 그 돌 위에 새 이름을 기록한 것이 있나니 받는 자 밖에는 그 이름을 알 사람이 없느니라 (αὐτῷ τοῦ μάννα τοῦ κεκρυμμένου καὶ δώσω αὐτῷ ψῆφον λευκήν, καὶ ἐπὶ τὴν ψῆφον ὄνομα καινὸν γεγραμμένον ὃ οὐδεὶς οἶδεν εἰ μὴ ὁ λαμ-βάνων).

예수님은 앞(16절)에서 회개를 권고하신 다음 본 절에서는 "귀 있는 자는 성령이 교회들에게 하시는 말씀을 들으라"고 하신다(7절, 11절). 그리스도의 말씀을 들을 수 있는 영(靈)의 귀가 있는 사람들은 예수님의 회개

권고(16절)를 들으라고 하신다. 이런 권고는 7절, 11절에서 나타났다. 7절 주해 참조. 예수님은 "이기는 그에게는 내가 감추었던 만나를 주고 또 흰 돌을 줄 터인데 그 돌 위에 새 이름을 기록한 것이 있나니 받는 자 밖에는 그 이름을 알 사람이 없다"고 하신다. "이기는 그" 즉 '회개하는 사람'에게는 예수님께서 두 가지를 주시겠다고 하신다. 하나는 "만나를 주시겠다"고 하시는데 이 "만나"는 '생명의 떡이신 예수님'을 지칭하는 말이다(요 6:51). 누구든지 우상 숭배한 죄를 자복하고 그리스도에게 돌아서며 또 우상시설에서 여인들과 음행한 잘못을 자복하고 그리스도에게로 돌아서면 생명의 떡이신 그리스도 자신을 주시겠다는 것이다. 지금도 세상의 더러움에서 돌아서서 그리스도에게로 나아오는 사람은 누구든지 생명의 떡이신 예수님을 만나게 되고 바로 그 예수님으로부터 생명을 공급받을 것이다. 또 하나는 예수님께서 "흰 돌을 주시겠다"고 하신다. "흰 돌"이 무엇이냐를 두고 많은 견해가 제시되었다.22) 여러 견해 중에 흰 돌은 아마도 무죄 석방되는 사람에게 법정에서 넘겨주는 돌이었거나, 아니면 고대 로마에서 공식 연회에 참여할 수 있게 허락하는 티켓으로 사용된 돌이었을 것이다. 그 돌 위에는 각자 자신의 이름이 기록되어 있었다고 한다(Thomas). 전자의 견해보다는 후자

---

22) "흰 돌"이 무엇이냐를 두고 많은 견해가 제시되었다. 1) 계산할 때 흔히 흰 돌을 주었는데 이를 지칭한다는 견해. 그러나 이런 견해는 받기가 어렵다. 이유는 그 돌이 흰 색깔을 띤 점과 또 그 돌 위에 새 이름을 기록한 것이 무엇인가를 설명하지 못한다. 2) 흰 돌은 기쁜 날을 상징한다는 견해. 그러나 흰 돌 위에 새 이름이 기록된 이유를 설명하지 못한다. 3) 빵 표나 곡마단표를 묘사한다고 하는 견해. 이 견해도 받기가 어렵다. 이유는 그 위에 새 이름이 기록되어 있다고 했는데 그런 표들 위에 새 이름을 기록할 이유가 없기 때문이다. 5) 행운을 가져오는 부적과 같은 것이라는 견해. 예수님께서 이런 미신을 성경에 도입하실 이유가 없다. 6) 대제사장의 가슴 받이에 달려 있는 각 지파의 이름을 새긴 돌이라는 견해. 그러나 우림을 지칭한다고 볼 수는 없다(출 28:30). 우림의 색깔은 희지 않았다. 7) 승리자 자신을 상징한다(3:21)는 견해. 그러나 이런 견해를 받기는 어려워 보인다. 이유는 본 절은 흰 돌을 준다고 했지 승리자 자신을 준다고 하지는 않았기 때문이다. 8) 하늘에서 만나가 떨어질 때 보석들과 함께 떨어졌다는 전설이 있는데 본문의 "흰 돌"이 그 보석이라는 견해가 있으나 예수님께서 랍비가 채택한 전설을 택했을 리가 없고 또 그 보석 위에는 새 이름이 기록되어 있지 않았을 것이다. 9) 배심원들이 무죄 석방되는 사람에게 무죄를 표시하는 뜻으로 넘겨주는 흰 돌이라는 견해. 이 견해는 받을 수 있는 견해로 보인다. 10) "흰 돌"은 로마 제국 사람들이 사용한 입장 티켓을 했다는 견해. 그 돌 위에는 특별 행사에 참여할 수 있는 사람들의 이름이 새겨져 있었다고 한다. 이런 설명은 승리자가 잔치에 참여할 수 있다는 내용(3:20; 19:9)과 잘 어울리는 것 같다.

의 견해가 더 바를 것이다. 이유는 회개하는 자에게 주님께서는 생명의
만나가 되신 주님 자신을 주신다고 하셨으니 주님을 받은 사람이 주님과의
교제 잔치에 참석을 수 있는 티켓을 받는 것이 순서로 보아 더 자연스러울
것으로 보인다.

예수님은 "그 돌 위에 새 이름을 기록한 것이 있나니 받는 자 밖에는
그 이름을 알 사람이 없느니라"고 말씀하신다(3:12; 19:12). 돌 위에 기록된
새 이름을 받는 자 밖에는 알 사람이 없다고 하셨으니 예수님의 이름이
아니고 받는 자의 이름일 것이다. 예수님의 이름이라면 다른 사람도 알아
볼 수 있는 이름이므로 받는 자의 이름으로 해석하는 것이 더 낫다고 본다.

### D. 두아디라 교회에 보냄   2:18-29

두아디라 교회는 한편으로는 신실하고 꾸준하게 믿음을 가지고 신앙생
활을 하며 봉사를 이어가는 사람들이 있었으나, 다른 한편 우상숭배와 향락
주의에 빠진 사람들이 있었다. 그래서 예수님은 이 교회를 향하여 엄한
책망을 하셨다.

**계 2:18. 두아디라 교회의 사자에게 편지하라 그 눈이 불꽃같고 그 발이
빛난 주석과 같은 하나님의 아들이 이르시되**(Καὶ τῷ ἀγγέλῳ τῆς ἐν
Θυατείροις ἐκκλησίας γράψον· Τάδε λέγει ὁ υἱὸς τοῦ θεοῦ, ὁ ἔχων
τοὺς ὀφθαλμοὺς αὐτοῦ ὡς φλόγα πυρὸς καὶ οἱ πόδες αὐτοῦ ὅμοιοι
χαλκολιβάνῳ).

예수님은 요한 사도에게 "두아디라 교회의 사자에게 편지하라"고 부탁
하신다.23) 예수님은 자신을 묘사하시되 "그 눈이 불꽃같고 그 발이 빛난

---

23) "두아디라": 소아시아의 서쪽 고대의 루디아 지방의 성읍인데, 오늘날 토이기의 성읍
아키사(Akhisar)이다. 신약성경에 4회 인용 될 뿐이다(행 16:14; 계1:11; 2:18, 24). 버가모의
동남 60㎞ 헤르무스 강(R. Hermus, 토이기 이름, Gediz Chai)의 지류 루코스 강(R. Lycus, 토이기
이름, Gordes Chai)의 북방에 펼쳐져 있는 기름진 평야에 위치하며, 버가모와는 간선도로로
연결되어 있었다. 이 희랍풍의 성읍은 셀로우코스 I 세(Seleucus I, BC 312-280)에 의해 설립된

주석과 같은 하나님의 아들"이라고 하신다. 1:14-15주해 참조. "그 눈이 불꽃같으시다"는 말은 '모르시는 것이 없이 모든 것을 꿰뚫어보신다'는 뜻이고 "그 발이 빛난 주석과 같으시다"는 말은 '확실하게 그리고 철저하게 모든 악인들을 심판하실 수 있음을 보여주는 말'이다. "하나님의 아들"이란 말은 피조되지 않고 하나님으로부터 나오신 분이라는 뜻으로 본 서신에 단 한번 나타나고 있다. 하나님의 아들이 말씀하시는 내용은 다음 절부터 29절까지에 나타난다.

**계 2:19. 내가 네 사업과 사랑과 믿음과 섬김과 인내를 아노니 네 나중 행위가 처음 것보다 많도다**(Οἶδά σου τὰ ἔργα καὶ τὴν ἀγάπην καὶ τὴν πίστιν καὶ τὴν διακονίαν καὶ τὴν ὑπομονήν σου, καὶ τὰ ἔργα σου τὰ ἔσχατα πλείονα τῶν πρώτων).

예수님은 먼저 두아디라 교회의 사자와 성도들을 다섯 가지로 칭찬하신다. 예수님은 "내가 네 사업과 사랑과 믿음과 섬김과 인내를 안다"고 하신다

---

것인데, 마게도냐의 졸병들을 식민시키고, 또 유대인도 식민시켰다. BC 190년 셀레우코스 왕조의 이 성읍 지배가 끝나고 다음에 버가모 왕국의 두아디라 지배가 BC 133년까지 계속되고, 그 후 로마의 통치로 들어갔다. 원래는 소아시아를 횡단하는 간선도로를 지키기 위해 군사적 전초지로서 건설된 것인데, 소위 '로마 평화'(ραχ Ρομανα)의 이 지역에의 침투에 의해 그 군사적 의의가 상실되자 중요한 통상로를 가졌다는 유리한 점에서 상공업 도시로써 발달하게 되었다. 두아디라에서 출토된 비문에 의하면, 여기에는 여러 가지 동업 조합이 있었음을 알 수 있는데, 동세공, 피혁가공, 염색, 양모 방적, 아마포 등 업자의 조합이 있었다. 이 땅은 소아시아에 있어서 어느 성읍보다도 일찍 동업 조합이 조직되어 발전되었다고 한다. 이 성읍의 출신인 루디아는 자주(紫紬) 장사 부인이었다(행 16:14). 자주는 두아디라 지방에서 나는 꼭두서니(Rubia tin\ctorum)의 뿌리로 물들인 것이다. 또 비문에 의하면, 이 성읍의 '튜님노스'(Tuvrimno")라 하여 루디아의 태양신이었다. 또 튜님노스와 아폴로를 절충하여 로마 제정기(帝政期)에는 '아폴로 튜림노스'(Apollo-Tyrimnos)와 황제 예배와를 절충하였다. 두아디라에는 또 남신(男神)과 여신(女神)을 우상으로 섬기는 악한 풍속이 있었는데, 특별히 그 신당 중의 하나에는 그 사신(邪神)의 신탁(神託)을 받은 소위 여선지가 있었다고 한다. 상술한 바와 같이 이곳에는 각종 조합이 있어 그것들의 지배력이 강한 곳에는 생활 통제가 있어서 복음과 충돌된 경우도 많이 있었을 수 있다. 그러므로 미약한 교회는 그 충돌을 면하려고 타협의 길을 취하기 쉬웠다. 두아디라 교회의 신자들은 그 지방 조합의 지도에 따라서 우상 관계의 연석(宴席)에 끌려서 참예한 듯하니, 그렇게 된 경우에는 그들이 우상의 제물을 먹었겠고, 또한 우상숭배 자들과 함께 음란한 일에까지 유인되었을 수 있다. 그리하여 우상의 제물을 먹는 것과 음행 같은 것을 거리낌 없이 행했을 듯하다. 두아디라 교회에 대한 책망은 이와 같은 상태에서 살아간 그리스도인의 고난을 지적하고 있다(계 2:20-24).

(2절). 예수님은 다섯 가지를 "안다"고 하신다. "안다"(Οἶδα)는 말은 헬라어 문장 초두에 나타나 뜻이 강조되었다. 확실하게 철저하게 아신다는 것이다. 사람들은 '내 사정을 누가 알랴'고 탄식하며 한숨을 지으나 예수님께서는 모르시는 것이 없으시다. 예수님은 우리가 기도하지 않으니 기도할 때까지 기다리시기도 하고 혹은 죄를 지었으니 회개할 때까지 기다리기도 하신다. 그리스도의 뜻을 알고 대처하면 바로 풀린다.

예수님은 두아디라 교회의 "사업(들)"을 아신다고 한다(2절의 "행위"와 똑같은 낱말이다). 여기 "사업(들)"이란 말은 뒤따라 나오는 4가지를 총괄한 낱말(generalization)이니 예수님은 두아디라 교회의 "사업들" 즉 "사랑과 믿음과 섬김과 인내"를 아신다고 한다. 뒤따라 나오는 네 가지 중에 "사랑"이 제일 앞선 것을 보면 두아디라 교회는 에베소 교회와는 다른 교회였다. 두아디라 교회의 사자와 성도들은 예수님을 사랑했고 또 성도들을 사랑한 점에서 칭찬을 받았다. 그런 다음 예수님은 두아디라 교회의 사자와 성도들의 "믿음"을 칭찬하셨다. 그들은 그리스도를 믿었기에 그리스도를 사랑할 수 있었고 또 성도들을 사랑할 수 있었다. 두아디라 교회는 처음에 복음을 받아 그대로 믿어 믿음이 흔들리지 않았다. 두아디라 교회는 또 "섬김"과 "인내"가 있다고 칭찬을 받았다. 두아디라 교회 성도들에게 그리스도를 믿는 믿음이 있었기에 실제적인 "섬김"의 삶(롬 15:25; 고전 16:5)이 있었으며 "인내"의 삶이 있었다.

놀라운 것은 두아디라 교회는 예수님으로부터 "네 나중 행위가 처음 것보다 많다"라는 칭찬을 받았다. 여기 "많다"(πλείονα)는 말은 비교급으로서 처음 행위와 나중 행위를 비교해 볼 때 나중 행위가 더 풍성하다는 뜻이다. 에베소 교회는 사랑이 떨어져 있었기에 처음 행위를 가지라는 책망을 들었는데 두아디라 교회는 행위의 질이 줄어들지 않고 더 풍성해졌다고 칭찬을 받았다. 에베소 교회는 정통신앙은 고수하고 있었으나 사랑을 잃어버렸고 두아디라 교회는 사랑은 더 풍성해졌으나 정통 신앙을 잃어버리고 말았다(다음 절). 이를 통해 우리가 기억해야 할 것은 오늘 우리 교회들은 정통 신앙도 가지고 있어야 하고 사랑도 가져야 할 것이다.

**계 2:20.** 그러나 네게 책망할 일이 있노라 자칭 선지자라 하는 여자 이세벨을 네가 용납함이니 그가 내 종들을 가르쳐 꾀어 행음하게 하고 우상의 제물을 먹게 하는도다(ἀλλὰ ἔχω κατὰ σοῦ ὅτι ἀφεῖς τὴν γυναῖκα Ἰεζάβελ, ἡ λέγουσα ἑαυτὴν προφῆτιν καὶ διδάσκει καὶ πλανᾷ τοὺς ἐμοὺς δούλους πορνεῦσαι καὶ φαγεῖν εἰδωλόθυτα, But I have this against you, that you tolerate the woman Jezebel, who calls herself a prophetess and is teaching and beguiling my servants to practice immorality and to eat food sacrificed to idols-KJV).

"그러나"(ἀλλα) 이후에는 예수님의 책망이 나온다. 예수님은 먼저 칭찬하시고(앞 절) 본 절에 와서는 책망을 하신다. 즉 "네게 책망할 일이 있노라"고 하신다. 책망을 듣지 않았더라면 얼마나 좋았을까. 그러나 두아디라 교회는 결국 책망을 들을 수밖에 없었던 교회였다. "자칭 선지자라 하는 여자 이세벨을 네가 용납함이니 그가 내 종들을 가르쳐 꾀어 행음하게 하고 우상의 제물을 먹게 하고 있구나"라고 하신다(왕상 16:31; 21:25; 왕하 9:7). 두아디라 교회 안에 자칭 선지자라고 하는 여자 이세벨을 용납했다는 이유에서다. 사랑이 많은 두아디라 교회이기에(앞 절) 스스로 선지자라고 하는 여자 이세벨을 그냥 놓아두고 그의 행위를 제재하지 않은 것이 문제였다. 이 여자 이세벨을 두고 여러 견해가 있다. 1) 바벨론의 신(神) 시빌레(Sibylle)라는 견해. 그러나 두아디라 교회가 바벨론의 신을 용납했을 가능성은 없다고 보아야 한다. 2) 두아디라 교회 감독의 아내였다는 견해. 이유는 어느 사본(A)의 읽기(reading)에 "내 아내 이세벨"이라는 읽기가 있기 때문이다. 그러나 요한 사도가 이 편지를 기록할 당시 감독이 있었다고 보기는 어렵다 (1:20 참조). 3) 구약 시대 시돈의 왕녀이며 아합 왕의 왕비였던 이세벨(왕상 16:31; 왕하 9:7)[24]과 같은 성격의 어떤 여인이나 혹은 어떤 모임이 두아디라 교회 안에 있었다는 견해(Alford, Charles, Vincent, Barclay, Walvoord,

Leon Morris, 박윤선, 이상근, 이순한). 이 견해가 가장 바른 것으로 보인다.

아합의 아내 이세벨이 행한 일에 대해 예수님은 "그가 내 종들을 가르쳐 꾀어 행음하게 하고 우상의 제물을 먹게 하고 있구나"라고 하셨다(14절; 출 34:15; 행 15:20, 29; 고전 10:19-20). 자칭 선지자 이세벨이 행한 일은 두 가지였다. 하나는 "내 종들을 가르쳐 꾀어 행음하게 한 것"이었고, 또 하나는 "우상의 제물을 먹게 했다." 이런 일은 발람이나(14절), 니골라 당(15절)이 시도한 일과 동일하다. 성도들로 하여금 행음하게 하고 또 우상의 제물을 먹게 하는 일은 초대 교회에서 흔한 행동이었다. 자칭 선지자 이세벨은 예수님을 믿는 사람들에게 무슨 죄를 지어도 아무 관계가 없다고 가르쳤다. 우상의 제물을 아무리 먹어도 죄를 짓는 것이 아니라고 강변하여(고전 8:4) 기독교인들로 하여금 우상의 제물을 먹게 만들었다. 자칭 선지자 이세벨은 교회 안에서 성도들로 하여금 그런 일들(간음행위와 우상숭배행위)을 하도록 강요했다고 하기 보다는 그 지역 사회에 어떤 강력한 상업 조합이 있어 이세벨이 상업조합의 책임자로 있으면서 교인들로 하여금 그 문란한 행위에 참여토록 한 것으로 보인다(Leon Morris). 교인들 중 많은 사람들이 그 조합에 가입하여 생계를 유지하고 있었는데 조합 축제 때마다 우상에게 바쳐진 고기를 먹을 수밖에 없었고 축제 때 행음하는 일에도 가입하지 않을 수 없었을 것이다. 오늘날로 말하면 아주 쉽게 해결할 수 있는 문제이지만 1세기 초대 교회 시절에는 이런 일이 흔하여 교인들은 피할 수 없었던 것으로 보인다. 기독교인들은 신앙을 부정하지 않으면서도 우상숭배와 또 우상제연이 있는 곳에서 행해지는 음행을 피할 수가 없었다. 이런 상업조합에 다니지 않으면 생계를 위협 받았던 때 교인들은 예수님을 믿으면서도

---

24) "이세벨": 이세벨은 이스라엘 왕 아합의 아내로 이방의 우상을 수입하여 종교적으로 이스라엘을 어지럽게 한 요망한 여자였다(왕상 16:31; 왕하 9:22). 선지자 엘리야는 이 여자를 두고 두 가지를 예언했는데 문자적으로 적중했다. 첫째, 개가 이세벨의 죽은 후의 시체를 핥으리라고 했는데(왕상 21:23) 문자대로 성취되었고(왕하 9:33), 둘째, 그 자녀들에 대하여 예언하기를 하나님께서 다 멸망시키리라고 하셨는데(왕상 21:21) 역시 문자대로 성취되었다(왕하 9:6-37). 엘리야는 이세벨의 상에서 먹는 바알 선지 450인을 죽였다(왕상 19:40). 이런 사건들은 본서 2:22-23에 말한 큰 위협과 잘 부합하고 있다.

울며 겨자 먹기 식으로 조합에 다니면서 그들과 짝하는 수밖에 없었다. 이런 것이 바로 기독교인들에게는 하나의 올가미였다. 오늘 우리는 그 어떤 교훈이라도 성경에 어긋나는 가르침이라면 단연코 거부해야 할 것이다.

**계 2:21. 또 내가 그에게 회개할 기회를 주었으되 자기의 음행을 회개하고자 하지 아니하는도다**(καὶ ἔδωκα αὐτῇ χρόνον ἵνα μετανοήσῃ, καὶ οὐ θέλει μετανοῆσαι ἐκ τῆς πορνείας αὐτῆς).

예수님은 반드시 회개의 기회를 주신다. 그러나 두아디라 교회에 소속한 이세벨은 회개하지 않았다. "또 내가 그에게 회개할 기회를 주었으되 자기의 음행을 회개하고자 하지 아니하는도다"(9:20; 롬 2:4). 본 절의 "주었으되"(ἔδωκα)라는 말은 부정과거 시제로 과거에 결정적으로 회개할 기회를 주신 것을 지칭한다. 이세벨이 알아볼 수 있도록 회개하도록 독촉을 받은 것을 지칭한다. 예수님은 반드시 회개할 기회를 누구에게나 주신다. 그리고 본문의 "회개하고자 아니하는도다"(οὐ θέλει μετανοῆσαι)라는 말은 현재시제로 계속해서 회개하고자 하지 않고 있다는 것이다. 이세벨이 결정적으로 망하게 되는 것은 회개하고자 하지 않은 데서 결과한 것이다. 이세벨은 자기가 행하는 일을 합리화하였고 회개하고자 하지 않았다. 오늘날도 자기가 잘못한 일을 회개하지 않고 합리화하며 버텨나가는 사람들이 있다. 이들은 참으로 불행한 사람들이다.

**계 2:22. 볼지어다 내가 그를 침상에 던질 터이요 또 그와 더불어 간음하는 자들도 만일 그의 행위를 회개하지 아니하면 큰 환난 가운데에 던지고**(ἰδοὺ βάλλω αὐτὴν εἰς κλίνην καὶ τοὺς μοιχεύοντας μετ' αὐτῆς εἰς θλῖψιν μεγάλην, ἐὰν μὴ μετανοήσωσιν ἐκ τῶν ἔργων αὐτῆς).

예수님은 본 절과 다음 절(23절)에서 회개하지 않고 죄를 고집하는 사람들에게 철저하게 처치하실 것이라고 한다. 첫째, "볼지어다 내가 그를 침상에 던질 것이라"고 하신다. "볼지어다"(ἰδου)라는 말씀은 심각한 주의를 기울이시는 말씀이다. "볼지어다"라는 말 뒤에는 굉장한 심판의 말씀이 따라온다. 예수님은 "그를 침상에 던질 것이라"고 말씀하신다. 이세벨 자신을 침상에 던지시겠다는 것이다. 침상에 "던진다"(βάλλω)는 말씀은 현재 동사로서 지금 던지신다는 뜻이다. 침상에 던진다는 말씀은 대부분의 주석가들은 고통의 침상, 질병의 침상으로 해석한다(출 21:18). 이세벨 자신이 음행에 가담하여 많은 사람들을 범죄 하게 만들었으니 당연히 질병의 침상에 던짐을 받아야 하는 것이다. 그녀는 그리스도께서 주시는 병을 앓아 침상에서 일어나지 못해야 마땅한 것이다.

둘째, 예수님은 "또 그와 더불어 간음하는 자들도 만일 그의 행위를 회개하지 아니하면 큰 환난 가운데에 던지겠다"고 하신다. 이세벨 자신은 물론이고 이세벨의 유혹에 동참하여 이세벨과 더불어 간음하는 자들도 그들의 행위를 자복하고 돌아서지 아니하면 어려움 가운데 던짐을 받는다는 것이다. 예수님은 본 절에서도 다시 행위를 회개하지 않으면 큰 환난 가운데 던지시겠다고 하시는 말씀을 하신다. 예수님은 계속해서 회개를 재촉하신다. 본서에는 회개하라는 말씀이 많이 나온다. 오늘 우리는 지금 회개해야 한다. 그러면 산다.

**계 2:23. 또 내가 사망으로 그의 자녀를 죽이리니 모든 교회가 나는 사람의 뜻과 마음을 살피는 자인 줄 알지라 내가 너희 각 사람의 행위대로 갚아 주리라**(καὶ τὰ τέκνα αὐτῆς ἀποκτενῶ ἐν θανάτῳ. καὶ γνώσονται πᾶσαι αἱ ἐκκλησίαι ὅτι ἐγώ εἰμι ὁ ἐραυνῶν νεφροὺς καὶ καρδίας, καὶ δώσω ὑμῖν ἑκάστῳ κατὰ τὰ ἔργα ὑμῶν).

예수님은 앞 절(22절)에서는 이세벨 자신과 또 이세벨과 더불어 가끔 간음하는 자들이 받을 심판에 대해 말씀하셨는데 이제 본 절에서는 이세벨에게 아주 동화되어 복속해버린 추종세력들이 받을 벌에 대해 말씀하신다. 예수님은 "내가 사망으로 그의 자녀를 죽이리니"고 말씀하신다. 아주 이세벨의 자녀가 되듯 이세벨에게 속해버린 영적 자녀들을 죽이시겠다고 하신다.

예수님은 이세벨에게 아주 속해버린 사람들이 받을 벌을 말씀하신 후 "모든
교회가 나는 사람의 뜻과 마음을 살피는 자인 줄 알지라"고 말씀하신다(삼상
16:7; 대상 28:9; 29:17; 대하 6:30; 시 7:9; 렘 11:20; 17:10; 20:12; 요
2:24-25; 행 1:24; 롬 8:27). 여기 "알지라"(γνώσονται)는 말씀은 미래시제
로 '알 것이라', '앞으로 알게 될 것이라'는 뜻이다. 예수님은 사람의 뜻과
마음을 살피는 주님이시다(시 7:10; 렘 11:20; 살전 2:4 참조). 예수님은
우리의 심령 속 깊은 곳도 다 살피신다. 우리는 숨길 것이 없다. "뜻"이란
'우리의 내면 깊은 곳'을 지칭하고 "마음"은 '우리의 지성', '사상'을 가리킨
다. 예수님은 "내가 너희 각 사람의 행위대로 갚아 주리라"고 하신다(20:12;
시 62:12; 마 16:27; 롬 2:6; 14:12; 고후 5:10; 갈 6:5). 예수님은 우리의
뜻과 마음에서 나온 행위를 따라 갚아주신다. 예를 들어 우리가 헌금을
할 때도 우리의 동기가 중요하다. 어떤 동기로 헌금했느냐, 또 어떤 동기로
교회에서 행했느냐 하는 것은 매우 중요한 것이다.

**계 2:24.** 두아디라에 남아 있어 이 교훈을 받지 아니하고 소위 사탄의 깊은
것을 알지 못하는 너희에게 말하노니 다른 짐으로 너희에게 지울 것은 없노
라(ὑμῖν δὲ λέγω τοῖς λοιποῖς τοῖς ἐν Θυατείροις, ὅσοι οὐκ ἔχουσιν
τὴν διδαχὴν ταύτην, οἵτινες οὐκ ἔγνωσαν τὰ βαθέα τοῦ Σατανᾶ ὡς
λέγουσιν· οὐ βάλλω ἐφ' ὑμᾶς ἄλλο βάρος, But unto you I say, and unto
the rest in Thyatira, as many as have not this doctrine, and which have
not known the depths of Satan, as they speak; I will put upon you none
other burden-KJV).

예수님은 본 절부터 28절까지 두아디라 교회에 남아 있으면서 자칭
선지자라 하는 이세벨의 유혹을 받지 않고 소위 사탄의 깊은 것을 알지
못하는 교인들에게 다른 짐을 지우지 않겠다고 하시며 앞으로 신앙생활을
지금까지처럼 잘하면 큰 복을 얻을 것이라고 하신다.

혹자는 "두아디라에 남아 있는" 교인들을 제 3의 그룹으로 해석한다.

다시 말해 많은 사업을 쌓아 주도권을 잡고 있는 그룹(19절)이 첫째 그룹이고, 이세벨의 그룹이 둘째 그룹이며, 본 절의 두아디라에 남아 있는 그룹이 제 3그룹이라 주장한다. 그러나 이 견해를 받기는 어렵다. 이유는 이 셋째 그룹에게 예수님께서 상을 주신다면(25-28절) 첫째 그룹은 상급 받는 데서 빠지는 것이 되기 때문이다. 그런고로 본 절의 "두아디라에 남아 있는" 성도들은 19절에 언급된 사람들을 지칭하는 것으로 보아야 한다(동일한 성도들로 보아야 한다). 이들은 죄악에 가담하지 않고 "사랑과 믿음과 섬김과 인내"를 점점 더 쌓아가고 있었다(19절).

두아디라에 남아 있는 교인들은 이세벨의 "교훈을 받지 아니하고 소위 사탄의 깊은 것을 알지 못하는" 성도들이었다. 이세벨의 교훈을 받지 아니한 사람들과 소위 사탄의 깊은 것을 알지 못하는 사람들은 동일한 사람들이다. 두아디라 교회에 남아 있는 성도들은 이세벨의 교훈을 받지 아니했고 또 "소위(ὡς λέγουσιν, "as they speak," "이세벨을 따르는 이단들이 주장하는 대로") 사탄의 깊은 것을 알지 못하는 사람들"이었다. 본문의 "소위 사탄의 깊은 것을 알지 못했다"는 말은 '소위 사탄의 깊은 것에 대해 무식하다는 뜻이 아니고 사탄의 깊은 것(우상숭배와 음행)을 거부했다'는 뜻이다. 두아디라 교회의 교인들은 이세벨의 교훈을 받지 않았고 또 소위 사탄의 깊은 것을 거부하며 살았다. 그런데 본문에 해석하기 어려운 것이 한 가지 있다. 그것은 "소위 사탄의 깊은 것"(ὡς λέγουσιν, "as they speak)이란 말인데 여기 "소위"라는 말이 없다면 뜻은 간단하게 말할 수 있다. 즉 "소위"라는 말이 없다면 해석은 단순하게 "사탄의 깊은 것" 즉 '사탄이 유혹하여 우상숭배를 하게하고 또 음행하게 한 것'을 지칭하는데 "소위"라는 말이 있어 뜻은 달라진다. 여기 "소위"란 말은 구체적으로 '이세벨 그룹이 주장하는 대로'(ὡς λέγουσιν, "as they speak)란 뜻인데 이세벨 그룹은 자기들이 "사탄의 깊은 것을 안다"고 자랑하지는 않았을 것이고 그들은 반대로 하나님의 깊은 것을 알고 있다고 떠들었을 것이다. 그들은 하나님의 깊은 것을 알기 위해서는 무슨 일이라도 행해야 할 것이라고 주장했을 것이다. 하나님의 깊은 뜻과 섭리를 알기 위해서는 우상의 제물도 먹어보고 음행에 참여도 해보아야 한다고 주장했을 것이다. 믿음만 온전하면 그런 일에 참여해도 죄가 되는 것이 아니고 오히려 하나님의 깊음을 더 알 수 있을 것이라고 떠들었다. 그들은 사탄의 깊은 것에 빠져 있었다. 그들은 사탄의 깊은 유혹에 빠져 있었다. 그들은 확실히 이단자들이었다. 그들은 그 사회의 공동 조합(길드)에 속하여 우상숭배를 해도 괜찮고 또 음행을 해도 아무 문제없다고 했다. 그들은 하나님의 깊은 진리를 알려면 무슨 일이든지 다 실행해보아야 한다고 했다. 그들은 널리 떠들기를 누구든지 하나님의 깊은 것을 알기 위해서는 죄를 지어보아야 한다고 했다. 그러나 두아디라 교회의 순수한 교인들은 이세벨의 교훈을 받지 아니했고 소위 이단자들이 주장하는 대로 말해서 하나님의 깊은 것(예수님은 이를 사탄의 깊은 것이라고 돌려 말씀하셨다)을 외면하면서 살았다. 이세벨과 또 이세벨을 추종하는 이단자들은 자기들이 하는 일들이 하나님을 깊이 알 수 있는 방법이니 환영되어야 한다고 했으나 예수님은 그들이 하는 일이 사탄의 깊은 것이라고 분명하게 말씀하셨다. 이단자들인 그들은 자기들이 하는 일이 "소위 하나님의 깊은 것"이라고 떠들었으나 예수님께서는 그들의 말을 완전히 바꾸셔서 "소위 사탄의 깊은 것"이라고 말씀하신다. 예수님은 그들의 행동에 대해 놀랍게도 비아냥 하신 것이다. 오늘날을 사는 우리 역시 우리 표준으로 우리가 잘한다거나 혹은 못한다고 해서는 안 되고 무엇이든지 하나님의 표준으로 점검해야 할 것이다.

예수님은 두아디라 교회의 교인들에게 "너희에게 말하노니 다른 짐으로 너희에게 지울 것은 없노라"고 말씀하신다(행 15:28). 여기 "다른 짐"이란 그들이 지금 신앙생활을 잘하고 있는 것(우상숭배에 가담하지 않고 또 음행 하지 않고 있는 것을 지칭할 것이다)을 지칭한다. 예수님은 그들에게 그 외에는 더 바라지 않으신다고 하신다. 혹자는 여기 "다른 짐"이 무엇이냐를 두고 해석하기를 예루살렘 총회에서 AD 49년에 사도들이 결의한 것, 즉 우상의 제물 먹는 것과 음행을 금한 것을 지칭한다고 말하나 예수님께서 갑작스럽게 예루살렘 총회에서 결의한 것(행 15:28-29, AD 49년에 결의한 것)을 언급하셨다고 보기는 어렵다. 사도들이 예루살렘 총회에서 결의한 시기와 지금 예수님께서 말씀하시는 이 때의 시차는 너무 크다. 그러나 예수님께서 본 절에서 말씀하신 것은 사도들이 예루살렘 총회에서 결의한 것과 동일한 것은 사실이다.

**계 2:25. 다만 너희에게 있는 것을 내가 올 때까지 굳게 잡으라**(πλὴν ὃ ἔχετε κρατήσατε ἄχρι((ς)) οὗ ἂν ἥξω).

예수님은 두아디라 교회 교인들에게 다른 짐은 더 지울 것이 없고(앞 절) "다만 너희에게 있는 것을 내가 올 때까지 굳게 잡으라"고 하신다(3:11). 다시 말해 19절에서 말씀하신 대로 "너희에게 있는 것" 즉 '사업과 사랑과 믿음과 섬김과 인내'를 굳게 잡으라고 말씀하신다. 여기 "굳게 잡으라"(κρατήσατε)는 말은 부정과거 명령형으로 한번 결정적으로 굳게 잡으라는 뜻이다. 하는 둥 마는 둥해서는 안 될 것이다. 우리의 수고는 예수님께서 재림하실 때까지 계속되어야 하는 것이다. 우리가 잘하고 있는 것이 있으면 굳게 잡아야 하고 잘못하고 있는 것이 있으면 죄를 자복하고 회개해야 할 것이다.

**계 2:26. 이기는 자와 끝까지 내 일을 지키는 그에게 만국을 다스리는 권세를 주리니**(καὶ ὁ νικῶν καὶ ὁ τηρῶν ἄχρι τέλους τὰ ἔργα μου, δώσω αὐτῷ ἐξουσίαν ἐπὶ τῶν ἐθνῶν, And he that overcometh, and keepeth my works unto the end, to him will I give power over the nations-KJV).

예수님은 "이기는 자와 끝까지 내 일을 지키는 그에게 만국을 다스리는 권세를 주실 것이라"고 하신다(요 6:29; 요일 3:23). 본문의 "이기는 자"와 "끝까지 내 일을 지키는 그"는 동일인이다. "이기는 자"(7절 주해 참조할 것) 즉 '승리자'는 다른 사람이 아니라 "사업과 사랑과 믿음과 섬김과 인내"(19절)를 가지는 자이고, "끝까지 내 일을 지키는 그"는 '예수님께서 맡기신 일을 끝까지(예수님께서 오실 때까지) 지키는 사람을 지칭한다. 예수님께서 맡기신 일이란 바로 예수님 사랑, 성도 사랑, 신앙, 봉사, 인내이다(19절). 세상 사람들은 누구를 승리자로 말하는가. 학위 받은 사람, 명예 얻은 사람, 돈을 많이 번사람, 좋은 아내 좋은 남편 얻은 사람이라고 말하나 예수님께서 맡기신 일을 끝까지 감당하는 사람이라고 하신다.

예수님은 자신의 일을 끝까지(예수님의 재림 때까지) 지키는(이 낱말은 현재 분사 형이다) 성도에게 "만국을 다스리는 권세를 주실 것이라"고 하신다(3:21; 20:4; 마 19:28; 눅 22:29-30; 고전 6:3). 예수님께서 재림하신 후 예수님께서는 승리한 성도들에게 예수 그리스도 안에서 "만국을 다스리는 권세를 주실 것이다"(시 2:8 참조). 성도들은 예수님과 연합되어 있으니 예수님 안에서 만국을 다스리는 권세를 받을 것이다.

**계 2:27. 그가 철장을 가지고 그들을 다스려 질그릇 깨뜨리는 것과 같이 하리라 나도 내 아버지께 받은 것이 그러하니라**(καὶ ποιμανεῖ αὐτοὺς ἐν ῥάβδῳ σιδηρᾷ ὡς τὰ σκεύη τὰ κεραμικὰ συντρίβεται ὡς κἀγὼ εἴληφα παρὰ τοῦ πατρός μου, and he shall rule them with a rod of iron, as when earthen pots are broken in pieces, even as I myself have received power from my Father-RSV).

예수님은 성도가 받은바 만국을 다스리는 권세(앞 절)가 어느 정도 큰가를 본 절에서 말씀하신다. 예수님은 시 2:9(네가 철장으로 그들을 깨뜨림이여 질그릇 같이 부수리라 하시도다)을 배경하고 성도는 "철장을 가지고 그들을 다스릴 것이라"고 하신다(12:5; 19:15; 시 2:8-9; 49:14; 단 7:22). "철장(철로 된 막대기, 삼상 17:43; 슥 11:7 참조)을 가지고 그들을 다스릴 것"이라는 말씀은 대단한 권세를 가지고 목양할 것을 뜻한다. 세상에서 목자들은 성도들을 목양할 때 많은 거역과 반대를 만나 어려움을 겪으나 주님께서 재림하신 후의 목양은 친절과 온유의 덕으로 하지만 거기에서는 어떤 거역도 어떤 대항도 없이 독재자로서 목양하게 된다는 것이다. 본문의 "다스려"(ποιμανεῖ)라는 말은 미래형으로 '목양하다', '돌보다'라는 뜻으로 '친절과 온유의 덕을 가지고 다스린다'는 뜻이다. 천국에서의 목양은 땅 위에서의 목양과는 많이 다를 것을 보여준다.

주님은 이기는 성도가 어떻게 목양할 것인가를 보여주신다. 즉 "질그릇 깨뜨리는 것과 같이 하리라"(as when earthen pots are broken in pieces)고 하신다. 철저히 순종할 것이라는 뜻이다. 세상에서 성령 충만한 성도가 상호 간 복종하는 것처럼(엡 5:21) 천국에서 성도의 목양에는 철저한 복종이 따를 것이라는 뜻이다. 천국에서의 다스림은 결코 철장으로 때려서 파쇄 하는 것이 아니라 친절과 온유를 가지고 다스려도 그 효과는 아주 철저할 것을 보여준다.

예수님께서 그것을 보장하시는 말씀으로 "나도 내 아버지께 받은 것이 그러 하니라"고 하신다. 예수님께서도 아버지로부터 그런 권세를 받으셨다고 말씀하심으로 성도들도 대단한 권세를 가지고 다스릴 것이라고 보장하신다. 천국에서는 아무런 거스름이 없다. 모두가 부드럽게 대하고 부드럽게 복종한다.

**계 2:28. 내가 또 그에게 새벽 별을 주리라**(καὶ δώσω αὐτῷ τὸν ἀστέρα τὸν πρωϊνόν).

예수님은 이기는 성도에게 "내가 또 그에게 새벽 별을 줄 것이라"고 하신다(22:16; 벧후 1:19). 여기 "새벽 별"이란 말은 문자적으로는 '아침에 빛나는 그 별'이란 뜻으로 칠흑 같은 암흑 시간에 떠서 내 날을 밝혀주는 별을 지칭한다. 이 "새벽 별"이 무엇이냐를 두고 여러 견해가 피력되었으나 이 "새벽별"이란 말이 22:16의 분명한 말씀의 범위를 넘어갈 수는 없을 것이다. 22:16은 "나 예수는 교회들을 위하여 내 사자를 보내어 이것들을 너희에게 증언하게 하였노라 나는 다윗의 뿌리요 자손이니 곧 광명한 새벽 별이라 하시더라"고 증언한다. 즉 예수님 자신이 "광명한 새벽 별"이라고 하신 것은 예수님께서 성도들에게 새벽 별 되신 예수님 자신을 주어 빛나게

하실 것이란 뜻이다. 예수님께서 영원한 통치와 더불어 찬란한 영광을 드러
내시는 것처럼(Hendriksen) 승리한 교회는 그리스도의 찬란한 영광에 동참
하여 그 영광을 드러낼 것이다. 오늘 우리는 지금도 빛의 역할을 하다가(마
5:14) 주님께서 재림하시면 그야말로 크게 빛을 발하는 성도가 될 것이다.

**계 2:29. 귀 있는 자는 성령이 교회들에게 하시는 말씀을 들을지어다**(ὁ
ἔχων οὖς ἀκουσάτω τί τὸ πνεῦμα λέγει ταῖς ἐκκλησίαις).

본 절 주해를 위해서는 7절 주해를 참조하라.

# 제 3 장

E. 사데 교회에 보냄  3:1-6

사데 교회는 라오디게아 교회처럼 책망만 받은 교회이다. 이 교회의
위기는 외부로부터 온 것이 아니라 내부에서 온 것이었다. 도시가 부요하여
교회도 부요에 젖어 신앙생활에 활력이 없었다. 죽은 교회였다. 활동은 많았
으나 그 활동이 살아있지 못했고 주님과 관련이 없었다.

**계 3:1.** **사데 교회의 사자에게 편지하라 하나님의 일곱 영과 일곱 별을
가지신 이가 이르시되 내가 네 행위를 아노니 네가 살았다 하는 이름은
가졌으나 죽은 자로다**(Καὶ τῷ ἀγγέλῳ τῆς ἐν Σάρδεσιν ἐκκλησίας γρά-
ψον· Τάδε λέγει ὁ ἔχων τὰ ἑπτὰ πνεύματα τοῦ θεοῦ καὶ τοὺς ἑπτὰ
ἀστέρας· Οἶδά σου τὰ ἔργα ὅτι ὄνομα ἔχεις ὅτι ζῇς, καὶ νεκρὸς εἶ).

예수님은 요한 사도에게 "사데[25] 교회의 사자에게 편지하라"고 하신다.

---

25) "사데": 계시록에 기록된 소아시아의 일곱 교회 중 하나의 소재지이다(계 3:1-6). 이것은
크로에수스(Croesus)의 몰락(BC 56)까지 고대 루디아 왕국의 도성이었으나, 그 때부터 바사
총독의 주재지로 되었다. 로마 제국 시대에는 도의회(道議會, Conventus)의 소재지이며, 후대
로마와 비잔틴 시대에는 루디아도의 수도로 되었다.
  (1) 위치: 사데는 소아시아 서부 헤르무스 강 유역(R. Hermus, 오늘날의 Gediz)의 남쪽
지류 파크톨루스(Pactolus) 하반 트몰루스 산맥(Tmolus, 현금의 Boz Dag, 표고2,140m)의 북쪽에
있다. 그 장소는 두드러진 고대의 유적이 많으므로 잘 알려져 있다.
  (2) 역사: 사데는 루디아 지방의 정치적 성쇠를 통하여 그 수도였으므로 사데의 역사는
루디아의 그것과 밀접하게 관계되어 있다. 전사 시대의 거주 증거도 있으며, 시의 중요 장소는
메르므나드 왕조가 지배하는 고대 루디아 시대에 발전한 것이다. 아크로폴리스는 웬만한
공격으로서는 난공불락이라고 하였다. 그러나 그 약한 곳까지도 과신하고 방비를 게을리
하고 있었기 때문에 두 번, 즉 BC 549년 고레스에게, BC 218년에는 안디옥 III세에게 격파
당하였다. 그것은 깎아 세운 듯한 바위의 틈새를 타고 숨어 들어 온 병사들에게 함락되고
말았다. 사데 교회에게 보낸 "만일 일깨지 아니하면 내가 도적같이 이르리니 어느 시에 네게
임할는지 네가 알지 못하리라"(계 3:3)라는 경고의 말씀은 이 고사(故事)에 관련되어 있다고

편지하라고 명령하시는 예수님께서 자신을 "하나님의 일곱 영과 일곱 별을 가지신 이"라고 말씀하신다(1:4, 16; 4:5; 5:6). "일곱 영"이라는 주해를 위해서는 1:4의 주해를 참조하라. "일곱 영"이란 성령님을 뜻하는 말인데 예수님께서 "일곱 영을 가지셨다"는 말씀은 예수님께서 '성령님의 일을 주관 하신다'는 뜻이다(1:4; 요 14:16). 생명을 잃어 죽어버린 사데 교회를 위해서 예수님께서 성령님의 일을 주관하시고 계시다는 것이다. 그리고 예수님께서 "일곱별을 가지셨다"는 말씀은 세계의 모든 교회 사역자들을 다 주관하고 계심을 뜻하는 말이다(1:20 주해 참조).

예수님은 사데 교회 사자와 성도들에게 "내가 네 행위를 아노니 네가 살았다 하는 이름은 가졌으나 죽은 자"라고 하신다(2:2; 엡 2:1, 5; 딤전 5:6). 예수님은 사데 교회의 행위 전체를 잘 아신다고 하신다. 예수님께서 모르시는 것이 전혀 없으시고 모든 것을 다 아시는 중에(2:2-3, 9, 13, 19; 3:8, 15) "사데 교회의 행위를 아신다"고 하신다. 사데 교회가 무슨 활동을 하는지 다 아신다는 말씀이다. 예수님은 지금도 우리의 행위 일체를 아신다. 예수님은 사데 교회의 사자와 성도들을 향하여 "네가 살았다 하는 이름은 가졌으나 죽은 자"라고 말씀하신다. 사람들 보기에는 살아서 움직이는 것같이 보이나 하나님 표준으로 보면 죽었다는 뜻이다(딤후 3:5; 약 2:17). 하나님 보시기에는 생명이 떠난 교회라는 뜻이다. 바울은 "죽는 자 같으나 보라 우리가 살고"(고후 6:9)라고 매우 다른 말을 했다. 오늘도 활동이 많아서 사람들 사이에서는 칭찬을 들으나 하나님 보시기에는 영적으로 죽은 교회,

생각된다. 바사 패권 시대(BC 549-334)에 사데는 소아시아에서 가장 중요한 성읍으로 되었다. 그것은 수산에서 소아시아를 관통하는 '왕의 길' 서단에 위치했기 때문이며, 그 지선은 에베소에까지 달하고 있었다. 334년, 알렉산더군은 성읍을 포위하고 왕은 아크로폴리스에 자기의 수비대를 배치하게 되었다. 사데는 그 후 셀레우코스 왕조 하에 다시 행정상의 중심으로 되었다. BC 189년 성읍은 로마군에 항복하여 133년까지 로마의 맹우 버가모 왕의 지배하에 놓였다. 그 후 로마 제국의 통치하에 돌아가 BC 17년 지진 때문에 괴멸되었으나, 재흥되어 3세기에 걸쳐 크게 번영하였다. 모직물, 양탄자, 금세공 등의 상공업이 특히 성하였다. 기독교는 1세기에 이 성읍에 전해졌다. 현재는 거기에 작은 마을이 있는데, '사르트'(Sart)라는 이름이 남아 있다. 1958년 이래 하바드 대학, 미국동양 연구소 등의 협력에 의한 발굴이 계속되었다. 사데는 구약성경의 '스바랏'(Sepharad)이다.

죽은 신자들이 많이 있다.

**계 3:2.** 너는 일깨어 그 남은 바 죽게 된 것을 굳건하게 하라 내 하나님 앞에 온전한 것을 찾지 못하였노니(γίνου γρηγορῶν καὶ στήρισον τὰ λοιπὰ ἃ ἔμελλον ἀποθανεῖν, οὐ γὰρ εὕρηκά σου τὰ ἔργα πεπληρωμένα ἐνώπιον τοῦ θεοῦ μου).

예수님은 영적인 생명이 죽은 사데 교회가 어떻게 해야 할지에 대해 본 절과 다음 절(3절)에 네 가지 처방을 내리신다. 첫째, "일깨는" 것이다. "너는 일깨라"(γίνου γρηγορῶν). '일시동안만 아니라 계속해서 항상 깨어 있으라'는 명령이다(막 13:25; 롬 13:11; 고전 16:13; 벧전 5:8). 우리에게는 일생 동안의 깨어 있음이 요구된다. 둘째, "그 남은 바 죽게 된 것을 굳건하게 하라"고 하신다. 사데 교인들은 거의 다 영적 생명에서 떠나 있었으나 아주 떠난 것은 아니었다. 아직도 죽지 않고 남아 있는 일부가 있었다. 그들도 미구에 죽게 되어 있었는데 그들만이라도 다시 생명을 살려야 한다는 것이다. 본문의 "굳건하게 하라"는 말씀은 부정과거 명령형으로 '분명히 생명을 얻어 굳세어지라'는 뜻이다. 다시 생명을 살리기 위해서는 하나님의 말씀을 듣고 읽으며 성경을 상고해야 하고 또 다른 한편 죄를 자복하여 죄의 용서를 받아야 했다.

죽게 된 생명이 다시 불붙어야 하는 이유(γὰρ)는 "내 하나님 앞에 온전한 것을 찾지 못하였기" 때문이다. 사데 교회는 하나님 앞에서 아무리 보아도 "온전한 것"(πεπληρωμένα)을 찾을 수 없었다. 여기 "온전한 것"(πεπληρωμένα)이란 말은 현재완료 수동태로 과거에도 그랬고 지금까지도 온전한 것을 찾지 못했다는 뜻이다. 너무 시원치 않은 교회였고 부끄러운 교회였다. 하나님 앞에서 장점을 전혀 찾을 수 없는 교회였다.

**계 3:3.** 그러므로 네가 어떻게 받았으며 어떻게 들었는지 생각하고 지켜 회개하라 만일 일깨지 아니하면 내가 도둑 같이 이르리니 어느 때에 네게

이를는지 네가 알지 못하리라(μνημόνευε οὖν πῶς εἴληφας καὶ ἤκουσας
καὶ τήρει καὶ μετανόησον. ἐὰν οὖν μὴ γρηγορήσῃς, ἥξω ὡς κλέπτης,
καὶ οὐ μὴ γνῷς ποίαν ὥραν ἥξω ἐπὶ σέ).

"그러므로" 즉 '온전한 것을 찾을 수 없는 교회이므로' "네가 어떻게
받았으며 어떻게 들었는지 생각하고 지켜 회개하라"고 하신다(11절; 딤전
6:20; 딤후 1:13). 본 절이 바로 예수님께서 사데 교회에 내려주시는 세
번째의 처방이다. 과거에 하나님의 말씀을 어떻게 받았으며 어떻게 들었는지
생각하고 지키며 회개하는 것이 필요하다는 것이다(19절; 고전 2:1; 살전
1:5; 2:1 참조). 우리는 과거에 복음을 어떻게 받았고 또 어떻게 들었는지,
그리고 복음을 받고 들을 때 받은 은혜를 기억하고 지키며 회개하는 것이
얼마나 필요한지 모른다.

만일 사데 교회의 성도들이 일깨지 않으면, 다시 말해 정신 차리지 않으면
"내(예수님께서)가 도둑 같이 이르리니 어느 때에 네게 이를는지 네가 알지
못하리라"고 하신다(16:15; 마 24:42-43; 25:13; 막 13:33; 눅 12:39-40;
살전 5:2, 6; 벧후 3:10). 여기 도둑같이 이르신다는 말씀은 재림에 대한
말씀이 아니라 회개하지 않을 때 갑자기 예수님께서 오셔서 심판하신다는
뜻이다(마 24:43; 살전 5:2; 벧후 3:10). 교회가 회개하지 않으면 예수님은
언제라도 찾아오셔서 심판하신다. 예수님께서 어느 때에 이르실는지 아무도
알지 못하게 될 것이라고 하신다. 역사적인 심판도 그리고 재림 심판도
어느 때에 하실는지 알 수 없는 일이다.

계 3:4. 그러나 사데에 그 옷을 더럽히지 아니한 자 몇 명이 네게 있어
흰 옷을 입고 나와 함께 다니리니 그들은 합당한 자인 연고라(ἀλλὰ ἔχεις
ὀλίγα ὀνόματα ἐν Σάρδεσιν ἃ οὐκ ἐμόλυναν τὰ ἱμάτια αὐτῶν, καὶ περι-
πατήσουσιν μετ’ ἐμοῦ ἐν λευκοῖς, ὅτι ἄξιοί εἰσιν, Thou hast a few
names even in Sardis which have not defiled their garments; and they
shall walk with me in white: for they are worthy-KJV).

예수님은 앞(2-3절)에서 영적으로 거의 죽게 된 사람들을 살리는 방법을 말씀하신 다음 이제 본 절에서는 "그러나 사데에 그 옷을 더럽히지 아니한 자 몇 명이 네게 있어 흰 옷을 입고 나와 함께 다닐 것이라"고 하신다(4:4; 6:11; 7:9, 13; 행 1:15; 유 1:23). '사데의 전체 교인들 중에 그 옷을 더럽히지 아니한 자 몇 명이 있다'는 것이다. 참으로 귀한 자들 몇 명이 남아 있었다. 그들은 그 옷을 더럽히지 아니한 자들이었다. "옷을 더럽히지 아니했다"는 말은 하나님께서 입혀주신 의(칭의의 옷)를 더럽히지 아니한 것을 말한다. 좀 더 구체적으로 당시 초대 교회에서는 우상의 제물을 먹지 아니했고 또 음행 죄로 더럽히지 아니한 것을 말한다. 많은 사람들이 우상숭배로 자신을 더럽히고 성적 죄로 자신을 더럽힐 때 소수의 사람들이 그런 죄에 물들지 않았다는 것은 아주 귀한 일이다. 오늘 우리는 그리스도의 십자가 대속의 보혈로 구원을 받은 자로서 우상숭배와 음행으로 우리들 자신들을 더럽혀서는 안 될 것이다.

예수님께서는 사데 교회의 성도들 중에서 그 옷을 더럽히지 아니한 자들은 첫째, "흰 옷을 입을 것이라"고 하신다. "흰 옷을 입고"란 말은 '칭의 받은 그대로의 신분을 유지할 것'을 지칭한다(다음 절 참조). 다시 말해 사데 교회의 교우들이 예수님을 처음 믿을 때 하나님으로부터 받았던 칭의, 즉 하나님께서 선언해주신 정결상태를 계속해서 유지할 것을 지칭한다. 사람이 한번 하나님으로부터 의롭다고(정결하다고) 선언 받았어도 행실을 더럽히면 칭의의 옷을 더럽힌 것이다. 물론 그런 사람은 하나님으로부터 징계의 채찍을 받고 죄를 자복하면 다시 그 옷을 희게 하는 복을 받는다. 우리는 흰옷을 더럽히지 말아야 한다. 그리고 둘째, 그들은 "예수님과 함께 다닐 것이라"고 하신다. 예수님과 함께 하늘에서 밀접한 교제에 참여할 것이라는 뜻이다(Greijdanus). 그들은 세상에서도 주님과 가깝게 동행하게 된다. 옷을 더럽히지 아니한 자들은 천국에 가서만 주님과 동행하는 것이 아니라 지금도 주님과 동행한다는 것이 성경의 증언이다(요 6:66). 옛날 에녹은 세상에서 하나님과 동행했다(창 5:24). 우리 또한 옷을 더럽히지 말고 주님과 계속해서 동행해야 할 것이다.

그들이 흰옷을 입고 주님과 동행하는 이유(ὅτι)는 그들은 "합당한 자"이기 때문이다. 그들은 예수님 보시기에 합당한 자이기다. 그들이 하나님으로부터 칭의 받은 그대로 살았기에 주님 보시기에 무슨 하자가 없다는 의미이다. 그러나 그들이 합당하다는 것은 결코 그들 스스로에게 하나님께서 받으심 직한 무슨 공로가 있다는 뜻은 아니다. 그들은 하나님께서 선언해주신 정결함에다가 다른 것을 더 섞지 않았으므로 흰옷을 입고 주님과 동행할 수 있게 된 것이다.

**계 3:5. 이기는 자는 이와 같이 흰 옷을 입을 것이요 내가 그 이름을 생명책에서 결코 지우지 아니하고 그 이름을 내 아버지 앞과 그의 천사들 앞에서 시인하리라**(ὁ νικῶν οὕτως περιβαλεῖται ἐν ἱματίοις λευκοῖς καὶ οὐ μὴ ἐξαλείψω τὸ ὄνομα αὐτοῦ ἐκ τῆς βίβλου τῆς ζωῆς καὶ ὁμολογήσω τὸ ὄνομα αὐτοῦ ἐνώπιον τοῦ πατρός μου καὶ ἐνώπιον τῶν ἀγγέλων αὐτοῦ).

예수님은 본 절에서 "이기는 자"가 세 가지 복을 받을 것이라고 하신다. 여기 "이기는 자"란 말은 '하나님께서 입혀주신 칭의(稱義)의 옷을 더럽히지 아니한 자'를 지칭한다. 사데 교회의 교인들 중 초대 교회 당시 유행했던 우상숭배나 행음에 가담하지 않고 깨끗하게 살아온 성도들은 세 가지 복을 받을 것이다. 첫째, 예수님은 "이와 같이 흰 옷을 입을 것이라"고 하신다(4절; 19:8). 여기 "이와 같이"(οὕτως)란 말은 '앞 절(4절)에 말한 바와 같이'란 뜻으로 그 옷을 더럽히지 아니한 자는 흰옷을 입을 것이란 뜻이다. 그 옷을 더럽히지 아니한 자가 흰옷을 입는다는 말은 계속해서 의롭다는 신분을 유지할 것이라는 뜻이다. 둘째, 예수님은 "내가 그 이름을 생명책에서 결코 지우지 아니할 것이라"고 하신다. 예수님께서 그 옷을 더럽히지 아니한 자의 이름을 생명책에서 결코 지우지 않으시겠다고 하신다(13:8; 17:8; 20:12, 15; 21:27)[26]. 구약에도 생명책이란 말이 많이 나온다(출 32:32;

시 69:28; 사 4:3; 단 12:1; 빌 4:3).[27] 셋째, 예수님께서 "내 아버지 앞과 그의 천사들 앞에서 시인하리라"고 하신다(마 10:32; 눅 12:8). 예수님은 옷을 더럽히지 아니한 성도들을 생명책에서 지우지 않으실 뿐 아니라 적극적으로 성부와 천사들 앞에서 시인하실 것이라고 하신다. "시인 하신다"는 말은 '공적으로 공포 하신다'는 표현이다. 예수님께서 우리의 이름을 하늘의 성부와 천사들 앞에서 공적으로 공포하시면 아무도 우리를 하나님 앞에서 추방하지도 못하며 부인하지도 못한다. 그러므로 이제는 아무 두려움이 없는 성도들이 되는 것이다.

**계 3:6. 귀 있는 자는 성령이 교회들에게 하시는 말씀을 들을지어다.**
본 절의 주해를 위해서는 2:7; 2:29의 주해를 참조하라. 들을 귀가 있다는 것은 얼마나 복된 일인지 모른다. 들을 귀가 있는 자는 하나님의 세미한 음성도 들을 수 있고 그리스도의 말씀도 들을 수 있으며 성령의 말씀도 들을 수 있다.

F. 빌라델비아 교회에 보냄  3:7-13
빌라델비아 교회는 7교회 중 서머나 교회와 더불어 주님으로부터 책망을 받지 않았던 교회이다. 서머나 교회는 순교한 사람도 있었고 또 믿음을 지켰기 때문에 칭찬을 받았으며 빌라델비아 교회는 작은 능력을 가지고도 주님의 말씀을 순종했기에 칭찬을 받았다. 빌라델비아 교회의 성도들은 순교하지는 않았을지라도 기독교 신앙을 철저히 유지한 점에서 놀라운 칭찬

---

26) 이 성구들 중에서 13:8; 17:8; 20:15은 부정적인 진술이다. 즉 생명책에 녹명되지 못한 자들의 비참한 운명을 진술하고 있고 본 절(5절)과 21:27은 긍정적인 진술로 되어 있다. 즉 생명책에 기록된 자들은 구원에 동참한다고 진술한다.

27) "생명책": (Book of life) 하나님의 백성의 이름, 특권 등이 기록되어 있는 책(시 69:28). 원래는 산자의 호적(戶籍)으로서, 거기서 지워지는 것은 죽음을 의미한다(출 32:32, 33; 시 139:16; 사 4:3). 이 구약성경의 용법에서 최후의 종말적 심판에 쓰일 특별한 '생명책'이라는 말이 나오고, 여기에 기록되는 것은, 구원받은 사람의 명부에 기록되는 것이고 하나님의 백성에 넣어지는 것이며, 영원한 생명이 주어지는 것을 의미한다(단 12:1;빌 4:3; 계 3:5; 13:8; 20:12, 15; 21:27; 눅 10:20 참조).

을 들었다.

## 계 3:7. 빌라델비아 교회의 사자에게 편지하라 거룩하고 진실하사 다윗의 열쇠를 가지신 이 곧 열면 닫을 사람이 없고 닫으면 열 사람이 없는 그가 이르시되(Καὶ τῷ ἀγγέλῳ τῆς ἐν Φιλαδελφείᾳ ἐκκλησίας γράψον· Τάδε λέγει ὁ ἅγιος, ὁ ἀληθινός, ὁ ἔχων τὴν κλεῖν Δαυίδ, ὁ ἀνοίγων καὶ οὐδεὶς κλείσει καὶ κλείων καὶ οὐδεὶς ἀνοίγει, And to the angel of the church in Philadelphia write; These things saith he that is holy, he that is true, he that hath the key of David, he that openeth, and no man shutteth; and shutteth, and no man openeth-KJV).

예수님은 요한 사도에게 "빌라델비아28) 교회의 사자에게 편지하라"고

---

28) "빌라델비아": 소아시아의 서부 루디아 지방의 성읍이다. 오늘날은 터키의 알라셰히르(Alashehir=붉은 성읍, 흙이 붉은 빛이기 때문에 불린 이름) 시가 그 자리에 자리 잡고 있다. 사르디스의 동남쪽 45㎞ 지점에 있는 트몰루스 산맥(Tmolus Mountains)의 북록과 헤르무스 강(Hermus R., 오늘날의 Gediz Chai) 상류의 한 지류 코가무스 강(Cogamus R., 오늘날의 Kuzu Chai) 서안 사이의 대지에 건설되었으며, 사르디스로부터 오지(奥地)로 뻗는 간선 도로를 제압하고 있었다. BC 150년경 버가모 왕 앗탈루스 II세 필라델포스(Attalus II Philadelphus, BC159-138)에 의해 건설되고, 당초부터 이것을 헬레니즘 문화의 중심으로서 그 감화를 동쪽 오지의 제 성읍으로 파급시키는 문호로 하는 목적을 지니고 있었다(계 3:8,"네 앞에 열린 문을 두었으되 능히 닫을 사람이 없으리라" 참조). 빌라델비아는 버가모와 더불어 BC 133년 로마에 넘어갔다. AD 19년의 진재(震災)로 성읍은 대파되고 여진(余震)이 오래 계속되었음으로 시민의 대부분은 성벽 밖에 움막을 세우거나 천막을 치고 살았다. 그러나 디베료 황제에 의해 부흥되고 네오 가이사라(Neo-Caesarea)라는 이름이 주어져 로마 속주 아시아의 중요한 성읍으로 되었다. 성읍의 이름은 후에 베스파시아누스(Vespasianus) 황제에 의해 '플라비아'(Flavia)라고 개명되었으나, 양자 공히 쇠퇴하여 본래의 '빌라델비아'로 돌아왔다. 이 땅의 유대인 식민은 기독교에 대해 가장 격렬한 적의를 나타냈다. 이 성읍의 신자 11명은 스무르나(Smyrna)에서 폴루카르푸스(Polycarpus)와 더불어 순교했다. 빌라델비아에 있어서의 기독교의 기원에 대해서는 아무런 기록도 남아 있지 않다. 그러나 계시록에서는 소아시아에 있어서의 일곱 교회의 하나로서 편지를 보내고 있다(계 1:11,3:7-13). 편지에 "적은 능력을 가지고", 또 그 앞에 "열린 문을 두었으되"(아마 소아시아 중부에 복음이 확대될 기회가 열려 있는 것을 가르침이리라)라고 기록되어 있다. 요한계시록 3:9에 "보라 사단의 회 곧 자칭 유대인이라 하나 그렇지 않고"라고 말하고 있는 것은 아마 빌라델비아의 유대인이 방종하고 이교적인 생활에 떨어져 있었던 것을 의미할 것이다. BC 1세기의 대리석 비석이 출토 되었는데, 그것은 개인적 밀의교(密議教)의 규정을 기록한 것이며, 고대 이교 세계에서 볼 수 있는 참 경건과 윤리적 이상주의의 가장 인상적인 실례의 하나이다. 여기는 고대의 성벽, 아크로폴리스(Acropolis), 극장, 신전 등의 유적이 있다. 옛날에는 신전이 많기 때문에 '소아덴'이라고 불렸을 정도였다.

부탁하신다. 빌라델비아는 BC 2세기(159-138년) 버가모 왕조의 앗탈루스 2세(Atalus II)가 건립해서 왕의 형에 대한 사랑의 표시로 빌라델비아로 명명했다. AD 17년 지진으로 파괴된 것이 티베리우스 황제에 의해 재건되었다. 이곳은 지금 "알라 셀(Allah Shehr)"이란 이름으로 터키의 한 고을로 남아 있고 교회도 7교회 중에서 가장 오래 지속되었다고 한다.

예수님께서는 자신을 소개하시면서 "거룩하고 진실하사 다윗의 열쇠를 가지신 이"(ὁ ἅγιος, ὁ ἀληθινός ὁ ἔχων τὴν κλεῖν Δαυίδ)라고 하신다. "거룩하신 분"(3:14)이란 말은 '분리'의 개념으로 하나님의 근본적 속성이다. 이 이름은 구약에서 하나님의 대명사로 쓰였고(사 1:4; 5:19, 24; 10:17, 20; 12:6; 40:25; 렘 50:29; 51:5; 겔 39:7; 호 11:9; 합 3:3), 신약 성경에서는 그리스도에게 붙여졌다(막 1:24; 눅 4:34; 요 6:69; 행 2:27; 13:35; 히 7:26). 예수 그리스도께서는 피조물과 분리되신 분으로 하나님과 동등이신, 절대적이신 분이시다.

그리고 "진실하신 분"(ὁ ἀληθινός)이라는 말은 사람에게는 거의 쓰이지 않는 용어로(Leon Morris) 그리스도는 '전적으로 완전하신 분'이라는 뜻이다(14절; 1:5; 6:10; 19:11; 요일 5:20). 이 낱말은 거짓의 반대 개념인 진실하신 분이라는 뜻을 말함이 아니고 불완전의 반대 개념인, 전적으로 신뢰할 수 있는 분, 완전하신 분이라는 뜻을 가진다. 예수님은 완전하신 분이시다. "진실하시다"는 말은 하나님과 그리스도 양자에 사용되어(3:14; 6:10; 15:3; 16:7; 19:2, 11; 21:5; 22:6) 예수 그리스도의 신적인 완전성을 드러낸다.

그리고 예수님은 자신을 "다윗의 열쇠를 가지신 분"(ὁ ἔχων τὴν κλεῖν Δαυίδ)으로 소개하신다(1:18; 사 22:22; 겔 34:23; 눅 1:32).[29] 즉 '절대

---

29) 이 명칭은 히스기야 왕을 섬겼던 엘리야김(왕하 18:18, 37)에 대한 언급을 하고 있는 이사야 22:22을 인용한 말씀이다. 거기에는 유다의 서기관이라는 공식직함이 셉나에게서 엘리야김에게로 넘어간 일이 일이 기록되어 있다. 하나님께서는 이사야를 통해 엘리야김에게 말씀하시기를 "내가 또 다윗 집의 열쇠를 그의 어깨에 두리니 그가 열면 닫을 사람이 없겠고 닫으면 열자가 없으리라"(사 22:22)라고 하셨다. 그리스도께서 다윗의 열쇠를 가지고 계시다고 표현한 것은 그리스도께서 미래의 왕국에 들어갈 문을 열 권세를 갖고 계심을 의미한다.

권력을 가지신 분'이시라는 뜻이다. 예수님은 이 말씀을 좀 더 설명하신다. "곧 열면 닫을 사람이 없고 닫으면 열 사람이 없는 그이"라고 하신다(마 16:19; 욥 12:14). 일단 한번 열면 닫을 사람이 없고 닫으면 열 사람이 없는, 절대 권력을 가지신 분이라는 뜻이다. 다윗은 구약의 이상적 왕이며 그리스도의 그림자(렘 30:9; 겔 34:23; 37:24)로 본서에서도 몇 번 언급되고 있다(5:5; 22:16). 예수님은 그의 집(히 3:6), 천지(마 28:18), 만물(엡 1:22), 교회(마 16:18), 음부(1:18) 위에 완전한 주권을 가지고 계신다. 예수 그리스도께서는 장차 도래할 천국의 온전한 주권자이시다. 다시 말해 예수님은 새 예루살렘의 성전으로 들어가는 문을 열고 닫으시는 데 있어 절대적인 권세를 가지고 계신다. 아무도 이 권세를 행사할 자가 세상에 없다. 예수님은 세 명칭("거룩하신 이," "완전하신 이," "다윗의 열쇠를 가지신 이")이 지시하는 대로 절대적이신 분이시다. 예수님께서는 다음 절들(8-13절)과 같이 말씀하신다(λέγει, "이르시되").

**계 3:8. 볼지어다 내가 네 앞에 열린 문을 두었으되 능히 닫을 사람이 없으리라 내가 네 행위를 아노니 네가 작은 능력을 가지고서도 내 말을 지키며 내 이름을 배반하지 아니하였도다**(Οἶδά σου τὰ ἔργα, ἰδοὺ δέδωκα ἐνώπιόν σου θύραν ἠνεῳγμένην, ἣν οὐδεὶς δύναται κλεῖσαι αὐτήν, ὅτι μικρὰν ἔχεις δύναμιν καὶ ἐτήρησάς μου τὸν λόγον καὶ οὐκ ἠρνήσω τὸ ὄνομά μου, I know thy works: behold, I have set before thee an open door, and no man can shut it: for thou hast a little strength, and hast kept my word, and hast not denied my name-KJV).

　헬라어 성경에는 "내가 네 행위들을 안다"(Οἶδά σου τὰ ἔργα)라는 말이 제일 앞에 나와 있지만 개역개정판 순서는 "볼지어다 내가 네 앞에 열린 문을 두었으되 능히 닫을 사람이 없으리라"는 말씀이 먼저 나와 있다. 헬라어 성경대로 번역하는 것이 옳다.

　본 절을 다시 번역해 보면 "내가 네 행위를 아노니 볼지어다 내가 네 앞에 열린 문을 두었으되 능히 닫을 사람이 없으리라 왜냐하면 네가 작은 능력을 가지고서도 내 말을 지키며 내 이름을 배반하지 아니하였기 때문이다"이다.

예수님은 "내가 네 행위들을 안다"(I know thy works-KJV)고 말씀하신다(1절). 절대자인 예수님께서 빌라델비아의 사자와 성도들의 행위들을 완전히 아신다는 것이다. 예수님은 오늘 우리의 행위들을 자세히 알고 계신다. 무슨 행위들을 아신다는 것인가. 바로 뒤 따라오는 말씀이 밝혀준다("내가 네 앞에 열린 문을 두었으되 능히 닫을 사람이 없으리라 왜냐하면 네가 작은 능력을 가지고서도 내 말을 지키며 내 이름을 배반하지 아니하였기 때문이다"라는 말씀). 본문에 "행위들"이라는 낱말이 나오나 이것은 행위로 구원받는다는 뜻이 아니라 누군가가 믿음이 있으면 반드시 예수님의 말씀을 실천하고 또 예수님을 배반하지 않는다는 것을 보여준다.

예수님은 본문 초두에 "볼지어다"라고 심각하게 주의를 환기하신다. 환기하시는 내용은 "내가 네 앞에 열린 문을 두었으되 능히 닫을 사람이 없으리라"는 말씀이다. 여기 "열린 문을 두었으되"란 말씀이 무슨 뜻인지 두 개의 견해가 있다. 1) 선교의 문을 열어 두셨다는 견해(행 14:27; 고전 16:9; 고후 2:12; 골 4:3을 근거하여, Ramsay, Alford, Clarke, Charles, Lenski, Walvoord, Warren Wiersbe, Tim Lahaye, 이상근). 이 견해도 설득력이 있으나 포이쓰레스(Poythress)는 "문맥 안에 어떤 것도 복음 전도에 대한 초점을 제시하지 않는다. 그래서 열린 문은 하나님 자신에게 나아가는 자유를 가리키는 것으로 보는 것이 더욱 가능하다(4:1 참조)"라고 주장한다. 2) 천국 가는 문이 열려 있다는 견해(Zahn, Moffatt, Rist, Beckwith, G. E. Ladd, Poythress, 브루스 B. 바톤, 레온 모리스, 박윤선, 이순한). 7절과 12절을 참조하여 볼 때 "열린 문을 두었다"는 말씀은 '천국으로 들어가는 문이 열려 있다'는 뜻으로 보아야 할 것이다. 예수님께서 빌라델비아 교회를 위해 하늘 문을 이미 열어 놓으셨다고 해석해야 할 것이다. 그 이유는(ὅτι) "네가 작은 능력을 가지고서도 내 말을 지키며 내 이름을 배반하지 아니하였기" 때문이라고 하신다. 예수님은 빌라델비아 교회 교인들이 작은 능력을 가지고도 예수님의 말씀을 준수하며 예수님을 배반하지 아니한 것을 아셨다. 그래서 천국 문을 열어 놓으셨다. 오늘을 사는 우리 그리스도인 역시 작은 능력을 가지고도 주님의 말씀을 준수하는 성도가 되어야 할 것이다. 실제로는 큰 능력을 받고서도 주님의 말씀을 준수하지 않고 복음 전파에 게으른 수가 얼마나 많은가. 여기 "작은 능력"이 무엇인가를 두고 대부분의 주석가들(Lenski, G. E. Ladd, Bruce B. Barton, 이상근)은 빌라델비아 교인들의 신분이 보잘 것 없고 또 사회적 지위가 낮으며 자산 등이 작은, 즉 외적 능력이 작은 것을 가리킨다고 하나 그렇게 해석하면, 1) 예수님께서 세상 것을 하나의 능력으로 취급해주시는 것이 되어 모순되는 것 같고, 2) 하나님의 말씀을 준행하고 예수님을 배반하지 않을 수 있는 힘이 세상 것에도 있다는 뜻이 되어 모순되어 보인다. 그런고로 여기 "작은("적은"으로 번역하는 것이 합당한 듯하다) 능력"이란 것이 '영적 자산'이라고 보는 것이 타당할 것이다(박윤선, 이순한). 우리는 작은 능력을 가지고 있다 할지라도 주님의 말씀을 지키고 주님을 배반하지 않아야 하고 그럴 때에 비로소 큰 칭찬을 들을 수 있는 것이다.

계 3:9. 보라 사탄의 회당 곧 자칭 유대인이라 하나 그렇지 아니하고 거짓말하는 자들 중에서 몇을 네게 주어 그들로 와서 네 발 앞에 절하게 하고 내가 너를 사랑하는 줄을 알게 하리라(ἰδοὺ διδῶ ἐκ τῆς συναγωγῆς τοῦ Σατανᾶ τῶν λεγόντων ἑαυτοὺς Ἰουδαίους εἶναι, καὶ οὐκ εἰσὶν ἀλλὰ ψεύδονται. ἰδοὺ ποιήσω αὐτοὺς ἵνα ἥξουσιν καὶ προσκυνήσουσιν ἐνώπιον τῶν ποδῶν σου καὶ γνῶσιν ὅτι ἐγὼ ἠγάπησά σε).

예수님은 적은 능력을 가지고도 주님의 말씀을 지키며 주님을 배반하지 않고 따른 빌라델비아 교회 교인들(앞 절)에게 본 절부터 12절까지에 걸쳐 4가지 칭찬을 하신다. 첫째, "보라 사탄의 회당 곧 자칭 유대인이라 하나 그렇지 아니하고 거짓말하는 자들 중에서 몇을 네게 주어 그들로 와서 네

발 앞에 절하게 하고 내가 너를 사랑하는 줄을 알게 하리라"고 하신다(둘째
번 칭찬은 10절에, 셋째 번 칭찬은 11절에, 넷째 번 칭찬은 12절에 있다).
예수님은 먼저 "보라"(ἰδού)는 말을 하셔서 뒤따라오는 말씀에 무게를 두신
다. 우리는 예수님의 "보라"는 말씀 다음에 하시는 귀중한 말씀을 소홀히
대해서는 안 된다. 예수님께서 "사탄의 회당 곧 자칭 유대인이라 하나 그렇지
아니하고 거짓말하는 자들 중에서 몇을 네게 주시겠다"고 하신다. 예수님
보시기에는 사탄의 회당인데, 자신들 주장으로는 유대인들의 모임(2:9 주해
참조)이라고 하지만 실제는 그렇지 않고 거짓말 하는 자들(거짓말하는 자들
이 교인들을 박해했다) 중에서 얼마간의 사람들을 빌라델비아 교회 교인들
앞에 무릎 꿇게 하시겠다는 것이다. 이는 다시 말해 당시 유대인들 중에서
얼마간의 사람들이 복음을 믿고 교회로 돌아올 것이라는 뜻이며, 멀리는
유대인들이 예수님을 믿는 자들에게 돌아올 것이라는 뜻이다. 앞으로 우리
그리스도인들 앞으로 유대인들이 예수님을 고백하고 합류할 것이다.

　　그리고 예수님은 "그들로 와서 네 발 앞에 절하게 하고 내가 너를 사랑하
는 줄을 알게 하리라"고 하신다(사 49:23; 60:14). '유대인들로 하여금 빌라
델비아 교회의 교인들에게 와서 그 앞에 절하게 하고 주님이 빌라델비아
교회 교인들을 사랑하고 있었고 그 현재도 사랑하는 줄을 알게 하시겠다'고
하신다(사 45:14; 49:23; 60:14; 겔 36:23; 37:28). 이 예언은 훗날에도 이루어
질 예언으로 유대인들이 교회 앞에 나아와서 과연 예수님께서 교인들을
사랑하고 있었다는 사실을 그들의 입으로 고백할 것이라는 예언이다. 자기들
은 미처 그 진리를 알지 못하였기에 지금까지 믿지 않고 방황했다고 고백하
는 날이 이를 것이다.

**계 3:10.** 네가 나의 인내의 말씀을 지켰은즉 내가 또한 너를 지켜 시험의
때를 면하게 하리니 이는 장차 온 세상에 임하여 땅에 거하는 자들을 시험할
때라(ὅτι ἐτήρησας τὸν λόγον τῆς ὑπομονῆς μου, κἀγώ σε τηρήσω ἐκ
τῆς ὥρας τοῦ πειρασμοῦ τῆς μελλούσης ἔρχεσθαι ἐπὶ τῆς οἰκουμένης

ὅλης πειράσαι τοὺς κατοικοῦντας ἐπὶ τῆς γῆς, Because you have kept my word of patient endurance, I will keep you from the hour of trial which is coming on the whole world, to try those who dwell upon the earth-RSV).

두 번째 칭찬은 예수님께서 "네가 나의 인내의 말씀을 지켰은즉 내가 또한 너를 지켜 시험의 때를 면하게 할 것이라"고 하신다(벧후 2:9). 본문을 직역해 보면 "네가 나의 인내의 말씀을 지켰기 때문에 내가 또한 너를 지켜 시험의 때를 면하게 할 것이라"고 된다. "인내의 말씀"이란 '인내를 가져야 지킬 수 있는 말씀'이란 뜻이다. 빌라델비아 교회 교인들은 주님께서 말씀하신 인내의 말씀을 지켰기 때문에 주님께서 또한 빌라델비아 교회 교인들을 지켜서 시험의 때에 시험 중에서 보호해주시겠다고 하신다. 그 시험의 때라는 하반 절에 나오는 말씀 그대로 "이는 장차 온 세상에 임하여 땅에 거하는 자들을 시험할 때라"고 하신다(사 24:17; 눅 2:1). '장차 온 세상에 임하여 땅에 사는 자들을 시련하는 때에' 예수님께서 그들로 하여금 그 시련 중에 보호해 주시겠다는 것이다. 우리가 인내심을 가지고 주님의 말씀을 지키면 주님은 우리로 하여금 인내심을 가지고 있어야 통과할 수 있는 시련의 때에 놀랍도록 보호해주시겠다고 하시는 것이니 얼마나 기쁜 일인지 모른다.

**계 3:11. 내가 속히 오리니 네가 가진 것을 굳게 잡아 아무도 네 면류관을 빼앗지 못하게 하라**(ἔρχομαι ταχύ· κράτει ὃ ἔχεις, ἵνα μηδεὶς λάβῃ τὸν στέφανόν σου).

세 번째 칭찬은 예수님께서 면류관을 줄 터이니 그 면류관을 빼앗기지 않게 하라고 하신다. 예수님은 "내가 속히 오리니 네가 가진 것을 굳게 잡으라"고 하신다(1:3; 22:7, 12, 20; 빌 4:5). 예수님께서 속히 오시겠다는 말씀은 예수님의 관점에서 속히 오신다는 뜻이다. 예수님의 시간관념과 우리의 시간관념은 너무 다르다(벧후 3:8). 베드로는 "주께는 하루가 천 년 같고 천 년이 하루 같다는 이 한 가지를 잊지 말라"고 말씀한다(벧후

3:8). 주님은 하루가 천년같이 사람들의 회개를 기다리고 계시며 또 천년을 하루같이 회개를 기다리신다는 것이다(시 90:4). 우리는 주님의 시간관념을 다 이해할 수는 없다. 주님께서는 그의 시간관념으로 속히 오실 것이므로 빌라델비아 교회 교인들은 인내의 말씀을 계속해서 지켜 "아무도 네 면류관을 빼앗지 못하게 하라"고 하신다(3절; 2:10, 25). 인내의 말씀을 지키면 면류관을 받을 터인데 계속해서 주님의 인내의 말씀을 지켜서 면류관을 빼앗기지 않게 하라고 하신다(히 12:1-4). 혹자들은 자기가 취해야 할 상급을 버리기도 한다. 에서는 장자의 명분을 야곱에게 넘겨주었고, 사울이 왕위를 다윗에게 넘겨준 사례가 있다. 우리는 주님의 인내의 말씀을 굳게 잡고 주님을 굳게 잡아 우리가 받아야 할 복을 누려야 할 것이다.

**계 3:12. 이기는 자는 내 하나님 성전에 기둥이 되게 하리니 그가 결코 다시 나가지 아니하리라 내가 하나님의 이름과 하나님의 성 곧 하늘에서 내 하나님께로부터 내려오는 새 예루살렘의 이름과 나의 새 이름을 그이 위에 기록하리라**(ὁ νικῶν ποιήσω αὐτὸν στῦλον ἐν τῷ ναῷ τοῦ θεοῦ μου καὶ ἔξω οὐ μὴ ἐξέλθῃ ἔτι καὶ γράψω ἐπ' αὐτὸν τὸ ὄνομα τοῦ θεοῦ μου καὶ τὸ ὄνομα τῆς πόλεως τοῦ θεοῦ μου, τῆς καινῆς Ἰερουσαλὴμ ἡ καταβαίνουσα ἐκ τοῦ οὐρανοῦ ἀπὸ τοῦ θεοῦ μου, καὶ τὸ ὄνομά μου τὸ καινόν).

예수님은 네 번째 칭찬을 본 절에서 말씀하신다. 즉 "이기는 자는 내 하나님 성전에 기둥이 되게 하시겠다"고 말씀하신다(왕상 7:21; 렘 1:18; 갈 2:9; 딤전 3:15). "이기는 자" 곧 '그리스도께서 주신 인내의 말씀을 굳게 지키는 자'는 "예수님의 성전에 기둥이 되게 해 주시겠다"고 하신다. 하늘의 교회(내세)에서 중요한 존재가 되게 해주시겠다는 약속이다. "기둥"이란 중요한 것을 뜻하는 말이고 또 부동한 것을 뜻하는 말이다. 예수님께서 기둥을 언급하신 것은 아마도 빌라델비아 지역에 지진이 많아 무너진 기둥이 많았고 또 무너진 신전들의 남은 기둥들이 많았기에 빌라델비아 교회 교인들이 그 기둥들을 보면서 더 실감나게 깨닫도록 하기 위해 기둥을 언급하셨을 것으로 보인다(Ramsay). 또 중요한 인물들을 비유하는 데는 기둥 비유가 좋기에 기둥을 언급하셨을 수도 있다(갈 2:9).

예수님은 빌라델비아 교회 교인들이 주님에게 충성하여 하늘에서 중요한 기둥이 되고 부동한 기둥이 된 후 "그가 결코 다시 나가지 아니하리라"고 보장하신다. 지진으로 튕겨져 나간 기둥처럼 튕겨져 나가지 않게 해주시리라는 보장이다. 세상에서 그리스도의 인내의 말씀을 지킨 것 때문에 이렇게 귀한 대접을 받는 것은 말할 수 없이 귀한 것이다.

예수님은 내세의 기둥에 세 가지 이름을 기록해주시겠다고 하신다. 즉 "내가 하나님의 이름과 하나님의 성 곧 하늘에서 내 하나님께로부터 내려오는 새 예루살렘의 이름과 나의 새 이름을 그이 위에 기록하리라"고 하신다 (2:17; 7:3; 14:1; 17:5; 22:4). 여기 기둥에 세 가지 이름을 쓰시는 것은 기둥이 된 성도들이 하나님 소유, 예수님의 소유, 하나님 나라의 시민이라는 것을 3중으로 확보하시는 행위이다. 하나님의 이름만 써도 대단한 확보를 뜻하는데 게다가 또 새 예루살렘의 이름을 기록하고 또 게다가 예수님의 새 이름을 기록하신다고 하니 대단한 확보임에 틀림없다.

본문의 "하나님의 이름"이란 '하나님 자신'을 뜻하니 그 기둥에 하나님 자신을 기록한다는 것은 놀라운 확보가 아닐 수 없다. 즉 빌라델비아 교회 교인들은 완전히 하나님의 소유라는 뜻으로 하나님의 이름이 기록되는 것이다. 우리도 역시 완전히 구속이 성취된 후에는 완전히 하나님의 소유가 될 것이다. 또 "하나님의 성 곧 하늘에서 내 하나님께로부터 내려오는 새 예루살렘의 이름을 기록하리라"는 말씀은 새 예루살렘(21:2, 10; 갈 4:26; 히 11:10; 12:22; 13:14)에서 시민권을 가질 것을 뜻한다. 우리는 지금도 하늘의 시민권을 받았으나 이제 앞으로 구속이 완전히 성취된 후에는 천국 시민권을 받을 것이다. 그리고 "나의 새 이름을 기록 한다" 함은 구속 받은 후에 완전히 새로운 신분이 된다는 표현이다(22:4). 빌라델비아 교회 교인들이나 오늘 우리들은 지금도 새로운 피조물이 되었지만 하늘에 올라간 후에는 아주 질적으로 새로운 이름을 받게 될 것이다. 할렐루야!

## 계 3:13. 귀 있는 자는 성령이 교회들에게 하시는 말씀을 들을지어다.

본 절 주해를 위해서는 2:7주해를 참조하라.

### G. 라오디게아 교회에 보냄  3:14-22

라오디게아[30]는 루커스(Lycus) 계곡과 마인더(Maeander) 계곡이 마주치고 브루기아(Phrygia)로 가는 세 도로가 교차하는 곳에 위치한 도시이다. 이곳은 당시 세계에서 가장 부유한 상업 중심지 중의 한 곳이었다. 라오디게아는 은행과 그 지방산 양털로 만든 의류로 유명했다. 이 도시에는 유대인

---

30) "라오디게아": 라오디게아라는 명칭의 성읍은 후기 헬라 시대(late Hellenic)에는 적어도 8개가 있었다. 그 중 신약성경에 기록되어 있는 것은 소아시아 서부 브루기아 지방의 주요한 성읍인데, 오늘날 터키의 성읍 데니즐리(Denizli)의 서쪽 가까이에 있는 에스기 힛사르(EskiHissar)라 불리는 한 촌이 고지(古址)라고 한다. 요한이 밧모 섬에서 쓴 편지를 보면, 소아시아의 일곱 교회 중 하나의 소재지로서 잘 알려져 있다(계 1:11; 3:14-21). 에베소의 동쪽 150㎞ 지점에 있는 살보구스 산(Mt. Salbacus, 오늘날의 Baba Dagh, 표고 2,300m) 북쪽 기슭에 있는 충적층의 평탄한 구릉에 있으며, 메안데르 강(R. Maeander, 오늘날의 Menderes Chai)의 상부 지류인 루커스 강(R. Lycus, 오늘날의Churuk su)의 유역을 내려다보고 있다. 처음에는 '디오스폴리스'(Diospolis) 또는 '로아스'(Rhoas)라 불리고 있었으나 안티오쿠스 Ⅱ세 데오스(AntiochusⅡ Theos, BC 261-246)에 의해 재건되고, 그의 처 라오디게(Laodice)의 이름에 따라 '라오디게아'라 명명했다. 안티오쿠스 Ⅲ세(BC 242-189)는 많은 유대인(석방된성인 7,500명)을 여기에 식민시켰고, 그들은 이 유력한 요소로 되었다. 빌라델비아와 마찬가지로 헬레니즘 문화의 보급을 지향(志向)했으며, 다른 헬레니즘 도시와 마찬가지로 신전, 극장, 열주가로(列柱街路)로 장식되어 있었다. 라오디게아는 한 때 펠가모 왕국에 속했으나, BC 133년 로마의 지배하에 있었다. 에게해와 유브라데 강을 잇는 대 통상로를 끼고 있는 유리한 지리적 조건으로 상업도시로서 전성하여 금융의 한 중심지로 되었다. AD 60년의 대지진으로 성읍은 멸망했으나 시민은 국고의 보조를 거절하고 독력으로 부흥시켜 그 부를 자랑하였다(계 3:17, "네가 말하기를 나는 부자라 부요하여 부족한 것이 없다 하나…" 참조). 라오디게아는 또 산업 중심지로서, 특히 직물 제조 판매로 유명하였다. 이 지방에서는 부드럽고, 광택 있는 검은 염색이 불필요한 양모를 산출하는 양을 사육하며, 그 양모로 비싼 모직물을 짰다(계 3:18 참조). 성읍 서쪽 19㎞의 앗듯다(Attudda)에는 브루기아의 신 멘 가루(Men Karou)의 아름다운 신전이 있으며, 거기에서 가까운 곳에 유명한 약학교가 있었다. 거기서 '갓브기아의 가루'라고 불리운 안질의 영약을 정제하여 팔고 있었다(계 3:18, "안약을 사서 눈에 발라 보게 하라" 참조). 라오디게아에는 유대인이 많이 살고 있었다. 시민은 전체로서는 매우 혼합적인 종족이었다. 이 곳 교회는 바울이 설립한 것이 아니고 아마 그의 동역자들, 특히 에바브라에 의해 목양 사업이 행해졌을 것이다(골 4:13 참조). 바울은 라오디게아 교회에 편지를 보내어 이를 골로새 교회에서도 읽게 하고, 또 골로새 교회로 보낸 편지도 받아 보라고 권고하고 있다(골 4:16).

성인 남자 7,000명 이상이 사는 유대인 식민지가 있었다. 그런데 이 유대인들은 그들 자신의 전통을 지킬 수 있는 권리를 확보하고 있었다. 라오디게아 교회는 에바브라의 전도에 의해 세워진 교회였다(골 1:7; 4:12f). 요한 사도 당시 이 교회의 형편은 슬프게도 많이 퇴폐하였다. 그런고로 이 교회는 요한 사도가 편지를 보낸 7교회 중에 가장 심한 정죄를 받았다(Leon Morris). 이 교회는 밖으로부터 박해를 받지 않았고 안으로도 부도덕 같은 폐단이 없었다. 교회는 부유했고 모든 조건들은 갖추어져 있었다. 그렇기 때문에 이 교회의 신앙은 미지근하고 무기력하여 예수님으로부터 큰 책망을 받았다. 현대의 주석학자들은 입을 모아 이 교회를 현대 교회의 모형이라고 서슴없이 진술한다. 현대 교회의 지도자들과 성도들은 왜 현대 교회가 미지근한지를 살펴야 할 것이다.

**계 3:14. 라오디게아 교회의 사자에게 편지하라 아멘이시오 충성되고 참된 중인이시오 하나님의 창조의 근본이신 이가 이르시되**(Καὶ τῷ ἀγγέλῳ τῆς ἐν Λαοδικείᾳ ἐκκλησίας γράψον· Τάδε λέγει ὁ Ἀμήν, ὁ μάρτυς ὁ πιστὸς καὶ ἀληθινός, ἡ ἀρχὴ τῆς κτίσεως τοῦ θεοῦ).

예수님은 요한 사도에게 "라오디게아 교회의 사자에게 편지하라"고 부탁하신다. 라오디게아 교회는 앞선 여섯 교회와 달리 외부로부터 박해를 받은 일이 없고 또 안으로는 이단이 일어난 일도 없었다. 그런 이유에서인지 이 교회의 신앙은 미지근했고 무기력했다. 오늘날 교회도 외부로부터 핍박이 없고 내부적으로 평안하니 미지근하다.

예수님은 자신을 "아멘이시오 충성되고 참된 중인이시오 하나님의 창조의 근본이신 이"라고 하신다(7절; 1:5; 19:11; 22:6; 골 1:15). 예수님의 이 칭호는 라오디게아 교회에 잘 부합하는 칭호이다. 예수님은 자신을 "아멘"(1:6)이라고 하신다. 예수님은 하나님의 말씀과 약속들을 다 성취하셨다. 이런 의미에서 그는 "아멘"이시다(고후 1:20). 예수님의 이 칭호는 라오디게아 교회의 불충성에 제동을 거는 칭호임에 틀림없다. 예수님은 또 자신을

"참된 증인"이라고 말씀하신다(1:5). 예수님은 하나님을 충실하게 증언하셨다는 뜻이다. 그는 하나님을 충실하게 증언하시기 위해서 십자가에서 대속의 죽음을 죽으셨다. 이 칭호는 하나님 앞에 충실하지 않은 라오디게아 교회에 큰 경종을 울리는 칭호이다. 예수님은 또 자신을 "하나님의 창조의 근본이신 이"(the beginning of God's creation)라고 소개하신다. 이 칭호는 예수님께서 창조의 동인(Barclay) 혹은 창조의 근본, 즉 창조자라는 뜻이다(요 1:3; 골 1:15, 18). 아리우스(Arius) 이단은 이 구절과 골 1:15("그는 보이지 아니하는 하나님의 형상이시요 모든 피조물보다 먼저 나신이시니")을 근거해서 그리스도께서 피조 되신 분이라고 주장하여 이단으로 정죄 받았다. 예수님께서 창조자라고 자신을 소개하신 것은 영적으로 심히 빈곤한 라오디게아 교회를 치료하실 수 있는 분이라는 것을 보여주시는 것이었다. 예수님은 자신을 소개하신 다음 이제 그런 분이 말씀하신다(λέγει)고 말씀하신다. 말씀의 내용은 다음 절부터 22절까지 계속된다.

**계 3:15. 내가 네 행위를 아노니 네가 차지도 아니하고 뜨겁지도 아니하도다 네가 차든지 뜨겁든지 하기를 원하노라**(Οἶδά σου τὰ ἔργα ὅτι οὔτε ψυχρὸς εἶ οὔτε ζεστός. ὄφελον ψυχρὸς ἦς ἢ ζεστός).

　　예수님은 라오디게아 교회의 사자와 교인들에게 "내가 네 행위를 안다"고 하신다(1절). 예수님은 라오디게아 교회 교인들의 행위를 구체적으로 말씀하시지 않고 그저 행위들을 안다고만 하신다. 예수님은 단지 "네가 차지도 아니하고 뜨겁지도 아니 하도다"라고만 말씀하신다. 그들의 행위가 차지도 아니하고 뜨겁지도 않다고 하신 것이다. 그러면서 예수님은 "네가 차든지 뜨겁든지 하기를 원하노라"고 하신다. 예수님의 소원은 라오디게아 교회 교인들이 아주 믿음을 거부하든지 혹은 아주 사랑과 열심으로 충만하든지 하기를 소원하신다. 믿으려면 아주 열심을 다하여 믿던지 아니면 아예 신앙을 고백하지 않던지 하는 것이 더 낫다는 뜻이다. 오늘 이런 사람들이 참으로 많다. 믿는 것도 아니고 안 믿는 것도 아닌, 중간 상태의 사람들이 너무 많다. 예수님은 지금 그들에게도 똑같은 권고를 하신다.

**계 3:16. 네가 이같이 미지근하여 뜨겁지도 아니하고 차지도 아니하니 내 입에서 너를 토하여 버리리라**(οὕτως ὅτι χλιαρὸς εἶ καὶ οὔτε ζεστὸς οὔτε ψυχρός, μέλλω σε ἐμέσαι ἐκ τοῦ στόματός μου).

예수님은 라오디게아 교회의 사자와 교인들에게 "네가 이같이 미지근하여 뜨겁지도 아니하고 차지도 아니하니 내 입에서 너를 토하여 버릴 것이다"고 하신다. 예수님은 라오디게아 교회 교인들의 믿음이 "이같이" 즉 '15절에서 밝힌 것 같이' 미지근하니 토하여 버리겠다고 하신다. "미지근하다"는 말씀은 우선 '교만하다'는 뜻이고 또 '외식 한다'는 뜻이다. 교만한 자는 반드시 신앙이 미지근하다. 그리고 위선자는 잘 믿지 않으면서도 믿는척한다. 이 두 가지 특성(미지근한 것-교만한 것과 위선적인 것)은 신앙의 적이다. 주님께서 공생애 중에서 가장 심하게 책망하신 것은 바리새인들의 외식이었다. 우리는 미지근함 즉 교만과 위선을 철저히 물리쳐야 한다. 우리는 자신을 쳐 복종시켜서 미지근함을 멀리해야 한다. 그렇지 않는다면 예수님께서 "내 입에서 너를 토하여 버릴 것이라"고 하실 수 밖에 없다. 예수님께서 혐오하셔서 버리시겠다는 것이다. 예수님은 미지근함을 견디실 수 없으시다. 아주 안 믿던지 혹은 뜨겁게 믿던지 해야 한다. 라오디게아 교인들은 믿음이 아주 식어버렸고 또 예수님께 대한 사랑, 형제들에 대한 사랑이 아주 식어버리고 말았다. 비참한 교회였다.

**계 3:17. 네가 말하기를 나는 부자라 부요하여 부족한 것이 없다 하나 네 곤고한 것과 가련한 것과 가난한 것과 눈 먼 것과 벌거벗은 것을 알지 못하는도다**(ὅτι λέγεις ὅτι Πλούσιός εἰμι καὶ πεπλούτηκα καὶ οὐδὲν χρείαν ἔχω, καὶ οὐκ οἶδας ὅτι σὺ εἶ ὁ ταλαίπωρος καὶ ἐλεεινὸς καὶ πτωχὸς καὶ τυφλὸς καὶ γυμνός, Because thou sayest, I am rich, and increased with goods, and have need of nothing; and knowest not that thou art wretched, and miserable, and poor, and blind, and naked-KJV).

예수님은 본 절에서 두 가지를 말씀하신다. 하나는 라오디게아 교회 교인들이 자가진단(自家診斷)한 것을 말씀하신다. 즉 "네가 말하기를 나는 부자라 부요하여 부족한 것이 없다한다"는 것이다(호 12:8; 고전 4:8). 그들 스스로 속으로 생각하는 것과 말하는 것을 예수님께서 들으신 것을 드러내신다. "나는 부자라 부요하여 부족한 것이 없다." 그들은 육적으로 부요하게 사는 것과 관련하여 마치 영적으로도 부요하게 산다는 착각 속에 살았던 것이다(호 12:8, "에브라임이 말하기를 나는 실로 부자라 내가 재물을 얻었는데 내가 수고한 모든 것 중에서 죄라 할 만한 불의를 내게서 찾아 낼 자 없으리라"고 했다). 본문의 "부요하여"(πεπλούτηκα)란 말은 현재완료형으로 이미 과거에 부요해졌는데 지금도 역시 부요한 상태라는 뜻이다. 라오디게아 교회 교인들은 육적으로 부요하니 어쩐지 영적으로도 부요한 것처럼 생각되어 하루하루 영적으로 "부족한 것이 없다"고 착각하며 살아왔다. 오늘도 육신적으로 살만한 교인들은 이만하면 되었다고 생각하며 다른 변화가 일어나지 않기를 원하면서 이대로 살아가기를 원한다.

예수님은 교인들이 자가 진단한 것을 말씀하신 다음 본 절에서 또 하나 예수님께서 라오디게아 교회 교인들에 대해 진단하신 것을 말씀하신다. 즉 "네 곤고한 것과 가련한 것과 가난한 것과 눈 먼 것과 벌거벗은 것을 알지 못하도다"라고 하신다. 라오디게아 교회 교인들이 스스로 자신들을 진단할 줄 모르니 예수님께서 정확하게 다섯 가지로 진단해주신다. 첫째, 예수님은 라오디게아 교회 교인들이 "곤고하다"고 말씀하신다(ὁ ταλαίπ-ωρος, 롬 7:24 참조, "나는 곤고한 사람이로다"). 바울 사도는 롬 7:24에서 자신이 죄에 사로 잡혀 "오호라 나는 곤고한 사람이로다 이 사망의 몸에서 누가 나를 건져내랴"고 부르짖었다. 바울은 자신 속에 있는 죄의 세력이 자신을 사로잡는 것을 실감하고 너무 심한 영적인 고통을 느껴 비명을 지른 것이다. 바울은 원하는바 선은 행하지 못하고 원하지 않는 악을 행하는 자신을 발견하고 자기가 비참한, 처참한 인간임을 알고 부르짖는다. 바울 사도는 자가 진단을 잘 하여 자신이 어떤 사람임을 알고 "오호라 나는 곤고한 사람이로다"라고 외쳤는데 라오디게아 교회 교인들은 자신들이 죄의 세력에 사로잡힌 곤고한 사람들임을 몰랐다. 그래서 예수님께서 라오디게아 교회 교인들은 곤고한 사람들, 즉 죄의 세력에 사로잡힌 비참한 사람들이라고 가르쳐 주신다.

둘째, 예수님은 라오디게아 교회 교인들이 "가련한 것"(ἐλεεινὸς)을 알지 못한다고 진단해 주신다. "가련하다"는 말은 '불쌍하다'(miserable)는 뜻으로 바울 사도는 고전 15:19에서 부활을 믿지 못하는 사람들을 "불쌍한 자"라고 불렀다. 부활을 믿지 못하는 사람들은 세상에만 소망을 두고 내세를 모르는 사람들이니 참으로 불쌍한 사람들이다. 예수님은 라오디게아 교회 교인들이야 말로 "불쌍한 자들"이라고 진단해 주신다. 세상에는 자신들이 괜찮은 사람들이라고 생각하고 살아가는 사람들이 많이 있으나 예수님 보시기에는 불쌍하기 그지없는 사람들이 많이 있다.

셋째, 예수님은 라오디게아 교회 교인들이 "가난한 것"(πτωχὸς)을 알지 못하고 있다고 진단하신다. "가난하다"(poor)는 말은 '영적으로 거지라'는 뜻이다. 서머나 교회 교인들은 예수님으로부터 물질적으로는 가난하다는 말을 들었으나 영적으로는 부요하다는 칭찬을 들었다(2:9). 라오디게아 교회 교인들은 영적으로는 좋은 것들이 아무 것도 없었다. 참으로 가난한 사람들이었다. 그들의 마음이 가난한 것을 알 때 그들에게는 소망이 있는 법이다(마 5:3). 마음에 아무 것도 좋은 것이 없다고 느끼고 그리스도를 영접할 때 하늘을 소유하게 되는 것이다.

넷째, 예수님은 라오디게아 교회 교인들이 "눈 먼 것"을 알지 못한다고 진단해 주신다. "눈이 멀었다"는 말은 '영안이 어둡다'는 뜻이다. 영안이 어두우면 하나님도 못 보고 예수님도 못 보며 하나님의 뜻도 모르고 하나님의 섭리도 모르게 된다. 육안이 어두운 것도 답답하지만 영안이 어두운 것은 더욱 답답한 일이다. 맹인 신자들 중에는 자신이 맹인 되어 영안이 밝아진 것을 오히려 감사하는 사람들이 있다.

다섯째, 예수님은 라오디게아 교회 교인들이 "벌거벗은 것"을 알지 못한다고 진단해 주신다. "벌거벗었다"(naked)는 말은 '하나님으로부터 의롭다 함을 받지 못하고 있는 것'을 묘사하는 말이다. 우리는 모두 칭의(稱義)의 옷을 입어야 한다. 예수님은 다섯 가지로 진단해 주시고 그 대책을 위해서 다음 절에서 3가지로 말씀해 주신다. 세 가지만을 말씀해 주신 이유는 세 가지만 해결되면 나머지 두 가지("곤고한 것", "가련한 것")도 해결되기 때문이다.

**계 3:18. 내가 너를 권하노니 내게서 불로 연단한 금을 사서 부요하게 하고 흰 옷을 사서 입어 벌거벗은 수치를 보이지 않게 하고 안약을 사서 눈에 발라 보게 하라**(συμβουλεύω σοι ἀγοράσαι παρ' ἐμοῦ χρυσίον πε-πυρωμένον ἐκ πυρὸς ἵνα πλουτήσῃς, καὶ ἱμάτια λευκὰ ἵνα περιβάλῃ καὶ μὴ φανερωθῇ ἡ αἰσχύνη τῆς γυμνότητός σου, καὶ κολλ((ο))ύριον ἐγχρῖσαι τοὺς ὀφθαλμούς σου ἵνα βλέπῃς).

예수님은 라오디게아 교회 교인들에게 "내가 너를 권한다"고 말씀하신다. '예수님께서 라오디게아 교회 교인들을 권하신다'는 것이다. 권하시는 것은 세 가지이다. 첫째, "내게서 불로 연단한 금을 사서 부요하게 하라"고 하신다(사 55:1; 마 13:44; 25:9; 벧전 1:7). 예수님으로부터 불로 연단한 믿음, 즉 순수한 믿음을 사서 믿음을 부요하게 하라고 권하신다. 순수한 믿음을 얻기 위해서는 그리스도의 말씀을 듣거나 읽어야 하고(롬 10:17), 또 많이 기도하여 마음으로부터 더러움을 제거해야 한다. 그러면 순수한 믿음을 얻게 된다. 순수한 믿음으로 마음을 부요하게 하면 가난은 간곳없이 사라진다. 한 가지 부기할 것은 "금을 사서 부요하게 하라"는 말씀을 하신 이유는 라오디게아에는 금이 많은 고로 '금을 사서 믿음을 부요하게 하라'는 표현을 사용하실 수 있었다.

둘째, "흰 옷을 사서 입어 벌거벗은 수치를 보이지 않게 하라"고 하신다(7:13; 16:15; 19:8; 고후 5:3). 여기 "흰옷"이란 '의(義)의 옷'을 지칭한다.

"흰옷을 사서 입는" 방법, 즉 '의의 옷을 사는' 방법은 그리스도께서 십자가에서 우리를 대신해서 죽으신 사실을 믿음으로 입을 수 있게 된다. 그 사실을 믿을 때 하나님께서 우리를 의롭다고 선언해주신다(창 15:6; 시 106:31; 롬 4:3, 9, 22; 갈 3:6; 약 2:23). 우리가 그리스도의 십자가를 믿으면 하나님께서는 우리를 벗은 자들(삼하 10:4; 사 20:4; 겔 16:37-39; 나 3:5)로 보시지 않고 옷을 사서 입은 자들로 보신다. 우리가 우리의 벌거벗은 수치를 보이지 않도록 하는 유일한 방법은 예수님을 믿는 것뿐이다. 예수님께서 이런 표현을 사용하신 것은 라오디게아는 직물의 명산지였기 때문에 예수님께서 이런 표현을 통해 그의 뜻을 나타내신 것이다.

셋째, "안약을 사서 눈에 발라 보게 하라"고 권하신다. "안약을 사서 눈에 발라 보게 하라"는 말씀은 예수님을 믿어 성령의 역사로 영안이 밝아지게 하라는 권고이다. 우리가 예수님을 믿을 때 성령께서 역사하셔서 우리의 영적 안목이 열려서 영의 세계를 밝히 볼 수 있는 것이다. 성령님은 우리의 스승이 되셔서 우리로 하여금 모든 것을 알게 하신다. 세상의 불신자들은 전혀 볼 수 없는 영의 세계를 밝히 보면서 살게 된다. 예수님께서 이런 권고를 하실 수 있었던 것은 라오디게아 지방에 의학교(醫學校)가 있어서 안약을 구입할 수가 있었기 때문이었다. 예수님과 성령님만이 우리로 하여금 세상을 밝히 보게 하신다(마 13:13; 요 9:39).

위의 세 가지(연단한 금을 사서 부요하게 하고, 흰옷을 사서 입고, 안약을 사서 눈에 발라 보기만 하면) 해결되면 17절의 두 가지(곤고한 것과 가련한 것)는 자동적으로 해결된다. 그런고로 예수님은 곤고한 것과 가련한 것을 해결하는 문제를 따로 취급하지 않으셨다.

**계 3:19. 무릇 내가 사랑하는 자를 책망하여 징계하노니 그러므로 네가 열심을 내라 회개하라**(ἐγὼ ὅσους ἐὰν φιλῶ ἐλέγχω καὶ παιδεύω· ζήλευε οὖν καὶ μετανόησον, As many as I love, I rebuke and chasten: be zealous therefore, and repent-KJV).

예수님은 "내가 사랑하는 자를 책망하여 징계 한다"고 말씀하신다(욥 5:17; 잠 3:11-12; 히 12:5-6; 약 1:12). 여기 "내가 사랑하는 자를 징계 한다"는 말씀에서 예수님께서 "필레오"(φιλω)라는 낱말을 쓰셨다고 하여 혹자들은 예수님의 '인정(人情)에서 흘러나온 사랑'이라고 정의하나 요한 사도는 "아가파오"와 "필레오"를 동의어로 사용하고 있음을 볼 때 예수님께 서 라오디게아 교회 교인들도 희생적으로 사랑하신 것으로 보아야 할 것이 다.31) 예수님은 라오디게아 교회를 지극히 사랑하시기에 "책망하여 징계 한다"(I rebuke and chasten)고 하신다. "책망 한다"는 말은 신약에서 '말로 하는 징계'이고(눅 3:19; 딤전 5:20), "징계 한다"는 말은 '어떤 형태로 나타 난 책망'이다(히 12:5. 7). 그러나 혹시 이 문장에서는 두 낱말이 동의어로 사용되었는지 모른다.

예수님께서 징계하신 목적은 라오디게아 교회 교인들을 망하게 하려는 것이 아니라 더욱 계속해서 열심을 내고 단번에 회개하도록 하심이다. 예수님은 "그러므로 네가 열심을 내라 회개하라"(ζήλευε οὖν καὶ μετα- νόησον)고 하신다. 예수님은 앞 문장에서는 "내가 사랑하는 자들을 책망하 여 징계하노니"라고 상대를 복수로 표현했으나, 본문에서는 단수로 말씀하 셔서 개인 상대하여 열심을 내라고 말씀하시고 또 회개하라고 권고하신다. 예수님은 한 사람 한 사람 권고하고 계신다. 여기 "열심을 내라"(ζήλευε)는 말은 현재 명령형으로 '계속해서 열심을 내라'는 뜻이다. 신앙생활에서

31) 브루스(F. F. Bruce)는 요한 사도가 15절-17절에서 동의어를 사용하고 있다고 보았다. 그는 "(1) 동사 *아가파오*와 *필레*오는 70인경에서 한 히브리어 단어를 번역하기 위하여 상호 교대적으로 사용된다(예를 들어서 창 37:3에서 야곱이 요셉을 편애하는 것이 '아가파오'로 표현되었는데, 그 다음 구절에서는 같은 사랑의 마음을 '필레오'로 표기하고 있다). (2) 동사 *아가파*오는 그 자체가 반드시 더 고상한 사랑을 함축하는 것은 아니라는 점이다. 문맥에서 그러한 의도로 사용된 것이 분명할 때에는 그러하다(반면에 딤후 4:10에서 데마가 세상을 '사랑' 하는 서글픈 현실을 나타낼 때에는 바로 그 '아가파오'를 사용한다). (3) 요한 사도는 두 동사를 서로 상호 교환적으로 사용하고 있다. 예를 들어 '아버지가 아들을 사랑한다'는 진술의 경우이다. 3:35에서는 *아가파*오를, 5:20에서는 *필레*오를 사용하고 있다. 또 '예수께서 사랑하시는 제자'를 가리켜 말할 때에도 그러하다. 13:23, 19:26; 21:7, 20에서는 *아가파*오를, 20:2에서는 *필레*오를 사용하고 있다. 그러니 여기서 두 동의어들 사이를 구분하는 것이 확실한 근거위에서 된 것이 아니다"라고 말한다.

열심을 내는 일은 한 생애 동안 계속되어야 한다. 그리고 "회개하라"는 말은 부정(단순)과거 명령형으로 단번에 죄를 단절하고 그리스도에게로 돌아서라는 말씀이다. 우리는 회개하는 일을 질질 끌 이유가 없다. 단번에 해야 한다.

**계 3:20. 볼지어다 내가 문 밖에 서서 두드리노니 누구든지 내 음성을 듣고 문을 열면 내가 그에게로 들어가 그와 더불어 먹고 그는 나와 더불어 먹으리라**(ἰδοὺ ἕστηκα ἐπὶ τὴν θύραν καὶ κρούω· ἐάν τις ἀκούσῃ τῆς φωνῆς μου καὶ ἀνοίξῃ τὴν θύραν, ((καὶ)) εἰσελεύσομαι πρὸς αὐτὸν καὶ δειπνήσω μετ᾽ αὐτοῦ καὶ αὐτὸς μετ᾽ ἐμοῦ).

예수님은 앞(19절)에서 "열심을 내라 회개하라"고 권고하신 다음 이제 본 절에서는 눈앞에 보이는 계시가 있다고 하신다. 예수님은 "볼지어다"(ἰδοὺ)라고 말씀하신다. 이제 보이는 것을 "보라"고 하신다. 세 가지를 "보라"고 하신다. 예수님은 첫째, "내가 문 밖에 서서 두드린다"고 하신다(아 5:2). "문밖에 서서"(ἕστηκα)란 말은 현재완료형으로 과거에 문밖에 서 있기 시작해서 지금까지 서 계신 것을 지칭한다. 그리고 "두드리노니"(κρούω)란 말은 현재형으로 '계속해서 두드리고 계심'을 뜻한다. 예수님은 신앙이 미지근한 자들 밖에서 오래전부터 서서 계속해서 마음을 두드리고 계신다고 말씀한다.

둘째, 예수님은 "누구든지 내 음성을 듣고 문을 열면"이라고 하신다(눅 12:37). 라오디게아 교회 교인들만 아니라 누구든지(개인적인 권면이다) 예수님의 음성(1:12, 15; 4:1, 5; 5:11; 6:6; 8:5; 9:13; 10:8; 11:19; 14:13; 16:1, 18; 18:2, 4, 23; 19:1, 5, 6; 21:3)을 "듣고"(ἀκούσῃ), 문을 "열면"(ἀνοίξῃ) 예수님께서 행동하시겠다고 하신다. 예수님의 음성을 "듣고"(ἀκούσῃ)란 말은 부정(단순)과거 가정법으로 누구든지 예수님의 음성을 '한번 결정적으로 듣고' 행동하면 예수님께서 행동에 옮기시겠다고 하신다. 그리고 문을 "열면"(ἀνοίξῃ)이란 말도 부정(단순)과거 가정법으로 '한번 결정적으로 열면' 예수님께서 행동하시겠다고 하신다.

셋째, 예수님은 누구든지 예수님의 음성을 듣고 문을 열면 "내가 그에게로 들어가 그와 더불어 먹고 그는 나와 더불어 먹으리라"고 하신다(요 14:23). 예수님께서 그 사람에게로 들어가 그와 더불어 먹고 그 사람은 예수님과 더불어 교제하게 될 것이라고 하신다(아 5:1-2; 눅 14:12; 17:8; 계 19:9). 본문의 "먹고" 또는 "먹으리라"는 말은 한 단어로 기록되어 있는데 이는 미래형으로 누구든지 예수님에게 문을 열면 즉시 예수님께서 들어오셔서 교제해 주시겠다는 것이다. 혹자는 예수님과 우리의 교제는 예수님 재림 후에 일어날 일이라고 하나 당장 일어나는 일이기도 하다.

**계 3:21. 이기는 그에게는 내가 내 보좌에 함께 앉게 하여 주기를 내가 이기고 아버지 보좌에 함께 앉은 것과 같이 하리라**(ὁ νικῶν δώσω αὐτῷ καθίσαι μετ᾽ ἐμοῦ ἐν τῷ θρόνῳ μου, ὡς κἀγὼ ἐνίκησα καὶ ἐκάθισα μετὰ τοῦ πατρός μου ἐν τῷ θρόνῳ αὐτοῦ).

예수님은 "이기는 그에게" 즉 '누구든지 예수님의 음성을 듣고 문을 여는 사람에게'(앞 절)는 "내가 내 보좌에 함께 앉게 하여 주겠다"고 하신다 (2:26-27; 마 19:28; 눅 22:30; 고전 6:2; 딤후 2:12). 예수님께서 앉으신 보좌에 함께 앉게 하여 주시겠다고 하신다. 예수님께서 앉으신 보좌에 함께 앉는 것은 최고의 영광이다.

예수님은 회개하는 자들을 자신의 보좌에 함께 앉히신다는 말씀을 강조하시기 위해 "내가 이기고 아버지 보좌에 함께 앉은 것과 같이 하리라"고 하신다. 즉 '예수님께서 십자가에서 승리하시고(요 16:33) 아버지 보좌에 앉으신 것과 같이 하시겠다'는 것이다. 여기 "예수님께서 아버지 보좌에 함께 앉은 것과 같이 하신다"는 말씀을 보면 한 보좌에 하나님과 예수님께서 앉아 계시다는 뜻이다. 이는 하나님과 예수님이 동등이심을 보여주는 말씀이다(22:1; 요 10:30; 17:11, 22 참조). 그리스도의 음성을 듣고 문을 여는, 예수님을 영접한 자는 예수님과 연합한 자들이니 예수님과 똑같이 보좌에 앉게 될 것이다. 예수님과 연합한 성도들은 예수님께서 승리하시고 하나님께서 마련하신 보좌에 앉으시는 것처럼 예수님으로부터 극진한, 왕과 같은 대접을 받을 것이다. 승리한 자들은 예수님께서 왕 노릇하시는 것처럼 왕 노릇할 것이다(딤후 2:12; 계 22:5).

**계 3:22. 귀 있는 자는 성령이 교회들에게 하시는 말씀을 들을지어다.**
　본 절 주해를 위해서는 2:7의 주해를 참조하라.

# 제 4 장

III. 심판의 보좌   4:1-11

저자는 서론(1:1-20)과 일곱 교회에 보내는 편지를 마치고(2:1-3:22) 이제는 본론으로 들어선다. 1:19에서 밝힌바 요한이 "본 것"과 "지금 있는 일"(1:1-3:22)을 지나 "장차 될 일"(4:1-22:5)로 들어선다. 요한 사도는 "장차 될 일"(4:1-22:5) 중에서 본서의 중심부인 종말의 대 환난에 대한 계시를 전달받는다(4:1-18:24). 요한은 먼저 심판의 주장자이신 하나님과 심판자를 보고(4장-5장), 대 환난의 3단계인 7인(印)의 환난(6장-7장), 7나팔의 환난(8장-14장), 7대접의 환난(15장-18장)이 일어날 것을 본다. 이런 세 단계의 환난 중 삽경으로 천상의 영광이 보이기도 한다.

본 장(4:1-11)은 지상(2-3장)에서 고난 받고 애쓰는 성도들에게 하늘의 실재를 보여주고 있다. 하나님은 하늘에서 보좌에 앉아계시며 모든 것을 주장하고 계신다. 요한은 세상에서 고난 받고 박해 받는 성도들에게 천상의 실재를 보여주어 크게 위로하고 있다.

1-11절에서는 지구상에 발생될 대 환난의 주관자이시며 근원이 되신 보좌가 계시된다. 1) 하나님의 보좌와 그 모습(1-3절), 2) 24장로(4-5절), 3) 네 생물(6-7절) 및 그들의 찬미가 들린다(8-11절). 이런 천상의 모습은 앞으로 대 환난에 직면할 지상의 성도들에게 힘과 위로가 된다.

**계 4:1. 이 일 후에 내가 보니 하늘에 열린 문이 있는데 내가 들은 바 처음에 내게 말하던 나팔 소리 같은 그 음성이 이르되 이리로 올라오라 이 후에 마땅히 일어날 일들을 내가 네게 보이리라 하시더라**(Μετὰ ταῦτα εἶδον,

καὶ ἰδοὺ θύρα ἠνεῳγμένη ἐν τῷ οὐρανῷ, καὶ ἡ φωνὴ ἡ πρώτη ἣν ἤκουσα
ὡς σάλπιγγος λαλούσης μετ’ ἐμοῦ λέγων, Ἀνάβα ὧδε, καὶ δείξω σοι
ἃ δεῖ γενέσθαι μετὰ ταῦτα).

요한 사도는 "이 일 후에 내가 보니"라고 말한다. 혹자는 여기 "이
일 후에"라는 말을 두고 3장 마지막 교회 '라오디게아 교회 이후에'라고
해석하나 이 표현은 요한계시록에서의 이 표현은 새로운 환상을 소개할
때 쓰는 표현이다(7:1, 9; 15:5; 18:1; 19:1). 요한은 최초로 "하늘에 열린
문이 있는" 것을 보았다(겔 1:1; 마 3:16; 행 7:56; 10:11 참조). 여기
"하늘에 열린 문이 있는" 것을 두고 혹자는 '하늘 자체가 열린 것'이라고
주장하지만 '하늘로 들어가는 문이 폭넓게 열린 것'이라고 보는 것이 더
타당하다.32)

요한은 하늘 문이 열려 있는 것을 보았을 때 "내가 들은 바 처음에
내게 말하던 나팔 소리 같은 그 음성"이 말하는 소리를 들었다(1:10). 한
음성을 들었는데 '그 음성은 처음에 요한 사도에게 말하던 나팔 소리 같은
그 음성'이었다. 즉 1:10에서 들렸던 그리스도의 음성이었다. 두 곳에서
나는 음성은 다 같이 나팔소리와 같이 들렸다. 이 음성은 5절에서 나는
음성은 아니었다. 요한은 똑같은 그리스도의 음성을 들었을 때 반가웠을
것이다.

그리스도의 음성은 요한 사도에게 "이리로 올라오라 이 후에 마땅히
일어날 일들을 내가 네게 보이리라"고 하신다(1:19; 11:12; 22:6).33) 즉

32) "하늘"이란 말에 대해 레온 모리스(Leon Morris)는 조심스럽게 몇 마디를 한다. 즉 "요한은
단수형인 '하늘'(Heaven)이라는 용어를 흔히 쓰나 복수형인 '하늘들'(Heavens)이라는 용어는
거의 쓰지 않는다('하늘'이란 용어가 52회 사용되는 중 단 한번 12:12에 '하늘들'이라는 용어가
쓰인다). 이 하늘이란 용어는 항상 조심스럽게 해석해야 한다. 왜냐하면 요한은 그 용어를
대단히 다양하게 사용하기 때문이다. 간혹 그것은 하나님이 거하시는 영원한 처소로 사용된다
(3:12). 그러나 그것은 또한 마침내는 파괴당할 것으로 쓰인다(21:1). 그리고 심지어는 전쟁의
장소로도 쓰인다(12:7). 때로는 그것이 단순히 창공의 뜻으로 쓰일 때도 있다(6:13). 본문에서는
하나님의 처소로 쓰였다. 그러나 그것은 동시에 하나님께서 자신을 계시하기 위하여 선택한
처소이며, 천상적 존재들이 분명히 만들어진 처소이기도 하다"라고 한다(요한계시록, 틴델
신약주석 시리즈 20, 김근수역, p. 104).
33) 본 절의 "이리로 올라오라"는 표현을 두고 세대주의에서는 '교회의 휴거'라고 주장한다.

'하늘로 올라오라. 이 후에 마땅히 일어날 일들을 예수님께서 요한 사도에게 보이리라'고 하신다. 예수님은 1:19에서 "장차 될 일을 기록하라"고 하셨으니 약속을 지키신다. "이 후에 마땅히 일어날 일들"이란 본 절부터 22:5에 이르기까지 진행되는 일들을 지칭한다. 본문의 "마땅히"란 말은 아주 중요하다. 그저 단순히 한번 일어날 일이라기보다는 하나님께서 꼭 보여주시기 원하는 일들이 일어날 것이란 뜻이다. 우리는 본서에서 하나님께서 꼭 보여주시기를 원하시는 것을 보게 될 것이다.

**계 4:2. 내가 곧 성령에 감동되었더니 보라 하늘에 보좌를 베풀었고 그 보좌 위에 앉으신 이가 있는데**(εὐθέως ἐγενόμην ἐν πνεύματι, καὶ ἰδοὺ θρόνος ἔκειτο ἐν τῷ οὐρανῷ, καὶ ἐπὶ τὸν θρόνον καθήμενος).

요한은 예수님의 음성을 들은 후 "곧 성령에 감동되었다"(1:10; 17:3; 21:10). "곧 성령에 감동되었다"(εὐθέως ἐγενόμην ἐν πνεύματι)는 말은 '즉시 성령 안에 있게 되었다'는 뜻이다. 이는 1:10의 "내가 성령에 감동되었다"(ἐγενόμην ἐν πνεύματι)는 말과 같은 말이다. 요한은 1:10에서는 성령에 감동되었을 때 땅 위의 교회와 예수님을 보았는데(1:11-17) 본문의 경우 요한이 성령의 감동을 받은 후 천상의 계시(2b-11절)를 보았다. 아무튼 성령에 감동되어야 하나님의 계시를 볼 수 있는 것임은 틀림없는 일이다. 요한 사도는 땅 위에 몸이 있으면서도 영적인 충만 상태, 즉 영적인 황홀 상태에서 하늘의 계시를 바라보았던 것이다. 바울 사도는 셋째 하늘에 들려 올렸을

---

즉 요한은 모든 그리스도인을 대표하여 휴거되었다는 것이다. 본 절의 나팔 소리는 그리스도의 재림 시에 들리게 될 소리이며(살전 4:16), 요한이 하늘에 끌려 올라감은 종말에 있을 모든 그리스도인들의 휴거(공중으로 들려 올라감)를 대표한다는 것이다. 세대주의에서는 하나님의 백성들이 적그리스도에 의해 받을 큰 환난의 때는 교회와는 아무런 관련이 없고 '야곱의 환난'(렘 30:7)의 때와 관련이 있다고 주장한다. 이러한 견해는 '교회'라는 말이 본서의 처음 세 장에서는 20번이나 나타나지만 본 장에서부터 22:17까지는 단 한 번도 나타나지 않는 사실과 또 4절에 나타나는 24장로들을 휴거된 교회와 일치시키려는 점에 의해 뒷받침된다. 그러나 세대주의 이 주장은 신약성경에 의해 뒷받침된 것이 아니다. 사실 '이리로 올라오라'는 표현은 요한 혼자에게만 사용되었으며 요한은 본서의 계시를 받을 때에만 이 표현을 사용했다. 그러므로 본 절의 '이리로 올라오라'는 표현은 휴거를 의미하는 것이 아니라 단순히 하늘의 영광과 보좌를 보여주기 위하여 올라오라고 하는 말씀으로 보는 것이 더 적절하다고 보아야 할 것이다.

때 그 자신이 몸 안에 있었는지 몸 밖에 있었는지 알 수 없었다고 한다(고후 12:2-3). 바울 사도의 육체가 셋째 하늘에 갔었는지 안 갔었는지 알 수 없었다는 이야기이다. 요한도 역시 단순히 그가 성령 안에만 있었다고 진술한다.

요한은 성령에 감동된 후 "하늘에 보좌를 베푼 것"을 보았다(사 6:1; 렘 17:12; 겔 1:26; 10:1). 여기 "보좌"란 하나님의 보좌로서 구약에 흔한 사상이다(왕상 22:19; 사 6:1; 겔 1:26; 단 7:9). 요한은 성령에 감동되어 하늘에서 하나님의 보좌와 또 보좌를 중심하고 모든 것을 보았는데 하늘에서 하나님의 보좌가 중심인 것을 본 것은 우주의 중심이 하나님이라는 것을 뜻한다. 우주에서조차도 하나님 외에는 그 어떤 것도 중심이 될 수가 없다.

요한이 "그 보좌 위에 앉으신 이가 있는" 것을 본 것은 하나님께서 우주 통치를 하시는 것을 본 것을 뜻한다. 하나님은 하늘에 앉으셔서 우주를 통치하고 계시다. 혹자는 여기 보좌 위에 앉으신 분이 성삼위라고 주장하기도 하나 성부 하나님일 것으로 보는 것이 옳을 것이다. 이유는 성령은 5절에 나타나고 또 성자는 5:5-6에 나타나시는 것을 보면 본문의 보좌 위에 앉으신 분은 성부 하나님으로 보는 것이 타당할 것이다. 요한 계시록의 수신자들은 세상 보좌(로마 황제들의 보좌)에 식상해 있었고 고통당하고 있었는데 이제 하늘 보좌, 그들에게 엄청난 위로가 되는 보좌가 소개된 것이다. 오늘 우리 또한 우리 하나님께서 우주의 중심에서 온 우주를 통치하고 계심을 알고 무한히 기뻐하고 감사해야 할 것이다.

**계 4:3. 앉으신 이의 모양이 벽옥과 홍보석 같고 또 무지개가 있어 보좌에 둘렸는데 그 모양이 녹보석 같더라**(καὶ ὁ καθήμενος ὅμοιος ὁράσει λίθῳ ἰάσπιδι καὶ σαρδίῳ, καὶ ἶρις κυκλόθεν τοῦ θρόνου ὅμοιος ὁράσει σμαραγδίνῳ).

요한 사도는 보좌에 "앉으신 이의 모양이 벽옥과 홍보석 같다"고 말한다

(겔 1:26 참조). 즉 '앉으신 이는 보기가 벽옥과 홍보석 같다'는 뜻이다. 요한은 앉으신 하나님을 정확하게 볼 수가 없었다. 다만 요한의 영안으로 뵙기가 벽옥과 홍보석 같다고 한다. 벽옥과 홍보석은 최상의 보석으로 요한 사도는 이 보석들로 하나님을 묘사하고 있다. 요한은 하나님을 분명하게 묘사할 수 없었다. 다만 하나님을 묘사하는 피조물들에 대해서는 자세하게 묘사할 수 있었다(8-11절). 본문의 "벽옥"은 '옥색 비취' 혹은 '옥색 수정' 혹은 '다이아몬드'일 것으로 추정된다. 대부분의 주석가들은 "홍보석"을 '붉은 보석'일 것이라고 추정하고 있는데 아마도 홍옥수일 것으로 보인다 (RSV). 여기 두 가지 보석은 이스라엘의 열 두 지파의 각 이름을 새긴 대제사장의 흉배에 단 12보석의 맨 처음과 맨 나중의 보석이며(출 28:17-21), 또 하늘 예루살렘의 기초 중 첫째와 여섯째이다(계 21:19-20). 아무튼 두 보석은 하나님의 속성을 상징하는 것으로 보고 있다. 두 보석이 무엇을 뜻하느냐 하는 것을 두고 여러 견해가 있으나 벽옥은 하나님의 청결하심을, 홍보석은 하나님의 진노를 상징한다는 것이 거의 정설로 받아드려지고 있다 (Barclay).

요한은 하나님을 뵌 인상을 말한 다음 보좌 주위에 대해서도 말한다. 즉 "또 무지개가 있어 보좌에 둘렸는데 그 모양이 녹보석 같더라"고 말한 다(겔 1:28 참조). "무지개가 보좌 주위에 둘렸다"는 말은 언약이 보좌 주위에 둘렸다는 뜻이다(창 9:13-"내(하나님)가 내 무지개를 구름 속에 두었나니 이것이 나와 세상 사이의 언약의 증거니라"). 혹자들은 본문의 "무지개"라는 것을 두고 오늘날의 무지개로 여기지 않고 '후광'이라 하고 하나님의 은닉된 신성으로 여긴다. 그러나 하나님께서 언약의 하나님인 것을 감안할 때 보좌 주위를 둘렀던 것이 무지개일 것이라고 보는 것이 타당할 것이다(창 9:16).

"녹보석"이란 오늘날의 에메랄드(emerald)일 것이다. 이 녹색은 은혜를 상징한다. 무지개가 녹색이고 그 무지개가 하나님의 보좌를 두른 것은 은혜의 언약이 하나님의 보좌의 기초라는 말이다. 하나님은 언약의 하나님이시다. 하나님은 인간과 언약하신 대로 은혜를 베푸신다. 은혜로 구원해주시겠다고 하셨으니 반드시 은혜로 구원해 주신다.

**계 4:4. 또 보좌에 둘려 이십사 보좌들이 있고 그 보좌들 위에 이십사 장로들이 흰 옷을 입고 머리에 금관을 쓰고 앉았더라**(καὶ κυκλόθεν τοῦ θρόνου θρόνους εἴκοσι τέσσαρες, καὶ ἐπὶ τοὺς θρόνους εἴκοσι τέσσαρας πρεσβυτέρους καθημένους περιβεβλημένους ἐν ἱματίοις λευκοῖς καὶ ἐπὶ τὰς κεφαλὰς αὐτῶν στεφάνους χρυσοῦς).

요한 사도는 본 절에서는 "또 보좌에 둘려 이십사 보좌들이 있다"고 말한다(11:16). '또 하나님의 보좌에 둘려 24개의 보좌들이 있다'는 것이다. 그런데 "그 보좌들 위에 이십사 장로들이 흰 옷을 입고 머리에 금관을 쓰고 앉아 있다"고 말한다(3:4, 5; 6:11; 7:9, 13-14; 19:14). '24개의 보좌들 위에 24명의 장로들이 흰옷을 입고 머리에는 금관을 쓰고 앉아 있다'는 것이다. 이들이 누구냐를 두고 많은 학설이 제기되었다. 1) 4:1의 "이리로 올라오라"는 부르심에 대하여 요한과 함께 하늘로 이끌려 간 교회라는 학설. 2) 휴거된 교회라는 학설. 3) "이십사"라는 숫자는 구약성경(대상 24:1-19)의 제사장의 24반열에서 나온 숫자라는 학설. 4) 공중 재림 때 들려 올라갈 교회 숫자라는 학설(Walvoord). 5) 천상의 제사장인 천사장들이라는 학설. 6) 출 24:11에 등장하는 이스라엘의 장로들이라는 학설. 7) 유대인의 교회라는 학설. 8) 대선지자들과 소선지자들이라는 학설. 9) 인류 중에 가장 뛰어난 신앙가들이라는 학설. 10) 바벨론의 24 성좌라는 학설. 11) 단순히 상징적 숫자라는 학설. 12) 구약과 신약을 모두 포함하는 지상 교회를 상징할 것이라는 학설. 13) 천사들이라고 주장하는 학설(N. B. Stonehouse, R. H. Charles, Grant Osbourne, Leon Morris, G. E. Ladd). 이 학설은 주장자가 많기는 하나 5:11; 7:11에 의하면 천사들과 장로들은 엄연히 구분되는 존재들이니 채택하기가 어렵다. 그런고로 본문의 "24명의 장로들"은 그 직명이 말하는 대로 장로들로 보아야 하고 또 이들이 "흰옷을 입고 있는" 것이나, 이들이 "머리에 금관을 쓰고 앉아 있는" 것을 볼 때 이들은 구속받은 자들로 보아야 할 것이다(7:14). 14) 21:12-14에 나오는 대로 12명은 구약의 12지파의 대표이고, 또 12명은 12사도라고 주장하는 학설(Alford, Plummer, Vincent, Lenski, P. E. Hughes, 박윤선) 들을 들 수 있을 것이다. 이 중에서 마지막 14번의 학설이 가장 타당한 것으로 보인다. 12사도라고 말할 때 요한 사도가 그 중에 아직 들지 않았으니 문제가 생긴다. 그러나 열두 사도라고 하면 하나의 사도 단체를 뜻하는 것으로 보면 될 것이다.

요한은 24장로들이 "흰 옷을 입고 머리에 금관을 쓰고 앉아 있다"고 말한다. 이들이 "흰 옷을 입고" 있는 것은 이들이 어린 양의 피에 그 죄를 씻었기에 칭의 된 사실을 보여주며 동시에 천상의 영상에 참여한 것을 가리킨다(7:14). 그리고 이들이 "머리에 금관을 쓰고 앉아 있다"(10절)는 말은 신앙에 승리한 자들이 쓰는 관으로 그리스도와 함께 왕으로 지배한다는 것을 표시한다(2:27). 이들이 승리할 수 있었던 것은 오직 그리스도의 공로를 힘입었기 때문이다(딤후 2:12).

**계 4:5. 보좌로부터 번개와 음성과 우렛소리가 나고 보좌 앞에 켠 등불 일곱이 있으니 이는 하나님의 일곱 영이라**(καὶ ἐκ τοῦ θρόνου ἐκπορεύονται ἀστραπαὶ καὶ φωναὶ καὶ βρονταί, καὶ ἑπτὰ λαμπάδες πυρὸς καιόμεναι ἐνώπιον τοῦ θρόνου, ἅ εἰσιν τὰ ἑπτὰ πνεύματα τοῦ θεοῦ, From the throne issue flashes of lightning, and voices and peals of thunder, and before the throne burn seven torches of fire, which are the seven spirits of God-KJV).

요한 사도는 "보좌로부터 번개와 음성과 우렛소리가 나고" 있다고 말한다(8:5; 16:18; 출 19:16-19 참조). 하나님의 보좌로부터 나는 것들은 하나님으로부터 나는 것들이다. "번개"는 '하나님의 위엄, 하나님의 능력'을 보이는 현상이고(욥 37:4), 하나님의 "음성" 역시 '하나님의 위엄'을 보이는 말이며(욥 37:4), 하나님으로부터 나는 "우렛소리" 또한 '하나님의 진노, 심판을 상징하는 소리'이다. 이 세 가지 현상은 모두 다 하나님께서 두려우신 분임을 나타낸다(8:5; 11:19; 16:18). 여기 "나고"(ἐκπορεύονται)란 말은 현재 동사로 '계속해서 나고 있다'는 뜻이다. 하나님의 위엄은 한번만 발하는 것이 아니라 계속해서 나오고 있었다. 하나님은 지금도 대단히 위엄스러운 분이시다.

그리고 요한은 "보좌 앞에 켠 등불 일곱이 있으니 이는 하나님의 일곱 영이라"고 말한다. "보좌 앞에 켠 등불 일곱이 있다"(출 37:23; 대하 4:20; 겔 1:13; 슥 4:2)는 말은 '보좌 앞에 일곱 등불이 계속해서 타고 있다'는 뜻이다. 본문의 "켠"(καιόμεναι)이란 말은 현재분사 수동태 시제로 '계속해서 타고 있다'는 뜻이다. 이는 구약 성전의 일곱 등불을 연상시킨다. 구약 성막에는 지성소가 있었는데 지성소의 앞면에 일곱 등불이 있었다. 여기 "등불 일곱"은 "하나님의 일곱 영"(성령님)을 상징한다(1:4 3:1; 5:6). 그러니까 등불 일곱이 계속해서 타고 있는 것은 성령님의 역사가 계속되고 있음을 보여준다. 성령님의 역사하심은 지금도 계속되고 있다.

계 4:6. 보좌 앞에 수정과 같은 유리 바다가 있고 보좌 가운데와 보좌 주위에 네 생물이 있는데 앞뒤에 눈들이 가득하더라(καὶ ἐνώπιον τοῦ θρόνου ὡς θάλασσα ὑαλίνη ὁμοία κρυστάλλῳ. Καὶ ἐν μέσῳ τοῦ θρόνου καὶ κύκλῳ τοῦ θρόνου τέσσαρα ζῷα γέμοντα ὀφθαλμῶν ἔμπροσθεν καὶ ὄπισθεν, and before the throne there is as it were a sea of glass, like crystal. And round the throne, on each side of the throne, are four living creatures, full of eyes in front and behind-RSV, 보좌 앞은 마치 유리 바다와 같았으며, 수정을 깔아 놓은 듯하였습니다. 그리고 그 보좌 가운데와 그 둘레에는 앞뒤에 눈이 가득 달린 네 생물이 있었습니다-표준 새 번역).

요한은 본 절에서 두 가지를 말씀한다. 하나는 "보좌 앞에 수정과 같은

유리 바다가 있다"(ἐνώπιον τοῦ θρόνου ὡς θάλασσα ὑαλίνη ὁμοία κρυσ-
τάλλω)고 말한다(15:2; 출 38:8). 이 문장을 다시 번역하면 "그 보좌 앞은
수정같이 맑은 유리 바다 같았다"이다. 즉 '그 보좌 앞은 수정(출 24:10;
욥 37:18; 겔 1:22)같이 맑은 유리³⁴)바다 같은 그 무엇이 있다'는 뜻이다.
이 묘사는 지극히 맑고 투명하고 좀처럼 동요하지 않는 그 무엇을 지칭하는
말이다. 이 표현도 구약 성전의 시설과 같은 것을 보여준다. 성전에서 제사장
들이 제사를 드리기 전에 먼저 그 손을 씻는 큰 대야가 성전 안에 있었는데(출
30:18-21; 왕상 7:23), 이것은 그리스도의 의와 성결을 상징한다. 누구든지
그리스도의 의와 성결을 의지하지 않고는 하나님께 나아갈 수 없다(1:5;
7:14; 사 1:18; 히 9:14; 요일 1:7).

그리고 또 하나는 "보좌 가운데와 보좌 주위에 네 생물이 있는데
앞뒤에 눈들이 가득하더라"(And round the throne, on each side of the
throne, are four living creatures, full of eyes in front and behind-RSV)
고 말한다. 요한은 본 문장에서 두 가지를 말하고 있다. 하나는 네 생물의
위치를 말한다. 요한은 "보좌 가운데와 보좌 주위에 네 생물이 있다"고
말한다(겔 1:5). 여기 "보좌 가운데"란 말은 '보좌 한 가운데'란 말이
아니다. 보좌 한 가운데에는 하나님의 보좌가 있는 곳이다. 이 말은 보좌
사방의 중앙에 하나씩 있다는 것이 일반 학자들의 견해이다. 그들은 보좌
를 향하고 있다(9절). 이들은 하나님의 보좌 가까이에 있는 중요한 영물들
로서(5:6; 14:3), 계속해서 하나님을 찬양한다(4:8; 5:8, 14; 7:2; 19:4).
뿐만 아니라 네 생물은 하나님의 진노를 쏟아 붓는데도 역사한다(6:1-7;
15:7). 혹자는 "네 생물"을 하나의 상징으로만 보고 실제 존재는 아닌
듯이 말하기도 하나 창 3:24과 사 6:2에 의하면 그룹이나 스랍과 같은
존재들이 하늘에 있음을 말하고 있다. 또 하나는 네 생물들의 "앞뒤에
눈들이 가득하더라"고 말한다(8절). "앞뒤에 눈들이 가득하다"는 말은

---

34) "유리": 유리 제조는 태고로까지 거슬러 올라가는데서, 히브리인도 유리를 알고 있었을
것으로 본다. 애굽 사람은 히브리인이 이주하기 이전에, 유리를 제조하고 있었다.

‘하나님을 주시하며 우주 만상을 주시하고 있음’을 말한다. 오늘 우리는 땅위에서 살고 있지만 네 생물들처럼 하나님께 봉사하며 또 하나님을 찬양하는 일을 해야 할 것이다.

**계 4:7.** 그 첫째 생물은 사자 같고 그 둘째 생물은 송아지 같고 그 셋째 생물은 얼굴이 사람 같고 그 넷째 생물은 날아가는 독수리 같은데(καὶ τὸ ζῷον τὸ πρῶτον ὅμοιον λέοντι καὶ τὸ δεύτερον ζῷον ὅμοιον μόσχῳ καὶ τὸ τρίτον ζῷον ἔχων τὸ πρόσωπον ὡς ἀνθρώπου καὶ τὸ τέταρτον ζῷον ὅμοιον ἀετῷ πετομένῳ).

　요한은 본 절에서는 네 생물의 모습을 서술한다(에스겔 1:4, 6, 10, 14의 짐승과는 다르다. 에스겔에서는 네 얼굴을 가진 한 형상이었다). 그런데 요한은 그들의 모습을 정확하게 서술하지 못하고 다만 “...같고”라는 말로만 서술한다. 요한은 “그 첫째 생물은 사자 같다”고 말한다. “사자 같다”는 말은 ‘용기를 가지고 봉사하고 있다’는 뜻이다. 또 “그 둘째 생물은 송아지 같다”고 말한다. “송아지”는 ‘충성하는 가축으로 헌신한다는’ 뜻이다. 또 “그 셋째 생물은 얼굴이 사람 같다”고 말한다. “사람”은 ‘지혜 있는 존재’이다. 셋째 생물은 지혜 있게 봉사하고 있음을 드러낸다. 또 “그 넷째 생물은 날아가는 독수리 같다”고 말한다. “독수리”는 속도가 빠른 날짐승이다. 아주 기민하게 봉사한다는 뜻이다. 이 네 종류의 생물은 하나님을 가까이 하여 섬기는 영물들이 놀라운 능력을 소유했음을 상징한다. 이 세상에서 하나님을 섬기는 자들도 능력들을 가지고 하나님을 섬겨야 할 것을 보여준다. 스웨테(Swete)는 “네 가지 생물은 모든 동물계에서 가장 고상한 것과 가장 강력한 것과 가장 지혜로운 것과 가장 밀접한 것을 암시한다. 사람을 포함한 자연계의 각 대표가 하나님의 보좌 앞에 있다. 그들은 하나님의 뜻을 성취하고 하나님의 위엄을 예배 한다”고 진술한다(Swete in Leon Morris).

　예로부터 많은 학자들이 여기 네 생물을 사복음서와 관련을 지었다.

혹자는 셋째 생물의 사람 얼굴은 마태복음, 넷째 생물의 독수리는 마가복음, 둘째 생물의 송아지는 누가복음, 첫째 생물의 사자는 요한복음을 상징한다고 주장했고, 혹자는 사람은 마태복음, 사자는 마가복음, 소는 누가복음, 독수리는 요한복음을 상징한다고 주장했으며, 혹자는 사자는 마태복음, 사람은 마가복음, 소는 누가복음, 독수리는 요한복음을 상징 한다고 주장했고, 혹자는 사람은 마태복음, 소는 마가복음, 사자는 누가복음, 독수리는 요한복음이라고 주장하는 해석은 우리의 본문에서 생각해 낼 수없는 생소한 해석들로 보아야 한다. 이 문제를 두고 렌스키(Lenski)는 "우리는 4복음서나 4복음서 저자가 이 본문에 나타난 얼굴과 관련이 없다는 것을 말할 필요가 없다. 또 이러한 상징이 타당하지 않은 것을 재론할 필요가 없다"고 주장한다.35)

**계 4:8.** 네 생물은 각각 여섯 날개를 가졌고 그 안과 주위에는 눈들이 가득하더라 그들이 밤낮 쉬지 않고 이르기를 거룩하다 거룩하다 거룩하다 주 하나님 곧 전능하신 이여 전에도 계셨고 이제도 계시고 장차 오실 이시라 하고 (καὶ τὰ τέσσαρα ζῷα, ἓν καθ᾽ ἓν αὐτῶν ἔχων ἀνὰ πτέρυγας ἕξ, κυκλόθεν καὶ ἔσωθεν γέμουσιν ὀφθαλμῶν, καὶ ἀνάπαυσιν οὐκ ἔχουσιν ἡμέρας καὶ νυκτὸς λέγοντες, Ἅγιος ἅγιος ἅγιος κύριος ὁ θεὸς ὁ παντοκράτωρ, ὁ ἦν καὶ ὁ ὢν καὶ ὁ ἐρχόμενος, And the four living creatures, each of them with six wings, are full of eyes all round and within, and day and night they never cease to sing, "Holy, holy, holy, is the Lord God Almighty, who was and is and is to come!-RSV).

요한 사도는 앞(7절)에서 네 생물의 모양을 묘사한 다음 본 절에서는 "네 생물은 각각 여섯 날개를 가졌고 그 안과 주위에는 눈들이 가득하더라"고 말한다. "각각 여섯 날개를 가졌다"는 말은 각 생물마다 여섯 날개를

---

35) 렌스키(R. C. H. Lenski), *계시록*, 성경주서, p. 154.

가졌다는 뜻으로 이사야 6:2("스랍들이 모시고 섰는데 각기 여섯 날개가 있어 그 둘로는 자기의 얼굴을 가리었고 그 둘로는 자기의 발을 가리었고 그 둘로는 날며")의 진술과 같다. 여섯 날개 중 두 날개로는 얼굴을 가리고(하나님을 두려워하는 모습, 하나님 앞에서 겸손한 모습), 두 날개로는 발을 가리고 있으며(하나님을 존귀하게 여기는 심리), 두 날개로는 날랐을 것이다(부지런히 봉사하는 모습).

그리고 요한은 생물의 "그 안과 주위에는 눈들이 가득하다"고 말한다(6절). 이는 네 생물이 모든 것들을 통찰 할 수 있는 지혜를 가지고 있다는 뜻이다. 그들은 대단한 통찰력을 가지고서 하나님을 아주 잘 알아보았다. 그들은 조금도 실수가 없어서 하나님을 정확하게 알아보고 하나님을 찬양한다. 사람도 영안이 밝으면 하나님을 정확하게 알고 찬양한다.

그리고 요한 사도는 네 생물이 계속해서 하나님을 찬양하고 있다고 말한다. 즉 "그들이 밤낮 쉬지 않고 이르기를 거룩하다 거룩하다 거룩하다 주 하나님 곧 전능하신 이여 전에도 계셨고 이제도 계시고 장차 오실 이시라"고 찬양한다고 말한다. 네 생물들 즉 천사들은 "밤낮 쉬지 않고 이르기를 거룩하다 거룩하다 거룩하다 주 하나님 곧 전능하신 이여"라고 찬양하고 있다는 것이다. 그들은 밤과 낮에 쉬지 않고 찬양하고 있었다. 구속받은 자들은 항상 쉬지 않고 찬양해야 한다는 것을 보여준다. 우리는 하나님에게 찬양과 감사를 끊어서는 안 된다. 그들의 노래 내용은 "거룩하다 거룩하다 거룩하다(사 6:3 참조) 주 하나님 곧 전능하신 이여"라는 내용이다. "거룩하다 거룩하다 거룩하다"는 찬양은 '하나님은 피조물들과는 완전히 분리되어 계신 분임을 찬양한 것'이다. 이 분리 개념은 하나님께서 완전히 순결하시다는 것을 포함한다. 하나님은 피조물들과는 온전히 분리되어 계시고 따라서 완전하게 순결하시다. 생물들은 하나님을 "주 하나님 곧 전능하신 이여"라고 찬양한다(1:8). 피조물들과는 완전히 분리되어 계신 하나님은 또한 전능하신 하나님이라는 찬양이다. 바꾸어 말해 하나님의 전능하심은 피조물에 있거나 악에 있는 것이 아니라 하나님의 거룩하심(피조물들과는 분리되어

계심)에 있다는 것이다. 생물들은 하나님의 거룩성과 전능성을 찬양했을
뿐 아니라 하나님의 영원성을 찬양한다. 즉 "전에도 계셨고 이제도 계시고
장차 오실 이시다"(1:4주해 참조). 네 생물들은 눈이 많아 하나님의 영원성
을 알아보고 하나님을 찬양하고 있다. 본 절에서 이들의 찬양의 내용은
하나님의 거룩성과 전능성, 그리고 영원성을 찬양하고 있다. 우리 역시
하나님의 거룩하심과 전능하심, 그리고 하나님의 영원하심(1:8 주해 참조)
을 찬양해야 한다.

**계 4:9. 그 생물들이 보좌에 앉으사 세세토록 살아 계시는 이에게 영광과
존귀와 감사를 돌릴 때에**(καὶ ὅταν δώσουσιν τὰ ζῷα δόξαν καὶ τιμὴν
καὶ εὐχαριστίαν τῷ καθημένῳ ἐπὶ τῷ θρόνῳ τῷ ζῶντι εἰς τοὺς
αἰῶνας τῶν αἰώνων, And when those beasts give glory and honour
and thanks to him that sat on the throne, who liveth for ever and
ever-KJV).

요한 사도는 "그 생물들이 보좌에 앉으사 세세토록 살아 계시는 이에게
영광과 존귀와 감사를 돌릴 때에" 이십사 장로들(10-11절)이 하나님 앞에
함께 찬양했다고 말한다(1:18; 5:14; 15:7). 네 생물들은 보좌에 앉으신,
영생하시는(10절; 10:6; 15:7) 하나님에게 "영광과 존귀와 감사를 돌리고"
있을 때에 이십사 장로들이 하나님을 찬양했다는 것이다. 하나님께서
"보좌에 앉아 계신다"는 말은 하나님께서 흔들리지 않는 자세로 우주를
통치하고 계심을 말하는 말이다. 생물들은 "영광과 존귀와 감사" 세 가지
를 하나님께 돌렸다. 하나님만 영광스러우시다는 것, 하나님만 존귀를
받으실 분이라는 것, 하나님만 감사를 받으실 분이라는 것이다. 이렇게
생물들이 하나님께 영광과 존귀와 감사를 돌리는 이유는 하나님께서 만물
을 만드셨기 때문이었다(11절). 하나님은 만물을 만드신 분인 고로 홀로
영광을 받으셔야 하고 또 홀로 존귀하신 분이시며 또 홀로 감사를 받으셔
야 하는 분이시다. 생물들은 자신들만 하나님을 찬양한 것이 아니라 이십

사 장로들도 함께 찬양한 점에서 천사만 아니라 땅 위의 교회의 대표들과 모든 성도들도 만물 창조로 말미암아 찬양을 올려야 할 것이라는 것을 보여준다.

**계 4:10. 이십사 장로들이 보좌에 앉으신 이 앞에 엎드려 세세토록 살아 계시는 이에게 경배하고 자기의 관을 보좌 앞에 드리며 이르되**(πεσοῦνται οἱ εἴκοσι τέσσαρες πρεσβύτεροι ἐνώπιον τοῦ καθημένου ἐπὶ τοῦ θρόνου καὶ προσκυνήσουσιν τῷ ζῶντι εἰς τοὺς αἰῶνας τῶν αἰώνων καὶ βαλοῦσιν τοὺς στεφάνους αὐτῶν ἐνώπιον τοῦ θρόνου λέγοντες, The four and twenty elders fall down before him that sat on the throne, and worship him that liveth for ever and ever, and cast their crowns before the throne, saying-KJV).

요한 사도는 네 생물들이 하나님을 찬양할 때에(앞 절) "이십사 장로들이 보좌에 앉으신 이 앞에 엎드려 세세토록 살아 계시는 이에게 경배 한다"고 말한다(9절; 5:8, 14). 이십사 장로들이 보좌에 앉으신 하나님 앞에 엎드린 것은 그들의 예배 자세를 보여주고 있다. 그리고 그들은 영세토록 살아계시는 하나님께 경배한다는 것이다.

그리고 이십사 장로들은 "자기의 관을 보좌 앞에 드리며"(4절) 다음 절과 같이 찬양한다. 장로들이 "자기의 관을 보좌 앞에 드리는 것"은 자신들의 승리(2:10; 4:4)가 하나님으로 말미암았다는 것을 뜻한다. 우리는 우리가 받은 구원과 잘 된 것이 우리의 공로가 아니라 하나님의 은혜임을 항상 인정해야 한다. 이제 이십사 장로들이 하는 말은 다음 절에 나온다.

**계 4:11. 우리 주 하나님이여 영광과 존귀와 권능을 받으시는 것이 합당하오니 주께서 만물을 지으신지라 만물이 주의 뜻대로 있었고 또 지으심을 받았나이다 하더라**(Ἄξιος εἶ, ὁ κύριος καὶ ὁ θεὸς ἡμῶν, λαβεῖν τὴν δόξαν καὶ τὴν τιμὴν καὶ τὴν δύναμιν, ὅτι σὺ ἔκτισας τὰ πάντα καὶ διὰ τὸ θέλημά σου ἦσαν καὶ ἐκτίσθησαν, Worthy art thou, our Lord and God, to receive glory and honor and power, for thou didst create all things, and by thy will they existed and were created-RSV).

요한 사도는 이십사 장로들이 기도한 내용을 본 절에 기록한다. 이십사 장로들은 "우리 주 하나님이여"라고 기도의 대상을 먼저 부른다. "우리 주 하나님이시여"(ὁ κύριος καὶ ὁ θεὸς ἡμῶν)라는 칭호는 '우리 주님이시고 하나님시여'라는 칭호이다. 당시 로마 황제의 칭호도 '우리의 주님이시며 우리의 하나님'이었다(Dominus et Deus noster). 그러니 요한 사도 당시 로마 황제가 우리의 주님도 아니고 우리의 하나님도 아니라는 것을 분명하게 보여준다. 땅위의 아무 것도 우리의 주님이 아니고 우리의 하나님이 아니다. 오직 하나님만 우리의 주님이시고 우리의 하나님이시다.

이십사 장로들은 "영광과 존귀와 권능을 받으시는 것이 합당하십니다"(Ἄξιος εἶ λαβεῖν τὴν δόξαν καὶ τὴν τιμὴν καὶ τὴν δύναμιν)라고 찬양한다(5:12). 이십사 장로들이 하나님께 "영광과 존귀"를 돌리는 것은 9절의 생물들이 "영광과 존귀"를 하나님께 돌리는 것과 같다. 9절 주해 참조. 한 가지 다른 것은 본 절의 이십사 장로들은 "권능"을 돌렸고, 9절의 생물들은 "감사"를 돌렸다는 점이다. 생물들은 "감사"만 돌리면 되었으나, 이십사 장로들은 하나님의 만물 창조에서 놀라운 "권능"을 발견하고 하나님께 권능을 돌린 것이다. 장로들이 권능을 돌린 것은 황제의 박해로부터 구원되는 "권능"이 필요했기에 하나님께 "권능"을 돌린 것으로 본다.

이십사 장로들이 영광과 존귀와 권능을 하나님께 돌린 이유는 "주께서 만물을 지으셨기 때문이고 또 만물이 주의 뜻대로 있었고 지으심을 받았기 때문입니다"(for thou didst create all things, and by thy will they existed and were created-RSV)라는 것이었다(10:6; 창 1:1; 시

148:5; 행 17:24; 엡 3:9; 골 1:16). 이십사 장로들은 창조는 하나님의 뜻에 의해서 되어졌다는 것을 알고 찬양한다. 네 생물은 하나님께서 어떤 분이심을 알고 찬양을 돌렸고("영광과 존귀와 감사"), 이십사 장로들은 창조가 하나님의 뜻에 의해 되어졌다는 것을 알고 찬양을 돌렸다("영광과 존귀와 권능"). 우리는 만물이 하나님의 뜻에 의하여 지어졌음을 알고 찬양을 돌려야 한다.

# 제 5 장

IV. 일곱 인들  5:1-8:5

계시록 5장의 장면은 오직 어린양이신 예수 그리스도만이 미래 역사의
사건들을 계시하는, 두루마리를 펴기에 합당하시다는 것을 보여준다. 사탄이
아니라 예수 그리스도께서 미래를 붙들고 계신다. 오직 그 분만이 역사의
종말의 사건들을 시행할 자격이 있으시다.

봉인된 책(5:1)은 6:1-8:5에 기록된 심판들을 결정한다. 이제 어린
양이 일곱 인을 하나씩 개봉할 때 하나님의 보좌로부터 심판이 전개된다.
형식적인 구조에 있어서 5:1-8:5은 8:5-11:19(나팔 재앙)과 병행을 이룬
다. 일곱 심판들은 6:12-17과 11:15-19에 묘사된 예수님의 재림을 향하여
전진한다.

첫 번째 네 심판들(6:1-8; 8:7-12)은 내적인 통일성을 가진다. 첫 번째
네 인(印)들(6:1-8)은 4:6에 등장하는 네 생물들과 스가랴 1:8에 등장하는
네 기마병에 상응하는 네 기마병을 포함한다. 그리고 첫 번째 네 나팔
(8:7-12)은 세계 주요 지역, 즉 마른 땅, 바다, 물과 공중/하늘과 관련되어
있다.

6:1-8에 등장하는 네 기마병은 각각 승리, 전쟁, 기근과 사망을 대표한다.
이러한 재앙들은 과거의 소란들 가운데도 일어났고 지금도 일어나고 있으며
재림 전에도 일어날 것으로 기대된다(Poythress).[36] 일곱 교회들은 로마
통치에 의하여 성취된 것으로 생각되는 평화와 번영을 신뢰하지 말고 하나님
과 새로운 세계에 대한 그의 약속을 신뢰할 것을 권고 받는다(2:17; 3:12;

---

36) 포이쓰레스(Poythress), *요한계시록 맥잡기*, p. 130.

21:4). 그들은 소요가 일어날 때 예수님께서 통치하고 계시다는 확신을 받는다. 성도들은 그러한 시련들 중에 보호를 받을 것이다(7:1-17). 우리는 재앙들이 임할 때 우리를 위해서 죽임을 당하신 어린 양이 계속해서 통치하고 계심을 알고 차분하게 대처해야 할 것이다.

### A. 어린 양이 출현하시다   5:1-7

4장에서는 보좌 위의 위엄의 심판자이신 성부 하나님에게 초점이 모아진데 반해 5장에서는 성자 예수님으로 초점이 옮겨진다. 이유는 예수님을 통해서 하나님은 자신의 구원계획을 계시하시기 때문이다. 다시 말해 요한 사도는 4장에서 보좌에 앉으신, 세계와 만물을 창조하신 하나님에 대한 환상을 보았으나, 5장에서는 세계의 운명을 쥐고 계신 어린 양 예수님의 환상을 본다. 요한은 4장에서 창조주를 예배하는 모습을 보았지만 본 장에서는 구세주에 대한 예배의 모습을 본다. 4장과 5장은 요한계시록의 메시지를 이해하는 데 있어 매우 중요하다.

요한은 본 장에서 먼저 말세의 비밀이 기록된 두루마리를 보며, 이 두루마리의 인을 뗄 어린 양을 본다(1-7절). 요한은 다음으로 두루마리를 받아 인을 떼실 어린 양 앞에 네 생물과 이십사 장로가 경배하며 찬송하는 것을 본다(8-10절). 이어서 천사의 찬송이 들리며(11-12절), 천지 만물이 성부와 성자에게 바치는 찬송이 이어진다(13-14절).

1-7절에서 계시의 초점은 보좌에 앉으신 하나님(4장)으로부터 두루마리 책을 취하시는 성자에게로 옮겨진다. 말세의 운명을 간직한 일곱 인으로 봉인된 두루마리 책이 보이고 그 인을 떼실 성자가 나타나신다. 성자가 그 인을 떼기에 앞서 누가 그 두루마리를 펴며 그 인을 떼기에 합당하냐는 외침이 나타나고 우주 안에 아무도 그 두루마리를 펴며 그 인을 떼기에 합당한 자가 보이지 않기에 요한 사도가 크게 울었다는 말씀과 장로 중의 한 사람이 나타나 성자 예수가 그 두루마리를 펴고 또 그 인을 떼실 것이라는 말을 한다. 드디어 어린 양이 나타나서 보좌에 앉으신 이의 오른 손에서

두루마리를 취하신다. 5장에서 그리스도는 하나님의 보좌를 나누고 계시며
주권도 나누고 계신다.

**계 5:1. 내가 보매 보좌에 앉으신 이의 오른손에 두루마리가 있으니 안팎으로
썼고 일곱 인으로 봉하였더라**(Καὶ εἶδον ἐπὶ τὴν δεξιὰν τοῦ καθημένου
ἐπὶ τοῦ θρόνου βιβλίον γεγραμμένον ἔσωθεν καὶ ὄπισθεν κατεσ-
φραγισμένον σφραγῖσιν ἑπτά, AND I saw in the right hand of him
who was seated on the throne a scroll written within and on the back,
sealed with seven seals-RSV).

요한은 "내가 보매 보좌에 앉으신 이의 오른손에 두루마리가 있으니"(I
saw in the right hand of him who was seated on the throne a scroll)라고
말한다(겔 2:9-10). 이 문장은 달리 번역되어야 한다. 즉 "내가 보매 보좌에
앉으신 이의 오른 손 안에(in) 두루마리가 있으니"라고 번역할 것(KJV,
NKJV, NIV, ASV, NASB, RSV, NRSV, NLT, BBE)이 아니라, "내가
보매 보좌에 앉으신 이의 오른 손 위에(on) 두루마리가 있으니"라고 번역해
야 할 것이다(YLT, DBY, SCH, LUT). 이유는 헬라어에서 "위에"(ἐπὶ)라는
낱말로 되어 있기 때문이다. 그러니까 요한이 두루마리 책이 하나님의 손
안에 있는 것을 본 것이 아니라 손 위에 있었던 것을 본 것이다.

"두루마리"(βιβλίον)는 '두루마리 책'을 뜻하는데 '두루마리 책'은 고대
에 쓰이던 일반적 책의 형태로서 구약 성경도 두루마리 책이었다(스 6:2;
사 34:4, 7; 렘 36:2, 4, 6, 14, 20, 21, 23, 25; 겔 2:9-10; 3:1-3; 히 10:7).
신약에 와서는 2세기까지 책의 형태가 두루마리로 되었다. 두루마리 책의
재료는 파피루스라고 불리는 갈대 종류의 줄기 껍질로 만든 것이며, 너비는
13-15cm, 길이는 23-28cm였다. 책으로 쓸 때는 이 두루마리 종이를 붙여서
길게 하여 두루마리로 만들어서 사용했다.

요한 사도가 본 두루마리 책에는 무엇이 기록되어 있었을까. 몇 가지
견해가 있다. 1) 이 두루마리 책은 땅 문서였다는 견해. 이 견해는 설득력이

없다. 이유는 지금 이 두루마리가 하나님의 손 위에 있는 것을 감안할 때 사탄에게 빼앗긴 땅 문서였다는 견해는 설득력이 없고37), 또 두루마리의 인(印)이 하나 둘 떼어질 때 앞으로의 세계정세가 드러나는 것을 볼 때 땅문서라는 주장은 문맥과 상당히 거리가 멀다. 2) 세상에 대한 권리증(title deed of the world)이라는 견해.38) 땅에 대한 권리증이라는 이 견해도 역시 설득력이 없다. 3) 그리스도께서 해석하신 구약의 내용이라는 견해. 이 견해는 6장 이하에 전개되는 내용으로 보아 설득력이 없다. 4) 신구약의 내용이 기록되어 있거나 또는 유언이 기록되어 있다는 견해. 이 견해 역시 6장 이하에 전개되는 내용을 볼 때 설득력이 없다. 5) AD 66-70년에 교회의 대적에게 내려질 하나님의 심판의 선고문이라는 견해. 이 견해 역시 6장 이하에 전개되는 내용을 볼 때 설득력이 없다. 6) 세계의 운명이 기록되어 있다는 견해(Todd, Bengel, Bousset, Charles, Leon Morris, 박윤선, 이상근, 이순한). 두루마리에는 하나님께서 예정하신 세계의 운명(심판을 받아야 운명)이 기록되어 있다는 6번의 견해는 6장 이하에 전개되는 사건을 볼 때 바른 견해로 보인다.

---

37) 조용기목사는 아담이 하나님께 불순종하였기 때문에 이 땅의 소유권이 사탄에게 넘어갔으니 예수님께서 땅을 도로 찾아와야 한다고 말한다. 그는 레 25:23-25의 말씀을 인용하면서 우리의 기업을 무르기 위하여 예수님께서 땅을 도로 가져와야 한다고 주장한다. 그러나 레 25:23-25은 분명히 토지는 모두 하나님의 것이라고 말씀하신다. 사탄에게 넘어갔다고 주장하는 주장은 설득력이 없는 것으로 보아야 한다. 레 25:23-25은 사람이 팔아버린 토지를 근족이 와서 찾아와야 할 것을 말하는 글이다. 결코 땅이 사탄에게 넘어간 것은 아니다(조용기목사, 요한계시록 강해, p. 90).

38) 조세광박사는 "이 책의 내용을 파악하기 위하여 우리는 지난 역사를 더듬어 올라가야 한다. 예레미야 29장에 보면 예레미야 선지가 이스라엘 권속이 포로가 되어 70년 동안을 바벨론에 끌려가 있다가 기한이 끝나 예루살렘으로 돌아올 것을 예언한 것이 있다(렘 29:10). 또한 32장에 보면 예레미야의 숙부의 아들 되는 하나멜이라는 자가 있어 포로에 관하여 알고는 자기 땅을 예레미야에게 팔려고 했다. 하나님의 계시로 예레미야는 그 땅을 샀다. 이스라엘 민족이 다시 고국으로 돌아오는 때에는 그 땅이 값이 나갈 것이기 때문이었다. 예레미야는 땅을 산 다음 토지 소유권에 봉인을 하고 이를 바룩에게 주었다. 이 권리증을 흙 그릇에 넣어 땅 속에 오랫동안 감추어 두었다가 이스라엘 민족이 귀향할 때에 예레미야의 자손은 누구든지 증서를 보이고 그 땅의 소유권을 주장할 수가 있었다. 요한이 하나님의 손에서 본 책이란 '세상에 대한 권리증'(title deed of the world)이었던 것이다"라고 주장한다(조세광, 요한계시록 강해, 조동진역, 크리스챤신문사, 1966).

요한 사도는 두루마리 책이 "안팎으로 썼고 일곱 인으로 봉하였다"고 말한다(사 29:11; 단 12:4). 두루마리 책을 안팎으로 쓰는 법이 없다고 하여 반대하는 학자가 있으나 실제로 안팎으로 쓰던 실례가 있었다고 한다. 하나님께서 세계의 운명을 예정하신 것을 안팎으로 쓰신 것은 그 책의 충실성을 말하는 것이다. 그리고 "일곱 인으로 봉하였다"는 것은 일곱이 완전수이므로 하나님께서 그 비밀을 완전히 확보하기 위해 완전히 봉한 것을 뜻한다. "일곱 인으로 봉한 것"을 두고 이런 추측 저런 추측을 할 수 있으나 우리는 지금 정확하게 그 봉한 방법을 알 수는 없다. 레온 모리스(Leon Morris)는 "그 책은 일곱 인으로 봉한 것이었다. 다시 말하면 일곱 부분으로 되어 있었다. 각 부분이 별개의 인으로 봉하여져 있었다. 따라서 그 책은 인들이 하나씩 개봉될 때마다 각 부분이 공개되었다"고 말한다.39) 일곱 인으로 봉한 것은 계시의 일곱 내막에 대한 엄중한 은닉을 상징한다고 말할 수밖에 없을 것이다. 그리스도께서 인봉한 계시를 떼지 않으셨다면 세계에 대한 하나님의 계시를 우리는 모르고 당했을 것이다. 그러나 하나님은 그의 계획을 우리에게 알리기를 원하신다(창 18:17).

**계 5:2. 또 보매 힘 있는 천사가 큰 음성으로 외치기를 누가 그 두루마리를 펴며 그 인을 떼기에 합당하냐 하나**(καὶ εἶδον ἄγγελον ἰσχυρὸν κηρύσσοντα ἐν φωνῇ μεγάλῃ, Τίς ἄξιος ἀνοῖξαι τὸ βιβλίον καὶ λῦσαι τὰς σφραγῖδας αὐτοῦ).

요한 사도는 하나님의 손 위에 있는 두루마리만 본 것이 아니라(1절) 힘 있는 천사의 큰 음성을 듣는다. 즉 "또 보매 힘 있는 천사가 큰 음성으로 외치기를 누가 그 두루마리를 펴며 그 인을 떼기에 합당 하냐" 하는 음성을 듣는다. 여기 "힘 있는 천사"(10:1; 18:21)가 나타난 이유는 "큰 음성으로 외쳐서" 하늘 위와 땅 위와 땅 아래까지 그 소리의 내용이 들려야 했기

---

39) 레온 모리스(Leon Morris), 요한계시록, p. 115.

때문이다. 힘 있는 천사 자신도 그 두루마리를 펴거나 보거나 할 수도 없었고 또 그 인을 뗄 수가 없었다. 힘 있는 천사도 그리스도께서 하시는 일을 구경할 수밖에 없는 처지였다.

천사는 "누가 그 두루마리를 펴며 그 인을 떼기에 합당 하냐"고 외친다. 천사는 그 두루마리를 펴며 그 인을 떼기에 합당한, 의로운 자를 찾는다. 이렇게 합당한 자를 찾아야 하는 이유는 합당한 의로운 자가 그리스도 밖에는 없다는 사실을 만방에 알려야 했기 때문이었다.

**계 5:3. 하늘 위에나 땅 위에나 땅 아래에 능히 그 두루마리를 펴거나 보거나 할 자가 없더라**(καὶ οὐδεὶς ἐδύνατο ἐν τῷ οὐρανῷ οὐδὲ ἐπὶ τῆς γῆς οὐδὲ ὑποκάτω τῆς γῆς ἀνοῖξαι τὸ βιβλίον οὔτε βλέπειν αὐτό).

요한 사도는 천사의 외침을 듣고 나서 살펴보니 "하늘 위에나 땅 위에나 땅 아래에 능히 그 두루마리를 펴거나 보거나 할 자가 없더라"고 말한다(13절). 다시 말해 온 우주(하늘 위는 천사와 죽은 성도들이 있는 곳, 땅 위는 사람들과 생물들이 있는 곳, 땅 아래는 음부)에 "능히 그 두루마리를 펴거나 보거나 할 자가 없다"는 것을 알았다. 세계의 운명을 기록한 그 두루마리를 펴서 볼 사람이 아무도 없다는 것을 발견한 것이다. 힘 있는 천사가 알지 못했으니 사람인들 알 수 있으랴. 피조물에게는 전혀 불능뿐이다.

**계 5:4. 그 두루마리를 펴거나 보거나 하기에 합당한 자가 보이지 아니하기로 내가 크게 울었더니**(καὶ ἔκλαιον πολύ, ὅτι οὐδεὶς ἄξιος εὑρέθη ἀνοῖξαι τὸ βιβλίον οὔτε βλέπειν αὐτό).

요한 사도는 "그 두루마리를 펴거나 보거나 하기에 합당한 자가 보이지 아니하기로 내가 크게 울었다"고 말한다. 즉 그 두루마리를 펴거나 보거나 하기에 합당한 자가 온 우주 안에서 한 사람도 보이지 않았기에 요한 사도는 크게 울었다. 요한이 크게 운 이유는 그 두루마리에 기록되어 있는 하나님의 계시를 볼 수 없는 것을 생각하여 너무 기가 막혀 울었고(4:1 참조), 요한이 또 운 이유는 죄로 인해 완전 무능해진 인류를 생각하고 울었다. 자신조차도 자격이 없는 것을 생각하니 너무 기가 막혔던 것이다. 오늘 우리 모두는 우리 자신의 죄악 때문에 울 수밖에 없는 사람들이다. 본문의 "우니"(ἔκλαιον)란 말은 미완료과거 시제로 '계속해서 울고 있었다'는 뜻이다. 요한은 인류가 죄 때문에 어쩔 수 없이 된 것을 생각하고 너무 나도 안타까워 크게 한없이 울고 있었다. 스스로는 울음을 그칠 수가 없었다.

**계 5:5. 장로 중의 한 사람이 내게 말하되 울지 말라 유대 지파의 사자 다윗의 뿌리가 이겼으니 그 두루마리와 그 일곱 인을 떼시리라 하더라**(καὶ εἷς ἐκ τῶν πρεσβυτέρων λέγει μοι, Μὴ κλαῖε, ἰδοὺ ἐνίκησεν ὁ λέων ὁ ἐκ τῆς φυλῆς Ἰούδα, ἡ ῥίζα Δαυίδ, ἀνοῖξαι τὸ βιβλίον καὶ τὰς ἑπτὰ σφραγῖδας αὐτοῦ).

요한이 한없이 크게 울고 있을 때 "장로 중의 한 사람이 내게 말하되 울지 말라 유대 지파의 사자 다윗의 뿌리가 이겼으니 그 두루마리와 그 일곱 인을 떼시리라"고 말해준다. 요한 사도에게 다가와서 울지 말라고 말한 장로는 요한 사도와 대화하는 천사일 것이다(7:13; 11:1; 21:9; 22:6). 혹자는 그 장로를 이미 죽은 사도 중에 하나(마태나 베드로)로 보기도 하나 지나친 추측이다. 장로 중의 한 사람이 말하기를 "울지 말라 유대 지파의 사자 다윗의 뿌리가 이겼으니 그 두루마리와 그 일곱 인을 떼실 것이라"고 말해준다. '울지 않아도 될 이유는 유대 지파의 사자 다윗의 뿌리가 이겼기 때문에 그 두루마리와 그 일곱 인을 떼실 수 있다'는 것이다. "유대 지파의 사자"란 창 49:9의 예언을 두고 하는 말이다(히 7:14). 야곱은 "유다는 사자 새끼로다 내 아들아 너는 움킨 것을 찢고 올라갔도다. 그가 엎드리고 웅크림이 수사자 같고 암사자 같으니 누가 그를 범할 수 있으랴"고 했다(창 49:9). 야곱은 유다 지파에서 메시아가 나실 것을 예언했는데 그 예언대로 예수님은 유다지파에서 나왔다(히 7:14). 그리고 "다윗의 뿌리"란 다윗 왕통이 끊어진 그루터기를 뜻한다(22:16; 사 11:1, 10; 롬 15:12). 다윗 왕통은 꽤 오랫동안 끊어졌지만 예수 그리스도로 말미암아 다시 이어졌다. 사 11:1, 10; 롬 15:12; 계 22:16 참조. 요한은 유대 지파의 사자요 다윗의 뿌리인 예수님이 "이겼다"고 말한다. "이겼다"(ἐνίκησεν)는 말은 부정(단순)과거 시제로 '단번에 결정적으로 이긴 것'을 뜻한다. 예수님께서 "이기셨다"는 말은 십자가에 못 박히셨으므로 승리하신 것을 지칭한다(골 2:14-15). 예수님의 승리는 현세적으로는 세상권세를 이기신 것을 뜻하고 미래적으로는 사탄과 죄와 사망의 권세를 이기신 것을 뜻한다(눅 10:18; 요 12:31; 계 1:18 참조). 사탄을 이기시고 죄를 이기시며 사망을 이기시고 세상을 이기신 예수님께서 합당한 자가 되셨기에 "그 두루마리와 그 일곱 인을 떼신다"(1절; 6:1). "그 두루마리와 그 일곱 인을 떼신다"는 것은 예수님께서 사람들에게 하나님의 계시를 계시하신다는 뜻이고, 구원하신다는 뜻이며 계시대로 심판하신다는 뜻이다. 예수님께서는 홀로 계시하시고 구원하시며 심판하신다.

**계 5:6.** 내가 또 보니 보좌와 네 생물과 장로들 사이에서 한 어린 양이 서 있는데 일찍이 죽임을 당한 것 같더라 그에게 일곱 뿔과 일곱 눈이 있으니 이 눈들은 온 땅에 보내심을 받은 하나님의 일곱 영이더라(Καὶ εἶδον ἐν μέσῳ τοῦ θρόνου καὶ τῶν τεσσάρων ζῴων καὶ ἐν μέσῳ τῶν πρεσβυτέρων ἀρνίον ἑστηκὸς ὡς ἐσφαγμένον ἔχων κέρατα ἑπτὰ καὶ ὀφθαλμοὺς ἑπτὰ οἵ εἰσιν τὰ ((ἑπτὰ)) πνεύματα τοῦ θεοῦ ἀπεσταλμένοι εἰς πᾶσαν τὴν γῆν, And between the throne and the four living creatures and among the elders, I saw a Lamb standing, as though it had been slain, with seven horns and with seven eyes, which are the seven spirits of God sent out into all the earth-RSV).

요한 사도의 울음은 헛되지 않아 "유대 지파의 사자 다윗의 뿌리가 이겼으니 그 두루마리와 그 일곱 인을 떼시리라"는 말을 들었는데(앞 절) 드디어 본 절에 와서는 "보좌와 네 생물과 장로들 사이에서 한 어린 양이 서 있는 것"을 보았다(9절, 12절; 13:8; 사 53:7; 요 1:29, 36; 벧전 1:19).

요한이 "보좌와 네 생물과 장로들 사이에서 한 어린 양이 서 있는 것"을 본 것은 어린 양 예수님이 하나님과 피조물 사이에서 중보자 역할을 하시는 것을 뜻한다. 그리고 여기서 놀라운 사실은 유다지파의 사자로 묘사되신 예수님께서(5절) 본 절에서는 갑자기 어린 양40)으로 묘사되었다. 예수님은 사자 같으신 분으로 승리하셨지만 그는 어린 양으로 십자가에서 희생되셔서 이기신 것이다. 메시아의 세상 활동은 항상 어린 양 같으셨다. 어린 양 같은 희생정신으로 행동하셨는데 결국은 승리하셨다(마 12:18-21; 행 8:32-33 참조).

요한은 "어린 양이 일찍이 죽임을 당한 것 같더라"고 말한다. 요한은 예수님께서 서서 계시는 모습을 보았는데 그가 일찍이 죽임을 당한 것 같이 보였다는 것이다. "죽임을 당한"(ἐσφαγμένον)이란 말이 현재완료 분사인 것은 예수님께서 과거에 죽으셨는데 요한이 어린 양을 보는 순간까지 예수님의 죽음의 효력이 계속되고 있음을 드러내는 것이다. 예수님께서 십자가에서 죽으신 공로는 영원히 내세에서도 남아 있다. 예수님은 지금도 여전히 우리의 영원한 속죄이시고 의이시며 성결이시고 지혜가 되신다(고전 1:30).

요한은 어린 양 예수님에 대한 묘사를 더 계속한다. 즉 "그에게 일곱 뿔과 일곱 눈이 있으니 이 눈들은 온 땅에 보내심을 받은 하나님의 일곱 영이라"고 말한다. 어린 양에게 "일곱 뿔"이 있다는 것은 예수님께서 무한한 권세를 가지고 계신 것을 뜻한다. "뿔"은 권세를 상징하는데(민 23:22; 신 33:17; 삼상 2:1; 왕상 22:11; 시 75:4; 단 7:7, 20; 8:5; 슥 1:18; 마 11:27; 28:18; 빌 2:9-11 참조), 게다가 완전수인 "일곱"이 붙어 있으니 "일곱 뿔"은 예수님께서 무한한 권세를 지니셨음을 뜻한다. 우리 주님은 우리를 구원하시기에 아주 능하시고 또 우리를 보호하시는데 있어서도 아주 능하시고 우리를 돌보시는데 있어 아주 능하신 분이시다.

---

40) "어린 양"이란 낱말은 요한계시록에 29회 사용되었고 단 한번 요한복음 21:15에서 사용되었을 뿐이다(그러나 요 21:15에서는 예수님을 지칭하지 않고 성도들을 지칭하는 말로 사용되었다). 그 밖에 헬라어로는 다른 낱말이지만 우리말로는 똑 같은 뜻을 가진 암노스(ό ἀμνòς)라는 낱말이 몇 군데 나타난다(요 1:29, 36; 행 8:32; 벧전 1:19). 뜻은 똑같이 '어린 양'이다.

거기에 더하여 예수님께 "일곱 눈"이 있다는 말은 뒤 따라 오는 문장이 묘사하듯 성령님께서 동행하신다는 것을 뜻한다(사 11:2; 슥 3:9; 4:10). 요한은 "이 눈들은 온 땅에 보내심을 받은 하나님의 일곱 영이라"고 말한다. "이 눈들" 즉 '성령님'은 온 땅에 보내심을 받아 역사하시는 하나님의 영이라는 뜻이다(4:5). 예수님과 성령님은 일체이시다(롬 8:9-10). 행 16:7 참조. 예수님은 성령님을 통하여 만사를 통찰하시는 지혜의 신이시다. 예수님은 무소부재(無所不在) 하신 분이시다.

**계 5:7. 그 어린 양이 나아와서 보좌에 앉으신 이의 오른손에서 두루마리를 취하시니라**(καὶ ἦλθεν καὶ εἴληφεν ἐκ τῆς δεξιᾶς τοῦ καθημένου ἐπὶ τοῦ θρόνου, And he came and took the book out of the right hand of him that sat upon the throne-KJV).

요한 사도는 일찍 죽임을 당하셔서 두루마리를 펴며 그 인을 떼기에 합당하시고(6a) 또 심판을 행하기에 전능하시고 전지하신(6b) "그 어린 양이 나아와서 보좌에 앉으신 이의 오른손에서 두루마리를 취하셨다"고 말한다(4:2). 본문의 "나아와서"(ἦλθεν)란 낱말은 부정(단순)과거로 예수님께서 하나님께 단숨에 다가가셨다는 뜻이고 "취하시니라"(εἴληφεν)라는 낱말은 현재완료형으로 '이미 취하신 것을 계속해서 가지고 계신 것'을 뜻하는 말이다. 이것의 의미하는 바는 예수님께서 하나님의 손으로부터 두루마리를 취하신 다음 계속해서 가지고 계시다는 것이다. 예수님은 지금도 세계의 운명을 기록한 두루마리를 가지고 집행하고 계신다.

### B. 4 생물과 24 장로가 찬송하다 5:8-10

어린 양이 심판의 책을 취하시고 집행하시기 전 네 생물의 경배와 이십사 장로의 찬송이 시작된다. 이 찬송이야 말로 모든 교회가 어린 양에 대하여 찬미를 드려야 할 것을 보여준다.

계 5:8. 그 두루마리를 취하시매 네 생물과 이십사 장로들이 그 어린 양 앞에 엎드려 각각 거문고와 향이 가득한 금 대접을 가졌으니 이 향은 성도의 기도들이라(καὶ ὅτε ἔλαβεν τὸ βιβλίον, τὰ τέσσαρα ζῷα καὶ οἱ εἴκοσι τέσσαρες πρεσβύτεροι ἔπεσαν ἐνώπιον τοῦ ἀρνίου ἔχοντες ἕκαστος κιθάραν καὶ φιάλας χρυσᾶς γεμούσας θυμιαμάτων, αἵ εἰσιν αἱ προσευ-χαὶ τῶν ἁγίων, And when he had taken the book, the four beasts and four [and] twenty elders fell down before the Lamb, having every one of them harps, and golden vials full of odours, which are the prayers of saints-KJV).

요한 사도는 "(예수님께서) 그 두루마리를 취하시매 네 생물과 이십사 장로들이 그 어린 양 앞에 엎드렸다"고 말한다(4:8, 10). 예수님께서 하나님 의 손에서 '그 두루마리를 취하신 후 아직 인을 떼지 않으신 때 네 생물들과 이십사 장로들이 그 어린 양 앞에 엎드려 찬양했다'는 것은 예수님께서 그 인봉을 떼지 않으셨어도 생물들과 이십사 장로들은 예수님께서 그 인봉을 떼실 것을 예상한 것이다.

요한은 "각각 거문고와 향이 가득한 금 대접을 가지고 예배를 드렸다"고 말한다(14:2; 15:2). 본문에서 "각각 거문고와 향이 가득한 금 대접을 가지 고"(ἔχοντες ἕκαστος κιθάραν καὶ φιάλας χρυσᾶς γεμούσας θυμια-μάτων)란 말이 생물들과 장로들 양편에 다 걸리는지(Spitta, Clarke, G. E. Ladd) 아니면 장로에게만 관련되는 말인지(Alford, Charles, Plummer, Lenski, 이상근, 이순한) 하는 문제는 문맥으로 보아 양편에 다 걸리는 것으 로 해석할 수 있으나 장로들에게만 걸리는 것으로 보는 것이 문법적으로는 맞다. 이유는 문법적으로 여기 "가지고"(ἔχοντες)라고 하는 현재분사가 남성, 복수, 주격이며, "네 생물"(τὰ τέσσαρα ζῷα)이라는 말이 중성, 복수이 니 서로 맞지 않아 결국 이십사 장로에게만 관련짓는 수밖에 없다. 이 문제를 두고 렌스키(Lenski)는 "'각각 거문고와 향이 가득한 금 대접을 가졌으니'의 묘사는 오직 장로들에게 관련시키고 생물들에게까지 포함되는 환상으로 불필요하게 생각하지 말 것이다'라고 충고한다.41) 그러니까 "각각 거문고와 향이 가득한 금 대접을 가지고"(ἔχοντες ἕκαστος κιθάραν καὶ φιάλας χρυσᾶς γεμούσας θυμιαμάτων)란 말은 네 생물은 전혀 찬양은 하지 않고 경배만 하고 24 장로는 경배도 하고 찬양한 것으로 된다. 아무튼 문법적으로 따져보면 찬양은 24장로들만 하는 것으로 되어 있다. 이렇게 된 것은 "새 노래"(9절) 즉 '구속받은 자들이 부르는 구속 찬양'은 실제로 구속을 체험한 교회의 대표들만 부르는 것으로 된다. 그러나 성경을 해석할 때 항상 조심해야 하는 것은 문법보다는 문맥이 더 중요하다는 것이다. 우리는 네 생물도 찬양한 것으로 보는 것이 좋을 것이다.

본문의 "거문고"란 말은 노래를 부를 때 쓰던 전통적인 악기이다(대상 25:1, 6; 대하 29:25; 시 33:2; 71:22; 92:3; 98:5; 147:7; 149:3; 계 14:2; 15:2). 그리고 "금 대접"(출 27:3; 민 4:14; 대하 4:21)은 제단에서 사용되던 그릇인데(슥 14:20) '넓고 평평한 접시나 그릇'을 지칭하는 것으로 여기에 "향이 가득했다"(8:3-4)는 것은 성도들의 기도로 가득함을 뜻한다(시 141:2; 눅 1:10 참조). 요한은 "이 향은 성도의 기도들이라"고 정의한다(8:3-4; 시 141:2). 향을 성도들의 기도라고 한 것은 하나님은 성도들의 기도를 향취와 같이 즐기신다는 뜻이다. 성도들이 땅에서는 멸시와 천대를 받지만 하늘나라에서는 그들의 기도가 "금 대접"에 고상하게 담겨져 하나님 앞에 드려진다. 찬송은 하나님께 드리는 것인데(22:9) 여기서는 어린 양에게 바쳐지고 있어 어린 양이 하나님이심이 입증되고 있음을 볼 수 있다.

**계 5:9.** 그들이 새 노래를 불러 이르되 두루마리를 가지시고 그 인봉을 떼기에 합당하시도다 일찍이 죽임을 당하사 각 족속과 방언과 백성과 나라 가운데에서 사람들을 피로 사서 하나님께 드리시고(καὶ ᾄδουσιν ᾠδὴν

---

41) 렌스키(R. C. H. Lenski), 《계시록》, 성경주석, p. 169.

καινὴν λέγοντες, Ἄξιος εἶ λαβεῖν τὸ βιβλίον καὶ ἀνοῖξαι τὰς σφρα-
γῖδας αὐτοῦ, ὅτι ἐσφάγης καὶ ἠγόρασας τῷ θεῷ ἐν τῷ αἵματί σου
ἐκ πάσης φυλῆς καὶ γλώσσης καὶ λαοῦ καὶ ἔθνους, And they sung
a new song, saying, Thou art worthy to take the book, and to open the
seals thereof: for thou wast slain, and hast redeemed us to God by thy
blood out of every kindred, and tongue, and people, and nation-KJV).

요한은 "그들이 새 노래를 부른다"고 말한다(14:3; 시 40:3). 여기 "부른
다"(ᾅδουσιν)는 아마도 네 생물과 이십사 장로들이 합창하는 것을 지칭할
것이다. 그들은 땅 위에 심판이 집행되기 전 새 노래를 불렀다. 성경에서
성도들이 "새 노래"를 부른 것은 하나님의 구원과 자비에 감사하여 불렀다
(시 33:3; 40:3; 96:1; 144:9; 149:1; 사 42:10; 계 14:3).[42] 하나님의 창조를
감사함으로 부르는 노래도 중요하나 성도들에게 엄청난 은혜가 임할 때
새 노래를 부르는 것은 더욱 값이 있다. 여기 "부른다"(ᾅδουσιν)는 말이
현재형이니 그들은 계속하여 노래를 부르고 있다는 뜻이다.

그들이 불렀던 노래의 내용은 먼저 "두루마리를 가지시고 그 인봉을
떼기에 합당하시도다"라는 내용이다(2절; 4:11). 예수님께서 십자가에서
대속의 죽음을 죽으셔서 성도들을 구원하셨기에 두루마리를 가지시고 그
인봉을 떼기에 아주 합당하신 분이시라는 뜻으로 노래를 부른 것이다. 예수
님께서 합당하신 분이라는 말은 그가 권능이 커서만도 아니고, 품격이 위대
해서만도 아니라 그가 사람들을 위해서 죽으셨던 사실에 근거한다.

그리고 다음 노래의 내용은 "일찍이 죽임을 당하사 각 족속과 방언과
백성과 나라 가운데에서 사람들을 피로 사서 하나님께 드리셨다"는 내용이
다(6절; 14:4; 행 20:28; 롬 3:24; 고전 6:20; 7:23; 엡 1:7; 골 1:14; 히
9:12; 벧전 1:18-19; 벧후 2:1; 요일 1:7). 예수님께서 십자가에서 죽으셔서

---

42) "새 노래"의 "새"라는 말은 요한계시록에서 여러 번 볼 수 있다. 즉 "새 이름"(2:17;
3:12), "새 예루살렘"(3:12; 21:2), "새 하늘과 새 땅"(21:1), "하나님께서 만물을 새롭게 하노
라"(21:5)에서 볼 수 있다.

세계 만민 가운데서 사람들을 피로 사서 드리셨다는 것이다. 본문의 "족속과 방언과 백성과 나라"(7:9; 11:9; 14:6; 단 4:1; 6:25)는 세계 만민을 뜻하는 말인데 그렇다고 하여 예수님께서 세계 만민을 다 구원하셨다는 뜻은 아니다. "...가운데서"(ἐκ)란 말은 그들 중에서 얼마의 사람들을 피로 사서 하나님께 드리셨다는 뜻이다. 여기 "족속"이란 말은 '인종별로 본 모든 세상사람'을 지칭하고, "방언"이란 말은 '언어별로 본 모든 세상사람'을 지칭하며, "백성"이란 말은 '집단별로 본 모든 세상사람'을 지칭하고 "나라"란 말은 '국가별로 따져 본 모든 세상사람'을 지칭한다. 이런 문구는 요한계시록에서 자주 나타나는데(7:9; 11:9; 13:7; 14:6) 이를 통해 우리가 알게 되는 것은 주께서 주시는 구원은 세상 모든 사람들을 차별하지 않고 어느 나라 사람이고 예수님을 믿으면 구원받는다는 것을 드러낸다. 예수님은 사람들을 구원하실 때 "피로 사서 하나님께 드리셨다." 이는 다른 수단으로 구원하신 것이 아니라 피를 지불하고 구원하여 하나님께 드리셨다는 것이다. 박윤선 박사는 "참 신자는 하나님께서 거저 얻으신 습득물이 아니고 그의 피로 사신 고가(高價)의 보배이다"[43]라고 했다. 본문의 "피로 사서"(ἠγόρασας ἐν τῷ αἵματι)란 말은 부정(단순)과거 시제로 예수님께서 단번에 결정적으로 사셨다는 것을 지칭한다. 예수님은 십자가에서 피를 흘리셔서 우리를 단번에 사셔서 하나님께 드리셨다.

**계 5:10. 그들로 우리 하나님 앞에서 나라와 제사장들을 삼으셨으니 그들이 땅에서 왕 노릇 하리로다 하더라**(καὶ ἐποίησας αὐτοὺς τῷ θεῷ ἡμῶν βασιλείαν καὶ ἱερεῖς, καὶ βασιλεύσουσιν ἐπὶ τῆς γῆς).

네 생물과 이십사 장로들이 합창한 노래의 가사 내용 중 마지막은 "그들로 우리 하나님 앞에서 나라와 제사장들을 삼으셨으니 그들이 땅에서 왕 노릇 하리로다"라는 내용이다(1:6; 20:6; 22:5; 출 19:6; 벧전 2:5, 9). 즉

---

43) 박윤선, *계시록*, 성경주석, p. 140.

'구원받은 사람들로 하여금 우리 하나님 앞에서 나라와 제사장을 삼으셨다'
는 것이고 또 '그들 구원받은 자들이 땅에서 왕 노릇 하리라'는 내용이다.
"나라와 제사장"을 삼으셨다는 말은 '가라지도 없는 신령한 나라의 회원이
되게 하셨다는 것이고 또 그 신령한 나라 안에서 하나님을 섬기는 제사장을
삼으신 것'을 뜻한다. 그 구원받은 자들은 나라와 제사장이 되었을 뿐 아니라
땅에서 왕 노릇을 할 것이라고 노래한다. "땅에서 왕 노릇 한다"(βασι-
λεύσουσιν ἐπὶ τῆς γῆς)는 말은 미래 시제인 고로 미래에 그리스도와 함께
왕 노릇 할 것이라는 말인데 그러나 현세에서도 구원받은 자들이 왕 노릇하
는 것은 사실이다. 구원받은 자들이 현세에서 왕 노릇하는 것은 내세에
왕 노릇할 자들이니 현세에서도 왕 노릇하는 것은 당연한 것이다. 우리가
정치적으로 세상에서 왕 노릇하는 것이 아니라 기도로 세상을 다스려 나간다
는 뜻에서 왕 노릇한다고 말할 수 있다(롬 5:17 참조).

### C. 천사와 만물이 찬송하다   5:11-14

네 생물과 이십사 장로들의 찬송에 이어 하늘의 천군과 천사와 땅의
모든 피조물들의 찬송이 이어진다. 어린 양에 대한 찬송은 성부 하나님께
대한 찬송(4장)보다 더 웅장함을 볼 수 있다.

**계 5:11. 내가 또 보고 들으매 보좌와 생물들과 장로들을 둘러 선 많은
천사의 음성이 있으니 그 수가 만만이요 천천이라**(Καὶ εἶδον, καὶ ἤκουσα
φωνὴν ἀγγέλων πολλῶν κύκλῳ τοῦ θρόνου καὶ τῶν ζῴων καὶ τῶν πρε-
σβυτέρων, καὶ ἦν ὁ ἀριθμὸς αὐτῶν μυριάδες μυριάδων καὶ χιλιάδες
χιλιάδων).

요한 사도가 보고 들은 것을 여기 또 기록한다. 그것은 천사의 찬송이다.
본 절은 찬양하는 천사들의 숫자가 아주 많은 것을 진술하고 다음 절(12절)은
천사들이 실제로 찬송하는 내용을 서술한다.

요한은 "내가 또 보고 들으매 보좌와 생물들과 장로들을 둘러 선 많은

천사의 음성이 있으니 그 수가 만만이요 천천이라"고 말한다(4:4, 6). 요한은 하나님의 보좌와 네 생물들과 이십사 장로들을 둘러선 많은 천사의 음성을 듣고 있었는데 그 수가 "만만이요 천천이라"고 말한다(시 68:17; 단 7:10; 히 12:22). 여기 많은 천사의 위치는 성도들을 대표하고 있는 장로들을 둘러 서 있다. 이 수많은 천사들은 성도들의 수종자들임을 보여준다. "만만이요 천천이라"는 말은 "만" 곱하기 "만," 그리고 "천" 곱하기 "천"의 숫자란 뜻이다(시 68:17; 단 7:10; 히 12:22 참조). "만" x "만"은 억이고, "천" x "천"은 백만이다. 요한 사도는 수많은 천군 천사를 일일이 센 것이 아니고 그저 아주 많은 천사를 본 것이다. 무수한 천사는 하나님의 보좌와 네 생물과 이십사 장로들을 둘러싸고 있었다.

## 계 5:12. 큰 음성으로 이르되 죽임을 당하신 어린 양은 능력과 부와 지혜와 힘과 존귀와 영광과 찬송을 받으시기에 합당하도다 하더라(λέγοντες φωνῇ μεγάλῃ, "Αξιόν ἐστιν τὸ ἀρνίον τὸ ἐσφαγμένον λαβεῖν τὴν δύναμιν καὶ πλοῦτον καὶ σοφίαν καὶ ἰσχὺν καὶ τιμὴν καὶ δόξαν καὶ εὐλογίαν).

요한 사도가 보고 들은 천사의 큰 음성은 "죽임을 당하신 어린 양은 능력과 부와 지혜와 힘과 존귀와 영광과 찬송을 받으시기에 합당합니다"라는 내용이다(4:11). 많은 천사들은 예수님을 "죽임을 당하신 어린 양"이라고 언급한다. 6절에 의하면 요한 사도는 "어린 양이 일찍이 죽음을 당한 것 같더라"고 말했는데 수많은 천사들은 예수님께서 명확하게 "죽임을 당하신 어린 양"이라고 말한다. 천사들은 어린 양의 정체를 잘 알고 있었다. 천사들은 어린 양 예수님께서 땅 위의 십자가 위에서 죽임을 당했던 사실을 똑똑히 알고 있었다. 그러기에 천사들은 그 어린 양이 7가지를 받으시기에 합당하다고 큰 음성으로 외치고 있다. 7가지 중 처음 4 가지는 어린 양의 하나님으로서의 특성을 언급한 것이고, 나머지 3 가지는 어린 양에게 돌려야 하는 인간의 태도를 말한다.

천사들은 7가지 중 제일 처음 낱말 "능력"(δύναμιν)이란 낱말 앞에만 정관사 "그"(τὴν)를 붙여 말했다. 그리고 나머지 6개의 낱말 앞에는 정관사를 붙이지 않았다. 천사들이 그렇게 한 이유는 "그 능력"(τὴν δύναμιν)이란 낱말이 나머지 여섯 낱말을 통솔한다는 뜻이다. 그러니까 모든 낱말 앞에 "그"(τὴν)란 말이 붙은 것이나 다름없다는 뜻이다. 천사들은 "그 능력"도, "그 부"도, "그 지혜"도, "그 힘"도, "그 존귀"도, "그 영광"도, "그 찬송"도 모두 어린 양에게 속한다는 것을 드러냈다. 이 일곱 가지의 찬송은 대상 29:10-12에서 찾을 수 있다.

"능력"은 '자연계의 모든 능력과 초자연적인 능력'을 가리킨다(고전 1:24 참조). "부(富)"는 예수님께서 하나님으로부터 받으신 모든 것을 지칭하는데 하나님의 충만하신 상태를 이른다(대상 29:11-12; 마 28:18; 요 1:16; 고후 8:9; 엡 3:8; 4:7-13). "지혜"는 '그리스도를 통하여 나타나는 하나님의 지혜'를 이름이다. 그리스도는 하나님의 지혜로 충만하시다(고전 1:24). 그리스도의 지혜는 성령을 통하여 성도들에게 주어진다(골 1:9). "힘"(ἰσχὺν)은 '능력(δύναμιν)이 밖으로 나타난 것'을 지칭한다(엡 6:10; 살후 1:9). "존귀"는 '주님의 고귀하심'을 지칭한다(히 2:9). 4:9 주해 참조. "영광"은 그리스도의 존귀하신 본체가 밖으로 빛나는 장관(壯觀)을 이름이다(요 1:14; 히 2:9). 4:9 주해 참조. "찬송"(εὐλογίαν)은 '좋게(εὐ) 말함(λογος)'의 뜻인데(막 11:9), 그리스도의 존귀하심을 좋게 말하는 것을 지칭한다. 천사들은 십자가에서 죽임을 당하셔서 택자들을 구원하신 그리스도께서 7가지를 받으심이 합당하다고 말한다. 본 절은 그리스도께서 전인(全人) 구원자이심을 보여준다.

**계 5:13. 내가 또 들으니 하늘 위에와 땅 위에와 땅 아래와 바다 위에와 또 그 가운데 모든 피조물이 이르되 보좌에 앉으신 이와 어린 양에게 찬송과 존귀와 영광과 권능을 세세토록 돌릴지어다 하니**(καὶ πᾶν κτίσμα ὃ ἐν τῷ οὐρανῷ καὶ ἐπὶ τῆς γῆς καὶ ὑποκάτω τῆς γῆς καὶ ἐπὶ τῆς θαλάσσης καὶ τὰ ἐν αὐτοῖς πάντα ἤκουσα λέγοντας, Τῷ καθημένῳ ἐπὶ τῷ θρόνῳ καὶ τῷ ἀρνίῳ ἡ εὐλογία καὶ ἡ τιμὴ καὶ ἡ δόξα καὶ τὸ κράτος εἰς τοὺς αἰῶνας τῶν αἰώνων).

요한은 수많은 천사의 음성을 들었는데(앞 절) 그 후 요한에게만 다시금 들리는 소리가 있었다. 그것은 우주 안에 있는 모든 피조물들이 하나님과 어린 양에게 찬송하는 것이었다. 요한은 "내가 또 들으니 하늘 위에와 땅 위에와 땅 아래와 바다 위에와 또 그 가운데 모든 피조물이 이르는" 소리를 들었다(3절; 빌 2:10). "하늘 위에와 땅 위에와 땅 아래와 바다 위에"란 말은 한 마디로 온 우주를 지칭하는 말이다. "모든 피조물"이라고만 말해도 되지만 더욱 분명히 하기 위해 요한은 이렇게 자세히 기록했다. 3절 주해를 참조하라. 본 절의 것은 3절보다는 "바다 위에"라는 말이 추가되어 있다.

모든 피조물들이 드리는 찬송은 "보좌에 앉으신 이와 어린 양에게" 드리고 있다. "보좌에 앉으신 이와 어린 양에게" 찬송을 드리는 것은 요한 계시록의 특징이다(6:16; 7:9-10, 17; 14:1, 4; 21:22-23; 22:1, 3). 어린 양이 하나님과 함께 경배를 받으심은 너무도 당연하고 또 어린 양이 하나님으로서 경배를 받으심도 너무 당연하다. 본 찬송은 4장의 찬송(하나님께 드리는 찬송)과 5장의 찬송(어린 양에게 드리는 찬송)을 합한, 결론적인 것으로 보인다.

피조물들은 "찬송과 존귀와 영광과 권능을 세세토록 돌릴지어다"(ἡ εὐ- λογία καὶ ἡ τιμὴ καὶ ἡ δόξα καὶ τὸ κράτος εἰς τοὺς αἰῶνας τῶν αἰώνων) 라고 한다(1:6; 대상 29:11; 롬 9:5; 16:27; 딤전 6:16; 벧전 4:11; 5:11). 피조물들이 드리는 찬송은 앞 구절(12절)의 천사들이 드리는 찬송과는 순서도 다르고 각 단어에 붙인 정관사도 다르다. 단어에 붙인 정관사를 보면 앞 구절(12절)에서는 제일 앞 단어에만 붙였는데 본 절의 피조물들의 찬송은 각 단어마다 정관사를 붙임으로써 각 단어를 강조하고 있다.

**계 5:14. 네 생물이 이르되 아멘 하고 장로들은 엎드려 경배하더라**(καὶ τὰ τέσσαρα ζῷα ἔλεγον, Ἀμήν. καὶ οἱ πρεσβύτεροι ἔπεσαν καὶ προσεκύνησαν).

　요한은 피조물이 하나님과 어린 양에게 찬양을 드릴 때 "네 생물이 이르되 아멘 하고 장로들은 엎드려 경배했다"고 말한다(19:4). 피조물의 찬양이 끝나자 네 생물은 "아멘"이라고 말한다. '참으로 그 찬양이 옳습니다'라는 화답을 한 것이다. 그리고 이십사 장로들은 이전과 같이 엎드려 "경배"를 드렸다. 하나님과 어린 양에게 경배를 드린 것이다. 찬양은 4:8에서 시작하여 끝나게 된다. 이제는 땅 위에 쏟아질 환난의 심판이 시작된다.

# 제 6 장

D. 첫째 인   6:1-2

처음 6째 인까지 일시에 계속된다. 여섯 인은 시간 순서를 따라 진행된다. 즉 먼저 정복자의 상징인 흰말이 나타나고, 그 뒤를 따라 전쟁(붉은 말)이 나오고, 그 결과 기근(검은 말)이 있고, 또 죽음(청황색 말)이 따른다. 다음 제 2의 단계로 제단 아래서 심판을 재촉하는 순교자의 호소가 들리고, 하늘의 이상과 변동이 따른다.[44] 7인이 4와 3으로 나뉘는 것은 다음에 나오는 7나팔이나 7대접의 경우에도 마찬가지이다.

이것은 일곱 부분으로 이루어진 심판들의 세 세트 중 첫 번째이다. 6-16 장은 계시록의 핵심부를 형성한다고 볼 수 있다(1-5장은 도입부, 17-22장은 이 단락을 마무리 짓고 있다). 6-16장은 인 심판(6장), 나팔 심판(8-9장), 대접 심판(15-16장)과 그 심판들 사이에 일어난 삽경(막간 계시)들을 기록하고 있다. 6장에서는 각각의 인이 떼어지면서 두루마리가 펴진다. 이 두루마리는 일곱 번째 인이 떼어질 때까지는 완전하게 펴지지 않는다. 두루마리의

---

44) 포이쓰레스(Poythress)는 "봉인된 두루마리 책은 5:1에 나타나고 어린 양은 5:7에서 두루마리를 취한다. 이제 어린 양이 일곱 인을 하나씩 개봉할 때 하나님의 보좌로부터 심판이 전개된다. 이러한 심판들은 어린 양의 독특한 자격에 근거하고 있다(5:1-14). 형식적인 구조에 있어서 5:1-8:1은 8:2-11:19과 병행을 이룬다. 각 부분은 심판들의 기원을 소개하는 개봉장면을 가진다(5:1-14; 8:2-6). 다음으로 여섯 심판들이 뒤따른다(6:1-17; 8:7-9:21). 극적인 막간에 주어진 약속들은 하나님의 백성을 보호한다(7:1-17; 10:1-11:14). 일곱 심판들은 6:12-17과 11:15-19에 묘사된 예수님의 재림을 향하여 전진한다. 첫 번째 네 심판들은 각 경우에 내적인 통일성을 가진다. 첫 번째 4인(6:1-8)들은 4:6에 등장하는 네 생물들과 스가랴 1:8에 나오는 네 기마병에 상응하는 네 기마병을 포함한다. 첫 번째 네 나팔(8:7-12)은 세계의 주요 지역, 다시 말하면 마른 땅, 바다, 신선한 물과 공중/하늘과 관련되어 있다. 6:1-8에 나오는 네 기마병은 각각 승리, 전쟁, 기근, 사망을 대표한다. 이러한 재앙들은 재림 이전에 정해지지 않은 기간을 묘사한다(막 13:6-8). 이와 같은 일들은 로마 제국의 소란들 중에도 일어났고 지금도 일어나며 재림 직전에도 일어날 것으로 기대된다"고 주장한다(번 S. 포이쓰레스, *요한계시록 맥잡기*, 유상섭 옮김, pp. 130-31).

내용은 인류의 죄에 대한 하나님의 심판을 묘사하고 있다. 각 심판들(인, 나팔, 대접)은 일곱 부분으로 이루어져 있다. 그 중에 처음 네 심판은 땅에 대한 자연 재앙이고 마지막 셋은 우주 재앙들이다.

**계 6:1.** 내가 보매 어린 양이 일곱 인 중의 하나를 떼시는데 그 때에 내가 들으니 네 생물 중의 하나가 우렛소리 같이 말하되 오라 하기로(Καὶ εἶδον ὅτε ἤνοιξεν τὸ ἀρνίον μίαν ἐκ τῶν ἑπτὰ σφραγίδων, καὶ ἤκουσα ἑνὸς ἐκ τῶν τεσσάρων ζῴων λέγοντος ὡς φωνὴ βροντῆς, Ἔρχου, now I saw when the Lamb opened one of the seven seals, and I heard one of the four living creatures say, as with a voice of thunder, "Come!").

요한은 "내가 보매 어린 양이 일곱 인 중의 하나를 떼시는데 그 때에 내가 들으니 네 생물 중의 하나가 우렛소리 같이 말하되 오라 하는" 말을 들었다고 말한다(5:5-7). 요한은 "내가 보매"란 말로 시작한다. 요한계시록은 요한이 본 것으로 충만하다(계시록에 약 40회 나타난다-새로운 환상이나 환상의 다른 국면을 소개할 때 사용되었다). 요한은 '예수님께서 일곱 인중에 하나를 떼시는 것을 보았고 동시에 네 생물 중의 하나가 우레 소리(하늘 소리를 형용한 것, 4:5; 요 12:29)같이 말하기를 "오라"하는 말을 들었다.'

요한은 어린 양이 일곱 인 중의 하나를 떼시는 것을 보았는데 그 어린 양은 예수 그리스도이시다. 그 어린 양은 십자가에서 대속의 죽음을 죽으셨기에 그 인을 떼시기에 합당한 자가 되신다. 예수님께서 십자가에서 대신 죽으신 것이 구원하는 행위도 되지만 또 한편 심판하시는 자격을 얻는 행위도 포함한 것이다.

요한이 예수님께서 일곱 인 중의 하나를 떼시는 것을 보고 있었고 또 동시에 네 생물 중의 하나가 우레 소리같이 크게 "오라"고 말하는 소리를 들은 것이다. 여기 "네 생물 중의 하나"는 모호하게 표현되었지만 다음 표현들 즉 "둘째 생물"(3절), "셋째 생물"(5절)이라는 표현을 보면 본문의 생물은 '첫째 생물'임이 확실하다(4:7).

그런데 여기서 문제가 되는 것은 첫째 생물이 "오라"하는 말을 누구에게 한 것이냐 하는 것이다. 1) 요한에게 "와서 보라"고 했다는 견해(Moffatt, Plummer, 이상근). 이런 견해는 어떤 사본들이 "와서 보라"(Ἔρχου καὶ βλέπε)는 낱말들을 가지고 있기 때문이라고 한다(AV는 이 사본을 따라 "와서 보라"고 번역했다). 2) 요한이 아니라 "말 탄자"에게 "오라"고 했다는 견해(Charles, G. E. Ladd, R. C. H. Lenski, Leon Morris). 이 견해는 "오라"는 소리와 동시에 즉시 말 탄자가 나왔기 때문에 "오라"는 말은 말 탄 자에게 한 것이라고 주장한다(우리 한역과 RSV는 이 사본을 따랐다). 렌스키(Lenski)는 "이 명령(오라)은 요한에게 말한 것이 아니다...요한은 이때에 가까이 있어서 그에게 "오라"고 하는 말을 우레 소리같이 큰 소리가 필요하지 않았던 것이다"고 주장한다.45) 두 번째 견해가 타당하다.

**계 6:2.** 이에 내가 보니 흰 말이 있는데 그 탄자가 활을 가졌고 면류관을 받고 나아가서 이기고 또 이기려고 하더라(καὶ εἶδον, καὶ ἰδοὺ ἵππος λευκός, καὶ ὁ καθήμενος ἐπ᾽ αὐτὸν ἔχων τόξον καὶ ἐδόθη αὐτῷ στέφανος καὶ ἐξῆλθεν νικῶν καὶ ἵνα νικήσῃ, And I saw, and behold, a white horse, and its rider had a bow; and a crown was given to him, and he went out conquering and to conquer-RSV).

요한 사도는 "이에 내가 보니"라고 말한다(4:1; 6:5, 8; 7:9; 14:1, 14; 19:11). 그는 보았고 또 들은 것들을 말한다. 네 생물 중의 하나가 "오라"고 했을 때 요한 사도는 "흰 말"이 나타난 것을 보았다. 요한이 전체적으로 본 것은 "흰 말이 있는데 그 탄자가 활을 가졌고 면류관을 받고 나아가서 이기고 또 이기려고 하더라"고 말한다(14:14; 19:11; 슥 6:1-4, 11; 시 45:4-5). 요한은 흰 말 위에 탄자가 활을 가지고 있는 것을 보았고 또 그

---

45) 렌스키(R. C. H. Lenski), 『계시록』 성경주석, p. 182.

탄자가 활로써 이미 승리해서 면류관을 받았고 또 현재 이기고 있으며 또 앞으로도 이기려고 하는 것을 본 것이다. 그러니까 흰말을 탄자는 과거에도 승리했고 현재도 승리하고 있으며 미래에도 승리하게 될 것을 본 것이다. 본 절 해석은 크게 두 가지로 갈린다.

1) 흰 말 탄자를 그리스도로 보고 그리스도가 복음을 전파하여 크게 승리했다고 보는 견해. 세계적인 신학자들이 이 주장을 견지하고 있다(Zahn, Alford, Greijdanus, William Hendriksen, G. E. Ladd,[46] 박윤선). 이유는 19:11 이하에 백마를 탄자가 나오기 때문이다. 그러나 19:11의 백마를 탄자와 본문과는 색깔만 같았지 아무런 관련이 없다는 것이 문제이고 또 이 학설의 큰 약점은 인(印)재앙의 전체가 모두 죄에 대한 심판인데 이 흰말 탄자의 환상만 그리스도의 복음의 승리라고 말하는 것은 무리라고 보인다.

2) 흰말 탄자를 적그리스도로 보고[47] 그 적그리스도는 이미 승리했고(파

---

46) 래드(G. E. Ladd)는 흰말 탄자가 승리한 것을 두고 복음의 승리라고 주장한다. 이유는 여기 "'흰' 색은 분명 그리스도의 상징이거나 그리스도와 관련된 어떤 것, 혹은 승리의 상징이다. 이처럼 승천하신 그리스도는 양털같이 흰 머리를 하고 계신다(1:14). 신실한 자들은 새로운 이름이 새겨져 있는 흰 돌을 받을 것이다(2:17). 그들은 흰옷을 입을 것이다(3:4, 5, 18). 24 장로들은 흰옷을 입고 있다(4:4). 순교자들은 흰옷을 받게 되며(6:11), 수많은 무리들도 마찬가지이다(14:14). 인자는 흰 구름 가운데 나타나시며(14:14) 그는 흰옷을 입고 하늘의 군대를 거느리고 흰말을 타고 오실 것이다(19:11, 14). 최후의 심판에서 하나님께서는 흰 보좌위에 앉아계신 것으로 묘사되어 있다(20:11). 이러한 광의적 증거구절들의 관점에서 흰말에 대해서 그리스도 및 영적인 생명과 관련된 어떤 것을 연상시키는 해석을 받아드려도 좋다. 이 사실은 둘째, 셋째, 넷째 인들과는 달리 첫째 인은 이와 관련된 화를 전혀 가지고 있지 않다는 사실에게 의해 더욱 뒷받침 된다"고 주장한다 (요한계시록, 반즈 성경주석, 이남종역, pp. 122-23).

47) 필립 E 휴즈는 "많은 주석가들은 19:11이하에 흰말을 타고 모든 것을 정복하는 주님으로서 등장하는 그리스도와 이 말 탄 사람을 동일시하고자 했다. 이러한 연결은 우선 보기에는 그럴 듯해 보이나 본문의 문맥으로 보아서는 적절하지 않다. 본문의 말 탄 사람은 네 사람들의 순서상 한 사람이며 이들은 모두 창조주의 원수들로서 사망과 파멸의 무기 또는 세력을 소지하고 있다. 게다가 네 번째 말 탄 사람의 경우에는 사망이 의인화된 것이라는 점을 제외하고는 그 이름이 언급되지 아니했다. 말 탄 사람 각각은 아주 독특하며 그의 정체에 대해서는 충분히 설명되었으므로 달리 생각할 여지가 없다. 연이어 등장하는 각각의 말 탄 사람은 세상에 거주하는 사람들에게 파국적인 것들, 예컨대, 독재, 피 흘림, 기아, 사망과 관련이 있다(2, 4, 8절). 말 탄 처음 사람이 들고 있는 '활'은 파괴의 상징이며, 그가 받은 면류관은 포악한 통치를 의미하며, 그가 탄 말의 색깔이 흰색이라는 것은 정복을 뜻한다. 그런데도 그가 나가서 이기고 또 이기려고 한다는 것은 세력과 세상 정복에 대한 그의 욕망을 표시한다"고 강변한다(요한계시록, 여수룬 성경주석시리즈, 오광만옮김, pp. 122-23).

르티아인들이 로마를 정복한 것, "받고"-ἐδόθη-란 말은 부정과거 수동태로
이미 '결정적으로 과거에 면류관을 받은 것'을 뜻한다), 지금도 승리하고
있으며(요한 사도 당대에 승리하고 있음) 앞으로도(예수님 재림 전과 재림
시에) 승리할 것이라는 견해. 이 견해를 지지하는 유력한 학자들도 많이
있다(Beckwith, Bruce, Caird, Mounce, Swete, Walvoord, P. E. Hughes,
Leon Morris, Alan Johnson, Vern S. Poythress, Grant Osbourne, Warren
W. Wiersbe, Tim Lahaye). 이 두 견해 중 2번의 견해가 문맥에 맞는 것으로
보인다. 적그리스도라고 보아야 하는 이유는 6장의 모든 사건은 인(印)을
뗌으로 재앙이 내린다는 것을 의미하고 있으니 백마를 탄 기사도 역시 적그
리스도로 보는 것이 옳을 것이다.48) 적그리스도가 백색으로 위장하고 역사
상에 나타나 활동할 것을 보여준다. 적그리스도는 과거에도 나타났고 지금도
나타나고 있으며 앞으로도 나타날 것이다.

### E. 둘째 인   6:3-4

**계 6:3. 둘째 인을 떼실 때에 내가 들으니 둘째 생물이 말하되 오라 하니**(Καὶ
ὅτε ἤνοιξεν τὴν σφραγῖδα τὴν δευτέραν, ἤκουσα τοῦ δευτέρου ζῴου
λέγοντος, Ἔρχου).

요한은 첫째 인이 떼어진 환상이 지나간(1-2절) 다음 어린 양이 "둘
째 인을 떼실 때에...둘째 생물이 말하되 오라"는 말을 듣는다(4:7). 요한은
누가 둘째 인을 떼는지에 대해 기록하지 않는다. 처음 인을 떼셨던 어린
양이 떼신 것은 확실하다. 요한은 어린 양이 둘째 인을 떼실 때 그는 둘째

---

48) 번 S. 포이쓰레스(Vern S. Poythress)는 "백말은 성격에 있어서 다른 세 말들과 유사한
것이 틀림없다. 그들은 함께 스가랴 1:8; 6:1-3에 유사한 4인조를 구성한다. 계시록의 많은
곳에서 백색은 순결을 상징하나 이것은 1세기에 여기에서 핵심인 승리도 상징할 수 있었다.
승리는 때때로 피를 흘리지 않고 얻을 수 있으나 다음 재앙(3-4절)에서와 같이 피 흘리는 전쟁의
형태를 취할 수도 있다...1세기에 로마 제국은 피 흘림과 이에 따른 기근과 사망을 포함할
수 있는 정복을 통해 통제를 유지했다. 로마의 평화는 번영을 약속했지만 실상은 달랐다. 정복,
피 흘림, 기근과 사망은 교회 시대 전반에 인류를 활보했으며 그들은 또한 재림에 이르는
마지막 위기에 강화될 것으로 기대된다"고 말한다(*요한계시록 맥잡기*, 유상섭옮김, p. 132).

생물이 말하는 소리를 들었다. "오라"(Ἔρχου)는 말을 들은 것이다. 이 말 후에 다음 절에서 알 수 있듯이 붉은 말이 나왔다.

**계 6:4.** 이에 다른 붉은 말이 나오더라 그 탄자가 허락을 받아 땅에서 화평을 제하여 버리며 서로 죽이게 하고 또 큰 칼을 받았더라(καὶ ἐξῆλθεν ἄλλος ἵππος πυρρός, καὶ τῷ καθημένῳ ἐπ᾽ αὐτὸν ἐδόθη αὐτῷ λαβεῖν τὴν εἰρήνην ἐκ τῆς γῆς καὶ ἵνα ἀλλήλους σφάξουσιν καὶ ἐδόθη αὐτῷ μάχαιρα μεγάλη, And there went out another horse [that was] red: and [power] was given to him that sat thereon to take peace from the earth, and that they should kill one another: and there was given unto him a great sword-KJV).

요한은 둘째 생물의 명령에 따라 "다른 붉은 말이 나오더라"고 말한다(슥 6:2). 여기 "나오더라"(ἐξῆλθεν)는 말은 부정(단순)과거 시제로 '단번에 나온 것'을 뜻한다. "붉은 말"과 "그 탄자"는 하나님으로부터 "허락을 받아 땅에서 화평을 제하여 버렸다." 여기 붉은 말과 그 탄자가 하나님으로부터 허락을 받아 땅에서 화평을 제하여 버린 것은 전쟁을 일으켜 땅에서 화평을 없애버린 것을 상징한다. 전쟁은 반드시 하나님의 허락 아래에서만 일어난다. 하나님의 허락이 없이는 절대로 전쟁이 일어나지 않는다. 피를 상징하는 붉은 말과 또 그 탄자가 땅에서 전쟁을 일으켜 화평을 제하여 버렸을 뿐 아니라 또 그 탄자에게는 사람들로 하여금 서로 죽이게 하도록 권세를 받는다. 사람들이 내전을 일으키도록 권세를 받은 것이다. 내란은 세계 도처에서 일어났는데 주전 1세기에도(주전 67-37년) 팔레스타인에서 내란으로 10만 명이 죽었고 또 주후 1세기에도(주후 61년 영국에서도 보디세아-Boadicea-여왕 당시 내란이 일어나 15만 명이 죽었다고 한다(Barclay in Leon Morris). 1세기 때만 아니라 역사상에 내란으로 피를 흘린 사람들은 부지기수이다. 이런 내란들은 죄 값으로 일어나는 것이지만 이런 내란이 있은 후 복음이 전파되는 것은 사실이다. 이유는 내란이 있은 후 사람들의 마음은 허탈하기

짝이 없기 때문이다.

그런데 요한은 붉은 말 탄자가 "큰 칼을 받았다"고 말한다. 붉은 말 탄자는 스스로 칼을 가지고 있지는 못했다. 그는 하나님의 허락으로 받아야 했다. 전쟁은 종말의 한 유력한 징조인데(마 24:6-7) 이 모든 전쟁은 하나님의 허락으로 이루어지는 것이다. 전쟁은 신약시대에 무수히 일어날 것이다. 예수님 재림 직전이 되어서는 더욱 큰 전쟁들이 일어날 것이다. 우리는 앞으로 하나님께서 하시는 일을 무수히 목격하게 될 것이다.

### F. 셋째 인  6:5-6

**계 6:5. 셋째 인을 떼실 때에 내가 들으니 셋째 생물이 말하되 오라 하기로 내가 보니 검은 말이 나오는데 그 탄 자가 손에 저울을 가졌더라**(Καὶ ὅτε ἤνοιξεν τὴν σφραγῖδα τὴν τρίτην, ἤκουσα τοῦ τρίτου ζῴου λέγοντος, Ἔρχου. καὶ εἶδον, καὶ ἰδοὺ ἵππος μέλας, καὶ ὁ καθήμενος ἐπ' αὐτὸν ἔχων ζυγὸν ἐν τῇ χειρὶ αὐτοῦ).

요한은 어린 양이 둘째 인을 떼실 때 붉은 말과 그 탄자가 땅위에서 사람들로 하여금 전쟁을 일으켜 화평이 제하여질 것을 기록한(3-4절) 다음 이제 어린 양이 셋째 인을 떼실 때 셋째 생물이 "오라"고 하는 소리를 들었는데(4:7) 요한이 보니까 "검은 말이 나오는데 그 탄자가 손에 저울을 가진 것을" 보았다고 한다(슥 6:2). 이 세 번째의 환상은 검은 말과 그 탄자가 손에 저울을 가진 환상이었다(렘 4:28; 말 3:14). 검은 말에 탄자가 저울을 가진 것은 흉년과 기근에 대한 환상이다. 흉년과 기근이 있을 것이라는 계시는 반드시 전쟁이 있은 다음에야 발생하는 것은 아니다. 동시에 일어나는 수도 있다. 그러니까 이 세 번째의 계시는 두 번째의 전쟁이 있은 다음에 있을 수도 있고 동시에 있을 수도 있는 재난이다. 식량을 "저울"에 다는 것은 매우 절박한 기근 상태를 표시하는 것이다(레 26:26; 겔 4:9, 16). 양식이 풍족한 나라에서 사는 것은 얼마나 복된 일인지 알 수 없다.

**계 6:6.** 내가 네 생물 사이로부터 나는 듯한 음성을 들으니 이르되 한 데나리온에 밀 한 되요 한 데나리온에 보리 석 되로다 또 감람유와 포도주는 해치치 말라 하더라(καὶ ἤκουσα ὡς φωνὴν ἐν μέσῳ τῶν τεσσάρων ζῴων λέγουσαν, Χοῖνιξ σίτου δηναρίου καὶ τρεῖς χοίνικες κριθῶν δηναρίου, καὶ τὸ ἔλαιον καὶ τὸνοῖνον μὴ ἀδικήσῃς).

검은 말에 탄자가 저울을 가진 환상을 본 요한은 또 "내가 네 생물 사이로부터 나는 듯한 음성을 들었는데" 그 생물들의 내용은 "한 데나리온에 밀 한 되요 한 데나리온에 보리 석 되로다 또 감람유와 포도주는 해치치 말라"는 내용이었다. 이 음성의 내용은 두 가지로 갈린다. 하나는 "한 데나리온에 밀 한 되요 한 데나리온에 보리 석 되'가 될 것이라는 내용이고, 또 하나는 "감람유와 포도주는 해치치 말라"는 내용이다(9:4). '한 데나리온에 밀 한 되요 한 데나리온에 보리 석 되'가 될 것이라는 내용은 물가가 지극히 올라가서 생활이 심히 어려울 것이라는 내용이다(이런 물가는 당시 물가로 환산하여 8배 내지 16배 정도가 된다고 한다). 이유는 한 데나리온은 장정이나 노동자가 하루 종일 일하면 받는 품삯인데(마 18:28; 20:2, 9-10, 13) 하루 종일 일해서 밀 한 되를 사고 보리 석 되를 사게 되니 물가가 참으로 높아서 생활이 심히 어려워질 것을 예상할 수 있다. 이런 환난은 과거에도 있었으나 앞으로도 분명히 있을 것이 예상된다.

"감람유와 포도주는 해치치 말라"는 말씀이 무슨 뜻인지에 대해서는 네 가지 견해가 있다.

1) 혹자는 감람유와 포도주 곧 사치스런 음식이 빈핍한 기간 동안에도 전혀 부족하지 않을 것이라고 주장한다. 이 견해는 가난한 자들은 고통을 당하지만 부유한 사람들은 부족함을 느끼지 않을 것이라는 견해이다. 이유는 적그리스도가 경제를 주장하기 때문이라고 한다. 그러나 이 견해는 앞뒤가

잘 맞지 않는 듯이 보인다. 다른 곡물가가 비싸면 자연히 사치스런 음식값도 비싸게 되는 것이 당연하기 때문이다.

2) 대단히 심한 기근 때에도 성도들을 해치지 말라는 메시지로 보는 견해. 기름과 포도주는 성경에서 종교를 지칭하는 고로(약 5:14; 눅 10:34) 신앙생활을 하는 성도들을 해치지 말라는 메시지로 보는 것이다. 시 104:15 참조. 하나님은 어려운 환경 중에서도 성도들을 돌보신다. 그러나 이 견해는 너무 무리한 해석으로 보인다. 이유는 식료품을 다루는 이 부분(5-6절)에서 갑자기 성도들을 다루는 해석은 무리한 해석으로 보인다.

3) 비록 밀이나 보리는 흉년으로 큰 타격을 받으나 마시는 음료에 대해서는 하나님께서 자비를 베푸셔서 흉년의 때를 면하게 해주신다는 견해. 받을 만한 견해로 보인다.

4) 감람유와 포도주는 팔레스틴과 소아시아에서는 보통 사람들이 마시는 식품에 해당하니(신 7:13; 11:14; 28:51) 이것을 해치지 말라 함은 일반 사람들을 불쌍히 여기라는 명령으로 보는 견해. 다시 말해 본문은 기근의 한계성을 보인다는 것뿐이고 아주 심각한 단계는 아니라는 주장이다(Philip Hughes, Monce, Ladd, Johnson, Morris, Grant Osborne, Michael Wilcock, Poythress, 이상근, 이순한). 위의 네 가지 견해 중 마지막 4번의 견해가 문맥에 맞는다. 하나님께서 아직 회개의 기회를 주고 계심을 알 수 있다. 이런 때 빨리 회개하면 모든 것이 정상으로 돌아올 수 있는 것이다.

G. 넷째 인   6:7-8

**계 6:7. 넷째 인을 떼실 때에 내가 넷째 생물의 음성을 들으니 말하되 오라 하기로**(Καὶ ὅτε ἤνοιξεν τὴν σφραγῖδα τὴν τετάρτην, ἤκουσα φωνὴν τοῦ τετάρτου ζῴου λέγοντος, Ἔρχου).

요한은 어린 양이 "넷째 인을 떼실 때에 넷째 생물의 음성을 들으니 말하되 오라 하는" 음성을 들었다(4:7). 넷째 생물은 청황색 말을 탄자에게 오라는 명령을 내렸을 때 다음 절과 같이 청황색 말이 나왔다.

**계 6:8.** 내가 보매 청황색 말이 나오는데 그 탄자의 이름은 사망이니 음부가 그 뒤를 따르더라 그들이 땅 사분의 일의 권세를 얻어 검과 흉년과 사망과 땅의 짐승들로써 죽이더라(καὶ εἶδον, καὶ ἰδοὺ ἵππος χλωρός, καὶ ὁ καθήμενος ἐπάνω αὐτοῦ ὄνομα αὐτῷ ((ὁ)) Θάνατος, καὶ ὁ ᾅδης ἠκολούθει μετ᾽ αὐτοῦ καὶ ἐδόθη αὐτοῖς ἐξουσία ἐπὶ τὸ τέταρτον τῆς γῆς ἀποκτεῖναι ἐν ῥομφαίᾳ καὶ ἐν λιμῷ καὶ ἐν θανάτῳ καὶ ὑπὸ τῶν θηρίων τῆς γῆς, And I looked, and behold a pale horse: and his name that sat on him was Death, and Hell followed with him. And power was given unto them over the fourth part of the earth, to kill with sword, and with hunger, and with death, and with the beasts of the earth-KJV).

요한이 본 것은 첫째, "청황색 말이 나오는" 것을 보았다(슥 6:3). "청황색"은 푸르스름한 색깔로 '사람의 시체 색깔'이다. 그러므로 청황색은 죽은 자의 색깔로 사람들에게 공포심을 준다. 그리고 둘째, "그 탄자의 이름은 사망"이라는 것을 알았다. 청황색 말과 그 위에 탄자의 이름은 좋은 짝을 이룬다. 시체 색깔의 말 위에 탄자의 이름이 시체라는 것은 서로 정확하게 짝이 맞는다. 기근(5-6절) 다음에 죽음이 따라오는 것은 당연한 순서이다.

여기 탄자의 이름이 나온 것은 특이하다. 요한 사도는 흰말 탄자의 이름도 말하지 않고(2절), 붉은 말 탄자의 이름도 말하지 않으며(4절), 검은 말 탄자의 이름도 밝히지 않았는데(5절) 청황색 말을 탄자의 이름만 밝힌다. 그 이유는 둘이 서로 잘 들어맞기 때문일 것이다. 그리고 요한은 셋째, "음부가 그 뒤를 따르는" 것을 보았다. "음부"란 '사망한 사람이 매장 되는 것'을 말하거나 아니면 '사망한 사람이 지옥에 던져지는 것' 양편을 가리킬 수 있다(1:18 주해 참조). 사망한 사람이 예수님을 구주로 믿지 않고 죽는다면 지옥으로 가는 것은 당연하다. 혹자는 여기서 사망은 말을 타고 오는데 음부에 대해서는 아무 언급도 없는 것을 문제 삼아 음부는 사망과 한 말 위에 탔을 것이라 말하기도 하고 혹은 음부가 탄 말이 따로 있었을 것이라고 말하기도 하나 어떻게 나왔느냐 하는 것은 그리 중요하지 않다. 음부가 따른다는 것이 중요하다. 사망과 음부는 요한 계시록에서 보통 연결되어 나타난다. 그리고 넷째, "그들이 땅 사분의 일의 권세를 얻어 검과 흉년과 사망과 땅의 짐승들로써 죽이는" 것을 보았다(레 26:22; 겔 14:21). 여기 "그들"이란 '사망과 음부'를 지칭하는 말로 그들이 땅 4분의 1의 사람들을 죽이는 권세를 얻었다는 것을 뜻한다.49) 그들은 결코 스스로 사람을 죽이지는 못하고 하나님으로부터 권세를 얻어서 죽인다는 것이다. 우리 하나님은 사람을 함부로 죽이시는 분이 아니라 하나님의 허락 아래서 사람을 죽이게 하신다. 그들은 사람을 죽이는 권세를 얻어 죽이는 방법으로 네 가지 즉 "검과 흉년과 사망과 땅의 짐승들로써 죽인다"는 것이다(겔 14:21 참조). "검"이란 '칼'을 뜻하는데 '전쟁 때에 사람을 죽이는 것'을 지칭한다. 전쟁을 일으킴으로 사람 얼마를 죽인다는 것이다. "흉년"이란 '농산물이나 해산물의 흉작'을 뜻하는 말로 사람 얼마쯤을 죽이는 도구로 사용되고 있음을 알 수 있다. "사망"이란 '온역(염병) 같은 질병으로 사람을 죽이는 것'을 지칭하는데(욥 27:15; 렘 15:2; 눅 21:10-11), 그들은 하나님으로부터 권세를 얻어 사람들에게 질병을 일으키게 하여 땅 위의 사람들 얼마쯤을 죽인다는 것이다. 그리고 "땅의 짐승들"이란 '짐승을 동원하여 사람을 죽이는 것'을 지칭한다. 혹은 '짐승 같은 사람들을 동원하여 사람들을 죽이는 것'을 지칭할 것이다. 성도들은 세계가 무슨 일을 당하든지 하나님의 수하에서 모든 일이 일어난다는 것을 알고 안심하고 감사할 것이다.

H. 다섯째 인   6:9-11

49) 여기 인 재앙에서 4분의 1이 죽고 다음 나팔 재앙에서 3분의 1이 죽으며 대접재앙에서 다 죽는다고 했으니 점진적으로 더 심해지는 것을 알 수 있다.

지금까지 나왔던 네 가지 인은 땅에서 될 일이었다. 이제 다섯째 인부터는 그 무대가 하늘로 옮겨진다.

**계 6:9. 다섯째 인을 떼실 때에 내가 보니 하나님의 말씀과 그들이 가진 증거로 말미암아 죽임을 당한 영혼들이 제단 아래에 있어**(Καὶ ὅτε ἤνοιξεν τὴν πέμπτην σφραγῖδα, εἶδον ὑποκάτω τοῦ θυσιαστηρίου τὰς ψυχὰς τῶν ἐσφαγμένων διὰ τὸν λόγον τοῦ θεοῦ καὶ διὰ τὴν μαρτυρίαν ἣν εἶχον, And when he had opened the fifth seal, I saw under the altar the souls of them that were slain for the word of God, and for the testimony which they held-KJV).

요한은 어린 양께서 다섯째 인을 떼실 때에 된 일을 보았다. 다섯째 인을 떼실 때는 생물이 "오라"는 말을 하지 않았는데 인을 떼시니 환상이 나타났다. 어린 양께서 인을 떼실 때 요한이 본 것은 "하나님의 말씀과 그들이 가진 증거로 말미암아 죽임을 당한 영혼들이 제단 아래에 있어" 부르짖는 것을 보았다(1:9; 8:3; 9:13; 12:17; 14:18; 19:10; 20:4; 딤후 1:8). 그들이 제단 아래 있다는 것은 그들이 자기들의 생명과 함께 모든 것을 하나님께 희생 제물로 다 드렸다는 것을 뜻한다. 그들은 세상 세력에게 죽임을 당했으나 이제 그들의 죽음은 그들을 심히 영화롭게 하고 있다. 죽임을 당한 자들이 큰 소리로 부르짖는 소리는 다음 절에 나온다.

"하나님의 말씀과 그들이 가진 증거"란 말은 동의어로 사용되었다 (1:2; 1:9 주해 참조). 하나님의 말씀과 그들이 가진 증거가 서로 다른 것을 가리키는 것이 아니고 하나님의 말씀을 증언한 것을 지칭하는 말이다. 그들은 하나님의 말씀을 증언한 사실 때문에 죽임을 당한 것이다(마 24:9-10; 막 13:9-13; 눅 21:12-18 참조). 그들은 로마 시대에 로마 황제에 의해 순교 당한 사람들이다. 그들은 죽임을 당한 영혼들로서 제단 아래에서 다음 절과 같이 큰 소리로 부르짖었다. 이들의 부르짖음은 땅 위에서 박해 당하고 있는 다른 성도들을 격려하고 있다. 이들은 하나님의 말씀을 증언한 사실 때문에 순교를 당하여 하늘의 제단 아래에서 부르짖고 있었다 (8:3, 5; 9:13; 11:1; 14:18; 16:7 참조). 순교자들은 자기들의 피를 하늘의 제단에 부어 하나님께 바쳤으니 하늘 제단 아래에서 간절히 부르짖고 있었다.

**계 6:10. 큰 소리로 불러 이르되 거룩하고 참되신 대주재여 땅에 거하는 자들을 심판하여 우리 피를 갚아 주지 아니하시기를 어느 때까지 하시려 하나이까 하니**(καὶ ἔκραξαν φωνῇ μεγάλῃ λέγοντες, Ἕως πότε, ὁ δε-σπότης ὁ ἅγιος καὶ ἀληθινός, οὐ κρίνεις καὶ ἐκδικεῖς τὸ αἷμα ἡμῶν ἐκ τῶν κατοικούντων ἐπὶ τῆς γῆς, they cried out with a loud voice, "O Sovereign Lord, holy and true, how long before thou wilt judge and avenge our blood on those who dwell upon the earth?"-RSV).

　　요한이 본 환상의 내용은 "(순교자들이) 큰 소리로 불러 이르되 거룩하고 참되신 대 주재여 땅에 거하는 자들을 심판하여 우리 피를 갚아 주지 아니하시기를 어느 때까지 하시려 하나이까"라는 내용이다. 순교자들은 자기들의 소원을 알리기 위해 큰 소리로 부르짖어 "거룩하고 참되신 대 주재여"라고 외쳤다. 여기 "불러"란 말은 부정(단순)과거 시제로 한번 부른 것을 뜻한다. 그들은 자꾸만 하나님을 부른 것은 아니었다. 한번 불러 원수를 갚아주시라는 소원을 드린 것이다.

　　본문의 "거룩하고 참되시다"는 말씀의 주해를 위해서는 3:7의 주해를 참조하라. 하나님을 향하여 "거룩하시다"(ὁ ἅγιος)고 말씀한 것은 하나님께서 피조물과 분리되신 분으로 절대적이신 분이라는 뜻이고, "참되시다"(ἀληθινός)는 말씀은 '전적으로 완전하신 분'이라는 뜻이다. 이 낱말은 거짓의 반대 개념인 진실하신 분이라는 뜻을 말함이 아니고 불완전의 반대 개념인, 전적으로 신뢰할 수 있는 분, 완전하신 분이라는 뜻이다. "대 주재여"(ὁ δεσπότης)란 말은 '무한한 권력자'라는 뜻으로 하나님께서 절대적 주권을 가지고 계시다는 것을 드러낸다. 이 낱말은 종의 상전을 뜻할 때

사용되기도 하고(딤전 6:2; 딛 2:9), 하나님을 지칭할 때 사용되기도 하며(눅
2:29; 행 4:24 참조), 그리스도를 지칭할 때 사용되기도 한다(벧후 2:1; 유
1:4). 순교자들이 하나님을 이런 칭호로 부른 이유는 하나님께서는 피조물과
는 완전히 분리되신 분이시고 또 완전하신 분이신 무한 권력자이시니 순교자
자신들을 죽인 자들과는 질적으로 다르실 뿐 아니라 또 얼마든지 심판하실
수 있으신 분이라는 것을 드러내기 위함이다. 참으로 하나님은 인생들과는
전혀 다르신 분이시고 아주 완전하신 절대자이시니 무슨 심판이라도 하실
수 있으신 분이시다.

　순교자들은 하나님을 향하여 "땅에 거하는 자들을 심판하여 우리 피를
갚아 주지 아니하시기를 어느 때까지 하시려 하나이까"라고 부르짖고 있었
다(11:18; 19:2; 슥 1:12). 다시 말해 어느 때까지 우리를 죽인 사람들을
심판해 주지 않으실 것입니까 라는 부르짖음이다. 정의롭게 심판해 주십사하
는 애원이었다. 여기 "땅에 거하는 자들"이란 '순교자들을 죽인 사람들'을
지칭한다. 이들은 중생하지 않은 자들이다(3:10; 8:13; 11:10; 13:8, 14;
17:8). 중생하지 않은 자들은 그 언젠가 성도들을 죽일 가능성이 얼마든지
있다. 오늘도 우리는 우리 개인의 원수가 아니라 하나님의 원수가 심판을
받기를 당연히 간절함으로 고대한다(고전 16:22; 갈 1:8).

**계 6:11. 각각 그들에게 흰 두루마기를 주시며 이르시되 아직 잠시 동안
쉬되 그들의 동무 종들과 형제들도 자기처럼 죽임을 당하여 그 수가 차기까
지 하라 하시더라**(καὶ ἐδόθη αὐτοῖς ἑκάστῳ στολὴ λευκὴ καὶ ἐρρέθη
αὐτοῖς ἵνα ἀναπαύσονται ἔτι χρόνον μικρόν, ἕως πληρωθῶσιν καὶ οἱ
σύνδουλοι αὐτῶν καὶ οἱ ἀδελφοὶ αὐτῶν οἱ μέλλοντες ἀποκτέννεσθαι
ὡς καὶ αὐτοί, And white robes were given unto every one of them;
and it was said unto them, that they should rest yet for a little season,
until their fellowservants also and their brethren, that should be killed
as they [were], should be fulfilled-KJVv).

순교자들의 부르짖음(앞 절)에 대하여 하나님께서는 두 가지 일을 하셨다. 하나는 "각각 그들에게 흰 두루마기를 주셨다"(3:4-5; 7:9, 14). 흰 두루마기를 주셨다는 것은 순교자들이 승리했다는 뜻으로 주신 옷이다(3:4 주해참조) 흰옷은 승리한 자들이 입는 하늘나라의 옷이다(4:4; 7:9, 13; 19:14). 순교자들이 땅에서 순교를 당한 것은 죄 때문에 당한 죽음도 아니고 혹은 패배한 것도 아니라는 것을 보여주시기 위해서 하나님께서 흰 두루마기를 주셨다. 참으로 오늘도 순교한 자들은 흰 두루마기를 받게 될 것이다.

하나님께서 행하신 또 하나의 일은 "아직 잠시 동안 쉬되 그들의 동무 종들과 형제들도 자기처럼 죽임을 당하여 그 수가 차기까지 하라"고 하셨다(14:13; 히 11:40). "아직 잠시 동안 쉬라"고 하신다. 혹자는 "잠시 동안 쉬라"는 말을 '원수 갚아주시기를 호소하는 일을 잠시 동안 쉬라'는 뜻으로 말하나, '편히 쉬라'는 뜻으로 보는 것이 타당하다. 하나님께서 보시기에 이들이 쉬어야 할 이유는 땅에서 땅에 사는 불신자들로부터 고통을 당하고 종국에는 순교까지 당하느라 수고했으니 쉬라는 뜻이다(14:13). 그리고 "그들의 동무 종들과 형제들도 자기처럼 죽임을 당하여 그 수가 차기까지 하라"고 하시는 이유는 하나님께서 순교자들의 원수를 심판하시면 순교자들이 생기지 않을 터이니 순교자들의 숫자가 채워지기까지 쉬라고 하신 것이다(히 11:39-40 참조). 순교자들의 숫자가 채워지면 언젠가 하나님께서는 순교자들을 괴롭히고 그들을 죽인 원수들을 심판하신다는 것이다. 하나님은 오늘도 순교자들의 숫자가 채워지기를 원하신다. 본문의 "동무 종들"이란 '복음전도자'를 지칭하고 "형제들"이란 '일반 성도들'을 지칭하는 것으로 보인다.

### I. 여섯째 인  6:12-17

어린 양께서 여섯째 인을 뗄 때에 엄청난 일들이 벌어지는 것을 보면 대 종말에 진행되는 일로 보인다. 그리고 대 종말이라 할지라도 한꺼번에 모든 일이 다 일어나지 않고 점진적으로 일이 진행되는 것을 보면 하나님께서는 인류가 회개하기를 원하시어 기회를 주시는 것으로 보인다. 여섯째 인의 계시는 세상 종말에 임할 정치적인 소용돌이를 보여준 것으로 보기 보다는 실제 문자적으로 일어나는 것을 보여준 것이라고 보아야 할 것이다. "여섯째 인은 어린 양의 진노의 모습을 보여주고 있으며 그리스도의 재림직 전에 이루어질 최후 심판이다(마 24:29-31; 막 13:24-27; 눅 21:25-27). 여섯째 인이 나팔 심판의 서두가 아니라, 그리스도의 다시 오심과 연결되고 있다. 일곱째 인이 나팔 심판의 예비적 성격이 있는 것도 사실이지만, 이미 여섯째 인에서 심판의 절정이 이루어진 것이다. 일곱째 인 심판과 나팔 심판이 연속적으로 일어나는 것이 아니다. 여섯째 인(6:14)과 일곱째 대접 (16:20)이 서로 병행관계임을 알 수 있다(김추성).[50]

**계 6:12.** **내가 보니 여섯째 인을 떼실 때에 큰 지진이 나며 해가 검은 털로 짠 상복 같이 검어지고 달은 온통 피 같이 되며**(Καὶ εἶδον ὅτε ἤνοιξεν τὴν σφραγῖδα τὴν ἕκτην, καὶ σεισμὸς μέγας ἐγένετο καὶ ὁ ἥλιος ἐγένε- το μέλας ὡς σάκκος τρίχινος καὶ ἡ σελήνη ὅλη ἐγένετο ὡς αἷμα, And I beheld when he had opened the sixth seal, and, lo, there was a great earthquake; and the sun became black as sackcloth of hair, and the moon became as blood-KJV).

요한은 어린 양께서 여섯째 인을 떼실 때에 된 일을 기록한다. 여섯째 인을 떼시니 우주 전체에 급격한 천재지변이 일어난다(욜 2:31 참조). 여섯째 인을 떼실 때에 첫째, "큰 지진이 났다"고 한다(8:5; 11:13; 16:18; 암 8:8; 겔 38:19; 학 2:6; 마 24:8). 여기 "큰 지진이 났다"는 말은 세상 정치의 혼돈과 사회질서의 혼돈을 뜻하는 것으로 해석하는 것이 바람직할 것으로 말하는 학자들이 많으나 실제로 문자적으로 일어나는 일로 보는 것이 더 바람직할 것이다. 그리고 둘째, "해가 검은 털로 짠 상복 같이 검어졌다"고

---

50) 김추성, *요한계시록 연구*, 도서출판 경건, 2008, p. 143.

말한다(욜 2:10, 31; 3:15; 마 24:29; 행 2:20). 혹자는 해가 검어지는 것은
땅에 큰 지진이 나서 먼지와 수증기가 하늘에 오르니 햇빛이 보이지 않으니
해가 검어질 것이라고 주장하기도 하나, 오히려 이와는 달리 별개의 사건으
로 보는 것이 옳을 것이다(사 13:10; 렘 4:23; 겔 32:7; 욜 2:10, 31; 마
24:29; 막 13:24; 눅 21:25 참조). 해가 어두워지면 땅의 모든 것은 빛을
받지 못해 죽을 수밖에 없을 것이다. 셋째, "달은 온통 피 같이 되었다"고
말한다(사 13:10; 50:3; 겔 32:7; 욜 2:10, 31; 마 24:29; 막 13:24; 눅 21:25
참조). 달이 피같이 되는 일도 역시 땅의 지진과는 별개의 사건으로 보는
것이 좋다.51)

**계 6:13. 하늘의 별들이 무화과나무가 대풍에 흔들려 설익은 열매가 떨어지
는 것 같이 땅에 떨어지며**(καὶ οἱ ἀστέρες τοῦ οὐρανοῦ ἔπεσαν εἰς τὴν
γῆν, ὡς συκῆ βάλλει τοὺς ὀλύνθους αὐτῆς ὑπὸ ἀνέμου μεγάλου σειο-
μένη).

하늘의 별들이 땅에 떨어지는 일도 비유적으로 보기 보다는 실제 문자적
으로 일어나는 일로 보아야 한다(사 34:4). 본문의 "무화과나무가 대풍에

---

51) 예수님은 인류종말의 대 환난(9절, 21절) 다음에 "즉시 해가 어두워지며 달이 빛을
내지 아니하며 별들이 하늘에서 떨어지며 하늘의 권능들이 흔들리리라"고 하신다(사 13:10;
겔 32:7; 욜 2:10, 31; 3:15; 암 5:20; 8:9; 막 13:24; 눅 21:25; 행 2:20; 계 6:12). "해가 어두워지며
달이 빛을 내지 아니하는" 일은 구약에 예언되어 있고 신약에도 기록되어 있다(사 13:9-10;
겔 32:7; 욜 2:10b, 31; 계 6:12). 그리고 "별들이 하늘에서 떨어지는" 일도 성경에 기록되어
있고(사 34:4; 계 6:13), "하늘의 권능들이 흔들리리라"는 말씀도 성경에 기록되어 있다(사 34b;
욜 2:10a; 학 2:6, 21; 눅 21:25-26; 계 6:13). 그러면 이 모든 묘사들을, 1) 비유적(상징적)으로
해석해야 할 것인가(Calvin, Lightfoot, Carr, W. C. Allen, Albert Barnes, A.T. Robertson, 박윤선).
아니면 2) 일부는 비유적으로, 또 일부는 문자적으로 일어날 것으로 볼 것인가(헤르만 리델보스,
윌렴 헨드릭슨). 아니면 3) 이 모든 일들이 문자적으로 일어날 것이라고 해석해야 할 것인가
(Bengel, Williams, Lenski, 이상근, 이순한). 이사야서에 보면 대 자연의 놀라운 사건들이 비유적
으로 사용되고 있는 것을 볼 수 있으나 그것은 역사상에서는 된 일이고 예수님 재림을 앞둔
마당에서는 모두를 문자적으로 보는 것이 더 옳을 것 같다. 예수님께서 십자가에서 대속의
죽음을 죽으실 때 해가 빛을 잃고 어두워진 점이나(27:45) 베드로 사도가 하나님의 날에 "하늘이
불에 타서 풀어지고 물질이 뜨거운 불에 녹아진다"는 말씀(벧후 3:12)을 감안할 때 문자적으로
해석해야 옳다는 것을 알 수 있다. 예수님께서 재림하시기 조금 전에는 천체의 변이들이 비유적
으로 해석될 여지는 없다고 보아야 할 것이다(김수흥목사, *마태복음주해*, pp. 563-64).

흔들려 설익은 열매가 떨어지는 것 같이"(8:10; 9:1)란 표현은 요한 사도가
유대사회에서 많이 본 것을 중심하고 나타난 환상이다. 무화과나무가 대풍에
흔들려 설익은 열매가 떨어지는 모양은 아주 우수수 떨어지는 것을 묘사한
말이다(단 8:10). 그리스도의 재림 전에는 별들의 세계에도 큰 이변이 있을
것이다. 별들이 제 궤도를 잃고 파괴되어 땅에 떨어질 것이다.

**계 6:14. 하늘은 두루마리가 말리는 것 같이 떠나가고 각 산과 섬이 제
자리에서 옮겨지매**(καὶ ὁ οὐρανὸς ἀπεχωρίσθη ὡς βιβλίον ἑλισσόμενον
καὶ πᾶν ὄρος καὶ νῆσος ἐκ τῶν τόπων αὐτῶν ἐκινήθησαν, And the
heaven departed as a scroll when it is rolled together; and every mountain
and island were moved out of their places-KJV).

　　요한은 본 절에서 그가 본 두 가지 것을 기록한다. 하나는 "하늘은 두루마
리가 말리는 것 같이 떠나간" 환상이다(시 102:25-26; 사 13:13; 34:4; 히
1:12-13; 벧후 3:10). 두루마리 책을 붙잡고 읽다가 놓으면 스스로 말리는
것같이 하늘이 변동될 것을 말한다. "1 세기경의 사람들은 하늘을 둥글고
단단한 천정이라고 생각했다. 요한도 이번 천재지변에 이 사상을 적용하고
있다. 즉 하늘이 두루마리가 말리는 것처럼 떠나간다고 표현하고 있는 것이
다"(Leon Morris). 혹자는 땅에 큰 지진이 나서 그 연기와 수증기가 올라가는
것 때문에 하늘이 떠나가는 것처럼 보인 것을 지칭한다고 한다. 그러나
그 보다도 하늘 자체에 변동이 있을 것을 보여준 환상으로 해석하는 것이
더 적합할 것이다. 또 하나는 "각 산과 섬이 제 자리에서 옮겨진" 환상이다
(16:20; 렘 3:23; 4:24; 나 1:5). 땅에 나타난 큰 지진 때문에 모든 산들과
모든 섬들이 제 자리에서 옮겨진 환상을 지칭한다. 그러나 이 환상에서
모든 것들이 완전히 부서지는 것은 아닌 것 같다. 왜냐하면 다음 절이 보여주
는 것처럼 사람들이 숨을 수 있는 곳이 남아 있기 때문이다.

**계 6:15. 땅의 임금들과 왕족들과 장군들과 부자들과 강한 자들과 모든**

종과 자유인이 굴과 산들의 바위틈에 숨어(καὶ οἱ βασιλεῖς τῆς γῆς καὶ οἱ μεγιστᾶνες καὶ οἱ χιλίαρχοι καὶ οἱ πλούσιοι καὶ οἱ ἰσχυροὶ καὶ πᾶς δοῦλος καὶ ἐλεύθερος ἔκρυψαν ἑαυτοὺς εἰς τὰ σπήλαια καὶ εἰς τὰς πέτρας τῶν ὀρέων).

산과 섬이 제 자리에서 옮겨질 때 요한은 지구 위에 살고 있는 모든 종류의 사람들(땅의 임금들과 왕족들과 장군들과 부자들과 강한 자들과 모든 종과 자유인)이 "굴과 산들의 바위틈에 숨는" 환상을 보았다(사 2:19). 사람들은 아직도 생명을 더 연장하고자 굴과 산들의 바위틈에 숨게 되는데(사 2:10, 19, 21; 호 10:8; 눅 23:30 참조) 그 이유는 아무래도 피난처가 달리 없기 때문일 것이다. 본문의 "땅"이란 말은 저들이 아직도 회개하지 않고 땅에 속하여 산 것을 보여준다. 본문에 "모든 종"이란 말도 있지만 주로 지위가 높은 사람들, 강한 자들이 부각된 것은 그들도 하나님의 진노가 임하면 피할 수 없다는 것을 보여준다. 강하고 높은 자들은 주로 주의 종들과 성도들을 박해한 세력들이다. 이제 그들에게 피할 수 없는 한 날이 찾아온다. 우리는 미리부터 하나님의 진노의 날을 대비하고 성결의 삶을 살아야 한다.

계 6:16. 산들과 바위에게 말하되 우리 위에 떨어져 보좌에 앉으신 이의 얼굴에서와 그 어린 양의 진노에서 우리를 가리라(καὶ λέγουσιν τοῖς ὄρεσιν καὶ ταῖς πέτραις, Πέσετε ἐφ᾽ ἡμᾶς καὶ κρύψατε ἡμᾶς ἀπὸ προσώπου τοῦ καθημένου ἐπὶ τοῦ θρόνου καὶ ἀπὸ τῆς ὀργῆς τοῦ ἀρνίου).

세상에서 주의 종들과 성도들을 박해하다가 큰 지진을 만난 사람들은 피난처로 찾은 굴과 바위틈에 숨어서(앞 절) 이런 엄청난 환난을 내리신 하나님과 어린 양의 진노가 무서운 줄 알고 "산들과 바위에게 말하기를" "우리 위에 떨어져 보좌에 앉으신 이의 얼굴에서와 그 어린 양의 진노에서 우리를 가리라"고 외친다(9:6; 호 10:8; 눅 23:30). 사실은 산들과 바위들이 자기들 위에 떨어지는 것도 대단한 고통인 줄 알 것이지만 그러나 하나님의

진노(11:18; 14:10, 19; 15:7; 16:1, 19; 19:15)와 어린 양이 내리시는 진노가
그 무엇보다도 더 무서운 줄 알고 보좌에 앉으신 하나님과 어린 양의 진노에
서 자기들을 보호해 달라고 부르짖는다. 이제야 그들은 하나님의 진노와
어린 양의 진노가 무서운 것임을 처절한 상황 속에서 알게 된 것이다. 어린
양은 부드러운 분이시지만 이제 십자가를 지신 후이니 그는 십자가를 지신
공로로 심판주의 입장을 취하신다(요 5:22). 본 절의 "진노"란 말은 요한계시
록에 자주 등장한다(6:17; 11:18; 14:10; 16:19; 19:15).

**계 6:17. 그들의 진노의 큰 날이 이르렀으니 누가 능히 서리요 하더라**(ὅτι
ἦλθεν ἡ ἡμέρα ἡ μεγάλη τῆς ὀργῆς αὐτῶν, καὶ τίς δύναται σταθῆναι,
For the great day of his wrath is come; and who shall be able to
stand?-KJV).

주님의 종들과 성도들을 박해하다가 드디어 큰 지진을 만나 굴과 바위틈
에 숨어서(15절) 산들과 바위에게 호소하던 사람들(16절)의 부르짖음은 본
절에서도 계속된다. 즉 "그들의 진노의 큰 날이 이르렀으니 누가 능히 서리
요"라고 부르짖었다(16:14; 시 76:7; 사 13:6; 습 1:14). 다시 말해 하나님과
어린 양의 진노의 큰 날(욜 2:11; 습 1:14; 유 1:6)이 이르렀으니 누가 피할
수 있겠느냐(나 1:6; 말 3:2)는 호소였다. "진노의 큰 날"이란 종말을 표현하
는 말로 "큰 날"이란 하나님의 진노가 지구의 일부분에게만이 아니라 온
우주에 영향을 준다는 것을 암시한다. 따라서 이런 상황 속에서 "누가 서리
요?"란 말은 아무도 감당하지 못한다는 것을 표현한다. 그러나 주의 종들과
성도들은 이 날이야 말로 하나님께서 복수해 주시는 날임을 알아야 한다.

# 제 7 장

J. 첫째 삽경 - 천상의 구원   7:1-17

7인(印)의 환난이 전개되던 중 처음 6인(印)의 환난이 일시에 계속되다가 마지막 7번째 인이 떼어지기 전 중간 계시(첫째 삽경-揷景-)가 나타난다.[52] 이 삽경은 앞에 전개된 멸망자의 환난과는 정반대로 구원받은 자의 축복받은 광경이다. 요한계시록 안에는 7곱 가지 삽경이 들어있다. 1) 천상의 구원받은 자의 찬송 삽경(7:1-17). 2) 강한 천사 삽경(10장). 3) 두 증인 삽경(11:1-13). 4) 여자와 용의 삽경(12장). 5) 두 증인 삽경(13장). 6) 대 심판의 삽경(14장). 7) 바벨론 멸망의 삽경(17-18장) 등이다.

그런데 여기서 문제가 되는 것은 천상의 구원받은 자의 삽경(7:1-17)이 6째 인의 계속적 내용이냐, 아니면 위의 6째 인과는 전혀 다른 삽경이냐 하는 견해로 나누어진다. 다수의 학자들은 후자를 지지하고 있다.

또 문제가 되는 것은 본 장의 1-8절(144,000명)이 유대인 중에서 구원받은 무리를 다루는 글이고, 9-17절(큰 무리)이 이방인 중에서 구원받은 무리를 다루는 것이라고 주장하는 학자들이 있고, 또 반대로 똑같은 무리를 지칭하는 것이라고 주장하는 학자들이 있다는 것이다. 1-8절과 9-17절이 서로 다른 무리를 다루는 것이라고 주장하는 측과 똑같은 무리를 다루는 글이라고

---

52) 예수님께서 일곱째 인을 떼시는 것을 연기하신 것은 성도들을 위하심이다(7:3). 성도들은 겔 9:4에서와 같이 해를 받지 않도록 인침을 받는다. 일곱째 인이 떼어지기 전에 성도들이 인침을 받는 장면이 나타난다. 하나는 7:1-8의 환상이고 다른 하나는 7:9-17의 환상이다. 이 두 환상은 하나님께서 그의 백성들을 보호함에 있어 두 가지 다른 관점에서 보호 하심을 보여준다. 9절 이하에 나오는 환상은 생물학적인 의미에서 야곱으로부터 나오는 사람들이지만 세계 모든 나라에서 나온다. 7:1-8이 하나님의 신약 백성이 가지는 이스라엘의 유산을 강조한다면 7:9-17은 그들의 세계적인 성격을 강조한다고 할 수 있다. 이것은 땅에 온 족속이 아브라함으로 말미암아 복을 받으리라는 하나님의 약속을 성취한 것으로 볼 수 있다(창 12:3; 17:5). Vern Poythress, pp. *요한계시록 맥잡기*, 유상섭옮김, 134-35.

주장하는 측이 팽팽히 맞서고 있다. 개혁주의 학자들은 대체적으로 후자의
견해를 따르고 있다.

**계 7:1.** **이 일 후에 내가 네 천사가 땅 네 모퉁이에 선 것을 보니 땅의**
**사방의 바람을 붙잡아 바람으로 하여금 땅에나 바다에나 각종 나무에 불지**
**못하게 하더라**(Μετὰ τοῦτο εἶδον τέσσαρας ἀγγέλους ἑστῶτας ἐπὶ τὰς
τέσσαρας γωνίας τῆς γῆς, κρατοῦντας τοὺς τέσσαρας ἀνέμους τῆς
γῆς ἵνα μὴ πνέῃ ἄνεμος ἐπὶ τῆς γῆς μήτε ἐπὶ τῆς θαλάσσης μήτε
ἐπὶ πᾶν δένδρον).

　　문장 초두의 "이 일후에"(Μετὰ τοῦτο)란 말은 요한계시록에서 새로운
환상을 소개할 때 쓰는 말이다(4:1, 9; 15:5; 18:1; 19:1). 이제 요한은 새로운
환상 즉 6째 인과 7째 인 사이에 나오는 환상을 소개한다. 요한은 "내가
네 천사가 땅 네 모퉁이에 선 것"을 목격한다. 즉 요한은 네 천사가 땅을
뒤덮고 있는 모습을 보았다. 그러면 여기 "네 천사"는 무엇을 상징하는가.
"넷"(四)은 땅을 상징하는 숫자인고로 "네 천사"란 '땅에서 활동하고 있는
천사들'을 지칭한다. 요한이 땅에서 활동하고 있는 천사들이 땅 네 모퉁이에
선 것을 본 것은 천사들이 땅을 주장하고 있다는 것을 뜻한다.

　　요한은 땅 위에서 활동하는 천사들을 보았을 뿐 아니라 동시에 그 천사들
이 "땅의 사방의 바람을 붙잡아 바람으로 하여금 땅에나 바다에나 각종
나무에 불지 못하게 하는" 것을 보았다(9:4; 단 7:2). 그러면 땅에서 활동하는
천사들은 구체적으로 어떤 존재들인가. 그들은 문맥으로 볼 때 "바람" 즉
'전쟁'(렘 49:36-39; 51:1)을 억제하는 땅위의 강대국들을 지칭하는 것으로
보인다. 강대국들은 그리스도 통제 아래에서 전쟁을 막아 "땅에나 바다에나
각종 나무에" 전쟁의 화가 미치지 않도록 주장하고 있다는 것이다. "땅"은
불신앙의 영역이고, "바다"는 이 세상 국가들을 지칭하고(단 7:2), "각종
나무"란 '이 세상 사람들'을 상징한다(사 10:18-19; 겔 31:3-5, 15, 17)고
볼 수 있다. 땅위의 강대국들은 서로 간에 힘의 균형을 유지하면서 땅 위에서

일어날 수 있는 큰 전쟁들을 억제하고 있다. 강대국의 지도자들은 일단 전쟁이 일어나면 피차 죽는다는 것을 알고 한 동안 전쟁을 하지 못하고 시간을 끌 것을 요한이 본 것이다. 2차 세계 대전 이후 오래 동안 세계는 큰 전쟁이 없이 지내오고 있는데 3차 전쟁이 일어나면 피차 다 죽는다는 것을 알고 있다. 강대국이 소유하고 있는 핵을 쓰면 세계는 완전히 초토화(焦土化)되기 때문에 한 동안 전쟁을 억제할 것이다. 천사들이 강대국들을 주장하여 이렇게 전쟁을 억제하는 이유는 다음(2-3절)에 나온다.

혹자는 본문의 "바람"을 세계의 종말에 나타날 풍재(왕상 19:11; 욥 1:19; 21:18; 30:15; 시 1:4; 147:18; 렘 22:22; 49:36; 단 2:35; 7:2)라고 주장한다. 물론 문자적으로 보면 그럴듯한 해석일 수 있지만 이 성구들은 보통 바람을 뜻하거나 아니면 전쟁을 상징하는 고로 "바람"을 풍재로 보기 보다는 전쟁(환난)으로 보는 것이 타당할 것이다.

**계 7:2.** 또 보매 다른 천사가 살아 계신 하나님의 인을 가지고 해 돋는 데로부터 올라와서 땅과 바다를 해롭게 할 권세를 받은 네 천사를 향하여 큰 소리로 외쳐(καὶ εἶδον ἄλλον ἄγγελον ἀναβαίνοντα ἀπὸ ἀνατολῆς ἡλίου ἔχοντα σφραγῖδα θεοῦ ζῶντος, καὶ ἔκραξεν φωνῇ μεγάλῃ τοῖς τέσσαρσιν ἀγγέλοις οἷς ἐδόθη αὐτοῖς ἀδικῆσαι τὴν γῆν καὶ τὴν θάλασ- σαν, And I saw another angel ascending from the east, having the seal of the living God: and he cried with a loud voice to the four angels, to whom it was given to hurt the earth and the sea-KJV).

요한은 1절의 환상과는 또 다른 환상을 본다. 요한은 "다른 천사가 살아 계신 하나님의 인을 가지고 해 돋는 데로부터 올라오는" 것을 보았다. 여기 "다른 천사"는 다음 절(3절)에서 "우리"라는, 복수로 묘사된 '전도자들'이다. 요한은 다른 천사(전도자들)가 "살아 계신 하나님의 인을 가지고 해 돋는 데로부터 올라오고" 있는 것을 보았다. 여기 하나님께서 "살아계시다"는 말은 '하나님께서 사람을 살리실 수 있다'는 것을 암시한다. 전도자들이 하나님의 인(印)을 가지고 해 돋는 데로부터 올라오고 있었다는 말은 전도자들이 하나님의 복음을 가지고 하나님 계신 데로부터 올라오고 있었다는 뜻이다. "하나님의 인"을 '하나님의 복음'이라고 해석해야 하는 이유는 전도자들이 하나님의 인을 가지고 하나님의 종들의 이마에 인(印)친다는 말씀이 다음 절(3절)에 있기 때문이다(고후 1:22; 엡 1:13; 계 9:4-6). 그리고 하나님의 인을 친 사람들은 구원받은 자들이라고 말한 것(4-8절)을 보면 "하나님의 인"이란 말을 복음(성령)으로 인 친다는 말로 해석되어야 한다. 복음으로 인치는 것은 곧 성령으로 인치는 것과 동일한 사건이다.

그리고 "해 돋는데"란 말은 여러 가지로 해석되기도 하나 '하나님 계신데'란 뜻이 적합하다. 전도자가 하나님의 복음을 가지고 해 돋는 데로부터 올라왔다는 말은 전도자가 하나님의 복음(하나님의 성령)을 가지고 하나님께서 계신 데로부터 왔다는 것을 뜻한다. 여기 "해 돋는 데"를 '동방 한국'(우리나라)으로 해석하여 한국의 전도자들이 세계 각국에 흩어져 복음을 외쳐 마지막 날 무수한 사람들을 구원으로 이끌고 있다고 하는 해석이 있다(일본학자 및 한국학자). 그러나 이 해석을 받을 수 없는 이유는 20세기와 21세기에는 한국의 많은 전도자들이 세계 각국에 나가서 복음을 전하는 중 성령의 역사가 나타나 많은 사람들이 구원을 얻는 것은 사실이지만 신구약 시대 전체 역사를 고려할 때 구원받은 자들 전체가 한국의 전도자들의 복음전도에 의하여 구원에 이르렀다고 보기는 어렵다. 그런고로 여기 "해 돋는 데"란 말은 하나님 계신 방위를 지칭한다고 보아야 할 것이다. 다시 말해 하나님에게서 온다고 말해야 할 것이다. 전도자들은 누구든지 하나님에게서부터 온다.

요한은 전도자들이 해 돋는 데로부터 올라와서 "땅과 바다를 해롭게 할 권세를 받은 네 천사를 향하여 큰 소리로 외치는" 것을 보았다. 그들이 외친 내용은 다음 절에 기록되어 있다. 즉 전도자들은 땅과 바다를 해롭게 할 수 있는 권세를 가진 땅 위의 천사들을 향하여 큰 소리로 다음 절과 같이 외치고 있었다. 여기 천사들(지상의 강대국들)은 1절에서는 사람들이

사는 땅이나 바다나 또 사람 자신들을 해롭게 하지 못한다고 했는데 본
절에서는 그들이 본질적으로 땅과 바다를 해롭게 할 수 있는 자들이라고
말한다. 그들은 땅이나 바다나 사람들을 일시에 해롭게 하여 죽일 수도
있으나 한 동안 서로 힘겨루기를 하는 동안 사람이 사는 지구를 아주 해롭게
하지는 못했었다. 그러나 언젠가는 사람 사는 지구와 또 사람들을 얼마든지
해롭게 할 수 있는 존재들이 될 것이다. 전도자들은 하나님의 복음을 가지고
외치는 동안 그들을 향하여 땅과 바다와 사람들을 해롭게 하지 말라고 외치
고 있었던 것이다. 실제로 복음 전도자들이 지구상의 강대국들을 향하여
외친 것이 아니라 전도자들이 복음을 외친 것은 곧바로 강대국들을 향하여
외친 결과를 가져온 것이다.

**계 7:3. 이르되 우리가 우리 하나님의 종들의 이마에 인치기까지 땅이나
바다나 나무들을 해하지 말라 하더라**(λέγων, Μὴ ἀδικήσητε τὴν γῆν μήτε
τὴν θάλασσαν μήτε τὰ δένδρα, ἄχρι σφραγίσωμεν τοὺς δούλους τοῦ
θεοῦ ἡμῶν ἐπὶ τῶν μετώπων αὐτῶν).

요한은 다른 천사(2 절, 전도자들)가 외친 소리를 본 절에 기록한다.
즉 "이르되 우리가 우리 하나님의 종들의 이마에 인치기까지 땅이나
바다나 나무들을 해하지 말라 하더라"는 외침을 기록한다(6:6; 9:4;
14:1; 22:4; 겔 9:4). 다른 천사(전도자들)는 외치기를 우리 전도자들이
우리 하나님의 종들(구원받아야 할 모든 사람들)의 마음에 성령으로
도장을 치기까지 땅이나 바다나 나무들(사람들)을 해하지 말라고 했다.
요한은 다른 천사(전도자들)가 복음을 전하여 사람이 성령의 세례를
받아 하나님의 것으로 도장 처지기까지 세계 강대국들을 향하여 사람들
이 사는 땅, 그리고 사람들의 생활 터전이 되는 바다, 그리고 사람
자체를 해하지 말라고 외친 것을 들었다. 전도자들의 외침이 있는 동안
지구는 사람이 살 공간이 될 것이나 전도자들이 전하는 복음의 소리가
그치면 지상의 나라들은 땅을 해치고 바다를 해치며 또 서로를 해할

것이다.

**계 7:4. 내가 인침을 받은 자의 수를 들으니 이스라엘 자손의 각 지파 중에서 인침을 받은 자들이 십사만 사천이니**(καὶ ἤκουσα τὸν ἀριθμὸν τῶν ἐσφραγισμένων, ἑκατὸν τεσσεράκοντα τέσσαρες χιλιάδες, ἐσφραγισμένοι ἐκ πάσης φυλῆς υἱῶν Ἰσραήλ).

본 절부터 8절까지의 내용은 요한이 들은바 인침을 받은 자의 숫자를 말하는 것이고, 9절 이하의 내용은 요한이 직접 본 바 구원받은 자가 무수한 것을 기록한 것이다.

요한은 "내가 인침을 받은 자의 수를 들으니"라고 기록한다(9:16). 누구한테 들었는지에 대해서는 언급이 없다. 인침을 받은 자의 숫자가 각 지파마다 똑같은 것을 요한은 들었다. 자신이 센 것은 아니었다. 요한이 들은 것은 "이스라엘 자손의 각 지파 중에서 인침을 받은 자들이 십사만 사천이라"였다(14:1). 여기 "이스라엘 자손"이란 말은 본서에서 항상 신령한 의미로 사용되었다(11:8; 20:9; 21:2, 10). 바로 영적 이스라엘을 지칭한다. 영적 이스라엘의 범위는 오늘날에 믿는 우리들까지 모두 포함하는 말이고 앞으로 믿게 될 사람들까지도 포함한 말이다.

구원 받은 사람이 십사만 사천이란 말은 꼭 144,000이란 말이 아니라 구원받아야 할 총 숫자 즉 구원 받아야 할 사람을 다 합하면 144,000이 된다는 것이다. 144,000이란 숫자가 나타나는 경로는 먼저 3(하나님을 드러내는 숫자)x4(세상을 나타내는 숫자)=12가 되고, 12x10x10x10(여기 10도 다 만수이다)=12,000. 12,000x12(지파 숫자)=144,000이 된다. 본문의 "인침을 받은"(ἐσφραγισμένων)이란 말은 현재완료형으로 한번 인침을 받음을 통해 그 효력이 영원토록 인침 받은 자로서의 삶을 살게 된다는 것이다. 한번 성령의 인침을 받으면 절대로 타락하지 않고 구원에 이른다. 혹시 타락했다고 하더라도 다시 돌아서서 예수님을 믿게 된다는 것이다.

본 절의 144,000이 무엇을 지칭하는 숫자냐 하는 데는 크게 두 개의 견해가 있다.

1) 이 숫자가 유대인들만의 숫자라는 학설(Grotius, Bengel, Clarke, Walvoord, 이상근). 이 학설의 주장의 근거로는 본 절에 나타나는바 "이스라엘의 각 지파 중에서"라는 말과 9절에 나타나는바 "각 나라와 족속과 백성과 방언에서 아무도 능히 셀 수 없는 큰 무리"라는 말의 근본적인 차이 때문이라고 한다. 다시 말해 본 절에 나타난 구원받은 자의 숫자는 144,000이고, 9절에 나타난 숫자는 무수하다는 차이 때문이다.

2) 지구상에 살다가 간 모든 신자들의 총수라고 주장하는 학설(Wellhausen, De Wette, Moffatt, Charles, Plummer, Kiddle, Barclay, Leon Morris, William Hendriksen, Vern S. Poythress, 박윤선, 이순한). 이 학설의 근거로는 (1) 이스라엘, 유대인, 예루살렘 등의 말이 본서에서 항상 신령한 의미로 사용되었다는 점(11:8; 20:9; 21:2, 10, 12). 그런고로 본 절의 "이스라엘 자손의 각 지파"라는 말도 유대인 신자만 아니라 전 세계에 흩어져 살다가 간 모든 신자들을 지칭한다고 보아야 한다. (2) 12지파의 이름 중에서 단 지파가 빠진 점. 단 지파가 빠진 것은 단 지파가 우상숭배를 했기 때문으로 본다(삿 18장). 계 21:15; 22:8 참고. 단 지파가 빠진 것을 보면 5-8절에 등장한 12지파는 하나의 상징이라는 점.[53] (3) 3절에 나오는 "우리 하나님의 종들"이란 표현은 이방인 성도들도 포함하고 있다는 점. 그런고로 4절의 144,000과 9절의 "큰 무리"를 구분해서는 안 될 것이다. (4) 14:1-5에 구원받은 숫자 144,000이 나타나나 거기에는 이스라엘이란 말이 없는 점 등을 고려할 때 144,000은 실제의 숫자가 아니고 신구약 시대를 살다간 모든

---

53) 윌렴 헨드릭슨(William Hendriksen)은 144,000이 상징수라는 것을 강조한다. 그는 "이 상징은 궁극적으로는 육신적인 이스라엘을 암시한다고 하는 것은 잘못이다. 요한 사도는 열두 지파 중 열 지파는 앗수르에서 소멸된 것을 확신하고 있었다. 적어도 앗수르에서 많은 수가 흩어졌으며 예루살렘이 함락된 AD 70년에 유다와 베냐민 지파는 그들의 민족으로서 존재를 상실했다. 뿐만 아니라 육적 이스라엘을 뜻한다면 단과 에브라임 지파는 왜 누락되었을까? 단 지파의 전부가 소멸되지는 않았을 것이다. 다시 한번 이 지파들이 배열된 순서에 주목하여 보자. 르우벤이 아니고 유다가 먼저 진술되었다...각 지파에 정확하게 일만 이천인씩 인침을 받았다는 것은 이미 지적한바와 같이 상징으로 취급함을 암시한다는 것이 분명해진다"고 주장한다(*요한계시록*, 김영익, 문영탁 역, pp. 131-32).

성도, 즉 교회의 모든 성도를 지칭한다. 후설이 더 타당한 것으로 보아야
할 것이다.

**계 7:5-8.** 유다 지파 중에 인침을 받은 자가 일만 이천이요 르우벤 지파
중에 일만 이천이요 갓 지파 중에 일만 이천이요 아셀 지파 중에 일만
이천이요 납달리 지파 중에 일만 이천이요 므낫세 지파 중에 일만 이천이요
시므온 지파 중에 일만 이천이요 레위 지파 중에 일만 이천이요 잇사갈
지파 중에 일만 이천이요 스불론 지파 중에 일만 이천이요 요셉 지파 중에
일만 이천이요 베냐민 지파 중에 인침을 받은 자가 일만 이천이라.

요한은 자신이 누구로부터 들은 바(4절)를 이 부분(5-8절)에 기록하고
있다. 누구로부터 들은 것이니 자신의 눈으로 본 것은 아니다. 이 부분(5-8절)
에 이스라엘의 모든 지파가 다 기록된 것은 아니다. 단 지파가 빠져 있다.
이렇게 단 지파가 빠진 것은 구약의 이스라엘 지파의 구원 받은 자들을
기록하려는 것이 아니라 우주적인 교회의 총수를 기록하려는 것이다. 므낫세
는 원래 요셉 지파에 포함된 지파인데 이 부분의 기록에서는 단 지파 대신
므낫세 지파를 넣어 열두 지파를 기록하고 있다. 단 지파를 빠뜨린 것은
단 지파가 우상숭배와 관련이 있기 때문인 것으로 보인다(삿 18:30; 왕상
12:19 참조).

이 부분(5-8절)은 유다지파로부터 시작하고 있다. 유다지파로부터 시작
한 것은 아마도 메시아 즉 '유다지파의 사자'(獅子)(5:5)가 그 지파에서 태어
났기 때문일 것이다. 여기 지파들의 순서는 그 어느 기록과도 같지 않다.
이스라엘 지파를 기록하는 순서는 구약에 18가지 다른 순서가 있다고 한
다.[54]

5절의 "인침을 받은"(ἐσφραγισμένοι)이란 말과 8절의 "인침을 받
은"(ἐσφραγισμένοι)이란 말은 똑같이 현재완료 분사 수동태로 이미 과거에

---

54) G. B. Gray, *The Expositor*, VI, v, 1902, pp. 225-240 in Leon Morris.

성령으로 '인침을 받은 것이 무효화되지 않고 계속해서 인침을 받은 상태로 남아 있다'는 뜻이다. 한번 성령으로 인침을 받으면 절대로 구원에서 떨어져 나가지 않고 최종적인 구원에 이른다는 것을 암시하고 하나님의 보호를 받는다는 것을 암시한다.

**계 7:9. 이 일 후에 내가 보니 각 나라와 족속과 백성과 방언에서 아무도 능히 셀 수 없는 큰 무리가 나와 흰 옷을 입고 손에 종려 가지를 들고 보좌 앞과 어린 양 앞에 서서**(Μετὰ ταῦτα εἶδον, καὶ ἰδοὺ ὄχλος πολύς, ὃν ἀριθμῆσαι αὐτὸν οὐδεὶς ἐδύνατο, ἐκ παντὸς ἔθνους καὶ φυλῶν καὶ λαῶν καὶ γλωσσῶν ἑστῶτες ἐνώπιον τοῦ θρόνου καὶ ἐνώπιον τοῦ ἀρνίου περιβεβλημένους στολὰς λευκὰς καὶ φοίνικες ἐν ταῖς χερσὶν αὐτῶν, After this I beheld, and, lo, a great multitude, which no man could number, of all nations, and kindreds, and people, and tongues, stood before the throne, and before the Lamb, clothed with white robes, and palms in their hands-KJV).

본 절 초두의 "이 일 후에"(Μετὰ ταῦτα)란 말에 대한 주해는 1절 주해를 참조하라(4:1, 9; 15:5; 18:1; 19:1). 요한은 4절에서 누군가로부터 들은 것을 말했고, 본 절에서는 친히 눈으로 본 것을 기록한다. 들은 것이나 본 것이나 동일하게 의미하는 바는 구원받은 자가 무수히 많다는 것이다.

요한은 "내가 보니 각 나라와 족속과 백성과 방언에서 아무도 능히 셀 수 없는 큰 무리가 나와 흰 옷을 입고" 있었다(14절; 3:5, 18; 4:4; 5:9; 6:11; 롬 11:25). 여기 "각 나라와 족속과 백성과 방언에서"란 말에 대한 주해를 위해서는 5:9의 주해를 참조하라. 요한은 "아무도 능히 셀 수 없는 큰 무리가 나와 흰 옷을 입고" 있는 것을 보았다. 즉 '사람으로서는 아무도 능히 셀 수 없는 큰 무리가 세계 만민 중에서 나와 흰 옷을 입고' 있는 것을 본 것이다. 사람은 구원받은 사람을 계산할 수 없다. 그러나 하나님은 구원 받은 자들의 총수를 알고 계신다(4절). 구원 받은 자들이 "흰옷을 입고" 있다는 것은 성도들이 그리스도의 보혈로 죄 씻음 받고 의롭다 함을 받았다는 것을 뜻한다(14절). 혹자는 여기 흰옷을 입고 있는 사람들이 '순교자'라고 주장하기도 하나 그것을 증거 할 만 한 성경구절이 없다. 본문의 구원 받은 자들은 6:9에서 말하는 순교자와는 다르다. 본문의 흰옷 입은 자들은 그리스도의 피에 씻어 죄 사함을 받은 자들이다.

요한은 구원 받은 성도들이 흰옷(두루마기와 같은 긴 옷)을 입고 있을 뿐 아니라 "손에 종려 가지를 들고" 있는 것을 보았다. "손에 종려 가지를 들고" 있는 것은 승리했다는 뜻으로, 그리고 기뻐한다는 뜻으로 들고 있는 것이다(요 12:13 참조). 요한은 구원 받은 성도들이 "보좌 앞과 어린 양 앞에 서서" 9-12절과 같이 찬양하려고 하고 있다. 구원 받은 성도들은 마땅히 하나님과 어린 양 앞에 감사를 돌려야 할 것이다. 우리의 이 고백은 영원히 계속되어야 할 것이다. 여기 "보좌 앞과 어린 양 앞에 서서"란 말은 하나님과 어린 양이 똑같은 위상임을 보여준다.

**계 7:10. 큰 소리로 외쳐 이르되 구원하심이 보좌에 앉으신 우리 하나님과 어린 양에게 있도다 하니**(καὶ κράζουσιν φωνῇ μεγάλῃ λέγοντες, Ἡ σωτηρία τῷ θεῷ ἡμῶν τῷ καθημένῳ ἐπὶ τῷ θρόνῳ καὶ τῷ ἀρνίῳ).

요한은 구원 받은 성도들이 "큰 소리로 외쳐 이르되 구원하심이 보좌에 앉으신 우리 하나님과 어린 양에게 있도다"라고 고백하는 소리를 들었다 (5:13; 19:1; 시 3:8; 사 43:11; 렘 3:23; 호 13:4). 본문의 "외쳐"(κράζουσιν)란 말이 현재형인 것은 그들의 외침이 계속되고 있음을 말해준다. 요한은 구원 받은 성도들이 외치는 내용을 기록한다. 즉 "구원하심이 보좌에 앉으신 우리 하나님과 어린 양에게 있다"는 내용이다. 즉 우리의 구원은 보좌에 앉으신 우리 하나님과 어린 양에게 속해 있다는 것이다. 성부 하나님은 우리의 구원을 계획하시고 어린 양은 하나님께서 계획하신 구원을 이룩하시는 분이시다. 12절; 5:13; 12:10; 19:1 참조.

**계 7:11.** 모든 천사가 보좌와 장로들과 네 생물의 주위에 서 있다가 보좌 앞에 엎드려 얼굴을 대고 하나님께 경배하여(καὶ πάντες οἱ ἄγγελοι εἱστή- κεισαν κύκλῳ τοῦ θρόνου καὶ τῶν πρεσβυτέρων καὶ τῶν τεσσάρων ζῴων καὶ ἔπεσαν ἐνώπιον τοῦ θρόνου ἐπὶ τὰ πρόσωπα αὐτῶν καὶ προσε- κύνησαν τῷ θεῷ, And all the angels stood round the throne and round the elders and the four living creatures, and they fell on their faces before the throne and worshiped God,-RSV).

　　세계의 모든 성도들이 하나님과 어린 양께 감사한(10절) 다음 이제는 "모든 천사가 보좌와 장로들과 네 생물의 주위에 서 있다가 보좌 앞에 엎드려 얼굴을 대고 하나님께 경배한다"(4:6). "모든 천사가 보좌와 장로들과 네 생물의 주위에 서 있다가"란 말의 주해를 위해서는 4:4, 6; 5:11 주해 참조. 모든 천사는 "보좌 앞에 엎드려 얼굴을 대고 하나님께 경배한다." 즉 '하나님 앞에 엎드려 얼굴을 대고 경배하면서' 다음 절에 말씀 한 바와 같이 찬송한다. 우리도 경배할 때는 하나님 앞에 엎드려 얼굴을 대고 경배하고 찬송해야 한다.

**계 7:12.** 이르되 아멘 찬송과 영광과 지혜와 감사와 존귀와 권능과 힘이 우리 하나님께 세세토록 있을 지어다 아멘(λέγοντες, Ἀμήν, ἡ εὐλογία καὶ ἡ δόξα καὶ ἡ σοφία καὶ ἡ εὐχαριστία καὶ ἡ τιμὴ καὶ ἡ δύναμις καὶ ἡ ἰσχὺς τῷ θεῷ ἡμῶν εἰς τοὺς αἰῶνας τῶν αἰώνων· ἀμήν, Saying, Amen: Blessing, and glory, and wisdom, and thanksgiving, and honour, and power, and might, [be] unto our God for ever and ever. Amen-KJV).

　　모든 천사는 "이르되 아멘"이라고 말한다. 여기 "아멘"이란 말은 성도들의 찬송(10절)에 동의를 표하는 말이다. 성도들의 찬송 내용이 '맞다'고 동의하는 말이다. 그리고 모든 천사들은 일곱 가지 표현으로 하나님을 찬양 하는데 아주 힘주어 찬양하고 있다. 천사들은 일곱 가지 표현을 할 때 각 단어 앞에 관사를 붙임으로써(ἡ εὐλογία καὶ ἡ δόξα καὶ ἡ σοφία καὶ ἡ εὐχαριστία καὶ ἡ τιμὴ καὶ ἡ δύναμις καὶ ἡ ἰσχὺς) 각 단어를 강조하고 있다. 천사들이 이렇게 각 단어 앞에 관사를 붙여 찬송하는 것은 하나님께 최고의 찬송을 드린다는 표시이다(5:13-14). 본 절의 찬송은 5:12의 찬송과 낱말의 순서가 바뀌었고 또 한 가지는 5:12의 "부"(富)란 말이 본 절의 찬송에서는 "감사"로 바뀐 것이 다를 뿐이다. 5:12의 주해 참조. 본문의 "세세토록"(for ever and ever)이란 이 모든 것들이 하나님에게 영원토록 있어 마땅하다는 뜻이다. 모든 천사들이 하나님께 찬송을 한 다음 맨 마지막 에 "아멘"을 말한다. 이는 이 모든 찬송에 대하여 '진심으로 드린다'는 뜻으로 붙인 것이다. 한 가지 덧붙일 내용은 5:12에서는 어린 양에 대해 천사들이 찬양했고 본 절에서는 하나님께 대하여 천사들이 찬송한 점이 다르다. 모든 천사들은 어린 양과 하나님께서 동등하신 줄 잘 알고 똑같은 찬송을 한 것이다. 오늘 우리 역시 성부 하나님과 성자 예수님께 동등한 존귀와 영광을 돌려야 할 것이다.

**계 7:13. 장로 중 하나가 응답하여 나에게 이 흰 옷 입은 자들이 누구며 또 어디서 왔느냐**(Καὶ ἀπεκρίθη εἷς ἐκ τῶν πρεσβυτέρων λέγων μοι, Οὗτοι οἱ περιβεβλημένοι τὰς στολὰς τὰς λευκὰς τίνες εἰσὶν καὶ πόθεν ἦλθον, And one of the elders answered, saying unto me, What are these which are arrayed in white robes? and whence came they?-KJV).

"장로 중 하나가 (요한에게) 응답한다." 여기 "응답하여"(ἀπεκρίθη)라는 말을 두고 혹자는 요한이 질문한 사실이 없으니 그저 장로 중 하나가 요한에 게 "말하여"로 해석하는 것이 좋을 것이라고 하나 "응답하여"란 말로 보는 것이 바를 것이다. 이유는 요한이 마음속으로 질문을 가지고 있었던 것 같기 때문이다. 박윤선 박사는 "영계(靈界)에서는 이처럼 말로 발표되지 않은 생각의 움직임을 아는 사실이 드러난다"고 주장한다.

본문의 장로는 이십사 장로(구약 교회와 신약 교회의 대표들) 중의 하나이다(4:4 주해 참조). 이십사 장로 중의 하나가 요한의 의문에 응답한다. 요한은 자기의 눈에 띤 "이 흰 옷 입은 자들이 누구며 또 어디서 왔는가"(9절)라는 의문을 가지고 있었던듯한데 그 의문을 장로 중에 하나가 알아차리고 요한에게 응답해준다.

장로 중의 하나가 요한에게 진리를 말해주기 위해 "이 흰 옷 입은 자들이 누구며 또 어디서 왔느냐?"고 묻는다. 이런 문답식 교육은 구약 성경이 자주 쓰는 방식이다(렘 1:11; 겔 37:3; 슥 4:2, 4-5). 장로는 두 가지를 묻는다. 하나는 "이 흰옷 입은 자들이 누군지"를 묻는, 정체성에 관한 것이고, 또 하나는 "그들이 어디서 왔는지"를 묻는, 출신에 관한 질문이다. 이 질문을 받고 요한은 자기로서는 알 수 없다고 다음 절에서 밝힌다.

**계 7:14. 내가 말하기를 내 주여 당신이 아시나이다 하니 그가 나에게 이르되 이는 큰 환난에서 나오는 자들인데 어린 양의 피에 그 옷을 씻어 희게 하였느니라**(καὶ εἴρηκα αὐτῷ, Κύριέ μου, σὺ οἶδας. καὶ εἶπέν μοι, Οὗτοί εἰσιν οἱ ἐρχόμενοι ἐκ τῆς θλίψεως τῆς μεγάλης καὶ ἔπλυναν τὰς στολὰς αὐτῶν καὶ ἐλεύκαναν αὐτὰς ἐν τῷ αἵματι τοῦ ἀρνίου).

장로 중의 한 사람으로부터 질문을 받고(앞 절) 요한은 "내가 말하기를 내 주여 당신이 아시나이다"(εἴρηκα αὐτῷ, Κύριέ μου, σὺ οἶδας)라고 대답한다. 요한은 모르겠다는 것을 암시한다. 여기 "내 주여"(Κύριέ μου)란 말은 장로(신구약 교회의 대표 중 한 사람)를 아주 높여서 한 말이다. 이런 구절을 오해하여 혹자들은 천사(장로를 천사로 보는 학파에서) 숭배에 도달하기도 했다. 우리는 피조물을 숭배할 것이 아니다(19:10; 22:8 참조).

요한의 "내 주여 당신이 아시나이다"라는 반응이 있자 장로가 요한에게 말하기를 "이는 큰 환난에서 나오는 자들인데 어린 양의 피에 그 옷을 씻어 희게 하였느니라"고 대답해준다(1:5; 6:9; 17:6; 사 1:18; 히 9:14; 요일

1:7). 장로는 두 가지를 대답한다. 하나는 '이 사람들은 큰 환난에서 나오는 자들이라'고 한다. 여기 "큰 환난"(τῆς θλίψεως τῆς μεγάλης)이란 말을 두고 해석이 갈린다. 1) 예수님 재림 직전에 세상에 있을 대 환난을 지칭한다는 견해(Charles, Walvoord, 이상근). 2) 성도가 세상에서 일반적으로 당하는 모든 환난을 지칭한다는 견해(Alford, Niles, Greijdanus, Leon Morris, 박윤선). 두 번째 견해가 바람직하다. 이유는 모든 성도마다 예수님 재림 직전에 있을 대 환난을 통과하는 것은 아니기 때문이다. 레온 모리스(Morris)는 "여기 큰 환난이란 시대에 따른 보편적인 환난으로 보는 것이 타당하다. 이는 시간상 모든 성도가 종말의 대 환난을 겪는 것은 불가능하기 때문이다"고 말한다. 우리 성도는 지금도 이 세상에서 끊임없이 미움과 박해를 받고 있으며 환난을 받으며 살아가고 있다.

또 하나는 '이 사람들은 어린 양의 피에 그 옷을 씻어 희게 했다'고 말한다. 지구상을 다녀간 모든 성도들(앞으로의 성도들 포함)은 어린 양의 피에 옷을 씻어 희게 했다는 것이다. 모든 사람은 전적으로 부패하였기에(롬 3:20) 오직 어린 양의 피로 죄를 씻으므로 의롭다 함을 받아야 한다. 다른 방법으로는 사죄를 받을 길이 없다. 그리스도의 피로 씻는 것밖에 다른 방법은 없다. 본문의 "씻어 희게 했다"(ἔπλυναν, ἐλεύκαναν)는 두 낱말은 부정(단순)과거 시제들이니 '단번에 씻어 단번에 희게 한 것'을 지칭한다(출 19:10, 14; 사 1:18; 고전 6:11; 히 9:14). 그리스도께서는 그의 피로 우리를 완전하게 씻어 희게 만들어 주셨다. 순교자들만 그리스도의 피로 씻는 것은 아니다. 누구든지 그리스도의 대속을 믿기만 하면 사죄의 은총을 받는다.

계 7:15. 그러므로 그들이 하나님의 보좌 앞에 있고 또 그의 성전에서 밤낮 하나님을 섬기매 보좌에 앉으신 이가 그들 위에 장막을 치시리니(διὰ τοῦτό εἰσιν ἐνώπιον τοῦ θρόνου τοῦ θεοῦ καὶ λατρεύουσιν αὐτῷ ἡμέρας καὶ νυκτὸς ἐν τῷ ναῷ αὐτοῦ, καὶ ὁ καθήμενος ἐπὶ τοῦ θρόνου σκηνώσει ἐπ᾽ αὐτούς, Therefore are they before the throne of God, and serve him day and night in his temple: and he that sitteth on the throne shall dwell among them-KJV).

"장로 중 하나"(13절)의 말은 본 절에서도 계속되고 17절까지 계속된다. 그는 "그러므로 그들[55])이 하나님의 보좌 앞에 있고 또 그의 성전에서 밤낮 하나님을 섬기매 보좌에 앉으신 이가 그들 위에 장막을 치실" 것이라고 말한다(21:3; 사 4:5-6). 그는 이 흰 옷 입은 자들(13절)이 어린 양의 피에 그 옷을 씻어 희게 하였기 때문에 첫째, "하나님의 보좌 앞에 있게" 되고 또 둘째, 하나님의 "성전에서 밤낮 하나님을 섬기게" 되며, 셋째, "보좌에 앉으신 이가 그들 위에 장막을 쳐주실 것이라"고 한다. "하나님의 보좌 앞에 있게" 된다는 말은 '하나님에게 가까이 나아가서 하나님과 교제함'을 뜻한다. 그리스도의 피로 씻음 받지 않고는 아무도 하나님 앞에 나아가지 못한다(엡 2:18; 히 4:16). 우리는 그리스도의 대속의 피를 믿기 때문에 하나님 앞에서 영원히 살게 되었다. 그리고 하나님의 "성전에서 밤낮 하나님을 섬기게" 되었다는 말은 하나님의 성전에서 밤과 낮으로 자유롭게 하나님을 예배하고 섬기게 되었다는 뜻이다(대상 9:33 참조). 혹자는 우리가 천국에서는 무(無) 활동의 상태에 있는 줄로 알고 있으나 아주 자유롭게 하나님을 섬기게 된다. 이 땅에서도 그리스도의 대속의 피를 믿는 자들은 누구든지 그리스도의 공로를 입고 하나님을 섬기는 제사장이 되는 것인데(벧전 2:9 참조) 이제 천국에서는 모든 자가 아무런 구애를 받지 않고 하나님을 섬기게 되는 것이다. 그리고 "보좌에 앉으신 이가 그들 위에 장막을 쳐주실 것이라"(he that sitteth on the throne shall dwell among them)는 말은 미래형으로 '하나님께서 성도들과 함께 영원히 거해주실 것이라'는 뜻이다. 하나님께서 함께 거해주시기 때문에 보호는 말할 필요도 없고 부족한 것이 전혀

---

55) 혹자들은 본 절의 "그들"을 두고 '순교자들'이라고 주장하나 '지구상을 다녀간 모든 성도들'이라고 보아야 한다. 이유는 여기 "그들"은 9절의 "아무도 능히 셀 수 없는 큰 무리"와 동일한 성도들이기 때문이다. 때로는 순교자들이 많이 생기기도 하지만 그렇게 셀 수 없는 숫자가 나오는 것은 아니기 때문이다.

없다.

**계 7:16.** 그들이 다시는 주리지도 아니하며 목마르지도 아니하고 해나 아무 뜨거운 기운에 상하지도 아니하리니(οὐ πεινάσουσιν ἔτι οὐδὲ διψήσουσιν ἔτι οὐδὲ μὴ πέσῃ ἐπ᾽ αὐτοὺς ὁ ἥλιος οὐδὲ πᾶν καῦμα, They shall hunger no more, neither thirst any more; neither shall the sun light on them, nor any heat-KJV).

"장로 중 하나"(13절)는 요한 사도에게 이스라엘 민족이 광야에 있으면서 겪었던 어려움을 떠올리면서, 그리고 세상의 박해 아래서 시달리던 시절을 떠올리면서, 이제 천국에서는 어린 양의 피에 그 옷을 씻어 희게 한 성도들은 "다시는 주리지도 아니하며 목마르지도 아니하고 해나 아무 뜨거운 기운에 상하지도 아니하리라"고 말해준다(21:4; 시 121:6; 사 49:10). 천국에서는 "다시 주리지도 않을 것이라"는 말은 요한 사도에게나 오늘 우리에게는 참으로 눈물겹도록 고마운 말씀이 아닐 수 없다(사 49:10). 우리가 세상에서 얼마나 주렸던가. 우리가 세상에서 "오늘 우리에게 일용할 양식을 주시옵고"라는 기도문을 드린 이후부터는 우리가 주리지 않았으나 그러나 우리 주위에 주리는 수많은 사람들을 보면서 참으로 "다시는 주리지 않을 것이라"는 말씀이 얼마나 우리의 심금을 울리는 말씀인지 알 수 없다.

그리고 또 "목마르지도 아니 한다"는 말씀도 얼마나 기쁨인지 알 수 없다. 우리는 세상에 살면서 충족되지 못한 욕구에 얼마나 시달렸던가. 특별히 우리는 성령의 지배와 인도(성령 충만)에 헐떡이면서 매일 기도하며 살아야 했다. 장로(13절)는 요한에게 천국에 간 모든 성도들이 "다시"(ἔτι)는 목마르지도 않고 주리지도 않는다고 보장해 주고 있다. 장로들 즉 기독교의 신구약 대표들이 벌써 천국의 삶을 살아보았으니 잘 알고 확신 있게 말해주고 있는 것이다.

그리고 또 천국에서는 성도들이 "해나 아무 뜨거운 기운에 상하지도 아니하리라"(사 49:10 참조)는 장로의 말씀은 '하나님께서 우리를 모든

상해로부터 자유롭게 해주실 것'을 뜻하는 말이다. 성도들은 세상에서
모든 상해와 상처를 받고 산 사람들이다. 무수한 박해와 해악을 당해 온
사람들이다. 그러나 이제는 하나님께서 모든 염려 근심, 무서운 상해들을
다 막아주신다고 하신다. 성도들은 모든 육신적인 고통으로부터 해방될
것이다.

**계 7:17.** **이는 보좌 가운데에 계신 어린 양이 그들의 목자가 되사 생명수
샘으로 인도하시고 하나님께서 그들의 눈에서 모든 눈물을 씻어 주실 것임이
라**(ὅτι τὸ ἀρνίον τὸ ἀνὰ μέσον τοῦ θρόνου ποιμανεῖ αὐτοὺς καὶ ὁδηγήσει
αὐτοὺς ἐπὶ ζωῆς πηγὰς ὑδάτων, καὶ ἐξαλείψει ὁ θεὸς πᾶν δάκρυον
ἐκ τῶν ὀφθαλμῶν αὐτῶν).

장로 중 하나(13절)가 천국에 간 모든 성도들이 천국에서 복을 받는(앞
절) 이유(ὅτι)를 본 절에서 말해 준다. 복을 받는 이유는 성자 어린 양 때문이
고 또 성부 하나님 때문이라고 한다. 먼저 장로는 어린 양 때문임을 말한다.
즉 "보좌 가운데에 계신 어린 양이 그들의 목자가 되사 생명수 샘으로 인도하
시기" 때문이라고 한다(시 23:1; 36:8; 요 10:11, 14). 여기 "어린 양"의
위치를 말한다. 어린 양은 "보좌 가운데에 계시다"고 말한다. 이는 어린
양이 보좌 가운데 계시다 함은 하나님의 보좌와 이십사 장로의 보좌 사이에
있다는 말로 어린 양은 천국에서도 중보자의 위치에 계시다는 것이다. 하나
님과 이십사 장로의 사이에 계신 어린 양이 "그들(성도들)의 목자가 되사
생명수 샘으로 인도하시기" 때문에 성도들은 천국에서 아주 만족한 생활을
한다는 것이다. 이제 앞으로 우리가 천국에 가면 예수님께서 우리의 목자가
되셔서 우리를 생명수 샘으로 인도하실 것이다. 옛날 다윗은 "여호와는
나의 목자시니 내가 부족함이 없으리로다"라고 노래했다(시 23:1). 어린
양은 우리를 대신해서 피를 흘리셨고 이제 천국에서는 목자의 역할을 하신다
(요 10:11; 히 13:20; 벧전 2:25; 5:4; 계 22:1-5). 그런고로 성도들은 전혀
부족함이 없다.

다음으로 장로는 하나님 때문이라고 한다. 즉 "하나님께서 그들의 눈에서 모든 눈물을 씻어 주실 것이기" 때문이라고 한다(21:4; 사 25:8-10). 성도들은 세상 환난 중에 많은 눈물을 흘렸는데 하나님께서 그 눈물을 다 씻어주실 것이라고 하신다. 이제 천국에서 하나님은 그들의 눈물을 다 씻으시고 친히 저들을 위로하실 것이다. 성도들은 하나님의 보호 속에서 그들의 모든 필요가 다 채워질 것이다. 이제 그들은 천국에서 절대 희락을 누릴 것이다.

# 제 8 장

K. 일곱째 인   8:1-5

여섯째 인(印)까지가 일시에 떼어진(6장) 후 천상의 구원 받은 자들의 수와 또 그들이 누리는 복이 열거된(7장) 다음 이제 마지막 인이 떼어질 차례가 되었다. 여기 일곱째 인은 하나님의 심판을 예언하는 일곱 인(印) 가운데 마지막 인이다. 이 일곱 번째 인(印) 속에는 그리스도의 재림에 이르기까지의 모든 과정들이 포함되어 있다. 그 속에는 일곱 나팔과 하나님 진노의 일곱 대접이 포함되어 있다. 일곱째 인 속에는 일곱 나팔이 들어있고 또 일곱째 나팔 속에는 일곱 대접의 재앙이 들어있다. 그러므로 결국 일곱째 인의 개봉이 완료됨으로 인해 모든 재앙이 끝나게 된다.

**계 8:1. 일곱째 인을 떼실 때에 하늘이 반시간쯤 고요하더니**(Καὶ ὅταν ἤνοιξεν τὴν σφραγῖδα τὴν ἑβδόμην, ἐγένετο σιγὴ ἐν τῷ οὐρανῷ ὡς ἡμιώριον).

예수님께서 일곱째 인을 떼실 때 하늘이 반시간쯤 "고요했다"(6:1)는 말씀은 무엇을 의미하는가? 여러 견해가 제시되었다. 1) 이 30분의 고요는 회개를 위한 고요라고 말한다(조용기). 그러나 회개가 30분에 가능할 수 있을 것인가 문제가 된다. 취하기 어려운 해석이다. 2) 성도들이 장차 누릴 영원한 안식의 징조라는 견해(Victorianus, Bede, Plummer). 그러나 이 견해는 문맥을 벗어난 견해이다. 3) 천년왕국의 기간(복락의 기간은 빨리 지나므로 30분으로 표시되었다고 한다)(Lange). 이 견해는 문맥에 어울리지 않는 듯이 보인다. 4) 어떤 판결이 떨어질 것인지 초조하게 기다리는 완전한 침묵의 시간과 똑같은 고요함이라는 견해(Mounce, Walvoord). 왈부르드는 "30분이란 일반적으로 긴 시간은 아니다. 그러나 그 시간은 절대 침묵의 시간으로 앞으로 일어날 불길한 사건들을 예고하기에는 충분히 긴 시간이다. 그 침묵은 배심원의 대표가 어떤 판결문을 보고하기 이전의 침묵과 비교될 수 있을 것이다"라고 말한다.[56] 5) 앞으로 일어날 나팔재앙의 두려움을 암시한다고 주장한다(Greijdanus, Barclay). 6) 세상 종말에 일어날 일을 앞에 놓고 있을 수밖에 없는 최대의 긴장을 가리킨다(Ringnalda). 7) 30분의 고요는 폭풍전야의 고요라는 견해(윌럼 헨드릭슨, 이상근, 이순한, 이광복). 이상 4, 5, 6, 7번의 견해는 비슷한 견해로 받을만한 견해이다. 그러나 이런 견해보다는 다음 견해가 더 바람직한 견해로 보인다. 8) 30분의 침묵은 기도를 하도록 하나님께서 주시는 정숙의 시간이라는 견해(Charles, Leon Morris, 박윤선). 이 견해는 문맥에 맞는 것으로 보인다. 3절과 4절에 보면 하나님께서 성도들의 기도를 기다리셔서 그 기도에 응답하시는 것을 볼 수 있다. 하나님은 성도들의 기도를 향연과 같이 받으신다(4절). 하나님의 수중에서는 일이 연기되는 일이 있다. 7:3에 보면 하나님의 종들이 인을 맞을 때까지 파괴 행위가 연기된 일이 있었던 것처럼 여기서도 성도들이 기도를 다 드릴 때까지 하나님은 시간을 연기하여 주신다. 성도들이야 말로 세상에서는 천대를 받고 멸시를 받아도 하나님은 성도들을 가장 귀중히 여기신다. 하나님은 천재지변도 성도들을 위해 연기하시고 천사들도 성도들이 하나님께 기도할 시간을 주기 위하여 찬양을 멈춘다.

**계 8:2. 내가 보매 하나님 앞에 일곱 천사가 서 있어 일곱 나팔을 받았더라**

(καὶ εἶδον τοὺς ἑπτὰ ἀγγέλους οἳ ἐνώπιον τοῦ θεοῦ ἑστήκασιν, καὶ ἐδόθησαν αὐτοῖς ἑπτὰ σάλπιγγες, And I saw the seven angels which stood before God; and to them were given seven trumpets-KJV, 내가

---

56) 존 F. 왈부르드, *요한계시록해석*, p. 223.

보니 하나님 앞에 일곱 천사가 서 있는데 그들은 각각 나팔을 받았습니다·표준 새 번역).

요한은 "내가 보매"라는 말을 또 사용한다. 이는 새로운 환상이나 환상의 다른 국면을 소개할 때 사용되는 말인데 본 절에서도 "내가 보매"라는 말 다음에 다른 환상이 나타났다.

요한은 "내가 보매 하나님 앞에 일곱 천사가 서 있어 일곱 나팔을 받았더라"고 말한다(마 18:10; 눅 1:19). 본문의 "일곱 천사"(τοὺς ἑπτὰ ἀγγέλους)란 말 앞에는 관사가 있어 요한이나 수신자들이 잘 알고 있는 '그 천사들임'을 말한다. 계시록에는 일곱 천사에 대해 많이 언급하고 있다(8:6; 15:1, 6f; 16:1; 17:1; 21:9).

그러면 본문의 일곱 천사의 정체는 무엇인가? 1) 가경(Tobit 12:15)에서 말하는 일곱 천사를 지칭한다는 견해(Moffatt, Leon Morris, 이상근). 토빗 가경의 라파엘 천사는 말하기를 "나는 성도들의 기도를 가지고 지극히 거룩한 자의 영광 앞에 들어가는 일곱 천사들 중의 하나인 라파엘이다"고 라고 했다(in Moffatt). 일곱 천사의 이름은 '우리엘, 라파엘, 라구엘, 미가엘, 사라카엘, 가브리엘, 레미엘' 등이다(에녹 1서 20:2-8). 이 견해에 대해 일곱 천사가 반드시 "가경에서 유래되었다고 함은 억측이다. 여기 천사의 7수는 일곱 나팔과 관련되어 사용되었으며 또 상징적 의미를 가졌을 터이다"라고 말하는 학자들도 있다(박윤선, 이순한). 2) "아주 높은 지위의 천사"라는 견해(윌렘 헨드릭슨).[57] 3) 현재의 임무를 위해서 선택을 받은 보통의 일곱 천사들이라는 견해(R. C. H. Lenski). 렌스키는 "이들은 대천사가 아니고 또 악한 천사들도 아니다...'하나님 앞에 시위한'이란 말은 이 일곱 천사를 탁월한 계급으로 만들지 않는다"고 말한다. 하나님 앞에서 시중드는 일곱 천사들에 대해 성경은 명확하게 설명하고 있지 않다. 아무튼 여기 일곱 천사를 구약 가경에 나오는 일곱 천사라고 하는 증거가 없어 위의 2번

---

57) 윌렘 헨드릭슨, 요한계시록, 헨드릭슨 성경주석, p. 139.

혹은 3번의 견해를 취하는 것이 타당할 것이다.

본문의 "서 있어"란 말은 현재완료시제로 '과거에 이미 서 있었는데 지금도 여전히 서 있다'는 뜻을 지닌다. "하나님 앞에 서 있다"는 표현은 '하나님을 섬기는'이란 뜻이다(왕상 17:1; 18:15; 왕하 3:14; 5:16 참조). 요한은 내가 보니 하나님 앞에 일곱 천사가 하나님을 섬기고 있는 것을 보았다고 말한다.

그리고 요한이 보니 그 일곱 천사가 "일곱 나팔을 받은 것"을 보았다고 말한다(대하 29:25, 28 참조). 여기 "받았더라"(ἐδόθησαν)는 말은 부정과거 수동태로 단번에 일곱 나팔이 천사들에게 주어졌다는 뜻이다. 묵시록에서 나팔은 종종 종말을 상징한다(마 24:31; 고전 15:52; 살전 4:16 참조). 이하 6절부터 나팔이 다시 나온다.

**계 8:3. 또 다른 천사가 와서 제단 곁에 서서 금향로를 가지고 많은 향을 받았으니 이는 모든 성도의 기도와 합하여 보좌 앞 금 제단에 드리고자 함이라**(Καὶ ἄλλος ἄγγελος ἦλθεν καὶ ἐστάθη ἐπὶ τοῦ θυσιαστηρίου ἔχων λιβανωτὸν χρυσοῦν, καὶ ἐδόθη αὐτῷ θυμιάματα πολλά, ἵνα δώσει ταῖς προσευχαῖς τῶν ἁγίων πάντων ἐπὶ τὸ θυσιαστήριον τὸ χρυσοῦν τὸ ἐνώπιον τοῦ θρόνου, And another angel came and stood at the altar, having a golden censer; and there was given unto him much incense, that he should offer [it] with the prayers of all saints upon the golden altar which was before the throne-KJV, 또 다른 천사가 와서 금향로를 들고 제단에 섰습니다. 그는 모든 성도의 기도에 향을 더해서 보좌 앞 금 제단에 드리려고 많은 향을 받았습니다-표준 새 번역).

일곱 천사가 일곱 나팔을 받은(2절) 후 즉시 나팔을 불지 않고(나팔은 6절에 가서야 분다) 곧 바로 이어지는 내용은 "다른 천사"의 역할에 관해서다. 여기 "다른 천사"는 성도들이 드린 기도(1절에서 반시간쯤 고요한 시간에 성도들이 드린 기도)를 받아가지고(본 절), 하나님 앞에 기도 내용을

올린(4절) 다음 제단의 불을 담아 땅에 쏟아 우레와 음성과 번개와 지진이
나게 했다(5절).

요한은 "또 다른 천사가 와서 제단 곁에 서서 금향로를 가지고 많은
향을 받았다"고 말한다. 여기 "다른 천사"가 어떤 천사냐를 두고 견해가
나뉜다. 1) 혹자는 '예수 그리스도'라고 주장한다. 이유는 성도들의 기도를
하나님 앞에 올리기 때문이라고 한다. 그러나 이 천사는 하나님과 사람
사이에 서서 중개하는 존재가 아니라 단지 성도들의 기도를 하나님 앞에
올리기만 하는 천사일뿐이므로 이 천사를 그리스도로 보기에는 무리가 있다.
오히려 이 천사는 그리스도가 아니라 그리스도 앞에 시중드는 천사이다(1:1
참조). 2) 혹자는 '평화의 천사'라고 주장한다. 그러나 만일 평화의 천사였다
면 '평화의 천사'라고 기록했을 것이다. 3) 혹자들은 여기 "다른 천사"를
구약 외경의 기록에 의지하여 '천사장 중 하나'라고 주장하나 만일 천사장
중 하나였다면 '천사장 중 하나'라고 표현했을 것이다. "다른 천사'라 했으니
2절에 말한 7천사가 아닌 다른 천사란 뜻이다. 그런고로 본문의 "다른 천사"
는 그리스도 앞에 시중드는 일반 천사로 봄이 타당하다.

요한은 다른 천사가 "제단 곁에 서서 금향로를 가지고 많은 향을 받은
것"을 보았다. 여기 "제단"이 어떤 제단이냐 하는 것에 관해서 두 견해가
있다. 1) 여기 "제단"은 '번제단'을 지칭한다는 견해(Ebrad, Vincent, G.
Ladd, 이상근, 이순한). 그러니까 본 절 상반 절의 "제단"은 '번제단'으로
보고 하반절의 "금 제단"은 '향단'으로 본다. 얼핏 보면 이 견해가 5절과의
관련을 살필 때 문맥에 맞는 것으로 보이나, 본문은 향단을 언급하고 있을
뿐 번제단에 대해 언급하는 것이 아니기 때문에 "제단"은 '향단'을 지칭한다
고 보아야 한다. 2) 여기 "제단"은 '향단'을 지칭한다는 견해(Charles, Leon
Morris). 여기 "제단"이 번제단이 될 수 없는 이유는 첫째, 계시록 다른
부분(9:13; 14:18; 16:7)에서 향단만 언급된 것을 보아도 본문의 "제단"은
'향단'이라는 것이다. 둘째, 그리스도의 묵시 문학에서 하늘에 두 개의 단이
있다는 언급은 일체 발견되지 않는다는 것이다(R. H. Charles). 레온 모리스

(Leon Morris)는 "혹자는 천국에 제단이 둘이 있다고 주장하지만 근거가 없다"고 주장한다.[58] 그러므로 본 절에 언급된 제단과 금단은 하나의 동일한 단을 언급하는 것으로 보아야 한다. 더욱 본 절에 "금 제단"(τò θυσιαστή-ριον τò χρυσοῦν)으로 번역된 낱말(개역판에는 "금단"으로 번역되어 있음)의 "금"(τò χρυσοῦν)이라는 형용사는 상반 절에 언급된 "제단"(τοῦ θυσιασ-τηρίου)이 놋으로 만들어진 제단이 아니라 금으로 만들어진 향단임을 보여주고 있다.

요한은 천사가 향단 곁에 서서 "금향로를 가지고 많은 향을 받은 것"을 보았다. 천사가 금향로를 가지고 "많은 향"을 받은 것은 성도의 기도가 향기가 나는 것임을 보여주기 위하여 많은 향을 금향로에 담은 것으로 보아야 한다(시 141:2). 혹자는 여기 "향"을 '그리스도의 공로'를 상징한다고 말하나 성도의 기도가 그리스도의 공로를 힘입고 드리는 것이니 "향"을 그리스도의 공로를 상징한다고 말할 필요는 없을 것이다. 그저 기도는 하나님 앞에 향기가 난다는 것을 보여주시기 위하여 금향로에 향이 담긴 것으로 보는 편이 좋을 것이다. 우리 하나님께서 성도의 기도를 아름다운 향 맡듯이 맡으신다는 것을 기억하여 우리는 감사함으로 하나님께 많은 기도를 드려야 할 것이다. 할렐루야!

요한은 천사가 금향로를 가지고 많은 향을 받은 목적을 이 아래 말한다. 즉 "이는 모든 성도의 기도와 합하여 보좌 앞 금 제단에 드리고자 함이라"고 말한다(5:8; 6:9; 출 30:1). 천사가 금향로에 향을 받은 목적은 모든 성도의 기도와 합하여 향단에 드리고자 함이라는 것이다. 혹자는 여기 모든 성도의 기도를 일반 성도만의 기도만을 지칭한다고 말하나 "모든 성도"라는 표현을 보아 6:9의 순교자들의 기도도 포함한다는 것으로 알고 있는 것이 바람직하다고 본다. 모든 성도들은 박해가 심한 세상에서 하나님의 판단을 얼마나 기다렸던가. 참으로 눈물겹도록 많이 기다렸다.

---

58) 레온 모리스, *요한계시록*, 틴델 신약주석 시리즈, 김근수역. p. 132.

금 제단(향단)[59]이 금으로 되어 있고 보좌 앞에 있다는 것은 성도들의 기도가 아주 중요하고 가치 있음을 보여준다. 성도는 세상에서 보잘 것 없는 대우를 받을 수도 있지만 하나님께서는 성도와 그 성도의 기도를 아주 귀하게 여기신다.

**계 8:4. 향연이 성도의 기도와 함께 천사의 손으로부터 하나님 앞으로 올라가는지라**(καὶ ἀνέβη ὁ καπνὸς τῶν θυμιαμάτων ταῖς προσευχαῖς τῶν ἁγίων ἐκ χειρὸς τοῦ ἀγγέλου ἐνώπιον τοῦ θεοῦ, And the smoke of the incense, [which came] with the prayers of the saints, ascended up before God out of the angel's hand-KJV).

요한은 두 가지, 즉 "향연과 성도의 기도"가 천사의 손으로부터 하나님 앞으로 올라가는 것을 보았다(시 141:2; 눅 1:10). 여기 성도의 기도를 향연과 함께 기술한 것은 기도가 향연처럼 하나님께 귀중한 것임을 보여준다. 하나님께서는 향연을 받으시듯 우리의 기도를 반드시 향연처럼 받으신다. 그러므로 이런 사실을 알고 우리는 하나님께 감사함으로 기도를 쉬지 말고 드려야 한다(살전 5:17). 본문의 "천사"는 하나님과 사람 사이를 중개하는 중보자가 아니다. 천사는 단지 하나의 종에 불과하다(19:10; 22:9).

**계 8:5. 천사가 향로를 가지고 제단의 불을 담아다가 땅에 쏟으매 우레와 음성과 번개와 지진이 나더라**(καὶ εἴληφεν ὁ ἄγγελος τὸν λιβανωτὸν καὶ ἐγέμισεν αὐτὸν ἐκ τοῦ πυρὸς τοῦ θυσιαστηρίου καὶ ἔβαλεν εἰς τὴν γῆν, καὶ ἐγένοντο βρονταὶ καὶ φωναὶ καὶ ἀστραπαὶ καὶ σεισμός).

천사가 향연과 성도의 기도를 하나님 앞으로 올린 다음 하나님은 성도의 기도 내용을 살펴서 땅에 심판을 내리도록 천사에게 명령을 내렸을 때

---

59) 금 제단(향단)은 성소 안에 있는, 지성소 입구에 있는 향단을 지칭한다.

천사는 "향로를 가지고 제단의 불을 담아다가 땅에 쏟았다"(16:18). 3절에 보면 천사는 금향로 안에 많은 향과 성도의 기도를 담아가지고(3절), 하나님 앞에 드렸는데(4절), 천사는 이제 본 절에서 성도의 기도 내용대로 하나님의 허락을 받아 제단에서 불을 담아다가 땅에 쏟았는데 "우레와 음성과 번개와 지진이 났다"(삼하 22:8; 왕상 19:11; 행 4:31). 여기 네 가지(우레와 음성과 번개와 지진)는 땅의 숫자로 땅에 쏟아진 진노들을 보여준다. 이 네 가지 즉 "우레와 음성과 번개와 지진"의 주해를 위해서는 4:5의 주해를 참조하라 (11:19; 16:18). 성도의 기도처럼 강한 것이 세상에는 아주 없다. 하나님께서 는 천사의 손으로부터 성도들의 기도를 받으시고 하나님 보시기에 바른 요구에 대해서는 모두 응답하셔서 세상에 엄청난 진노를 부으신다. 하나의 금향로는 성도들의 기도가 담겨 하나님께 올라가고 또 박해자들을 위해서는 불을 담아다가 땅에 쏟는데 사용되는 것을 볼 수 있다.

## V. 일곱 나팔들  8:6-11:19

일곱 나팔 재앙들은 8:6부터 11:19에 기록되어 있다. 인(印)들이 처음 네 인과 나중 세인으로 구별되었듯이 여기 나팔들도 처음 네 나팔은 천재지 변과 관계되어 있고, 나중 세 나팔은 사람과 관계가 되어 있다. 좀 더 자세히 말한다면 나중 세인들은 2, 1의 형식으로 되어 있는데 마지막 7번째 나팔은 바로 전에 중간 삽경이 끼어 있어 강조되고 있다.

나팔 심판은 교회와는 아무 관계가 없고, 세상에 대한 심판이다. 인에 관련된 심판들이 죄에 대한 심판인데 대해, 나팔 심판은 하나님의 직접적인 섭리를 보여주고 있다. 나팔 심판도 역시 죄 때문에 내리시는 하나님의 심판이지만 결코 최후의 심판은 아니다. 각 심판마다 경고 차원으로서 3분의 1씩만 심판을 받는다. 나팔 심판의 주목적은 강한 경고에 있다고 할 수 있다.

### A. 첫째 나팔  8:6-7

**계 8:6. 일곱 나팔을 가진 일곱 천사가 나팔 불기를 준비하더라**(Καὶ οἱ ἑπτὰ ἄγγελοι οἱ ἔχοντες τὰς ἑπτὰ σάλπιγγας ἡτοίμασαν αὐτοὺς ἵνα σαλπίσωσιν).

제 7인 속에서 전개되는 나팔 재앙도 일곱 나팔을 가진 일곱 천사에 의하여 진행된다(1-2절). 삽경(3-5절)이 지나고 이제는 드디어 나팔 재앙들이 시작될 순간이다. 곧바로 나팔 불기가 준비되는 긴장된 시간이다.

**계 8:7. 첫째 천사가 나팔을 부니 피 섞인 우박과 불이 나와서 땅에 쏟아지매 땅의 삼분의 일이 타 버리고 수목의 삼분의 일도 타 버리고 각종 푸른 풀도 타 버렸더라**(Καὶ ὁ πρῶτος ἐσάλπισεν· καὶ ἐγένετο χάλαζα καὶ πῦρ μεμιγμένα ἐν αἵματι καὶ ἐβλήθη εἰς τὴν γῆν, καὶ τὸ τρίτον τῆς γῆς κατεκάη καὶ τὸ τρίτον τῶν δένδρων κατεκάη καὶ πᾶς χόρτος χλωρὸς κατεκάη,  The first angel sounded, and there followed hail and fire mingled with blood, and they were cast upon the earth: and the third part of trees was burnt up, and all green grass was burnt up-KJV, 첫째 천사가 나팔을 부니, 우박과 불이 피에 섞여서 땅에 떨어졌습니다. 그래서 땅의 삼분의 일이 타버리고, 나무의 삼분의 일이 타버리고, 푸른 풀이 다 타버렸습니다-표준 새 번역).

요한은 "첫째 천사가 나팔을 부니 피 섞인 우박과 불이 나와서 땅에 쏟아졌다"고 말한다(겔 38:22). 즉 '첫째 천사가 나팔을 불자 우박과 불이 피에 섞여서 땅에 쏟아졌다'는 것이다(16:2). 여기 "우박과 불"은 하나님의 진노를 지칭한다(시 18:13; 사 28:2-3; 30:30; 겔 13:13; 38:22 참조). "우박"이란 '하나님의 진노에 의해 내리는 우박'을 뜻하고, "불"은 '번개와 뇌우(雷雨-번개, 천둥, 돌풍 따위와 함께 내리는 비)를 동반한 전기 현상'일 것이다(출 9:24참조). 하나님의 이런 진노 때문에 엄청난 파괴가 일어난다(하반절). 그리고 "피 섞인"이란 말은 '번개를 동반한'이란 뜻으로, 우박이 내릴 때 그리고 뇌우가 내릴 때 함께 무서운 번개가 동반하는 것을 지칭할 것이다.

이런 때 번개가 동반되므로 피가 섞인 것같이 보여 "피 섞인"이란 표현이 등장한 것 같다. 이런 하나님의 진노를 두고 혹자들은 영해하여 우박은 불신, 피는 광신으로 해석하기도 하나 앞으로 종말에 내릴 실제적인 재앙으로 보는 것이 타당하다.

요한은 첫째 천사가 첫째 나팔을 불자 우박과 불이 피에 섞여져서 땅에 떨어지니 결국 "땅의 삼분의 일이 타 버리고 수목의 삼분의 일도 타 버리고 각종 푸른 풀도 타 버렸다"고 말한다(9:4; 사 2:13). 땅의 3분의 1, 수목의 3분의 1, 모든 푸른 풀의 3분의 1이 타버렸다는 것이다(겔 5:2; 슥 13:8-9). 요한은 여기서 "각종 푸른 풀도 타버렸다"는 표현만 할뿐 3분의 1이라는 표현은 없다. 그러나 땅의 3분의 1이 탔으니 각종 푸른 풀도 3분의 1이 탈 것은 분명한 사실이다. 땅이나, 수목이나, 각종 푸른 풀의 3분의 1이란 범위이므로 전체 면적에 해당되는 것은 아니다. 하나님은 악한 자들을 멸하시되 아직 모두를 멸하시지는 않으심을 보여준다. 지금 하나님께서는 그의 긍휼을 발휘하고 계신다.

### B. 둘째 나팔   8:8-9

**계 8:8. 둘째 천사가 나팔을 부니 불붙는 큰 산과 같은 것이 바다에 던져지매 바다의 삼분의 일이 피가 되고**(Καὶ ὁ δεύτερος ἄγγελος ἐσάλπισεν· καὶ ὡς ὄρος μέγα πυρὶ καιόμενον ἐβλήθη εἰς τὴν θάλασσαν, καὶ ἐγένετο τὸ τρίτον τῆς θαλάσσης αἷμα, And the second angel sounded, and as it were a great mountain burning with fire was cast into the sea: and the third part of the sea became blood-KJV).

요한은 "둘째 천사가 나팔을 부니 불붙는 큰 산과 같은 것이 바다에 던져졌다"고 말한다(렘 51:25). 첫째 천사가 나팔을 불었을 때는 하나님의 진노가 땅의 3분의 1에 떨어졌는데, 이제 본 절에서는 "불붙는 큰 산과 같은 것이 바다에 던져진" 것을 보았다. 요한이 보기에는 거의 틀림없이 큰 산인 듯이 보였지만 분명한 것은 아니어서 불붙는 큰 산과 같은 것이라고 표현한다. 요한은 불붙는 큰 산 비슷한 것이 바다에 던져진 것을 본 것이다. 이것이 누구로부터 떨어졌는지에 대해서는 기록이 없으나 하나님으로부터 던져진 것은 확실하다. 실제로 하나님 말고는 누가 이런 큰일을 하실 수 있겠는가. 세상에는 아무도 없다.

요한은 불붙는 큰 산과 같은 것이 바다에 던져지니 "바다의 삼분의 일이 피가 되었다"고 말한다(16:3; 출 7:20; 겔 14:19). 여기 "피"는 죽음을 상징한다. 하나님은 아직도 적그리스도 국가에 긍휼을 베푸셔서 바다의 3분의 1만을 피가 되게 하셨다. 이런 진노는 구약 시대에 애굽에 내린 진노였는데 과거 역사상에서 하나님은 종종 적그리스도 나라를 침입하셔서 망하게 하신 일이 있었고 앞으로도 수시로 진노를 내리실 것이다. 악한 사람들은 큰 산과 같은 것이 불붙어 바다에 빠지는 것을 보면 아주 두려워한다. 그러나 불신자에 대한 하나님의 심판을 보고 신자들은 전혀 두려워할 필요가 없다. 그 이유는 신자들이 기도한 것에 대하여 하나님께서 응답하심으로 이런 일이 발생하기 때문이다.

**계 8:9. 바다 가운데 생명 가진 피조물들의 삼분의 일이 죽고 배들의 삼분의 일이 깨지더라**(καὶ ἀπέθανεν τὸ τρίτον τῶν κτισμάτων τῶν ἐν τῇ θαλάσσῃ τὰ ἔχοντα ψυχὰς καὶ τὸ τρίτον τῶν πλοίων διεφθάρησαν).

본 절은 앞 절에 연이은 하나님의 진노를 보여준다. 하나님의 진노가 바다에 내리니 "바다 가운데 생명 가진 피조물들의 삼분의 일이 죽고 배들의 삼분의 일이 깨졌다"고 한다(16:3). 즉 '바다 가운데 생명 가진 피조물들(고기들과 해초들)의 3분의 1이 죽고 또 배들의 3분 1이 깨졌다'는 것이다.[60]

---

60) 부분적 과거론적 해석(partial preterist interpretation)에 의하면 8:8의 "바다의 3분의 1이 피가 된다"는 말과 본 절(8:9)의 물고기와 배의 3분의 1이 파손된다는 말씀을 두고 유대-로마 전쟁에서 문자적으로 성취되었다고 주장한다. 즉 요세푸스의 유대전쟁사 3권 10:9에서 로마 군인이 많은 이스라엘 군인들을 갈릴리 호수로 몰아서 죽였으므로 바다는 시체로 가득했고 핏빛으로 변했다는 것이다. 그리고 계 8:10의 물들의 3분의 1이 더럽혀지게 되었다는 말은 이런 살육의 결과로 시체가 갈릴리 호수를 더럽혔다는 말로 해석한다.

배들의 3분의 1이 깨진다고 했으니 이는 하나님의 초자연적 간섭으로 배들이 깨진 것으로 본다.

## C. 셋째 나팔 8:10-11

**계 8:10.** **셋째 천사가 나팔을 부니 횃불같이 타는 큰 별이 하늘에서 떨어져 강들의 삼분의 일과 여러 물샘에 떨어지니**(Καὶ ὁ τρίτος ἄγγελος ἐσάλπισ-εν· καὶ ἔπεσεν ἐκ τοῦ οὐρανοῦ ἀστὴρ μέγας καιόμενος ὡς λαμπὰς καὶ ἔπεσεν ἐπὶ τὸ τρίτον τῶν ποταμῶν καὶ ἐπὶ τὰς πηγὰς τῶν ὑδάτων, And the third angel sounded, and there fell a great star from heaven, burning as it were a lamp, and it fell upon the third part of the rivers, and upon the fountains of waters-KJV).

요한은 "셋째 천사가 나팔을 부니 횃불같이 타는 큰 별이 하늘에서 떨어져 강들의 삼분의 일과 여러 물 샘에 떨어진" 것을 보았다(9:1; 16:4; 사 14:12). 즉 '횃불같이 타는 큰 별이 하늘에서 떨어져 이번에는 강들과 샘물들에 떨어진 것'을 보았는데 3분의 1에만 떨어진 것을 본 것이다. 이렇게 강들 위에 떨어지고 혹은 샘물들에 떨어진 것은 사람을 죽이시기 위함이었다(다음 절). "큰 별"(a great star)은 하나인데 그 영향력은 대단히 커서 여러 강들 위에 떨어지고 또 여러 샘들 위에 떨어졌다. 하나님을 대적하고 하나님의 뜻을 거스르는 삶을 사는 사람들에게 하나님은 그냥 계실 수가 없으셔서 결국 진노를 부으신 것이다.

혹자는 본 절에 기록된 하나님의 진노는 이단자와 배교자들을 향하신 진노라고 주장한다. 사람들이 짓는 죄는 각양이다. 혹은 이단으로 나아가고 혹은 하나님을 크게 배교하기도 한다. 우리는 모든 사람들의 죄를 일일이 다 헤아릴 수가 없다.

**계 8:11.** **이 별 이름은 쓴 쑥이라 물의 삼분의 일이 쓴 쑥이 되매 그 물이 쓴 물이 됨으로 많은 사람이 죽더라**(καὶ τὸ ὄνομα τοῦ ἀστέρος λέγεται ὁ "Αψινθος, καὶ ἐγένετο τὸ τρίτον τῶν ὑδάτων εἰς ἄψινθον καὶ πολλοὶ τῶν ἀνθρώπων ἀπέθανον ἐκ τῶν ὑδάτων ὅτι ἐπικράνθησαν, And the name of the star is called Wormwood: and the third part of the waters became wormwood; and many men died of the waters, because they were made bitter-KJV).

요한은 하늘에서 떨어진 큰 별 이름을 말한다. 요한은 "이 별 이름은 쓴 쑥이라 물의 삼분의 일이 쓴 쑥이 되매 그 물이 쓴 물이 됨으로 많은 사람이 죽었다"고 말한다(출 15:23; 렘 9:15; 23:15). "이 별 이름은 쓴 쑥"이란 말은 '이 별의 특성이 쓴 쑥'이란 뜻이다(룻 1:20; 렘 9:15; 23:15; 히 12:15 참조). 다시 말해 큰 별의 특성이 심히 쓴 맛을 낸다는 것이다. 이 쓴 맛이 독성이 없다고 주장하는 해석가도 있고 독성이 있다는 해석가도 있으나 독성이 있는 것으로 봄이 타당할듯한데 이는 이 독이 사람들을 죽이기 때문이다. 강물의 3분의 1과 또 물 샘의 3분의 1이 쓰게 되어 많은 사람이 죽었다.

요한이 본 이 환상은 물에 대한 심판이며 따라서 사람에 대한 간접적인 심판이다. 모세는 출애굽한 후 마라에서 쓴 물을 달게 만들었고(출 15:22-26), 엘리사도 역시 좋지 못한 물을 고친 일이 있었는데(왕하 2:19-22) 본 절의 환상은 정반대의 것이었다. 이 환상은 실제로 하나님께서 세상 악인을 심판하시는 환상이니 앞으로 실제로 나타날 수 있을 것이다.

혹자들은 본 절에 나타난 물 심판을 영적으로 해석하여 과거 역사상에 일어났던 이단 사상, 배교사상(히 12:15 참조)이라고 말하나 나팔 재앙이 불신 세상을 심판하는 하나님의 진노인 것을 감안하면 실제로 하나님께서 물 심판을 하는 것으로 봄이 더욱 타당할 것이다.

D. 넷째 나팔   8:12

**계 8:12. 넷째 천사가 나팔을 부니 해 삼분의 일과 달 삼분의 일과 별들의 삼분의 일이 타격을 받아 그 삼분의 일이 어두워지니 낮 삼분의 일은 비추임**

이 없고 밤도 그러하더라(Καὶ ὁ τέταρτος ἄγγελος ἐσάλπισεν· καὶ ἐπλήγη τὸ τρίτον τοῦ ἡλίου καὶ τὸ τρίτον τῆς σελήνης καὶ τὸ τρίτον τῶν ἀστέρων, ἵνα σκοτισθῇ τὸ τρίτον αὐτῶν καὶ ἡ ἡμέρα μὴ φάνῃ τὸ τρίτον αὐτῆς καὶ ἡ νὺξ ὁμοίως).

요한은 넷째 천사가 나팔을 불 때 일어난 하나님의 진노를 말한다. 넷째 천사가 나팔을 불 때 "해 삼분의 일과 달 삼분의 일과 별들의 삼분의 일이 타격을 받아 그 삼분의 일이 어두워지니 낮 삼분의 일은 비추임이 없고 밤도 그러했다"고 말한다(출 10:21-23; 사 13:10; 암 8:9 참조). 일월성 신의 3분의 1이 타격을 받는다는 것을 두고 이단 사상으로 인해 진리가 가려지는 것을 지칭한다고 주장하기도 하나, 나팔 재앙이 불신 세상을 향한 하나님의 진노라는 것을 감안할 때 넷째 천사가 나팔을 불 때 발생하는 환상은 실지로 나타날 수 있는 진노라고 해야 할 것이다(마 24:29 참조).[61]

요한은 위와 같이 일월성신의 3분의 1이 타격을 받아 "그 삼분의 일이 어두워지니 낮 삼분의 일은 비추임이 없고 밤도 그러했다"(6:12; 사 13:9-10; 겔 32:7; 욜 2:10b, 31 참조)고 했는데 일월성신의 3분의 1이 어두워지면 자연적으로 낮이나 밤의 3분의 1이 어두워지는 것은 당연한 결과라고 할 것이다.

그런데 여기서 문제가 되는 것은 6:12-13의 내용을 보면 여섯째 인을 떼실 때에 일월성신이 아주 멸망한 것처럼 보이는데 본 절에서는 3분의 1이 망한다고 하니 문제이다. 이 문제는 벌써 앞(총론)에서도 말한 바와 같이 계시록이 연대순으로 기록된 것이 아니라 주제별로 기록되었다는 것을

---

61) 부분적 과거론적 해석(partial preterist interpretation)에 의하면 8:12의 (하늘의 빛을 발하는 모든 것의 3분의 1이 침을 당하였다)는 것은 유대나라와 로마의 통치자들이 연속적으로 암살당하고 패망할 예언이라고 주장한다. 실질적으로 네로가 죽은 후 그의 세 명의 후계자들(갈바, 오토, 비텔리우스 황제)은 불과 몇 개월씩 다스리다가 단명했기에 로마 전체가 불안했다는 것이다. 헤롯 가문 역시 헤롯 대왕과 헤롯 안티바스, 그리고 헤롯 아그립바 1세(행 12:1) 등 헤롯 가문의 대부분의 왕자들이 불명예스럽게 죽었다는 것이다. 우리는 이런 해석을 이상한 안목으로 바라볼 필요는 없다. 한 가지 해석으로 두고 보아야 할 것이다.

보여준다(12:5 참조).


E. 독수리   8:13

본 절은 넷째 나팔 소리 다음에 보이는 삽경(중간계시)이다.

**계 8:13. 내가 또 보고 들으니 공중에 날아가는 독수리가 큰 소리로 이르되 땅에 사는 자들에게 화, 화, 화가 있으리니 이는 세 천사들이 불어야 할 나팔 소리가 남아 있음이로다 하더라**(Καὶ εἶδον, καὶ ἤκουσα ἑνὸς ἀετοῦ πετομένου ἐν μεσουρανήματι λέγοντος φωνῇ μεγάλῃ, Οὐαὶ οὐαὶ οὐαὶ τοὺς κατοικοῦντας ἐπὶ τῆς γῆς ἐκ τῶν λοιπῶν φωνῶν τῆς σάλπιγγος τῶν τριῶν ἀγγέλων τῶν μελλόντων σαλπίζειν, And I beheld, and heard an angel flying through the midst of heaven, saying with a loud voice, Woe, woe, woe, to the inhabiters of the earth by reason of the other voices of the trumpet of the three angels, which are yet to sound!-KJV).

요한은 독수리가 날아가는 것을 보았고 독수리가 말하는 소리를 들었다 (5:11; 6:1 참조). 요한은 "공중에 날아가는 독수리가 큰 소리로 이르되 땅에 사는 자들에게 화, 화, 화가 있으리라"고 말한다(9:12; 11:14; 14:6; 19:17). 요한은 공중 높이 날아가는 한 마리의 독수리가 큰 소리로 말하는 소리를 들었다. 한 마리의 독수리가 외롭게 날아가면서 큰 소리로 아주 불길하게 외치는 소리를 들은 것이다. 하늘 높이 날아가는 독수리는 땅을 내려다보면서 큰 소리로 "땅에 거하는 자들에게"(3:10; 6:10 참조) "화, 화, 화가 있을 것이라"고 말했다. 독수리는 하나님의 심판(재난)을 상징한다 (신 28:49; 렘 48:40; 겔 17:3; 호 8:1; 마 24:28 참조). 독수리의 무서운 경고는 앞으로 닥칠 재앙이 과거에 닥쳤던 재앙보다 더 무서울 것을 암시해 준다. "불 경건의 강도는 화의 강도를 결정 한다"(G. Ladd).

독수리가 세 번 "화"를 외친 것은 남아 있는 세 나팔과 관련이 있다.

첫째 화는 9:12에서, 그리고 둘째 화는 11:14에서 각각 지나갔다고 선포하고 있다. 셋째 화는 아마도 12:12(마귀가 내려온 사건)에 기록된 것 같다. 즉 마귀가 내려온 사건을 의미하는 것 같다(Mounce, Hughes, Leon Morris).

　독수리가 세 번에 걸쳐 화가 있을 것이라고 외친 이유는 "이는 세 천사들이 불어야 할 나팔 소리가 남아 있기 때문이라"는 것이었다(by reason of the other voices of the trumpet of the three angels, which are yet to sound!). 독수리는 공중을 날아가면서 땅에 거하는 자들 즉 불신 세상(3:10)을 향하여 세 천사들이 나팔을 불 때마다 화가 닥칠 것이라고 외쳤다. 그러니까 한 천사가 나팔 불 때마다 화가 닥칠 것이라는 뜻이다.

# 제 9 장

F. 다섯째 나팔   9:1-12

다섯째 환상은 앞서 나온 네 환상보다 훨씬 더 자세히 기록되어 있다. 황충의 환상, 즉 메뚜기를 이용한 상징적인 환상은 매우 무섭게 묘사되어 있어 읽기에도 끔찍스럽다. 이 다섯째 나팔 환상부터 계속되는 세 환상은 앞의 네 환상보다 더 무서운 환상들이다.

앞의 네 나팔 재앙은 주로 자연계에 내린 심판인데 비하여, 뒤의 3재앙은 사탄을 통해 인간 세계에 내려지는 환난이다. 앞으로 있을 세 나팔 환상은 우리를 영계(靈界)로 인도한다. 이 마지막 나팔 환상들은 우리에게 무저갱과 마귀를 보여주고 있다.

다섯 번째의 환상은 복음을 거절하고 대적하면 누구든지 악마의 밥이 되고 만다는 것을 보여준다. 예수 그리스도를 거역하는 것은 참으로 비참 그 자체이다. 복음을 거역하는 자들은 악마의 밥이 될 뿐 아니라 귀신들의 괴롭힘을 받는다. 다섯 번째 환상은 하나님께서 이 세계를 통치해 나가고 계심을 보여준다.

**계 9:1. 다섯째 천사가 나팔을 불매 내가 보니 하늘에서 땅에 떨어진 별 하나가 있는데 그가 무저갱의 열쇠를 받았더라**(Καὶ ὁ πέμπτος ἄγγελος ἐσάλπισεν· καὶ εἶδον ἀστέρα ἐκ τοῦ οὐρανοῦ πεπτωκότα εἰς τὴν γῆν, καὶ ἐδόθη αὐτῷ ἡ κλεὶς τοῦ φρέατος τῆς ἀβύσσου).

요한은 "다섯째 천사가 나팔을 부는" 것을 보았다. "다섯째 천사"가 하는 일은 다른 여섯 천사와 마찬가지로 나팔을 부는 것이다. 다섯째 천사가 나팔을 불 때 요한이 본 것은 "하늘에서 땅에 떨어진 별 하나"였다(8:10; 눅 10:18). 여기 "하늘에서 땅에 떨어진 별 하나"란 말은 '하늘에서 땅에 떨어져서 지금도 그대로 있는 별 하나'라는 뜻이다. 본문의 "떨어진"(πεπτωκότα)이란 단어는 현재완료 분사로 '과거에 떨어진 것인데 지금도 떨어진 그대로 존재하는'이란 뜻이다.

그러면 여기 하늘에서 떨어져 계속해서 존재하는 별 하나는 무엇을 의미하는가. 많은 견해가 있다. 1) 로마 황제 네로라는 견해(Weymouth). 2) 타락한 천사라는 견해(Tertulian, Bede, Kiddle, Alford, Walvoord, Simcox, Greijdanus, Love, Barclay, 박윤선, 이상근).62) 3) 선한 천사라는 견해(Bengel, De Wette, Rist, G. Ladd-천사적인 존재라고 한다). 4) 사탄 자신이라는 견해(Hendriksen, Atkinson). 5) 하나님의 말씀이라는 견해. 6) 우리엘 천사와 유사한 존재라는 견해(Charles). 7) 주님 자신이라는 견해(Berkeley). 8) 7세기에 있었던 마호멧 교도들의 침략 운동이라는 견해(Scott). 9) 사탄이 파견한 어떤 인물로서 진리를 흐리게 하는 일꾼이라는 견해 등 많은 견해가 있다. 이렇게 많은 견해가 있으므로 섣불리 어떤 한 주장만을 맞다 고 쉽게 단정 지을 수는 없지만 그럼에도 불구하고 선택을 해본다면 이 여러 견해 중에서 2번에 나오는 '타락한 천사 마귀'라는 설이 제일 설득력이 있을 듯하다. 근거로는 (1) 그가 "하늘에서 떨어진 별"이라는 점(눅 10:18; 계 12:9a, 9b). (2) 그가 하나님으로부터 "무저갱의 열쇠를 받아" 가지고 하나님의 분부를 수행하는 점. (3) 그의 이름이 히브리말로 "아바돈"('파괴'라는 뜻, 욥 26:6; 28:22; 잠 15:11)이고 헬라말로 "아볼루온"(파괴자)이라고 한 점 등을 고려할 때 그는 타락한 천사인 마귀를 지칭한다고 볼 수 있다.

---

62) "사탄"은 '대적자'라는 뜻인데, 신약 성경에는 사탄의 여러 별칭이 나타난다. '마귀'(딤전 3:6; 벧전 5:8), '바알세불'(마 12:27), '벨리알'(고후 6:15), '귀신의 왕'(막 3:22), '이 세상 임금'(요 14:30), '공중의 권세 잡은 자'(엡 2:2), '뱀'(고후 11:3), '옛 뱀'(12:9), '용'(12:3), '악한 자'(엡 6:16), '대적'(벧전 5:8), '참소하던 자'(12:10), '시험하는 자'(마 4:3), '꾀는 자'(12:9), '살인한 자'(요 8:44), '거짓말쟁이'(요 8:44) 등이다.

요한은 하늘에서 떨어진 별 하나가 "무저갱의 열쇠를 받았더라"고 말한
다(1절, 11절; 17:8; 20:1; 눅 8:31). 하늘에서 떨어진 별 곧 사탄은 하나님으
로부터 무저갱63)의 열쇠를 받아가지고 내려와서 무저갱을 열어 많은 연기가
올라오게 하고(2절) 황충이 나오게 하는 일(3절)을 맡아 수행한다. "무저갱"
이란 원래 '밑이 없는 곳'(창 1:2), '땅의 깊은 곳'(시 71:20)을 지칭한다.
무저갱이란 낱말은 본서에 일곱 번 사용되는데(9:1, 2, 11; 11:7; 17:8; 20:1,
3) 사탄과 귀신들의 임시 거처에 해당한다.

**계 9:2. 그가 무저갱을 여니 그 구멍에서 큰 화덕의 연기 같은 연기가 올라오
매 해와 공기가 그 구멍의 연기로 말미암아 어두워지며**(καὶ ἤνοιξεν τὸ
φρέαρ τῆς ἀβύσσου, καὶ ἀνέβη καπνὸς ἐκ τοῦ φρέατος ὡς καπνὸς
καμίνου μεγάλης, καὶ ἐσκοτώθη ὁ ἥλιος καὶ ὁ ἀὴρ ἐκ τοῦ καπνοῦ τοῦ
φρέατος).

본 절과 3절은 하늘에서 떨어진 별이 하나님으로부터 무저갱의 열쇠를
받아 무저갱을 연 결과 발생한 사실들을 설명한다. 첫째는 "그 구멍에서
큰 화덕의 연기 같은 연기가 올라오매 해와 공기가 그 구멍의 연기로 말미암
아 어두워졌다"는 것이다. 무저갱을 연 1차적인 결과는 "그 구멍에서 큰
화덕의 연기 같은 연기가 올라 온" 것이다(창 19:28; 출 19:18; 욜 2:2,
10 참조). 그리고 2차적 결과는 "해와 공기가 그 구멍의 연기로 말미암아
어두워졌다"는 것이다. 이 연기는 보통 연기가 아니고 해와 공기를 어둡게
하는 연기이다. "해와 공기가 그 구멍의 연기로 말미암아 어두워졌다"는
말은 연기 때문에 해와 공기가 어두워졌다는 말인데 사물을 흐리게 하는
연기 같은 악 사상, 이단 사상이 해와 공기 같은 좋은 것, 복음을 흐리게
했다는 것이다. 이제 세상 종말이 가까울수록 악한 사상이 더욱 퍼져 바른
진리를 흐려 세상은 혼돈에 싸일 것이다. 지금도 얼마나 많은 사람들이

---

63) "무저갱": Bottomless pit. 사단과 귀신들이 갇혀 있는 감옥이다(눅 8:31; 계 9:1-2, 11;
11:7; 17:8; 20:1, 3).

극심한 혼돈에 시달리고 있는가. 무시무시한 일이다.

**계 9:3. 또 황충이 연기 가운데로부터 땅 위에 나오매 그들이 땅에 있는 전갈의 권세와 같은 권세를 받았더라**(καὶ ἐκ τοῦ καπνοῦ ἐξῆλθον ἀκρίδες εἰς τὴν γῆν, καὶ ἐδόθη αὐταῖς ἐξουσία ὡς ἔχουσιν ἐξουσίαν οἱ σκορπίοι τῆς γῆς, And there came out of the smoke locusts upon the earth: and unto them was given power, as the scorpions of the earth have power-KJV).

무저갱을 연 결과 발생한 사실 두 번째(첫 번째는 앞 절에 있다)는 "황충이 연기 가운데로부터 땅 위에 나온 것"이다(출 10:4; 삿 7:12). 즉 '메뚜기들이 땅위에 나왔다'는 것이다. 이 황충 재앙은 애굽에 임했던 여덟 번째 재앙 때에도 있었다(출 10:12f). 그들은 "땅에 있는 전갈과 같은 권세를 받았다"고 한다. 즉 이들에게는 어떤 독립적인 권세가 없다. 전갈이 한번 쏘면 3일 동안 아리며 아프다고 한다. 전갈[64]은 사람을 징계하는 일에 사용된 독한 동물이다(10절; 왕상 12:11, 14; 겔 2:6; 눅 10:19; 11:12). 복음 진리를 대적하는 세상 사람들은 하나님으로부터 크게 혼이 날 날이 있을 것이다.

**계 9:4. 그들에게 이르시되 땅의 풀이나 푸른 것이나 각종 수목은 해하지 말고 오직 이마에 하나님의 인침을 받지 아니한 사람들만 해하라 하시더라** (καὶ ἐρρέθη αὐταῖς ἵνα μὴ ἀδικήσουσιν τὸν χόρτον τῆς γῆς οὐδὲ πᾶν χλωρὸν οὐδὲ πᾶν δένδρον, εἰ μὴ τοὺς ἀνθρώπους οἵτινες οὐκ ἔχουσι τὴν σφραγῖδα τοῦ θεοῦ ἐπὶ τῶν μετώπων).

하나님은 황충들(귀신들)에게 명령하시기를 한편은 해하지 말라고 하시고 다른 편은 해하라고 하신다. 완전히 구분하라고 하신다. 하나님은 "그들에

---

64) "전갈"은 그늘진 바위틈이나 돌 밑, 벽의 틈에 살며 꼬리에 쏘는 힘이 있다.

게 이르시되 땅의 풀이나 푸른 것이나 각종 수목은 해하지 말라"고 명령하신
다(6:6; 7:3; 8:7). 우리의 본문에는 황충들에게 명령을 내리신 하나님에
대한 정확한 언급은 없으나 문맥에 의하여 우리는 명령을 내리신 분을 너무
나도 분명하게 알 수 있다. 요한은 이런 식의 글을 많이 쓴다. 너무 분명한
것에 대해 언급할 필요는 없는 것이다. 하나님께서 황충들(귀신들)에게 "땅
의 풀이나 푸른 것이나 각종 수목은 해하지 말라"고 하신다. 여기 "땅의
풀이나 푸른 것이나 각종 수목"이 무엇을 지칭하는지에 대해서는 구체적인
언급이 없으나 하반 절에 보면 이 상반 절의 세 가지가 무엇인지 분명히
드러난다. 즉 이들은 이마에 하나님의 인을 맞은 사람들이다. 성령의 인을
맞은 사람들을 지칭한다. 첫째는 "땅의 풀"(8:7주해를 참조하라), 둘째는
"푸른 것"인데 첫째 그룹과 셋째 그룹에 속하지 않은 식물을 지칭한다.
셋째는 "각종 수목들"이다. 이 말씀은 결국 황충의 먹이인 식물을 조금도
해하지 말라는 명령이다. 참 이적이다. 하나님은 황충들에게 그들이 좋아하
는 먹이를 해치 말라고 하셨으니 참 놀라운 이적이 아닐 수 없다. 대신
하나님은 귀신들에게 하나님의 인 맞지 아니한 사람들만 해하라고 하신다
(7:3 주해 참조). 세상은 앞으로 귀신들로 가득차고 귀신들의 밥이 될 것이다.
귀신들은 택함 받지 아니한 사람들을 자기들의 밥으로 만들 것이다. 그러나
귀신들도 하나님의 명령에 전적으로 순종할 수밖에 없는 존재들로서 이
세상의 모든 것은 하나님의 절대 주권과 허락 하에서만 활동할 수 있음을
우리는 기억해야 한다.

**계 9:5. 그러나 그들을 죽이지는 못하게 하시고 다섯 달 동안 괴롭게만
하게 하시는데 그 괴롭게 함은 전갈이 사람을 쏠 때에 괴롭게 함과 같더라**
(καὶ ἐδόθη αὐτοῖς ἵνα μὴ ἀποκτείνωσιν αὐτούς, ἀλλ' ἵνα βασα-
νισθήσονται μῆνας πέντε, καὶ ὁ βασανισμὸς αὐτῶν ὡς βασανισμὸς
σκορπίου ὅταν παίσῃ ἄνθρωπον, And to them it was given that they
should not kill them, but that they should be tormented five months:

and their torment [was] as the torment of a scorpion, when he striketh a man-KJV).

요한은 앞(4절)에서 하나님께서 황충들(귀신들)에게 "하나님의 인침을 받지 아니한 사람들만 해하라"고 명령하신 것을 기록하고, 본 절에서는 하나님께서 귀신들에게 "그들(불신자들)을 죽이지는 못하게 하시고 다섯 달 동안 괴롭게만 하게 하셨다"는 것을 기록한다(10절; 11:7).

문장 초두의 "그러나"라는 말은 불필요한 번역으로 보인다. 다른 영어 번역판들도 "그러나"("But")라는 번역을 넣지 않고 있다. 해하게 하되 두 가지 조건이 있었다. 하나는 "그들(불신자들)을 죽이지는 못하게 하신 것"이고(욥 2:6절 참조), 또 하나는 "해하되 다섯 달 동안 괴롭게만 하라"고 하신 것이다. 본문의 "다섯 달 동안"이 얼마나 긴 시간인가를 두고 몇 가지 견해가 있다. 1) 황충들이 사는 5개월이라는 기간을 나타낸다는 견해.[65] 2) 상징적인 견해로 마호멧이 탄생한 해(AD 612년)로부터 150년간이라는 견해(다섯 달은 5개월이니 150일이다. 1일을 1년으로 잡아 150년으로 보는 것이다). 3) 회회교가 지배한 150년의 기간으로 830-980년으로 보는 견해. 그러나 이런 견해들은 어떤 성경적 증거가 없다. 그런고로 다섯 달 동안은 어떤 제한이 있는 부분적인 기한이라고 할 것이다. 귀신들은 하나님께서 허락하신 기한만 불신 세상을 괴롭힐 수가 있다는 것이다. 귀신들은 사람을 괴롭힐 권세를 하나님으로부터 받았지만 죽일 권세는 받지 못했다. 귀신들도 하나님의 주권 하에서 활동한다. 불신자들은 어떤 기한 동안 죽고 싶은 정도의 고통을 당해야 했다.

---

65) 부분적 과거론적 해석(partial preterist interpretation)에 의하면 부분적으로 이 기간은 유대를 다스린 로마 행정 장관인 제시우스 플로루스(Gessius Florus)가 AD 66년 5월부터 3,600명의 유대인들을 살해한 기간이다. 당연히 유대인들은 폭동을 일으켰고 요세푸스는 이때부터 유대-로마 전쟁이 시작된 것으로 본다. 그리고 성경에서 5는 권세 혹은 군사 조직과 관련된다. 이스라엘의 군대는 다섯 진영으로 배치되었다(출 13:18; 민 32:17; 수 1:14; 4:12; 삿 7:11; 왕하 1:9f). 하나님의 지시로 복음의 대적은 무저갱으로부터 나오는 사단의 군대로부터 공격을 받을 것이다. 이처럼 5라는 숫자는 다양한 역사적 지시성과 상징적 의미를 동시에 가진다는 것이다.

계 **9:6.** 그 날에는 사람들이 죽기를 구하여도 죽지 못하고 죽고 싶으나 죽음이 그들을 피하리로다(καὶ ἐν ταῖς ἡμέραις ἐκείναις ζητήσουσιν οἱ ἄνθρωποι τὸν θάνατον καὶ οὐ μὴ εὑρήσουσιν αὐτόν, καὶ ἐπιθυμήσουσιν ἀποθανεῖν καὶ φεύγει ὁ θάνατος ἀπ᾽ αὐτῶν, And in those days shall men seek death, and shall not find it; and shall desire to die, and death shall flee from them-KJV).

요한은 "그 날에는 사람들이 죽기를 구하여도 죽지 못하고 죽고 싶으나 죽음이 그들을 피할 것이라"고 말한다(6:16; 욥 3:21; 사 2:19; 렘 8:3). 즉 '그 어떤 기한 동안에는 사람들이 죽기를 구하여도 죽지 못하고 죽고 싶어도 죽음을 이룰 수가 없을 것이라'고 한다. 불신자들이 죽기를 구하고 또 죽고 싶을 정도이니 그들이 당하는 고통은 과연 지옥 고통임이 분명하다. 지금 마귀를 따르고 귀신들과 함께 세상을 희희낙락하는 자들은 결국에 가서는 귀신에 의해 말할 수 없는 고통을 당하게 마련이다. 그래서 그 고통이 심해지면 죽기를 원하게 된다(욥 3:21; 렘 8:3). 사람은 이런 때를 만나기 전에 회개하고 그리스도를 믿어 앞으로 이런 힘든 때를 만나지 않아야 할 것이다.

계 **9:7.** 황충들의 모양은 전쟁을 위하여 준비한 말들 같고 그 머리에 금 같은 관 비슷한 것을 썼으며 그 얼굴은 사람의 얼굴 같고(Καὶ τὰ ὁμοιώματα τῶν ἀκρίδων ὅμοια ἵπποις ἡτοιμασμένοις εἰς πόλεμον, καὶ ἐπὶ τὰς κεφαλὰς αὐτῶν ὡς στέφανοι ὅμοιοι χρυσῷ, καὶ τὰ πρόσωπα αὐτῶν ὡς πρόσωπα ἀνθρώπων).

요한은 3절에서 "황충들"(3절에서 "황충"이라고 단수로 번역된 말은 복수이다)이 연기 가운데로부터 땅위에 나왔다고 했는데, 이제 본 절 이하부터 10절까지 그 황충들의 모양을 묘사하고 있다. 요한은 "황충들의 모양"에 대해 8가지로 묘사한다. 먼저 여기 "황충들"이 실제로 '메뚜기'냐 하는 문제가 있다. 요한이 "황충들"을 묘사할 때 "...같고"(ὡς)라는 설명어를 여러 번 사용한 것을 보면 실제 '메뚜기'가 아님을 알 수 있다. 출 10:12-15의 애굽에 임한 메뚜기 재앙이나 욜 2:4-10의 황충들의 재앙은 실제 메뚜기들이 일으킨 재앙이었는데 본문에 나타난 황충들은 "땅의 풀이나 푸른 것이나 각종 수목은 해하지 않는" 것들이다(4절). 황충들이 해하는 것은 풀이 아니라 사람들이니 실제의 메뚜기들이 아닌 것은 분명하다.

그러면 본문의 황충들은 무엇인가? 11절에 의하면 이 황충들에게 "왕"이 있다고 했고 또 그 왕은 "무저갱의 사자"라고 했으니 황충들은 사탄에게 속한 악령들, 귀신들임에 틀림없다. 요한은 황충들의 모양을 말하면서 결코 곤충 종류의 모습을 묘사하는 것이 아니라 귀신들을 묘사하고 있다.

요한은 귀신들(악령들)이 첫째 "전쟁을 위하여 준비한 말들 같다"고 말한다. "전쟁을 위하여 준비한 말들 같다"는 말은 '전쟁을 위하여 훈련시켜 놓은 말들 같다'는 말로서 귀신들의 무서운 공격력을 가리킨다. 즉 귀신들의 추진력이 아주 대단하다는 뜻이다. 우리가 그리스도 안에 있으면 우리의 추진력은 더 대단하다. 둘째, 귀신들이 "그 머리에 금 같은 관 비슷한 것을 썼다"(나 3:17)는 말은 '그 머리에 금관 같은 관 비슷한 것을 썼다'는 말로 승리한 것처럼 보인다는 뜻이다(4:4; 6:2 참조). 악령들은 얼핏 보면 사람들을 쉽게 삼키니 잠시 승리한 것처럼 보인다는 의미이다. 그러나 참 승리는 그리스도 안에 있다. 따라서 그리스도를 따르는 우리는 영원한 승리자들이다. 셋째, 귀신들의 "얼굴은 사람의 얼굴 같다"고 말한다(단 7:8). 귀신들은 사람처럼 아주 지혜로워 보인다는 것이다. 사탄과 귀신들에게는 악마적 지혜가 있다. 그런고로 성도들은 항상 그리스도 안에 있어야 한다.

**계 9:8. 또 여자의 머리털 같은 머리털이 있고 그 이빨은 사자의 이빨 같으며** (καὶ εἶχον τρίχας ὡς τρίχας γυναικῶν, καὶ οἱ ὀδόντες αὐτῶν ὡς λεόντων ἦσαν).

넷째, 요한은 귀신들에게 "여자의 머리털 같은 머리털이 있다"고 말한다.

이 말은 귀신들이 얼핏 보기에 참 아름답게 보인다는 뜻이다. 여자의 머리털이 아름답게 보이듯이 귀신들도 얼핏 보기에는 사람들의 관심을 끈다는 것이다. 오늘날도 귀신들에게 유혹을 당하는 사람이 얼마나 많은가. 혹자들은 이 구절을 해석하면서 과거에 회회교들의 장발이 아름다워 이 구절의 예언은 회회교들이 등장한 데서 이루어졌다고 말했다. 성경 해석자들은 자기 당대에 그 어떤 것에 너무 끌려 당대에 하나님의 예언의 말씀이 이루어진 것으로 해석하는 수가 있으나 아주 조심해야 한다.

다섯째, 요한은 귀신들의 "그 이빨은 사자의 이빨 같다"고 말한다(욜 1:6). "그 이빨이 사자의 이빨 같다"는 말은 공격력이 아주 대단한 것을 비유하는 말이다(욜 1:6 참조). 이 말씀은 악령들(귀신들)의 잔인성이 대단하여 사람들의 영혼을 마구 해친다는 뜻이다. 귀신들은 심히 파괴적인 집단이다. 우리는 그리스도께서 우리의 보호막이라는 것을 알아야 한다.

**계 9:9. 또 철 호심경 같은 호심경이 있고 그 날개들의 소리는 병거와 많은 말들이 전쟁터로 달려 들어가는 소리 같으며**(καὶ εἶχον θώρακας ὡς θώρακας σιδηροῦς, καὶ ἡ φωνὴ τῶν πτερύγων αὐτῶν ὡς φωνὴ ἁρμάτων ἵππων πολλῶν τρεχόντων εἰς πόλεμον).

여섯째, 요한은 악령들(귀신들)이 "철 호심경 같은 호심경이 있다"고 말한다. "철 호심경 같은 호심경이 있다"(And they had breastplates, as it were breastplates of iron-KJV)는 말은 '철로 만든, 가슴막이(철 흉패)가 있다'는 뜻으로 귀신들은 강한 방어력이 있다는 뜻이다. 귀신들은 사람을 점령한 다음 웬만한 것으로는 나가지도 않고 물러가지도 않는다. 그래서 예수님께서는 "기도 외에 다른 것으로는 이런 종류가 나갈 수 없느니라"고 하셨다(막 9:29). 우리의 기도는 귀신들을 얼마든지 물리칠 수 있다.

일곱째, 요한은 귀신들의 "그 날개들 소리는 병거와 많은 말들이 전쟁터로 달려 들어가는 소리 같다"고 말한다(욜 2:5-7). 바로 앞의 "철 호심경" 언급은 귀신들의 방어력에 대해 언급한 것이라면 "그 날개들의 소리는 병거와 많은 말들이 전쟁터로 달려 들어가는 소리 같다"는 말은 귀신들의 강한 공격력을 시사한다. 많은 말들이 병거를 끌고 전쟁터로 달려 들어가는 소리 는 그 숫자가 많기도 하며 또 막강한 공격력을 보여주는데 이는 악령들의 집단적인 공격력이 대단함을 보여준다. 따라서 우리는 그리스도를 앞세우고 서만 악령들의 공격을 막을 수 있음을 알아야 한다.

**계 9:10. 또 전갈과 같은 꼬리와 쏘는 살이 있어 그 꼬리에는 다섯 달 동안 사람들을 해하는 권세가 있더라**(καὶ ἔχουσιν οὐρὰς ὁμοίας σκορπίοις καὶ κέντρα, καὶ ἐν ταῖς οὐραῖς αὐτῶν ἡ ἐξουσία αὐτῶν ἀδικῆσαι τοὺς ἀνθρώπους μῆνας πέντε, And they had tails like unto scorpions, and there were stings in their tails: and their power [was] to hurt men five months-KJV).

여덟째, 요한은 귀신들이 "전갈과 같은 꼬리와 쏘는 살이 있어 그 꼬리에 는 다섯 달 동안 사람들을 해하는 권세가 있더라"고 말한다(5절). 이를 좀 더 풀어써보면 '전갈들과 같은 꼬리들과 그들 꼬리들에 쏘는 살들이 있어 다섯 달 동안 사람들을 해하는 권세가 있더라'고 된다. 전갈들은 그 힘이 꼬리들에 있다. 이는 악령들의 해독을 상징한다. 이 악령들의 해독은 다섯 달 동안(5절 참조) 계속된다고 한다. 어떤 기한만 해하는 권세가 있다는 것이다. 사탄과 그 졸개들인 귀신들은 8가지의 무기를 가지고 사람을 해롭게 한다(7절부터 본 절까지). 따라서 우리는 악령들을 언제나 물리칠 수 있기 위하여 그리스도를 철저히 의지해야 한다.

**계 9:11. 그들에게 왕이 있으니 무저갱의 사자라 히브리어로는 그 이름이 아바돈이요 헬라어로는 그 이름이 아볼루온이더라**(ἔχουσιν ἐπ' αὐτῶν βα-σιλέα τὸν ἄγγελον τῆς ἀβύσσου, ὄνομα αὐτῷ Ἑβραϊστὶ Ἀβαδδών, καὶ ἐν τῇ Ἑλληνικῇ ὄνομα ἔχει Ἀπολλύων, And they had a king over them, [which is] the angel of the bottomless pit, whose name in the Hebrew tongue [is] Abaddon, but in the Greek tongue hath [his] name Apollyon-KJV).

　　요한은 악령들(귀신들)에게 "왕이 있으니 무저갱의 사자라 히브리어로는 그 이름이 아바돈이요 헬라어로는 그 이름이 아볼루온이라"고 말한다(엡 2:2). 많은 주석가들은 "황충들"(메뚜기들)은 임금이 없다(잠 30:27)고 주장한다. 그러나 본 절의 황충은 곤충을 가리키는 것이 아니고 악령들을 지칭하는 것이므로 왕이 있다. 그 왕이 바로 "무저갱의 사자"(무저갱을 주관하는 사자)라고 한다(1절). 그 이름이 "히브리어"로는 "아바돈"(ʼΑβαδδών)이고 "헬라어"로는 "아볼루온"(ʼΑπολλύων)이다. "아바돈"(ʼΑβαδδών)은 '파멸'이고 "아볼루온"(ʼΑπολλύων)은 '파괴자'라는 뜻인데 결국 동의어이다. 이 이름들은 사탄에게 아주 잘 어울리는 이름이다. 사탄은 종종 빛의 사자로 가장하기도 하지만(고후 11:14) 본 절에서는 그 존재 본래의 모습을 가지고 나타났다.

**계 9:12. 첫째 화는 지나갔으나 보라 아직도 이후에 화 둘이 이르리로다**(Ἡ οὐαὶ ἡ μία ἀπῆλθεν· ἰδοὺ ἔρχεται ἔτι δύο οὐαὶ μετὰ ταῦτα).

　　요한은 8:13에서 "공중에 날아가는 독수리가 큰 소리로 이르되 땅에 사는 자들에게 화, 화, 화가 있으리라"고 선포한 일이 있는데, 이제 요한은 본 절에서 "첫째 화(1-10절)는 지나갔다"고 말한다(8:13 주해 참조). 그리고 요한은 "보라 아직도 이후에 화 둘이 이를 것이라"고 말한다. 여기 "보라"(ἰδου)는 말도 현재시제이고 또 "이르리로다"(ἔρχεται)라는 말도 현재시제로, 이제 앞으로 닥치는 화들은 더욱 생생하게 묘사된다. 이렇게 재앙들이 자꾸 닥치는 이유는 하나님께서 사람들의 회개를 원하시기 때문이다(21절 참조). 빨리 회개하는 것만이 살 길이다.

　　G. 여섯째 나팔　9:13-21
　　요한은 앞(1-10절)에서 다섯째 화를 묘사한 다음 이제 여섯째 화를 묘사한다. 여섯째 나팔을 분 천사에 의해 풀려난 괴물들은 천사라고 불리기는 하나 황충들이 풀어놓았던 화보다 훨씬 더 살인적이다. 황충들(악령들)은 사람들에게 고통만 주었지만 이 부분(13-21절)에서 보이는 천사들과 그들의 군사들은 사람들을 마구 죽인다. 3분의 1이 죽임을 당하였으니 나머지 사람들은 회개할 법하지만 그들은 회개를 거절한다. 여섯 번째의 화는 나머지 사람들이 그리스도 앞으로 돌아와 구원받도록 하기 위해 자신들이 지은 죄의 심각성을 알려주려는 데 목적이 있다.

여섯째 화가 무엇을 말하느냐 하는 데는 여러 가지 견해가 있으나 가장 설득력이 있는 견해는 사탄이 세상 왕들을 충동시켜 큰 전쟁을 일으키게 함으로 결국 많은 사람이 죽임 당할 것을 예언한 것으로 본다.

**계 9:13. 여섯째 천사가 나팔을 불매 내가 들으니 하나님 앞 금 제단 네 뿔에서 한 음성이 나서**(Καὶ ὁ ἕκτος ἄγγελος ἐσάλπισεν· καὶ ἤκουσα φωνὴν μίαν ἐκ τῶν ((τεσσάρων)) κεράτων τοῦ θυσιαστηρίου τοῦ χρυσοῦ τοῦ ἐνώπιον τοῦ θεοῦ, And the sixth angel sounded, and I heard a voice from the four horns of the golden altar which is before God-KJV).

요한은 "여섯째 천사가 나팔을 불었을 때" "한 음성을 들었다." 그 음성은 "하나님 앞에 있는 금단 네 뿔에서 들려왔다." 여기 "하나님 앞에 있는 금단 네 뿔에서 들려온" 한 음성이 천사의 음성이라고 주장하나 하나님의 음성으로 보는 것이 타당하다. 이유는 천사의 음성이라면 다른 천사들한테 명령하기는 어려울 것으로 보인다(다음 절). 그런데 여기 한 음성이 금 제단 네 뿔에서 들려온 것은 성도들이 드린 기도의 응답으로 하나님께서 주신 것 같다. 6:10에 보면 순교자들이 제단(향단) 아래에서 부르짖었고, 또 8:3-5을 보면 제단(향단) 위에 기도를 드려 그 결과 심판이 임했는데, 이런 점을 감안할 때 본 절에서도 그 당시 성도들이 드린 기도가 응답되어 "하나님 앞 금 제단(향단) 네 뿔에서 한 음성이" 들려온 것 같다. 이 추측이 맞는다면 성도들의 기도는 참으로 놀라운 것임이 틀림없다. 왜냐하면 하나님의 뜻에 합한 성도의 기도라면 하나님께서는 반드시 그 기도에 응답하시기 때문이다.

**계 9:14. 나팔 가진 여섯째 천사에게 말하기를 큰 강 유브라데에 결박한 네 천사를 놓아 주라 하매**(λέγοντα τῷ ἕκτῳ ἀγγέλῳ, ὁ ἔχων τὴν σάλπιγγα, Λῦσον τοὺς τέσσαρας ἀγγέλους τοὺς δεδεμένους ἐπὶ τῷ ποταμῷ τῷ μεγάλῳ Εὐφράτῃ, Saying to the sixth angel which had the trumpet, Loose the four angels which are bound in the great river Euphrates-KJV).

"하나님 앞 금 제단 네 뿔에서 나온 한 음성"(앞 절)이 "나팔 가진 여섯째 천사에게 말하기를 큰 강 유브라데에 결박한 네 천사를 놓아 주라"고 말씀한다. 그러니까 나팔 가진 여섯째 천사는 나팔도 불었고 또 하나님의 명령도 받아서 수행한다. 하나님께서 여섯째 천사에게 명령한 내용은 "큰 강 유브라데에 결박한 네 천사를 놓아주라"는 명령이었다. 하나님은 유브라데 강66)이 큰 강이라고 하시고(16:12; 창 15:18; 신 1:7; 수 1:4), "유브라데에 결박한 네 천사를 놓아주라"고 하셨는데, 혹자는 여기 유브라데 지역에 갇혀있던 네 천사를 유브라데 지역에 위치한 4대 강국일 것이라고 주장한다. 그러나

---

66) "유브라데": Euphrates. 서아시아의 큰 강의 하나. 메소보다미아의 2대강 중의 하나이기도 하다. 히브리어의 [페라트]는 아카드어(語)의 푸라투(Purattu)의 음사인데, 원래는 슈메르어 부라누누(Burannu 커다란 강)에서 파생된 명칭이다. 이것의 고대 페르샤 명칭 우프라-투(ufratu)에서 그리스 명칭 유프라테스가 유래하고, 오늘 일반적으로 에우프라테스, 혹은 유프라테스로 부르는 이름이 생겨나게 되었다. 같은 이름이 이 강 외에도, 한 곳에 더 있다. 창세기를 비롯한 구약에 나오는 대개의 유브라데 강은, 서아시아에 있어서의 최대의 강으로, 티그리스강과 병칭되고, 메소보다미아의 문화발전에 중요한 역할을 한 강으로서 유명하다. 널리 알려진 강이었기 때문에 성경에서 그저 강(hannahar)으로만 기록되어 있는 경우가 많은데, 유브라데 강을 가리키는 말이다(출 23:31; 민 22:5; 수 24:2 등). 미표준개역(RSV)은 창세기36:37의 에돔에 있던 강에는 관사 the를 붙여 the Euphrates로 역하고 있다. 어떤 곳에는 형용사를 더하여 [큰 강 유브라데 hannahar haggadol]라고 한 곳도 있다(창 15:18). 유브라데강은 에덴동산의 네 강의 하나로 알려지는데(창 2:14). 이스라엘에게 약속된 땅의 북쪽지경에 해당되며(창 15:18; 신 1:7; 11:24; 수 1:4), 다윗과 솔로몬왕국 황금기에는 그 영역이 이 유브라데 강까지 뻗쳐 있었다(삼하 8:3; 10:16; 왕상 4:24).

이 학설을 그대로 받기는 어렵고 네 천사는 앞으로 일어날 큰 전쟁의 신비로
운 원인으로 보아야 할 것이다. 그들이 "결박당한" 것을 보면 그들이 선한
천사라고 말하기는 어렵다. 혹자는 본문의 네 천사가 7:1의 네 천사와 동일
하다고 주장하나 동일한 천사로 인정할 수는 없다. 이유는 7:1의 천사는
결박되지 않은 천사로서 유브라데에도 결박되지는 않았으니 본문에서 말하
는 네 천사와는 다른 천사들임을 알 수 있다. 이 천사들은 하나님의 허락이
없이는 움직일 수가 없었고, 또한 하나님의 허락으로만 활동이 가능하다.
네 천사들은 아마도 귀신들일 가능성이 많다. 이유는 다섯째 화도 귀신들의
활동에 의한 것임을 볼 때 본 절의 네 천사도 귀신들일 가능성이 아주
많아 보인다.

**계 9:15. 네 천사가 놓였으니 그들은 그 년 월 일 시에 이르러 사람 삼분의
일을 죽이기로 준비된 자들이더라**(καὶ ἐλύθησαν οἱ τέσσαρες ἄγγελοι
οἱ ἡτοιμασμένοι εἰς τὴν ὥραν καὶ ἡμέραν καὶ μῆνα καὶ ἐνιαυτόν, ἵνα
ἀποκτείνωσιν τὸ τρίτον τῶν ἀνθρώπων).

　　하나님께서 나팔을 분 여섯째 천사에게 "유브라데에 결박한 네 천사를
놓아주라"고 하신 명령에 의해(앞 절) "네 천사가 놓였으니 그들은 그 년
월 일 시에 이르러 사람 삼분의 일을 죽이기로 준비된 자들이라"고 한다.
네 천사는 하나님의 허락에 의하여 놓임을 얻었다. 모든 면에서 하나님은
주권을 가지고 역사하신다. 그런데 그들(그 네 천사들)은 어떤 때가 되어(이
때가 언제인지는 아무도 모른다) 사람 3분의 1을 죽이기로 준비된 자들이라
는 것이다. 모든 것은 하나님의 정하신 때에 일어나는 것이다. 세계 제
1차 대전도, 그리고 세계 제 2차 대전도 하나님의 정하신 때에 일어났으며
세계 제 3차 대전도 하나님의 정하신 때에 일어날 것이다. 사람들은 세계
제 3차 대전으로 끝날 것이라고 말하나 사실은 3차 대전으로 끝이 나지
않고 제 4차 대전이 일어날 수도 있는 일이다. 우리가 알게 되는 바는 모든
것은 하나님께서 정하신대로 되고 또 정하신 때에 되는 것이다(전 3:1-11

참조).

네 천사들은 하나님께서 정하신 때가 되었을 때 사람 3분의 1을 죽일 것이다. 여기 네 천사들은 마병대(다음 절)를 이용하여 사람을 죽일 것인데 네 천사들은 지휘관으로 일하면서 마병대를 사용하여 무수한 사람들을 죽일 것이다. 무척 많은 사람들이 죽으나 이들은 전체가 아닌 3분의 1에 해당한다. 그러므로 이 때 3분의 2에 해당하는 자들은 회개해야 할 것이다. 하지만 안타깝게도 그들은 끝까지 회개하지 않는다 (21절 참조).

**계 9:16.** 마병대의 수는 이만 만이니 내가 그들의 수를 들었노라(καὶ ὁ ἀριθμὸς τῶν στρατευμάτων τοῦ ἱππικοῦ δισμυριάδες μυριάδων, ἤκουσα τὸν ἀριθμὸν αὐτῶν, And the number of the army of the horsemen [were] two hundred thousand thousand: and I heard the number of them-KJV).

요한은 여섯째 천사가 나팔 부는 것을 들었고 또 여섯째 천사가 유브라데에 결박된 네 천사를 석방하는 환상을 보았으며 또 네 천사가 사용하는 마병대(말 탄 군인)의 숫자도 들었다(7:4; 겔 38:4). 그런데 그 숫자가 "이만 만"이라는 것을 들었다. "이만 만"이란 숫자는 문자 상으로는 '2억'이다(시 68:17; 단 7:10; 유 1:14 참조). 이렇게 많은 군대가 동원된 전쟁이 없었으니 이 전쟁은 앞으로 일어날 전쟁으로 본다.

**계 9:17.** 이 같은 환상 가운데 그 말들과 그 위에 탄자들을 보니 불빛과 자줏빛과 유황빛 호심경이 있고 또 말들의 머리는 사자 머리 같고 그 입에서는 불과 연기와 유황이 나오더라(καὶ οὕτως εἶδον τοὺς ἵππους ἐν τῇ ὁράσει καὶ τοὺς καθημένους ἐπ᾽ αὐτῶν, ἔχοντας θώρακας πυρίνους καὶ ὑακινθίνους καὶ θειώδεις, καὶ αἱ κεφαλαὶ τῶν ἵππων ὡς κεφαλαὶ λεόντων, καὶ ἐκ τῶν στομάτων αὐτῶν ἐκπορεύεται πῦρ καὶ καπνὸς καὶ θεῖον).

본 절은 앞 절에서 말한 마병대(말 탄 군인들)의 모습을 묘사한다. 요한은 먼저 군인들의 모습을 묘사하고 다음으로 말(馬)을 묘사한다. 문장 초두의 "이 같은 환상 가운데"란 말은 '이와 같이 환상 가운데서'란 뜻으로 환상 가운데서 모든 것을 보았다는 뜻이다. 요한은 환상 가운데서 "그 말들과 그 위에 탄자들을 보았다." 실물을 본 것이 아니라 환상 가운데서 말들을 보고 또 말들 위에 탄자들을 보았다는 것이다. 한 마디로 환상 중에 마병대를 보았다는 의미이다.

요한은 먼저 말 탄자들에게 "불빛과 자줏빛과 유황빛 호심경이 있는 것"을 보았다. 즉 불빛 호심경이 있는 것을 보았고 자줏빛(연기 색깔) 호심경이 있는 것을 보았으며 유황빛 호심경이 있는 것을 보았다는 뜻이다. 다시 말해 말 탄자들에게는 붉은 색깔의 호심경이 있었고 자주빛 색깔(연기 색깔)의 호심경이 있었으며 유황빛 색깔(노란 색깔)의 호심경이 있었다. 아마도 말 탄 군인들은 한 가지 호심경을 하지 않고 이 사람은 붉은 색, 저 사람은 자주색, 제 3의 군인은 노란색으로 된 호심경을 한 것으로 보인다. 이런 색깔들은 전쟁이 무서울 것을 보여주는 색깔들이다. 전쟁은 항상 잔인하다.

그리고 요한은 "말들의 머리는 사자 머리 같고 그 입에서는 불과 연기와 유황이 나오는" 것을 보았다. "말들의 머리는 사자 머리 같다"(대상 12:8; 사 5:28-29)는 말은 말들이 사자처럼 용맹스럽고 무자비할 것을 말하는데 이는 전쟁의 잔악성을 말해준다. 그리고 요한은 말들의 입에서는 "불과 연기와 유황이 나오는" 것을 보았다. 여기 말들의 입에서 나오는 불과 연기와 유황색깔은 말 탄자의 호심경 색깔과 동일하다. 이는 전쟁이 심히 무자비하고 잔인할 것을 보여주는 말이다. 전쟁은 항상 무자비하기 그지없다. 앞으로 일어날 그 어떤 전쟁이든지 무섭기가 한량없을 것이다.

계 9:18. 이 세 재앙 곧 자기들의 입에서 나오는 불과 연기와 유황으로 말미암아 사람 삼분의 일이 죽임을 당하니라(ἀπὸ τῶν τριῶν πληγῶν τούτων ἀπεκτάνθησαν τὸ τρίτον τῶν ἀνθρώπων, ἐκ τοῦ πυρὸς καὶ τοῦ καπνοῦ καὶ τοῦ θείου τοῦ ἐκπορευομένου ἐκ τῶν στομάτων αὐτῶν, 그 입에서 나오는 불과 연기와 유황, 이 세 가지 재앙으로 사람의 삼분의 일이 죽임을 당하였습니다-표준 새 번역).

요한은 바로 앞 절에서 언급한바 말들의 입에서 나온 "불과 연기와 유황"을 본 절에서는 "세 재앙"이라고 밝힌다. 그러니까 "불"도 하나의 재앙, "연기"도 하나의 재앙, "유황"도 하나의 재앙이라는 것이다.67) 앞으로의 전쟁에서 나타날 세 가지 큰 재앙을 지칭할 것이다.

요한은 "이 세 재앙 곧 자기들의 입에서 나오는 불과 연기와 유황으로 말미암아 사람 삼분의 일이 죽임을 당했다"고 말한다. 앞으로 귀신들의 입에서 나오는 세 가지 재앙으로 사람 3분의 1이 죽임을 당한다는 것이니 엄청나게 큰 전쟁이 일어날 것을 예측할 수가 있다.

계 9:19. 이 말들의 힘은 입과 꼬리에 있으니 꼬리는 뱀 같고 또 꼬리에 머리가 있어 이것으로 해하더라(ἡ γὰρ ἐξουσία τῶν ἵππων ἐν τῷ στόματι αὐτῶν ἐστιν καὶ ἐν ταῖς οὐραῖς αὐτῶν, αἱ γὰρ οὐραὶ αὐτῶν ὅμοιαι ὄφεσιν, ἔχουσαι κεφαλὰς καὶ ἐν αὐταῖς ἀδικοῦσιν).

요한은 형언할 길 없이 많은 말들(16절)의 힘이 어디에서 나오는지 말한다. 말들의 힘이 "입과 꼬리에 있다"고 말한다. 놀라운 힘 즉 전쟁의 무기가 입에서 나온다는 것은 이미 앞 절에 말했다. 이제 본 절에서는 말들의

67) "유황"(Brimstone): 잘 부스러지는 황색 비금속원소. 화약, 성냥, 고무 제조등에 사용하고, 기호는 S. 탈 때 불꽃이 생긴다. 소돔과 고모라는 유황과 불이 비같이 내려 멸망했다고 한다(창 19:24; 눅 17:29). 유황을 함유하는 샘 및 유황의 침전(沈澱)은 요단 유역, 특히 사해부근에서 옛 부터 알려져 있었다. 이때의 유황과 불비는 죄에 대한 하나님의 형벌로 언급되고 있다(창19장; 신29:23). 이와 관련해서 성경에서는 죄인에 대한 하나님의 심판의 처절한 형용으로서 쓰이고 있다(욥 18:15; 시 11:6; 사 30:33; 34:9; 겔 38:22; 눅 17:29; 계 9:17; 14:10; 19:20).

꼬리에 대해 언급한다. 요한은 "꼬리가 뱀 같다"고 말한다(10절 주해 참조). "꼬리가 뱀 같다"(사 9:15)는 말은 '마병대의 꼬리들이 사탄이나 귀신의 힘을 지니고 있다'는 뜻이다. 그리고 "꼬리에 머리가 있다"는 말은 '꼬리, 즉 귀신들을 위하여 머리되는 사탄이 있다'는 뜻이다. 귀신들은 사탄의 지시를 따라 사람을 해할 것이다. 여기 "이것으로 해하더라"는 말은 '귀신들과 머리 되는 사탄이 사람을 계속적으로 해하고 있다'는 뜻이다. "해하다"(ἀδικοῦσιν)는 말은 현재 능동태 동사로 '계속적으로 해를 끼치고 있다'는 뜻이다.

앞 절과 본 절을 종합해보면 수많은 귀신들(마병대)은 세 가지 재앙을 일으켜 인류의 3분의 1을 죽일 것이며(18절), 또 귀신들은 사탄을 머리로 하여 인류를 해할 것이다. 본 절의 해석을 위해 주석가들은 유브라데 강 동쪽에 있는 팔티아 군인들의 무서운 모습을 연상해서 해석한다. 팔티아 군인들이 주전 1세기 그리고 주후 1세기에 활동한 것을 연상하여 본 절의 해석을 시도하려고 하나 본 절이 실제로 일어날 때는 앞으로의 일일 것이니 별로 도움이 되지 않는다(본 절의 환상이 앞으로 일어날 일이라고 말할 수 있는 이유는 지금까지 2만만의 마병대가 동원된 전쟁이 없었기 때문이다). 앞으로 귀신들의 활동으로 수없는 인구가 죽임을 당할 날이 있을 것을 생각하면 하루 속히 회개해야 할 것이다.

계 9:20. 이 재앙에 죽지 않고 남은 사람들은 손으로 행한 일을 회개하지 아니하고 오히려 여러 귀신과 또는 보거나 듣거나 다니거나 하지 못하는 금, 은, 동과 목석의 우상에게 절하고(Καὶ οἱ λοιποὶ τῶν ἀνθρώπων, οἳ οὐκ ἀπεκτάνθησαν ἐν ταῖς πληγαῖς ταύταις, οὐδὲ μετενόησαν ἐκ τῶν ἔργων τῶν χειρῶν αὐτῶν, ἵνα μὴ προσκυνήσουσιν τὰ δαιμόνια καὶ τὰ εἴδωλα τὰ χρυσᾶ καὶ τὰ ἀργυρᾶ καὶ τὰ χαλκᾶ καὶ τὰ λίθινα καὶ τὰ ξύλινα, ἃ οὔτε βλέπειν δύνανται οὔτε ἀκούειν οὔτε περιπατεῖν).

요한은 여섯째 나팔 재앙에 죽지 않고 남은 사람들, 다시 말해 인류의 3분의 1이 죽는 재앙에서도 죽지 않고 살아남은 자들이 어떤 일을 할 것인가를 설명한다. 첫째, 그들은 "손으로 행한 일을 회개하지 아니한다"고 말한다(신 31:29). 조그마한 경고에도 회개하는 사람들이 있는가 하면 죽을 뻔했던 일을 만나고도 절대로 회개하지 않는 사람들이 있다는 것이다. 귀신들의 역할에 의해 인류 3분의 1이 죽임을 당한 와중에서 겨우 살아남고도 결코 회개하지 않는 3분의 2에 해당하는 사람들이 있다는 것이다. 오늘 우리는 가벼운 경고만 들어도 회개하여 살 길을 찾아야 한다.

둘째, 그들은 "오히려 여러 귀신과 또는 보거나 듣거나 다니거나 하지 못하는 금, 은, 동과 목석의 우상에게 절했다"(레 17:7; 신 32:17; 시 106:37; 115:4f; 135:15f; 단 5:23; 고전 10:20 참조). 그들은 회개하지 않았을 뿐 아니라 오히려 여러 귀신에게 절했고 또 보지도 못하고 듣지도 못하며 다니지도 못하는, 금, 은. 동과 나무와 돌로 만든 우상에게 경배하기를 그치지 않았다. 여기에 열거된 죄들은 하나님을 상대로 한 죄들이다. 이들은 우상을 만들고 자기가 만든 우상에게 끊임없이 절하기를 그치지 않을 것이란 뜻이다.

## 계 9:21. 또 그 살인과 복술과 음행과 도둑질을 회개하지 아니하더라

(καὶ οὐ μετενόησαν ἐκ τῶν φόνων αὐτῶν οὔτε ἐκ τῶν φαρμάκων αὐτῶν οὔτε ἐκ τῆς πορνείας αὐτῶν οὔτε ἐκ τῶν κλεμμάτων αὐτῶν).

셋째, 그들은 "그 살인과 복술과 음행과 도둑질을 회개하지 아니했다"(22:15). 한마디로 사람을 상대한 죄들을 짓고도 회개하지 않았다. 앞으로 그럴 것이란 뜻이다. 바로 앞 절의 죄는 하나님을 상대로 해서 지은 죄들인데 반해 본 절은 십계명 중 제 5계명 이하 제 10계명까지를 어긴 죄들을 지칭한다(출 20:13-15). 부모에게 불효한 것은 "살인"죄에 해당하고 거짓 증거의 죄는 "복술"에 포함되어 있으며 탐심은 "도둑질" 하는 죄에 포함되어 있다 (박윤선). 앞으로 사람들은 하나님께 대하여 지은 죄도 회개하지 않고(20절), 사람들을 향해서 짓는 죄도 회개하지 않을 것이다. 우리는 회개할 줄 모르는 시대를 분명히 만나게 될 것이다.

H. 둘째 삽경 - 강한 천사   10:1-11

여섯째와 일곱째 인(印) 사이에도 삽경(중간계시)이 있었듯이 여섯째 나팔과 일곱 나팔 사이에도 삽경이 있다. 두 경우 모두 일곱째 재앙이 특별히 중요함을 암시한다. 이 두 번째 삽경도 두 가지로 구성되어 하나는 강한 천사와 작은 책의 환상이고(10장), 다른 하나는 두 증인의 환상이다 (11:1-13). 두 환상은 시련의 기간 중에 하나님의 백성이 무슨 일을 해야 하는지 그리고 그들의 선지자적인 역할이 무엇인지에 대해 언급한다. 첫째 환상(10:1-11)은 요한이 메시지를 받고 그 메시지를 선포할 위임을 받는다. 이 부분(1-11절)은 단 10:5-6과 겔 2:1-3:11에 진술된 에스겔의 소명과 병행을 이룬다. 그리고 둘째 환상(11:1-13)은 두 증인들의 역사와 그들의 큰 환경을 묘사한다.

둘째 삽경(중간계시)에서 먼저 요한은 작은 책을 먹은 후 많은 백성과 나라와 방언과 임금들에게 예언하도록 되어 있다. 이것은 종말이 오기 전에 하나님의 말씀이 세상 어느 곳에나 전파되어야 한다는 것을 보여준다. 둘째 삽경의 주제는 불신계가 아닌 교회에 해당된다. 요한은 종말에 대해 말하기 전에 교회에 대해 언급한다. 다시 말해 교회가 해야 할 의무와 교회가 겪게 될 고통에 대해 경고한다.

**계 10:1. 내가 또 보니 힘 센 다른 천사가 구름을 입고 하늘에서 내려오는데 그 머리 위에 무지개가 있고 그 얼굴은 해 같고 그 발은 불기둥 같으며**(Καὶ εἶδον ἄλλον ἄγγελον ἰσχυρὸν καταβαίνοντα ἐκ τοῦ οὐρανοῦ περιβεβλημένον νεφέλην, καὶ ἡ ἶρις ἐπὶ τῆς κεφαλῆς αὐτοῦ καὶ τὸ πρόσωπον αὐτοῦ ὡς ὁ ἥλιος καὶ οἱ πόδες αὐτοῦ ὡς στῦλοι πυρός).

요한은 "내가 또 보니"라는 어구를 사용한다. 요한계시록에는 요한이 본 것으로 여러 차례 나온다(4:1; 6:2, 5, 9, 12; 7:9; 8:2; 9:1; 13:1; 14:1 등). 요한은 자신이 본 것이 몇 가지가 된다고 말한다. 첫째, "힘 센 다른 천사가 구름을 입고 하늘에서 내려오는" 것을 보았다고 말한다. 여기 "힘 센 다른 천사"가 누구냐를 두고 여러 견해가 있다. 1) 그리스도 자신이라는 견해(Moffatt, Seiss, Kraft, Sweet, Clarke, Vincent, Beale). 이 견해가 많은 지지를 받으나 계시록에서 그리스도는 결코 천사로 나타나지 않으니 이 견해는 설득력이 약하다. 그리고 "힘 센 다른 천사"라는 표현이 의미하는 바가 이 천사는 천사 종류이지 그리스도가 아님을 알 수 있다. 2) 미가엘이라는 견해(12:7). 3) 가브리엘이라는 견해(단 12:7). 아마도 2번의 견해나 3번의 견해가 바를 것이다. 아무튼 "힘센 다른 천사"라 했으니 '중요한 천사'임에는 틀림없다(8:3 참조).

이 천사는 "구름을 입고 하늘에서 내려오고" 있었다. 이 천사가 구름을 옷 입고(시 104:3; 단 7:13; 계 1:7; 14:14 참조) 하늘에서 내려오고 있었으니 이때에 요한은 땅위에 있었음이 틀림없다. 그가 땅위에 있었기에 천사가 하늘에서 내려오는 것을 볼 수 있었다. 천사는 큰 사역을 감당하기 위하여 내려오는 것이니 구름을 옷 입고 장엄하게 그리고 화려한 모습으로 내려오고 있었다.

요한은 천사의 "머리 위에 무지개가 있는" 것을 보았다(겔 1:28). 다시 말해 무지개를 모자로 쓰고 있는 것을 본 것이다. 그런데 "무지개"(ἶρις)란 말 앞에 관사(η)가 있어 '그 무지개'란 뜻이다. 다시 말해 4:3의 하나님의 보좌에 둘린 무지개(ἶρις)란 말과는 다른 자연적인 '그 무지개'란 뜻이다 (Grejdanus). 여기 무지개는 하나님의 언약의 표적이다(4:3 참조). 모든 심판은 하나님의 언약에 의해 진행되는 것이다. 힘센 다른 천사는 하나님의 언약을 근거하고 심판하러 내려오는 중이었다.

요한은 천사의 "얼굴이 해 같고 발은 불기둥 같은" 것을 보았다 (1:15, 16; 마 17:2). "얼굴이 해 같고 발은 불기둥 같다"는 표현은 그리스도의 모습과 같다는 뜻이다(1:15-16 참조). 그러나 그렇다고 하여 이 천사가 그리스도는 아니었다. 천사의 얼굴이 해 같고(1:16; 마 13:43 참조) 발(발 달린 다리를 뜻한다)은 불기둥 같았기(출 13:21; 14:19, 24 참조)에 그리스도와 흡사해 보인 것이다. 천사는 성결하여 이런 얼굴을 하고 있었다.

**계 10:2. 그 손에는 펴 놓인 작은 두루마리를 들고 그 오른 발은 바다를 밟고 왼 발은 땅을 밟고**(καὶ ἔχων ἐν τῇ χειρὶ αὐτοῦ βιβλαρίδιον ἠνεῳγμένον. καὶ ἔθηκεν τὸν πόδα αὐτοῦ τὸν δεξιὸν ἐπὶ τῆς θαλάσσης, τὸν δὲ εὐώνυμον ἐπὶ τῆς γῆς).

요한이 또 본 것은(앞 절에 이어) 천사의 "손에는 펴 놓인 작은 두루마리를 들고" 있는 것을 보았다. 천사의 손에 펼쳐진 작은 두루마리를 두고 여러 견해가 있다. 1) 5:1에 기록된바 하나님의 손에 들려졌던 심판 책이라는 견해. 2) 신약 성경이라는 견해. 3) 복음(7절)이라는 견해. 4) 요한이 받아서 예언해야 하는 작은 책이라는 견해. 위의 견해 중 3번의 복음이라는 견해와 4번의 요한이 예언해야 하는 심판 책이라는 견해는 같은 것으로 볼 수 있고 따라서 맞는 것으로 보인다. 이유는 복음이라는 견해나 요한이 받아서 예언해야 하는 심판 책이라는 말은 같은 내용으로 볼 수 있기 때문이다. 천사는 요한이 예언해야 하는 사명을 알게 하기 위해 하늘에서 두루마리를 들고 내려왔다.

그런데 들고 내려온 그 책이 펼쳐져 있었던 것은 이미 계시된 것을 뜻한다. "펴 놓인"(ἠνεῳγμένον)이란 말은 현재완료 분사로 이미 하늘에서부터 펼쳐져 있었고 요한이 본 그 시간에도 여전히 펼쳐져 있었던 것을 시사한다. 이 책은 영원히 펴 놓인 책으로 있다.

요한이 또 본 것은 천사가 "그 오른 발은 바다를 밟고 왼 발은 땅을 밟고" 있는 것을 보았다(마 28:18). 여기 "바다"와 "땅"은 '온 세계'를 지칭한다(시 98:4, 7, Clarke, Moffatt, Rist, Leon Morris, 박윤선, 이상근). 요한은 전 세계를 향하여 예언해야 했다. 오늘 우리의 교구도 전 세계이다. 우리는 세상 사람들의 눈에는 우습게 보이지만 세계적인 메시지를 가지고 세계를 상대하고 전해야 하는 중요한 사람들이다.

**계 10:3. 사자가 부르짖는 것 같이 큰 소리로 외치니 그가 외칠 때에 일곱 우레가 그 소리를 내어 말하더라**(καὶ ἔκραξεν φωνῇ μεγάλῃ ὥσπερ λέων μυκᾶται. καὶ ὅτε ἔκραξεν, ἐλάλησαν αἱ ἑπτὰ βρονταὶ τὰς ἑαυτῶν φωνάς).

요한은 천사가 "그 오른 발은 바다를 밟고 왼 발은 땅을 밟은 채"(2절) "사자가 부르짖는 것 같이 큰 소리로 외치는 것"을 보았다. 사자처럼 외친 것은 천사가 힘이 센 증거이며 또한 그가 외치는 내용이 중요했기 때문이다. 구약에서도 하나님의 음성을 사자의 음성 같다고 했다(호 11:10; 암 3:8 참조).

그리고 요한은 천사가 외칠 때에 "일곱 우레가 그 소리를 내어 말한 것"(ἐλάλησαν αἱ ἑπτὰ βρονταὶ τὰς ἑαυτῶν φωνάς)으로 들었다(8:5). 이 본문을 다시 번역해보면 "일곱 우레들이 제 각각의 소리들을 냈다"이다(시 29:3-9에 "여호와의 소리"란 말이 7번 나온다). 일곱 우레들이 제 각각의 특색 있는 소리들을 내어 말했다는 것이다(시 29:1-9 참조). "제 각각의 소리들"(τὰς ἑαυτῶν φωνάς)이란 말 앞에 정관사(τὰς) "그"(="저")라는 말이 있는 것을 보면 이미 익숙한 우레라는 것을 알 수 있다(4:5; 8:5 참조). 그러면 일곱 우레 소리의 내용이 무엇일까라는 것을 두고 몇 가지 견해가 있으나 취할 바 못된다. 사실 우리로서는 알 길이 없다. 다만 요한만 그 일곱 우레 소리들의 내용을 알았을 것이다(다음 절).

계 10:4. 일곱 우레가 말을 할 때에 내가 기록하려고 하다가 곧 들으니 하늘에서 소리가 나서 말하기를 일곱 우레가 말한 것을 인봉하고 기록하지 말라 하더라(καὶ ὅτε ἐλάλησαν αἱ ἑπτὰ βρονταί, ἤμελλον γράφειν, καὶ ἤκουσα φωνὴν ἐκ τοῦ οὐρανοῦ λέγουσαν, Σφράγισον ἃ ἐλάλησαν αἱ ἑπτὰ βρονταί, καὶ μὴ αὐτὰ γράψῃς).

요한 사도는 본 절에서 두 가지를 말씀한다. 하나는 일곱 우레 소리의 내용을 기록하려고 했다는 것과 또 다른 하나는 하나님께서 그 일곱 우레 소리의 내용을 기록하지 말라고 말씀하신 것이다.

요한은 "일곱 우레가 말을 할 때에 내가 기록하려고 했다"고 말한다. 요한이 일곱 우레 소리를 들었을 때 그 내용을 알 수 있었기에 기록하려고 시도했다. 우레 소리의 내용이 무엇인지 우리는 알 수 없으나 요한은 알 수가 있었다. 그래서 막 기록하려고 하는데 요한이 "들으니 하늘에서 소리가 나서 말하기를 일곱 우레가 말한 것을 인봉하고 기록하지 말라"는 소리가 들렸다. 여기 "하늘에서 소리"가 난 것을 두고 이를 1) 하나님의 소리. 2) 그리스도의 소리. 3) 천사의 소리라는 견해가 있으나 그 근원은 하나님의 소리로 보아야 한다. 왜냐하면 그리스도께서 소리를 내셨다고 해도 하나님께서 내신 소리이고 천사가 소리를 냈다고 해도 역시 하나님의 소리이기 때문이다. 여기 "인봉하고"(σφράγισον)란 말은 부정(단순)과거 명령형으로 '아주 감추라'는 뜻이다(22:10; 단 8:26; 12:4, 9).

그렇다면 하나님께서는 왜 우레 소리의 내용을 감추고 기록하지 말라고 하셨을까? 아마도 그것은 평범한 우리가 그것을 다 감당할 수 없음을 아셨기 때문일 것이다(신 29:29 참조). 만약 우리가 다 감당할 수 있었다면 하나님께서는 그 모든 것을 다 기록하여 백성들에게 공표하라고 하셨을 것이다. 그러나 일반 백성들은 하나님의 메시지를 다 감당할 수가 없었다. 바울 사도도 삼층 천에 이끌려가서 사람으로서는 가히 이르지 못할 말을 들었는데(고후 12:4) 바울은 땅에 내려와서 그 내용을 말하지 못했다. 하나님의 뜻 모두가 다 우리에게 계시되는 것은 아니다. 계시되지 않는 부분도 있음을 알아야 할 것이다. 예를 들면 예수님께서 이 땅에 재림하실 날과 시간 같은 것은 하나님께서 말씀하시지 않는다. 사실 그 날짜를 아는 것은 우리에게 도움이 되지 않고 감당하지도 못할 계시이다. 만약 재림 날짜를 안다면 세상에서 아무렇게나 살다가 재림 날짜 며칠을 앞두고 회개한다고 야단을 떠는 사람들이 얼마나 많을 것인지를 생각하는 것은 그리 어렵지 않다. 하나님께서는 요한 같은 특수한 사람들에게는 어떤 계시를 공개하시지만 감당 못할 우리에게는 감추시는 계시가 있다는 것을 우리는 알아야 한다. 감추시는 것도 은혜이다. 왜냐하면 감추시는 것이 우리에게 필요하고, 그로 인한 유익함이 있기에 감추셨을 것이기 때문이다.

**계 10:5. 내가 본 바 바다와 땅을 밟고 서 있는 천사가 하늘을 향하여 오른손을 들고**(Καὶ ὁ ἄγγελος, ὃν εἶδον ἑστῶτα ἐπὶ τῆς θαλάσσης καὶ ἐπὶ τῆς γῆς, ἦρεν τὴν χεῖρα αὐτοῦ τὴν δεξιὰν εἰς τὸν οὐρανὸν).

요한은 2절 하반 절을 이어 본 절에서 "내가 본 바 바다와 땅을 밟고 서 있는 천사가 하늘을 향하여 오른손을 들고"(출 6:8; 단 12:7) 하나님의 비밀의 계획이 이루어질 것이라고 외친다(6-7절). 요한이 본 절에서 언급한 "천사"는 1절과 2절에서 언급한 천사이다. 천사는 하늘을 향하여 오른 손을 들고 맹세를 하고 있는데 이런 모습은 성경에서 흔히 볼 수 있는 모습이다(창 14:22; 신 32:40; 단 12:7). 우리는 천사가 손을 들고 맹세하면서 말하는 내용을 잘 들어야 한다.

**계 10:6. 세세토록 살아 계신 이 곧 하늘과 그 가운데에 있는 물건이며 땅과 그 가운데에 있는 물건이며 바다와 그 가운데에 있는 물건을 창조하신 이를 가리켜 맹세하여 이르되 지체하지 아니하리니**(καὶ ὤμοσεν ἐν τῷ ζῶντι εἰς τοὺς αἰῶνας τῶν αἰώνων, ὃς ἔκτισεν τὸν οὐρανὸν καὶ τὰ ἐν αὐτῷ καὶ τὴν γῆν καὶ τὰ ἐν αὐτῇ καὶ τὴν θάλασσαν καὶ τὰ ἐν αὐτῇ, ὅτι χρόνος οὐκέτι ἔσται, and swore by him who lives for ever and ever, who created heaven and what is in it, the earth and what is in it, and the sea and what is in it, that there should be no more delay).

천사는 하나님은 더 이상 지체하지 않으시고 종말을 이루실 것이라고 말하기 위해 자기 자신의 이름으로 맹세하여 말하지 않고 하나님의 이름을 두고 맹세한다. 천사는 하나님의 이름을 두고 맹세할 때 하나님께서 영생하시는 분이라는 것과 또 하나님은 창조주라고 말씀한다. 즉 "세세토록 살아 계신 이 곧 하늘과 그 가운데에 있는 물건이며 땅과 그 가운데에 있는 물건이며 바다와 그 가운데에 있는 물건을 창조하신 이를 가리켜 맹세한다." 하나님은 영생하시는 분이시다(창 21:33; 단 4:34; 12:7). 그리고 하나님은 창조하신 분이시다(4:11; 14:7; 창 1:1; 출 20:11; 느 9:6; 시 33:6; 사 37:16; 42:5; 렘 32:17; 행 14:15; 17:24; 히 11:3). 창조주 하나님은 세상을 심판하실 수 있으시고 더 나아가 하나님께서 원하시는 신천신지를 만드실 수 있으시다.

천사가 영생하시는 하나님과 창조하신 하나님을 "가리켜 맹세하는" 이유는 하나님의 이름을 두고 맹세하는 맹세가 최고의 맹세가 되는 줄 알기 때문이었다(마 5:34-36; 26:63). 그러나 우리는 하나님의 이름을 걸고 함부로 맹세해서는 안 된다.

천사는 하나님의 이름을 두고 맹세하여 이르되 "지체하지 않으실 것"이라고 말한다. "지체하지 아니하리니"(χρόνος οὐκέτι ἔσται)라는 말은 '시간이 다시없으리니'라는 뜻으로 하나님께서 계획하신 것들이 일곱째 나팔로 모두 다 이루어질 것이라는 뜻이다(16:17; 단 12:7). "일곱 인들의 주기와 같이 일곱 나팔의 주기는 재림에 도달한다. 여기서 천사의 선포는 예수님의 재림이 역사를 위한 하나님의 계획의 마감으로서 의미를 가지고 있음을 강조한다(엡 1:10 참조)"(Poythress).[68] 순교자들이 자기들의 원수를 갚아달라고 하나님 앞에 호소했을 때 하나님은 "아직 잠시 동안 쉬라"고 하신 말씀에 대한 응답으로서 본문이 등장한 것으로 보인다. 이제 일곱째 천사가 나팔을 부는 날 종말이 와서 성도의 구원이 이루어지고 적그리스도가 심판을 받을 것이다. 그러므로 이 세상을 사는 그리스도인인 우리는 요한이 받았던 계시와 같이(10-11절) 부지런히 복음을 전해야 할 것이다.

**계 10:7. 일곱째 천사가 소리 내는 날 그의 나팔을 불려고 할 때에 하나님이 그의 종 선지자들에게 전하신 복음과 같이 하나님의 그 비밀이 이루어지리라 하더라**(ἀλλ' ἐν ταῖς ἡμέραις τῆς φωνῆς τοῦ ἑβδόμου ἀγγέλου, ὅταν μέλλῃ σαλπίζειν, καὶ ἐτελέσθη τὸ μυστήριον τοῦ θεοῦ, ὡς εὐηγγέλισεν τοὺς ἑαυτοῦ δούλους τοὺς προφήτας).

천사의 맹세의 말이 앞 절에 이어 계속된다. 천사는 "일곱째 천사가 소리 내는 날 그의 나팔을 불려고 할 때에 하나님이 그의 종 선지자들에게 전하신 복음과 같이 하나님의 그 비밀이 이루어지리라"고 말한다. 일곱째 천사가 나팔 소리를 내는 날, 즉 천사가 나팔을 불려고 할 때(11:15) 하나님께서 구약의 선지자들에게 전하신 복음(구약의 선지자들도 그리스도의 활동, 고난, 부활, 승천 재림, 심판, 신천신지에 대해 예언했으니 복음을 전한 것이다)과 같이 "하나님의 그 비밀이 이루어질 것이라"고 한다. "하나님이 그의 종 선지자들에게 전하신 복음과 같이"란 말은 신약의 사도들을 제외하는 말은 아니다. 요한 사도를 포함하여 신약의 사도들이 전한 복음을 포함하고 있다.

"하나님의 그 비밀이 이루어질 것이라"고 한 말은 '세상 끝에 이루어질 하나님의 경륜이 이루어질 것'이란 뜻이다. 세상 끝에는 성도들을 괴롭히던

---

68) 번 S. Poythress, *요한계시록 맥 잡기*, 유상섭옮김, pp. 144-145.

적그리스도의 세력이 심판을 받고 그리스도인들은 구원을 얻는다. 이런 일들을 비밀이라고 하는 이유는 하나님께서 이런 일들을 감추어 두셨다가 드러내셨기 때문이다. 성경은 그리스도의 복음도 비밀이라고 하고(엡 3:7-13) 또 말세에 적그리스도들이 심판을 받는 것도 비밀이라고 한다. 적그리스도가 심판을 받는 것도 우리에게는 큰 복음이 아닐 수 없다. 오늘을 사는 우리는 하나님의 그 비밀이 이루어질 것이라는 확신을 가지고 항상 소망 중에 살아야 한다.

**계 10:8. 하늘에서 나서 내게 들리던 음성이 또 내게 말하여 이르되 네가 가서 바다와 땅을 밟고 서 있는 천사의 손에 펴 놓인 두루마리를 가지라 하기로**(Καὶ ἡ φωνὴ ἣν ἤκουσα ἐκ τοῦ οὐρανοῦ πάλιν λαλοῦσαν μετ᾽ ἐμοῦ καὶ λέγουσαν, Ὕπαγε λάβε τὸ βιβλίον τὸ ἠνεῳγμένον ἐν τῇ χειρὶ τοῦ ἀγγέλου τοῦ ἑστῶτος ἐπὶ τῆς θαλάσσης καὶ ἐπὶ τῆς γῆς).

힘 센 천사가 하나님의 그 비밀, 즉 하나님의 종말 심판이 이루어질 것이라고 말한(앞 절) 다음 "하늘에서 나서 요한에게 들리던 음성"(4절)이 "또 요한에게 말하여 이르되 네가 가서 바다와 땅을 밟고 서 있는 천사의 손에 펴 놓인 두루마리를 가지라"고 말한다. 하나님(4절의 음성이 누구의 음성인지 분명하지는 않다. 그러나 궁극적으로는 하나님의 음성으로 보아야 한다)께서는 요한이 천사의 맹세의 말을 듣는 것만으로는 만족하시지 않고 아예 천사의 손에 놓인 두루마리를 가지라고 권하신다. 맹세의 말을 듣는 것보다는 그것을 아주 소유하는 것이 더 중요하다는 것이다. "가서... 가지라"는 말은 구약에도 많이 나타나고(창 27:13; 호 1:2), 신약에도 보인다(마 5:24; 8:4; 요 4:16 참조). 4절에 진술된바 일곱 우레의 소리를 기록하지 말라 한 하늘의 소리는 이제 작은 책을 받으라고 권한다. 일곱 우레의 소리는 인봉되었으나 작은 책의 내용은 받아먹고 전하라는 것이다. 무엇을 하든지 하지 않든지 전도자는 오직 하나님께서 원하시는 대로만 움직여야 한다.

**계 10:9.** 내가 천사에게 나아가 작은 두루마리를 달라 한즉 천사가 이르되 갖다 먹어 버리라 네 배에는 쓰나 네 입에는 꿀 같이 달리라 하거늘(καὶ ἀπῆλθα πρὸς τὸν ἄγγελον λέγων αὐτῷ δοῦναί μοι τὸ βιβλαρίδιον. καὶ λέγει μοι, Λάβε καὶ κατάφαγε αὐτό, καὶ πικρανεῖ σου τὴν κοιλίαν, ἀλλ᾽ ἐν τῷ στόματί σου ἔσται γλυκὺ ὡς μέλι).

요한은 본 절에서 두 가지를 말한다. 하나는 자신이 "천사에게 나아가 작은 두루마리를 달라"고 한 말을 기록해 놓았다. 요한이 "천사에게 나아가 작은 두루마리를 달라"고 한 것은 하나님께서 "네(요한)가 가서 바다와 땅을 밟고 서 있는 천사의 손에 펴 놓인 두루마리를 가지라"(앞 절)고 명령하셨기 때문이었다. 그래서 요한은 하나님의 명령을 받고 천사에게 나아가 작은 두루마리 책을 달라고 하였다.

또 하나는 요한이 천사의 응답을 기록하고 있다. 즉 "천사가 이르되 갖다 먹어 버리라 네 배에는 쓰나 네 입에는 꿀 같이 달리라"는 말을 기록하고 있다(렘 15:16; 겔 2:8; 3:1-3 참조). 천사는 요한에게 그 두루마리를 그냥 가지고 가서 보존하고 있을 것이 아니라 아예 그것을 갖다가 먹어버리라고 부탁한다. 그리고 천사는 요한이 그 두루마리를 먹은 후에 "네 배에는 쓸 것이지만 네 입에는 꿀 같이 달 것"이라고 말해준다. 그 두루마리가 하나님의 말씀이기 때문에 요한의 입에는 꿀같이 달지만 그 말씀을 선포하는 것은 참으로 힘이 들 것이므로 배에는 쓸 것이라고 말한다. 하나님의 말씀은 꿀 같이 달다고 성경은 말씀한다(시 19:10; 119:103). 그러나 하나님의 말씀을 전하려 할 때 심판도 전해야 하므로 쓴 경험을 해야 하고 또 박해자들로부터 무수한 박해가 있을 것이니 쓰디 쓴 것을 경험해야 한다. 바울 사도는 1차, 2차, 3차, 4차(로마행 전도) 전도여행 때 수많은 박해를 받았다. 하나님의 말씀을 전해본 경험이 있는 자라면 누구든지 모두 쓰디쓴 경험을 한다. 죄인들에게 지옥 이야기를 하는 것은 쓴 경험이고 또 사방에 생기는 박해자들로부터 박해를 받는 것은 참기 힘든 정도의 쓴 경험이다.

**계 10:10. 내가 천사의 손에서 작은 두루마리를 갖다 먹어 버리니 내 입에는 꿀 같이 다나 먹은 후에 내 배에서는 쓰게 되더라**(καὶ ἔλαβον τὸ βιβλαρίδιον ἐκ τῆς χειρὸς τοῦ ἀγγέλου καὶ κατέφαγον αὐτό, καὶ ἦν ἐν τῷ στόματί μου ὡς μέλι γλυκὺ καὶ ὅτε ἔφαγον αὐτό, ἐπικράνθη ἡ κοιλία μου, And I took the little book out of the angel's hand, and ate it up; and it was in my mouth sweet as honey: and as soon as I had eaten it, my belly was bitter-KJV).

요한은 천사가 부탁한 대로(앞 절) "천사의 손에서 작은 두루마리를 갖다 먹어 버리니 내 입에는 꿀 같이 다나 먹은 후에 내 배에서는 쓰게 되었다"고 한다(겔 2:10; 3:3). 천사가 말한 대로 된 것이다. 오늘 우리도 똑같은 경험을 한다. 성경 말씀은 얼마나 단지 말할 수 없다. 송이 꿀보다 더 달다. 기쁘기 한량없다. 그러나 말씀을 먹은 다음 그 말씀을 전하려할 때는 얼마나 쓴 경험을 해야 하는지 알 수 없다. 그래서 전하기도 전에 쓴 맛을 느낀다. 죄인들에게 전해야 하는 내용 자체가 참으로 말하기 힘든 내용들이니 쓴 경험을 미리 하게 된다. 요한은 벌써 쓴 경험을 하게 되었다. 복음 전도자는 모두 쓴 경험을 하면서 살아야 한다.

**계 10:11. 그가 내게 말하기를 네가 많은 백성과 나라와 방언과 임금에게 다시 예언하여야 하리라 하더라**(καὶ λέγουσίν μοι, Δεῖ σε πάλιν προφη-τεῦσαι ἐπὶ λαοῖς καὶ ἔθνεσιν καὶ γλώσσαις καὶ βασιλεῦσιν πολλοῖς, And I was told, "You must again prophesy about many peoples and nations and tongues and kings"-RSV).

요한이 두루마리를 갖다가 먹고 맛본 다음 두 가지 맛을 다 느꼈을 때(앞 절) 하늘에서 음성이 들려와 요한에게 말하기를 "네가 많은 백성과 나라와 방언과 임금에게 다시 예언하여야 하리라"고 말한다. 문장 초두의 "그가 내게 말하기를"(λέγουσίν μοι)이란 어구는 "저희가 내게 말하기를"이란 뜻이다. 이 어구(λέγουσίν μοι)는 권위 있는 사본에 있는 것인데 P라는 사본에는 단수(λέγει)로 되어 있다. 권위 있는 사본을 따라 복수로 번역하는 것이 바를 것이다. 그렇다면 주어가 누구인가로 견해가 여럿으로 갈린다. 1) 그리스도와 천사가 주어라는 견해. 2) 단수로 보아 주어가 천사라는 견해. 3) 부정적 복수(indefinite plural)가 주어라는 견해. 이 경우는 말하는 주어가 숨겨져 있어 누가 주어인지 밝히지 않는다. 4절과 8절("내게 들리던 음성"이란 말처럼)에 주어가 생략된 경우와 같다. 그래서 개정역(RSV)에서는 아예 "내게 들리니"(I was told)라고 번역했다. 그런고로 3번의 견해가 바른 것으로 보인다.

하늘에서 들려온 음성은 요한에게 "네가 많은 백성과 나라와 방언과 임금에게 다시 예언하여야 하리라"고 말한다. 여기 예언해야 하는 대상이 네 그룹이다. 5:9주해 참조하라. 5:9("각 족속과 방언과 백성과 나라")과 비교하면 5:9에 있는 "족속" 대신 본 절에서는 "임금"으로 대치되어 있다. 본 절의 예언은 교회이든 국가이든 어느 소수 집단에만 관계되는 것이 아니라 전체에 관계된다는 것이다. 이 예언은 놀랍게 그대로 성취되었다. 제 아무리 높은 지위에 있는 사람들도 하나님의 복음을 들어야 한다는 것을 보여준다. 전도자는 높은 지위에 있는 사람들을 제외시키고 복음을 전해서는 안 된다. 그렇게 되면 높은 지위에 있는 사람들은 어떻게 구원을 받겠는가?

하늘에서 요한에게 들려온 음성은 "네가 다시 예언하여야 하리라"는 것이다. 여기 "다시 예언하여야 하리라"는 말을 두고 몇몇 주석학자들은 요한이 이미 일곱 인들과 일곱 나팔들에 대하여 예언했으니 앞으로 또 전해야 한다는 뜻으로 해석한다. 그러나 그보다도 요한이 밧모 섬에 오기 전에 일생을 두고 복음을 전해 왔는데 이제 앞으로 그의 삶 속에서 복음을 더 전해야 한다는 뜻으로 해석한다. 후자가 타당해 보인다. 요한은 사명을 끝마친 사람이 아니라 또 사명을 맡아서 수고해야 했다. 오늘 우리의 사명도 계속되어야 한다.

# 제 11 장


I. 셋째 삽경 - 두 증인   11:1-14

요한은 이 부분(1-14절)에서 하나님의 백성들이 겪어야 할 엄청난 박해에 대하여 언급한다. 요한은 참 증인 곧 "두 증인들"과 또 증인들을 무섭게 박해하는 "적그리스도"의 무서운 모습에 대해 언급하고 있다.

이 부분(1-13절)은 상징적으로 보아야 한다. 1절의 "성전"도 상징적으로 사용되고 있고 이 부분에 나오는 "두 증인들"도 상징적으로 사용된 고로 우리는 증인들을 교회나 혹은 교회의 성도들로 해석하는 것이 바람직하다 (신 17:6).

"큰 성"(8절)이란 흔히 '예루살렘'을 지칭하지만 본 장에서는 '소돔' 혹은 '애굽'이라는 성을 지칭한다. 사람들은 사회적인 조직을 만들어 대대적으로 하나님께 대적하는데 이 성은 그와 같은 세상 제도를 다른 말로 표현한 것이다.

요한은 10장에서 예언을 위한 재위임(recommissioning)을 받은 후에 11장에서 갈대 지팡이를 받는다. 갈대지팡이는 3m 가량의 측량자이다(겔 42:16-19). 요한은 "내게 지팡이 같은 갈대를 주며 말하기를 일어나서 하나님의 성전과 제단과 그 안에서 경배하는 자들을 측량하되 성전 바깥마당은 측량하지 말고 그냥 두라"(1-2절)는 부탁을 받는다. 요한은 구약 선지자들처럼 상징적인 행동을 하도록 요청을 받는다.

**계 11:1. 또 내게 지팡이 같은 갈대를 주며 말하기를 일어나서 하나님의 성전과 제단과 그 안에서 경배하는 자들을 측량하되**(Καὶ ἐδόθη μοι κάλαμος ὅμοιος ῥάβδῳ, λέγων, Ἔγειρε καὶ μέτρησον τὸν ναὸν τοῦ θεοῦ καὶ τὸ θυσιαστήριον καὶ τοὺς προσκυνοῦντας ἐν αὐτῷ).

요한은 어떤 분이 자기에게 "지팡이 같은 갈대를 주며 말하기를 일어나서 하나님의 성전과 제단과 그 안에서 경배하는 자들을 측량하라"고 말한 사실을 기록한다(21:15; 민 23:18; 겔 40:3; 슥 2:1). 요한은 누가 자기에게 갈대를 주었는지에 대해서는 진술하지 않는다. 그러나 3절에서 "나의 두 증인"이라고 말한 것을 보면 요한에게 갈대를 주신 분은 틀림없이 그리스도이심을 알 수 있다.

여기 "갈대"란 말은 "지팡이 같은 갈대"라는 표현으로 보아 "바람에 흔들리는 갈대"(눅 7:24)는 아닌 것 같고 아마도 '잣대로 사용할 수 있는 단단한 갈대'였음이 드러난다(겔 40:3; 계 21:15). 요한에게 갈대를 준분이 말하기를 "일어나서 하나님의 성전과 제단과 그 안에서 경배하는 자들을 측량하라"고 명령한다. 여기 "일어나서"란 말은 이제 능동적으로 행동할 것을 지시하는 말이다. 요한은 지금까지 환상을 관찰하는데 시간을 썼으나 이제부터는 실제로 행동하도록 권고를 받는다. 여기 요한이 세 가지를 측량하라고 권고 받은 내용은 "성전과 제단과 그 안에서 경배하는 자들"이다. "성전(ναὸν-지성소를 뜻하는 말임)과 제단과 그 안에서 경배하는 자들(예배드리는 사람들)"은 '영적 이스라엘'을 뜻하는 말로 오늘날 '교회'를 지칭한다(고전 3:16; 고후 6:16; 엡 2:21). 이 세 가지를 따로 해석할 필요는 없는 것 같다. 이유는 이 세 가지에 대해 요한이 "측량하라"는 명령을 받았기 때문이다. 이 세 가지는 오늘날 '교회'를 지칭하는 것으로 보면 좋을 것이다.

요한이 여기 세 가지를 "측량하라"[69]는 말을 들었는데 그것은 '교회를 보전하라'(삼하 8:2)는 뜻이다. 윌럼 헨드릭슨(William Hendriksen)은 "가

---

[69] "측량하라"는 말은 '건설하라'는 뜻이 있고(렘 31:39; 슥 2:1-2), '파괴하라'(왕하 21:13; 사 34:11; 암 7:7-9)는 뜻도 있으며 그리고 '보전하라'(삼하 8:2)는 뜻의 측량도 있다. 본문의 "측량하라"는 말은 문맥에 의하여 '보전하라'는 뜻으로 보아야 할 것이다.

까운 문맥이나 유사한 표현(21:15), 그리고 구약의 배경(겔 40:5; 42:20;
슥 2:1)을 근거로 살펴보면 성전 측량의 의미는 모든 재난에서 보호하고
안전하도록 하기 위하여 세속적인 모든 것으로부터 분리한다는 뜻이다'라고
말한다.[70] 오늘날 교회는 어떤 환난 중에도 보호 받게 될 것이다. 결코
세상이 교회를 무너뜨릴 수 없고(7:3 참조) 지옥의 권세가 교회를 파괴할
수도 없다.

**계 11:2. 성전 바깥마당은 측량하지 말고 그냥 두라 이것은 이방인에게
주었은즉 그들이 거룩한 성을 마흔 두 달 동안 짓밟으리라**(καὶ τὴν αὐλὴν
τὴν ἔξωθεν τοῦ ναοῦ ἔκβαλε ἔξωθεν καὶ μὴ αὐτὴν μετρήσῃς, ὅτι ἐδόθη
τοῖς ἔθνεσιν, καὶ τὴν πόλιν τὴν ἁγίαν πατήσουσιν μῆνας τεσσεράκοντα
((καὶ)) δύο, But the court which is without the temple leave out, and
measure it not; for it is given unto the Gentiles: and the holy city shall
they tread under foot forty [and] two months-KJV).

하늘에서 요한에게 들려온 음성은 "성전 바깥마당은 측량하지 말고 그냥
두라"는 말이다(겔 40:17, 20). "성전 바깥마당"은 '이방인의 뜰'을 지칭하는
말로 이는 예루살렘 성전 밖에 유대인 남자의 뜰이 있고 그 밖 돌담 밖에
이방인의 뜰이 있었는데 그 이방인의 뜰을 가리킨다. 성전 바깥마당을 측량
하지 말라는 말은 이방인의 뜰을 측량하지 말라는 뜻으로 명목적으로만
하나님을 경배한다는 사람들, 순전히 형식적으로만 하나님을 경배하는 사람
들을 보전하지 말고 버리라는 뜻이다. "측량하지 말라"는 말은 앞(1절)에
말한 "측량하라"는 말의 반대말로서 '보전하지 말라'는 뜻이다. 이유는 성전
바깥마당을 "이방인에게 주었은즉 그들이 거룩한 성을 마흔 두 달 동안
짓밟을 것이기" 때문이라고 한다(13:5; 단 8:10; 시 79:1; 눅 21:24). 여기
"성전 바깥마당"은 "거룩한 성"과 동의어로 사용되었음이 드러난다.[71] "성

---

70) 윌렴 헨드릭슨, *요한계시록*, 헨드릭슨 성경주석, p. 151.
71) "성전 바깥마당"은 '이방인들이 예배드리는 곳'이고 "거룩한 성"은 '예루살렘 성'을

전 바깥마당," 즉 "예루살렘 성"을 "이방인에게 주었다"는 말은 명목상의 신자들, 다시 말해 형식적으로 믿는 체 하는 신자들이 이방인들에 의해 짓밟힐 것을 가리킨다. 누구든지 내용 없이 형식적으로만 예배하는 형식주의 자들은 이제 일어날 새로운 복음 운동에서 기각될 것이라는 말이다.

본문의 "마흔 두 달 동안"이 얼마의 기간을 가리키느냐 하는데 대한 견해는 참으로 많다.[72] "마흔 두 달 동안"(42개월)은 1260일, 사흘 반(11:9), 한 때와 두 때와 반 때(12:14; 단 7:25; 12:7)[73]와 동일한 기간을 지칭하는데 세계 종말의 최후 한 주간의 전반부(前半部)에 해당하는 기간이다. 그 후반부 (後半部)는 환난이 더욱 극렬할 기간을 말하는데 계시록 13장에 나온다.

---

지칭하는바 이 두 곳을 동의어로 취급하는 이유는 성전 내부가 아니라는 점이다. 이방인이든지 유대인이든지 가릴 것 없이 성전 내부 즉 하나님을 골돌하게 섬기는 사람들이 아니면 동등하게 취급을 받는다는 것을 보여준다.

72) "마흔 두 달 동안": 이 기간에 대한 견해는 여럿으로 갈린다. 1) 과거파(過去派) 학자들의 견해. 주후 70년에 예루살렘을 함락시킨 로마의 침략 기간(주후 67년 봄부터 주후 70년 가을까지)을 가리킨다고 한다. 그러나 이 견해는 요한계시록의 저작 연대를 잘못 계산한데서 생긴 견해이다. 요한계시록이 주후 95년-96년에 기록되었다고 대개의 학자들이 말하고 있다. 그러니까 마흔 두 달을 계산하려면 주후 96년 이후 어느 때부터 계산해야지 요한계시록이 기록되기 이전의 어느 때부터 마흔 두 달을 계산하면 안 될 것이다. 이 해석은 실제로 그대로 이루어지지도 않았다. 2) 교회사 학파에서는 "마흔 두 달"은 1260일(1260년의 상징)과 같다는 것이다. 이 학파의 어떤 학자들은 이 시기가 왈도(Waldo-프랑스 사람)파의 진리 운동의 시작(주후 1170년)부터 계산되어야 할 연대라 하고, 또 혹은 루터의 종교개혁 때(주후 1517년)부터 계산되어야 할 시기라고 한다. 1170년이나 1517년부터 시작하여 1260년 후에 세상의 종말이 온다고 주장한다. 이런 해석은 예수님의 재림을 계산하는 위험에 빠질 수가 있다. 3) 종말파(終末派) 학자들의 견해. 유대인들이 독립한 후 오래지 않아 또 다시 이방인의 점령 하에 들어가게 될 기간을 의미한다는 것이다. 이 해석은 본문을 거의 문자적으로 해석하려는 약점을 가지고 있다. 4) 42개월이나 1260일을 7년간의 대 환난의 전, 후반부로 보되 그것을 예수님께서 승천하신 때부터 세상 종말까지의 상징으로 해석하여 이 기간을 말세로 보고 그 때에 있을 일을 상징적으로 보여주신 것이라는 해석이다. 이런 해석은 무천년설자의 해석이다. 5) 42개월이나 1260일을 7년 대환난의 전반부로 보며 이 시기에 두 증인이 나타나서 예언 활동을 한다는 것이다. 이 해석은 두 부류가 지지하는 해석이다. 하나는 세대주의(유대인이 중심이 되어 성전을 세우고 그 성전에서 일어나는 것을 지칭한다고 함)가 이 해석을 지지하고 또 하나는 역사적 전 천년설(이 기간을 순전히 교회의 상징으로 본다)이 이 해석을 지지한다. 두 지지층은 이 해석을 견지하면서 마흔 두 달은 세상 종말에 있을 사건이라고 하며 7년 대 환난 때의 일이라고 한다. 이 해석의 약점은 7년 대 환난 때에는 지상에 참 그리스도인이 없다고 주장하는 것이다. 7년 대 환난 전에 이미 다 공중으로 끌리어 올라가서 지상에는 참 교회나 참 교인은 하나도 없다고 하는 것이다. 또한 7년 대 환난에 대한 즉 42개월이나 1260일을 역사적으로 해석하려는 점이 문제이다.

73) "한 때"는 1년, "두 때"는 2년, "반 때"는 6개월과 같다.

그런데 전반부(前半部)는 글자대로의 연수(年數)를 말함이 아니고 상징적
연수로서 적그리스도가 활동하기 전의 신약시대 전체를 지칭하는 기간이다
(눅 21:24 참조).

본문에서 한 가지 분명한 것은 이방인들이 명목상의 신자들을 짓밟는
기간도 그리스도께서 구분해 놓으셨고 또 그 경계도 정해 놓으셨다는 것으로
그리스도의 주권의 존재함이 분명하게 드러난다. 우리는 참으로 그리스도를
믿는 사람들이 되어 그리스도의 보호와 인도하심 속에서 구원에 이르러야
한다. 우리는 결코 세상 사람들한테 짓밟히는 사람들이 되어서는 안 될
것이다.

**계 11:3. 내가 나의 두 증인에게 권세를 주리니 그들이 굵은 베옷을 입고
천이백육십 일을 예언하리라**(καὶ δώσω τοῖς δυσὶν μάρτυσίν μου καὶ
προφητεύσουσιν ἡμέρας χιλίας διακοσίας ἑξήκοντα περιβεβλημένοι
σάκκους).

요한은 그리스도께서 "내가 나의 두 증인에게 권세를 주리니 그들이
굵은 베옷을 입고 천이백육십 일을 예언하리라"는 말을 듣는다. 여기 먼저
"나의 두 증인"(20:4)이란 말이 무엇을 지칭하는지가 문제이다. 대체로 두
견해가 있는데, 1) 율법의 대표자 모세와 예언의 대표자 엘리야가 다시
세상에 나타날 것으로 보는 견해.74) 2) 교회를 지칭한다는 견해. 이유는
다음 절에 나오는바 "그들은 이 땅의 주 앞에 서 있는 감람나무와 두 촛대"란
말(슥 4:14)을 보아 교회로 본다. 스가랴서 3장과 4장은 대제사장 여호수아와
예루살렘 성전재건 자 스룹바벨이 당시 교회의 대표자였으니 두 증인을
교회라고 봄이 타당하다(이 문제를 위해 각주를 볼 것). 여기 "두" 증인이란
말은 증거의 신실을 위하여 필요한 숫자이니(신 17:6; 19:15) 둘이나 넷이나

---

74) 이 두 사람만 아니라 다른 사람들을 내세우는 견해도 있다. 엘리야와 엘리사로 보기도
하고 혹은 에녹과 엘리야로 보기도 하며 율법과 선지자, 율법과 복음, 혹은 구약과 신약이라고
주장하기도 한다. 그러나 7절에 보면 증인들이 복음을 전하다가 순교하는 것을 보면 교회의
신실한 순교자라고 보는 것이 좋을 것이다.

숫자에 관계없이 신실한 증인을 지칭하는 말이다. 그러니까 한 사람의 증인
이라도 신실한 증인은 두 증인이나 마찬가지이다.

예수님은 신실한 증인들 즉 교회에 "권세를 주실 것이라"고 한다. 이방인
들이 불신실한 교인들을 박해하는 때에는 증인들이 "권세"를 받아야 한다.
권세를 받지 않고는 증거사역을 감당할 수가 없다. 오늘 우리도 주님으로부
터 권능을 받지 않고는 도무지 복음을 전할 수 없음을 알고 권세를 기다려야
한다.

예수님은 또 증인들이 "굵은 베옷을 입고 천이백육십 일을 예언하리라"
고 한다(12:6; 19:10). "굵은 베옷을 입는다"는 말은 죄를 통회하는 뜻으로
입는 옷을 말한다(왕상 21:27; 왕하 1:8; 사 22:12; 렘 4:8; 욘 3:5; 마
3:4; 11:21 참조). 증인들, 즉 교회는 권능을 받아서 복음을 전하되 자기
죄와 세상의 죄를 슬퍼하는 뜻에서 베옷을 입고 부지런히 복음을 전해야
한다. 이 복음 사역은 1260일 동안 즉 신약시대 전체를 통하여 꾸준히
해야 할 것이다. 그렇다면 지금 우리는 베옷을 입고 통회하면서 복음을
전하고 있는가?

**계 11:4. 그들은 이 땅의 주 앞에 서 있는 두 감람나무와 두 촛대니**(οὗτοί
εἰσιν αἱ δύο ἐλαῖαι καὶ αἱ δύο λυχνίαι αἱ ἐνώπιον τοῦ κυρίου τῆς
γῆς ἐστῶτες, These are the two olive trees, and the two candlesticks
standing before the God of the earth-KJV).

"그들" 곧 '두 증인'(앞 절)은 "이 땅의 주 앞에 서 있는 두 감람나무와
두 촛대"라고 요한이 해설해 준다(시 52:8; 렘 11:16; 슥 4:3, 11, 14). 여기
"이 땅의 주 앞에 서 있는"(standing before the God of the earth)이란
말은 두 감람나무와 두 촛대가 이 땅의 주 앞에 서 있다는 뜻으로 두 감람나무
와 두 촛대가 하나님 앞에서 신실해야 될 것을 말해준다. 다시 말해 하나님
앞에서 감람나무와 촛대가 아주 신실하게 증인 역할을 다해야 한다는 것이
다. 감람나무는 기름을 공급하는 나무(슥 4:3, 11-14)[75]로서 성령의 역사하

심이 있는 교회를 상징한다. 그리고 "촛대"(1:12-13 주해 참조)도 불을 밝히는 도구로서 복음의 빛을 발휘하는 교회를 상징한다. 그리고 "감람나무"와 "촛대" 앞에 있는 "둘"이란 낱말은 증인의 숫자로 "두 감람나무"와 "두 촛대"가 교회를 상징하는 낱말들로서 신실해야 할 것을 말한다. 지금 전도자들과 교회는 하나님 앞에 신실한가를 항상 점검해야 한다.

**계 11:5. 만일 누구든지 그들을 해하고자 하면 그들의 입에서 불이 나와서 그들의 원수를 삼켜 버릴 것이요 누구든지 그들을 해하고자 하면 반드시 그와 같이 죽임을 당하리라**(καὶ εἴ τις αὐτοὺς θέλει ἀδικῆσαι πῦρ ἐκπορεύεται ἐκ τοῦ στόματος αὐτῶν καὶ κατεσθίει τοὺς ἐχθροὺς αὐτῶν· καὶ εἴ τις θελήσῃ αὐτοὺς ἀδικῆσαι, οὕτως δεῖ αὐτὸν ἀποκτανθῆναι).

예수님은 본 절에서 그리스도로부터 권세를 받은 두 증인(3절, 교회)이 신실하게 복음을 증거하고 있는(4절) 동안(1260일 동안) 아무도 그들을 건드리지 못한다고 말씀한다. 예수님은 "만일 누구든지 그들을 해하고자 하면 그들의 입에서 불이 나와서 그들의 원수를 삼켜 버릴 것이라"고 말씀한다(왕하 1:10, 12; 렘 1:10; 5:14; 겔 43:3; 호 6:5). 그 어떤 사람이든지 증인들(교회)을 해하고자 하면 증인들의 입에서 불이 나와 증인들을 해하고자 하는 원수를 삼켜 버릴 것이라고 하신다. 본문의 "불"이란 말은 실제로 불을 의미하는 것이 아니라 증인들의 입에서 나오는 말씀이 불이 될 것이라는 뜻이다(렘 5:14). 왕상 18:24, 38 참조. 신실한 증인들의 입에서 나오는 하나님의 말씀은 불이 되어 더러운 죄악을 청소할 뿐 아니라 증인들을 박해하는 원수들을 삼켜 버린다. 여기 "삼켜 버릴 것이라"(κατεσθίει)는 말은 현재 능동태 동사로 '계속적으로 소멸 한다'는 뜻으로 전적으로 파괴할

---

75) "감람나무": 우리 개역 판 성경과 개역개정판 성경에 감람나무라고 번역해 놓은 것은 실제로 올리브 나무(Olive tree)이다. 이 올리브 나무 열매를 모두 우리 번역에서는 감람나무라고 번역해 놓았는데 표준 새 번역에는 "올리브 나무"로 번역해 놓았다. Olive(올리브) 나무 열매는 푸른빛이 나는 타원형의 핵과로 맛이 좀 쓰고 떫다.

것을 가리킨다. 하나님의 신실한 증인들의 말씀은 소멸시키는 불임을 알고 증인들을 박해하는 일을 온전히 금해야 한다.

　예수님은 사람들이 알아듣기 쉽게 다시 설명하신다. 즉 "누구든지 그들을 해하고자 하면 반드시 그와 같이 죽임을 당하리라"(he must in this manner be killed-KJV)고 하신다(민 16:29). 전반 절의 "삼켜버릴 것이라"는 말은 구체적으로 '반드시 죽임을 당하리라'는 뜻이라고 하신다. 증인의 입에서 나오는 말씀이 이렇게까지 무서운 것은 그리스도께서 증인의 말을 불이 되게 하시기 때문이다. 증인들에게 무슨 힘이 있는가? 오직 그리스도께서 그들에게 권세를 주시고 또 그리스도께서 전도자들의 말씀을 불이 되게 하신 것 때문에 엄청난 파급효과가 있는 것이다. 전도자들이 신실하게 그리스도의 말씀을 전하면 놀라운 사람들이 되는 것이다.

**계 11:6. 그들이 권능을 가지고 하늘을 닫아 그 예언을 하는 날 동안 비가 오지 못하게 하고 또 권능을 가지고 물을 피로 변하게 하고 아무 때든지 원하는 대로 여러 가지 재앙으로 땅을 치리로다**(οὗτοι ἔχουσιν τὴν ἐξουσίαν κλεῖσαι τὸν οὐρανόν, ἵνα μὴ ὑετὸς βρέχῃ τὰς ἡμέρας τῆς προφητείας αὐτῶν, καὶ ἐξουσίαν ἔχουσιν ἐπὶ τῶν ὑδάτων στρέφειν αὐτὰ εἰς αἷμα καὶ πατάξαι τὴν γῆν ἐν πάσῃ πληγῇ ὁσάκις ἐὰν θελήσωσιν).

　예수님은 증인들의 입에서 불이 나와서 원수들을 완전 소멸할 뿐(5절) 아니라 다른 재앙으로 땅을 친다는 것을 말씀한다. 첫째, "그들이 권능을 가지고 하늘을 닫아 그 예언을 하는 날 동안 비가 오지 못하게 한다"고 하신다(왕상 17:1; 약 5:16-17). 사람들이 증인들을 해하면 증인들은 권능을 가지고 하늘을 닫아 그들이 예언을 하는 날 동안 비가 오지 못하게 할 수도 있다고 하신다. 엘리야가 그랬듯이(왕상 17:1; 눅 4:25; 약 5:17) 신약시대의 전도자들도 복음을 전하는 동안 전도자들을 박해하는 사람이 있는 경우 기도하여 하늘을 닫을 수도 있다는 뜻이다. 둘째, 그들이 "권능을 가지

고 물을 피로 변하게 할 수 있다"고 하신다. 모세가 그랬듯이(출 7:20) 물을
변하여 피가 되게 할 수도 있다는 것이다(8:8; 삼상 4:8 참조). 그리고 셋째,
"아무 때든지 원하는 대로 여러 가지 재앙으로 땅을 칠 수 있다"고 하신다.
이 문장에서 중요한 것은 "아무 때든지"라는 말이고 또 "여러 가지 재앙으
로"라는 말이다. 증인들이 하나님 앞에서 신실하게 복음을 전하는 경우
아무 때든지 그리고 여러 가지 큰 재앙을 발생시킬 수도 있다는 것이다.
교회가 이런 일들을 하지 못하는 이유는 하나님 앞에서 신실하게 복음을
증거 하지 않기 때문이며 믿음이 없기 때문이다(막 11:23). 교회가 하나님
앞에서 충실하게 임무를 수행할 때 비록 죄악으로 가득 찬 세상일지라도
변화시킬 수 있는 것이다. 신약의 성도들도 구약의 모세나 엘리야와 같이
엄청난 힘을 발휘할 수 있다는 것을 알아야 한다.

**계 11:7. 그들이 그 증언을 마칠 때에 무저갱으로부터 올라오는 짐승이
그들과 더불어 전쟁을 일으켜 그들을 이기고 그들을 죽일 터인즉**(καὶ ὅταν
τελέσωσιν τὴν μαρτυρίαν αὐτῶν, τὸ θηρίον τὸ ἀναβαῖνον ἐκ τῆς ἀβύσ-
σου ποιήσει μετ᾽ αὐτῶν πόλεμον καὶ νικήσει αὐτοὺς καὶ ἀποκτενεῖ
αὐτούς, And when they shall have finished their testimony, the beast
that ascendeth out of the bottomless pit shall make war against them,
and shall overcome them, and kill them-KJV).

　예수님은 신약의 증인들이 "그 증언을 마칠 때"가 있을 것이라고 하신다
(눅 13:32). 신약 시대의 끝에 이르러 복음의 증인들이 복음을 증언하고
죽을 때 예수님은 더 이상 신약의 증인들에게 권세를 주시지 않아 복음을
증언하는 일이 마칠 때가 있을 것이라고 하신다. 우리는 이 신약 시대가
영원히 계속되리라고 기대해서는 안 된다. 반드시 종말이 있을 것이다(마
24:14 참조). 그렇다고 하여 성도들이 세상에서 다 없어질 것은 아니다.
다만 세상에서 활발하게 복음을 증언하는 교회가 없어질 것이라는 말이다.
우리는 이와 관련된 실례를 공산정권에서 볼 수 있다. 공산정권에서 물론

지하교회가 있을 수는 있으나 진정한 지상교회는 존재하기 어렵다.

신약 시대 즉 복음시대가 마치면 "무저갱으로부터 올라오는 짐승이 그들과 더불어 전쟁을 일으켜 그들을 이기고 그들을 죽일" 것이다(9:2; 13:1, 11; 17:8; 단 7:21; 슥 14:2). 신약 시대가 마치면 "무저갱으로부터 올라오는 짐승이 그들과 더불어 전쟁을 일으킬" 것이다. 여기 "무저갱으로부터 올라오는 짐승"은 신약 시대가 마치는 때에 아주 극성을 부릴 것이다. 무저갱으로부터 올라오는 짐승은 과거에도 그림자 격으로 자주 일어났었다. 애굽, 바벨론, 헬라 등 국가들이 역사상에 일어났었는데 이제는 신약 시대가 끝나는 때에 아주 본격적으로 일어나 교회(복음의 증인들)를 파괴할 것이다.

적그리스도는 "그들을 이기고 그들을 죽일" 것이다. 즉 적그리스도는 '증인들(교회)을 이기고 그들을 죽일' 것이다. 권세가 있어 복음을 증언하던 교회는 신약 시대가 마치는 때 권세를 잃고 전쟁에 승리하지 못하고 결국은 전쟁에서 패하고 죽임을 당할 것이다. 이제는 사탄이 승리하여 사탄의 졸개들 곧 귀신들의 활동이 세상에 횡행할 것이다.

**계 11:8. 그들의 시체가 큰 성 길에 있으리니 그 성은 영적으로 하면 소돔이라고도 하고 애굽이라고도 하니 곧 그들의 주께서 십자가에 못 박히신 곳이라** (καὶ τὸ πτῶμα αὐτῶν ἐπὶ τῆς πλατείας τῆς πόλεως τῆς μεγάλης, ἥτις καλεῖται πνευματικῶς Σόδομα καὶ Αἴγυπτος, ὅπου καὶ ὁ κύριος αὐτῶν ἐσταυρώθη).

예수님은 "그들의 시체가 큰 성 길에 있을 것이라"고 하신다(14:8; 17:1, 5; 18:10). '증인들의 시체가 큰 성 길에 있을 것이라'는 뜻이다. 신약 시대가 끝나는 때에 적그리스도가 전쟁을 일으켜 증인들(교회)을 죽인 후 그 시체를 큰 성 길(16:19; 17:18; 18:10, 18, 19, 20)에 두고 매장하지 않을 것이란 뜻이다. 이 말은 실제로 증인들의 시체를 매장하지 않고 큰 성 길에 둘 것이란 의미가 아니다. 매장하지 않으면 냄새 때문에 견딜 수 없을 것이다. 그런고로 이 말은 교회가 더 이상 영향력을 발휘하지 못하고 "이 세상 가운데

서 교회가 죽었다는 것을 의미한다. 교회가 더 이상 능력 있게 영향력을
행사하는 선교기관으로 존재하지 않는다...이런 상태는 삼일 반 즉 극히
짧은 기간 동안 계속될 것이다"(Hendriksen). 그런데 본문의 "시체"(πτῶμα)
란 말이 단수인 것을 유의해야 한다. 사실은 "시체들"이라고 복수로 묘사해
야 하나 예수님께서 단수로 표현하신 것은 두 증인이 한 집합체라는 것을
보여준다. 증인들이 아무리 많아도 하나의 목적을 가지고 연합해서 일한다는
것을 알게 한다.

    예수님은 증인들의 시체가 뒹굴어 다닐 "큰 성 길"에 대해서 자세히
설명하신다. 즉 "그 성은 영적으로 하면 소돔이라고도 하고 애굽이라고도
하니 곧 그들의 주께서 십자가에 못 박히신 곳이라"고 하신다(18:24; 히
13:12). 여기 "소돔"은 도덕적으로 타락한 곳이고(창 19장; 사 1:9f; 겔
16:46, 55), "애굽"은 하나님의 백성을 심히 박해한 곳이다(출 10:7). 그리
고 예수님은 "큰 성"은 영적으로 말해보면 소돔이라고 하기도 하고 또
애굽이라고도 하는데 "그들의 주께서 십자가에 못 박히신 곳이라"고 하신
다. 혹자는 "그들의 주께서 십자가에 못 박히신 곳"이란 말 때문에 "큰
성"이 '예루살렘 성'이라고 주장하나 "상징적인 의미로서 쓰인 것으로서
어떤 특정한 성을 가리키는 것이 아니라 모든 도시를 가리키는 말이
다"(William Hendriksen, Leon Morris, 박윤선, 이순한)로 보는 것이 적절
하다고 본다.

**계 11:9. 백성들과 족속과 방언과 나라 중에서 사람들이 그 시체를 사흘
반 동안을 보며 무덤에 장사하지 못하게 하리로다**(καὶ βλέπουσιν ἐκ
τῶν λαῶν καὶ φυλῶν καὶ γλωσσῶν καὶ ἐθνῶν τὸ πτῶμα αὐτῶν ἡμέρας
τρεῖς καὶ ἥμισυ καὶ τὰ πτώματα αὐτῶν οὐκ ἀφίουσιν τεθῆναι εἰς
μνῆμα).

    예수님은 증인들이 전쟁 중에 죽은 결과 "백성들과 족속과 방언과 나라
중에서 사람들이 그 시체를 사흘 반 동안을 보며 무덤에 장사하지 못하게

할 것이라"고 하신다(17:15; 시 79:2-3). 여기 백성들과 족속과 방언과 나라 중에서(5:9 주해 참조) 얼마의 사람들이 두 증인의 시체를 사흘반 동안, 곧 후 3년 반 동안(극히 짧은 기간)을 구경하며 장사하지 못하게 할 것이라고 하신다. 즉 전 3년 반 동안(신약 시대기간) 증인들이 예수님으로부터 권세를 받아가지고 복음을 증언하다가 신약 시대가 마칠 무렵 증인들은 전쟁에 의해 죽어서 그 시체가 매장되지 못하고 사람들의 구경거리가 될 것이라는 것이다. 시체를 장사하지 못하게 하는 것은 죽은 사람에 대한 심한 모욕이 아닐 수 없다. 세상 사람들은 기독교인들을 언제나 싫어한다. 죽은 시체까지 싫어하고 교회를 싫어한다.

**계 11:10.** 이 두 선지자가 땅에 사는 자들을 괴롭게 한 고로 땅에 사는 자들이 그들의 죽음을 즐거워하고 기뻐하여 서로 예물을 보내리라 하더라(καὶ οἱ κατοικοῦντες ἐπὶ τῆς γῆς χαίρουσιν ἐπ' αὐτοῖς καὶ εὐφραίνονται καὶ δῶρα πέμψουσιν ἀλλήλοις, ὅτι οὗτοι οἱ δύο προφῆται ἐβασάνισαν τοὺς κατοικοῦντας ἐπὶ τῆς γῆς).

예수님의 말씀은 본 절까지 계속되는 것 같다. 즉 1절부터 본 절까지 계속되는 것으로 보인다. 예수님은 "이 두 선지자가 땅에 사는 자들을 괴롭게 했다"고 하신다(16:10). 두 선지자, 즉 두 증인이 땅에 사는 자들(3:10 주해 참조)을 괴롭게 했다는 말씀은 교회가 세상을 향하여 회개하라고 했다는 뜻이다. 회개하라는 말보다 더 싫어하는 말은 없다. 지극히 싫어한다. 두 선지자가 땅에 사는 자들을 향하여 회개하라고 했기 때문에 땅에 사는 자들이 지극히 싫어하여 "땅에 사는 자들이 그들의 죽음을 즐거워하고 기뻐하여 서로 예물을 보낼 것이라"고 하신다(12:12; 13:8). 두 증인이 땅에 사는 자들에게 회개하라고 했기 때문에(겔 2:7; 딤후 4:2) 땅에 사는 자들은 두 가지 일을 할 것이라고 하신다. 하나는 세상 사람들이 성도들의 죽음을 즐거워하고 기뻐할 것이라고 하신다(요 15:18-21). 또 하나는 서로 축하하는 의미에서 서로 예물을 보내리라고 하신다(에 9:19, 22; 느 8:12 참조).

**계 11:11. 삼 일 반 후에 하나님께로부터 생기가 그들 속에 들어가매 그들이 발로 일어서니 구경하는 자들이 크게 두려워하더라**(καὶ μετὰ τὰς τρεῖς ἡμέρας καὶ ἥμισυ πνεῦμα ζωῆς ἐκ τοῦ θεοῦ εἰσῆλθεν ἐν αὐτοῖς, καὶ ἔστησαν ἐπὶ τοὺς πόδας αὐτῶν, καὶ φόβος μέγας ἐπέπεσεν ἐπὶ τοὺς θεωροῦντας αὐτούς).

요한은 "삼일 반 후"의 일을 환상으로 보았다(9절). 신약 시대가 전 3년 반 동안 계속하다가 끝나고(7절) 두 증인(교회)이 순교를 당한 후 3일 반(후 3년 반)이 지난 때 "하나님께로부터 생기가 그들 속에 들어갔다"(겔 37:5, 9-10, 14). 즉 '하나님으로부터 생령이 두 증인(순교자들) 속에 들어갔다'(겔 37:10 참조). 여기 "생기"란 하나님께서 사람을 만드실 때에 사람 속에 부어넣으셨던 생령을 이른다 요한은 하나님으로부터 생령이 두 증인(교회) 속에 들어간 것을 보았다. 본문의 "들어가매"(εἰσῆλθεν)란 말은 부정(단순)과거 동사로 단번에 들어간 것을 가리킨다. 두 증인(순교자들) 속에 생령이 들어가는 때는 요한을 중심해서 생각할 때 미래의 일이었지만 생령이 그들 두 증인들 속에 들어간 것이 너무 확실하므로 부정과거 동사를 사용하여 묘사했다. 전도하다가 죽은 순교자들에게는 언젠가 생령이 들어갈 때가 반드시 있음을 알아야 할 것이다.

요한은 두 증인들 속에 생령이 들어가니 "그들이 발로 일어서니 구경하는 자들이 크게 두려워하더라"고 말한다. 생령이 들어간 두 증인들이 발로 일어서는 것을 불신자들이 보았다. 그 때 그것을 구경하던 자들이 크게 두려워하였다. 박해자들이 성도들 때문에 반드시 한번은 두려워하는 때가 있음을 알 수 있다.

본 절의 부활사건을 두고 대부분의 주석가들은 예수님의 재림으로 발생하는 육체부활로 말하기도하지만(20:5) 그러나 아직도 남아있는 대환난이 있고 대 심판이 있을 것을 감안할 때 본 절의 부활사건을 예수님의 재림 심판과 연관 짓는 것은 무리인 듯 보인다. 그러니까 재림 이전의 사건이라고 말해야 바를 것 같다.

**계 11:12. 하늘로부터 큰 음성이 있어 이리로 올라오라 함을 그들이 듣고 구름을 타고 하늘로 올라가니 그들의 원수들도 구경하더라**(καὶ ἤκουσαν φωνῆς μεγάλης ἐκ τοῦ οὐρανοῦ λεγούσης αὐτοῖς, Ἀνάβατε ὧδε. καὶ ἀνέβησαν εἰς τὸν οὐρανὸν ἐν τῇ νεφέλῃ, καὶ ἐθεώρησαν αὐτοὺς οἱ ἐχθροὶ αὐτῶν).

요한은 다시 살아난 순교자들(앞 절)이 "하늘로부터 큰 음성이 있어 이리로 올라오라 함을 그들이 듣고 구름을 타고 하늘로 올라간" 것을 보았다(사 12:5; 14:13; 60:8; 행 1:9). 하늘로부터 들려온 큰 음성은 누구의 음성인지 알 수 없다. 요한이 말하지 않는다. 큰 음성은 다시 살아난 순교자들에게 '이리로 올라오라'는 음성을 발했는데 그 순교자들이 듣고 구름을 타고 하늘로 올라갔다. 본문의 "구름"(τῇ νεφέλῃ)은 앞에 관사를 가지고 있어 특별한 구름이다. 그리스도께서 승천하실 때 특정적인 구름을 타고 승천하셨고(행 1:9) 또 앞으로 재림하실 때도 특별한 구름을 타고 오실 것이다(1:7 주해 참조). 그리고 "올라가더라"(ἀνέβησαν)는 말은 부정(단순)과거 시제로 미래에 될 일이지만 너무 분명하므로 요한은 부정과거 시제를 사용했다. 순교자들은 세인들에게 죽임을 당했으나 하나님께서 그냥 두시지 않고 올라오라고 해서 하늘로 올라간 것이다. 오늘도 하나님은 세상 사람들에게 박해를 받는 성도들을 권고하신다.

요한은 "그들의 원수들도 구경하더라"고 진술한다(왕하 2:1, 5, 7). 증인들을 박해하고 죽였던 원수들도 부활한 증인들이 승천하는 것을 보고 구경했다는 것이다. 이들은 구경하면서 하나님께 영광을 돌린 것이다(다음 절). 세인들은 자신들이 성도들을 이긴 줄 알았으나 하나님의 은혜로 성도들이 승천하는 것을 별수 없이 보았고, 또한 하나님께서 하시는 일을 막을 수 없음을 알게 된다.

**계 11:13.** 그 때에 큰 지진이 나서 성 십분의 일이 무너지고 지진에 죽은 사람이 칠천이라 그 남은 자들이 두려워하여 영광을 하늘의 하나님께 돌리더라(Καὶ ἐν ἐκείνῃ τῇ ὥρᾳ ἐγένετο σεισμὸς μέγας καὶ τὸ δέκατον τῆς πόλεως ἔπεσεν καὶ ἀπεκτάνθησαν ἐν τῷ σεισμῷ ὀνόματα ἀνθρώπων χιλιάδες ἑπτὰ καὶ οἱ λοιποὶ ἔμφοβοι ἐγένοντο καὶ ἔδωκαν δόξαν τῷ θεῷ τοῦ οὐρανοῦ, And the same hour was there a great earthquake, and the tenth part of the city fell, and in the earthquake were slain of men seven thousand: and the remnant were affrighted, and gave glory to the God of heaven-KJV).

두 증인(교회)이 승천하자(앞 절) 요한 사도는 "큰 지진이 나서 성 십분의 일이 무너지고 지진에 죽은 사람이 칠천"이 된 것을 보았다(6:12). "큰 지진"은 6:12에서도 보인다. 지진이 하나님의 진노의 표시로 지상에 나타난다(마 27:54). "성 10분의 1이 무너졌다"(16:19)는 말은 어느 한 도시의 10분의 1이 무너졌다는 말이 아니라 순교자들이 죽었던 곳마다 상당부분 지진으로 무너졌다는 뜻이다. 그리고 지진에 죽은 사람이 "칠천"이 되었다는 말은 꼭 7,000명이 죽었다는 말이 아니라 계시록의 숫자는 상징수인고로 죽을 만큼 충분히 죽었다는 뜻이다(7은 완전수이다).

요한은 "그 남은 자들이 두려워하여 영광을 하늘의 하나님께 돌렸다"고 말한다(14:7; 15:4; 수 7:19). "그 남은 자들"이란 지진에 죽지 않고 남은 자들을 지칭한다. 그들은 회개하지는 않았지만 하나님께서 하신 능한 일을 보고(요 9:24; 행 12:23 참조) 하나님을 두려워하여 하늘의 하나님께 영광을 돌렸다. 4절에서는 하나님을 "땅의 주"로 말했으나 본 절에서는 "하늘의 하나님"이라고 말한다. 하나님은 상천하지(上天下地)의 하나님이시다. 이들이 두려워하여 영광을 하늘의 하나님께 돌린 것은 무서운 일을 보고 숨는 것보다는 훨씬 진전된 것임에는 틀림없다

(6:15 참조).

J. 일곱째 나팔  11:14-19

일곱째 나팔은 일곱 대접 재앙으로 발전한다. 이는 마치 제 7 인 재앙이 일곱 나팔의 재앙으로 발전해 나간 것과 같다. 제 7 나팔 재앙은(12장-14장이 삽경이니) 15장에 연속되어 일곱 대접 재앙(15-18장)으로 발전한다. 이 일곱째 나팔은 일곱 나팔의 마지막인 동시에 새로운 일곱 대접 환난의 시작이다.

이 부분(14-19절)은 마지막 화가 선언되고(14절) 일곱 째 천사가 나팔을 불 때 하늘에 큰 음성들의 메시지가 들리는 것을 진술하며(15절), 이십사 장로의 경배와 찬양의 음성이 난 것을 진술하며(16-18절) 하나님의 심판(19절)을 보여준다. 여기서 조심할 것은 일곱째 나팔(14-19절)은 대접 심판을 소개하기 보다는 그리스도의 재림을 선포하고 있음을 알아야 할 것이다.

계 11:14. 둘째 화는 지나갔으나 보라 셋째 화가 속히 이르는도다(Ἡ οὐαὶ ἡ δευτέρα ἀπῆλθεν· ἰδοὺ ἡ οὐαὶ ἡ τρίτη ἔρχεται ταχύ).

요한은 "둘째 화" 즉 '여섯째 나팔의 화'(11:14에 둘째 화가 종료되었음을 선포한다)가 지나갔으나 "보라 셋째 화"(일곱째 나팔의 재앙을 지칭함)가 속히 이르고 있다고 말한다(8:13; 9:12; 15:1). 일곱 대접의 환난은 15장-18장에 진술되어 있다. 여섯째 나팔 재앙과 일곱째 나팔 재앙이 연대기적으로 일어나는 것을 볼 수 있다.

계 11:15. 일곱째 천사가 나팔을 불매 하늘에 큰 음성들이 나서 이르되 세상 나라가 우리 주와 그의 그리스도의 나라가 되어 그가 세세토록 왕 노릇 하시리로다 하니(Καὶ ὁ ἕβδομος ἄγγελος ἐσάλπισεν· καὶ ἐγένοντο φωναὶ μεγάλαι ἐν τῷ οὐρανῷ λέγοντες, Ἐγένετο ἡ βασιλεία τοῦ κόσμου τοῦ κυρίου ἡμῶν καὶ τοῦ Χριστοῦ αὐτοῦ, καὶ βασιλεύσει εἰς τοὺς αἰῶνας

$\tau$ῶν αἰώνων).

요한 사도는 "일곱째 천사가 나팔을 부는" 소리를 들었다(10:7). 여섯째 천사가 나팔을 분(9:13) 후 참으로 오랜만에 일곱째 천사가 나팔을 분 것이다. 이 일곱째 천사가 나팔을 부니 재앙 대신 하늘의 큰 음성들이 들려온다. 하늘에서 들려온 "큰 음성들"(16:17; 19:6; 사 27:13)은 누구의 음성들인지에 대해서 요한은 설명이 없다. 그러나 문맥을 보아 대략 알 수 있다. 다음 절에 바로 이십사 장로가 나오는 것을 보면 이십사 장로의 음성은 아님을 알 수 있다. 그리고 하나님에 대한 찬양이라는 점에서 하나님의 음성도 아니고 그리스도에 대한 찬양이라는 점을 감안할 때 그리스도의 음성도 아니다. 분명 4생물과 하늘의 천사들의 음성일 것으로 보인다.

네 생물과 하늘의 수많은 천사들이 큰 음성들을 내면서 "세상 나라가 우리 주와 그의 그리스도의 나라가 되어 그가 세세토록 왕 노릇 하시리로다"라고 찬양한다(12:10; 단 2:44; 7:14, 18, 27). 찬양의 내용은 세상 나라가 우리 하나님과 또 하나님께서 보내신 그리스도의 나라가 되어(단 7:27) 그리스도께서 영원히 다스리신다는 것이다. 이 찬양은 종말이 가까워 올수록 더욱 분명하게 부를 수 있는 노래이다. 역사상에 자주 사탄이 세상을 지배하는 듯이 보였고 또 세상 왕들이 세상을 지배하고 있었기 때문이다. 이제는 하나님과 예수 그리스도의 나라가 되고 예수 그리스도께서 영원히 다스리신다. 본문에 "되어"(egevneto)란 말은 부정(단순)과거 동사로 세상 나라가 주 하나님과 그의 그리스도의 나라가 된 것이 너무 확실하니 부정과거로 표현했다. 실제로는 미래의 일이라고 할 수 있으나 일어날 일이 아주 확실하니 부정 과거 동사를 사용한 것이다. 세상 나라는 지금도 하나님의 나라요 또 그리스도의 나라이지만 앞으로는 더욱 하나님의 나라이며 그리스도의 나라이다. 그리고 그리스도께서 영원히 다스리실 것이다. 이제는 사탄이나 세상 왕들은 완전히 물러나게 된다. 그리스도의 통치는 얼마나 멋이 있을 것인가! 할렐루야!

계 **11:16.** 하나님 앞에서 자기 보좌에 앉아있던 이십사 장로가 엎드려 얼굴을
땅에 대고 하나님께 경배하여(καὶ οἱ εἴκοσι τέσσαρες πρεσβύτεροι ((οἱ))
ἐνώπιον τοῦ θεοῦ καθήμενοι ἐπὶ τοὺς θρόνους αὐτῶν ἔπεσαν ἐπὶ τὰ
πρόσωπα αὐτῶν καὶ προσεκύνησαν τῷ θεῷ).

천사들의 찬양(앞 절)에 이어 "하나님 앞에서 자기 보좌에 앉아있던
이십사 장로가 엎드려 얼굴을 땅에 대고 하나님께 경배했다"(4:4; 5:8;
19:4). "하나님 앞에서 자기 보좌에 앉아있던 이십사 장로"는 '신, 구약
시대에 걸쳐 구원을 받은 교회의 대표들'이다(4:4 주해 참조). 교회 대표들
의 찬송은 천사들의 찬송과는 다르다. 천사들은 박해자들로부터 박해를
받아본 경험도 없고 또 죄로부터 구원받은 경험도 없는데 24인 대표들은
박해받은 경험도 있고 죄로부터 구원받은 경험도 있으니 참으로 살 깊은
찬양을 드릴 수가 있었다. 물론 네 생물이나 천사들은 24인이 가졌던 경험은
없어도 하나님과 그리스도에 대한 지식이 있기에 충분히 찬양할 수가 있었
다. 24인 교회 대표들은 참으로 겸손함을 가지고 찬양했다. 그들은 "엎드려
얼굴을 땅에 대고 하나님께 경배했다." 우리는 우리를 지으신 하나님, 우리
를 구속하신 하나님께 참으로 마땅히 겸손한 마음으로 엎드려 경배해야
할 것이다.

계 **11:17.** 이르되 감사하옵나니 옛적에도 계셨고 지금도 계신 주
하나님 곧 전능하신 이여 친히 큰 권능을 잡으시고 왕 노릇 하시도다
(λέγοντες, Εὐχαριστοῦμέν σοι, κύριε ὁ θεὸς ὁ παντοκράτωρ, ὁ
ὢν καὶ ὁ ἦν, ὅτι εἴληφας τὴν δύναμίν σου τὴν μεγάλην καὶ
ἐβασίλευσας).

24인 교회 대표들은 하나님께서 오셔서 세상 나라를 하나님의 나라로
만드셔서 다스려주시는 것을 보고 감사를 한다. 본문의 "감사하옵나니"(eu-
jcaristou'mevn)란 말은 현재동사로 '계속해서 감사 한다'는 뜻이다. 그들은
마음으로 계속해서 감사한다는 것이다. 그들은 하나님을 묘사할 때 "옛적에

도 계셨고 지금도 계신 주 하나님 곧 전능하신 이여"라고 말한다(1:4, 8; 4:8; 16:5). 요한이 24인 교회 대표들의 찬양을 들은 때는 세상 나라가 벌써 하나님 나라가 된 후이니 하나님을 "옛적에도 계셨고 지금도 계신 주"라고 말한다. 다시 말해 "장차 오실(앞으로 오실) 주"라는 말을 하지 않는다. 어떤 사본은 "장차 오실"76)이란 말이 있으나(1:4, 8; 4:8주해 참조) 유력한 사본들(ABCP)에는 "장차 오실"이란 말이 빠져 있다. 빠진 것이 바른 것이다. 요한은 종말을 다 환상으로 내다 본 것이다. 24인 교회 대표들은 또 하나님을 "전능하신 이"로 부른다. 하나님께서 전능하신 분이라는 것은 성경에 많이 기록되어 있다. 오늘 우리는 전능하신 하나님을 모시고 살아가고 있다.

요한은 24인 교회 대표들이 하나님을 찬양하는 이유는 하나님께서 "친히 큰 권능을 잡으시고 왕 노릇 하시기"(thou hast taken to thee thy great power, and hast reigned-KJV) 때문이다(19:6). 본문의 "잡으시고" (εἴληφας)란 말은 현재완료 시제로 하나님께서 '과거에 벌써 큰 권능을 잡으셔서 24인 교회 대표자들이 찬양을 할 때도 여전히 큰 권능을 가지시고' 통치하신다는 뜻이다. 그리고 "왕 노릇 하시도다"(ἐβασίλευσας)란 말은 부정(단순)과거 시제로 하나님께서 '참으로 왕 노릇 하신다'는 것을 뜻한다. 하나님은 참으로 우리의 영원한 왕이시다.

**계 11:18.** 이방들이 분노하매 주의 진노가 내려 죽은 자를 심판하시며 종 선지자들과 성도들과 또 작은 자든지 큰 자든지 주의 이름을 경외하는 자들에게 상 주시며 또 땅을 망하게 하는 자들을 멸망시키실 때로소이다 하더라(καὶ τὰ ἔθνη ὠργίσθησαν, καὶ ἦλθεν ἡ ὀργή σου καὶ ὁ καιρὸς τῶν νεκρῶν κριθῆναι καὶ δοῦναι τὸν μισθὸν τοῖς δούλοις σου τοῖς προφήταις καὶ τοῖς ἁγίοις καὶ τοῖς φοβουμένοις τὸ ὄνομά σου,

---

76) KJV도 "장차 오실"("art to come")이란 말을 가지고 있다. 그러나 없는 것이 바르다.

τοὺς μικροὺς καὶ τοὺς μεγάλους, καὶ διαφθεῖραι τοὺς διαφθείροντας τὴν γῆν).

요한은 24인 교회 대표자들이 하나님을 찬양하는 이유를 본 절에서도 계속 진술한다. 24인 교회 대표자들은 세 가지로 하나님을 찬양한다. 첫째, "이방들이 분노하매 주의 진노가 내려 죽은 자를 심판하시는 것"을 찬양한다 (2절, 9절; 6:10; 단 7:9-10). 불신자들이 성도들을 박해하고 죽였기에 하나님의 진노가 나타나(시 2:2 참조) 죽은 자들을 불러 적시(適時)에 심판하시는 것을 찬양한다(20:11-15 참조). 하나님께서 왕 노릇하시는 데는 불의를 척결하시는 것이 반드시 필요하다. 둘째, "종 선지자들과 성도들과 또 작은 자든지 큰 자든지 주의 이름을 경외하는 자들에게 상 주시는" 것을 찬양한다 (19:5). 하나님의 종들은 세 그룹으로 나뉜다. "종 선지자들"과 "성도들(거룩하게 산 그리스도인들)" 그리고 "작은 자든지 큰 자든지 주의 이름을 경외하는 자들"로 나뉜다. 이 세 그룹은 모든 성도들을 망라한다. 24인 대표들은 하나님께서 성도들에게 적시에 상 주시는 것의 아주 당연함을 찬양한다. 그리스도의 심판대 앞에서(고후 5:10) 그리스도께서 성도들을 심판하시는 것은 상 주시는 일이다. 성도들은 정죄의 심판을 받지 않는다. 정죄의 심판은 그리스도께서 대신 당하셨으니 성도들은 하나님을 경외하는 대로 상급을 받는다(21:1-4; 22:3-5). "작은 자든지 큰 자든지"란 말은 계시록에서 자주 등장한다(13:16; 19:5, 18; 20:12). 셋째, "땅을 망하게 하는 자들을 멸망시키실 때로소이다"라고 찬양한다(18:6; 23:10). 24인 대표자들은 하나님께서 적시에 땅을 파괴한 자들을 멸망시키는 것은 아주 당연하다고 찬양한다. 여기 "땅을 파괴하는 자들"이란 말은 '사탄과 그의 부하들'을 지칭한다. 세상에서 활동하던 적그리스도는 당연히 하나님께서 왕 노릇하시는 곳에서 멸망을 받아야 마땅하다는 것이다. 하나님은 악인들을 적시에 심판하시고 성도들에게는 적시에 상급을 주신다.

**계 11:19.** 이에 하늘에 있는 하나님의 성전이 열리니 성전 안에 하나님의

**언약궤가 보이며 또 번개와 음성들과 우레와 지진과 큰 우박이 있더라**(καὶ ἠνοίγη ὁ ναὸς τοῦ θεοῦ ὁ ἐν τῷ οὐρανῷ καὶ ὤφθη ἡ κιβωτὸς τῆς διαθήκης αὐτοῦ ἐν τῷ ναῷ αὐτοῦ, καὶ ἐγένοντο ἀστραπαὶ καὶ φωναὶ καὶ βρον- ταὶ καὶ σεισμὸς καὶ χάλαζα μεγάλη).

천사들(15절)과 24인 교회 대표자들(16-18절)이 하나님 찬양이 끝나자 곧 바로 "하늘에 있는 하나님의 성전이 열렸다"(15:5, 8). "하늘에 있는 하나님의 성전(지성소)이 열렸다"는 말은 구약적인 표현이지 실제의 사건은 아니다. 요한은 지금 환상을 보고 있는 중이다. 또 "성전 안에 하나님의 언약궤가 보였다"(출 25:22; 히 9:4)는 표현도 실제 사건이 아니라 구약적인 묘사이다. 레온 모리스(Leon Morris)는 "성전이 열리며 언약궤가 등장한 것은 하나님께 나아가는 길이 넓게 열려 있음을 가리킨다(히 10:19 참조). 땅의 성전에서는 장막이 언약궤를 영원히 가지고 있어서 인간이 접근할 수 없었으나(히 9:8 참조) 그리스도께서 십자가의 사역을 통해 이 모든 것을 깨뜨리시고 길을 크게 열어 놓으신 것이다"라고 말한다.77) "이런 묘사 는 하나님께서 백성들에게 언약하신대로 지금도 행하신다는 것을 보여주시 기 위함이다. 하나님께서는 그 백성들에게 언약하신대로 백성들을 해롭게 한 원수들에게 "번개와 음성들과 우레와 지진과 큰 우박"을 내리신다는 것을 보여주신다(4:5; 8:5; 16:18, 21). 하나님의 백성들을 괴롭히고 박해한 사람들, 그리고 땅을 망하게 하는 자들, 곧 사탄과 그의 부하들은 별수 없이 하나님의 놀라운 진노를 받아야 하는 것이다. 그들은 망해야 마땅하다. 그것은 우리의 소원이라기보다는 하나님의 의지이다.

77) 레온 모리스, *요한계시록*, 틴델주석, p. 188.

# 제 12 장

K. 넷째 삽경 - 여자와 용    12:1-17

일곱 나팔이 일곱째 인이 떼어지자 즉시 뒤따라 온 것처럼 우리는 일곱째 나팔이 마지막 일곱 재앙을 소개할 것이라고 추측할 수도 있으나 이번 경우는 약간 다르다. 이번 경우에는 '일곱 가지 삽경'이라는 다른 환상이 마지막 재앙이 소개되기 전에 나타난다. 그러나 환상의 수가 일곱 가지인 것으로 보아 요한은 이 환상도 다른 환상과 동등하게 사용하고 있는 것 같다(Leon Morris).

12-13장은 교회가 사탄으로부터 심한 박해를 받고 있는 환상을 보여준다. 앞선 10-11장은 사탄이 복음의 증인들을 박해하는 환상을 묘사했으나 이 부분(12-13장)에서는 그 박해의 모습이 역사적으로 전개되고 있다. 이 환상은 사탄에 대한 하나님의 결정적인 승리를 보여주고 있다. 사탄은 그리스도가 태어날 때부터 죽이려고 했지만 완전히 실패했다. 사탄은 하늘에서 이미 쫓겨난 상태였다. 그러므로 교회는 용기를 내어 신앙생활을 해야 한다. 비록 순교자가 생긴다고 할지라도 교회의 최후의 승리는 너무도 분명하고 확실하다.

12장은 여자(교회)를 박해하는 용의 환상이 보이는데, 학자들은 12장의 환상의 배경에 대해서 많은 학설을 제공하고 있다. 그러나 우리는 본 장의 배경으로 바벨론 신화, 헬라 신화, 애굽 신화를 일축한다. 이유는 본 장도 역시 하나님의 계시이니 이방의 신화에서 빌려왔다는 말은 있을 수가 없다. 본 장은 하나님께서 보여주신 환상을 요한이 진술한 것으로 보아야 한다.

그리고 "여자"의 환상에 대한 배경도 많이 제공되고 있으나 하나님께서 요한 사도에게 교회가 어떻게 탄생했는지를 보여주시고 또 교회의 수난은 어떻게 해서 시작되고 진행되는지를 보여주신다고 보는 것이다. 이 부분 (1-17절)은 1) 여자의 해산(1-6절), 2) 용의 타락(7-12절), 3) 용의 박해(13-17 절)로 구분된다.

### 1. 여자가 해산하다  12:1-6

요한은 이 부분(1-6절)에서 나약한 여자가 아이를 낳고 강력한 짐승인 용이 여자를 공격하는 장면을 보았는데 그러나 용은 여자의 아이를 살해하려 는 계획이 실패로 돌아가는 것을 목격한다.

**계 12:1. 하늘에 큰 이적이 보이니 해를 옷 입은 한 여자가 있는데 그 발 아래에는 달이 있고 그 머리에는 열두 별의 관을 썼더라**(Καὶ σημεῖον μέγα ὤφθη ἐν τῷ οὐρανῷ, γυνὴ περιβεβλημένη τὸν ἥλιον, καὶ ἡ σελήνη ὑποκάτω τῶν ποδῶν αὐτῆς καὶ ἐπὶ τῆς κεφαλῆς αὐτῆς στέφανος ἀ-στέρων δώδεκα, And a great sign appeared in heaven: a woman clothed with the sun, and the moon under her feet, and on her head a crown of twelve stars-NASB).[78]

요한은 "하늘에 이적이 보이니"라고 말한다. 본 절의 "하늘에"란 말은 중요한 말이다. 본 절은 교회의 탄생에 대해서 말하는 것이니 교회의 탄생은 '하늘에서' 된 것임을 보여준다. 결코 교회는 땅에서 탄생한 것은 아니다.

요한은 "이적"이 보인다고 말한다. 여기 "이적"(σημεῖον)이란 '표적'을 뜻한다. 즉 이 이적이 하나님을 보여주는 것이니 표적이다. 예수님의 모든 이적(혹은 기적)은 하나님의 위대하심을 보여주는 것이므로 요한복음에서는 표적(sign)이란 말로 묘사되었다. 본 절에 나오는 "이적"이 '표적'인 이유는 지극히 약해보이는 여자(교회)가 사탄(용, 3절)의 박해에도 불구하고 하나님 의 보호를 받아 살아남아 왕성하기 때문이다. 교회를 보면 하나님의 위대하

---

78) 12:1의 영어번역으로는 NASB가 가장 정확한 것 같다. 흠정역은 "이적"이란 말을 "기 적"(wonder)이라고 번역했다. 실은 "표적"이란 뜻이니 "sign"으로 번역해야 할 것이다.

심이 보인다. 그래서 교회는 하나님을 보여주는 표적이다.

요한은 "하늘에 이적이 보인다"고 말하고 곧 이어 "해를 옷 입은 한 여자가 있는데 그 발아래에는 달이 있고 그 머리에는 열두 별의 관을 썼다"고 말한다. 본 절의 "이적"을 '표적'이라고 할 수 있는 이유는 세 가지이다. 첫째, "한 여자가 해를 입고 있기" 때문이다. 여기 "한 여자"는 '땅에 있는 하나님 백성의 어머니'이다(5절 참조). 다시 말해 '구약 이스라엘과 신약시대 하나님 백성의 어머니'이다(갈 4:26). 교회를 어머니라고 하는 이유는 그 교회에 속한 회원들은 성령의 역사에 의하여 중생했음을 뜻하는 것이며 또한 모든 성도들은 그 교회를 통하여 양육을 받고 있다는 것을 지칭한다(벧전 2:2). 구약과 신약이 말하는 교회는 그리스도 안에서 택함 받은 한 백성이고 한 포도원이며 한 족속이고 하나님의 소유이신 백성이며 아름다운 신부이다(사 54:1; 마 21:33f; 롬 11:15-24; 엡 2:11-16). 갸날픈 한 여자(교회)가 해를 입고 있다는 말은 교회가 그리스도의 영광을 입고 있다는 뜻이다(1:16 주해 참조). 둘째, "그 발아래에는 달이 있기" 때문에 이적이다. 여자(교회) 아래에 달이 있다는 것은 교회의 권세가 크다는 것을 보여준다(마 16:18 참조). 셋째, "그 머리에는 열두 별의 관을 썼기" 때문이다. 여자(교회)가 "머리에 열두 별의 관을 썼다"는 것은 교회가 창대하게 발전을 이룬다는 것을 보여준다(창 15:5 참조). 교회는 쉬지 않고 발전해 왔다. 아무튼 교회는 약한데 교회는 하나님 보시기에는 한 없이 영광스럽고 복된 기관임에 틀림없다. 우리가 교회를 보면 하나님의 위대하심이 보인다. 그래서 본 절의 이적은 표적임이 틀림없다.

**계 12:2.** **이 여자가 아이를 배어 해산하게 되매 아파서 애를 쓰며 부르짖더라** (καὶ ἐν γαστρὶ ἔχουσα, καὶ κράζει ὠδίνουσα καὶ βασανιζομένη τεκεῖν, And she being with child cried, travailing in birth, and pained to be delivered-KJV).

요한은 "이 여자" 즉 '구약과 신약이 말하는 갸날픈 여자 같은 교회'가

"아이를 배어 해산하게 되매 아파서 애를 쓰며 부르짖더라"고 말한다(사 66:7; 갈 4:19). "아이를 배어 해산하게 되매 아파서 애를 쓰며 부르짖었다"는 말은 구약 시대 하나님 백성으로서의 여자가 그리스도를 해산하기까지 진통하는 여자처럼 고통을 겪은 것을 지칭한다(사 13:8; 21:3; 26:17-18; 66:7f; 렘 4:31; 호 13:13; 미 4:10; 5:2-3).

**계 12:3. 하늘에 또 다른 이적이 보이니 보라 한 큰 붉은 용이 있어 머리가 일곱이요 뿔이 열이라 그 여러 머리에 일곱 왕관이 있는데**(καὶ ὤφθη ἄλλο σημεῖον ἐν τῷ οὐρανῷ, καὶ ἰδοὺ δράκων μέγας πυρρὸς ἔχων κεφαλὰς ἑπτὰ καὶ κέρατα δέκα καὶ ἐπὶ τὰς κεφαλὰς αὐτοῦ ἑπτὰ διαδήματα, And another sign appeared in heaven: and behold, a great red dragon having seven heads and ten horns, and on his heads [were] seven dia-dems-NASB).[79]

요한은 "하늘에 또 다른 이적"을 본다. 여기 "또 다른 이적"이란 1절에 언급된 이적과는 다른 이적을 지칭하는 말이다. "다른 이적"이란 "한 큰 붉은 용"을 지칭한다(17:3). 붉은 용이 머리가 일곱이고 뿔이 열이며 머리에 일곱 왕관이 있고 또 붉은 용의 꼬리가 하늘의 별 3분의 1을 끌어다가 땅에 던지는 힘이 대단한 용이 그리스도가 탄생하면 삼키고자 했는데 결국 삼키지 못한 것(4-5절)이 "이적"이란 것이다. 이야말로 하나님의 위대하심을 보여주는 이적임에 틀림없다. 힘이 센 용이 아이를 삼키지 못한 것은 하나님께서 역사하신 것으로 하나님의 위대하심을 보여주신 점에서 "이적"(σημεῖον) 즉 "표적"임에 틀림없다. 용이 실패한 이 표적이 "하늘에서" 일어났다는 것이다. 용이 하늘에서 실패하고 땅으로 쫓겨난 것이다.

요한은 "보라 한 큰 붉은 용이 있어 머리가 일곱이요 뿔이 열이라 그 여러 머리에 일곱 왕관이 있다"고 말한다(13:1; 17:9-10). "보라"(ἰδοὺ)는

---

79) 영국 흠정역(KJV)은 "이적"을 "표적"(sign)으로 번역하지 않고 "기적"(wonder)으로 번역해 놓았다. "표적"으로 번역해야 한다.

말은 심각한 것을 말하려는 "보라"이다. "보라"는 말 다음에는 항상 깊은 내용이 전개된다. "한 큰 붉은 용"이란 9절(20:2 참조)에 의하면 "옛 뱀 곧 마귀라고도 하고 사탄이라고도 하며 온 천하를 꾀는 자"라고 정의된다. "붉은 용" 즉 '사탄'이 "크다"는 말은 '힘이 엄청나게 세다'는 것을 뜻하고, 용이 "붉다"는 말은 '싸우기를 좋아하는 정신'을 가리킨다(6:4). 용은 계속해서 교회를 죽이려는 살기등등한 영물이다. 또 용이 "머리가 일곱"이란 말은 '사탄의 지혜가 완전하다'는 것을 뜻하고, "뿔이 열"이란 말은 '용의 권세가 크다는 것'을 뜻한다(단 7:7, 24 참조). 그리고 "그 여러 머리에 일곱 왕관이 있다"는 말은 '사탄이 승리자임'을 가리키는 말이다. 사람은 사탄을 이길 수는 없다. 따라서 그리스도를 의지하는 수밖에 없다. 스스로의 힘으로는 사탄을 이길 수 없지만 그리스도를 의지하면 반드시 승리한다!

**계 12:4. 그 꼬리가 하늘의 별 삼분의 일을 끌어다가 땅에 던지니라 용이 해산하려는 여자 앞에서 그가 해산하면 그 아이를 삼키고자 하더니**(καὶ ἡ οὐρὰ αὐτοῦ σύρει τὸ τρίτον τῶν ἀστέρων τοῦ οὐρανοῦ καὶ ἔβαλεν αὐτοὺς εἰς τὴν γῆν. καὶ ὁ δράκων ἔστηκεν ἐνώπιον τῆς γυναικὸς τῆς μελλούσης τεκεῖν, ἵνα ὅταν τέκῃ τὸ τέκνον αὐτῆς καταφάγῃ).

요한은 용의 "그 꼬리가 하늘의 별 삼분의 일을 끌어다가 땅에 던졌다"고 말한다(9:10, 19; 17:18; 단 8:9-10 참조). 힘이 무척이나 세다는 것을 뜻한다. 이런 진술은 순전히 상징적인 표현이다. 하늘의 별 3분의 1을 끌어다가 땅에 던졌다는 말은 실제로는 전혀 불가능한 말이다. 땅은 하늘 별 하나도 감당하지 못할 작은 땅덩어리이다. 그런고로 본 절의 표현은 마귀의 힘이 대단하다는 것을 상징적으로 묘사하는 말이다. 마귀는 "하늘의 별" 즉 '무수한 천사들'(욥 38:7)을 유혹하여 타락시켰다. 그런 힘으로 못할 일이 없는 놈이다.

요한은 힘이 대단한 사탄이 "해산하려는 여자 앞에서 그가 해산하면 그 아이를 삼키고자" 했다고 말한다(2절; 출 1:16). 사탄은 대단한 힘을

가지고 그리스도를 삼키고자 했다는 것이다. 사탄은 그리스도가 육신을
입고 이 땅에 오셨을 때 헤롯 왕을 통해 그리스도를 죽이려 했다. 그러나
결국은 실패하고 말았다. 사탄은 그 후에도 여전히 수많은 그리스도인을
죽이려 했다. 네로를 통해 그리스도인들을 죽이려 했고 히틀러를 통해 독일
교회를 죽이려 했으며 일본을 통해 한국인 성도들을 죽이려 했고 공산주의를
통해 교회를 말살하려 했다. 하지만 그 때마다 실패했다. 앞으로도 사탄은
지구상에 있는 교회를 말살하려 할 것이다. 그러나 사탄은 그리스도 때문에
여전히 실패할 것이다.

**계 12:5. 여자가 아들을 낳으니 이는 장차 철장으로 만국을 다스릴
남자라 그 아이를 하나님 앞과 그 보좌 앞으로 올려가더라**(καὶ ἔτεκεν
υἱὸν ἄρσεν, ὃς μέλλει ποιμαίνειν πάντα τὰ ἔθνη ἐν ῥάβδῳ σιδηρᾷ.
καὶ ἡρπάσθη τὸ τέκνον αὐτῆς πρὸς τὸν θεὸν καὶ πρὸς τὸν θρόνον
αὐτοῦ).

요한은 "여자(구약 교회)가 아들을 낳으니 이는 장차 철장으로 만국을
다스릴 남자라 그 아이를 하나님 앞과 그 보좌 앞으로 올려가더라"고
말한다(2:27; 19:15; 시 2:9). 요한은 아들에 대해 이렇게 묘사한다. 이는
장차 철장(불가항력의 힘)으로 만국을 다스릴 남자라고 말한다(시 2:9;
19:15). 예수님은 만국을 다스리실 분이라는 것이다. 그런데 요한은 예수
님께서는 땅에서 다스리시는 분이 아니라 하늘에서 다스리실 분이기에
하나님께서 그 아이를 하나님 앞과 그 보좌 앞으로 올려가셨다고 말한다.
부활 승천시키셨다는 뜻이다. 우리도 역시 그리스도 안에서 함께 승천하여
만국을 다스릴 것이다. 본문의 "그 보좌"란 말은 '하나님의 주권'을 강조하
는 말이다. 요한은 여기서 하나님께서 어떤 방법으로 그리스도를 승천시켰
는지에 대해서는 일체 말하지 않는다. 하나님의 무한한 주권에 의해서
모든 일을 처리하셨다는 것만 강조하고 있다. 요한은 여기서 예수님의
생애에 대해서는 일체 언급을 하지 않는다. 다만 하나님께서 마귀의 낯을

피하여 예수님을 승천시켜 하나님의 보좌 앞으로 이끄셨다는 것만 강조한다. 요한은 어떤 한 가지를 강조하기를 원할 때 다른 것을 생략해 버리는 방법을 사용한다.

**계 12:6. 그 여자가 광야로 도망하매 거기서 천이백육십 일 동안 그를 양육하기 위하여 하나님께서 예비하신 곳이 있더라**(καὶ ἡ γυνὴ ἔφυγεν εἰς τὴν ἔρημον, ὅπου ἔχει ἐκεῖ τόπον ἡτοιμασμένον ἀπὸ τοῦ θεοῦ, ἵνα ἐκεῖ τρέφωσιν αὐτὴν ἡμέρας χιλίας διακοσίας ἑξήκοντα).

요한은 하나님께서 "그 아이를 하나님 앞과 그 보좌 앞으로 올려간(승천시킨)"(앞 절) 후 "그 여자가 광야로 도망했다"고 말한다(4절). 즉 '교회가 광야로 도망했다'는 것이다. 여기 "그 여자"에 대해서는 13-17절에서 자세히 언급한다. 그 여자, 곧 교회가 광야로 왜 도망했으며 또 어떻게 도망했느냐 하는 것을 13절에서부터 설명하고 있다. 여자 곧 교회가 광야로 도망한 이유는 용이 분노했기 때문이다(13절).

"광야"가 어디냐를 두고 견해가 엇갈린다. 1) 보헤미아(체코슬로바키아 서부의 주) 지방의 유럽이라는 견해. 2) 마리아와 그리스도가 애굽으로 피난한 것으로 보는 견해. 3) 펠라(Pella) 성이라는 견해. 많은 주석가들은 예수님 승천 후 기독교인들이 요단 동편 펠라성(지금의 Tabaqat Fahil)으로 피신했으니 본문의 광야를 펠라라고 한다.80) 이 견해는 연대순으로 보아서는 바른 것으로 보이나 교회가 거기서 1260일(신약 시대 전체의 기간)을 지낸 것은 아니니 채택하기 어려운 견해인 듯 하다. 4) 이 타락한 세상으로 보는 견해(렌스키, 필립 E. 휴즈, 박윤선, 이순한). 예수님 승천하신 후 교회는 광야 같은 이 세상에 남아 있게 되었다는 이 견해가 타당한 것 같다.

그런데 본문에 보면 교회가 광야로 도망하긴 했지만 순전한 광야가 아니고 하나님께서 예비하신 곳이 있었다는 것이다. 요한은 "거기서 천이백

---

80) 부분적 과거론적 해석(partial preterist interpretation)에 의하면 여기 "광야"를 데가볼리의 펠라(Pella)라고 말한다.

육십 일 동안 그를 양육하기 위하여 하나님께서 예비하신 곳이 있더라"고 말한다(11:3). 그러니까 광야 중에서도 하나님께서 예비하신 곳이 있었다는 것이다. 하나님께서 준비하신 양식이 있었고 물이 있었고 하나님의 보호가 있었다. 이는 마치 이스라엘 민족이 광야 생활을 사는 중에 하나님께서 만나로 먹이시고 물을 주셔서 살게 하신 것과 같다. 오늘날 교회는 하나님께서 준비하신 곳에서 생활하고 있다. 지금 우리는 하나님께서 준비하신 모든 것을 받아 생활하고 있다. 여기에는 하나님의 생명의 말씀이 있고 성령님이 함께 하신다. 여기서 우리 교회는 "천이백육십 일 동안" 하나님의 양육을 받으면서 훈련을 받아야 한다.

"천이백육십 일 동안"에 대해서는 서로 다른 해석이 시도되고 있다. 혹은 전 삼년반이라고도 하고 혹은 후 삼년 반이라고도 해석한다. 그러나 이 기간은 전 3년 반 즉 신약 시대 전체를 지칭하는 것으로 보아야 할 것이다(11:2-3 주해 참조).

### 2. 용(사탄)이 내어 쫓기다 12:7-12

요한은 예수님께서 승천하신 뒤 하늘에서 전쟁이 있었다고 말한다. 그 전쟁에서 마귀와 그 졸개들이 하늘에서 쫓겨났다고 말하고 그들이 쫓겨난 후 하늘에서 음성이 있어 하나님의 구원과 능력과 나라와 또 그리스도의 권세가 나타났다고 선포한다. 그러나 땅과 바다는 쫓겨난 마귀 때문에 화가 있을 것이라고 선포한다.

**계 12:7. 하늘에 전쟁이 있으니 미가엘과 그의 사자들이 용과 더불어 싸울 새 용과 그의 사자들도 싸우나**(Καὶ ἐγένετο πόλεμος ἐν τῷ οὐρανῷ, ὁ Μιχαὴλ καὶ οἱ ἄγγελοι αὐτοῦ τοῦ πολεμῆσαι μετὰ τοῦ δράκοντος. καὶ ὁ δράκων ἐπολέμησεν καὶ οἱ ἄγγελοι αὐτοῦ).

요한은 "하늘에 전쟁이 있었다"고 말한다. 이 전쟁은 "미가엘과 그의 사자들이 용과 그의 사자들과의 전쟁"이었다는 것이다(3절; 20:2; 단 10:13,

21; 12:1). 여기 미가엘이 그의 사자들을 거느린 것을 보면 천사장임을 알수 있다. 그리고 유 1:9에 "천사장 미가엘"이란 말을 보아도 미가엘은 천사장이다. 그는 전쟁의 천사장이다(단 10:13, 21; 12:1; 유 1:9). 천사장 미가엘이 그의 부하를 데리고 있는 것처럼 용(사탄)도 역시 그의 사자들(귀신들)을 데리고 있다. 하늘에서 이 두 세력 간에 전쟁이 있었던 것이다. 이 전쟁은 그리스도께서 승천하신 뒤에 벌어졌다.

**계 12:8. 이기지 못하여 다시 하늘에서 그들이 있을 곳을 얻지 못한지라**(καὶ οὐκ ἴσχυσεν οὐδὲ τόπος εὑρέθη αὐτῶν ἔτι ἐν τῷ οὐρανῷ).

용과 그의 부하들(귀신들)이 미가엘과 그의 부하들을 "이기지 못하여 다시 하늘에서 그들이 있을 곳을 얻지 못했다." 그들은 하늘에서 더 이상 있을 자리를 얻을 수가 없게 되었다. 사탄은 항상 성도를 하나님 앞에 참소하던 자였는데(욥 1:6-12; 2:4-5) 예수 그리스도께서 승천하신 후 사탄은 아주 하늘에서 패하게 된 것이다.

**계 12:9. 큰 용이 내쫓기니 옛 뱀 곧 마귀라고도 하고 사탄이라고도 하며 온 천하를 꾀는 자라 그가 땅으로 내쫓기니 그의 사자들도 그와 함께 내쫓기니라**(καὶ ἐβλήθη ὁ δράκων ὁ μέγας, ὁ ὄφις ὁ ἀρχαῖος, ὁ καλούμενος Διάβολος καὶ ὁ Σατανᾶς, ὁ πλανῶν τὴν οἰκουμένην ὅλην, ἐβλήθη εἰς τὴν γῆν, καὶ οἱ ἄγγελοι αὐτοῦ μετ’ αὐτοῦ ἐβλήθησαν).

"큰 용"이 하늘에서 더 이상 있을 곳이 없어서(앞 절) "내쫓기고" 말았다(눅 10:18; 요 12:31). 요한은 "큰 용"의 이름을 세 가지로 부른다. 첫째, "옛 뱀"이라고 불린다. "옛 뱀"이란 말은 '옛날부터 있어온 뱀'이란 뜻이다(20:2; 창 3:1, 4). 아담과 하와를 유혹했기에 마귀는 옛 뱀으로 불린다. 둘째, "마귀라고도 하고 사탄이라고도 한다." 마귀 혹은 사탄은 욥을 참소한 일이 있었으며(욥 1:6), 대제사장 여호수아를 참소한 일이 있었다(슥 3:1). 마귀는 중상 모략가(slanderer)이다. 셋째, "온 천하를 꾀는 자"라고도 한다

(20:3). "온 천하를 꾀는 자"란 말은 그의 역할에서부터 붙여진 이름이다. 그는 하나님 앞에 우리를 직접적으로 참소하지는 못해도 온 천하를 꾀는 중에 우리를 꾄다.

요한은 "그가 땅으로 내쫓기니 그의 사자들도 그와 함께 내쫓겼다"고 말한다(9:1). 사탄은 그의 부하들과 함께 하늘에서 내쫓겼다. 그래서 그는 온 천하를 유혹하고 있다. 타락하도록 지금도 여전히 사람들을 유혹한다. 물질을 탐하도록 유혹하고 이성에 걸려 넘어지도록 유혹하고 세상 명예에 집중하도록 사람들을 유혹한다.

**계 12:10.** 내가 또 들으니 하늘에 큰 음성이 있어 이르되 이제 우리 하나님의 구원과 능력과 나라와 또 그의 그리스도의 권세가 나타났으니 우리 형제들을 참소하던 자 곧 우리 하나님 앞에서 밤낮 참소하던 자가 쫓겨났고(καὶ ἤκου-σα φωνὴν μεγάλην ἐν τῷ οὐρανῷ λέγουσαν, Ἄρτι ἐγένετο ἡ σωτηρία καὶ ἡ δύναμις καὶ ἡ βασιλεία τοῦ θεοῦ ἡμῶν καὶ ἡ ἐξουσία τοῦ Χριστοῦ αὐτοῦ, ὅτι ἐβλήθη ὁ κατήγωρ τῶν ἀδελφῶν ἡμῶν, ὁ κατηγορῶν αὐτοὺς ἐνώπιον τοῦ θεοῦ ἡμῶν ἡμέρας καὶ νυκτός, And I heard a loud voice in heaven, saying, "Now the salvation and the power and the kingdom of our God and the authority of his Christ have come, for the accuser of our brethren has been thrown down, who accuses them day and night before our God-RSV).

요한은 용이 하늘에서 쫓겨난데 따른 하늘로부터의 송가를 듣게 된다. 송가는 10-12절에 걸쳐 기록되어 있다. 요한은 "하늘에 큰 음성이 있었다"고 말한다. 이 큰 음성의 주체가 누구냐에 대한 견해가 여럿이다. 1) 천사들이라는 견해. 2) 24장로들이라는 견해. 3) 6:9의 순교자들이라는 견해. 이 세 견해 중 2번의 견해도 받을 만하지만 3번의 견해가 더 타당해 보인다. 그러나 누구의 음성인가도 중요하지만 그보다 더 중요한 것은 그 음성의 내용이다.

큰 음성은 "이제 우리 하나님의 구원과 능력과 나라와 또 그의 그리스도의 권세가 나타났으니 우리 형제들을 참소하던 자 곧 우리 하나님 앞에서 밤낮 참소하던 자가 쫓겨났다"고 찬양한다(11:15; 19:1; 욥 1:9; 2:5; 슥 3:1). 즉 '이제 우리 하나님의 구원과 능력과 나라와 또 그의 그리스도의 권세가 나타났다. 이유는 우리 형제들을 참소하던 자 곧 우리 하나님 앞에서 밤낮 참소하던 자가 쫓겨났기 때문이라'고 찬양한다. 본문의 "우리 하나님의 구원과 능력과 나라와 또 그의 그리스도의 권세가 나타났다"(ἡ σωτηρία καὶ ἡ δύναμις καὶ ἡ βασιλεία τοῦ θεοῦ ἡμῶν καὶ ἡ ἐξουσία τοῦ Χριστοῦ αὐτου)는 말이 심히 강조되었음을 알 수 있다. 이유는 모든 단어마다 관사에 의해서 강조되었기 때문이다. '즉 하나님의 그 구원과 하나님의 그 능력과 하나님의 그 나라와 또 그의 그리스도의 그 권세가 나타났다'는 것이다. "하나님의 그 구원"이란 '하나님께서 이루신 구원'을 이름이다(7:10 주해 참조). 다시 말해 성부 하나님은 우리의 구원을 계획하시고 십자가에서 어린 양을 통해서 그 구원을 이루셨다. 그리고 "하나님의 그 능력"이란 '그리스도를 통하여 우리를 구원하시는 능력'을 이름이다(4:11 주해 참조). 그리고 "하나님의 그 나라"란 '하나님의 그 놀라우신 통치'란 뜻으로 마귀가 쫓겨났으므로 하나님의 완전한 통치가 이르렀다는 것이다(5:9 주해 참조). 그리고 "그의 그리스도의 그 권세가 나타났다"는 말은 '하나님께서 보내신 그리스도의 권위가 이르렀다'는 뜻이다. 사탄이 쫓겨났으므로 그리스도의 권위가 이르른 것이다. 우리 본문의 "나타났다"(ἐγένετο)는 말은 부정(단순) 과거로 '아주 단번에 이르렀다'는 뜻이다. 하나님의 구원과 능력과 나라와 그리스도의 권위가 단번에 이르렀다는 것이다. 그리스도의 부활과 승천으로 말미암아 하나님의 구원과 능력과 나라와 그리스도의 권위가 이르렀다.

하나님의 구원과 능력과 통치가 이르렀고 또 그리스도의 권위가 이른 이유는 "우리 형제들을 참소하던 자 곧 우리 하나님 앞에서 밤낮 참소하던 자가 쫓겨났기" 때문이라고 한다. '즉 우리 형제들을 참소하던 자 곧 우리 하나님 앞에서 밤과 낮으로 시도 때도 없이 참소하던 자가 하늘에서 쫓겨났기' 때문이라는 것이다. 항상 성도들을 참소하던 사탄이 하늘에서 쫓겨났기 때문에 하나님의 구원과 능력과 통치가 이르렀고 또 그리스도의 권위가 이르렀다. 우리를 하나님 앞에 참소하던 자는 하늘에서 완전히 쫓겨났다. 이제 그는 세상에서 성도들을 유혹하고 있을 뿐이다.

**계 12:11. 또 우리 형제들이 어린 양의 피와 자기들의 증언하는 말씀으로써 그를 이겼으니 그들은 죽기까지 자기들의 생명을 아끼지 아니하였도다** (καὶ αὐτοὶ ἐνίκησαν αὐτὸν διὰ τὸ αἷμα τοῦ ἀρνίου καὶ διὰ τὸν λόγον τῆς μαρτυρίας αὐτῶν καὶ οὐκ ἠγάπησαν τὴν ψυχὴν αὐτῶν ἄχρι θανάτου).

하늘의 큰 음성은 "우리 형제들(하늘의 순교자들)[81]이 어린 양의 피와 자기들의 증언하는 말씀으로써 그를 이겼다"고 말한다(롬 8:33-34, 37; 16:20). 즉 '우리 형제들(하늘의 순교자들)이 두 가지로 사탄을 이겼다'는 것이다. 하나는 "어린 양의 피로"(διὰ τὸ αἷμα τοῦ ἀρνίου) 사탄을 이겼다고 말한다. "어린 양의 피로"(διὰ τὸ αἷμα τοῦ ἀρνίου)란 말은 '어린 양의 피가 근거가 되어'라는 뜻이다. 그들은 어린 양의 피를 분명히 믿었음을 알 수 있다. 그리고 "자기들의 증언하는 말씀으로써"(διὰ τὸν λόγον τῆς μαρτυρίας αὐτῶν)란 말도 '자기들이 증언하는 말씀이 근거가 되어'라는 뜻이다. 말씀은 반드시 증언하는 자에게 승리를 안겨준다. 본문의 "이겼으니"(ἐνίκησαν)란 말은 부정(단순)과거 시제로 '아주 완전히 이겼다'는 뜻이다.

하늘의 음성은 "그들은 죽기까지 자기들의 생명을 아끼지 아니 하였도다"고 말한다(눅 14:26). 순교자들은 죽기까지 자기들의 생명을 아끼지 아니한 사람들이다. 자기의 생명도 아끼면서 복음을 증언하면 순교에 이르지 못한다. 그런 사람은 목회 사역에 있어서도 승리하지 못한다. 우리는 순교하

---

81) 이 말씀은 지상의 살아있는 성도들을 의미하는 것은 아닌 것 같다. 이 말씀은 하늘의 순교자들을 지칭하는 것으로 보인다. "그들은 죽기까지 자기들의 생명을 아끼지 아니하였도다" 라는 말을 보면 하늘의 순교자들을 지칭하는 것으로 보아야 할 것 같다.

지는 못한다고 하더라도 죽기까지 생명을 아끼지 않는 성도들이 되어야 할 것이다(눅 14:26; 요 12:25-27 참조).

**계 12:12. 그러므로 하늘과 그 가운데에 거하는 자들은 즐거워하라 그러나 땅과 바다는 화 있을진저 이는 마귀가 자기의 때가 얼마 남지 않은 줄 알므로 크게 분내어 너희에게 내려갔음이라 하더라**(διὰ τοῦτο εὐφραί-νεσθε, ((οἱ)) οὐρανοὶ καὶ οἱ ἐν αὐτοῖς σκηνοῦντες. οὐαὶ τὴν γῆν καὶ τὴν θάλασσαν, ὅτι κατέβη ὁ διάβολος πρὸς ὑμᾶς ἔχων θυμὸν μέγαν, εἰδὼς ὅτι ὀλίγον καιρὸν ἔχει).

하늘의 음성은 사탄이 하늘로부터 땅으로 쫓겨났기 때문에 "하늘은 즐거워하라"고 말하고(18:20; 시 96:11; 사 49:13) "땅과 바다에는 화가 있을진저"(8:13; 11:10)라고 말한다. 하늘의 음성은 "그러므로 하늘과 그 가운데에 거하는 자들은 즐거워하라 그러나 땅과 바다는 화 있을진저"라고 말한다. 여기 "하늘과 그 가운데에 거하는 자들"(οἱ οὐρανοὶ καὶ οἱ ἐν αὐτοῖς σκηνοῦντες)이란 말은 '하늘과 그 가운데서 생활하는 자들'(15:5), 즉 '하늘에 가서 영원히 살 성도들'이란 뜻이다. 그들은 "즐거워하라"(εὐ-'φραίνεσθε)는 것이다. 즉 '기뻐하라'는 뜻이다. 기뻐할 이유는 10-11절에 언급되어 있다. 하늘에 간 성도들이 기뻐하므로 땅에 거하는 성도들도 기뻐해야 할 것이다. 그 이유는 땅에 있는 모든 성도들은 미구에 천국에 갈 것이기 때문이다.

그와 반면에 "땅과 바다는 화 있을진저"라고 말한다. 즉 '땅과 바다에는 화가 있을 것이라'는 뜻이다. 다시 말해 땅과 바다에 사는 자들은 화가 닥칠 것이라는 것이다. 이렇게 땅과 바다에 화가 있을 이유는 사탄이 승리했기 때문이 아니라 패배해서 하늘에서 쫓겨났기 때문이다. 사탄은 이제 "마귀가 자기의 때가 얼마 남지 않은 줄 알므로 크게 분 내어 너희에게 내려갔기" 때문이다(10:6). 마귀는 자기의 "때"(καιρὸν), 즉 '예수님께서 재림하시므로 불 못에 던져질 때'가 멀지 않은 줄을 잘 알고 있어 크게 분 내어 땅으로

쫓겨났기 때문에 땅과 바다에 사는 사람들에게는 재난이 닥칠 것이라는
의미이다. 사탄은 지금도 땅과 바다에 사는 사람들을 해치고 있다. 그러나
그것도 잠시 뿐이다. 성도들은 사탄의 박해를 받으면서 주님을 철저히 의지
하여 잘 견뎌야 할 것이다. 사탄은 사람들을 사용하여 교회를 박해하고
있고 성도들을 괴롭히고 있다. 우리는 주님만 바라보고 잘 인내해야 할
것이다.

### 3. 용(사탄)과 여자와 그 자녀들 사이의 전쟁  12:13-17

용(사탄)은 하나님 백성을 계속해서 박해한다. 아들(그리스도)이 승천하
여 죽일 수 없게 되자 여자(교회)와 그 자녀들을 공격한다. 이 부분(13-17절)
이 6절의 여자에 대해 상설한 것이다.

**계 12:13. 용이 자기가 땅으로 내쫓긴 것을 보고 남자를 낳은 여자를 박해하
는지라**(Καὶ ὅτε εἶδεν ὁ δράκων ὅτι ἐβλήθη εἰς τὴν γῆν, ἐδίωξεν τὴν
γυναῖκα ἥτις ἔτεκεν τὸν ἄρσενα).

요한은 용(사탄)이 자기가 하늘 전쟁에서 패배하여(7절) 땅으로 내쫓긴
것을 보고 그리스도를 낳은 여자(교회)를 참으로 박해하고 있다고 말한다(5
절). 본문의 "내쫓긴"(ἐβλήθη)이란 말은 부정(단순)과거 수동태 시제로 '여
지없이 단번에 내쫓겼다'는 뜻이다. 사탄은 그리스도 때문에 여지없이 땅으
로 단번에 내쫓겨서 남자(그리스도)를 낳은 교회(땅에 남은 교회)를 무자비
하게 박해하고 있다는 것이다. 본문의 "박해하는지라"(ἐδίωξεν)란 말은
부정(단순)과거 시제로 동사가 강조되어 '참으로 박해한다,' '무참히 박해한
다'는 뜻이다. 사탄은 하늘에서 그리스도 때문에 쫓겨났기에 복수하는 차원
에서 그리스도를 낳은 여자(교회)를 박해하는 일에 열심을 다한다. 사탄은
그리스도와 교회가 연합되어 있는 것을 알고(행 9:4) 교회를 박해하는 것이
바로 예수 그리스도를 박해하는 효과가 있는 것으로 알고 교회 박해에
나선 것이다.

**계 12:14. 그 여자가 큰 독수리의 두 날개를 받아 광야 자기 곳으로 날아가 거기서 그 뱀의 낯을 피하여 한 때와 두 때와 반 때를 양육 받으매**(καὶ ἐδόθησαν τῇ γυναικὶ αἱ δύο πτέρυγες τοῦ ἀετοῦ τοῦ μεγάλου, ἵνα πέτηται εἰς τὴν ἔρημον εἰς τὸν τόπον αὐτῆς, ὅπου τρέφεται ἐκεῖ καιρὸν καὶ καιροὺς καὶ ἥμισυ καιροῦ ἀπὸ προσώπου τοῦ ὄφεως, And to the woman were given two wings of a great eagle, that she might fly into the wilderness, into her place, where she is nourished for a time, and times, and half a time, from the face of the serpent-KJV).

요한은 본 절에서 여자(교회)의 두 행동에 대해 언급한다. 하나는 "그 여자가 큰 독수리의 두 날개를 받아 광야 자기 곳으로 날아갔다"는 것이다(6절; 17:3). "그 여자가 큰 독수리의 두 날개를 받았다"(출 19:4-5; 신 32:11; 사 40:31)는 말은 '교회가 하나님의 보호를 받고 인도를 받아 구원을 받았다'는 뜻이고, "광야 자기 곳으로 날아갔다"는 말은 '수난 받아야 할 광야에서 교회가 지내야 할 곳, 즉 하나님께서 교회를 위하여 처소를 예비하시며 말씀의 만나로 양육하시는 곳으로 인도받았다'는 뜻이다. 이 세상은 비록 험한 곳이나 또한 우리가 분명하게 기억해야 하는 사실은 하나님께서 교회와 함께 하시며 하나님께서 교회를 돌보시는 곳이라는 것이다. 그러므로 지상의 교회는 세상에서 비록 나그네로 존재하지만 놀랍게도 하나님과 함께 한다.

또 하나의 행동은 "거기서 그 뱀의 낯을 피하여 한 때와 두 때와 반 때를 양육 받는다"는 것이다(단 7:25; 12:7). 즉 '교회는 광야에서 그 사탄의 맹렬한 공격으로부터 멀리 피하여 한 때와 두 때와 반 때를 양육 받는다'는 것이다. 교회는 광야에서 사탄의 직접적인, 맹렬한 공격을 받으나 오히려 이를 피하면서 오랜 기간 하나님의 양육을 받게 된다. 하나님의 보호 아래 양육을 받으므로 사탄은 교회를 멸할 수가 없다.

본문의 "한 때와 두 때와 반 때"는 단 7:25; 12:7에서 처음 나타난다. 이때는 적그리스도가 활동하는 때이다. 요한은 적그리스도의 영이 이미 세상에서 활동하고 있었음을 말했다(요일 4:3). 계시록에서 말하는 "한 때와 두 때와 반 때"는 신약시대 전체를 지칭한다. 이 기간은 계시록에서 "마흔 두 달," "한 때 두 때 반 때" 그리고 "1,260일"(11:2-3; 12:6, 14; 13:5)와 동일한 기간이다. 신약시대에 살고 있는 우리는 지금 사탄의 직접적인 공격을 피하여 하나님의 말씀으로 그리고 성령으로 양육을 받고 있다. 그러하기에 우리는 이 양육 기간에 충분히 영적으로 성장해야 할 것이다.

**계 12:15. 여자의 뒤에서 뱀이 그 입으로 물을 강 같이 토하여 여자를 물에 떠내려 가게 하려 하되**(καὶ ἔβαλεν ὁ ὄφις ἐκ τοῦ στόματος αὐτοῦ ὀπίσω τῆς γυναικὸς ὕδωρ ὡς ποταμόν, ἵνα αὐτὴν ποταμοφόρητον ποιήσῃ).

"뱀"(사탄)은 교회를 직접적으로는 공격하지 못하고 "여자(교회)의 뒤에서 그 입으로 물을 강 같이 토하여 여자를 물에 떠내려가게 하려했다"(사 59:19). 이 말씀은 하나의 상징으로서 사탄이 교회를 향해서 어떤 공격을 가해도 하나님께서 교회를 궁극적으로 보호하신다는 것을 뜻한다. 혹자는 사탄이 그 입으로 물을 강 같이 토할 때 하나님께서 만드신 땅은 기적적으로 물을 몽땅 삼킨다는 식으로 해석하기도 하나 본문의 뜻은 그런 것을 의미하는 것은 아닐 것이다. 본문의 의도는 사탄이 무수한 방법을 통하여 교회를 말살하려 하지만 하나님께서 주권자가 되셔서 교회를 지켜주신다는 것을 말씀하신 것으로 보아야 한다. 윌럼 헨드릭슨(william Hendriksen)은 "마귀는 거짓의 물결, 혼란, 종교의 '_주의,' 철학적 허구, 정치적 이상향, 그럴듯한 과학적 요설(수다스런 말) 등등으로 교회를 삼키려고 애를 쓰지만 참되고 신실한 교회는 넘어지지 않는다"고 주장한다.[82]

**계 12:16. 땅이 여자를 도와 그 입을 벌려 용의 입에서 토한 강물을 삼키니** (καὶ ἐβοήθησεν ἡ γῆ τῇ γυναικὶ καὶ ἤνοιξεν ἡ γῆ τὸ στόμα αὐτῆς

---

82) 윌럼 헨드릭슨, *요한계시록*, 헨드릭슨 성경주석, p. 173.

καὶ κατέπιεν τὸν ποταμὸν ὃν ἔβαλεν ὁ δράκων ἐκ τοῦ στόματος αὐτοῦ).

　하나님은 언제나 교회를 도우신다. 진실로 하나님께서는 절대로 교회가 세상의 어떤 풍조에 밀려 말살되게 하지 않으신다. 하나님께서는 주님의 종들이 어떤 어려움을 당할 때 신기한 방법으로 도우신다.

**계 12:17. 용이 여자에게 분노하여 돌아가서 그 여자의 남은 자손 곧 하나님의 계명을 지키며 예수의 증거를 가진 자들과 더불어 싸우려고 바다 모래 위에 서 있더라**(καὶ ὠργίσθη ὁ δράκων ἐπὶ τῇ γυναικὶ καὶ ἀπῆλθεν ποιῆσαι πόλεμον μετὰ τῶν λοιπῶν τοῦ σπέρματος αὐτῆς τῶν τηρούντων τὰς ἐντολὰς τοῦ θεοῦ καὶ ἐχόντων τὴν μαρτυρίαν Ἰησοῦ. καὶ ἐστάθη ἐπὶ τὴν ἄμμον τῆς θαλάσσης, Then the dragon was angry with the woman, and went off to make war on the rest of her offspring, on those who keep the commandments of God and bear testimony to Jesus. And he stood on the sand of the sea-RSV).

　요한은 용(사탄)이 많은 방법을 써서 교회를 말살하려해도 교회가 없어지지 않으니 "용이 여자에게 분노하여 돌아가서 그 여자의 남은 자손 곧 하나님의 계명을 지키며 예수의 증거를 가진 자들과 더불어 싸우려고 바다 모래 위에 섰다"고 말한다(1:2, 9; 6:9; 11:7; 13:7; 14:13; 20:4; 창 3:15; 고전 2:1; 요일 5:10). 사탄은 교회 말살 정책에 실패하여 교회를 향하여 분노하기에 이르렀다. 그래서 이제는 남은 자손 즉 땅위에 남아있는 교인들 곧 하나님의 계명을 지키며 예수님의 증거를 가진 자들과 더불어 싸우기 위해 바다 모래 위에 섰다는 것이다. 본문의 "하나님의 계명을 지키는 자들"과 "예수의 증거를 가진 자들"은 서로 동의어이다(1:2, 9; 6:9; 20:4). "예수의 증거"란 '예수 그리스도께서 하나님의 말씀을 받아서 증언해 주신 것을 지칭 한다'(1:2 주해 참조). 본문의 "하나님의 계명을 지키며"(τηρούντων τὰς ἐντολὰς τοῦ θεοῦ)란 말은 현재분사 시제로 계속해서 하나님의 말씀을 지켜야 할 것을 보여준다. 그리고 "예수의 증거를 가진"(ἐχόντων τὴν μαρτυρίαν Ἰησου)이란 말도 역시 현재 분사형으로 예수님께서 증언해 주신 것을 계속해서 증언해야 할 것을 보여준다.

"(그가) 바다 모래 위에 서 있더라"(ἐστάθη ἐπὶ τὴν ἄμμον τῆς θα-λάσσης)는 말은 사본상으로 우수한 사본들이 지지하는 원문이고 "(내가) 바다 모래 위에 섰다"(ἐστάθην ἐπὶ τὴν ἄμμον τῆς θαλάσσης)는 말은 사본상으로 열등한 사본들이 지지하는 원문이다. 우리는 "(그가) 바다 모래 위에 서 있더라"로 읽어야 할 것이다.

또 다른 문제는 아주 큰 문제는 아니지만 "(그가) 바다 모래 위에 서 있더라"는 문장을 12장 끝에 두어야 하는가 아니면 13장 초두에 두어야 하는가 하는 문제이다. 12장 끝에 둔 번역판들은 한글 개역판, 한글 개역개정판, 공동번역, 현대인의 성경, RSV, NRSV 등이고, 13장 초두에 둔 번역판들은 표준 새 번역, KJV, NKJV, NIV, ASV, NSAB, NLT 등이다. 전자를 지지한다.

용이 바다 모래위에 선 것은 다음 장(13장)에서 말하듯 성도들을 공격하기 위하여 자신의 전우들의 도움을 받으려는 것이다. 용(사탄)은 13장에서 보여주듯 짐승을 앞세우고 자신은 배후 세력으로서 성도들과 싸우려고 한다. 그런고로 성도들은 보이는 것과 싸우지 말고 배후에서 엉큼하게 조종하는 사탄과 싸워서 이기기 위해 그리스도의 피를 의지해야 하고 또 자신이 증언하는 말씀에 철저히 매달려야 한다. 그러면 항상 승리의 삶을 살 수 있다.

# 제 13 장

L. 다섯째 삽경 - 두 짐승   13:1-18

요한은 앞 장(12장)에서 붉은 용(12:3, 사탄)이 여자(12:1, 교회)와 땅위에 남아있는 성도들(12:17)을 박해하는 장면을 소개했는데, 본 장(13장)에서는 붉은 용(사탄)의 심복 바다짐승(1-10절)과 땅의 짐승(11-18절)이 하나님의 백성들을 박해하고 미혹하는 장면을 소개한다. 계시록에서 붉은 용(사탄)과 바다짐승과 땅 짐승은 사탄의 삼두통치체제(Satanic triumvirate)이다. 사단 삼두정치체제는 성(聖)삼위일체(성부, 성자, 성령)를 흉내 내는 체제이다. 붉은 용은 성부를 흉내 내고 바다짐승은 성자를 흉내 내며 땅 짐승은 성령을 흉내 낸다. 붉은 용(사탄)과 바다짐승과 땅 짐승은 '가짜 삼위일체'로서 성삼위일체에 도전하여 하나님의 백성을 박해하고 유혹해서 하나님을 경배하지 못하게 하고 사탄을 숭배하게 만든다.

"두 짐승은 사탄(12:9)이 바닷가에 서 있는 동안에 나온 것이다. 이 두 짐승들은 그들 자신의 독창성에서 나온 것이 아니고 사탄의 권능을 힘입어 나왔다. 우리는 이 짐승들을 사탄의 산물이라고 말할 수 있다. 사탄이 아니면 이런 짐승들이 존재할 수 없다. 이런 짐승에서 발견되는 권능은 사탄 자신의 권능이다"(렌스키).83) 이 부분(1-18절)이 기록된 이유를 성도들로 하여금 성삼위 하나님만 절대적으로 의지하라는 사인(sign)으로 받아야 한다.

1. 바다에서 올라온 짐승   13:1-10

---

83) R. C. H. 렌스키, 계시록, 주석성경, p. 314.

요한은 용이 바다 모래 위에 선 장면(12:17)을 보았는데 본 장에서는 그 바다에서 올라오는 한 짐승을 보았다. 13장의 내용은 12장에 기록된 붉은 용과 여자(교회) 및 그 자손과의 싸움의 연속을 보여주고 있다. 바다에서 나온 짐승(1-10절)은 일곱 머리와 열 뿔을 가지고 있어 용(12장)과 비슷하다. 바다에서 나온 짐승은 용의 권력을 대행하여 외부에서 교회를 박해하는 세상 권력을 상징한다. 바다에서 나온 짐승은 묘사하기 힘든 흉측한 모습을 하고 있어서 큰 공포를 느끼게 해준다. 이 짐승은 다음에 나오는 땅의 짐승과 마찬가지로 사탄의 화신들이다. 많은 현대의 신학자들은 바다에서 나온 짐승과 땅에서 나온 짐승들을 로마제국에만 국한시켜 설명하고 있는데 이것은 지나치게 편협한 견해이다. 우리는 본 장에 나온 묘사들이 의심의 여지없이 로마 제국에서 앞으로 나타날 적그리스도의 예비적 모습이라는 사실과 아울러 그럼에도 불구하고 본 장의 두 짐승들은 로마 제국 이상의 의미를 우리에게 던져주고 있음 또한 놓쳐서는 안 된다.

**계 13:1. 내가 보니 바다에서 한 짐승이 나오는데 뿔이 열이요 머리가 일곱이라 그 뿔에는 열 왕관이 있고 그 머리들에는 신성 모독 하는 이름들이 있더라**(Καὶ εἶδον ἐκ τῆς θαλάσσης θηρίον ἀναβαῖνον, ἔχον κέρατα δέκα καὶ κεφαλὰς ἑπτὰ καὶ ἐπὶ τῶν κεράτων αὐτοῦ δέκα διαδήματα καὶ ἐπὶ τὰς κεφαλὰς αὐτοῦ ὀνόμα((τα)) βλασφημίας).

요한은 "내가 보니 바다에서 한 짐승이 나오는데 뿔이 열이요 머리가 일곱이라"고 말한다(12:3; 17:3, 9, 12; 단 7:2, 7). 여기 "바다"가 무엇을 지칭하느냐 하는 것을 두고 여러 해석이 가해졌다. 1) 지중해를 가리킨다는 견해. 그러나 이 견해는 바다를 너무 협소하게 제한해서 해석했기 때문에 받아들이기 어렵다. 2) 무저갱을 상징한다는 견해. 그러나 바다가 무저갱이라는 견해는 12:17의 해석에 어려움을 준다. 바다가 무저갱이라면 용이 바닥없는 무저갱 위의 모래 위에 선 것이 되어 논리적으로 맞지 않는다. 3) 열방을 총칭한다는 견해(윌렴 헨드릭슨, 박윤선, 이상근). 이 견해는

12:15; 17:15을 근거하고 나온 견해로 우리가 받을 수 있는 견해이다. 그러니까 본 절이 말하는 "바다"는 '세계 각국'을 총칭하는 것으로 세계 각국 중에서 '바다 편(쪽)'을 말하는 것이고, 본 장 11절에서 말하는 "땅"도 역시 '세계 각국'을 총칭하는 것으로 '땅 편(쪽)'을 지칭하는 것으로 볼 수 있다. 합해서 말한다면 "바다"(본 절)와 "땅"(11절)은 세계 열방을 지칭한다.

요한은 바다에서 "한 짐승이 나오는데 뿔이 열이요 머리가 일곱이라"고 말한다. 여기 "한 짐승"이 무엇인가를 알기 위하여 11:7의 주해를 참조하라. 본문에 나온 짐승에 대한 묘사는 단 7:2-7[84])에 나오는 네 마리의 짐승을 합쳐놓은 것이기 때문에 훨씬 공포를 더해주고 있다(Leon Morris). 바다에서 나온 "짐승"은 전 역사의 무대 위에 존재하는 세상의 여러 나라와 정권으로 나타난 사탄의 세력을 지칭한다. 옛 부터 많은 주석가들이 본문의 "짐승"을 로마[85])로 보았으나(Bengel, Charles, Moffatt, Barclay) "인류 역사상 어디서나 언제나 하나님을 거스르고 대항한 지상의 정권은 짐승이다"(윌럼 헨드릭슨). 세상 나라와 정권을 짐승으로 표현한 것은 한 마디로 그 수준이 짐승 수준이기 때문이다. 짐승은 어린 양과 달라 무질서하고 악하며 기독교인들을 죽이는 것을 특질로 가지고 있다.

---

84) 단 7:2-7은 "다니엘이 진술하여 이르되 내가 밤에 환상을 보았는데 하늘의 네 바람이 큰 바다로 몰려 불더니 큰 짐승 넷이 바다에서 나왔는데 그 모양이 각각 다르더라. 첫째는 사자와 같은데 독수리의 날개가 있더니 내가 보는 중에 그 날개가 뽑혔고 또 땅에서 들려서 사람처럼 두 발로 서게 함을 받았으며 또 사람의 마음을 받았더라. 또 보니 다른 짐승 곧 둘째는 곰과 같은데 그것이 몸 한쪽을 들었고 그 입의 잇 사이에는 세 갈빗대가 물렸는데 그것에게 말하는 자들이 있어 이르기를 일어나서 많은 고기를 먹으라 하였더라. 그 후에 내가 또 본즉 다른 짐승 곧 표범과 같은 것이 있는데 그 등에는 새의 날개 넷이 있고 이 짐승에게 또 머리 넷이 있으며 권세를 받았더라. 내가 밤 환상 가운데에 그 다음에 본 넷째 짐승은 무섭고 놀라우며 또 매우 강하며 또 쇠로 된 큰 이가 있어서 먹고 부서뜨리고 그 나머지를 발로 밟았으며 이 짐승은 전의 모든 짐승과 다르고 또 열 뿔이 있더라."

85) 본장의 "짐승"을 '로마'로 보는 견해는 과거 로마가 무서운 박해의 나라였기 때문이다. 본서가 기록되었던 1세기 중엽의 로마 제국은 정치적으로, 문화적으로, 종교적으로 대단한 암흑기였다. 당시 로마 제국은 다른 이방종교에 대해 관용했으면서도 유독 기독교에 대해서만은 적대시하여 박해했다. 그래서 본서에는 로마가 짐승으로 의인화되어 나타난다. 교회가 박해를 당했던 이유는 로마 제국의 종교 정책이나 황제 숭배에 대립하거나 반목했기 때문이다. 그러나 짐승의 세계적인 성격을 고려하면 짐승을 로마로 보는 것은 협소한 견해로 보인다. 따라서 짐승은 세계 어디서나 볼 수 있는 현상으로 취급하는 것이 타당하다.

요한은 이 짐승의 "뿔이 열이요 머리가 일곱"이라고 말한다. 짐승의
"뿔이 열이요 머리가 일곱"이란 말은 17:9-13에서 해설된다. "뿔이 열"이란
'권세가 큰  열나라'를 지칭한다. 그리고 "머리가 일곱"이란 말은 '구 바벨론,
앗수르, 신 바벨론, 메대와 바사, 마게도냐, 로마' 등을 이름이다. 모습은
각각 다르지만 이 세상 정부와 정권들이 하나님을 거스르고 성도들을 박해
한 그 본질은 서로 동일하다(윌럼 헨드릭슨). 사탄은 이런 정권 배후에서
성도들을 박해한다.

이 짐승의 뿔에는 "열 왕관"이 씌워져 있다(용은 머리에 왕관을 쓰고
있다. 12:3 참조). 뿔에다가 왕관을 쓰는 것은 참으로 어색한 모습으로 어울리
지 않는 일이지만 머리에 "신성 모독하는 이름"을 쓰기 위해 왕관을 뿔
위에 쓴 것 같다. 이렇게 뿔 위에 왕관을 씀으로써 짐승의 권력이 크다는
것을 보여준다.

요한은 짐승의 "그 머리들에는 신성 모독 하는 이름들이 있더라"(ἐπὶ
τὰς κεφαλὰς αὐτοῦ ὀνόμα((τα)) βλασφημίας)고 말한다. 즉 '머리 마다
신성 모독하는 이름이 하나씩 있다'는 뜻이다. 다시 말해 지구상에 일어나는
적그리스도마다 하나님을 모독하는 특별한 이름을 하나씩 가지고 있다는
뜻이다. 이 짐승 머리에 있는 신성 모독하는 이름이 있는 것은 요한 당시의
로마 황제들이 스스로를 신(神)으로 추앙했던 것과 연관된다. 로마 황제
아우구스투스(Augustus)나 네로(Nero)가 각각 신(神)이나 '구세주'로 불렸
고, 가장 심한 박해자였던 도미티안(Domitian)은 '우리 주요 하나님'으로
불리기도 했다. 그런데 어떤 사본에는 "이름"(ὀνόμα)이라는 말이 복수가
아니고 단수로 되어 있다. "이름들"이란 말이 단수로 되어 있는 것은 그
어떤 적그리스도든지 신성을 모독하는 내용이 동일하다는 것을 뜻한다.
한글 개역판, 공동번역, 표준 새 번역, 현대인의 성경, KJV, NKJV, NIV,
RSV는 단수로 번역했고, 개역개정판, ASV, NASB는 복수로 번역했다.
복수로 된 사본이나 번역본들이 바를 것으로 보인다. 이유는 역사상에 나타
났던 적그리스도 국가마다 하나님을 모독하던 그 내용이 약간씩 달랐기

때문이고 또 앞으로 나타날 적그리스도나 그 세력의 신성모독행위도 그 어떤 특징이 있을 것이기 때문이다. 우리는 역사상에서 하나님을 대적하는 적그리스도나 그 세력을 만나야 한다. 그 나라는 국권이 대단하고 하나님을 마구 조롱할 나라다.

**계 13:2. 내가 본 짐승은 표범과 비슷하고 그 발은 곰의 발 같고 그 입은 사자의 입 같은데 용이 자기의 능력과 보좌와 큰 권세를 그에게 주었더라**(καὶ τὸ θηρίον ὃ εἶδον ἦν ὅμοιον παρδάλει καὶ οἱ πόδες αὐτοῦ ὡς ἄρκου καὶ τὸ στόμα αὐτοῦ ὡς στόμα λέοντος. καὶ ἔδωκεν αὐτῷ ὁ δράκων τὴν δύναμιν αὐτοῦ καὶ τὸν θρόνον αὐτοῦ καὶ ἐξουσίαν μεγάλην).

요한이 본 짐승의 모습은 "표범과 비슷하고 그 발은 곰의 발 같고 그 입은 사자의 입 같았다"(단 7:4, 5, 6). 참으로 험상궂게 생긴 짐승이었다. 즉 '적그리스도나 그 세력은 무서운 표범 같고 곰같이 마구 덮치는 성격이 있으며 사자같이 잔인한 국가'라는 것이다. 적그리스도 정부가 이렇게 세 가지 잔인성을 가지고 있는 것은 단 7:3-8에 있는 네 짐승의 종합과 같은 종합판 국가일 것을 보여준다. 앞으로 일어날 적그리스도 정부는 참으로 잔인의 극을 달릴 것이다.

요한은 "용이 자기의 능력과 보좌와 큰 권세를 그에게 주었다"(ἔδωκεν αὐτῷ ὁ δράκων τὴν δύναμιν αὐτοῦ καὶ τὸν θρόνον αὐτοῦ καὶ ἐξουσίαν μεγάλην)고 말한다(12:9). 다시 번역하면 "용이 자기의 능력과 자기의 보좌와 큰 권세를 그에게 주었다"이다(12:4; 16:10). 용이 자기의 모든 것들을 짐승에게 주었다는 것이다. 그래서 용(사탄)과 짐승(적그리스도 정부)은 본질적으로 동일하다. 사탄과 적그리스도 혹은 그 세력은 능력에 있어서도 동일하고 또 보좌도 공유하고 있으며 세상 나라를 통치하는 큰 권세를 가진 점에서도 동일할 것이다. 바다에서 나온 짐승(적그리스도나 그 세력)은 사람들의 자유와 생명을 주관하고(10절), 사람들의 일 전체를 주관하며(17절), 막강한 권력을 휘두를 것이다(16:10). 우리는 앞으로 무서운 적그리스도나 혹은 그 세력을 만나게 된다.

**계 13:3. 그의 머리 하나가 상하여 죽게 된 것 같더니 그 죽게 되었던 상처가 나으매 온 땅이 놀랍게 여겨 짐승을 따르고**(καὶ μίαν ἐκ τῶν κεφαλῶν αὐτοῦ ὡς ἐσφαγμένην εἰς θάνατον, καὶ ἡ πληγὴ τοῦ θανάτου αὐτοῦ ἐθεραπεύθη. καὶ ἐθαυμάσθη ὅλη ἡ γῆ ὀπίσω τοῦ θηρίου, One of its heads seemed to have a mortal wound, but its mortal wound was healed, and the whole earth followed the beast with wonder-RSV).

요한은 짐승의 "머리 하나가 상하여 죽게 된 것 같더니 그 죽게 되었던 상처가 나으매 온 땅이 놀랍게 여겨 짐승을 따라간 것"을 보았다(12절, 14절; 17:8). 여기 "머리 하나"란 말은 '일곱 머리중 하나'를 뜻하는데 구체적으로 역사상에 일어났던 일곱 적그리스도 국가 중에 로마를 지칭한다(1절 주해 참조). 요한이 본 환상은 짐승(적그리스도 국가들)의 머리 하나 즉 로마가 상하여 죽게 된 것 같더니 그 죽게 되었던 상처가 다 나았다는 것이다(17:10 참조). 그런데 로마가 재생하자 세계가 재생한 막강한 로마를 신기하게 여겨 사탄 왕국인 로마를 따랐다는 것이다. 로마가 죽은 듯하다가 살아났다는 말은 기독교인들을 심히 박해하던 네로가 주후 68년에 자살한 후 잠시 기독교인들을 박해하는 일이 중단된듯하였으나 그 후에 도미티안 (Domitian) 황제가 나타나 다시 기독교인들을 심히 박해하게 된 것을 지칭한다. 죽은듯하던 로마가 재생한 것이다. 요한의 시대에 세상은 로마를 숭배하기에 이른 것이다.

**계 13:4. 용이 짐승에게 권세를 주므로 용에게 경배하며 짐승에게 경배하여 이르되 누가 이 짐승과 같으냐 누가 능히 이와 더불어 싸우리요 하더라**(καὶ προσεκύνησαν τῷ δράκοντι, ὅτι ἔδωκεν τὴν ἐξουσίαν τῷ θηρίῳ, καὶ προσεκύνησαν τῷ θηρίῳ λέγοντες, Τίς ὅμοιος τῷ θηρίῳ καὶ τίς δύναται πολεμῆσαι μετ' αὐτοῦ).

요한은 "용이 짐승에게 권세를 주므로 용에게 경배하며 짐승에게 경배하여 이르되 누가 이 짐승과 같으냐 누가 능히 이와 더불어 싸우리요"라는 말을 들었다(18:18). 즉 '사탄이 적그리스도 국가에게 통치력을 주기 때문에 사람들은 사탄을 숭배하며 적그리스도의 정부를 숭배하여 말하기를 누가 이런 엄청나게 큰 국가와 같을 것이냐 누가 능히 이런 국가 권력과 더불어 싸울 나라가 있겠느냐고 말한 것을 듣게 되었다.

"누가 이 짐승과 같으냐 누가 능히 이와 더불어 싸우리요"(출 15:11; 시 35:10; 89:6; 사 40:25; 46:5; 렘 49:19)라는 송가는 하나님께 바친 송가였는데 사람들이 짐승(적그리스도나 혹은 그 세력)에게 바칠 것이란 뜻이다. 앞으로 나타날 로마 국가와 같은 적그리스도 국가의 권세가 워낙 대단할 것이라는 것을 알 수 있다.

**계 13:5. 또 짐승이 과장되고 신성 모독을 말하는 입을 받고 또 마흔두 달 동안 일할 권세를 받으니라**(Καὶ ἐδόθη αὐτῷ στόμα λαλοῦν μεγάλα καὶ βλασφημίας καὶ ἐδόθη αὐτῷ ἐξουσία ποιῆσαι μῆνας τεσσεράκοντα ((καὶ)) δύο).

요한은 "짐승이 과장되고 신성 모독을 말하는 입을 받고 또 마흔두 달 동안 일할 권세를 받은" 환상을 보았다(단 7:8, 11, 25; 11:36). 요한은 바다에서 나온 짐승 곧 적그리스도 국가가 큰 소리를 치며 또 하나님을 모독하는 입을 받고 또 마흔 두 달 동안 즉 신약 시대 동안 일할 권세를 받은 것을 보았다(11:2; 12:6). 본문의 "과장되다"라는 말은 하나님을 향하여 큰 소리를 치는 것을 지칭한다(단 7:8, 20: 11:36; 살후 2:4 참조). 자신이 하나님이라고 과장되게 말하는 것을 말한다. 그리고 "신성모독을 말하는"이란 말은 '하나님을 훼방하는'이란 뜻으로 이런 일을 하는 입은 사탄도 받았다. 그러나 적그리스도나 혹은 그 세력이 신약시대에만 일할 권세를 받은 것은 하나님에 의해 시간제한을 받은 것이다. 모든 세력들, 적그리스도나 혹은 그 세력의 행위도 모두 하나님에 의해서 제한을 받는다(마흔 두 달이란 기간에 대해서는 11:2의 주해를 참조하라). 성도들이 고난 받은 기간도 하나님에 의해 정해져 있음을 알아야 한다. 적그리스도나 사람 모두는 절대적인 하나님의 통제를 받는다.

**계 13:6.** **짐승이 입을 벌려 하나님을 향하여 비방하되 그의 이름과 그의 장막 곧 하늘에 사는 자들을 비방하더라**(καὶ ἤνοιξεν τὸ στόμα αὐτοῦ εἰς βλασφημίας πρὸς τὸν θεὸν βλασφημῆσαι τὸ ὄνομα αὐτοῦ καὶ τὴν σκηνὴν αὐτοῦ, τοὺς ἐν τῷ οὐρανῷ σκηνοῦντας, And he opened his mouth in blasphemy against God, to blaspheme his name, and his tabernacle, and them that dwell in heaven-KJV).

짐승 즉 신약 시대에 일하는 적그리스도나 혹은 그 세력은 과장되고 신성 모독하는 입을 받았으니(앞 절) 이제 실제로 "입을 벌려 하나님을 향하여 비방하되 그의 이름과 그의 장막 곧 하늘에 사는 자들을 비방했다"(요 1:14; 골 2:9). 짐승은 하나님을 비방했다. 짐승은 사탄으로부터 받은 대로 하나님의 이름을 비방했고 또 하늘에 사는 성도들을 비방했다. 본문의 "하늘에 사는 자들"이란 '교회 성도들'을 지칭할 것이다. 오늘도 세상은 항상 하나님을 비방하고 성도들을 비방한다.

**계 13:7.** **또 권세를 받아 성도들과 싸워 이기게 되고 각 족속과 백성과 방언과 나라를 다스리는 권세를 받으니**(καὶ ἐδόθη αὐτῷ ποιῆσαι πόλεμον μετὰ τῶν ἁγίων καὶ νικῆσαι αὐτούς, καὶ ἐδόθη αὐτῷ ἐξουσία ἐπὶ πᾶσαν φυλὴν καὶ λαὸν καὶ γλῶσσαν καὶ ἔθνος, And it was given unto him to make war with the saints, and to overcome them: and power was given him over all kindreds, and tongues, and nations-KJV).

요한 사도는 짐승 즉 이 땅의 적그리스도나 혹은 그 세력이 "권세를 받아 성도들과 싸워 이기게 되고 각 족속과 백성과 방언과 나라를 다스리는 권세를 받았다"고 말한다(11:7-10; 12:17 주해 참조; 단 7:21-23 참조). 짐승이 "권세"[86]를 받은 것은 사탄으로부터 받은 것이다. 혹자는 짐승이 하나님으로부터 권세를 받았다고 주장하나 사탄으로부터 받은 것으로 보아야 한다. 짐승이 하나님으로부터 권세를 받아 성도들과 싸워 이긴다는 것은 있을 수 없는 일이다. 짐승의 활동에 제약을 받은 것은 하나님에 의한 제약으로 보아야 할 것이다.

요한은 짐승이 "각 족속과 백성과 방언과 나라를 다스리는 권세를 받았다고 말한다(5:9; 11:18; 17:15). 요한 사도가 살아있던 당시 로마가 광범위하게 지배했었는데 앞으로의 적그리스도 국가는 각 족속과 백성들과 각 방언하는 자들과 나라를 다스리는 통치력을 받아 세계를 지배하고 자기 마음대로 주장할 것이다. 짐승이 받은 권세는 사탄으로부터 주어졌지만 근본적으로는 하나님의 허락 하에 가능한 것이다.

**계 13:8. 죽임을 당한 어린 양의 생명책에 창세 이후로 이름이 기록되지 못하고 이 땅에 사는 자들은 다 그 짐승에게 경배하리라**(καὶ προσκυνήσουσιν αὐτὸν πάντες οἱ κατοικοῦντες ἐπὶ τῆς γῆς, οὗ οὐ γέγραπται τὸ ὄνομα αὐτοῦ ἐν τῷ βιβλίῳ τῆς ζωῆς τοῦ ἀρνίου τοῦ ἐσφαγμένου ἀπὸ καταβολῆς κόσμου).

요한은 적그리스도(혹은 그 세력)가 전 세계를 통치할 때에 이 땅에 사는 불신자들은 모두 적그리스도에게 경배할 것이라고 말한다. 본문의 "경배하리라"(προσκυνήσουσιν)는 말은 헬라어 본문에서 문장 초두에 나와 뜻이 강조되어 있다. "경배하리라"는 말은 미래시제로 '경배하게 될 것이다'

---

86) "권세"(Authority): 남을 승복(承服)케 하고, 복종케 하는 힘, 또는 지배력을 말한다. 특히 신약에 많이 기록되어 있고, 하나님의 권세, 예수의 권세에 대해 특필되어 있다(마 7:29; 9:6, 8; 28:18기타; 막 2:10기타; 눅 4:6기타; 요 1:12; 17:2기타; 롬 13:1기타). 성경에서의 권세는 하나님께만 있고, 이 세상의 다른 권세는 하나님께 복종해야 할 것으로서, 하나님으로부터 유래하는 권세야말로, 승인되는 것이라는 견해를 취하고 있다. 예컨대 정치적 권세에 대해서도, "권세는 다 하나님의 정하신 바라"(롬 13:1)고 말한다. 하나님의 뜻을 따라 역사(활동)하시는 예수의 언동은, 그러므로 권세가 있는 것이고(막 1:22,27), 예수께서 택하신 제자의 역사에도 권세가 주어졌다(막 3:15). 또한 이 세상에는 사탄적(악마적)인 권세도 보이는데(계 13:2f), 하나님의 권세 아래 멸망된다.

라는 뜻으로 앞으로 나타날 강력한 적그리스도 세력이 나타나면 모든 세계가
그 세력 앞에 무릎을 꿇을 것이고 머리를 숙여 경배할 것이란 뜻이다(6:10;
8:13; 11:10; 13:14; 17:8).

본문을 다시 번역해보면 "땅에 사는 자들 모두, 즉 죽임을 당하신 어린
양의 생명책에 창세로부터 이름이 기록되지 않은 자들은 그(짐승)에게 경배
할 것이다"이다(3:5; 17:8; 20:12, 15; 21:27; 출 32:32; 단 12:1; 빌 4:3).
"땅에 사는 자들 모두"와 "죽임을 당하신 어린 양의 생명책에 창세로부터
이름이 기록되지 않은 자들"은 동격이다. 그러니까 "땅에 사는 자들 모두"
속에는 "죽임을 당하신 어린 양의 생명책에 창세로부터 이름이 기록된 자들"
은 포함되어 있지 않다. 어린 양의 생명책에 그 이름이 기록되지 않은 자들만
포함되어 있는 것이다. 죽임을 당하신 어린 양의 대속의 죽음을 믿지 않는
자들은 예수님의 생명책에 기록되어 있지 않다. 생명책에 기록되어 있지
않은 자들은 모두 짐승에게 경배할 것이다. 생명책에 기록된 우리는 결코
짐승에게 경배하지 않을 것이다. 우리의 구원은 아주 확고한 것이다. 우리
스스로가 강해서 타락하지 않는 것이 아니라 주님께서 붙들어주시니 타락하
지 않게 된다.

그런데 본문에서 가장 문제가 되는 것은 "창세로부터"(ἀπὸ καταβολῆς
κόσμου)[87]라는 말이다. "창세로부터"란 말은 '세상의 기초를 놓을 때부터'
란 뜻으로 이것은 택한 백성의 이름이 그때부터 비로소 기록되기 시작했다는
뜻이 아니라 세상의 기초를 놓기 전에 벌써 그들의 이름이 기록되어 있었는
데(엡 1:4) 세상의 기초를 놓는 때부터 그대로 유지되어 내려왔다는 뜻이다
(박윤선). 우리 이름이 창세  전에 생명책에 기록되었다는 사실은 묵상할수록

---

87) 여기 "창세 이후로"란 말은 "이름이 기록되다"란 말 보다도 구문 상 "죽임을 당한 어린
양"(벧전 1:19-20 참조)이란 말을 수식하고 있다고 보는 것이 더 타당하다(AV, NIV, REB, Caird,
Mounce, Harrington). 그러나 우리는 본문의 구문을 보고 따질 것이 아니라 성경이 강조하고
있는 것을 따라야 할 것이다. 성경은 우리의 택함도 창세전이고 예수님의 십자가 죽음도 역시
창세전에 계획되었다는 사실이다. 우리는 이 두 사실을 생각할 때 한없는 감사를 드리지 않을
수 없다.

한없이 감사할 내용이다.

## 계 13:9. 누구든지 귀가 있거든 들을지어다(Εἴ τις ἔχει οὖς ἀκουσάτω).

누구든지 현재 들을 귀를 가지고 있다면 확실하게 분명하게 들으라는 것이다. "들을지어다"(ἀκουσάτω)라는 말은 부정(단순)과거 명령형으로 '확실하게 들어라,' '분명하게 들어라'는 뜻이다. 다음 절(10절)의 말씀을 확실하게 들으라는 뜻이다. 오늘도 그리스도께서는 우리를 향하여 "귀가 있거든 정신 차려 들어라"고 하신다(2:7 주해 참조). 우리는 들을 귀를 마련하여 하나님의 음성을 들어야 할 것이다. 들을 귀를 마련한다는 것은 귀에 보청기를 준비한다는 의미가 아니라 성령으로 말미암아 영적인 귀를 마련한다는 뜻이다.

## 계 13:10. 사로잡힐 자는 사로잡혀 갈 것이요 칼에 죽을 자는 마땅히 자기도 칼에 죽을 것이니 성도들의 인내와 믿음이 여기 있느니라(εἴ τις εἰς αἰχμαλωσίαν, εἰς αἰχμαλωσίαν ὑπάγει· εἴ τις ἐν μαχαίρῃ ἀποκτανθῆναι αὐτὸν ἐν μαχαίρῃ ἀποκτανθῆναι. Ὧδέ ἐστιν ἡ ὑπομονὴ καὶ ἡ πίστις τῶν ἁγίων).

본문 번역은 번역판마다 달리 번역했다. 한글 개역판 번역-"사로 잡는 자는 사로잡힐 것이요 칼로 죽이는 자는 자기도 마땅히 칼에 죽으리니." 표준 새 번역-"사로잡혀 가기로 되어 있는 사람이면, 사로잡혀 갈 것이요, 칼에 맞아서 죽임을 당하기로 되어 있는 사람이면, 칼에 맞아서 죽임을 당할 것이다." 공동번역-"잡혀 갈 사람은 잡혀 갈 것이며 칼을 맞아 죽을 사람은 칼을 맞아 죽을 것입니다." KJV-"He that leadeth into captivity shall go into captivity: he that killeth with the sword must be killed with the sword." RSV-"If any one is to be taken captive, to captivity he goes; if any one slays with the sword, with the sword must he be slain." NASB-"If anyone [is destined] for captivity, to captivity he goes;

if anyone kills with the sword, with the sword he must be killed"으로 번역하고 있다. 그 중에서도 북미표준성경(NASB)의 번역이 가장 타당한 것 같다.

본 절을 어떻게 번역해야 하는가를 두고 몇 가지 견해가 있으나, 우리는 9절의 권면과 또 본 절 하반절의 말씀 즉 "성도들의 인내와 믿음이 여기 있느니라"는 말씀을 감안하면 북미표준성경(NASB) 번역이 가장 나은 것 같다. 본 절의 번역은 결국 "사로잡히게 될 자는 사로 잡혀 갈 것이요 칼로 죽임을 당할 자는 칼에 죽을 것이니"라고 번역하는 것이 바를 것이다 (Johnson, Charles, Lohmeyer, Moffatt, 이상근, 이순한). 성도는 마지막 때를 맞이하여 사로잡히거나 칼에 의해 순교를 당한다 할지라도 하나님의 뜻임을 기억하여 두려움으로 혹은 분노로 저항하지 말고 잘 순응하며 인내해야 할 것이란 뜻이다(창 9:6; 사 33:1; 마 26:52). 즉 성도의 고난과 순교는 하나님의 뜻 안에 있기 때문에 성도는 마지막 환난을 침착하게 "인내"하면서 하나님을 향한 "믿음"을 저버리지 말아야 할 것이다(14:12).

### 2. 땅에서 나온 짐승  13:11-18

땅에서 나온 둘째 짐승은 별로 해를 끼치지 않을 것처럼 보이지만(새끼 양 같아서) 그런고로 바다에서 나온 짐승보다 더 위험하다. 땅에서 올라온 짐승은 이 세상의 거짓 종교와 거짓 학문들을 상징한다. 거짓 종교와 거짓 학문은 교회를 대적하여 심각한 피해를 준다.

**계 13:11. 내가 보매 또 다른 짐승이 땅에서 올라오니 어린 양 같이 두 뿔이 있고 용처럼 말을 하더라**(Καὶ εἶδον ἄλλο θηρίον ἀναβαῖνον ἐκ τῆς γῆς, καὶ εἶχεν κέρατα δύο ὅμοια ἀρνίῳ καὶ ἐλάλει ὡς δράκων).

요한은 또 "다른 짐승이 땅에서 올라오니 어린 양 같이 두 뿔이 있고 용처럼 말을 하는 것"을 보았다. 여기 "다른 짐승"이란 1절의 "바다에서 나온 한 짐승"이란 말에 대한 "다른 짐승"이란 뜻이다. 이 짐승도 역시 사탄의 지지를 받는 짐승이다. 이 짐승은 나중에 거짓 선지자로 자세하게 묘사된다(16:13; 19:20; 20:10). 그런데 그 짐승은 "땅에서 올라왔다"(11:7). 여기 "땅"은 1절의 "바다"란 말과 더불어 '세계 열방'을 지칭한다.

그런데 요한은 땅에서 올라온 짐승이 "어린 양 같이 두 뿔이 있고 용처럼 말을 하는 것"(단 8:3 참조)을 보았다. "어린 양 같이 두 뿔이 있는 것"은 예수님을 모방하여 사람들을 속이는 특질이 대단함을 표현한다. 이 짐승은 거짓 선지자인데 거짓 선지자는 마치 예수님처럼 행동한다. 그리고 땅에서 올라온 짐승이 "용처럼 말을 했다"는 것은 사탄의 말을 하고 있음을 뜻한다. 그는 겉보기에는 예수님처럼 보였지만 그의 말은 사탄의 말이었다. "첫째 짐승은 세상 권력을 가지고 교회를 밖에서 박해하고 둘째 짐승은 거짓 교리로써 교회를 내적으로 부패하게 하고 타락 시킨다"(이상근). 따라서 우리는 거짓 선지자를 아주 조심해야 한다.

**계 13:12.** 그가 먼저 나온 짐승의 모든 권세를 그 앞에서 행하고 땅과 땅에 사는 자들을 처음 짐승에게 경배하게 하니 곧 죽게 되었던 상처가 나은 자니라(καὶ τὴν ἐξουσίαν τοῦ πρώτου θηρίου πᾶσαν ποιεῖ ἐνώπιον αὐτοῦ, καὶ ποιεῖ τὴν γῆν καὶ τοὺς ἐν αὐτῇ κατοικοῦντας ἵνα προσκυνή- σουσιν τὸ θηρίον τὸ πρῶτον, οὗ ἐθεραπεύθη ἡ πληγὴ τοῦ θανάτου αὐτοῦ).

요한은 땅에서 올라 온 짐승이 "먼저 나온 짐승의 모든 권세를 그 앞에서 행하고 땅과 땅에 사는 자들을 처음 짐승에게 경배하게 했다"고 말한다. 땅에서 탄생한 거짓 선지자가 "먼저 나온 짐승의 모든 권세를 그 앞에서 행했다"는 말은 거짓 선지자가 먼저 나온 짐승 즉 적그리스도의 모든 권세를 적그리스도 앞에서 행했다는 의미이다. 여기에서 "모든 권세를 행했다"는 말은 13절과 14절에 보면 '모든 이적들을 행했다'는 뜻이다. 거짓 선지자는 그럴듯한 이적을 행한다(마 7:22-24). 거짓 선지자는 "땅과 땅에 사는 자들을 처음 짐승에게 경배하게 했다." 거짓 선지자가 하는 일은 땅에 사는 자들로

하여금 적그리스도에게 경배하게 하는 일을 한다. 거짓 선지자는 첫째 짐승 즉 적그리스도를 위하여 활동한다.

요한은 처음 짐승이 무엇인지를 설명한다. 즉 처음 짐승은 "죽게 되었던 상처가 나은 자"라고 말한다(3절). '로마의 황제 네로는 죽었었는데 나중에 또 다른 황제 도미티안(Domitian)이 나타나 성도들을 박해하는 점에서 그는 상처가 나은 황제'였다. 앞으로 존재할 로마는 과거의 로마 황제보다 훨씬 난폭하고 잔인한 세력일 것이고 그 속에서 거짓 선지자는 항상 적그리스도를 위하여 사는 자로 존재한다.

**계 13:13. 큰 이적을 행하되 심지어 사람들 앞에서 불이 하늘로부터 땅에 내려오게 하고**(καὶ ποιεῖ σημεῖα μεγάλα, ἵνα καὶ πῦρ ποιῇ ἐκ τοῦ οὐρανοῦ καταβαίνειν εἰς τὴν γῆν ἐνώπιον τῶν ἀνθρώπων).

땅에서 올라온 거짓 선지자는 "큰 이적을 행하되 심지어 사람들 앞에서 불이 하늘로부터 땅에 내려오게 했다"(It works great signs, even making fire come down from heaven to earth in the sight of men-RSV). 본 절의 "행하고"(ποιει)란 말이 현재시제로 된 것은 거짓 선지자는 보통 큰 이적을 행하는 존재라는 것을 시사한다. 거짓 선지자가 큰 이적을 행하는 것은 보통이었는데 그 중에 한 가지 예를 든다면 "심지어 사람들 앞에서 불이 하늘로부터 땅에 내려오게 한다"는 것이다(신 13:1-3; 왕상 18:38; 왕하 1:10, 12; 마 24:24; 살후 2:9). 이런 이적은 참으로 큰 이적이 아닐 수 없다. 사람들로 하여금 거짓 선지자를 믿게 하는데 좋은 이적이며 또 적그리스도를 믿게 하는데 좋은 이적이다. 본 절과 15절은 거짓 선지자가 이적 행하는 것을 말하고 14절과 16절은 그 결과 성도들을 미혹하는 것을 묘사한다. 거짓 선지자도 참 선지자처럼 이적을 행한다(막 13:22; 살후 2:9).

**계 13:14. 짐승 앞에서 받은바 이적을 행함으로 땅에 거하는 자들을 미혹하며 땅에 거하는 자들에게 이르기를 칼에 상하였다가 살아난 짐승을 위하여**

**우상을 만들라 하더라**(καὶ πλανᾷ τοὺς κατοικοῦντας ἐπὶ τῆς γῆς διὰ
τὰ σημεῖα ἃ ἐδόθη αὐτῷ ποιῆσαι ἐνώπιον τοῦ θηρίου, λέγων τοῖς κατοι-
κοῦσιν ἐπὶ τῆς γῆς ποιῆσαι εἰκόνα τῷ θηρίῳ, ὃς ἔχει τὴν πληγὴν
τῆς μαχαίρης καὶ ἔζησεν).

　　땅에서 올라온 짐승(거짓 선지자)은 "짐승 앞에서 받은바 이적을 행함
으로 땅에 거하는 자들(중생하지 못한 사람들, 6:10)을 미혹하며 땅에
거하는 자들에게 이르기를 칼에 상하였다가 살아난 짐승을 위하여 우상을
만들라"고 명령한다. 거짓 선지자는 땅에 거하는 자들 곧 세상에 살고
있는 사람들(중생하지 못한 불신자들)에게 두 가지 악을 행한다. 하나는
"짐승 앞에서 받은바 이적을 행함으로 땅에 거하는 자들을 미혹한
다"(12:9; 19:20; 살후 2:9-10). 거짓 선지자가 적그리스도 앞에서 받은바
(거짓 선지자는 받아 가지고 이적을 행하니 종속적임을 알 수 있다) 이적을
행해서 세상 사람들로 하여금 자기를 따르도록 미혹한다. 자기의 말을
따르도록 자기를 높여놓고 사람들을 미혹한 것이다. 또 하나는 "땅에 거하
는 자들에게 이르기를 칼에 상하였다가 살아난 짐승을 위하여 우상을
만들라"고 명령한다(왕하 20:7). 거짓 선지자는 땅에 살고 있는 사람들에게
칼에 상하였다가(네로) 살아난 짐승인 적그리스도(도미티안)를 계속해서
섬기게 하기 위하여 우상을 만들라고 명령한 것이다. 그리스도의 재림이
가까울수록 거짓 선지자들은 사람들로 하여금 적그리스도를 섬기도록 권
유할 뿐 아니라 적그리스도를 계속해서 섬기도록 하기 위하여 우상을
만들어 섬기라고 할 것이다. 앞으로 거짓 선지자가 강하게 활동할 시대가
올 것을 알고 성도들은 하나님의 말씀에 집착할 뿐 아니라 기도하므로
지혜를 얻어 거짓 선지자에게 속지 말아야 할 것이다. 모름지기 성도들은
결코 적그리스도 앞에 굴복해서는 안 된다.

**계 13:15.** 그가 권세를 받아 그 짐승의 우상에게 생기를 주어 그 짐승의
우상으로 말하게 하고 또 짐승의 우상에게 경배하지 아니하는 자는 몇이든지

**다 죽이게 하더라**(καὶ ἐδόθη αὐτῷ δοῦναι πνεῦμα τῇ εἰκόνι τοῦ θηρίου, ἵνα καὶ λαλήσῃ ἡ εἰκὼν τοῦ θηρίου καὶ ποιήσῃ ((ἵνα)) ὅσοι ἐὰν μὴ προσκυνήσωσιν τῇ εἰκόνι τοῦ θηρίου ἀποκτανθῶσιν).

본 절은 거짓 선지자가 하는 일 두 가지를 말한다. 하나는 "그가 권세를 받아 그 짐승의 우상에게 생기를 주어 그 짐승의 우상으로 말하게 하는 것"이다. "그가 권세를 받는 것"은 '그(거짓 선지자)가 바다에서 나온 짐승 (적그리스도)으로부터 권세를 받는 것'을 의미하는데, 이것은 거짓 선지자가 적그리스도에게 종속되어 있음을 보여준다. 거짓 선지자는 이적을 행하는 권세를 받아 적그리스도의 우상에게 생기를 주었다. 생기를 주었다는 말은 실제로 생기를 주었다는 뜻이 아니라 우상을 마치 살아있어서 활동하는 것처럼 만들어 주었다는 뜻이다(13절 주해 참조). 뿐만 아니라 우상으로 하여금 "말하는" 존재인 것처럼 보이게 했다는 것이다.

또 하나는 거짓 선지자가 "짐승의 우상에게 경배하지 아니하는 자는 몇이든지 다 죽이게 하는 일"을 했다(16:2; 19:20; 20:4). 거짓 선지자는 적그리스도의 우상에게 경배하지 않는 사람은 누구를 막론하고 다 죽이게 하는 일을 했는데 아마도 적그리스도 앞에 고발하여 다 죽이게 하는 것이다. 이제 앞으로 적그리스도의 우상을 경배하지 않는 사람들은 다 죽임을 당하는 살벌한 시대가 올 것이다. 참으로 끔찍한 시대이다. 그러기에 성도들에게는 인내가 필요하며 믿음이 필요하다(10절).

**계 13:16. 그가 모든 자 곧 작은 자나 큰 자나 부자나 가난한 자나 자유인이나 종들에게 그 오른손에나 이마에 표를 받게 하고**(καὶ ποιεῖ πάντας, τοὺς μικροὺς καὶ τοὺς μεγάλους, καὶ τοὺς πλουσίους καὶ τοὺς πτωχούς, καὶ τοὺς ἐλευθέρους καὶ τοὺς δούλους, ἵνα δῶσιν αὐτοῖς χάραγμα ἐπὶ τῆς χειρὸς αὐτῶν τῆς δεξιᾶς ἢ ἐπὶ τὸ μέτωπον αὐτῶν).

거짓 선지자가 하는 일이 또 하나 본 절에 나온다. 즉 "그가 모든 자 곧 작은 자나 큰 자나 부자나 가난한 자나 자유인이나 종들에게 그 오른손에나 이마에 표를 받게 하는" 일을 한다(14:9; 19:20; 20:4). 거짓 선지자는 "모든 사람들" 곧 '사회적으로 작은 자나 큰 자(11:18 주해 참조) 나 경제적으로 부자나 가난한 자나 또 자유한 사람들이나 종들에게 그들의 오른 손에나 이마에 표를 받게 했다. 사회 전반의 한 사람도 빼지 않고 (11:18; 19:5, 18; 20:12) 모두에게 표를 받게 했는데 활동하는 각 사람의 오른 손과 사람들에게 자신의 신분을 알리는, 훤히 드러나 보이는 이마에 표를 받게 했다. 본문의 "표"(χάραγμα)란 말은 사람들을 통제하기 위해 찍어주는 '날인'이나 '낙인'을 뜻한다. 이런 표를 받으면 적그리스도에게 전적으로 종속되었음을 뜻하는 것이며 또 전적으로 종속해야 함을 서약하는 것이다. 이런 표를 받는 것은 성도들이 하나님의 인을 받는 것과 대조를 이룬다(7:3; 14:1 주해 참조). 거짓 선지자는 사회를 철저하게 통제해서 적그리스도에게 사람들을 비끄러맸다. 거짓 선지자가 사회를 통제해서 적그리스도에게 비끄러맸다. 그러하기에 이런 시대에 사는 것은 비참한 삶이 아닐 수 없다.

**계 13:17. 누구든지 이 표를 가진 자 외에는 매매를 못하게 하니 이 표는 곧 짐승의 이름이나 그 이름의 수라**(καὶ ἵνα μή τις δύνηται ἀγοράσαι ἢ πωλῆσαι εἰ μὴ ὁ ἔχων τὸ χάραγμα τὸ ὄνομα τοῦ θηρίου ἢ τὸν ἀριθμὸν τοῦ ὀνόματος αὐτοῦ, And that no man might buy or sell, save he that had the mark, or the name of the beast, or the number of his name-KJV).

거짓 선지자가 하는 일이 또 나온다. 즉 "누구든지 이 표를 가진 자 외에는 매매를 못하게 하는 것"이었다. 거짓 선지자는 누구든지 오른 손에나 이마에 적그리스도에게 소속되었다는 표를 가진 자 외에는 팔고 사는 일을 못하게 한다는 것이다. 적그리스도에게 속해 충성한다는 표가 없으면 아무도 물건을 팔거나 살 수 없게 해놓은 것이다. 생필품조차 팔지도 못하고 사지도 못하게 만들어 놓은 것이다.

요한은 이 표에 대해 설명한다. 즉 "이 표는 곧 짐승의 이름이나 그 이름의 수라"고 한다(14:11; 15:2). 여기 "그 짐승의 이름"(the name of the beast)이란 '적그리스도가 가지고 있는 이름'을 뜻하고, "그 이름의 수"(the number of his name)란 '짐승의 수'라는 뜻인데 '적그리스도가 가지고 있는 성명문자(姓名文字)를 숫자로 풀어서 합쳐 놓은 수치(數値)'라는 뜻이다. 아라비아 숫자가 발명되기 전까지는 문자를 가지고 숫자를 표시하는 법이 많았다고 한다. 히브리어, 헬라어, 라틴어 등은 숫자가 없었을 때 어떤 인격을 그 이름자의 수치로 부르는 법이 있었다는 것이다. 이 수치를 오른 손에나 이마에 가져야 생필품을 팔수도 있고 살수도 있다는 것이다. 종말에는 성도들이 적그리스도로부터 생활의 위협까지 받게 된다. 우리가 지금 자유롭게 매매행위를 한다는 것 역시 큰 감사의 제목이 아닐 수 없다.

계 13:18. 지혜가 여기 있으니 총명한 자는 그 짐승의 수를 세어 보라 그것은 사람의 수니 그의 수는 육백육십육이니라(Ὧδε ἡ σοφία ἐστίν. ὁ ἔχων νοῦν ψηφισάτω τὸν ἀριθμὸν τοῦ θηρίου, ἀριθμὸς γὰρ ἀνθρώπου ἐστίν, καὶ ὁ ἀριθμὸς αὐτοῦ ἑξακόσιοι ἑξήκοντα ἕξ, Here is wisdom. Let him that hath understanding count the number of the beast: for it is the number of a man; and his number [is] Six hundred threescore [and] six-KJV).

요한은 "지혜가 여기 있으니 총명한 자는 그 짐승의 수를 세어 보라"고 말한다. "지혜가 여기 있으니"(Here is wisdom)란 말은 다음에 따라오는 말을 강조하기 위하여 쓰인 말이다(17:9). 다시 말해 다음에 나오는 말은 성령을 받은 자에게는 뜻이 있다는 것이니 주의 깊게 읽어보라는 뜻이다.

요한은 독자들에게 주의를 환기시켜 놓고 "총명한 자는 그 짐승의 수를 세어 보라"고 권고한다(15:2). 즉 '총명한 자는 그 수를 세어볼 수 있으니 세어보라'는 것이다. 요한은 "그것은 사람의 수니 그의 수는 육백육십육이라”고 말한다(21:17). 여기 “사람의 수”란 말은 ‘사람 사는 세상에서 통하는 수’란 말이니 알 수 있는 수라는 뜻이다. “그의 수는 육백육십육이라”는 말은 ‘적그리스도의 수는 666이라’는 것이다(어느 사본에는 “616”으로 되어 있다). 이 ‘666’이 무엇을 지칭하느냐 하는 것은 많이 논의되어 왔다. 아라비아 숫자가 발명되지 않았던 시기에는 헬라어 알파벳은 숫자로도 사용되었다(헬라어 문법책마다 헬라어 알파벳을 소개하는 곳에 각각의 알파벳이 무슨 수를 나타내는지 기록하고 있다, 예: ‘a’는 ‘1’로, ‘b’는 ‘2’로, ‘r’는 ‘3’으로, ‘d’는 ‘4’로, ‘e’는 ‘5’로 사용되는 등). 알파벳을 모두 합쳐서 ‘666’이 되는 이름을 찾으면 되는 것인데 현대 학자들이 찾은 일반적인 이름은 ‘네로-시이저’(Nero-Caesar)이다(만약 라틴어 철자와 같이 만들기 위해 마지막 ‘R’자를 생략하면 다른 수인 616이 된다, Leon Morris). 이렇게 찾은 것은 일반적인 것이지 반드시 맞는다는 확신은 없다. 네로를 위대하게 여겼던 그 당시에는 이 방법은 결코 적용할 수가 없었다. 이 해석 외에도 여러 가지 해석이 시도되었지만 별반 지지를 얻지는 못하고 있다.

혹자는 ‘666’은 세 개의 숫자가 모두 7에 미달되고 있으니 ‘666’은 어떤 개인이 아니라 영원히 하나님의 의에 부족한 사람들을 가리키는 수(數)일 수도 있다고 말한다. 다시 말해 본문의 숫자가 특정한 개인이 아니라(즉 적그리스도가 아니라) 보통 사람들을 가리킨다고 생각한다. 즉 ‘666’인 사람들은 모두 의에 이르지 못하는 사람이라는 것이다. 중생하지 못한 사람들은 항상 짐승의 표가 붙어 다니는 것이다.[88] 다시 말해 그리스도가 없는 모든 문화는 어쩔 수 없이 사탄의 지배하에 있다는 것이다.

---

88) 본문을 해석하면서 윌렴 헨드릭슨(William Hendriksen)은 “그리스도를 믿는 성도들은 결코 낙심해서는 안 된다. 짐승의 수는 곧 사람의 수임을 기억하자. 이제 명백히 알아야 할 것은 사람은 제 6일에 창조되었다. 여섯이란 숫자는 결코 일곱이 될 수 없다. 일곱이 될 수 없다는 것은 영원토록 완전에 도달할 수 없다는 것을 의미한다. 여섯은 목표에 미치지 못한다는 즉, 실패한다는 것을 의미한다. 일곱이란 숫자는 어떠한가? 이 수는 완전, 완성 그리고 승리를 나타낸다. 하나님의 교회여, 기뻐하라! 승리는 너희 것이다! 짐승의 수는 666이니 이 숫자는 실패를, 그리고 실패위에 실패를 더하는 것을 말한다. 이것이 사람의 수인데 짐승은 사람을 번영하게 하고 자랑스럽게 만들기는 하나, 그러나 결국은 실패하고 만다!”고 주장한다(요한계시록, 헨드릭슨 성경주석, pp. 183-84). 일고(一考)를 요한다.

종교 개혁 자들은 이 "666"을 '로마교회'로 보았고 어떤 학자들은 어떤 세력으로 보지 않고 어떤 개인으로 보았다. 우리 경우는 이 "666"을 세상 종말에 일어날 적그리스도와 그의 세력으로 본다. 세상 종말에 일어날 적그리스도와 그의 세력으로 보는 이 견해는 지금까지 학자들이 연구해 낸 네로(Nero)라는 학설과도 통하는 견해이다. 초대 교회 때는 네로가 적그리스도였으나 앞으로는 네로보다 더 대단한 적그리스도 개인이나 그 세력이 일어날 것이다. 이 견해가 문맥에 가장 타당해 보인다.

# 제 14 장

M. 여섯째 삽경   14:1-20

본장(14장)은 앞선 두 장(12-13장)의 교회 수난사와 뒤따르는 7대접의 환난(15-18장)의 중간에 끼어있는 여섯째 삽경이다. 하나님은 본장에서 지금 박해 아래 놓여 있는 성도들에게 미래를 보여주심으로써 위로와 격려를 주시려는 것이다.

본장은 계시록의 통상의 예(例)를 따라 일곱 환상으로 구성되어 있다. 1) 구원받은 자들이 시온 산에서 찬양을 부름(1-5절). 2) 천사의 영원한 복음 선언(6-7절). 3) 바벨론 멸망선언(8절). 4) 불신자의 멸망선언(9-12절). 5) 주안에서 죽은 자는 복이 있다는 하늘의 선언(13절). 6) 재림 때 성도들이 구원받음을 보여줌(14-16절). 7) 재림 때 불신자들이 진노가 임함을 보여줌(17-20절).

## 1. 시온 산의 144,000   14:1-5

요한은 적그리스도(14:1-10)와 거짓 선지자(14:11-18)에 대해 언급하다가 이제는 구원받은 사람들의 무리가 장엄한 새 노래를 부르는 것을 언급하고 또 구원받은 자들의 자격에 대해 말한다.

**계 14:1.** 또 내가 보니 보라 어린 양이 시온 산에 섰고 그와 함께 십사만 사천이 서 있는데 그들의 이마에는 어린 양의 이름과 그 아버지의 이름을 쓴 것이 있더라(Καὶ εἶδον, καὶ ἰδοὺ τὸ ἀρνίον ἑστὸς ἐπὶ τὸ ὄρος Σιὼν καὶ μετ᾽ αὐτοῦ ἑκατὸν τεσσεράκοντα τέσσαρες χιλιάδες ἔχουσαι τὸ ὄνομα αὐτοῦ καὶ τὸ ὄνομα τοῦ πατρὸς αὐτοῦ γεγραμμένον ἐπὶ τῶν μετώπων αὐτῶν, THEN I looked, and lo, on Mount Zion stood the Lamb, and with him a hundred and forty-four thousand who had his name and his Father's name written on their foreheads-RSV).

요한은 자신이 본 것이 또 있다고 말한다(13:1, 11에 "내가 보니"란 말이 있다). 요한이 본 것은 "보라 어린 양이 시온 산에 섰고 그와 함께 십사만 사천이 서 있는 것"을 보았다(5:5; 7:4). 여기 "보라"(ἰδου)는 말은 바로 뒤따르는 말이 중요한 것이니 주의 깊이 살피라는 뜻이다. 곧 '어린 양이 시온 산에 서 계시고 그와 함께 십사만 사천이 서 있는 것'을 보라는 것이다. 여기 "어린 양"이란 예수님을 지칭하는데 예수님께서 성도들을 대신해서 대속의 죽음을 죽으셨기에 어린 양이라는 이름이 붙여졌다(5:6 주해 참조). 그리고 본문의 시온 산은 땅위의 시온 산이 아니라 하늘에 있는 시온산을 이름이다(Bengel, Plummer, Kuyper, 박윤선, 이순한, 히 12:22). 이유는 3-5절에 보면 구원받은 사람들이 하늘에서 새 노래를 부르는 것이 묘사되어 있기 때문이다. 그리고 본문의 144,000은 문자대로의 십사만 사천이 아니라 구원받은 자들의 총수를 뜻한다(7:4 주해 참조). 요한은 예수님께서 시온 산에 서 계셨는데 그와 함께 144,000명(택함 받아 구원받자들 전체, 교회 전체)이 서 있다고 말한다. 본문의 "그와 함께"라는 말은 144,000명이 구원받은 조건을 보여주고 있다(17:14). 우리가 아는 바 오직 예수님께서 함께 하셨기에 성도들은 구원을 받는 것이다(요 14:20; 갈 2:20). 그러므로 우리는 오늘도 여전히 예수님께서 함께 해주셔야만 구원에 이른다는 것을 알아야 한다.

그런데 요한은 "그들의 이마에는 어린 양의 이름과 그 아버지의 이름을 쓴 것이 있는 것"을 보았다(7:3; 13:16). 성도들의 신분을 보여주는 이마에 어린 양의 이름과 그 아버지의 이름이 있다는 뜻이다. 즉 성도들의 이마에는 어린양 자신과 아버지 자신이 박혀 있다는 것이다. 불신자들의 오른 손과 이마에는 적그리스도의 이름이 써 있는데 반해 성도들의 이마에는 어린 양의 이름과 아버지의 이름이 쓰여 있다.

**계 14:2. 내가 하늘에서 나는 소리를 들으니 많은 물소리와도 같고 큰 우렛소리와도 같은데 내가 들은 소리는 거문고 타는 자들이 그 거문고를 타는 것 같더라**(καὶ ἤκουσα φωνὴν ἐκ τοῦ οὐρανοῦ ὡς φωνὴν ὑδάτων πολλῶν καὶ ὡς φωνὴν βροντῆς μεγάλης, καὶ ἡ φωνὴ ἣν ἤκουσα ὡς κιθαρῳδῶν κιθαριζόντων ἐν ταῖς κιθάραις αὐτῶν).

요한은 "하늘에서 나는 소리를 듣는다"고 말한다. 그런데 그 소리는 "많은 물소리와도 같고 큰 우렛소리와도 같은데 내가 들은 소리는 거문고 타는 자들이 그 거문고를 타는 것 같더라"는 것이다(1:15; 19:6). "많은 물소리와도 같다"는 말은 '많은 물이 흘러내리는 소리와도 같다'는 뜻이다. 나이야가라 폭포나 이과수 폭포 같이 많은 양의 물이 내려가는 소리로 들린 것이다. 그리고 하늘에서 나는 소리가 "큰 우렛소리와도 같다"는 말은 '하늘에서 나는 소리가 엄청나게 크고 우렁찬 소리로 들린 것'을 뜻한다. 그런데 요한이 들은 소리는 특별히 "거문고 타는 자들이 그 거문고를 타는 것 같았다"고 말한다(5:8). 수많은 사람들이 수많은 거문고를 함께 연주하는 것같이 우렁차게 들렸다는 뜻이다. 이 소리는 144,000명(신구약 교회 전체)의 노래 소리이니 성량(聲量)이 크고 화음이 잘되는 소리였다.

**계 14:3. 그들이 보좌 앞과 네 생물과 장로들 앞에서 새 노래를 부르니 땅에서 속함을 받은 십사만 사천 밖에는 능히 이 노래를 배울 자가 없더라** (καὶ ᾄδουσιν ((ὡς)) ᾠδὴν καινὴν ἐνώπιον τοῦ θρόνου καὶ ἐνώπιον τῶν τεσσάρων ζῴων καὶ τῶν πρεσβυτέρων, καὶ οὐδεὶς ἐδύνατο μαθεῖν τὴν ᾠδὴν εἰ μὴ αἱ ἑκατὸν τεσσεράκοντα τέσσαρες χιλιάδες, οἱ ἠγορασμένοι ἀπὸ τῆς γῆς, 그 십사만 사천 명은 옥좌와 네 생물과 원로들 앞에서 새로운 노래를 부르고 있었습니다. 그러나 그 노래는 땅으로 부터 구출된 십사만

사천 명 외에는 아무도 배울 수 없었습니다-공동번역).

요한은 "그들", 즉 '144,000명이 "보좌 앞과 네 생물과 장로들 앞에서 새 노래를 불렀다"고 말한다(5:9-10; 15:3). '144,000명(구원 받은 총수)이 하나님의 보좌와 네 생물과 장로들 앞에서 새 노래를 불렀다'는 말이다. 혹자는 여기 "그들"이 누구인지를 두고 "그들"은 '하늘의 주민들'이라고 말하고, 구체적으로 말해 천사들과 네 생물을 위시하여 대 환난 이전에 들려 올린 교회(24장로로 대표되는)와 대 환난 중에 순교하여 들려 올린 무리들이라고 주장한다. 그러나 하늘주민과 144,000명을 구분하는 것은 바람직하지 않은 해석이다.

요한은 "땅에서 속함을 받은 십사만 사천 밖에는 능히 이 노래를 배울 자가 없더라"고 말한다(5:9; 15:3). 본문의 "땅에서"(ἀπὸ τῆς γῆς, from the earth)란 말은 '땅에서부터'란 뜻이다. "땅에서부터 속함을 받았다"는 말은 '불신 세상 사람들로부터 성별함(구별함)을 받았다'는 뜻이다. 새 노래는 땅에서부터 구원함을 받은 자 외에는 아무도 없다. 그 이유는 구속함을 받은 경험이 없는 자는 아무리 새 노래의 가사를 불러보아도 아무런 감동이나 감격, 감사 또는 환희가 없기 때문이다. 아마 오늘날 교회 찬양 대원 중에서도 그리스도의 피로 구원받은 경험이 없는 대원은 찬양을 부르면서도 큰 환희가 없을 것이다.

**계 14:4.** 이 사람들은 여자와 더불어 더럽히지 아니하고 순결한 자라 어린 양이 어디로 인도하든지 따라가는 자며 사람 가운데에서 속량함을 받아 처음 익은 열매로 하나님과 어린 양에게 속한 자들이니(οὗτοί εἰσιν οἳ μετὰ γυναικῶν οὐκ ἐμολύνθησαν, παρθένοι γάρ εἰσιν, οὗτοι οἱ ἀκολουθοῦντες τῷ ἀρνίῳ ὅπου ἂν ὑπάγῃ. οὗτοι ἠγοράσθησαν ἀπὸ τῶν ἀνθρώπων ἀπαρχὴ τῷ θεῷ καὶ τῷ ἀρνίῳ).

요한은 새 노래를 부르는 144,000인이 어떤 사람인지를 상세히 설명한다. 첫째, "이 사람들은 여자와 더불어 더럽히지 아니하고 순결한 자라"고

한다(3:4; 7:15, 17; 17:14; 고후 11:2). 144,000인은 "여자" 즉 '불신 세상'(17-18장에서는 "바벨론"으로 표현하고 있다)과 짝하지 아니하고 아주 순결한 자라고 한다. 혹자는 여기 "여자"라는 말을 문자적으로 적용하여 여자와 결혼하여 몸을 더럽혀서는 안 된다고 주장한다. 이는 잘못된 주장이다. 마 8:14; 고전 9:5 참조. 성도가 세상과 짝하지 말아야 할 이유는 구원받은 성도는 "순결한 자"(παρθένοι)이기 때문이다(민 25:1; 31:16; 신 17:17; 약 4:4 참조). "순결한 자"란 말은 '처녀들'이라는 뜻이니 모든 성도는 그리스도께 바쳐진 처녀로 살아야 한다.

둘째, 그들은 "어린 양이 어디로 인도하든지 따라가는 자"(οὗτοι οἱ ἀκολουθοῦντες τῷ ἀρνίῳ ὅπου ἂν ὑπάγῃ, it is these who follow the Lamb wherever he goes-RSV)라는 것이다. 어린 양 예수님께서 어디로 가시든지 전적으로 따라가는 자라는 것이다. 우리는 우리가 갈 곳을 알기에 따라가는 자가 아니라 갈 곳을 몰라도 예수님께서 인도하시면 그대로 예수님을 따라가야 한다. 아브라함은 갈 바를 알지 못하고 따라갔다(창 12:1-4; 히 11:8). 사람들은 갈 곳을 모르면 불평을 토하나 갈 곳을 몰라도 불평하지 말고 기쁨으로 주를 따라가야 한다.

셋째, 그들은 "사람 가운데에서 속량함을 받아 처음 익은 열매로 하나님과 어린 양에게 속한 자들"이다(5:9). 144,000인은 "사람 가운데서 속량함을 받은 자"들이다. "사람 가운데서"(ἀπὸ τῶν ἀνθρώπων)란 말은 구원을 받았기에 더 이상 세상에 속해있지 않음을 뜻한다. "속량"이란 말은 '값을 주고 샀다'는 뜻이다(5:9 참조). 한 마디로 그들은 구원을 받았기에 더 이상 세상에 속해 있지 않다는 뜻이다. "처음 열매"란 '추수의 첫 수확'이란 뜻으로 특별한 의미에서 '거룩하다'는 것을 암시한다(약 1:18). 첫 수확은 항상 거룩한 것으로 간주되었다. 이유는 하나님께 바쳤기 때문이다(출 22:29). 144,000인은 추수의 첫 수확으로 하나님께 거룩한 사람들이 된 것이다. 그들은 첫 수확이 되어 "하나님과 어린 양에게 속한 자들"이 된 것이다. 우리는 이제 세상에 속한 자들이 아니다. 전적으로 그리스도께 속한 자들이고 만유의 대 주재 하나님께 속한 자들이다.

**계 14:5. 그 입에 거짓말이 없고 흠이 없는 자들이더라**(καὶ ἐν τῷ στόματι αὐτῶν οὐχ εὑρέθη ψεῦδος, ἄμωμοί εἰσιν).

넷째(첫째, 둘째, 셋째는 앞 절에 있음), 144,000인(구원받은 총수)은 "그 입에 거짓말이 없는 자들"이라고 한다(시 32:2; 습 3:13). 그들은 거짓이 없는 자들이다. 진실성은 신자들의 특징이다(습 3:13). 입에 거짓말이 없다는 것은 심령이 정결해진 증표이다. 심령이 더러우면 계속해서 입으로 거짓을 연달아 말한다.

다섯째, 그들은 "흠이 없는 자들"이라고 한다(엡 5:27; 유 1:24). 범사에 정결한 삶을 사는 자들이란 뜻이다(엡 1:4; 5:27; 골 1:22; 히 9:14; 벧전 1:19 참조). 입으로 거짓말도 하지 않고 흠 있는 말도 하지 않는 이유는 속이 정결해졌기 때문이다. 심령이 더러운 사람은 계속해서 자신의 더러움을 그리스도께 고백해야 한다. 그러면 깨끗해진다(요일 1:9 참조).

### 2. 복음의 선언   14:6-7

요한은 앞(1-5절)에서 구원받은 사람들의 무리가 시온 산에서 장엄한 새 노래를 부르는 것을 소개한 다음, 이 부분(6-7절)에서는 천사가 영원한 복음을 선언한 것을 소개한다. 요한은 6-20절에서 여러 천사의 선언과 활동을 말하는 중 제일 먼저 한 천사가 공중에 날아가면서 땅에 거주하는 사람들에게 선언한 영원한 복음을 소개한다.

**계 14:6. 또 보니 다른 천사가 공중에 날아가는데 땅에 거주하는 자들 곧 모든 민족과 종족과 방언과 백성에게 전할 영원한 복음을 가졌더라**(Καὶ εἶδον ἄλλον ἄγγελον πετόμενον ἐν μεσουρανήματι, ἔχοντα εὐαγγέλιον αἰώνιον εὐαγγελίσαι ἐπὶ τοὺς καθημένους ἐπὶ τῆς γῆς καὶ ἐπὶ πᾶν ἔθνος καὶ φυλὴν καὶ γλῶσσαν καὶ λαόν).

요한은 또 하나의 환상을 "보고" 기록한다. 즉 "다른 천사가 공중에
날아가는데 땅에 거주하는 자들 곧 모든 민족과 종족과 방언과 백성에게
전할 영원한 복음을 가졌다"고 말한다(8:13; 13:7; 엡 3:9-11; 딤 1:2). 본문의
"다른 천사"가 어느 천사인지는 알 수 없다. 이유는 12:7에 미가엘 천사가
나왔을 뿐 그 외에 다른 천사는 나오지 않았기 때문이다. 혹시 여기 "다른
천사"란 12:7의 미가엘 천사와는 다른 천사를 의미할 수도 있다. 그 천사는
"공중에 날아가면서" 그의 사명을 감당한다. 그 천사는 "땅에 거주하는
자들 곧 모든 민족과 종족과 방언과 백성에게(5:9 주해 참조) 전할 영원한
복음을 가지고 있었다." "모든 민족과 종족과 방언과 백성"이란 온 세계
사람들을 가리키는 계시록의 어법이다(5:9 주해 참조).

그리고 그 천사가 전하는 복음을 지칭하여 "영원한 복음"[89]이라고 말하
는 이유는 복음의 내용이 변하지 않기 때문이다. 창 3:15의 원시복음의
내용은 지금까지 변한 바가 없었고, 복음의 핵심 내용이신 예수 그리스도가
어제나 오늘이나 영원토록 동일하시기 때문에(히 13:8) 우리가 가진 복음은
영원한 복음이다.

그러면 본 절의 환상이 언제 이루어질 환상인가? 혹자는 이 환상이
마틴 루터로 말미암아 이루어질 종교개혁을 지칭한다고 주장하기도 하나
이 환상은 교회 역사상에 있었던 전도자들의 전도운동을 가리킬 수도 있겠으
나, 특별히 세상의 종말에 있을 전도 운동을 지칭하는 것으로 보는 것이
타당하다. 그 이유는 다음 절(7절)에 나오는 "하나님의 심판의 시간이 이르렀
음이니"라는 말을 고려하여 이 환상은 종말에도 복음 운동이 있을 것을
보여주는 것 같다.

**계 14:7.** 그가 큰 음성으로 이르되 하나님을 두려워하며 그에게 영광을
돌리라 이는 그의 심판의 시간이 이르렀음이니 하늘과 땅과 바다와 물들의

---

[89] "영원한 복음"이란 말은 요한계시록에서 이곳에 단 한번만 쓰여졌다.

**근원을 만드신 이를 경배하라 하더라**(λέγων ἐν φωνῇ μεγάλῃ, Φοβήθητε τὸν θεὸν καὶ δότε αὐτῷ δόξαν, ὅτι ἦλθεν ἡ ὥρα τῆς κρίσεως αὐτοῦ, καὶ προσκυνήσατε τῷ ποιήσαντι τὸν οὐρανὸν καὶ τὴν γῆν καὶ θάλασσαν καὶ πηγὰς ὑδάτων).

천사가 "큰 음성으로 이르되 하나님을 두려워하며 그에게 영광을 돌리라"고 외친다(11:18; 15:4). "큰 음성으로" 외치는 이유는 그것이 바로 복음이기 때문이다. 복음은 중요한 것이고 또 누구나 들어야 하기 때문에 큰음성으로 분명하게 외쳐야 한다. 외치는 내용은 "하나님을 두려워하며 하나님에게 영광을 돌리라"는 것이다. 성도들은 항상 하나님을 두려워해야 할것이다(캘빈의 "하나님 앞에서"라는 모토(motto)는 누구에게나 중요한 것이다). 그리고 하나님께 영광을 돌려야 할 것이다. 다시 말해 언제나 그리고범사에 하나님의 위대하심을 드러내야 할 것이다. 하나님께 영광 돌리는방법 중에 최고의 것은 하나님을 "경배 하는 것이다"(느 9:6; 시 33:6; 124:8; 146:5-6; 행 14:15; 17:24). 성도가 하나님께 영광을 돌려야 할 이유는 두가지이다. 하나는 하나님의 "심판의 시간이 이르렀기" 때문이다. 천사는종말의 심판이 이를 것을 잘 알고 있었다. 예수님의 재림의 시기는 모르지만종말의 때는 잘 알고 있었다. 또 하나는 하나님은 "하늘과 땅과 바다와물들의 근원을 만드신 분"이시기 때문이다. 다시 말해 하나님은 존재하는모든 것을 창조하신, 위대하신 분이며 또 우리를 만드신 분이시기 때문이다. 지으신 분께 영광을 돌리며 또 경배하는 것은 아주 당연한 일이다. 이 일이야말로 인생의 본분이다.

### 3. 바벨론 멸망의 선언   14:8

요한은 한 천사가 영원한 복음을 선포한 환상을 기록한 다음 이 복음을무시하고 살던 이 불신 세계가 멸망당할 것을 선언하는 다른 천사의 말을기록한다.

**계 14:8.** 또 다른 천사 곧 둘째가 그 뒤를 따라 말하되 무너졌도다 무너졌도다 큰 성 바벨론이여 모든 나라에게 그의 음행으로 말미암아 진노의 포도주를 먹이던 자로다 하더라(Καὶ ἄλλος ἄγγελος δεύτερος ἠκολούθησεν λέγων, Ἔπεσεν ἔπεσεν Βαβυλὼν ἡ μεγάλη ἣ ἐκ τοῦ οἴνου τοῦ θυμοῦ τῆς πορνει-ας αὐτῆς πεπότικεν πάντα τὰ ἔθνη).

요한은 앞(6-7절)에서 한 천사가 영원한 복음을 선포한 것을 기록한 다음, 본 절에서는 또 "다른 천사 곧 둘째 천사가 그 뒤를 따라" 외치는 환상을 본다. 둘째 천사는 "그 뒤를 따라 말하되 무너졌도다 무너졌도다 큰 성 바벨론이여 모든 나라에게 그의 음행으로 말미암아 진노의 포도주를 먹이던 자로다"라고 외친다(11:8; 16:19; 17:2, 5; 18:2, 3, 10, 18, 21; 19:2; 사 21:9; 렘 51:7-8). 본 절의 "다른 천사"는 앞부분(6-7절)의 천사가 영원한 복음을 선포한 다음 뒤따라 바벨론 멸망을 선언했다. 둘째 천사는 "무너졌도다 무너졌도다 큰 성 바벨론이여"라고 두 번 반복해서 말한다(사 21:9). 두 번 말한 이유는 무너질 것이 아주 확실하기 때문이었다(창 41:32). "무너졌도다"(ἔπεσεν)란 말이 부정(단순)과거로 쓰인 것은 '아주 확실히 무너진다'는 것을 말한다. 동사를 강조하기 원할 때는 부정 과거를 사용한다. 인류의 종말에 "바벨론"(11:8의 "소돔" "애굽"와 동일한 말이며 또 17:1의 "큰 음녀"와 동일한 말로 하나님을 배반하는 불신세상을 지칭한다)은 분명히 망한다는 메시지이다.

계시록에서 바벨론은 항상 "큰" 도시로 묘사된다(16:19; 17:5; 18:2, 10, 21). 단 4:30 참조. 큰 성 "바벨론"은 '불신 부덕의 대 도시'를 지칭한다. 큰 성 바벨론은 결코 메소포타미아를 지칭하는 것은 아니다. 느부갓네살의 꿈에 본 우상(단 2:31-45)에 있어 철(鐵)로 비유된 로마는 바벨론(금에 해당), 메대와 바사(은에 해당), 헬라(놋에 해당)에 이은 네 번째 나라였는데 동시에 로마[90]는 '영원한 로마'로서 세상 끝까지 계속될 세속적인 대 도시

---

90) 로마 제국을 바벨론이라고 부른 것은 요한계시록의 하나의 특성에 속한다. 그것은 이 두 나라가 너무 닮았기 때문이었다. 두 나라는 정치적으로 군사적으로 그리고 도덕적으로

의 상징으로 쓰이고 있다. 최후의 로마가 바로 종말에서 무너질 "큰 성
바벨론"이다.

바벨론이 망해야 할 이유는 "모든 나라에게 그의 음행으로 말미암아
진노의 포도주를 먹이던 자"이기 때문이라는 것이다(18:3에 다시 언급된다).
즉 '모든 나라에게 바벨론의 음행을 먹여서 하나님의 진노의 포도주를 먹였
기' 때문이다. 여기 "바벨론의 음행으로 말미암아"란 말은 '세상 나라들로
하여금 불순결한 포도주를 마시도록 만들었기 때문에'라는 뜻이다. 바벨론
(하나님을 배반하는 불신 세상의 대명사)은 자기가 빚어 만든 죄만 가지고도
충분히 망하게 되었는데 또 게다가 다른 나라 사람까지 "진노의 포도주"(하
나님의 진노를 받게 하는 포도주)를 마시게 했으니 어차피 망할 수밖에
없게 되어 있다. 환언하면 바벨론은 아주 악독한 방법으로 다른 나라들을
부패시킨 것이다. 바벨론은 망하기에 아주 충분한 조건을 가지고 있었다.
오늘날에도 다른 사람들로 하여금 음행의 포도주를 마시게 하는 사람들이
얼마나 많은지 모른다. 그래서 이들은 무수한 사람들로 하여금 죄를 짓게
만들어 하나님의 진노를 받게 한다.

### 4. 불신자 심판에 대한 선언   14:9-12

요한은 첫째 천사가 영원한 복음을 가지고 외친 것을 기록하고(6-7절),
또 둘째 천사가 세상의 부패한 나라 바벨론(로마)이 망할 것을 기록한(8절)
다음, 이제 세 번째 천사가 바벨론(로마의) 시민들에게 임할 멸망을 선언한다
(9-12절). 로마는 적그리스도의 나라이고 그 시민들은 적그리스도에게 경배
한 자들이다.

**계 14:9. 또 다른 천사 곧 셋째가 그 뒤를 따라 큰 음성으로 이르되 만일
누구든지 짐승과 그의 우상에게 경배하고 이마에나 손에 표를 받으면(Καὶ**

---

닮았다. 둘째 천사는 바벨론이 망한 것과 똑같이 로마가 망할 것이라고 이런 표현을 한 것이다.

ἄλλος ἄγγελος τρίτος ἠκολούθησεν αὐτοῖς λέγων ἐν φωνῇ μεγάλῃ,
Εἴ τις προσκυνεῖ τὸ θηρίον καὶ τὴν εἰκόνα αὐτοῦ καὶ λαμβάνει χάραγμα
ἐπὶ τοῦ μετώπου αὐτοῦ ἢ ἐπὶ τὴν χεῖρα αὐτοῦ).

요한은 다른 셋째 천사가 둘째 천사의 뒤를 따라 "큰 음성으로 말한
것"을 기록한다. 큰 소리로 말한 것은 그 내용이 중요하기 때문이었다. 외친
내용은 "만일 누구든지 짐승과 그의 우상에게 경배하고 이마에나 손에 표를
받으면"(13:1-10, 14-17절) 하나님의 진노를 받는다고 외친다(다음 절). 즉
'한 사람도 예외 없이 짐승(로마)과 그의 우상(이것은 거짓 선지자가 만들어
놓은 것이었다)에게 경배하고 이마에나 손에 우상에게 속했다는 표를 받으
면' 하나님의 진노를 받게 된다고 외쳤다.

계 14:10. 그도 하나님의 진노의 포도주를 마시리니 그 진노의 잔에 섞인
것이 없이 부은 포도주라 거룩한 천사들 앞과 어린 양 앞에서 불과 유황으로
고난을 받으리니(καὶ αὐτὸς πίεται ἐκ τοῦ οἴνου τοῦ θυμοῦ τοῦ θεοῦ
τοῦ κεκερασμένου ἀκράτου ἐν τῷ ποτηρίῳ τῆς ὀργῆς αὐτοῦ καὶ βασα-
νισθήσεται ἐν πυρὶ καὶ θείῳ ἐνώπιον ἀγγέλων ἁγίων καὶ ἐνώπιον τοῦ
ἀρνίου).

요한은 큰 도시 바벨론(로마)만 무너지는 것(8절)이 아니라 누구든지
짐승이나 우상에게 경배하고 이마에나 손에 짐승의 표를 받는 개인들(9절)도
"하나님의 진노의 포도주를 마시게 될 것"(시 75:8; 사 51:17; 렘 25:25)이라
는 셋째 천사의 말을 기록한다. 본문에서의 "하나님의 진노의 포도주"란
'하나님의 진노를 받게 하는 포도주'란 뜻으로 누구든지 적그리스도에게나
그 우상에게 경배하고 이마에나 손에 적그리스도에게 속했다는 것을 드러내
는 표를 받으면 하나님으로부터 진노를 받게 된다는 것이다.

셋째 천사는 하나님의 진노가 얼마나 진한가를 설명한다. 즉 "그 진노의
잔에 섞인 것이 없이 부은 포도주라"고 말한다(16:19; 18:6). '그 진노의
잔에 물도 섞지 않고 다른 음료수도 섞지 않은, 순전한, 강한 포도주만이라'

고 말한다. 환언하면 하나님의 자비나 긍휼이 섞이지 않은 견디기 어려운 진노만 당한다는 것이다.

셋째 천사는 그런 개인은 "거룩한 천사들 앞과 어린 양 앞에서 불과 유황으로 고난을 받을 것이라"고 말한다(19:20; 20:10). '심판자이신 어린 양 앞에서 그리고 심판자이신 어린양을 돕는 심판의 보필자들 앞에서 조금도 감함이 없는 심판을 받게 되는데 불 심판과 유황심판(창 19:24; 사 34:8-10)을 받을 것이라'는 뜻이다. 살이 이글이글 타는 듯 하는 심판을 받을 것이다. 이런 최후적인 심판이 있을 것을 본서는 또 말한다(19:20; 20:10, 14; 21:8). 죄를 짓는 사람은 피할 수가 없다. 그들에게는 무서운 심판이 따라다닌다. 그들이 이런 심판을 받을 때 세상에서 박해를 받았던 성도들도 그 자리에 동석할 것을 성경은 말씀한다. 그들이 공공연하게 박해했으니 그들은 또 어린 양 앞에서 그리고 천사들 앞에서 그리고 또 성도들 앞에서 공공연하게 무서운 심판을 받게 된다.

**계 14:11. 그 고난의 연기가 세세토록 올라가리로다 짐승과 그의 우상에게 경배하고 그의 이름표를 받는 자는 누구든지 밤낮 쉼을 얻지 못하리라 하더라**(καὶ ὁ καπνὸς τοῦ βασανισμοῦ αὐτῶν εἰς αἰῶνας αἰώνων ἀναβαίνει, καὶ οὐκ ἔχουσιν ἀνάπαυσιν ἡμέρας καὶ νυκτὸς οἱ προσκυνοῦντες τὸ θηρίον καὶ τὴν εἰκόνα αὐτοῦ καὶ εἴ τις λαμβάνει τὸ χάραγμα τοῦ ὀνόματος αὐτοῦ).

셋째 천사의 말은 계속된다. 즉 "그 고난의 연기가 세세토록 올라갈 것이라"고 한다(19:3; 사 34:10). 불과 유황으로 고난을 받으니(앞 절) '그 고난의 연기가 끝일 날 없이 세세토록 올라갈 것이라'고 한다. 고난이 영원히 계속될 것이란 뜻이다. 그들이 세상에서 성도들을 박해한 시간에 비하면 그들이 받는 고통은 너무 영원한 것이다. 그리고 셋째 천사는 "짐승과 그의 우상에게 경배하고 그의 이름표를 받는 자는 누구든지 밤낮 쉼을 얻지 못할 것이라"고 한다. '적그리스도와 그의 우상에게 경배하고 짐승의 이름표를

받는 자는 누구든지 밤낮 쉬는 시간을 얻지 못할 것이라'는 것이다. 안식
없는 고난을 받는다. 이런 고난은 하나님의 정하신 바니 누구도 그들을
도울 수 없다.

**계 14:12. 성도들의 인내가 여기 있나니 그들은 하나님의 계명과 예수에
대한 믿음을 지키는 자니라**(Ὧδε ἡ ὑπομονὴ τῶν ἁγίων ἐστίν, οἱ
τηροῦντες τὰς ἐντολὰς τοῦ θεοῦ καὶ τὴν πίστιν Ἰησοῦ, Here is a call
for the endurance of the saints, those who keep the commandments of
God and the faith of Jesus-RSV).

셋째 천사(9절부터 말하는 천사)는 계속하여 말한다. 즉 "성도들의 인내
가 여기 있나니 그들은 하나님의 계명과 예수에 대한 믿음을 지키는 자니라"
고 한다(12:17; 13:10). 하나님을 배반하고 세상의 적그리스도에게 붙어서
사는 자는 지옥 형벌을 면치 못하니 성도들은 반드시 인내를 가지고 하나님
의 계명을 지키며 예수님을 믿는 믿음을 지키는 것의 필요함과 중요성을
잊지 말아야 할 것이다.

혹자는 본 절과 다음 절(13절)은 13:15 이후에 놓여야 한다고 주장한다.
이유는 이 두 절(12-13절)은 앞부분(8-11절)과 사상이 맞지 않기 때문이라고
한다. 앞부분(8-11절)에서는 불신자에 대한 심판을 말하다가 갑자기 본 절과
다음에 와서는 성도에 대한 격려와 축복을 말하기 때문이라고 한다. 그러나
무서운 지옥 형벌을 생각하고 인내하여 하나님의 계명을 지키며 예수님을
믿으라고 권고하는 것은 오히려 자연스런 말이라 할 수 있다. 우리는 끝까지
인내하여 예수님을 믿고 하나님의 계명을 지켜야 할 것이다. 예수님은 빌라
델비아 교회 사자에게 "네가 나의 인내의 말씀을 지켰은즉 내가 또한 너를
지켜 시험의 때를 면하게 하리니 이는 장차 온 세상에 임하여 땅에 거하는
자들을 시험할 때라"고 하신다(3:10).

5. 주안에서 죽는 자가 복이 있다   14:13

앞 절(12절)에서는 성도들이 하나님의 계명을 지키며 예수님을 믿는 믿음을 지키기 위하여 인내가 필요하다고 했는데, 이제 본 절에서는 인내하면서 예수님을 믿으며 하나님의 계명을 지키는 자들에게는 복 있을 것을 말씀한다.

**계 14:13. 또 내가 들으니 하늘에서 음성이 나서 이르되 기록하라 지금 이후로 주 안에서 죽는 자들은 복이 있도다 하시매 성령이 이르시되 그러하다 그들이 수고를 그치고 쉬리니 이는 그들의 행한 일이 따름이라 하시더라** (Καὶ ἤκουσα φωνῆς ἐκ τοῦ οὐρανοῦ λεγούσης, Γράψον· Μακάριοι οἱ νεκροὶ οἱ ἐν κυρίῳ ἀποθνήσκοντες ἀπ' ἄρτι. ναί, λέγει τὸ πνεῦμα, ἵνα ἀναπαήσονται ἐκ τῶν κόπων αὐτῶν, τὰ γὰρ ἔργα αὐτῶν ἀκολουθεῖ μετ' αὐτῶν).

요한은 하늘에서 들려오는 음성을 듣는다. 이 "음성"이 하나님의 직접적인 음성인지 아니면 어떤 중개자를 통해서 들려 온 것인지는 확인할 수가 없다. 하늘에서 들려온 음성은 이르기를 "기록하라 지금 이후로 주 안에서 죽는 자들은 복이 있도다"라고 말씀한다(20:6; 전 4:1-2; 고전 15:18; 살전 4:16). 하늘에서 들려온 음성을 기록하라는 것이다. 영원히 잊어서는 안 될 내용임으로 기록하라는 것이다(요 1:45 참조). 기록할 내용은 "지금 이후로 주 안에서 죽는 자들은 복이 있다"는 내용이다(이 복은 요한계시록에 나오는 7가지 복중 하나이다, 1:3 주해 참조). "지금 이후"란 어느 시기를 뜻하는 것인가? 그것은 '요한이 하늘 음성을 들은 이후'를 지칭하는 것으로 보아야 한다. 즉 '신약 시대'를 지칭하는 것으로 보인다. 혹자는 주님의 재림이 가까운 때를 지칭하는 것이라고 주장하나 그렇게 주장할 근거가 없다.

"주 안에서 죽는 자들"(οἱ νεκροὶ οἱ ἐν κυρίῳ ἀποθνήσκοντες)이란 말은 '주님을 믿다가 죽는 자들,' '주님과 연합해 살다가 죽는 자들'이란 뜻으로 그들은 "복이 있다"는 것이다. 이렇게 주님과 연합된 삶을 살다가 죽는 사람들이 복이 있다고 선언했을 때, 성령께서도 "그러하다 그들이 수고를 그치고 쉬리니 이는 그들의 행한 일이 따름이라"고 말씀하신다(6:11; 살후 1:7; 히 4:9-10). 성령님은 하늘로부터 들려온 음성에 동의를 표시하며 "그렇다"고 말씀하신다. 복이 있다는 뜻이다.

그들이 받을 구체적인 복은 "그들이 수고를 그치고 쉬는"(ἀνα-παήσονται ἐκ τῶν κόπων αὐτῶν) 복이다. 본문의 "쉬리니"(ἀνα-παήσονται)란 말은 미래형으로 '쉴 것이다'는 뜻이다. "수고를 그치고"(ἐκ τῶν κόπων)란 말은 '대단한 슬픈 수고를 그치고,' '가슴을 칠 듯이 엄청나게 슬픈 수고를 떠나서'라는 뜻이다. 주님을 믿다가 죽은 사람들은 개인적으로 바로 그 시간부터 모든 슬픈 수고를 그치고 평안히 쉴 것이다. 이런 복을 받게 되는 이유는 "그들의 행한 일이 따를 것이기"(τὰ γὰρ ἔργα αὐτῶν ἀκολουθεῖ μετ' αὐτῶν) 때문이다. "그들의 행한 일들"이란 '하나님께서 은혜 주셔서 행하게 된 의로운 행실들'을 뜻한다. 구체적으로 말해 박해에 대해 인내 한 것, 하나님의 계명을 순종한 것, 예수님께 대한 믿음을 지킨 것을 의미한다. 그러나 이것은 결코 사람의 힘으로 수고한 일이 아니다. 왜냐하면 성도의 행실은 모두 은혜의 산물이기 때문이다. 그렇지만 우리는 이런 복을 받을 것이기 때문에 지금 세상의 적그리스도를 경배하거나 적그리스도에 속해 있다는 뜻에서 받아야 하는 표를 받아서는 안 될 것이다.

### 6. 예수님의 재림과 신자의 구원  14:14-16

요한은 앞(6-13절)에서 세 천사가 심판을 선언한 것을 기록했는데, 이제 이 부분(14-16절)에서는 예수님께서 세상의 추수를 위하여 낫을 가지시고 추수할 자세 취하시는 것을 기록한다. 그리고 마지막으로 낫을 땅에 휘두르매 곡식이 거두어지게 된 것을 기록한다.

**계 14:14.** 또 내가 보니 흰 구름이 있고 구름 위에 인자와 같은 이가 앉으셨는데 그 머리에는 금 면류관이 있고 그 손에는 예리한 낫을 가졌더라(Καὶ εἶδον, καὶ ἰδοὺ νεφέλη λευκή, καὶ ἐπὶ τὴν νεφέλην καθήμενον ὅμοιον υἱὸν ἀνθρώπου, ἔχων ἐπὶ τῆς κεφαλῆς αὐτοῦ στέφανον χρυσοῦν καὶ ἐν τῇ χειρὶ αὐτοῦ δρέπανον ὀξύ).

요한은 환상으로 그리스도께서 흰 구름 위에 앉아 계신 것을 보았다. 요한이 본 것은 "흰 구름이 있고 구름 위에 인자와 같은 이가 앉으셨는데 그 머리에는 금 면류관이 있고 그 손에는 예리한 낫을 가지고 있는" 환상이었다(1:13; 6:2; 겔 1:26; 단 7:13). 요한은 "흰 구름이 있는 것"을 보았고 또 "구름 위에 인자 같은 이가 앉으신 것"을 보았다. "흰 구름"은 그리스도의 순결과 영광이 지극함을 의미한다. 그리고 "구름 위에 인자 같은 이가 앉으신 것"은 '예수 그리스도께서 구름 위에 앉아 계신 것'을 말한다(마 24:30; 26:64). 혹자는 구름 위에 앉은 자가 천사라고 주장하나(Leon Morris) 그 주장보다는 구름 위에 앉으신 이는 추수하러 오시는 예수 그리스도로 보는 것이 더 타당하다(Lenski, Phillip Hughes, Lad, Charles, Johnson, Poythress, G. K. Beale, 박윤선, 이상근, 이순한). 이렇게 예수 그리스도께서 구름위에 앉아 계신 것은 추수하시기 위함이었다.

그리고 요한은 예수님의 "머리에는 금 면류관이 있고 그 손에는 예리한 낫을 가지고 계셨다"고 말한다. 예수님께서 머리에 금 면류관이 있으시다는 것은 그 분께서 절대적인 왕이시라는 것을 말하며 또 추수하시는데 있어서 조금도 흐트러짐 없이 승리하실 것을 보여준다(19:12 참조). 그리고 예수님께서 가지고 계신 낫이 "이하다"(날카로운, 날이 선)는 말은 추수를 잘하실 수 있으시다는 것을 보여주는 것이었다(욜 3:13 참조).

계 14:15. 또 다른 천사가 성전으로부터 나와 구름 위에 앉은 이를 향하여 큰 음성으로 외쳐 이르되 당신의 낫을 휘둘러 거두소서 땅의 곡식이 다 익어 거둘 대가 이르렀음이니이다 하니(καὶ ἄλλος ἄγγελος ἐξῆλθεν ἐκ τοῦ ναοῦ κράζων ἐν φωνῇ μεγάλῃ τῷ καθημένῳ ἐπὶ τῆς νεφέλης,

Πέμψον τὸ δρέπανόν σου καὶ θέρισον, ὅτι ἦλθεν ἡ ὥρα θερίσαι, ὅτι ἐξηράνθη ὁ θερισμὸς τῆς γῆς, And another angel came out of the temple, crying with a loud voice to him that sat on the cloud, Thrust in thy sickle, and reap: for the time is come for thee to reap; for the harvest of the earth is ripe-KJV).

예수님의 추수를 위하여 다른 천사의 사역이 나온다. 다른 천사는 "성전으로부터 나와 구름 위에 앉은 이를 향하여 큰 음성으로 외쳐 이르되 당신의 낫을 휘둘러 거두소서"라고 말한다(6:17; 욜 3:13; 마 13:39). 다른 천사는 하늘 성전으로부터 나와서 구름 위에 앉으신 그리스도를 향하여 큰 음성으로 외쳐 이르기를 "당신의 낫을 휘둘러 거두소서"라고 했다. 천사가 하늘 성전에서 나왔으니 그는 하나님의 명령을 전달한 것이다. "당신의 낫을 휘둘러 거두소서"라고 한 말은 예수 그리스도께서 추수를 하셔야 하는 것을 알므로 하나님의 백성들을 거두어들이라는 것이다. 천사는 직접 추수하지 못한다. 이유는 하나님의 백성들은 다 예수님의 것이기 때문이다.

낫을 휘둘러 추수해야 하는 이유는 "땅의 곡식이 다 익어 거둘 때가 이르렀기" 때문이라고 한다(13:12; 렘 51:33). "땅의 곡식이 다 익었다"는 말은 모든 성도들이 주님을 맞이할 준비가 다 되었다는 의미요 그렇기에 그 귀결로서 추수가 필요하다는 뜻이다.

**계 14:16. 구름 위에 앉으신 이가 낫을 땅에 휘두르매 땅의 곡식이 거두어지니라**(καὶ ἔβαλεν ὁ καθήμενος ἐπὶ τῆς νεφέλης τὸ δρέπανον αὐτοῦ ἐπὶ τὴν γῆν καὶ ἐθερίσθη ἡ γῆ).

요한이 본 환상은 "구름 위에 앉으신 이가 낫을 땅에 휘두르매 땅의 곡식이 거두어졌다"는 것이다. 즉 '구름 위에 앉으신 그리스도께서 성전에서 나온 천사의 전달에 따라 낫을 땅에 휘두르매 추수할 것을 다 추수하게 되었다'는 것이다. 요한은 예수님께서 추수하시는 때에 천사들의 사역도 소개하지 않고 그리고 다른 부수적인 설명도 없이 아주 간단하게 기록하고 있다.

### 7. 예수님의 재림과 불신자의 심판 14:17-20

요한은 앞(14-16절)에서 예수님께서 성도들을 직접 추수하시는 환상을 기록하였고, 이제 이 부분(17-20절)에서는 "다른 천사"가 하나님의 지시에 따라 포도송이들(불신자들, 10절)을 추수하여 하나님의 진노의 큰 포도주 틀에 넣는 환상을 기록한다. 이 부분의 중요한 배경은 욜 3:12-16이다. 요엘서에서 곡식은 낫으로 수확이 되고 포도들은 짜는 틀에서 짓밟힌다.

**계 14:17. 또 다른 천사가 하늘에 있는 성전에서 나오는데 역시 예리한 낫을 가졌더라**(Καὶ ἄλλος ἄγγελος ἐξῆλθεν ἐκ τοῦ ναοῦ τοῦ ἐν τῷ οὐρανῷ ἔχων καὶ αὐτὸς δρέπανον ὀξύ).

본문의 "다른 천사"(이는 본 장에 출현하는 다섯 번째 천사이다)가 하늘에 있는 성전에서 나온 것은 하나님으로부터 나왔음을 시사한다. 그도 역시 14절의 예수님처럼 손에 "예리한 낫을 가지고 있었다." 불신자들(포도송이들)을 추수하려는 것이다. 불신자들은 앞으로 천사에 의해서 추수되어 큰 포도주 틀에 들어가 밟히는 날이 있을 것을 보여준다.

**계 14:18. 또 불을 다스리는 다른 천사가 제단으로부터 나와 예리한 낫 가진 자를 향하여 큰 음성으로 불러 이르되 네 예리한 낫을 휘둘러 땅의 포도송이를 거두라 그 포도가 익었느니라 하더라**(Καὶ ἄλλος ἄγγελος ((ἐξῆλθεν)) ἐκ τοῦ θυσιαστηρίου ((ὁ)) ἔχων ἐξουσίαν ἐπὶ τοῦ πυρός, καὶ ἐφώνησεν φωνῇ μεγάλῃ τῷ ἔχοντι τὸ δρέπανον τὸ ὀξὺ λέγων, Πέμψον σου τὸ δρέπανον τὸ ὀξὺ καὶ τρύγησον τοὺς βότρυας τῆς ἀμπέλου τῆς γῆς, ὅτι ἤκμασαν αἱ σταφυλαὶ αὐτῆς).

요한은 앞(17절) 절에서 예리한 낫을 가진 천사에 대해 언급했는데 본 절에서는 "불을 다스리는 다른 천사가"(16:8) 한 일에 대해 언급한다. 본문의 "다른 천사"는 본 장에 등장하는 여섯 번째 천사로 "불을 다스리는 천사"라는 것이다. 본서에서 요한은 어떤 천사는 바람을 주장하고(7:1), 또 어떤 천사는 물을 다스린다(16:5)고 말한다. 이제 요한은 이 "불을 다스리는 다른 천사"가 한 일을 두 가지로 말한다. 하나는 그가 "제단으로부터 나왔다"고 말한다. 그가 "제단으로부터 나왔다"는 말은 '그가 향단으로부터 나왔다'(6:9-10; 8:3-5 주해 참조)는 말로 하나님의 지시를 받아가지고 나온 것을 뜻한다. 제단 아래 순교자들의 부르짖음(6:9)이 향연처럼 하나님께 상달되어 드디어 순교자들의 숫자가 차서 순교자들의 신원(伸寃)의 때가 되어 하나님의 지시가 내려 드디어 심판의 날이 다가온 것임을 밝혀준다. 여기 불을 주장하는 천사가 하나님의 심판의 메시지를 가지고 온 것은 그가 불과 관련이 있기 때문일 것으로 보인다.

또 하나는 그("불을 다스리는 다른 천사")가 "예리한 낫 가진 자를 향하여 큰 음성으로 불러 이르되 네 예리한 낫을 휘둘러 땅의 포도송이를 거두라"고 말한다(사 63:1-6; 욜 3:13 참조). 그는 예리한 낫을 가진 천사를 향하여 "네 날카로운 낫을 휘둘러 땅의 포도송이를 거두라"고 하나님의 뜻을 전달한다. 낫을 휘둘러 불신자들을 한 곳에 모으라는 것이다. 이렇게 불을 관리하는 천사가 낫을 가진 천사를 향하여 불신자들을 한 곳에 모으라고 지시한 이유는 "그 포도가 익었기" 때문이라는 것이다. "그 포도가 익었다"는 말은 그 불신자들의 죄가 아주 절정에 달했다는 뜻이다. 본문의 "익었다"($\eta\kappa\mu\alpha\sigma\alpha\nu$)는 말은 부정(단순)과거 시제로 '아주 충분하게 익었다'는 뜻으로 불신자들의 죄가 아주 관영하게 되었다는 뜻이다. 하나님께서 노아 홍수 때 홍수를 내려서 세상을 쓸어버리신 것은 당시 세상의 죄악이 관영했기 때문이었고(창 6:5), 아모리 족속을 쓸어버리신 것도 역시 그들의 죄악이 관영했기 때문이었다(창 15:16). 그러므로 우리는 이 세상의 죄가 관영하게 된다면 하나님께서 어떻게 하시겠는가 하는 것은 너무 극명한 사실이 아니겠는가?

**계 14:19. 천사가 낫을 땅에 휘둘러 땅의 포도를 거두어 하나님의 진노의 큰 포도주 틀에 던지매**(καὶ ἔβαλεν ὁ ἄγγελος τὸ δρέπανον αὐτοῦ εἰς τὴν γῆν καὶ ἐτρύγησεν τὴν ἄμπελον τῆς γῆς καὶ ἔβαλεν εἰς τὴν ληνὸν τοῦ θυμοῦ τοῦ θεοῦ τὸν μέγαν).

요한은 예리한 낫을 가진 "천사가 낫을 땅에 휘둘러 땅의 포도를 거두어 하나님의 진노의 큰 포도주 틀에 던지는" 환상을 보았다. 천사가 낫을 땅에 휘두른 것은 포도 즉 불신자들이 땅에 있기 때문이었다. 예리한 낫을 가진 천사는 낫을 땅에 휘둘러 "땅의 포도를 거두어 하나님의 진노의 큰 포도주 틀에 던져" 넣었다(19:15). "하나님의 진노의 큰 포도주 틀"이란 '하나님의 진노를 쏟을 큰 포도주 틀'이란 뜻이다. 포도주 틀이 큰 이유는 그 포도주 틀에 들어가야 할 포도 즉 불신자들이 많기 때문이었다. 천사는 낫을 땅에 휘둘러 땅의 포도(불신자들)를 거두어 사정없이 그 포도주 틀에 넣었다. 불신자들은 죄도 많이 지었고 또 그리스도의 대속을 믿도록 수없이 권유를 받았지만 끝까지 믿지 않았으니 이제는 더 이상 긍휼을 받을 자가 아닌 심판의 대상인고로 천사는 모든 불신자들을 한 틀 속에 마구 잡아넣은 것이다. 이렇게 잡아 틀에 넣은 포도가 어떻게 되었는지는 다음 절에서 밝힌다.

**계 14:20. 성 밖에서 그 틀이 밟히니 틀에서 피가 나서 말굴레에까지 닿았고 천육백 스다디온에 퍼졌더라**(καὶ ἐπατήθη ἡ ληνὸς ἔξωθεν τῆς πόλεως καὶ ἐξῆλθεν αἷμα ἐκ τῆς ληνοῦ ἄχρι τῶν χαλινῶν τῶν ἵππων ἀπὸ σταδίων χιλίων ἐξακοσίων, And the winepress was trodden without the city, and blood came out of the winepress, even unto the horse bridles, by the space of a thousand [and] six hundred furlongs-KJV).

요한은 앞(19절)에서 포도가 큰 포도주 틀에 던져진 후 어떻게 되는지를 본 절에서 밝힌다. 즉 "성 밖에서 그 틀이 밟히니 틀에서 피가 나서 말굴레에까지 닿았고 천육백 스다디온에 퍼졌다"고 말한다(사 63:3; 애 1:15). '성 밖에서 큰 포도주 틀 안에 있는 포도주가 밟히니 피가 홍수를 이루었다'는 것이다.

요한의 환상에 나타난 "성 밖에서"(11:8; 히 13:12)란 '예루살렘 성 밖에서'란 뜻이다(이것은 상징적인 표현일 뿐이다). 본 절의 표현은 상징적인 표현으로 "성 밖에서"란 말은 악인들이 하늘에 들어가지 못하고 하늘 밖에서 하나님의 벌을 받는다는 것을 보여준다. 요한은 악인들이 예루살렘 성 밖에서 예수님을 십자가에 못 박았는데(히 13:12) 이제 종말에는 반대로 악인들이 예루살렘 성 밖의 포도주 틀에서 밟혔다는 것을 보여준다. 그래서 "틀에서 피가 나서 말굴레에까지 닿았고 천육백 스다디온에 퍼졌다"는 것이다(19:14). '지구상의 악인들의 숫자가 너무 많아서 틀에서 나온 피가 완전 홍수를 이루었다'는 뜻이다. "말굴레"란 '말의 목에서 고삐에 걸쳐 얽어매는 줄'을 의미한다. 그러니까 말의 목에까지 이르는 정도로 피가 고였다는 것이다. 이 표현도 역시 상징적인 표현으로 악인들의 받는 벌이 엄청남을 알려준다.

그리고 피가 흐른 넓이는 "천육백 스다디온에 퍼졌다"니 엄청난 양의 피가 퍼졌다는 뜻이다. 1,600 스다디온은 1,600x192m=307,200m이다. 이 숫자를 km로 환산하면 307,200나누기 1,000 하면 307km 쯤 된다. 요한이 본 이 숫자는 실제 숫자가 아니라 상징적인 숫자로 그 숫자가 뜻하는 것을 우리는 잡아야 한다. 1600은 16과 100을 곱한 수이다. 16이란 숫자는 악인들이 거처하는 세상의 숫자 4를 제곱한 수이고, 100이란 숫자는 완전수인 10을 제곱한 숫자이다. 그러니까 1,600 스다디온에 피가 퍼진 것은 세상이 완전한 심판에 휩싸였다는 것을 뜻한다.

요한은 누가 포도주 틀을 밟았는지에 대해서는 설명하지 않는다. 그저 밟힌 사실에만 집중한다. 그리고 요한은 어느 성 밖에서 이런 끔찍한 일이 발생했는지 언급하지 않고 종말의 시기에 악인들이 심판받는 일에만 관심을 표명한다. 악인들은 결국 천성에 들어가지 못하고 천벌을 받을 것임을 말한다. 주의 말씀대로 악인들의 심판은 완전히 이루어진다.

# 제 15 장

VI. 마지막 일곱 가지 재앙들  15:1-16:21

요한은 기나긴 삽경(중간계시)을 기록한 다음 이제 다시 본론에 들어선다. 요한은 이 부분(15:1-16:21)에서 천사들이 일곱 금 대접에 담긴 재앙들을 쏟는 것을 보여준다. 그리고 이것이 마지막 재앙임을 말해준다. 하나님께서는 강조하신 다음 실제 재앙을 내리신다.

이 부분의 재앙들은 일곱 나팔의 환난과 흡사하다. 일곱째 인이 일곱 나팔로 발전한 것처럼(8:1) 일곱째 나팔(11:15-19)은 일곱 대접 재앙(15:1)으로 발전한 것으로 보인다.

이 부분(15:1-16:21)은, 1) 대접재앙이 준비되는 것을 보여준다(15:1-8). 15장은 제 16장 이하의 대접 재앙의 서론 격이다. 계시록은 중요한 사건에 앞서 보통 머리말이 앞서 나오는 것이 특징이다. 하나님은 진노를 쏟으시기 전에 미리 알려주시는 분이시다. 2) 첫째 대접이 쏟아지고(16:1-2), 3) 둘째 대접이 쏟아지며(16:3), 4) 셋째 대접이 쏟아지고(16:4-7), 5) 넷째 대접이 쏟아지며(16:8-9), 6) 다섯째 대접이 쏟아지고(16:10-11), 7) 여섯째 대접이 쏟아지며(16:12-16) 8) 일곱째 대접이 쏟아지는 것을 보여준다(16:17-21).

A. 재앙을 예비하다 - 대접재앙 준비  15:1-8

하나님은 요한을 통하여 예비적인 삽경을 보여주시곤 하신다. 인(印) 재앙에 대한 예비는 5장에서 보여주셨고, 나팔 재앙에 대한 예비는 8:1-5에서 보여주셨다. 대접 재앙에 대한 예비는 본 장에서 보여주신다. 하나님은 환난을 내리시기 전 그 환난의 근원이 하늘인 것을 다시 확인하신다.

서론 격인 본 장은 먼저 일곱 대접을 가진 일곱 천사가 출현하는 것을 보여주고(1절), 일곱 대접이 내리는 것을 목격한 하늘의 승리자들은 하나님을 찬양한다(2-4절). 그리고 일곱 천사들이 일곱 대접을 부을 준비를 하는 것이 보인다(5-8절).

**계 15:1. 또 하늘에 크고 이상한 다른 이적을 보매 일곱 천사가 일곱 재앙을 가졌으니 곧 마지막 재앙이라 하나님의 진노가 이것으로 마치리로다**(Καὶ εἶδον ἄλλο σημεῖον ἐν τῷ οὐρανῷ μέγα καὶ θαυμαστόν, ἀγγέλους ἑπτὰ ἔχοντας πληγὰς ἑπτὰ τὰς ἐσχάτας, ὅτι ἐν αὐταῖς ἐτελέσθη ὁ θυμὸς τοῦ θεοῦ, And I saw another sign in heaven, great and marvellous, seven angels having the seven last plagues; for in them is filled up the wrath of God-KJV).

요한은 "하늘에 크고 이상한 다른 이적을 보았다"고 말한다(12:1, 3). 요한은 땅에서 발생한 이적이 아니라 "하늘에서" 생겨난 크고 이상한 이적을 보았다고 말한다. 4복음서에 보면 예수님께서 땅에서 37가지의 이적을 행하셨는데 요한은 이적이 하늘에서 발생한 것을 본 것이다.

요한이 본 이적은 "크고 이상한" 이적이었다고 말한다. "크고 이상한"(μέγα καὶ θαυμαστόν)이란 말은 하나님 보시기에가 아니고 요한 사도 보기에 '크고 이상했다'는 뜻이다. 하나님께서 행하시는 이적은 사람의 보기엔 항상 크고 이상한 것임에 틀림없다. 여기 "이상하다"는 말은 '놀랍다'(wondrous, marvellous, uncommon)는 뜻이다.

하나님께서 행하시는 이적이 크고 놀라웠던 것은 "일곱 천사가 일곱 재앙을 가졌기" 때문이었다(16:1; 21:9). 이 이적이야 말로 큰 이적이요 놀랍지 않을 수 없는 이적이었다. "일곱 천사가 일곱 대접"을 가지고 땅위에 쏟는 이적이야 말로 사람들에게는 깜짝 놀랄 이적이었다. 구원받은 성도들은 한없이 찬양할 이적이었지만(3절) 성도들을 박해했던 악인들에게는 참으로 끔찍한 이적이며 깜짝 놀랄 이적이 아닐 수 없었다. 악인들은 이 이적이 얼마나 끔찍한 이적이고 또 얼마나 놀랄 이적인 줄 모르고 있었지만 요한 사도는 이 이적의 무시무시함을 알았던 고로 큰 이적이라고 말했고 또 놀랄 이적이라고 말했다.

그런데 여기서 한 가지 주의해야 할 낱말 하나가 있다. 그것은 "이적"($\sigma\eta\mu\epsilon\hat{\iota}ov$)이란 말인데 어떤 한국어 성경 번역들이 "표징"(表徵)이나 "광경"이란 말로 번역했고 개정표준역(RSV)은 "조짐"(portent)으로 번역했으나 개역개정판 번역의 각주에 있는 대로 "표적"으로 번역하는 것이 옳을 것이다. 이유는 일곱 천사가 일곱 대접을 땅에 쏟아 악인들을 심판하는 것은 놀라운 "표적"이기 때문이다. "표적"(sign)이란 그 일을 통해 하나님의 역사하심이 나타나는 경우 사용하는 말이다. 그런데 요한은 일곱 천사가 일곱 대접을 땅에 쏟아 악인들을 심판하는 놀라운 "표적"을 "다른 표적"이라고 말한다. 이 표적을 다른 표적이라고 표현한 이유는 12:3의 '힘이 센 용이 아이를 삼키지 못한 것은 하나님께서 역사하신 것으로 하나님의 위대하심을 보여주신 점에서 "이적"($\sigma\eta\mu\epsilon\hat{\iota}ov$) 즉 "표적"이라고 표현한 데 대해, 본 절에서는 하나님께서 일곱 천사를 통하여 그 붉은 용에게 환난을 내리시기 때문에 "다른 표적"이라고 한 것이다.

요한은 일곱 재앙이 하나님께서 박해자들에게 붓는 "마지막 재앙이라"($\tau\grave{\alpha}\varsigma$ $\grave{\epsilon}\sigma\chi\acute{\alpha}\tau\alpha\varsigma$)이라고 말한다. 즉 일곱 대접 재앙이 악인들에게 내리는 최후의 재앙이란 말이다. 요한이 일곱 대접 재앙이 악인들에게 내리는 최후의 마지막 재앙이라고 하는 이유는 "하나님의 진노가 이것으로 마칠 것이기"($\H{o}\tau\iota$ $\grave{\epsilon}v$ $\alpha\grave{\upsilon}\tau\alpha\hat{\iota}\varsigma$ $\grave{\epsilon}\tau\epsilon\lambda\acute{\epsilon}\sigma\theta\eta$ $\acute{o}$ $\theta\upsilon\mu\grave{o}\varsigma$ $\tau o\hat{\upsilon}$ $\theta\epsilon o\upsilon$) 때문이라는 것이다(14:10). 즉 '하나님의 진노가 이 일곱 재앙으로 완전히 끝마칠 것이기' 때문이라는 것이다. 본문의 "마친다"($\grave{\epsilon}\tau\epsilon\lambda\acute{\epsilon}\sigma\theta\eta$)는 말은 부정(단순)과거 수동태 시제로 '분명히 끝마칠 것이다,' '확실히 성취될 것이다'라는 뜻이다. 하나님께서는 일곱 대접 재앙을 통하여 악인들을 향한 분노를 완전히 표출하실 것이기 때문에 그 이상의 다른 재앙은 없다는 것이다.

**계 15:2. 또 내가 보니 불이 섞인 유리 바다 같은 것이 있고 짐승과 그의 우상과 그의 이름의 수를 이기고 벗어난 자들이 유리 바다 가에 서서 하나님의 거문고를 가지고**(Καὶ εἶδον ὡς θάλασσαν ὑαλίνην μεμιγμένην πυρὶ καὶ τοὺς νικῶντας ἐκ τοῦ θηρίου καὶ ἐκ τῆς εἰκόνος αὐτοῦ καὶ ἐκ τοῦ ἀριθμοῦ τοῦ ὀνόματος αὐτοῦ ἑστῶτας ἐπὶ τὴν θάλασσαν τὴν ὑαλίνην ἔχοντας κιθάρας τοῦ θεοῦ).

요한은 앞(1절)에서 일곱 천사가 일곱 재앙을 가진 표적을 본 다음 이제 본 절과 4절까지에 걸쳐서는 또 한 가지의 환상을 보고 있다. 그것은 즉 "불이 섞인 유리 바다 같은 것이 있고 짐승과 그의 우상과 그의 이름의 수를 이기고 벗어난 자들이 유리 바다 가에 서서 하나님의 거문고를 가지고"(5:8; 13:15, 16, 17; 14:2) 하나님을 찬양하는 것을 보고 있다. 즉 '불이 섞인 유리 바다 같은 바다 가에 서서 짐승과 그의 우상과 그의 이름의 수를 이기고 벗어난 자들이 하나님의 거문고를 가지고' 찬양하는 모습을 본 것이다. "불이 섞인 유리 바다 같은 것"(4:6; 21:18; 마 3:11)이란 실제로 바다를 뜻하는 것이 아니라 '유리 바다 비슷한 것'을 지칭하는 말인데 이는 너무 깨끗해서 하나님의 거룩하심과 심판을 상징하고, 유리바다 같은 것에 피가 섞인 것을 보았는데 그것은 하나님의 공의로운 심판과 진노를 상징한다 (Swete, Morris, Hendriksen, 박윤선, 이상근, 이순한).

"짐승과 그의 우상과 그의 이름의 수를 이기고 벗어난 자들이 유리 바다 가에 서서 하나님의 거문고를 가지고" 찬양하는 모습은 이스라엘 민족 이 애굽 군대를 피하여 홍해를 건넌 다음 바다 가에 서서 모세의 노래를 부르면서 하나님을 찬양한 것을 연상시킨다. "짐승과 그의 우상과 그의 이름의 수를 이기고 벗어난 자들"은 '13장에 기록된바 두 짐승 곧 적그리스 도와 거짓 선지자 그리고 적그리스도를 경배하도록 만들어 놓은 우상과 적그리스도의 이름 문자를 수치(數值)로 드러나도록 풀어 쓴 것을 거부하고 벗어난 자들'을 지칭한다(13:1, 15, 17-18 주해 참조). 이들은 짐승에게 경배 하지도 않고 우상에게 절하지 않았으며 또 짐승을 보여주는 수치(數值)를 몸에 받는 것을 거절하고 오직 하나님의 계명을 지키며 그리스도를 믿음으로만 살아온 자들이다. 그들은 하늘의 홍해라고 할 수 있는 불이 섞인 유리 바다를 건넌 저편 바다 가에 서서 하나님을 찬양하기 위해 만든 거문고를 가지고 하나님께서 구원해 주신 것을 찬양하고 또 사탄 세력으로부터 승리하게 해주신 것이 감사하므로 찬양한다. 오늘 우리도 이 땅에서부터 하나님의 구원을 감사하며 또 하나님께서 사탄으로부터 우리를 지켜 주시는 것을 알고 감사 또 감사해야 할 것이다.

**계 15:3. 하나님의 종 모세의 노래, 어린 양의 노래를 불러 이르되 주 하나님 곧 전능하신 이시여 하시는 일이 크고 놀라우시도다 만국의 왕이시여 주의 길이 의롭고 참되시도다**(καὶ ᾄδουσιν τὴν ᾠδὴν Μωϋσέως τοῦ δούλου τοῦ θεοῦ καὶ τὴν ᾠδὴν τοῦ ἀρνίου λέγοντες, Μεγάλα καὶ θαυμαστὰ τὰ ἔργα σου, κύριε ὁ θεὸς ὁ παντοκράτωρ· δίκαιαι καὶ ἀληθιναὶ αἱ ὁδοί σου, ὁ βασιλεὺς τῶν ἐθνῶν, And they sing the song of Moses the servant of God, and the song of the Lamb, saying, Great and marvellous [are] thy works, Lord God Almighty; just and true [are] thy ways, thou King of saints-KJV).

요한은 짐승과 그의 우상과 그의 이름의 수를 이기고 벗어난 자들이 유리 바다 가에 서서 하나님의 거문고를 가지고 하나님을 찬양하는 것을 본 절과 다음 절에 기록한다. 죄로부터 구원받고 사탄으로부터 승리한 자들은 "하나님의 종 모세의 노래, 어린 양의 노래를 부른다"(14:3; 출 15:1; 신 31:30). 노래가 두 개인가? 하나인가? 내용으로 보아 하나의 노래이다. 한 노래에 두 가지 이름이 붙은 것으로 보는 것이 타당하다.

"모세의 노래"는, 1) 하나님의 능력을 찬양하고 있고(출 15:2-3, 6), 2) 하나님의 왕권을 찬양하고 있으며(출 15:18), 3) 하나님의 거룩을 찬양하고 있다(출 15:11). 그리고 "어린 양의 노래" 즉 '그리스도께서 성도들을 구원해 주셨으므로 성도들이 부르는 노래'는, 1) 하나님의 능력을 찬양하고(3절),

2) 하나님의 왕권을 찬양하며(3절), 3) 하나님의 거룩하심을 찬양한다(4절). 본문의 "하나님의 종"이란 말은 모세를 두고 하는 말인데 모세는 참으로 하나님의 종이었다. 우리는 하나님의 종으로서의 삶을 살아야 한다. 본문의 "전능하신 이시여 하시는 일이 크고 놀라우시도다"(신 32:4; 시 111:2; 139:14)란 말은 '하나님께서 전능하셔서(암 4:13; 말 1:11) 박해자들을 심판 하시는 일이 크고도 놀랍다'는 뜻이다(1절 주해 참조; 시 92:5; 111:2; 139:14). 그리고 "만국의 왕이시여 주의 길이 의롭고 참되시도다"(16:7; 시 145:17; 호 14:9)란 말은 '하나님께서 세계 만국을 주장하시는 왕으로서 (렘 10:7) 주님께서 심판하시는 일이 의롭고 또 약속하신 대로 철저하게 심판하시니 참되신 분이라는 뜻이다(16:7; 19:2; 신 32:4; 시 145:17). 하나님 은 참으로 의로우신 분이시고 또 참되신 분이시니 우리가 하나님을 찬양하는 것은 지극히 마땅한 바이다.

**계 15:4. 주여 누가 주의 이름을 두려워하지 아니하며 영화롭게 하지 아니하오리까 오직 주만 거룩하시니이다 주의 의로우신 일이 나타났으 매 만국이 와서 주께 경배하리이다 하더라**(τίς οὐ μὴ φοβηθῇ, κύριε, καὶ δοξάσει τὸ ὄνομά σου  ὅτι μόνος ὅσιος, ὅτι πάντα τὰ ἔθνη ἥξουσιν καὶ προσκυνήσουσιν ἐνώπιόν σου, ὅτι τὰ δικαιώματά σου ἐφανερώθησαν).

요한은 그리스도의 피로 구원 받고 그리스도의 힘으로 사탄으로부터 승리한 성도들이 찬양하는 것을 계속해서 여기 기록한다. 즉 "주여 누가 주의 이름을 두려워하지 아니하며 영화롭게 하지 아니 하오리까"라고 찬양 하는 것을 보았다(출 15:14-16; 렘 10:7). '주님이시여, 누가 주님 자신을 두려워하지 않으며 주님을 영화롭게 하지 아니할 것입니까?'(시 86:9, 12; 렘 10:7; 말 1:11)라고 찬양하는 것을 본 것이다. 오늘 우리도 모두 주님을 두려워하고 주님께만 영광 돌려야 함을 알자!

그리고 승리자들은 "오직 주만 거룩하시니이다"고 찬양한다. 즉 '오직 주님만 피조물과 완전히 구별되신 분이심으로 주님께서 행하시는 심판이 빈틈없이 바르시니이다'라고 찬양한다(삼상 2:2; 시 99:3; 시 111:9). 주님은 피조물이 아니고 창조자이신 고로 주님께서 심판하시는 일들이 아주 옳다는 뜻이다.

그리고 성도들은 "주의 의로우신 일이 나타났으매 만국이 와서 주께 경배 하리이다"라고 찬양한다(사 66:22). 즉 '주님께서 심판하신 바른 일들이 나타났기에(시 98:2) 만국 백성이 와서 주님 앞에 경배 하리이다'(시 86:9)라고 찬양한다. 이 세상의 성도들도 하나님께서 행하시는 심판들을 보면 볼수록 하나님 앞에 와서 경배하는 것의 지당함을 알게 될 것이다.

**계 15:5. 또 이 일 후에 내가 보니 하늘에 증거 장막의 성전이 열리며**(Καὶ μετὰ ταῦτα εἶδον, καὶ ἠνοίγη ὁ ναὸς τῆς σκηνῆς τοῦ μαρτυρίου ἐν τῷ οὐρανῷ).

짐승과 그의 우상과 그의 이름의 수를 이기고 벗어난 자들이 하나님을 찬양하는 것을 본 요한은 곧 이어 "하늘에 증거 장막의 성전이 열리는" 것을 본다(11:19). "하늘에 증거 장막의 성전이 열렸다"[91]는 말은 '언약궤가 들어있는 성전 즉 하늘의 지성소(11:19 주해 참조)가 열렸다는 뜻으로 하나님의 구원계획이 실현될 것을 상징한다. 언약궤가 들어있는 성전이 열린 것은 하나님의 언약이 이제 막 이루어질 것을 뜻한다. 일곱 천사가 일곱 대접 재앙을 쏟아서 하나님의 언약이 이루어질 것을 시사하고 있다.

**계 15:6. 일곱 재앙을 가진 일곱 천사가 성전으로부터 나와 맑고 빛난 세마포**

---

91) "증거 장막의 성전"이란 말은 오직 이곳에서만 발견되는 단어이다(출 40:34과 계 11:19을 비교할 것). 이 말은 구약에서 "회막"(the tent of meeting)으로 불렸는데 이곳에서 "증거의 장막"으로 번역했다. 이는 요한이 다시 한 번 더 우리로 하여금 광야의 회막을 회상케 하려고 시도한 것으로 보인다.

**옷을 입고 가슴에 금띠를 띠고**(καὶ ἐξῆλθον οἱ ἑπτὰ ἄγγελοι ((οἱ)) ἔχοντες τὰς ἑπτὰ πληγὰς ἐκ τοῦ ναοῦ ἐνδεδυμένοι λίνον καθαρὸν λαμπρὸν καὶ περιεζωσμένοι περὶ τὰ στήθη ζώνας χρυσᾶς).

요한은 "일곱 재앙을 가진 일곱 천사가 성전으로부터 나오는 것"을 보았다(1절). "일곱 재앙을 가진 일곱 천사가 성전으로부터 나오는 것"은 하나님의 언약을 실현하기 위함이다. 여기 "성전"(ναου)이란 '지성소'를 가리킨다. 다시 말해 하나님께서 계신 곳을 지칭한다. 요한은 일곱 천사가 "맑고 빛난 세마포 옷을 입고 가슴에 금띠를 띠고" 있는 것을 보았다. "맑고 빛난 세마포 옷을 입고"(1:13; 출 28:6, 8; 겔 44:17-18) 있는 것을 본 것은 하나님의 심판을 실현할 일곱 천사들은 지극히 성결한 존재임을 가리킨다. 하나님의 심판을 대행하는 존재라면 성결한 자여야 함을 드러낸다. 그리고 천사들이 "가슴에 금띠를 띠고" 있는 것은 왕적인 위엄을 가지고 있음을 보여준 것이다(1:13 주해 참조). 하나님의 심판을 대행할 존재는 왕적인 즉 존귀한 존재라는 것을 보여준 것이었다. 하나님은 거룩하신 분이시고 또 존귀하신 분으로 심판을 행하시며 또 천사들에게도 그런 위엄을 주셔서 심판을 대행하게 하셨다.

**계 15:7. 네 생물 중의 하나가 영원토록 살아 계신 하나님의 진노를 가득히 담은 금 대접 일곱을 그 일곱 천사들에게 주니**(καὶ ἓν ἐκ τῶν τεσσάρων ζῴων ἔδωκεν τοῖς ἑπτὰ ἀγγέλοις ἑπτὰ φιάλας χρυσᾶς γεμούσας τοῦ θυμοῦ τοῦ θεοῦ τοῦ ζῶντος εἰς τοὺς αἰῶνας τῶν αἰώνων, And one of the four beasts gave unto the seven angels seven golden vials full of the wrath of God, who liveth for ever and ever-KJV).

일곱 재앙을 가진 일곱 천사가 성전으로부터 나온(앞 절) 후 요한은 "네 생물 중의 하나가 영원토록 살아 계신 하나님의 진노를 가득히 담은 금 대접 일곱을 그 일곱 천사들에게 준 것"을 보았다(4:9; 10:6; 살전 1:9). 여기 "네 생물 중의 하나"는 '하나님의 보좌 가까이에 있는 중요한 영물

중의 하나'(4:6 주해 참조)로 그는 영원히 살아 계신 하나님의 진노를 가득히
담은 금 대접 일곱을 그 일곱 천사들에게 준 것이다. 하나님 가까이에서
하나님께 봉사하고 찬양을 부르는 영물이 하나님의 진노를 가득히 담은
금 대접 일곱을 천사들에게 전해준 것을 보면 그는 하나님의 재가를 받아
전해준 것이 틀림없다. 하나님의 진노를 가득히 담은 금 대접은(5:8 주해
참조) 성도들의 기도에 의해서 쏟아지는 진노로 보인다. 하나님은 성도들의
기도를 아주 귀중하게 보신다(마 7:7-8; 막 9:29).

**계 15:8. 하나님의 영광과 능력으로 말미암아 성전에 연기가 가득 차매
일곱 천사의 일곱 재앙이 마치기까지는 성전에 능히 들어갈 자가 없더라**(καὶ
ἐγεμίσθη ὁ ναὸς καπνοῦ ἐκ τῆς δόξης τοῦ θεοῦ καὶ ἐκ τῆς δυνάμεως
αὐτοῦ, καὶ οὐδεὶς ἐδύνατο εἰσελθεῖν εἰς τὸν ναὸν ἄχρι τελεσθῶσιν
αἱ ἑπτὰ πληγαὶ τῶν ἑπτὰ ἀγγέλων, And the temple was filled with
smoke from the glory of God, and from his power; and no man was
able to enter into the temple, till the seven plagues of the seven angels
were fulfilled-KJV).

　네 생물 중의 하나가 금 대접 일곱을 그 일곱 천사들에게 준 결과 요한은
"하나님의 영광과 능력으로 말미암아 성전에 연기가 가득 찼다"(출 40:34;
왕상 8:10-11; 대하 5:13-14; 사 6:4; 겔 5:4; 10:4; 44:4; 살후 1:9)고 말한다.
즉 '하나님의 성전은 하나님의 영광과 능력으로부터 나오는 연기로 가득
차 있었다'는 것이다. 이미 심판이 실현되고 있었으니 하나님의 영광이
나타난 것이고 하나님의 능력이 나타난 것이기에 성전은 연기로 가득 찬
것이었다. 이 연기는 하나님의 영광과 능력의 상징이다.

　그래서 "일곱 천사의 일곱 재앙이 마치기까지는 성전에 능히 들어갈
자가 없었다"고 한다. 즉 '일곱 천사의 일곱 재앙이 마치기까지는 아무도
하나님 앞에 들어가 하나님의 진노를 중단시킬 자도 없으며 또 기도하여
그 재앙을 중지시킬 자도 없었다는 뜻이다. 따라서 오늘 우리는 전혀 기도할

수 없는 때가 올 것을 대비하여 기도할 수 있을 때에 죽음을 각오하고
기도해야 할 것이다.

## 제 16 장

B. 첫째 대접  16:1-2

일곱 천사들이 땅에 대접 재앙을 쏟기 시작하니 곧 일곱 재앙이 땅에 줄곧 쏟아진다. 인(the seals) 재앙이나 나팔 재앙에 있어서는 여섯 번째와 일곱 번째의 사이에 막간이 있었으나 대접 재앙에 있어서는 여섯 번째와 일곱 번째 사이의 막간은 두드러지게 나타나지 않는다.

대접 재앙들이 쏟아진 것과 애굽에 내려진 재앙과는 분명한 유사점이 존재하는 반면 차이점도 있는 것은 사실이다. 그 차이점을 살펴보면 애굽에 내린 첫 번의 다섯 가지 재앙이나, 나팔 재앙의 첫 네 가지 재앙은 인간에게 직접 신체상의 고통을 주지 않은 반면에 대접 재앙은 가장 기본적인 생활순환계에 치명적인 타격을 가했다. 다시 말해 나팔 재앙 중 첫 네 가지 재앙들은 단지 땅과 바다와 물 샘, 그리고 하늘의 빛에 대해 3분의 1의 영향을 준 반면에 일곱 가지 대접 재앙의 설명 속에는 그러한 제한이 없다. 그것은 대접 재앙은 일시적, 부분적 재앙이 아니라 최종적인 형벌이기 때문이다.

대접 재앙은 인(印) 재앙이나 나팔 재앙과 많이 다르다. 이유는 대접 재앙은 그 최종성(궁극성) 때문이다. 다른 재앙들은 국지적으로 내리거나(애굽 등) 혹은 땅의 3분의 1에 주어졌지만 대접 재앙은 세계적이고 우주적으로 내린다. 하나님은 우리에게 악에 대한 하나님의 전면적 심판을 보여주고 계신다. 이 대접 재앙의 특징은 이 외에도 또 있다. 그것은 악인들이 하나님으로부터 심판을 받으면서 마땅히 회개했어야 했는데 회개는 하지 아니하고 그들의 사악한 길에서 더욱 악하게 대적함으로 반발하고 있다는 것이다(9, 11, 21절). 이런 설명들은 하나님께서 인간들의 회개를 기다리신다는 것을 함축적으로 보여주신 것이다.

**계 16:1. 또 내가 들으니 성전에서 큰 음성이 나서 일곱 천사에게 말하되 너희는 가서 하나님의 진노의 일곱 대접을 땅에 쏟으라 하더라**(Καὶ ἤκου-σα μεγάλης φωνῆς ἐκ τοῦ ναοῦ λεγούσης τοῖς ἑπτὰ ἀγγέλοις, Ὑπάγετε καὶ ἐκχέετε τὰς ἑπτὰ φιάλας τοῦ θυμοῦ τοῦ θεοῦ εἰς τὴν γῆν).

금 대접 일곱이 일곱 천사들에게 들려진(15:1, 7) 다음 요한 사도가 "성전에서 들려오는 큰 음성"을 듣는다. 본문의 "큰 음성"(1:10주해 참조)은 아마도 하나님의 음성일 것이다(Charles, Walvoord, Leon Morris, 박윤선, 이상근). 왜냐하면 대접 재앙이 끝나기까지는 아무도 그 성전에 들어갈 수 없기 때문에(15:8) 이 음성을 하나님 음성 외의 다른 음성으로 볼 수 없기 때문이다.

성전으로부터 난 큰 음성은 금 대접을 손에 든 "일곱 천사에게 말하기를 너희는 가서 하나님의 진노의 일곱 대접을 땅에 쏟으라"는 것이었다(14:10; 15:7). 땅에 임하는 재앙은 우연한 것이 아니라 하나님의 뜻이었다. 오늘도 이 땅에 임하는 모든 재앙은 하나님으로부터 오는 것임을 알아야 한다. 본문의 "하나님의 진노의 일곱 대접"이란 '하나님의 진노가 담긴 일곱 대접'이란 뜻으로 땅에 쏟아야 할 진노인 것이다.

**계 16:2. 첫째 천사가 가서 그 대접을 땅에 쏟으매 짐승의 표를 받은 사람들과 그 우상에게 경배하는 자들에게 악하고 독한 종기가 나더라**(Καὶ ἀπῆλθεν ὁ πρῶτος καὶ ἐξέχεεν τὴν φιάλην αὐτοῦ εἰς τὴν γῆν, καὶ ἐγένετο ἕλκος κακὸν καὶ πονηρὸν ἐπὶ τοὺς ἀνθρώπους τοὺς ἔχοντας τὸ χάραγμα τοῦ θηρίου καὶ τοὺς προσκυνοῦντας τῇ εἰκόνι αὐτοῦ).

요한은 "첫째 천사가 가서 그 대접을 땅에 쏟는" 환상을 보았다(8:7). 처음 네 가지 대접 재앙은 처음 네 가지 나팔재앙과 동일한 대상에게 쏟아졌다. 그러나 처음 네 가지 대접 재앙이 짐승(적그리스도)에게 경배하는 사람들에게 내려진데 대해 처음 네 가지 나팔재앙은 짐승(적그리스도)이 지배하는 세계에 내려졌다.

요한은 첫째 천사가 "가서 그 대접을 땅에 쏟으매 짐승의 표를 받은 사람들과 그 우상에게 경배하는 자들에게 악하고 독한 종기가 나는" 환상을 보았다(13:14, 16-17; 출 9:9-11). 본문의 "천사가 가서"(ἀ-πῆλθεν)란 말은 부정(단순)과거 시제로 '아주 가고 돌아오지 않았다'는 것을 시사한다. 본문의 첫째 천사는 그 대접을 "땅"에 쏟았다. 둘째 천사는 그 대접을 바다에, 셋째 천사는 그 대접을 강과 샘에, 넷째 천사는 그 대접을 해에 쏟았다. 첫째 대접 재앙은 애굽에 내려진 여섯째 재앙과 동일하다(출 9:8-12). 첫째 천사가 그 대접을 땅에 쏟았을 때 그 피해는 "짐승의 표를 받은 사람들과 그 우상에게 경배하는 자들에게" 임했다. "짐승의 표를 받은 사람들과 그 우상에게 경배하는 자들"이란 '적그리스도의 표(13:17주해 참조)를 받은 자들과 짐승(적그리스도)을 잘 섬길 수 있도록 만들어 놓은 우상에게 경배하는 자들(13:14-15)'을 지칭하는데 두 부류는 똑같은 사람들이다. 요한은 그들에게 "악하고 독한 종기가" 나는 것을 보았다. 여기 "종기"는 출 9:10의 "종기"와 문자적으로 동일하다. 이 종기는 나병환자들에게 임했던 종기(레 13:18), 히스기야 왕에게 임했던 종기(왕하 20:7), 욥에게 났던 종기(욥 2:7)와 동일하다. 이런 종기는 하나님께서 쓰시는 징계의 방편이다(신 28:35). 본문의 "악하고 독한 종기"란 말은 '악성 종기'(painful ulcer)란 뜻이다. 하나님께서는 악성 종기가 날 사람들을 지목하셨다면 지목된 그 사람들에게 정확하게 악성 종기가 나게 하신다.

C. 둘째 대접   16:3

**계 16:3. 둘째 천사가 그 대접을 바다에 쏟으매 바다가 곧 죽은 자의 피 같이 되니 바다 가운데 모든 생물이 죽더라**(Καὶ ὁ δεύτερος ἐξέχεεν τὴν φιάλην αὐτοῦ εἰς τὴν θάλασσαν, καὶ ἐγένετο αἷμα ὡς νεκροῦ, καὶ πᾶσα ψυχὴ ζωῆς ἀπέθανεν τὰ ἐν τῇ θαλάσσῃ).

요한은 "둘째 천사가 그 대접을 바다에 쏟는" 환상을 보았다(8:8). 둘째 나팔 재앙도 바다에 쏟았는데(8:8-9) 본문의 둘째 대접 재앙도 역시 "바다"에 쏟았다. 그러나 둘째 나팔 재앙 때는 바다 생물의 3분의 1이 죽었으나 본문의 경우 바다 생물이 전멸한다. 본문의 대접 재앙은 애굽에 내렸던 첫 재앙(출 7:17-21)과 동일하다.

요한은 둘째 대접 재앙이 바다에 쏟아진 것을 보았는데 그 결과 그 "바다가 곧 죽은 자의 피 같이 되니 바다 가운데 모든 생물이 죽는" 것을 보았다(출 7:17, 20). "바다가 죽은 자의 피 같이 되었다"는 것도 하나의 환상에 의해서 본 것이고 또 "바다 가운데 모든 생물이 죽는"(8:9) 것도 역시 하나의 환상 중에 본 것이다. 이 환상은 종국에 될 일에 대한 환상이지만 그러나 실제 그대로 발생할 것으로 알아야 할 것이다. 바다의 살아 있는 모든 생명이 죽는다니 말이다. 본문의 "죽은 자의 피같이 되었다"는 말은 그냥 피 같이 되었다는 말과는 다르다. 이것은 붉은 피를 가리키는 것이 아니라 '죽은 자로부터 나오는 검은 피, 썩은 피'를 지칭한다. 바다 물이 썩으면 자연적으로 모든 생물이 죽을 것은 당연하다. 이것은 인류의 종국에 바다 가운데 있는 모든 생물이 다 죽게 될 것을 밝히 드러낸다.

### D. 셋째 대접   16:4-7

**계 16:4. 셋째 천사가 그 대접을 강과 물 근원에 쏟으매 피가 되더라**(Καὶ ὁ τρίτος ἐξέχεεν τὴν φιάλην αὐτοῦ εἰς τοὺς ποταμοὺς καὶ τὰς πηγὰς τῶν ὑδάτων, καὶ ἐγένετο αἷμα).

요한은 "셋째 천사가 그 대접을 강과 물 근원에 쏟으매 피가 되는" 것을 보았다(8:10). "강과 물 근원에 쏟았다"는 말은 '강과 샘에 쏟았다'는 뜻이다. 셋째 나팔 재앙 때는 물 3분의 1이 쑥이 되었으나(8:10-11), 셋째 대접 재앙이 강과 샘에 쏟아지니 모든 물이 "피가 되었다"는 것이다(출 7:20). 결국 사람들은 물을 마시지 못하여 모두 죽고 말 것이다. 오늘날 물이 많아도 지역에 따라 어떤 사람들은 물을 구하지 못하여 힘들어 하고 있다. 그런데 지구상에 마실 물이 없게 된다면 양식이 없는 것보다 더 심각한 문제가 발생한다. 모든 생물이 죽게 될 일만 남았다는 의미이다. 오늘 우리는 물을 마시면서 감사해야 할 것이다.

**계 16:5.** **내가 들으니 물을 차지한 천사가 이르되 전에도 계셨고 지금도 계신 거룩하신 이여 이렇게 심판하시니 의로우시도다**(καὶ ἤκουσα τοῦ ἀγ-γέλου τῶν ὑδάτων λέγοντος, Δίκαιος εἶ, ὁ ὢν καὶ ὁ ἦν, ὁ ὅσιος, ὅτι ταῦτα ἔκρινας).

모든 물이 피가 된(앞 절) 후 요한이 들으니 "물을 차지한 천사가 이르되 전에도 계셨고 지금도 계신 거룩하신 이여 이렇게 심판하시니 의로우시도 다"라고 찬양한다. "물을 차지한 천사"란 '물을 관리하는 천사'를 이름이 다.[92] 물을 관리하는 천사가 찬양 하는 중에 하나님을 묘사하기를 "전에도 계셨고 지금도 계신 거룩하신 이"라고 말한다(1:4, 8; 4:8; 11:17). 하나님은 전에도 계셨고 지금도 계신 분이신데 '장차 오실 이'란 말을 빼고 하나님을 묘사한다. 요한이 본 이 환상은 세계의 종말에 진행될 일인고로 하나님께서 이미 오신 시점이기에 '장차 오실 이'라는 말을 뺀 것이다. 요한은 하나님께서 전에도 계셔서 우주를 창조하셨고 또 지금도 계셔서 우주를 주장하시는 분이라고 말한다. 그리고 요한은 그 하나님을 "거룩하신 이"라고 말한다(15:4 주해 참조). '피조물과는 완전히 구별되신, 성결하신 분으로 심판하시 기에 합당하신 분'이라는 뜻이다. 천사는 하나님께서 강과 물 근원에 대접 재앙을 쏟으시는 것을 보고 "이렇게 심판하시니 의로우시다"고 찬양한다(15:3). 적그리스도를 경배하는 자들에게 물을 못 마시도록 하나님께서 심판

---

92) 성경에는 바람을 주장하는 천사도 있고(7:1), 불을 다스리는 천사도 있음을 말한다(14:18).

하시는 것이 아주 옳다는 것이다. 이런 찬양은 물을 관리하는 천사만이 할 수 있는 찬양이다. 사실 하나님의 심판은 그 무엇이든지 모두 의로우시다. 그러므로 우리는 하나님께서 행하시는 모든 심판을 보고 하나님의 의로우심을 찬양해야 할 것이다.

**계 16:6. 그들이 성도들과 선지자들의 피를 흘렸으므로 그들에게 피를 마시게 하신 것이 합당하니이다 하더라**(ὅτι αἷμα ἁγίων καὶ προφητῶν ἐξέχεαν καὶ αἷμα αὐτοῖς ((δ))έδωκας πιεῖν, ἄξιοί εἰσιν, For men have shed the blood of saints and prophets, and thou hast given them blood to drink. It is their due!-RSV).

천사는 하나님께서 적그리스도 숭배자들로 하여금 물을 마시지 못하게 하신 심판(앞 절)이 옳은 이유를 본 절에서 진술한다. 즉 못 마시게 해야 할 이유는 "그들이 성도들과 선지자들의 피를 흘렸으므로 그들에게 피를 마시게 하신 것이 합당하시다"는 것이다(3:15; 11:18; 18:20; 사 49:26; 마 23:34-35). '적그리스도 숭배자들(2절)이 성도들과 선지자들의 피를 흘렸으므로 하나님께서 그들에게 피를 마시게 하신 것은 아주 합당하시다'는 것이다. 다시 말해 그들은 성도들과 선지자들의 피를 흘리는 것을 아주 즐겼으므로 하나님께서 그들에게 피를 마시도록 만드신 것은 아주 당연하다는 찬양이다. 구약에도 죄를 지은 사람들에게 죄로 갚는 것은 아주 당연한 것으로 말씀한다(시 18:24-27; 79:3). 우리를 박해한 사람들에 대해 우리는 용서해야 하나 최후에 가서 하나님께서 그들을 심판하시는 것에 대해서는 아주 당연한 것으로 우리는 찬양해야 할 것이다.

**계 16:7. 또 내가 들으니 제단이 말하기를 그러하다 주 하나님 곧 전능하신 이시여 심판하시는 것이 참되시고 의로우시도다 하더라**(καὶ ἤκουσα τοῦ θυσιαστηρίου λέγοντος, Ναί κύριε ὁ θεὸς ὁ παντοκράτωρ, ἀληθιναὶ καὶ δίκαιαι αἱ κρίσεις σου).

물을 관리하는 천사가 하나님의 심판을 찬양한 다음 요한 사도에게
들린 소리가 또 하나 있었으니 그것은 "제단이 말하기를 그러하다 주 하나님
곧 전능하신 이시여 심판하시는 것이 참되시고 의로우시도다'라는 찬양이었
다(13:10; 14:10; 15:3; 19:2). 여기 "제단"은 순교자들이 하나님께 신원하여
주시기를 기도하던 곳(6:9-10; 8:3 주해 참조)인데 이제 그 제단은 의인화
되어 "그렇습니다 주 하나님 곧 전능하신 이시여 심판하시는 것이 참되시고
의로우시도다"라고 찬양한다. 즉 제단은 '천사들의 찬양은 바른 것입니다.
주 하나님 전능하신 이시여. 하나님께서 적그리스도 숭배자들을 심판하시는
것이 아주 참되시고 의로우시다'고 찬양한다. 여기 "아주 참되시고 의로우시
다"(ἀληθιναὶ καὶ δίκαιαι)는 말은 '하나님은 아주 신실하셔서 약속하신
대로 심판을 실행하셨다는 뜻이고 또 하나님의 심판은 누가 보아도 책잡을만
한 것이 없는 바른 심판이라는 뜻이다. 하나님께서 하시는 심판은 언제나
신실하시고 또 바르시다는 것이다. 따라서 우리는 하나님께 대해 불평할
아무것도 발견하지 못한다.

E. 넷째 대접   16:8-9

**계 16:8. 넷째 천사가 그 대접을 해에 쏟으매 해가 권세를 받아 불로 사람들
을 태우니**(Καὶ ὁ τέταρτος ἐξέχεεν τὴν φιάλην αὐτοῦ ἐπὶ τὸν ἥλιον,
καὶ ἐδόθη αὐτῷ καυματίσαι τοὺς ἀνθρώπους ἐν πυρί, The fourth angel
poured his bowl on the sun, and it was allowed to scorch men with
fire-RSV).

요한은 "넷째 천사가 그 대접을 해에 쏟으매 해가 권세를 받아 불로
사람들을 태우는" 환상을 보았다(8:12; 9:17, 18; 14:18). 넷째 대접 재앙은
넷째 나팔 재앙과 그 대상은 같으나 그 결과는 정 반대이다. 넷째 나팔
재앙 때에는 해의 3분의 1이 어두워졌었는데, 대접 재앙에서는 도리어
해가 더 뜨거워져서 사람들을 태운다는 것이다. 본문의 "해가 권세를 받아
불로 사람들을 태웠다"(ἐδόθη αὐτῷ καυματίσαι τοὺς ἀνθρώπους ἐν πυ-

ρι)는 말은 '해가 바짝 더 뜨거워져서 사람들을 불로 태웠다'는 뜻이다. 하나님께서는 태양을 그의 뜻대로 주장하신다. 본문의 "사람들"(τοὺς ἀνθρώπους)이란 말은 '그 사람들'(정관사가 있음)이란 말로 16:2의 사람들 즉 적그리스도 숭배자들을 가리킨다. 사람들은 태양의 열기로 인해 견딜 수 없이 된다.

**계 16:9. 사람들이 크게 태움에 태워진지라 이 재앙들을 행하는 권세를 가지신 하나님의 이름을 비방하며 또 회개하지 아니하고 주께 영광을 돌리지 아니하더라**(καὶ ἐκαυματίσθησαν οἱ ἄνθρωποι καῦμα μέγα καὶ ἐ-βλασφήμησαν τὸ ὄνομα τοῦ θεοῦ τοῦ ἔχοντος τὴν ἐξουσίαν ἐπὶ τὰς πληγὰς ταύτας καὶ οὐ μετενόησαν δοῦναι αὐτῷ δόξαν).

요한은 본 절에서 태양이 더 뜨거워진(앞 절) 결과와 성도 박해자들의 반응에 대해 언급한다. 첫째, 태양이 더 뜨거워진(앞 절) 결과는 "사람들이 크게 태움에 태워졌다"는 것이다. 태양열이 더 심하니 사람들이 그 강한 열에 화상을 입었다. 그러나 그들은 그렇다고 금방 죽지는 않았다. 더 견디기 힘든 상태가 된 것이다.

둘째, 성도 박해자들(불신자들)은 "이 재앙들을 행하는 권세를 가지신 하나님의 이름을 비방하며 또 회개하지 아니하고 주께 영광을 돌리지 아니했다"는 것이다(11절, 21절; 9:20; 11:13; 14:7; 단 5:22-23). 적그리스도를 숭배하며 또 그 우상에게 경배하는 사람들은 이런 여러 재앙들을 행하시는 무한한 권세를 가지신 하나님 자신("이름"이란 말은 그 이름을 가진 분 자신을 뜻한다)을 저주만 했고, 회개하지는 않았으며 따라서 하나님께 영광을 돌리지 않았다는 것이다. 요한은 하나님의 계시로 인류 끝까지 다 본 것이다. 종말의 인간들이 어떻게 될 것을 일찍이 환상으로 다 보아서 우리에게 전해주니 우리는 참으로 회개하고 하나님께 무한한 영광을 돌리며 살아야 할 것이다.

요한은 본 절 말씀에서 불신자들이 하나님으로부터 모든 재앙들을 받으

면서 하나님을 저주하는 것이 아니라 하나님께로 돌아와 마땅히 찬양받기에
합당하신 하나님의 위대하심을 찬양하기를 바랐는데 실제로 그들은 그렇게
하지 않았다. 요한 사도는 그것을 매우 크게 유감으로 여겼다. 믿지 않는
사람들은 어려움을 당할 때 더 강퍅해져서 하나님을 비방(저주)하고 회개하
지 않으며 영광을 돌리지 않는 것이 특징이다. 그러나 성도들은 큰 어려움에
놓이게 되면 금방 하나님께로 돌아가며 그런 어려움을 주신 하나님께 영광을
돌린다. 영광을 돌리는 것은 어려움을 주셔서 우리의 죄를 깨닫게 하시기
때문이다.

### F. 다섯째 대접   16:10-11

**계 16:10. 또 다섯째 천사가 그 대접을 짐승의 왕좌에 쏟으니 그 나라가
곧 어두워지며 사람들이 아파서 자기 혀를 깨물고**(Καὶ ὁ πέμπτος ἐ-
ξέχεεν τὴν φιάλην αὐτοῦ ἐπὶ τὸν θρόνον τοῦ θηρίου, καὶ ἐγένετο
ἡ βασιλεία αὐτοῦ ἐσκοτωμένη, καὶ ἐμασῶντο τὰς γλώσσας αὐτῶν
ἐκ τοῦ πόνου).

요한은 "다섯째 천사가 그 대접을 짐승의 왕좌에 쏟는" 환상을 보았다
(13:2). "짐승의 왕좌"란 '적그리스도의 보좌'란 뜻으로 '적그리스도가 앉아
있는 자리'를 지칭한다. 적그리스도가 앉아 있는 자리가 바로 적그리스도의
"나라"이다. 적그리스도의 나라는 그를 따르는 무수한 사람들로 구성되어
있다. 이는 마치 옛날 로마의 황제들(적그리스도의 모형들)에게 국민들이
가지고 있었던 것과 같다.

요한은 다섯째 천사가 그 대접을 짐승(적그리스도)의 왕좌 위에 쏟으니
적그리스도의 나라가 "곧 어두워지며 사람들이 아파서 자기 혀를 깨물었다"
고 말한다(9:2). "곧 어두워졌다"(ἐσκοτωμένη)는 말은 현재완료 수동태
분사로 '이미 어두워진 것이 없어지지 아니하고 계속해서 어둔 상태로 있는
것'을 지칭한다. 그렇다면 이 어두움이 무엇을 의미하느냐 하는 것인데,

 1) 적그리스도의 나라가 정치, 경제, 사회적으로 암울한 상태로 되었다는

뜻이라고 한다. 이 견해는 틀린 견해는 아닌 것으로 보이나 우리가 채택하기
는 좀 어려운 것으로 보인다. 이유는 적그리스도의 나라가 정치, 경제, 사회적
으로 암울해진 것은 이미 과거부터 된 것으로 보아야 할 것이지 꼭 하나님의
진노를 받은 즉시 이루어진 결과는 아니기 때문이다. 하나님을 대적하는
나라는 대적하는 순간부터 어두워지기 시작하는 것이 아닌가.

2) 문자적으로 어두워진 것을 의미한다고 보는 견해가 있다(9:1-3 주해
참조; 출 10:21-23). 가능한 견해이다.

3) 적그리스도의 나라의 활동과 기능이 하나님의 특별한 간섭으로 마비
된 것을 의미한다고 보는 견해. 이 세 개의 견해는 모두 받을 수 있는 견해이
나 그 중 3번의 견해가 가장 타당해 보인다. 오늘도 하나님을 대적하는
나라는 하나님의 특별 섭리로 나라의 활동과 기능이 갑자기 마비되는 것을
보게 된다.

다섯 번째 나팔 재앙 때는 무저갱에서 올라오는 연기로 인해 해와 공기가
어두워지고 그 연기 가운데서 황충이 나타났다고 말했는데, 본 절에서는
적그리스도의 나라가 어두워지며 적그리스도를 경배하는 사람들은 고통을
받게 된다고 언급한다(9:1-3).

요한은 그 적그리스도의 나라가 어두워져서 "사람들이 아파서 자기 혀를
깨물었다"고 말한다(11:10). 여기 "깨물었다"(ἐμασῶντο)는 말은 미완료과
거 시제로 '계속해서 씹고 있다,' '계속해서 깨물고 있다'는 뜻으로 땅이
어두워지면 문자적으로도 사람들에게 고통을 주어 자기의 혀를 계속해서
깨물게 된다는 것이다. 사람이 고통에 사로잡히면 이를 갈거나 아니면 혀를
깨물게 된다. 우리는 우리의 심령과 가정으로부터 어두움을 몰아내고 항상
그리스도를 모신 삶, 밝고 기쁜 삶을 살아야 할 것이다.

**계 16:11. 아픈 것과 종기로 말미암아 하늘의 하나님을 비방하고 그들의
행위를 회개하지 아니하더라**(καὶ ἐβλασφήμησαν τὸν θεὸν τοῦ οὐρανοῦ
ἐκ τῶν πόνων αὐτῶν καὶ ἐκ τῶν ἑλκῶν αὐτῶν καὶ οὐ μετενόησαν ἐκ

τῶν ἔργων αὐτῶν, And blasphemed the God of heaven because of their pains and their sores, and repented not of their deeds-KJV).

요한은 다섯째 천사가 대접을 적그리스도의 나라에 부었을 때 그 나라 사람들은 "아픈 것들과 종기들로 말미암아 하늘의 하나님을 비방하고 그들의 행위를 회개하지 아니한" 환상을 보았다고 말한다(2절, 9절, 21절). 하나님을 대적하고 선지자들과 성도들을 박해하던 적그리스도 국가의 국민들은 갑작스런 어둠의 재앙을 만나 아픈 것이 생겼고 또 첫째 천사가 던진 대접(2절)으로 말미암아 생겨난 종기로 말미암아 하늘의 하나님을 저주하고 그들의 행위를 회개하지 아니했다. 요한은 본 절에서 하나님의 심정을 보여준다. 악한 자들은 여러 가지 재앙을 만나 죽을 지경이 되었으면 이제는 하나님께로 돌아올 법도 한데 하나님께로 돌아오지 않고 오히려 찬송받으실 하나님을 향하여 욕을 퍼붓고 회개할 생각은 전혀 하지 않았다. 이것이 인간의 강퍅함이다. 사람들은 대부분 극악한 환경을 만나서도 왜 그런 어려운 환경이 닥쳤는지 생각하지 않고 그냥 그 어둠 속에서 살아간다.

### G. 여섯째 대접   16:12-16

적그리스도를 숭배하며 또 그 우상에게 경배하는 사람들(9절, 11절)은 여러 재앙들을 행하시는 무한한 권세를 가지신 하나님 자신을 저주만 했고, 회개하지는 않았기에 여섯째 재앙과 일곱째 재앙을 불러온다. 요한은 첫째 천사부터 다섯째 천사가 대접들을 쏟은 것과는 달리 여섯째 천사가 대접을 큰 유브라데 강에 쏟은 결과에 대해 더욱 길게 말하고 있는데 그것은 사람들로 하여금 종말을 대비하라는 뜻이다. 이 부분의 환상은 종말을 예고하는 의미로 주어졌다고만 보아서는 안 되고 그러한 종말을 대비하라는 의미임을 깨달아야 한다.

**계 16:12.** 또 여섯째 천사가 그 대접을 큰 강 유브라데에 쏟으매 강물이 말라서 동방에서 오는 왕들의 길이 예비 되었더라(Καὶ ὁ ἕκτος ἐξέχεεν

τὴν φιάλην αὐτοῦ ἐπὶ τὸν ποταμὸν τὸν μέγαν τὸν Εὐφράτην, καὶ ἐξη-
ράνθη τὸ ὕδωρ αὐτοῦ, ἵνα ἑτοιμασθῇ ἡ ὁδὸς τῶν βασιλέων τῶν ἀπὸ
ἀνατολῆς ἡλίου).

요한은 "여섯째 천사가 그 대접을 큰 강 유브라데에 쏟는" 환상을 보았다
(9:14). "유브라데"[93]는 "큰 강"이란 낱말이 그 앞에 붙은 대로 대단히
꽤 큰 강으로 통한다. 이 강변에서 고대의 왕국들이 패권을 다투어 흥망성쇠
(興亡盛衰)를 거듭했다. 신약 시대에도 이 강변에서는 큰 전쟁들이 있었다.
로마와 동방의 팔티아 간에 여러 차례 전쟁이 있었다.

유브라데 강은 이스라엘의 이상적인 국경이었다(창 15:18). 그런데 여섯
째 천사가 그 대접을 큰 강 유브라데 위에 쏟은 결과 "강물이 말라서 동방에

---

93) "유브라데"(Euphrates): 창 2:14; 15:18; 신 1:7; 11:24; 수 1:4; 대하 35:20; 렘 51:63. 서아시아
의 큰 강의 하나. 메소보다미아의 2대강 중의 하나이기도 하다. 히브리어의 '페라트'는 아카더어
(語)의 푸라투(Purattu)의 음사인데, 원래는 슈메르어 부라누누(Burannu 커다란 강)에서 파생된
명칭이다. 이것의 고대 페르샤 명칭 우프라-투(ufratu)에서 그리스 명칭 유프라테스가 유래하고,
오늘 일반적으로 에우프라테스, 혹은 유프라테스로 부르는 이름이 생겨나게 되었다. 같은 이름
이 이 강 외에도, 한 곳에 더 있다. 창세기를 비롯한 구약에 나오는 대개의 유브라데 강은,
서아시아에 있어서의 최대의 강으로, 티그리스강과 병칭되고, 메소보다미아의 문화발전에 중요
한 역할을 한 강으로서 유명하다. 미 표준 개역(RSV)은 창세기36:37의 에돔에 있던 강에는
관사 the를 붙여 the Euphrates로 역하고 있다. 어떤 곳에는 형용사를 더하여 [큰 강 유브라데
hannahar haggadol]라고 한 곳도 있다(창 15:18; 신 1:7; 11:24; 수 1:4). 유브라데강은 에덴동산의
네 강의 하나로 알려지는데(창 2:14). 이스라엘에게 약속된 땅의 북쪽지경에 해당되며(창 15:18;
신 1:7; 11:24; 수 1:4), 다윗과 솔로몬왕국 황금기에는 그 영역이 이 유브라데 강까지 뻗쳐
있었다(삼하 8:3; 10:16; 왕상 4:24). 유브라데 강은 옆에 흐르는 티그리스와 마찬가지로, 그
수원(水源)을 표고 1,830-1,980m의 아르메니아(성경에는 아라랏, 아시아 서부의 산악국) 산악지
대에서 발하고 있다. 이것은 북동에서 흐르는 무라드강(Murad-su)과 북방에서 흐르는 카라강
(Ka-ra-su, 또는 Frat)과 합류하고 있다. 이 합류점은 케반부락(Keban Maden, 標高600m)인데
거기서 유브라데 본류로 된다. 거기서 남류하고, 굽이쳐 꺾이면서 타우르스 산맥(Taurus Mt.
터키어 Toros Dagralri)을 횡단, 지중해 가까이 80km 지역까지 서쪽으로 크게 돌고(detour),
거기서 남동으로 옮겨, 메소보다미아 평원을 관통해(flowing through), 부세이레(Buseire) 부근에
서 북으로 흐르는 카부르강(R. Khabur)을 받아 수량을 더하고, 평원을 남동으로 흘러, 바그다드
(이락왕국의 수도)의 서쪽 30km 부근에서 티그리스 강에 아주 가까이 접근, 다시 이것과 떠나
남동으로 흐르고, 오늘에는 알 쿠르나(al-Qurna)에서 티그리스와 합류_ 그 하류 160km는 샤트
엘 아랍(Shatt el-'Arab)강이 되어, 페르샤만에 흘러 들어가고 있다. 이 합류한 강은 수심 9m이고
3,000t 까지의 기선의 항행이 가능하다. 유브라데 강의 전장은 2,850km이고, 티그리스강(1,850m)
보다도 긴데, 수량은 티그리스(타이그리스 Tigris)강보다 못하다. 이 유브라데강 제방위에 대도
시 바벨론이 있었고, 헷 사람의 수도 카르케미시(Karkemish)가 있었다(이 카르케미시는 여러
가지 전쟁, 특히 바로느고의 애굽군과 바벨론군과의 싸움터로 된 바 있었다-행 46:2).

서 오는 왕들의 길이 예비 되었다"는 것이다(사 41:2, 25). 이 재앙은 여섯째 나팔 재앙과 비슷한 점이 있다. 그러나 똑같은 재앙은 아니다. 여섯째 나팔 재앙 때는 유브라데에 결박되었던 네 천사를 놓아주라는 명령이 내렸고 그들은 마병대 2만 만(2억)을 동원하여 그 년, 월, 시에 사람 3분의 1을 죽이기로 예비했다고 말한다.

강물이 마른다는 것은 과거 이스라엘의 역사에서 종종 있었던 일이었다. 홍해가 마르게 된 일이 있었고(출 14:21-25), 요단강이 말랐던 일도 있었다 (수 3:13-17). 사 11:15; 슥 10:11 참조. 강물이 마르므로 "동방에서 오는 왕들의 길이 예비 되었다"는 것이 무엇을 의미하는 지에 대해 몇 가지 견해가 있다. 1) 동방의 왕들과 전 세계의 왕들 사이에 국가적인 전쟁이 일어날 것이라는 견해. 그러나 이런 전쟁이 있을 것이라는 암시는 본문에 전혀 없다. 2) 혹자들은 "동방으로부터 온 왕들"이란 표현은 '다시 태어난 네로'(Nero redivivus)의 지도하에 문명화된 세상을 침공하고 있는 팔디아인들을 가리킨다고 주장한다. 그러나 이런 견해도 순전한 추측일 뿐이다. 3) 이방의 무리가 전 세계의 왕들과 연합하여 메시아(메시아의 백성들)와 전쟁을 할 것이라는 견해(Philip E. Hughes, G. E. Ladd, Poythress,[94] 박윤선, 이상근). 이 견해가 가장 가능한 견해이다. 왜냐하면 종말론적인 "전능하신 하나님의 큰 날에 있을 전쟁"임이 분명하기 때문이다(14절). 그들은 어린 양과의 전쟁을 수행하는데 있어서 짐승과 규합한다는 것이다(17:14). 기독교는 인류역사 이후 지금까지 계속해서 사탄과 영적 전쟁을 해왔다. 그런데 그런 영적인 전쟁은 예수님의 재림을 앞두고 더욱 치열해질 것이다. 그

---

94) 포이추레스(Poythress)는 "여섯째 재앙은 마지막 전쟁, 곧 아마겟돈 전쟁을 위한 준비를 보여준다. 이 동일한 전쟁의 국면들은 이미 각각 다른 방식으로 묘사되었다. 왕들과 모든 종류의 백성들이 6:15에 함께 모이며, 9:14에서 유브라데 강 건너편에 군대가 소집되며, 11:7과 13:1-10에서 짐승이 성도들을 대항하여 싸운다. 이 환상에 대한 묘사가 17:13-14; 19:11-21; 20:7-10에 나온다...이 모든 것은 에스겔 38-39장에 나오는 곡과 마곡의 종말론적인 전쟁에 기초한다. 교회 시대 내내 하나님과 사탄의 세력들 사이에는 극렬한 대립이 있어왔으나(1:10, 13 참조) 가장 강력한 대립은 재림 때 있을 것이다"라고 주장한다(요한계시록 맥잡기, 유상섭 옮김, p. 177).

때에 적그리스도인들이 힘을 합쳐 그리스도와 그 백성들을 침공할 것이다. 진정 우리는 앞으로 큰 영전을 남겨놓고 있다. 가장 치열하고 강렬한 전쟁을 남겨놓고 지금 살아가고 있는 것이다.

**계 16:13. 또 내가 보매 개구리 같은 세 더러운 영이 용의 입과 짐승의 입과 거짓 선지자의 입에서 나오니**(Καὶ εἶδον ἐκ τοῦ στόματος τοῦ δράκοντος καὶ ἐκ τοῦ στόματος τοῦ θηρίου καὶ ἐκ τοῦ στόματος τοῦ ψευδοπροφήτου πνεύματα τρία ἀκάθαρτα ὡς βάτραχοι, And I saw three unclean spirits like frogs [come] out of the mouth of the dragon, and out of the mouth of the beast, and out of the mouth of the false prophet-KJV).

요한은 "개구리 같은 세 더러운 영이 용의 입과 짐승의 입과 거짓 선지자의 입에서 나오는" 환상을 보았다(12:3, 9; 19:20; 20:10; 요일 4:1-3). 즉 '개구리 같이 더러운 세 영이 용의 입에서 나오는 것을 보았고 또 짐승의 입에서 나오는 것을 보았으며 선지자의 입에서 나오는 것을 보았다'고 한다. 용(사탄, 12:3)과 짐승(13:1)과 거짓 선지자(13:11)[95]는 사탄의 삼위일체이다. 이들은 묘하게 섞여서 성삼위일체를 흉내 내고 있다. 이들의 입에서는 아주 더러운 개구리 같은 영이 나온다. 개구리는 추한 모습을 하고 있어 악을 연상시킨다(출 8:6 참조). 개구리는 끊임없이 울음만 발한다. 개구리 같이 더러운 영들은 아합 왕을 부추기어 전쟁에 참여하도록 한 '거짓말 하는 영'과 같은 존재이다(왕상 22:21). 오늘날도 귀신들린 사람들이나 국가들은 그저 떠들기만 할뿐 무엇 하나 제대로 이루어놓지는 못한다. 그러므로 오늘을 사는 우리는 악신을 멀리 하고 성령의 충만함을 받아 귀한 성령의 열매들을 맺어야 할 것이다.

---

95) 땅에서 올라온 둘째 짐승이 거짓 선지자임이 본 절에서 밝혀진다.

계 **16:14.** 그들은 귀신의 영이라 이적을 행하여 온 천하 왕들에게 가서 하나님 곧 전능하신 이의 큰 날에 있을 전쟁을 위하여 그들을 모으더라(εἰσὶν γὰρ πνεύματα δαιμονίων ποιοῦντα σημεῖα, ἃ ἐκπορεύεται ἐπὶ τοὺς βασιλεῖς τῆς οἰκουμένης ὅλης συναγαγεῖν αὐτοὺς εἰς τὸν πόλεμον τῆς ἡμέρας τῆς μεγάλης τοῦ θεοῦ τοῦ παντοκράτορος, For they are the spirits of devils, working miracles, [which] go forth unto the kings of the earth and of the whole world, to gather them to the battle of that great day of God Almighty-KJV).

요한은 "그들은 귀신의 영이라"고 정의한다(딤전 4:1; 약 3:15). 다시 말해 용(사탄)의 입에서 나온 더러운 영, 짐승(적그리스도)의 입에서 나온 더러운 영, 거짓 선지자의 입에서 나온 더러운 영(앞 절)은 "귀신들의 영들이라"(they are the spirits of devils)는 것이다.

요한은 이 귀신들의 영들이 행하는 일을 소개한다. 즉 그들은 첫째, "이적을 행한다"는 것이다(13:13-14; 19:20; 살후 2:9). 그들은 짐승의 이적을 대행한다(13:13). 둘째, 귀신들은 "온 천하 왕들에게 가서 하나님 곧 전능하신 이의 큰 날에 있을 전쟁을 위하여 그들을 모으는" 일을 한다는 것이다(17:14; 19:19; 20:8; 눅 2:1). 그들 귀신들의 영들은 천하만국의 왕들에게 가서(우주적으로 사역한다) 전능하신 하나님의 큰 날(욜 2:11; 3:14; 고전 5:5; 빌 1:6)에 있을 전쟁을 위하여 왕들을 모으는 일들을 한다는 것이다. 그들은 왕들의 마음속에 들어가는 것은 아주 쉬운 일로 알고 무시로 드나든다. 그들은 종말을 당하여 성도들을 망하게 하려고 그리고 기독교를 말살하려고 세상의 왕들을 충동하여 합심하게 만든다. 귀신들은 지금도 여전히 세상 왕들을 주장하여 종들과 성도들을 대항할 마음을 가지게 하고 특별히 인류의 종말을 당하여 성도들을 박해하려고 왕들의 힘을 모으고 있다.

계 **16:15.** 보라 내가 도둑 같이 오리니 누구든지 깨어 자기 옷을 지켜

벌거벗고 다니지 아니하며 자기의 부끄러움을 보이지 아니하는 자는 복이
있도다('Ιδοὺ ἔρχομαι ὡς κλέπτης. μακάριος ὁ γρηγορῶν καὶ τηρῶν
τὰ ἱμάτια αὐτοῦ, ἵνα μὴ γυμνὸς περιπατῇ καὶ βλέπωσιν τὴν ἀσχημο-
σύνην αὐτοῦ, Behold, I come as a thief. Blessed [is] he that watcheth,
and keepeth his garments, lest he walk naked, and they see his
shame-KJV).

귀신들이 세상 왕들의 마음을 충동하여 종말에 성도들을 박해하고 전쟁
을 일으킬 터이지만 성도들은 전혀 염려할 것이 없다고 요한은 말한다.
이유는 예수님께서 오실 것이기 때문이다. 즉 "보라 내가 도둑 같이 오리니
누구든지 깨어 자기 옷을 지켜 벌거벗고 다니지 아니하며 자기의 부끄러움을
보이지 아니하는 자는 복이 있다"고 하신다. 예수님은 "보라"('Ιδου)라는
말씀과 동시에 중대한 사항을 말씀을 하신다. 즉 "내가 도둑 같이 오겠다"고
하신다(3:3; 마 24:43; 살전 5:2; 벧후 3:10). "도둑같이 오겠다"(3:3 주해
참조; 살전 5:2)는 말씀은 재림하실 날과 시간을 말씀하시지 않은 채 어느
날 갑자기 오신다는 뜻이다. 그러나 예수님께서는 자신이 오실 때가 가까웠
음을 우리로 하여금 짐작할 수 있도록 많은 징조를 말씀해주셨다.

예수님은 자신이 도둑같이 올 터이니 "누구든지 깨어 자기의 옷을 지키
는" 사람은 "복이 있다"고 말씀하신다(3:4, 18; 고후 5:3). "복이 있다"(1:3;
14:13; 16:15; 19:9; 20:6; 22:7, 14)는 말씀에 관해서는 1:3의 주해를 참조하
라. "깨어"라는 말씀은 '재림하시는 주님을 영접할 수 있을 만큼 영적으로
무장되어 있는 상태'를 말하는데 성도가 깨어있기 위해서는 기도함으로
가능한 것이다(마 26:41; 엡 6:18). 기도하지 않고는 어느 누구도 깨어 있을
수 없다. 그리고 "자기의 옷을 지킨다"는 말은 하나님께서 주신 칭의(稱義)의
옷을 더럽히지 않는 것을 뜻하며 예수 그리스도께서 전가(轉嫁)해주신 의
(義)를 더럽히지 않는 것을 뜻한다. 쉽게 말해 그리스도 신앙을 버리지 않는
것을 의미한다.

예수님은 성도들 각자가 자기의 옷을 지켜야 할 이유를 말씀하신다.

자기의 옷을 지켜야 "벌거벗고 다니지 아니하며 자기의 부끄러움을 보이지 아니하기" 때문이라는 것이다. 하나님께서 허락하시는 칭의의 옷, 예수님께 로부터 전가된 의(義)의 옷을 지키지 않으면 자연히 하나님 보시기에 벌거벗고 다니는 것이며 또 결국에 가서는 심판 받는 부끄러움에 들어가게 된다는 것이다. 그러니까 불신자들은 옷을 입지 않고 다니는 것이며 자기의 부끄러움을 항상 보이며 다니는 사람들이다. 그 부끄러움은 현세에서도 보이고 주님 재림하실 때 구원에 참여하지 못하니 보이는 것이다. 그러므로 우리는 항상 깨어 우리의 칭의의 옷을 입고 다녀야 할 것이다.

**계 16:16. 세 영이 히브리어로 아마겟돈이라 하는 곳으로 왕들을 모으더라**
(καὶ συνήγαγεν αὐτοὺς εἰς τὸν τόπον τὸν καλούμενον Ἑβραϊστὶ Ἁρμαγεδών).

요한은 "세 영이 히브리어로 아마겟돈이라 하는 곳으로 왕들을 모으는" 환상을 보았다(19:19). "세 영"이란 '13절에 나온 용의 입과 짐승의 입과 거짓 선지자의 입에서 나온 영'을 지칭하는데 이 세 영이 "히브리어로 아마겟돈이라 하는 곳"으로 전쟁을 하도록 온 천하 왕들(14절)을 모으는 환상을 본 것이다. 본문의 "아마겟돈"(Ἁρμαγεδών)[96]이란 '메깃도의 산'이라는 뜻인데 이곳은 나사렛 남쪽 기손 강변의 에스드레온 평야에 있는 옛 고을 이름이다. 이곳에서 과거에 여러 번 살육이 있었고(삿 5:19; 왕하 9:27; 23:29; 대하 35:22) 또 느부갓네살로부터 나폴레옹에 이르기까지 많은 이방의 정복자들이 침입한 곳이기도 다다. 유대인들은 국가적인 슬픔을 만났을 때 그곳을 언급했다(슥 12:11, "므깃도 골짜기"). 따라서 "아마겟돈"이라는 곳은 온 세상의 슬픔을 상징하는 장소가 되었다. 그런고로 "아마겟돈"이라는

---

96) "아마겟돈"(Armageddon): '메깃도의 구릉,' '메깃도 산'이란 뜻으로 계시 문학에서 악의 세력의 최종적 패배 장소를 가리켜 사용한 상징적 명칭이다(계 16:16). 메깃도의 평원과 그 부근의 구릉은 옛 전장으로써 유명한데(삿 4장; 5장; 7장; 삼상 31:8; 왕하 23:29; 대하 35:22) 거기서부터 발상(發想)하여 하나님과 악마의 종국적 전투와 하나님의 궁극적 승리를 묘사하는 상징으로 사용된 곳이다.

이름은 상징적으로 인류 최후 전쟁터로 사용되게 되었다. 구약에서는 므깃도 산 근처에서 종말 전쟁을 예고한 구절들이 나온다(겔 39:1; 단 11:45). 이곳은 인류의 종말에 하나님의 백성이 적그리스도 세력(국가들)을 이기는 곳을 상징하기도 한다. 악의 세력이 위력을 떨치며 성도의 처지가 희망과 소망이 없는 것 같을지라도 하나님께서는 우리의 최종을 승리로 장식 하실 것이 분명하다.

### H. 일곱째 대접   16:17-21

드디어 마지막 환난의 대접이 다가온다. 이 환난으로써 현세의 심판은 그치는 것이다. 앞서 언급된 일곱째 나팔재앙(11:14-19)과 본 대접 재앙은 긴밀한 관계에 있다. 양자는 똑같이 하늘의 음성으로 시작하나 나팔 재앙은 하나님의 심판을 예견하는 찬미 소리이고, 대접 재앙은 그 심판이 성취되는 소리이다.

일곱째 대접 심판은 모든 심판을 종결짓는 심판이다. 그런데 여섯째 인이 일곱째 대접 심판과 병행 관계라는 것은 여섯째 인이 강도에 있어서 초기 상태라기보다 결정 상태라는 데서 알 수 있다(김추성).[97]

대접 재앙은 인류 최후의 심판의 광경을 성취한다. 바벨론(19절), 섬과 산악(20절), 사람들(21절)의 종국이 보인다. 그런 다음 17장과 18장에 가서 다시 바벨론의 멸망을 상세히 보여주고 있다.

**계 16:17. 일곱째 천사가 그 대접을 공중에 쏟으매 큰 음성이 성전에서 보좌로부터 나서 이르되 되었다 하시니**(Καὶ ὁ ἕβδομος ἐξέχεεν τὴν φιάλην αὐτοῦ ἐπὶ τὸν ἀέρα, καὶ ἐξῆλθεν φωνὴ μεγάλη ἐκ τοῦ ναοῦ ἀπὸ τοῦ θρόνου λέγουσα, Γέγονεν).

요한은 "일곱째 천사가 그 대접을 공중에 쏟는 것을" 본다. 하나님의

---

97) 김추성, *요한계시록 연구*, 도서출판 경건, p. 144.

대접을 가진 천사는 그 대접을 사탄의 활동 근거지인 공중에 쏟는다(엡 2:2). 하나님께서 사탄의 근거지를 치시니 사탄의 힘을 받아서 살던 땅위의 모든 조직체들(바벨론과 세상의 도시들)은 맥없이 무너진다. 본문은 17-19 장 말씀의 서론으로 적합하다.

천사가 대접을 공중에 쏟으니 "큰 음성이 성전에서 보좌로부터 나서 이르되 되었다 하신다." "큰 음성이 성전에서 보좌로부터 났다"는 말은 '하나님께서 큰 음성을 발하셨다'는 뜻이다. 하나님은 말씀하시기를 "되었다"(Γέγονεν, It is done)고 하신다(21:6). "되었다"(Γέγονεν)는 말씀은 부정(단순)과거 시제로 '분명히 되었다,' '참으로 되었다,' '다 됐다'는 뜻이다(21:6). 이런 경우의 부정(단순)과거는 동사를 강조하는 역할을 한다. 천국의 원수들이 파멸되고 성도들의 구원이 확실히 이루어지게 된 것을 "되었다"는 말로 표현하셨는데 그것은 미래에 될 일이지만 그 사실이 너무 확실하니 과거 동사로 표현한 것이다. 예수님은 십자가상에서 "다 이루었다"(요 19:30)고 하셨다. 하나님은 인류의 최종에 처분하실 것을 다 처분하셨다는 것을 말씀하시기 위해서 "다 이루었다"고 하신다. 성부와 성자는 다 이루신 분들이다. 우리는 다 이루신 분들의 덕을 톡톡히 맛보며 살고 있다. 할렐루야!

**계 16:18. 번개와 음성들과 우렛소리가 있고 또 큰 지진이 있어 얼마나 큰지 사람이 땅에 있어 온 이래로 이같이 큰 지진이 없었더라**(καὶ ἐγένοντο ἀστραπαὶ καὶ φωναὶ καὶ βρονταὶ καὶ σεισμὸς ἐγένετο μέγας, οἷος οὐκ ἐγένετο ἀφ᾽ οὗ ἄνθρωπος ἐγένετο ἐπὶ τῆς γῆς τηλικοῦτος σεισμὸς οὕτω μέγας).

천사가 쏟아 부은 대접의 효과는 대단했다. 요한은 "번개와 음성들과 우렛소리가 있고 또 큰 지진이 있어 얼마나 큰지 사람이 땅에 있어 온 이래로 이같이 큰 지진이 없었다"고 말한다. 번개나 음성들이나 우렛소리나 큰 지진은 대 심판을 예고하는 징조들이었다(4:5; 8:5; 11:19 주해 참조).

이 중에 "큰 지진"이 다른 지진보다 더 강조되고 있다(11:13). 요한은 이 지진이 심히 큰 지진이었다고 말하고 또 사람이 땅위에 있은 이래로 이런 지진은 없었다고 말한다(단 12:1). 상세한 내용은 다음 두 절에 상설(詳說)되고 있다.

**계 16:19. 큰 성이 세 갈래로 갈라지고 만국의 성들도 무너지니 큰 성 바벨론이 하나님 앞에 기억하신바 되어 그의 맹렬한 진노의 포도주 잔을 받으매** (καὶ ἐγένετο ἡ πόλις ἡ μεγάλη εἰς τρία μέρη καὶ αἱ πόλεις τῶν ἐθνῶν ἔπεσαν. καὶ Βαβυλὼν ἡ μεγάλη ἐμνήσθη ἐνώπιον τοῦ θεοῦ δοῦναι αὐτῇ τὸ ποτήριον τοῦ οἴνου τοῦ θυμοῦ τῆς ὀργῆς αὐτοῦ).

요한은 일곱째 천사가 대접을 공중에 쏟은(17절) 결과 사탄의 힘을 받아서 살던 땅위의 모든 조직체들(바벨론과 세상의 도시들)이 "세 갈래로 갈라지고 만국의 성들도 무너지는" 환상을 본 것이다(14:8; 17:18). "큰 성이세 갈래로 갈라졌다"[98]는 말은 '바벨론이 세 갈래로 갈라졌다'는 말인데이 말은 과거의 바벨론이 갈라졌다는 말이 아니라 세상의 문명과 죄악의도시들 전체가 완전히 파괴되었다는 뜻이다. "큰 성"이란 말은 계시록에자주 나타나는 특징적인 단어이다(11:8; 14:8; 17:18; 18:10). "큰 성"이어떤 큰 도시를 지칭하느냐에 대한 견해는 몇 가지가 있으나 죄악으로 가득한 세속 도시 전체를 지칭하는 것으로 보는 것이 적절하다. "세 갈래로갈라진 것"은 아주 산산 조각 났다는 것을 뜻한다. 앞으로의 세속 도시들은산산 조각이 나고 철저하게 파괴될 것이다. "만국의 성들도 무너질 것"이란말도 세계 안의 모든 죄악의 도시들도 무너질 것이란 뜻이다.

요한은 "큰 성 바벨론이 하나님 앞에 기억하신바 되어 그의 맹렬한

---

98) 부분적 과거론적 해석(partial preterist interpretation)에 의하면 역사적으로 로마의 디도 장군에 의해 예루살렘이 포위되었을 때 유대인들이 3당파로 갈라진 것을 상징한다고 한다 (Lohmeyer, Bengel, Weiss, Mofffatt). 이 해석은 여러 해석 중에 하나로 받아야 할 것이다.

진노의 포도주 잔을 받을”(14:10; 18:5; 사 51:17, 23; 렘 25:15-16) 환상을 보았는데 ‘죄악으로 완전히 물든 세속 도시 전체가 하나님에 의해 맹렬한 진노의 포도주 잔을 받을 것’이라는 뜻이다. “진노의 포도주 잔”이 무엇을 뜻하느냐 하는 것을 위해서는 14:10의 주해를 참조하라. 앞으로 세속 도시들은 하나님의 맹렬한 진노를 받을 것이다.

**계 16:20. 각 섬도 없어지고 산악도 간 데 없더라**(καὶ πᾶσα νῆσος ἔφυγεν καὶ ὄρη οὐχ εὑρέθησαν, And every island fled away, and the mountains were not found-KJV).

큰 성이나 작은 도시뿐 아니라 “각 섬도 없어지고 산악도 간 데 없어질” 것이라고 한다(6:14). 일곱째 천사가 대접을 공중에 쏟은 결과이다. 그러니까 지구상에 있는 모든 것은 철저하게 파괴될 것이란 뜻이다. 죄악에 물든 것들은 그 무엇도 존재하지 않게 된다(6:14 주해 참조).

**계 16:21. 또 무게가 한 달란트나 되는 큰 우박이 하늘로부터 사람들에게 내리매 사람들이 그 우박의 재앙 때문에 하나님을 비방하니 그 재앙이 심히 큼이러라**(καὶ χάλαζα μεγάλη ὡς ταλαντιαία καταβαίνει ἐκ τοῦ οὐρανοῦ ἐπὶ τοὺς ἀνθρώπους, καὶ ἐβλασφήμησαν οἱ ἄνθρωποι τὸν θεὸν ἐκ τῆς πληγῆς τῆς χαλάζης, ὅτι μεγάλη ἐστὶν ἡ πληγὴ αὐτῆς σφόδρα).

요한은 사람들이 우박 재앙 때문에 환난을 겪는다고 말한다(애굽의 제 7 재앙과 같다, 출 9장). 우박의 크기는 “무게가 한 달란트나 되는 큰 우박”이라고 한다(11:19). 성경에서 우박은 언제나 하나님의 진노의 표시로 내렸다(수 9:18; 시 78:47; 사 28:2; 30:30; 겔 13:11; 38:22; 학 2:17). 여기 “한 달란트”는 약 60kg이라고 한다. 보통 남자 몸무게만한 것이 하늘로부터 사람들에게 내린다는 것이다. 사람들이 사람무게만한 우박을 맞으면 큰 해를 받는다. 이렇게 사람들이 큰 우박 덩어리를 맞고도 그들은 회개 하지 않고 하나님을 비방했다는 것이다(9절, 11절). 요한은 "그 재앙이 심히 큼이러라"고 말한다. 이렇게 큰 재앙을 당했으니 회개할 만한데 회개하지 않고 오히려 하나님을 비방했다는 것을 부각시킨다. 회개하지 않는 사람들은 아무리 큰 재앙을 만나고도 꿈쩍하지 않는다. 앞으로 사람들은 땅이 흔들려 큰 환난을 당하고 하늘로부터 우박을 맞아서 곤비하게 될 것이다.

# 제 17 장

VII. 하나님의 승리    17:1-20:15

　　요한은 마지막 일곱 가지 재앙들에 대한 환상을 기록한(15:1-16:21) 다음 이제는 전능자 하나님의 승리가 임하는 환상을 기록한다 (17:1-20:15). 요한은 17:1에서부터 더욱 하나님의 놀라운 주권을 강조하고 있다. 그는 이제 하나님만 바라보는 성도들에게 새로운 용기를 북돋아 주고 있다. 요한은 인류의 종말에 악이 완전히 멸절되리라는 점을 보여주고 있다. 악은 이제 힘을 펴지 못하게 되었고 하나님 앞에서는 아무 것도 아니다. 아무리 극악무도한 사람이라 할지라도 그들 모두는 하나님의 허락 아래에서만 행동하고 있다. 요한은 악인들의 종말을 바라보며 그들의 멸망을 드러내고 있다. 심판자이신 하나님은 악한 무리들의 본거지를 타파하신다. 요한은 이 부분(17:1-20:15)에서 온전히 승리하시는 하나님을 묘사한다.

　　17-18장은 계시록에 나타난 일곱 삽경(중간에 낀 계시들)[99] 중 마지막 계시이다. 17-18장은 일곱째 대접 재앙(16:17-21)이 부어진 바벨론의 멸망을 상론한다. 19-20장은 대환난의 원인이 된 악의 원흉들이 심판받는 것을 보여준다. 이 부분(19-20장)은 그리스도의 재림에서 시작하여 짐승의 멸망 (19장), 사탄 심판과 전(全)불신세계에 대한 하나님의 심판(20장)이 보인다.

---

99) 첫째 삽경은 제 1 환난 후에 보여준 천상의 구원받은 자들을 예견하는 삽경이었고(7장), 다음으로 등장하는 다섯 가지의 삽경은 제 2 환난 후에 보여진 것으로, 둘째 삽경은 복음을 전하는 강한 천사의 외침이었으며(10장), 셋째 삽경은 복음을 전하는 중 고난을 당하는 두 증인을 묘사하는 삽경이었다(11:1-13). 넷째는 교회와 사람이 투쟁하는 모습을 묘사하는 것이었고(12장), 다섯째는 교회가 두 짐승에게 박해를 받는 삽경이었다(13장). 그리고 여섯째는 종말의 대 심판을 예견시켜주는 단편적인 삽경들이었으며, 이제 마지막으로 바벨론이 망하는 삽경에 이른다(17-18장). 17장은 큰 음녀, 18장은 바벨론의 멸망을 보여준다.

이 셋은 악을 연출하는 세 계급이었다. 짐승은 지배자, 불신 인류는 짐승의
종들, 그리고 사탄은 이들을 배후에서 조종하고 유혹하는 악의 총책이었다.
이들은 악역을 하였고 이제는 그 악함에 대한 심판으로 멸망을 당하는 시간
이 된 것이다.

### A. 큰 음녀에 대한 하나님의 심판   17:1-18
대 심판(17:1-20:15)의 계시 중 먼저 나타나는 서론적 계시인 17장은
"큰 음녀"에 대해 묘사하고 있는데 "큰 음녀"란 "큰 바벨론"(5절)이라고
규명되고 있다. 이 "큰 음녀"는 하나님의 일곱 대접의 심판을 집행한 일곱
천사 중 하나가 전하고 있는 것으로 보아 17-18장의 심판은 일곱 대접
심판의 계속이며 상설(詳說)임을 알 수 있다. 본 장의 내용은 큰 음녀의
모양(1-6절), 큰 음녀와 짐승(7-14절), 큰 음녀의 멸망(15-18절)으로 구분되
어 있다.

#### 1. 짐승 위에 앉은 큰 음녀의 모양   17:1-6
**계 17:1. 또 일곱 대접을 가진 일곱 천사 중 하나가 와서 내게 말하여
이르되 이리로 오라 많은 물 위에 앉은 큰 음녀가 받을 심판을 네게
보이리라**(Καὶ ἦλθεν εἷς ἐκ τῶν ἑπτὰ ἀγγέλων τῶν ἐχόντων τὰς
ἑπτὰ φιάλας καὶ ἐλάλησεν μετ' ἐμοῦ λέγων, Δεῦρο, δείξω σοι
τὸ κρίμα τῆς πόρνης τῆς μεγάλης τῆς καθημένης ἐπὶ ὑδάτων
πολλῶν).

요한 사도는 "일곱 대접을 가진(가졌던) 일곱 천사 중 하나가 와서
내게 말했다"는 것을 전한다(21:9). "일곱 대접을 가진 일곱 천사 중
하나"가 누구인지는 알 수 없으나 아마도 일곱째 천사 곧 그 대접을
공중에 쏟은 천사일 것으로 보인다(16:17). 그 이유는 이 일곱째 천사가
대접을 공중에 쏟아 큰 성 바벨론이 멸망에 이르렀기에(16:19) 큰 바벨론
(큰 음녀)의 멸망을 다루고 있는 본 장과 관련이 깊음을 알 수 있기

때문이다.

한 천사는 요한에게 와서 "이리로 오라 많은 물 위에 앉은 큰 음녀가 받을 심판을 네게 보이리라"고 말한다(15절; 16:19; 18:16-17, 19; 19:2; 렘 51:13; 나 3:4). 여기 "이리로 오라"는 말은 '광야로 오라'는 말일 것이다(3절). 천사는 "큰 음녀"가 "많은 물 위에 앉아 있다"고 말한다. 본문의 "큰 음녀"가 누구인지에 대해 많은 견해가 피력되었다.

1) 캐톨릭 교회 + 세계교회 협의회(WCC) + 모든 종교를 합친 큰 단체라는 견해. 이 견해는 일리는 있으나 우리가 채택하기 어려운 견해이다. 이유는 음녀를 거짓된 교회 혹은 거짓된 종교라고 말하는 것은 정곡을 찌르는 해석이 아니기 때문이다. 본 장의 "음녀"는 '하나님을 대적하는 세상'을 뜻하고, 거짓된 교회나 거짓된 종교는 하나님을 대적하기 위해 존재하는 것은 아니고, 다만 세상과 짝한 간부(姦婦)라고 해야 할 것이다.

2) 로마라는 견해. 이 견해는 어느 정도 바른 해석이라고 할 수 있으나 약간 제한된 면이 없지 않다. 요한 당시에도 로마는 대단한 수준의 영토를 차지하고 있었으나 온 세계라고 명명하기에는 약간 제한되는 면이 있다. 18장의 내용과 맞지 않는 면도 있다.

3) 낮은 수준의 세상 권세로서 끔찍하게 악을 저지르는 자들과 그들의 죄를 같이 하고자 하는 다른 사람들을 유혹하는 자들 모두라는 견해(Leon Morris).

4) 하나님을 배반하는 이 세상과 거기 속한 것들을 총칭한다는 견해(박윤선).

5) 온 세상의 온갖 국가와 민족 위에 군림하고 있는 최고의 정치적 권력이라는 견해(이순한).

6) 미래에 전 세계 백성을 지배할 세속 도시라는 견해(이상근).

7) 바벨론(하나님을 대적하기 위해 조직되어 있는 인간 사회)이라는 견해(Philip E. Hughes, George E. Ladd, Hendriksen, Poythress).

위의 3번부터 7번까지의 견해는 대동소이한 것으로 모두 음녀를 설명하고 있어 채택할만한 견해들이다. 필립 휴즈는 "큰 음녀는 타락한 세상의 불경건한 문명을 의미하는 '큰 성 바벨론'을 가리킨다(11:8; 14:8; 16:19). 그리고 15절에는 큰 음녀가 앉아 있는 많은 물은 '백성과 무리와 열국과 방언'들이다. 이것은 명약관화한 의미로서 사중적인 구조가 확증하는 바 큰 성 바벨론인 큰 음녀의 영향력이 세계적으로 확대됨을 가리킨다. 이러한 경향은 선지자가 바벨론에 대하여 '많은 물가에 거하는 자여 네 결국이 이르렀도다'고 돈호법[100]을 사용하여 표현한 것에서 발전된 것이다(렘 51:12-13)"라고 말한다.

그리고 "많은 물"이란 15절에 의하면 "백성과 무리와 열국과 방언들"이다. "백성과 무리와 열국과 방언들"은 세상을 상징하는 4부류로서 '온 세상의 온갖 국가와 민족'을 지칭한다. 큰 음녀는 온 세상의 온갖 국가와 민족위에 군림하고 주장하고 있었다.

그런데 천사는 "큰 음녀가 받을 심판을 네게 보이리라"고 말한다. 이 말씀이야 말로 요한에게와 우리 모두에게 큰 위로가 아닐 수 없다. 하나님을 대적하며 우리를 박해하던 세상의 악한 세력들이 심판을 받는다니 위로가 아닐 수 없다.

**계 17:2. 땅의 임금들도 그와 더불어 음행하였고 땅에 사는 자들도 그 음행의 포도주에 취하였다 하고**(μεθ' ἧς ἐπόρνευσαν οἱ βασιλεῖς τῆς γῆς καὶ ἐμεθύσθησαν οἱ κατοικοῦντες τὴν γῆν ἐκ τοῦ οἴνου τῆς πορνείας αὐτῆς).

요한은 큰 음녀가 심판을 받을 수밖에 없는 이유를 기록한다. 즉 "땅의 임금들도 그와 더불어 음행하였고 땅에 사는 자들도 그 음행의 포도주에 취하였다"고 말한다(14:8; 18:3; 렘 51:7). 땅의 임금들도 땅의 주민들(6:10 주해 참조)도 모두 큰 음녀 곧 세상주의, 세속주의에 동조했으며 또 음행의 포도주(14:8 주해 참조)에 끌리고 말았다. 앞으로의 세상은 불신과 향락의

---

100) 돈호법이란 갑자기 상대를 부르는 방법으로 수사 효과를 나타내는 수사법의 한 가지 방법. ["여러분! 지금이야 말로 단결할 때입니다"라고 말하는 따위].

세상 풍조에 끌려서 꼼짝없이 음행에 전념할 것이다.

**계 17:3. 곧 성령으로 나를 데리고 광야로 가니라 내가 보니 여자가 붉은 빛 짐승을 탔는데 그 짐승의 몸에 하나님을 모독하는 이름들이 가득하고 일곱 머리와 열 뿔이 있으며**(καὶ ἀπήνεγκέν με εἰς ἔρημον ἐν πνεύματι. καὶ εἶδον γυναῖκα καθημένην ἐπὶ θηρίον κόκκινον, γέμον((τα)) ὀνόματα βλασφημίας, ἔχων κεφαλὰς ἑπτὰ καὶ κέρατα δέκα).

요한은 천사가 "이리로 오라"(1절)고 하는 말을 들었는데, 본 절에서는 "성령으로 나를 데리고 광야로 갔다"고 기록한다(12:6, 14). "성령으로" 데리고 갔다는 말은 '성령 안에서' 이끌리어 갔다는 말이다(1:10; 4:2; 17:3; 31:10). "이것은 성령께서 요한의 마음과 영을 변화시키고 고양시켜 예언적인 환상들을 볼 수 있게 만드신 것을 의미한다. 이는 무아지경이나 황홀경의 체험 같은 것일 수 있다"(그랜트 오스본).[101]

본문의 "광야"란 '교회가 있는 곳'인데(12:6) 동시에 "여자"(큰 음녀)가 있는 곳이기도 하다. 그러니까 광야에는 교회도 있지만 세속주의도 있음을 시사한다. 이 "광야"가 어떤 곳이냐를 두고 여러 견해들이 있다. 1) 로마의 무신적인 적막한 정신생활면으로 보는 견해. 이 견해는 약간 편협한 설명으로 보인다. 2) 로마의 멸망 후의 모양이라는 견해. 이 견해는 받을 수는 있으나 역시 편협한 견해로 보인다. 3) 하나님을 배반하는 이 세상이라는 견해. 받을 수 있는 견해일 것이다. 4) 타락하고 오염된 인간 사회를 지칭한다는 견해. 역시 이 견해도 받을 수 있는 견해로 보인다. 5) 교회가 하나님의 훈련을 받으며 있었던 곳이었는데 마귀에게로 넘어간 곳이라는 견해 등이 있다. 이 견해가 가장 잘 설명된 견해로 보인다.

요한이 안내를 받아 간 그 광야에 찾아가 보니 의외에도 "여자가

---

101) 그랜트 오스본(Grant Osbourne), *요한계시록*, 전광규옮김, p. 303.

붉은 빛 짐승을 탔는데 그 짐승의 몸에 하나님을 모독하는 이름들이 가득하고 일곱 머리와 열 뿔이 있는 것”을 보았다. “여자가 붉은 빛 짐승을 타고 있다”(12:3)는 말은 “여자” 곧 ‘아주 악한 세상’이 화려하고 죄로 가득하며 음탕한 짐승(적그리스도) 위에 건립되어 활동하고 있음을 뜻한다.

요한은 “짐승”(적그리스도)의 모습을 자세하게 묘사하고 있다. 즉 “그 짐승의 몸에 하나님을 모독하는 이름들이 가득하고 일곱 머리와 열 뿔이 있다”고 말한다(9절, 12절; 13:1 주해 참조). 짐승 모습은 두 가지로 묘사되어 있다. 하나는 “몸에 하나님을 모독하는 이름들이 가득하다”는 것으로 이는 적그리스도는 하나님을 대적하고 모욕하는 이름들(특징들)을 가득하게 가지고 있다는 것이다. 또 다른 하나는 “일곱 머리와 열 뿔이 있다”는 것이다. 본문의 주해를 위하여 13:1의 주해를 참조하라.

**계 17:4. 그 여자는 자주 빛과 붉은 빛 옷을 입고 금과 보석과 진주로 꾸미고 손에 금잔을 가졌는데 가증한 물건과 그의 음행의 더러운 것들이 가득하더라** (καὶ ἡ γυνὴ ἦν περιβεβλημένη πορφυροῦν καὶ κόκκινον καὶ κεχρυσωμένη χρυσίῳ καὶ λίθῳ τιμίῳ καὶ μαργαρίταις, ἔχουσα ποτήριον χρυσοῦν ἐν τῇ χειρὶ αὐτῆς γέμον βδελυγμάτων καὶ τὰ ἀκάθαρτα τῆς πορνείας αὐτῆς).

요한은 앞(3절)에서는 짐승(적그리스도)의 모습을 주로 설명했는데 본 절에서는 여자(큰 음녀)의 모습을 설명한다. 즉 “그 여자는 자주 빛과 붉은 빛 옷을 입고 금과 보석과 진주로 꾸미고 손에 금잔을 가졌는데 가증한 물건과 그의 음행의 더러운 것들이 가득하더라”고 말한다(18:6; 렘 51:7; 단 11:38). 요한은 그 여자(큰 음녀)의 옷과 장식품과 손에 들고 있는 금잔 이야기와 그 금잔 안에 가득한 것이 무엇임을 설명한다.

요한은 “그 여자는 자주 빛과 붉은 빛 옷을 입고 있다”고 말한다(18:12, 16). ‘그 여자(큰 음녀) 곧 세상주의, 세속주의’는 사람들로 하여금 하나님을 배반하게 만드는 아주 사치한 외관을 갖고 있고, 내적으로 사치한 생활을 하고 있다는 뜻이다(눅 16:18). 오늘날 세상은 사람을 세상 속으로 유혹하기에 아주 대단한 마력을 가지고 있다. 그리고 세상은 "금과 보석과 진주로 꾸미고 있다." 세상은 매우 화려한 치장을 하여 사람들을 세상 속으로 유혹하고 있다. 세상의 치장이야말로 무진장의 돈을 드리도록 사람들을 혹하게 만든다. 그리고 "금잔을 가지고 있다." 금잔 속에 들어있는 것은 보통 컵에 들어있는 것과는 천양의 차이가 있는 값진 것이다. 그런데 세속주의(세상주의)의 금잔 속에는 "가증한 물건과 그의 음행의 더러운 것들이 가득히 들어있다"(14:8). 세상의 번쩍번쩍하는 금잔 속에는 '사람들로 하여금 하나님을 배반하게 만드는 것들'(우상숭배 사상, 인본주의 사상, 무신론 사상 등, 단 9:27; 11:31; 12:11)로 가득 차 있어 사람들로 하여금 하나님을 배신하도록 만드는 각종 음란한 것들이 가득하다는 것이다. 오늘 세상은 사람들로 하여금 하나님을 멀리 떠나도록 만드는 유혹거리로 가득 차 있고 앞으로는 더욱 심할 것이다. TV, Internet, 휴대전화의 현혹, 예술이라는 이름으로 행해지는 수없는 음란, 각종음악, 그리고 무수한 문명 시설도 사람들의 마음을 녹여 하나님을 멀리 떠나게 만들 것이다. 성도들은 세상을 본받지 말아야 할 것이다(롬 12:2).

**계 17:5. 그의 이마에 이름이 기록되었으니 비밀이라, 큰 바벨론이라, 땅의 음녀들과 가증한 것들의 어미라 하였더라**(καὶ ἐπὶ τὸ μέτωπον αὐτῆς ὄνομα γεγραμμένον, μυστήριον, Βαβυλὼν ἡ μεγάλη, ἡ μήτηρ τῶν πορνῶν καὶ τῶν βδελυγμάτων τῆς γῆς, and on her forehead was written a name of mystery: "Babylon the great, mother of harlots and of earth's abominations"-RSV, 그녀의 이마에는 "큰 바벨론, 곧 땅의 창녀들과 흉측한 것들의 어머니"라는 비밀의 이름이 쓰여 있었습니다-현대인의 성경).

본 절을 다시 번역해 보면 "그녀의 이마에는 한 가지 비밀스러운 이름이 기록되어 있었으니 그것은 '큰 성 바벨론, 땅의 음녀들과 가증한 것들의 어미'라는 이름이다." 본문에 보면 이름이 둘이 아니라 하나이다(a mystery of name). 우리 개역개정판의 "비밀"(살후 2:7)이라는 말은 이름 자체를 말함이 아니라 이름이 비밀스럽다는 것을 뜻하는 말이다(De Wette, Charles, Rist). "큰 성 바벨론"이라는 이름과 "땅의 음녀들과 가증한 것들의 어미"라는 이름이 비밀스러운(신비스러운) 이름이라는 뜻으로 사용된 것이다. "큰 성 바벨론"(11:8; 14:8; 16:19; 18:2, 10, 21)이라는 이름과 "땅의 음녀들과 가증한 것들의 어미"라는 이름은 서로 다른 이름이 아니라 동격으로 쓰여 큰 음녀 바벨론은 한 가지 이름만 가지고 있는 것을 알 수 있다.

요한은 큰 음녀(세속주의)의 "이마에 이름이 기록되어 있는 것"을 보았다. 하나님의 성도들도 그들의 이마에 하나님의 이름으로 인 쳐져 있다(7:3; 9:4; 14:1). 로마의 매춘부들도 자신의 이름을 쓴 쪽지를 그들의 눈썹 위에 붙이고 다녔다고 한다(Charles, Swete, Johnson). 사람이나 큰 음녀나 모두 이름이 있다. 그런데 큰 음녀의 이마에도 한 개의 비밀스런 이름이 기록되어 있었다는 것이다. 한 개의 이름이라고 해야 할 이유는 "이름"(ὄνομα, a name)이란 말이 단수이기 때문이다. 큰 음녀의 이마에 기록되어 있는 이름이 비밀(신비)스럽다(1:20 주해를 보라)는 말은 그녀의 이름이 모든 사람에게 분명하게 알려지지 않는다는 뜻이기도 하다. 비록 이름이 기록되어 있긴 하나 그 이름을 이해하기란 쉽지 않아서 비밀스럽다는 것이다. 사람들은 그녀의 이마에 붙어 있는 이름이 무엇인가를 잘 알 수 없었다. '큰 성 바벨론, 땅의 음녀들과 가증한 것들의 어미'라는 이름이 붙어 있다고 해도 그 이름을 일반 세상 사람들이 알 길이 없었으니 신비스러운 것이었다.

"큰 바벨론"이란 말은 '위대한 바벨론 제국'이라는 뜻이 아니라 '큰 음녀'라는 뜻이다. 이유는 바벨론이 세속적이고 세상적이며 하나님을 대적하는 음란하기 그지없는 곳이니 '큰 음녀'라고 해야 하는 것이다.

그리고 "땅의 음녀들과 가증한 것들의 어미"(18:9; 19:2)라는 이름도 "큰 바벨론"과 똑같은 의미를 가지고 있어 큰 음녀 바벨론은 땅위의 모든 음녀들과 모든 가증한 것들의 어미가 된다는 것이다. 실제로 세속주의, 세상주의는 그 이마에 이름은 붙어있지 않다. 그러나 하나님 보시기에는 그 이름이 붙어있는 것과 같다. 그리고 영안이 밝은 사람들에도 그 이름이 보인다.

**계 17:6. 또 내가 보매 이 여자가 성도들의 피와 예수의 증인들의 피에 취한지라 내가 그 여자를 보고 놀랍게 여기고 크게 놀랍게 여기니**(καὶ εἶδον τὴν γυναῖκα μεθύουσαν ἐκ τοῦ αἵματος τῶν ἁγίων καὶ ἐκ τοῦ αἵματος τῶν μαρτύρων Ἰησοῦ. Καὶ ἐθαύμασα ἰδὼν αὐτὴν θαῦμα μέγα).

요한은 "내가 보매 이 여자가 성도들의 피와 예수의 증인들의 피에 취해 있다"고 말한다(6:9, 10; 12:11; 13:15; 16:6; 18:24). 요한의 눈으로 보니까 이 큰 음녀 즉 세상주의(세속주의)가 일반 성도들의 피와 예수님을 증언하는 증인들의 피에 취해있는 것을 본 것이다. 여기 "피에 취했다"는 말은 성도들과 주님을 증언하는 증인들을 죽인 피로 가득했다는 뜻이다(사 34:5-7; 51:21; 렘 46:10). "취해 있다"(μεθύουσαν)는 말은 현재분사로 '계속해서 취해 있다'는 뜻으로 피에 취해 있다는 말은 음녀가 성도들과 증인들을 계속해서 죽여서 자기들의 옷을 피로 물들일 것이란 뜻이다. 앞으로의 세상은 더욱 타락하여 성도들을 죽이고 주님의 증인들을 죽이는 일을 예사로 행할 것이다. 우리의 목숨이 우리 것이 아니다. 목을 내 맡기고 살아야 할 때가 올 것이다.

그래서 요한은 "그 여자를 보고 놀랍게 여기고 크게 놀랍게 여겼다"고 말한다. 요한은 '세상주의(세속주의)를 보고 아주 놀랍게 여기고 또 크게 놀랍게 여겼다'는 것이다. 두 번 놀랍게 여겼다고 말한 것은 아주 크게 놀랐다는 뜻이다. 요한이 놀란 것은 아마도 1절에서 천사가 요한에게 큰 음녀가 받을 심판을 보여주리라고 했는데 그 기대와는 달리 큰 음녀는 사치스럽게 지내며 또 큰 음녀(세상주의, 세속주의)가 성도들을 죽이는 것을 보고 아주 놀랍게 여긴 것이다(G. E. Ladd, Morris).

### 2. 음녀와 짐승  17:7-14

요한은 앞(1-6절)에서 짐승(적그리스도)을 타고 있는 큰 음녀에 대해 묘사했으나 이 부분(7-14절)에서는 주로 여자(큰 음녀)가 타고 있는 짐승에 대해 말하며 동시에 여자와 짐승의 관계를 말한다. 1절에서는 여자는 많은 물 위에 앉아 있는 것이 묘사되었으나 이 부분(7-14절)에서는 짐승을 타고 있는 것이 보인다. 결국 물과 짐승은 깊은 관련이 있음이 엿보인다. 물, 즉 '백성과 무리와 열국과 방언'은 짐승(적그리스도)의 지배를 받고 있음을 알 수 있다. 일반 대중은 적그리스도의 수하에 있다. 불신 세계의 대중들은 하나님을 대적하는 적그리스도의 세력의 지배 하에서 움직이고 있음을 알 수 있다.

**계 17:7. 천사가 이르되 왜 놀랍게 여기느냐 내가 여자와 그가 탄 일곱 머리와 열 뿔 가진 짐승의 비밀을 네게 이르리라**(καὶ εἶπέν μοι ὁ ἄγγελος, Διὰ τί ἐθαύμασας  ἐγὼ ἐρῶ σοι τὸ μυστήριον τῆς γυναικὸς καὶ τοῦ θηρίου τοῦ βαστάζοντος αὐτὴν τοῦ ἔχοντος τὰς ἑπτὰ κεφαλὰς καὶ τὰ δέκα κέρατα).

요한은 앞(6절)에서 여자(큰 음녀) 즉 세상주의(세속주의)를 보고 아주 크게 놀랍게 여겼는데 이제 천사는 요한에게 "왜 놀랍게 여기느냐 내가 여자와 그가 탄 일곱 머리와 열 뿔 가진 짐승의 비밀을 네게 이르리라"고 말해준다. 여자와 짐승의 종국이 어떻게 될지 알려주겠다는 의도를 보여준다. 그들에게는 지금 보여지는 모습과는 달리 비참한 최후가 그들을 기다리고 있었다. 본문의 "비밀"이란 단어는 '전에는 숨겨졌으나 이제부터는 드러내놓고 알려주는 것'을 말한다. 천사는 여자(세상주의)가 타고 있는

짐승(적그리스도)의 분신인 일곱 머리와 열 뿔에 대해서 이제는 드러내
놓고 말하겠다고 한다. 천사는 일곱 머리에 관한 자세한 설명에 대해서는
8-11절까지 설명해 놓았고, 열 뿔에 관한 비밀에 관해서는 12-14절까지
드러내 놓는다.

**계 17:8. 네가 본 짐승은 전에 있었다가 지금은 없으나 장차 무저갱으로부터
올라와 멸망으로 들어갈 자니 땅에 사는 자들로서 창세 이후로 그 이름이
생명책에 기록되지 못한 자들이 이전에 있었다가 지금은 없으나 장차 나올
짐승을 보고 놀랍게 여기리라**(τὸ θηρίον ὃ εἶδες ἦν καὶ οὐκ ἔστιν καὶ
μέλλει ἀναβαίνειν ἐκ τῆς ἀβύσσου καὶ εἰς ἀπώλειαν ὑπάγει, καὶ θαυ-
μασθήσονται οἱ κατοικοῦντες ἐπὶ τῆς γῆς, ὧν οὐ γέγραπται τὸ ὄνομα
ἐπὶ τὸ βιβλίον τῆς ζωῆς ἀπὸ καταβολῆς κόσμου, βλεπόντων τὸ θηρίον
ὅτι ἦν καὶ οὐκ ἔστιν καὶ παρέσται).

　7절에 천사가 요한에게 여자(큰 음녀)와 짐승(적그리스도)의 비밀을 말
해주겠다고 했는데, 이제 본 절부터 11절까지 짐승에 대해 말해준다. 천사는
요한에게 "네가 본 짐승은 전에 있었다가 지금은 없으나 장차 무저갱으로부
터 올라와 멸망으로 들어갈 자"라고 말한다(11절; 11:7; 13:1, 10). 여기
"네가 본 짐승"이란 '요한 사도가 지금까지 환상으로 본 짐승'이라는 뜻이다.
그런데 "전에 있었다가 지금은 없으나 장차 무저갱으로부터 올라와 멸망으
로 들어갈 자"라는 말은 환상으로 본 짐승이 아니고 실제로 역사상에서
있었던 사람이나 혹은 세력(적그리스도 역할을 했던 사람)을 말하는 것이다.
다시 말해 "전에 있었던" 사람이었는데, 요한 당시에는 지구상에 "없으며"
앞으로 "무저갱으로부터 올라와 멸망으로 들어갈" 사람이나 세력이라는
뜻이다. 본문의 "무저갱으로부터 올라온"다는 말은 '사탄의 세력을 가지고
나타남'을 가리킨다(박윤선).
　이 짐승(적그리스도 노릇한 사람이나 세력)이 누구인지에 대해서는 여러
견해가 있다. 1) 역대 캐돌릭의 교황으로 보는 견해. 이 견해는 무리인 듯싶

다. 2) 수리아의 안티오쿠스(Antiochus)로 보는 견해. 이 견해가 맞을 수도 있으나 맞지 않을 가능성이 더 많다. 3) 로마의 왕들 중 하나(초대의 황제들 중 오토, 비텔리우스, 티도, 도미시안 중 한 사람)로 보는 견해. 맞을 가능성이 높다. 4) 재생한 네로로 보는 견해(13:3 주해 참조). 이 견해는 많은 학자들이 지지하는 견해이다. 네로, 또 네로를 닮은 도미시안 같은 사람이 다시 나타날 것이라고 하는 이 견해는 가능한 견해이다. 역사상에는 항상 이런 독한 사람이나 세력이 나타나 기독교인들을 위협한다. 인류의 종말에는 어떤 미친 듯한 악독하기 그지없는 사람이나 세력이 나타나 기독교인들을 괴롭히다가 멸망으로 들어갈 것이다. 5) 윌럼 헨드릭슨(William Hendriksen)은 더 많은 세력들을 나열한다. 즉 니므롯 왕국, 옛 바벨론, 앗수르, 신 바벨론, 메대와 파사, 안티오쿠스 에피파네스가 나온 헬라 등을 나열한다. 이런 세력들은 과거에 있었고 요한 당시에는 없으나 앞으로 나타날 세력이라는 것이다.102) 이 견해가 맞을 확률이 꽤 높다.

그런데 천사는 "창세 이후로 그 이름이 생명책에 기록되지 못한 자들이 이전에 있었다가 지금은 없으나 장차 나올 짐승을 보고 놀랍게 여기리라"고 말한다(13:3, 8). 즉 창세 이후로 그 이름이 어린 양의 생명책에 기록되지 못한 불신자들은 이 짐승이 다시 나타날 때 그를 보고 분별하지 못하고 기이히 여기며 따를 것이란 말이다. 그에게는 분별없는 사람들을 끌어당기는 힘이 있으니 말이다. 기독교인들이라는 사람들 중에도 중생하지 못해 이것저것 분별하지 못하는 교인들은 그 짐승(적그리스도)을 따를 것이다.

계 17:9. 지혜 있는 뜻이 여기 있으니 그 일곱 머리는 여자가 앉은 일곱 산이요(ὧδε ὁ νοῦς ὁ ἔχων σοφίαν. αἱ ἑπτὰ κεφαλαὶ ἑπτὰ ὄρη εἰσίν, ὅπου ἡ γυνὴ κάθηται ἐπ' αὐτῶν. καὶ βασιλεῖς ἑπτά εἰσιν·, "This calls

---

102) 윌럼 헨드릭슨, 요한계시록, pp. 208-209.

for a mind with wisdom. The seven heads are seven hills on which the woman sits-NIV).

천사는 요한에게 "지혜 있는 뜻이 여기 있다"고 말한다(13:18 주해 참조). 즉 '여기에 지혜를 가진 마음이 요구 된다'는 뜻이다. 천사가 말해주는 것을 깨닫는 데는 지혜가 필요하다는 뜻이다. 지혜가 없는 자들은 짐승(적그리스도)을 보고 놀랍게 여길 뿐이지 그 내막을 보고 하나님의 뜻을 깨달을 수는 없는 것이다.

천사는 본 절부터 18절까지의 말씀을 깨닫기 위해서는 지혜가 필요하다고 말하고, "그 일곱 머리는 여자가 앉은 일곱 산이라"고 말한다(13:1). 7절에 의하면 여자 곧 큰 음녀(세속주의, 세상주의)가 짐승(적그리스도)을 타고 있다고 했으니 짐승을 타고 있다는 말은 일곱 머리와 열 뿔 가진 짐승을 타고 있다는 뜻이다.

천사는 짐승(적그리스도)의 "그 일곱 머리는 일곱 산"이라고 말해주며 "그(산들) 위에 여자가 앉아 있다"고 말해준다. 다시 말해 '그 일곱 산들 위에 여자가 세워졌다(건립되었다)'고 한다. 혹자는 "그 일곱 산들"은 로마의 산들이라고 주장하며 로마의 산들을 나열한다. 그러나 천사는 다음 절(10절)에서 그 산들은 "일곱 왕"이라고 말한다. 그런고로 그 일곱 산들은 일곱 개의 높은 언덕들로서 역사상에 나타나는 두드러지는 일곱 왕들을 지칭하는 것으로 보인다. G. E. 래드(Ladd)는 "성경에서는 흔히 언덕 혹은 산은 권세나 통치를 상징한다(사 2:2; 45:15; 시 68:15-16; 렘 51:25; 단 2:35; 히 3:6). 따라서 일곱 산은 일곱 제국과 이들을 다스리는 일곱 통치자를 상징하는 것으로 이해하는 것이 좋다"고 주장한다.[103] 필립 휴즈(Philip Hughes)는 본 절의 해석으로 "가장 수긍할만한 것은 세력 있는 왕국의 출현인데 그 중의 다섯은 망하였는바 그 다섯 왕국은 애굽, 앗수르, 바벨론, 바사(페르시아), 그리고 그리스(헬라)이며 하나는 로마로서 요한 사도 당시에 있었고

---

103) G. E. 래드(G. E. Ladd), *요한계시록*, 반즈 성경주석, pp. 292-293.

다른 하나는 아직 이르지 아니하였으나 이르면 반드시 잠시 동안 머물 것이다(10절). 그러나 이 또한 만족스럽지 못한 해석이다. 이 모든 해석은 로마의 멸망 후 수세기의 관점에서 조망된 것이며, 이 왕국들도 발흥, 멸망, 그리고 다른 것들로 대체된 나라들이기 때문이다. 좀 더 현대적인 이름들 가운데는 나폴레옹이나 히틀러, 스탈린 같은 사람들이 있다는 것을 언급하는 정도로 만족하자"고 주장한다.[104]

역사상의 여자 곧 큰 음녀(세속주의, 세상주의)는 일곱 머리(일곱 왕) 위에 건립되어 하나님을 대적해 왔고 앞으로 세워지는 적그리스도 위에 앉아서 하나님을 대적할 것이고 성도들과 복음 전도자들을 살해할 것이다.

**계 17:10. 또 일곱 왕이라 다섯은 망하였고 하나는 있고 다른 하나는 아직 이르지 아니하였으나 이르면 반드시 잠시 동안 머무르리라**(οἱ πέντε ἔπε-σαν, ὁ εἷς ἔστιν, ὁ ἄλλος οὔπω ἦλθεν, καὶ ὅταν ἔλθῃ ὀλίγον αὐτὸν δεῖ μεῖναι).

본 절의 주해를 위해서는 앞 절(9절)의 주해를 참조하라. 본 절의 "일곱 왕"이 누구냐를 밝히기 위해 혹자들은 로마의 왕들을 나열한다(Bousset, Charles, G. E. Ladd, Leon Morris, Poythress, 이상근).

그러나 앞 절(9절)의 주해와 같이 보는 것이 더 나을 것이다(윌럼 헨드릭슨, 왈부르드, 박윤선). 이유는 여자 곧 큰 음녀(세속주의, 세상주의)를 뒷받침하는 일곱 왕들이 로마 한 나라 왕들 만이라기보다는 세계 여러 나라 왕들과 제국들이라고 보는 것이 바를 것이기 때문이다. 윌럼 헨드릭슨은 "일곱 머리는 일곱 왕들, 즉 왕국을 상징한다...다섯은 망하였는데 이 다섯은 고대 바벨론, 앗수르, 신바벨론, 메대와 파사, 그리고 헬라-마게도냐이다. 여섯째는 로마이다. 일곱째는 아직 나타나지 않았다. 그러나

---

104) 필립 E. 휴즈, *요한계시록*, 여수룬 성경주석 시리즈. p. 209.

나타난다면 극히 짧은 기간 존재할 것이다. 여기의 강조점은 잠깐 동안 '계속하리라(ρϵμαιν)'는 말에 있다. 그러므로 이 일곱째 머리는 로마의 멸망과 그리스도의 재림 직전 사이에 교회를 박해하는 적그리스도의 마지막 제국인 모든 적그리스도적 정권의 집합을 말하지 않겠는가? 계시록의 말을 빌리면 이 전체의 복음 시대는 잠시 동안(11:2-3; 12:6, 14; 13:5 참조)"이라고 주장한다.[105) 왈부르드(Walvoord)는 여기 일곱 왕을 다니엘의 네 나라(단 2장; 7장; 바벨론, 파사, 헬라, 로마)와 결부시킨다. 그는 "다섯 왕은 애굽, 앗수르, 바벨론, 파사, 헬라 등이고 지금 있는(요한 당시 표준) 여섯째는 로마이고 장차 올 일곱째는 미래의 어떤 나라를 가리킨다"고 주장한다.[106) 이 견해가 로마 왕들 만이라고 해석하는 것보다는 더 합리적이라고 본다. 적그리스도는 망하나 망한 것이 아니다. 또 나타난다. 이 사실을 기억하며 성도들은 세상을 살 때 어떤 과정 속에서도 적그리스도 제국을 의지하여 살아서는 안 되고 어린양 되신 그리스도만을 바라보고 살아야 한다.

## 계 17:11. 전에 있었다가 지금 없어진 짐승은 여덟째 왕이니 일곱 중에 속한 자라 그가 멸망으로 들어가리라(καὶ τὸ θηρίον ὃ ἦν καὶ οὐκ ἔστιν καὶ αὐτὸς ὄγδοός ἐστιν καὶ ἐκ τῶν ἑπτά ἐστιν, καὶ εἰς ἀπώλειαν ὑπάγει).

본 절은 8절을 재설(再說)한 것인데 그 짐승은 "여덟째 왕이니 일곱 중에 속한 자라"는 설명이 덧붙여져 있다. 일곱 왕(10절) 다음에 나타날 왕이니 여덟째 왕이 되는 것이다. 그런데 그 여덟 번째 왕은 "일곱 중에 속한 자라"(ἐκ τῶν ἑπτά ἐστιν)고 말한다. 이를 다시 번역해보면 "일곱 가운데서 나온(ἐκ) 자라"[107)고 된다. "일곱 가운데서 나온(ἐκ) 자라"는 말은

---

105) 윌렴 헨드릭슨, 요한계시록, 헨드릭슨 성경주석, pp. 209-221.
106) 왈부르드(John F. Walvoord), 요한계시록 해석, 권명달 역, p. 375.
107) 본문 번역을 위해서는 KJV와 NKJV가 가장 정확하게 번역된 것 같다. KJV-"is of the seven."

사악하기가 일곱 중의 하나와 같다는 뜻이다. 일곱 중에 하나가 살아나온 듯 아주 악독하다는 것이다. 이 여덟째 왕은 인류 최후의 적그리스도가 될 것이다.

천사는 인류의 종말에 나타날 여덟째 왕이 "멸망으로 들어가리라"(goeth into perdition-KJV)고 말한다(8절). 그리스도에 의해 멸망될 것이란 말이다(19:19-21). 세상의 모든 적그리스도들은 하나도 예외 없이 그리스도에게 모두 패하고 만다는 것이 계시록의 증언이다. 우리는 세상이 어떻게 변질되든지 묵묵히 그리스도만을 바라보고 믿음으로 따라가야 할 것이다.

**계 17:12. 네가 보던 열 뿔은 열 왕이니 아직 나라를 얻지 못하였으나 다만 짐승과 더불어 임금처럼 한동안 권세를 받으리라**(καὶ τὰ δέκα κέρατα ἃ εἶδες δέκα βασιλεῖς εἰσιν, οἵτινες βασιλείαν οὔπω ἔλαβον, ἀλλὰ ἐξουσίαν ὡς βασιλεῖς μίαν ὥραν λαμβάνουσιν μετὰ τοῦ θηρίου).

천사는 일곱 머리(7절)에 관한 비밀을 8-11절에 설명해 놓았고, 이제는 열 뿔(7절)에 관한 비밀은 본 절부터 14절까지 설명한다.

천사는 요한에게 "네가 보던 열 뿔은 열 왕이라"고 말해준다(13:1; 단 7:20, 24; 슥 1:18-19, 21). 즉 '요한이 환상으로 보던 열 뿔은 실제로는 역사상에 나타날 열 왕이라'고 설명한다. 이 열 왕이 누구냐를 두고 몇 가지 제시된 견해들이 있다. 1) 로마의 열 황제를 지칭한다는 견해(갈바, 오토, 비델리우스를 포함한 열 왕들 혹은 더 낮은 왕들). 2) 재생한 네로가 동방에서 돌아올 때 이끌고 올 팔디아의 장군들이라는 견해. 3) 로마의 분봉 왕들이라는 견해. 4) 요한 사도를 중심하여 로마의 미래의 왕들일 것이라는 견해. 이 네 번째의 견해가 가장 타당할 것이다. 이유는 본문의 "아직 나라를 얻지 못하였다"는 말을 보면 열 왕들은 과거의 왕들이 아니라 미래의 왕들임에 틀림없다. 그런고로 이 열 왕은 종말에 나타날 왕으로 천사가 이미 언급한 여덟 왕을 제외한 또 다른 열 왕들일 것이다. 이들은 적그리스도를 지지할 왕들이다.

이들의 왕적 권위에 대해서 천사는 "짐승과 더불어 임금처럼 한동안 권세를 받으리라"고 말한다. 즉 '적그리스도와 더불어 임금처럼 한 동안만 권세를 얻을 것이라'는 뜻이다. 첫째, 그들은 홀로 서지 못하고 짐승의 지지를 받아서 왕 노릇할 것이다. 그들은 자기들 힘으로 왕의 역을 감당하는 것이 아니라 짐승 즉 적그리스도로부터 힘을 받아 왕의 역할을 감당하다가 짐승(적그리스도)이 망하면 동시에 그 왕적인 역할이 끝나게 되는 자들이다. 그리고 둘째, 그들은 아주 짧은 기간 동안 왕의 역할을 감당할 것이다. 본문의 "한 동안"이란 '아주 짧은 동안'을 뜻하는 말로 하나님 보시기에는 말할 것도 없고(하나님에게는 천년도 하루 같으시니 말이다) 사람들 보기에도 아주 짧은 기간 왕의 권세를 얻을 것이라는 뜻이다. 세상 왕들은 결코 자기 힘으로 서서 다스리는 것이 아니라 적그리스도로부터 권세를 받아 통치하는 것을 알 수 있다. 아무튼 사람은 사탄으로부터 힘을 받아 살거나 아니면 그리스도로부터 힘을 받아 산다. 우리는 그리스도만 의지하여 힘을 받아 살아야 한다.

**계 17:13. 그들이 한 뜻을 가지고 자기의 능력과 권세를 짐승에게 주더라**
(οὗτοι μίαν γνώμην ἔχουσιν καὶ τὴν δύναμιν καὶ ἐξουσίαν αὐτῶν τῷ θηρίῳ διδόασιν, These have one mind, and shall give their power and strength unto the beast-KJV).

천사는 "그들이 한 뜻을 가지고 자기의 능력과 권세를 짐승에게 주더라"고 말한다. 즉 '미래에 나타날 열 왕이 한 마음이 되어 그들이 가지고 있는 능력과 권세를 짐승에게 줄 것이라'고 한다. 적그리스도의 뒷받침을 받아 통치하는 세상의 왕들은 적그리스도를 중심으로 뭉쳐서 자기들의 통치 능력과 권세가 적그리스도로부터 온 것임을 알고 그들의 능력과 권세가 사탄으로부터 왔다고 인정하여 사탄에게 영광을 돌릴 것이다. 이렇게 힘을 뭉치다가도 그들은 또 한 때 완전히 와해되기도 하는데(16

절) 그것은 그리스도께서 그들을 흩으시면 여지없이 산산이 흩어진다.
세상은 뭉쳤다가 헤어지고 또 뭉쳤다가 흩어진다. 우리 성도들은 그리스
도 안에서 일심 단결해야 한다. 흩어지는 사람들은 사탄에게 속한 사람들
임을 알 수 있다.

**계 17:14. 그들이 어린 양과 더불어 싸우려니와 어린 양은 만주의 주시요
만왕의 왕이시므로 그들을 이기실 터이요 또 그와 함께 있는 자들 곧 부르심
을 받고 택하심을 받은 진실한 자들도 이기리로다**(οὗτοι μετὰ τοῦ ἀρνίου
πολεμήσουσιν καὶ τὸ ἀρνίον νικήσει αὐτούς, ὅτι κύριος κυρίων ἐστὶν
καὶ βασιλεὺς βασιλέων καὶ οἱ μετ᾽ αὐτοῦ κλητοὶ καὶ ἐκλεκτοὶ καὶ πιστοί,
These shall make war with the Lamb, and the Lamb shall overcome
them: for he is Lord of lords, and King of kings: and they that are with
him [are] called, and chosen, and faithful-KJV).

천사의 말은 본 절에서도 계속된다. 즉 "그들이 어린 양과 더불어 싸우려
니와 어린 양은 만주의 주시요 만왕의 왕이시므로 그들을 이기실 터이라"고
말한다(16:14; 19:19). '세상의 권력자인 많은 왕들이 어린 양과 전쟁을
벌일 것인데 어린 양 예수님은 만주의 주님이시고 또 만왕의 왕이시므로
세상의 왕들을 이기실 것이라'고 한다. 여기 "열 왕들이 어린 양과 더불어
싸운다"는 말은 대접 재앙 중 여섯째 대접 재앙과 연결되는 말이다(16:12-16
주해 참조; 19:11-21에 다시 언급됨). 종말의 지상의 권력자들은 사탄과
적그리스도로부터 힘을 받아 어린 양 그리스도에게 전쟁을 벌일 것인데[108]
결국은 패할 것이다. 그들이 멸망되는 광경은 19:11-21에 상세히 기록되어
있다. 본문의 "만주의 주시요 만왕의 왕"(19:16; 신 10:17; 딤전 6:15)이라는
말은 '예수님께서 세상의 무수한 주님이라고 일컬어지는 사람들을 완전히

---

108) 세상 왕들이 전쟁을 벌이는 방법은 예수님을 무시하고 기독교를 말살하려 할 것이고
또 때로는 "자기들의 잘 못된 교리를 가지고 어린 양의 영원한 아들 되심, 그의 성육신과
죄 없으신 생애, 그의 속죄의 부활, 그의 승천과 영화, 그리고 그의 인류의 구원자로서의 유일성을
공격하는 식"일 것이다(Philip E Hughes, 요한계시록, 여수룬 성경주석 시리즈, p. 272).

주장하시는 주님이시고 또 세상의 무수한 왕들(열 왕을 포함하는 말임)이라는 사람들 중의 왕'이시라는 뜻이다(19:16; 신 10:17; 단 2:47; 딤전 6:15). 이런 어린 양은 세상의 권력을 잡고 있는 왕들을 "이기실 것이다." 우리 주님이 이기신다는 이 말씀은 주를 믿고 따르는 우리에게 놀라운 위로가 아닐 수 없다.

그리고 천사는 예수님만 승리하시는 것이 아니라 "그와 함께 있는 자들 곧 부르심을 받고 택하심을 받은 진실한 자들도 이길 것이라"고 말한다(14:4; 렘 50:44-45). 즉 '예수님과 함께 있는 자들 곧 하나님으로부터 만세 전에 택함을 받고(엡 1:4; 벧전 1:2, 20) 하나님으로부터 예수님을 믿도록 부름을 받은, 진실한 자들 곧 모든 죄를 토하며 예수님을 믿는 성도들도 이길 것이라'고 한다(롬 8:28-39 주해 참조). 본문의 "예수님과 함께 있는 자들"이란 말은 '언제나 교회 중심의 삶을 사는 자들'을 지칭한다. 이유는 우리 성도들은 언제나 그리스도의 몸 된 교회 안에 있어야 하기 때문이다. 그리고 "진실한 자들"이란 '모든 죄를 토하며 예수님의 말씀을 믿는 성도들'이란 뜻이다. 죄를 회개하지 않고 예수님의 말씀을 그대로 받지 않는 사람들은 절대로 진실해질 수 없다. 그런고로 진실하다는 말은 믿는다는 말과 일맥상통한다.

우리는 그리스도 안에 있기 때문에 이긴다. 우리는 무엇에든지 이긴다. 우리는 세상에서 이기는 자들로 남을 것이다. 계시록은 위로의 책이다. 우리는 힘이 없어도 이긴다. 예수님이 우리의 힘이시기 때문이다. 우리는 아무런 모략이 없어도 이긴다. 예수님께서 우리의 모사이시기 때문이다. 그러므로 우리는 그리스도 예수 안에만 있으면 이긴다. 할렐루야!

### 3. 음녀의 멸망 17:15-18

요한은 앞(7-14절)에서는 주로 여자(큰 음녀)가 타고 있는 짐승에 대해 말하며 동시에 여자와 짐승의 관계를 기록했으나, 이제 이 부분(15-18절)에

서는 음녀가 짐승에게 멸망당하는 것을 기록한다. 요한은 음녀 곧 세속주의
가 멸망하는 것은 하나님께서 그렇게 시도하셨기 때문에 일어난 일이라고
기록한다.

**계 17:15. 또 천사가 내게 말하되 네가 본 바 음녀가 앉아 있는 물은 백성과
무리와 열국과 방언들이니라**(Καὶ λέγει μοι, Τὰ ὕδατα ἃ εἶδες οὗ ἡ πόρνη
κάθηται, λαοὶ καὶ ὄχλοι εἰσὶν καὶ ἔθνη καὶ γλῶσσαι).

천사의 말은 본 절에서도 계속된다. 천사는 요한에게 "네가 본 바 음녀가
앉아 있는 물은 백성과 무리와 열국과 방언들이라"고 말한다(5:9 주해참조;
17:1 주해 참조). 1절; 사 8:7; 렘 47:2 참조. 즉 요한이 환상으로 본바
음녀(세속주의)가 앉아 있는 물은 실제로는 "백성과 무리와 열국과 방언들이
라"고 한다(13:7). 여기 4라는 수는 세상의 수로서 '세상 백성들, 세상의
무리들, 세상의 열국들, 세상의 방언들'이란 뜻이다. 그러니까 요한이 환상으
로 본 물은 한 마디로 세상 백성들이란 뜻이다. 천사가 요한이 환상으로
본 물이 무엇인가를 요한에게 설명해 주는 이유는 아마도 아래 16절부터
18절까지의 진리를 말해주려는 뜻에서 일 게다. 물이 무엇인지를 알아야
다음 절들의 의미를 알게 된다.

**계 17:16. 네가 본 바 이 열 뿔과 짐승은 음녀를 미워하여 망하게 하고
벌거벗게 하고 그의 살을 먹고 불로 아주 사르리라**(καὶ τὰ δέκα κέρατα
ἃ εἶδες καὶ τὸ θηρίον οὗτοι μισήσουσιν τὴν πόρνην καὶ ἠρημωμένην
ποιήσουσιν αὐτὴν καὶ γυμνὴν καὶ τὰς σάρκας αὐτῆς φάγονται καὶ
αὐτὴν κατακαύσουσιν ἐν πυρί).

천사는 요한이 환상으로 보았던 열 뿔과 짐승이 합세하여 세상(세상주의,
세속주의)을 아주 망하게 할 것을 설명한다. 즉 "이 열 뿔과 짐승은 음녀를
미워하여 망하게 하고 벌거벗게 하고 그의 살을 먹고 불로 아주 사르리라"고
말한다(16:12; 렘 50:41-42). 여기 "열 뿔"이란 '세상의 왕들'을 지칭하고,

"짐승"은 '적그리스도'이고, "음녀"란 '세상'(세속주의, 세상주의)을 뜻하는
데 세상의 왕들과 적그리스도가 합세하여 큰 전쟁을 일으켜(복음을 거역하
는 전쟁을 일으켜) 결국 여자(세상)를 "미워하고 벌거벗게 하고 그의 살을
먹고 불로 아주 사르리라"는 것이다.

한때 세상 왕들과 적그리스도는 오랜 기간 동안 사이가 좋았던 여자(세
속주의, 세상주의)를 미워하고 벌거벗기고 살을 먹고 아주 불로 사르는
관계가 된 것은 하나님의 섭리 때문이었다(18:8, 16; 겔 16:37, 44). 세상의
모든 왕들과 적그리스도는 오랜 동안 여자(세상)를 좋아하고 여자를 뒷받
침해 왔는데 하나님의 섭리에 의하여 이들이 복음을 대적하는 전쟁(아마도
아마겟돈 전쟁일 것이다)을 일으켜 그만 여자(세상)를 아주 망하게 한
것이다. 그들(세상 왕들과 적그리스도)은 여자의 살을 먹을 것이고 아주
없애버릴 것이며 불사르고 말 것이다. 앞으로 세상은 이렇게 하여 망할
것이다. 이렇게 될 줄은 아무도 몰랐는데 천사가 우리에게 이 진리를 가르
쳐 주고 있다.

**계 17:17.** 이는 하나님이 자기 뜻대로 할 마음을 그들에게 주사 한 뜻을
이루게 하시고 그들의 나라를 그 짐승에게 주게 하시되 하나님의 말씀이
응하기까지 하심이라(ὁ γὰρ θεὸς ἔδωκεν εἰς τὰς καρδίας αὐτῶν ποιῆσαι
τὴν γνώμην αὐτοῦ καὶ ποιῆσαι μίαν γνώμην καὶ δοῦναι τὴν βασιλείαν
αὐτῶν τῷ θηρίῳ ἄχρι τελεσθήσονται οἱ λόγοι τοῦ θεοῦ, For God hath
put in their hearts to fulfil his will, and to agree, and give their kingdom
unto the beast, until the words of God shall be fulfilled-KJV).

본 절 초두에는 이유를 말하는 접속사(γὰρ)가 있어 앞 절과 같이 된
이유를 제공하고 있다. 즉 세계의 왕들과 적그리스도가 합세하여(16절)
복음을 대적하는 전쟁을 일으켜 결국 여자(세상)를 아주 망하게 한 것은
우연히 발생된 일이 아니고 "이는 하나님이 자기 뜻대로 할 마음을 그들에게
주사 한 뜻을 이루게 하시고 그들의 나라를 그 짐승에게 주게 하시기"

위함이었다는 것이다(살후 2:11). '하나님이 자기 뜻대로 할 마음을 왕들에게 주서서 한 뜻, 다시 말해 그들의 나라를 그 짐승에게 주게 하시기' 위함이었다는 것이다. 즉 '하나님께서 하나님의 뜻대로 할 마음을 세상 왕들에게 주서서 한 가지 뜻, 즉 왕들의 나라를 그 적그리스도에게 주게 하시기' 위함이었다는 것이다. 다시 말해 적그리스도의 힘을 강화하시기 위함이었다는 것이다.

천사는 언제까지 이렇게 되어야 할 것인가를 말한다. 즉 "하나님의 말씀이 응하기까지 하심이라"(until the words of God shall be fulfilled)는 것이다(10:7). 즉 적그리스도의 권세가 강화되어야 할 이유는 그렇게 되어야 하나님의 뜻이 이루어지게 된다는 것이다. 적그리스도의 권세가 강화되어야 하나님께서 적그리스도를 망하게 하시고 이 땅에 천국을 빨리 오게 하실 것이다. 그렇기에 적그리스도의 권세는 무한정 강화될 수 없고 오직 하나님의 말씀이 이루어질 때까지 만이다. 천국을 실현하실 때까지 만이다. 천국이 이 땅에 실현되면 더 이상 적그리스도의 권세를 강화할 필요가 없는 것이다.

세상일은 모두 하나님의 뜻에 의해 진행된다. 즉 하나님께서 원하시는 대로 일이 이루어져 가는 법이다. 세상 왕들도 하나님의 뜻을 이루는 도구가 되는 것이다. 세상 왕들이 세상을 멸망시키는 것이나 그들이 적그리스도를 강화시키는 것도 모두 하나님의 뜻대로 되어 가는 것이다. 오늘 우리도 하나님의 뜻을 이루는 도구가 되어야 할 것이다. 이제 가장 멋진 하나님의 나라가 이 땅에 이루어질 것이다.

**계 17:18. 또 네가 본 그 여자는 땅의 왕들을 다스리는 큰 성이라 하더라**(καὶ ἡ γυνὴ ἣν εἶδες ἔστιν ἡ πόλις ἡ μεγάλη ἡ ἔχουσα βασιλείαν ἐπὶ τῶν βασιλέων τῆς γῆς).

천사는 앞(16-17절)에서 세상의 왕들과 적그리스도의 합작으로 전쟁을 일으켜 망하게 된 여자(음녀)가 어떤 존재임을 본 절에서 말한다. 즉 "네가 본 그 여자는 땅의 왕들을 다스리는 큰 성이라"고 한다. 요한 사도가 환상 중에 보았던 그 여자(세속주의, 세상주의)는 "땅의 왕들을 다스리는 큰 성이라"는 것이다(12:4; 16:19). 대단한 존재라는 것이다. 곧 땅 위의 왕들을 다스리는 대도시라는 것이다. 여기 "다스리는"이란 말은 실제로 잘되게 통치한다는 뜻이 아니라 '통제하는,' '크게 영향을 끼치는,' '하나님을 저버리게 만드는'이라는 뜻이다. 세속주의(세상주의)는 땅의 왕들에게 크게 영향을 주어 하나님을 등지게 만드는 세상의 대도시라는 것이다. 요한 사도 시대에는 대도시가 로마였으나 시대에 따라 세상에는 엄청난 대도시들이 등장하게 되었다. 그 대도시들은 땅의 왕들에게 엄청난 영향을 주어 하나님을 등지게 만들어 왔다. 오늘 우리는 큰 음녀인 대도시들의 풍속을 본 받지 말고 그리스도만을 바라보므로 경건하게 살아야 할 것이다.

제 18 장

B. 바벨론에 대한 심판    18:1-19:10

대 심판(17:1-20:15)의 계시 중 제일 먼저 나타나는 서론적 계시인 17장은 "큰 음녀"(큰 바벨론, 5절)에 대한 계시였는데, 구체적으로 말해 17장은 큰 바벨론과 그의 휘하의 열 왕들의 관계를 밝혔을 뿐 아니라 큰 바벨론의 멸망으로 끝맺은 것을 묘사했는데, 본장의 환상도 역시 같은 바벨론의 멸망을 다루고 있다. 그러나 그 묘사는 전혀 다르다. 17장에서는 바벨론의 죄악상을 묘사하고 그 멸망의 원인을 밝혔으나 본 장에서는 그 멸망의 결과를 밝힌다.

본장은 세 음성(1절, 4절, 21절)이 등장하여 큰 바벨론의 멸망상과 그 결과를 밝히는데 세 음성 중 첫째(1-3절)는 큰 권세를 가진 천사가 나타나 바벨론이 멸망되었음을 선언하며 또 그 원인을 드러낸다. 그리고 둘째 음성은(4-20절) 예수님의 음성이신데 각 계급들의 애가를 소개하신다. 그리고 셋째 음성(21-24절)은 바벨론 멸망의 결과적인 모습을 드러내주고 있다.

1. 멸망 선언    18:1-8

계 18:1. 이 일 후에 다른 천사가 하늘에서 내려오는 것을 보니 큰 권세를 가졌는데 그의 영광으로 땅이 환하여지더라(Μετὰ ταῦτα εἶδον ἄλλον ἄγγελον καταβαίνοντα ἐκ τοῦ οὐρανοῦ ἔχοντα ἐξουσίαν μεγάλην, καὶ ἡ γῆ ἐφωτίσθη ἐκ τῆς δόξης αὐτοῦ).

본 절 초두의 "이 일 후에"란 새로운 환상이 시작된다는 것을 알리는 문구이다(7:1; 13:1; 14:1; 15:1, 5 등). 본문의 "다른 천사"란 말은 17:1의

천사와는 다른 천사란 뜻이다. 요한은 다른 천사가 "하늘에서 내려오는
것을 보니 큰 권세를 가졌는데 그의 영광으로 땅이 환하여지더라"고 말한다.
여기 "큰 권세"란 '큰 힘'이란 뜻으로 천사는 그 큰 힘을 하나님께로부터
받았다. 그 천사는 큰 힘을 가지고 바벨론을 멸망시키려는 것이 아니고
바벨론이 멸망했음을 큰 음성으로 외친다. 사람도 하나님께 가까이 있으면
큰 힘을 받을 수 있다(마 10:1 참조).

요한은 천사의 "영광으로 땅이 환하여졌다"고 말한다(겔 43:2). 천사의
영광은 자체의 영광이 아니라 하나님으로부터 파송을 받았기에 갖게 된
영광이었다(겔 43:2 참조). 천사의 영광으로 땅이 환하여진 것은 암흑천지인
바벨론을 깨뜨리시는 심판의 선언이기도 하다.

**계 18:2. 힘찬 음성으로 외쳐 이르되 무너졌도다 무너졌도다 큰 성 바벨론이
여 귀신의 처소와 각종 더러운 영이 모이는 곳과 각종 더럽고 가증한 새들이
모이는 곳이 되었도다**(καὶ ἔκραξεν ἐν ἰσχυρᾷ φωνῇ λέγων, Ἔπεσεν ἔπε-
σεν Βαβυλὼν ἡ μεγάλη, καὶ ἐγένετο κατοικητήριον δαιμονίων καὶ φυ-
λακὴ παντὸς πνεύματος ἀκαθάρτου καὶ φυλακὴ παντὸς ὀρνέου ἀκα-
θάρτου ((καὶ φυλακὴ παντὸς θηρίου ἀκαθάρτου)) καὶ μεμισημένου).
요한은 하늘에서 내려온 천사가 외친 내용을 기록한다. 천사는 "힘찬
음성(ἰσχυρᾷ φωνη)으로 외쳐 이르되 무너졌도다 무너졌도다 큰 성 바벨론
이여"라고 외친다(14:8; 사 13:19; 21:9; 렘 51:8). 천사는 큰 힘이 있었기에(1
절) '힘찬 음성으로 외쳐 말하기를 무너졌도다 무너졌도다 큰 성 바벨론이
여!'라고 외쳤다. 큰 성 바벨론이 아직 무너지지 않았는데 무너졌다고 과거
동사로 외친 것은 무너질 것이 너무 확실하니 과거 동사로 외친 것이다.
그리고 두 번 외친 것 역시 무너질 것이 너무 확실하니 무너졌다고 외쳤다(창
41:32). 사 21:9 참조. 바벨론을 "큰 성"이라고 말한 것을 위해서는 11:8의
주해를 참조하라. "바벨론"이 무슨 뜻인가에 대해서는 14:8의 주해를 참조하
라. "바벨론"은 세계의 어느 한 곳을 지칭하는 것이 아니라 불신 대도시를

지칭하는 말이다. 앞으로 세상은 무너질 것이라는 뜻으로 바벨론이 무너졌다고 외친 것이다.

그리고 천사는 "귀신의 처소와 각종 더러운 영이 모이는 곳과 각종 더럽고 가증한 새들이 모이는 곳이 되었도다"라고 외친다(사 13:21; 14:23; 21:8; 34:11, 14; 렘 50:39; 51:37; 막 5:2-3). 천사는 바벨론이 무너질 수밖에 없는 이유를 세 가지로 말한다. 첫째, 바벨론은 "귀신의 처소"이기 때문에 무너진다는 것이다. 바벨론은 사람이 살 수 없는 곳이 되었고 귀신만이 거주하는 소굴이란 뜻이다(막 5:1-3). 둘째, 바벨론은 "각종 더러운 영이 모이는 곳"이었기 때문에 무너진다는 것이다. 셋째, 바벨론은 "가증한 새들이 모이는 곳이 되었기" 때문에 무너진다는 것이다(사 13:21-22; 34:14-15; 렘 50:39-40; 51:37; 습 2:14). 이 세 가지 이유는 결국 한 가지이다. 다시 말해 "귀신," "더러운 영," "새"는 똑같은 것을 지칭한다. 본문에서 "새"는 악령을 상징한다(마 13:19). "모이는 곳"(φυλακή)이란 말은 "옥"(獄)이라는 뜻이다(행 5:21; 벧전 3:19). 우리는 앞으로의 세상이 무너질 것을 기억하여 이 세상을 바라보지 말고 주님만을 바라보고 살아야 한다.

계 18:3. 그 음행의 진노의 포도주로 말미암아 만국이 무너졌으며 또 땅의 왕들이 그와 더불어 음행하였으며 땅의 상인들도 그 사치의 세력으로 치부하였도다 하더라(ὅτι ἐκ τοῦ οἴνου τοῦ θυμοῦ τῆς πορνείας αὐτῆς πέπωκαν πάντα τὰ ἔθνη καὶ οἱ βασιλεῖς τῆς γῆς μετ' αὐτῆς ἐπόρνευσαν καὶ οἱ ἔμποροι τῆς γῆς ἐκ τῆς δυνάμεως τοῦ στρήνους αὐτῆς ἐπλούτησαν).

본 절 초두에는 이유접속사(ὅτι)가 나타나 바벨론(세상)이 망하는(2절) 이유를 본 절이 제공하고 있다. 바벨론(세상, 세속주의)이 망하는 이유는 첫째, "그 음행의 진노의 포도주로 말미암아 만국이 무너졌기" 때문이라고 한다(14:8; 17:2). 바벨론(세상주의, 세속주의)은 음행의 포도주를 "만국"에게 공급해서 만국으로 하여금 무너지게 했다(14:8 주해 참조). 유사 이래 세속주의는 만국으로 하여금 음행하게 했고 동시에 진노의 포도주를 제공했다. 그래서 이제 바벨론(이 세상)은 망할 수밖에 없다. 둘째, "땅의 왕들이 그와 더불어 음행하였기" 때문이라고 한다. 만국만 아니라 만국을 통치하는 왕들도 세속주의와 더불어 음행했기 때문에 결국 세속주의를 제공한 바벨론 (세상)은 망하게 되었다는 것이다. 셋째, "땅의 상인들도 그 사치의 세력으로 치부하였기" 때문이라고 한다(11절, 15절; 사 47:15). 만국 중에 특별히 상인들이 세상에 있는 사치의 권세로 부자가 되었기 때문에 세상은 망하게 된 것이다. 세속주의는 모든 사람들과 왕들, 그리고 모든 상인들로 하여금 세상과 짝하게 했고 세상의 사치의 권세로 치부하게 하였기에 그로 인해 세상을 망하도록 했다. 세상은 백성들과 왕들, 그리고 상인들에게 음행을 제공했기에 망하게 되었으며 또한 세상이 망할 때 만국도 망하게 되었고 왕들도 망하게 되었으며 상인들도 망하게 된 것이다. 이 말씀을 믿음으로 우리는 세속주의를 참으로 경계해야 한다. 물질과 명예, 그리고 세상의 음란 한 삶을 아주 경계하고 주님만 바라보아야 한다.

**계 18:4. 또 내가 들으니 하늘로부터 다른 음성이 나서 이르되 내 백성아, 거기서 나와 그의 죄에 참여하지 말고 그가 받을 재앙들을 받지 말라**(Καὶ ἤκουσα ἄλλην φωνὴν ἐκ τοῦ οὐρανοῦ λέγουσαν, Ἐξέλθατε ὁ λαός μου ἐξ αὐτῆς ἵνα μὴ συγκοινωνήσητε ταῖς ἁμαρτίαις αὐτῆς, καὶ ἐκ τῶν πληγῶν αὐτῆς ἵνα μὴ λάβητε).

요한 사도가 들은 음성이 또 하나 있었다. 요한은 "하늘로부터 다른 음성이 나서 이르되 내 백성아, 거기서 나와 그의 죄에 참여하지 말고 그가 받을 재앙들을 받지 말라"는 음성을 듣는다(사 48:20; 52:11; 렘 50:8; 51:6, 45; 고후 6:17). "하늘로부터 들려온 다른 음성"이 누구의 음성이냐를 두고 견해가 갈린다. 1) 하나님의 음성이라는 견해. 5절이나 8절을 보면 하나님의 음성은 아니다("하나님은 그의 불의한 일을 기억하신지라"(5절)는 말씀을 하나님께서 하셨겠는가? 그리고 "그를 심판하시는 주 하나님은 강하신 자이 심이라"(8절)는 말씀을 하나님께서 하셨겠는가?). 2) 그리스도의 음성이라는 견해(Charles, Leon Morris). 3) 천사의 음성이라는 견해. 천사의 음성은 아니다. 이유는 본 절에 "내 백성아"라는 말을 천사가 하지는 않았을 것이다. 위의 셋 중에서 "하늘로부터 들려온 다른 음성"은 '그리스도의 음성'이라고 보는 것이 타당하다.

그리스도께서는 두 가지를 말씀하신다. 하나는 "내 백성아, 거기서 나와 그의 죄에 참여하지 말라"는 음성이다. 즉 '바벨론(세속주의)에서 나와서 세속주의의 죄에 참여하지 말라'는 것이다. 이 음성이야말로 성도들에게 살 길이다. 하나님은 역사상에서 이런 말씀을 종종 하셨다. 하나님은 아브라함을 갈대아에서 불러내셨고(창 12:1), 롯을 소돔과 고모라의 멸망구덩이에서 이끌어내셨으며(창 19:12-14), 선민들을 고라, 다단, 아비람의 당에서 불러내셨고(민 16:23-26), 이스라엘을 바벨론으로부터 나오라 하셨다(사 48:20; 렘 51:6). 하나님은 신약 시대에도 끊임없이 성도들에게 세상에서 나오라고 하신다(고후 6:14-7:1; 딤전 5:22). 우리는 세상으로부터 재빨리 빠져 나와야 한다. 빠져나오는 방법은 기도이다. 우리는 하나님께 세상 죄로부터 빠져나오게 해달라고 기도해야 한다. 그러면 하나님의 힘으로 빠져나오게 된다. 우리는 세상 죄들로부터 빠져나온 다음 또 다시 세상 죄들에 참여하지 말아야 한다(엡 5:11; 딤전 5:22).

그리고 또 하나는 "그가 받을 재앙들을 받지 말라"는 것이다. 즉 '바벨론(세상)은 반드시 재앙을 받을 터인데 세상에서 빠져나와 재앙들을 받지 말라'는 음성이다(렘 50:8; 51:6, 45). 수억 창생들이 앞으로 바벨론(이 세상)이 망할 때 함께 불탈 것이다. 우리는 그 재앙들을 받지 말아야 한다.

**계 18:5. 그의 죄는 하늘에 사무쳤으며 하나님은 그의 불의한 일을 기억하신 지라**(ὅτι ἐκολλήθησαν αὐτῆς αἱ ἁμαρτίαι ἄχρι τοῦ οὐρανοῦ καὶ ἐμνημόνευσεν ὁ θεὸς τὰ ἀδικήματα αὐτῆς, For her sins have reached unto heaven, and God hath remembered her iniquities-KJV).

본 절은 초두에 이유를 말하는 접속사(ὅτι)가 있어 세상이 앞 절(4절)

처럼 재앙을 받게 되는 이유를 제공한다. 바벨론(이 세상)이 재앙을 받을
터인데(4절) 그 이유는 "그의 죄는 하늘에 사무쳤으며 하나님은 그의
불의한 일을 기억하셨기" 때문이다(창 18:20, 21; 렘 51:9; 욘 1:2). '바벨론
(이 세상)의 죄들은 하늘에 사무쳤기 때문이며 또 하나님께서 이 세상의
불의한 일들을 기억하셨기'(16:19) 때문이라는 것이다. 죄들이 하늘에
사무쳤다는 표현은 바벨론이 지은 죄들이 너무 많아 분량이 가득 찼다는
뜻이다(렘 51:9). 창 6:11 참조. 그러므로 하나님께서는 그러한 바벨론의
죄악들을 기억하셨기 때문에(16:19 주해 참조) 세상은 망할 수밖에 없다는
것이다.

**계 18:6.** 그가 준 그대로 그에게 주고 그의 행위대로 갑절을 갚아 주고
그가 섞은 잔에도 갑절이나 섞어 그에게 주라(ἀπόδοτε αὐτῇ ὡς καὶ αὐτὴ
ἀπέδωκεν καὶ διπλώσατε τὰ διπλᾶ κατὰ τὰ ἔργα αὐτῆς, ἐν τῷ ποτηρίῳ
ᾧ ἐκέρασεν κεράσατε αὐτῇ διπλοῦν, Render to her as she herself has
rendered, and repay her double for her deeds; mix a double draught for
her in the cup she mixed-RSV).

   본 절은 바벨론(이 세상)이 완전히 멸망할 것을 선포한다. 본 절에서
말하고 있는 음성은 여전히 그리스도이시다. 그리고 명령을 받는 것도 여전
히 성도들이다(2인층 복수). 성도들이 세상의 박해를 받았으니 세상에 보응
을 가하는 것도 성도들의 손으로 하는 것으로 되어 있다. 물론 실제적으로는
그리스도께서 심판하시든지 아니면 천사들을 통해서 심판을 집행하시겠지
만 그리스도께서 성도들의 손을 통하여 심판하시는 것 같이 명령하신다.
즉 "그가 준 그대로 그에게 주고 그의 행위대로 갑절을 갚아 주고 그가
섞은 잔에도 갑절이나 섞어 그에게 주라"고 하신다(13:10; 시 137:8; 렘
50:15, 29; 51:24, 49; 딤후 4:14). "그가 준 그대로 그에게 주라"는 말씀은
'이 세상이 성도들을 박해한 대로 세상에 대해 보응하라'는 것이다(렘
50:29). 이 세상은 성도들에게 수많은 박해를 가했다. 그런고로 그에 대한

적절한 벌을 세상 또한 받아야 한다는 것이다(마 5:38).

그리고 "그의 행위대로 갑절을 갚아 주고 그가 섞은 잔에도 갑절이나 섞어 그에게 주라"고 명령하신다(14:8, 10; 17:3). "갑절을 갚아주라"는 명령은 아주 '심하게 보응하라,' '극대하게 벌하라'는 뜻이다(시 137:8). 출 22:4, 7, 9; 사 40:2; 렘 16:18; 17:18; 슥 9:12 참조. 본문의 "그가 섞은 잔"(the cup she mixed-RSV)이란 '바벨론(이 세상 세속주의)이 쏟아 부은 잔'이란 뜻으로 바벨론이 포도주 잔에다 다른 것을 섞어서 사람들로 하여금 아주 빨리 취하게 했다는 뜻이다(14:10; 16:19). 그런고로 그리스도께서 명령하시기를 "갑절이나 섞어주라"고 하신다. 세속주의는 여러 가지를 섞어서 세상 사람들로 하여금 빨리 취하게 만들어서 빨리 망하게 했으니 이 세상도 그에 합당하게 벌을 받아야 한다.

**계 18:7.** 그가 얼마나 자기를 영화롭게 하였으며 사치하였든지 그만큼 고통과 애통함으로 갚아 주라 그가 마음에 말하기를 나는 여왕으로 앉은 자요 과부가 아니라 결단코 애통함을 당하지 아니하리라 하니(ὅσα ἐδόξασεν αὐτὴν καὶ ἐστρηνίασεν, τοσοῦτον δότε αὐτῇ βασανισμὸν καὶ πένθος. ὅτι ἐν τῇ καρδίᾳ αὐτῆς λέγει ὅτι Κάθημαι βασίλισσα καὶ χήρα οὐκ εἰμὶ καὶ πένθος οὐ μὴ ἴδω).

그리스도께서는 이 세상이 자기를 영화롭게 하고 또 사치한 그 정도만큼 이 세상에 고통을 안겨주고 또 애통을 느끼도록 갚아주라고 하신다. 이 세상이 "자기를 영화롭게 하였으며 사치했다"는 말은 '자기만을 영화롭게 하고 또 극도로 방탕하게 살았다'는 뜻이다(겔 28:2). 이 세상은 아주 이기적으로 살아서 자기를 영화롭게 할뿐 아니라 극도로 방탕하게 아무렇게나 살았다. 그렇기 때문에 그리스도께서는 그런 세상으로 하여금 고통을 당하게 하고 애통하게 하라고 명령하신다.

세속인들은 마음속으로 말하기를(마음속 깊이 자리 잡은 말이다) "나는 여왕으로 앉은 자요 과부가 아니라 결단코 애통함을 당하지 아니하리라"고 했다(사 47:7-8; 습 2:15). 다시 말해 자신들은 최고의 사람들, 누구든지 자기들을 괴롭힐 사람들이 없는 사람들인 줄 알았고 절대로 누구한테도 해를 받을 일이 없을 것이라고 장담했다. 아주 큰 안정감을 가지고 살아갔고 행복의 상태가 계속될 것이라는 생각에 취해 있었다(눅 16:19-31; 사 47:7-11 참조). 그런고로 최고의 방탕아가 된 세속인들에게는 기가 막힌 재앙들이 닥쳐올 것이라고 그리스도께서 말씀하신다(다음 절).

**계 18:8. 그러므로 하루 동안에 그 재앙들이 이르리니 곧 사망과 애통함과 흉년이라 그가 또한 불에 살라지리니 그를 심판하시는 주 하나님은 강하신 자이심이라**(διὰ τοῦτο ἐν μιᾷ ἡμέρᾳ ἥξουσιν αἱ πληγαὶ αὐτῆς, θάνατος καὶ πένθος καὶ λιμός, καὶ ἐν πυρὶ κατακαυθήσεται, ὅτι ἰσχυρὸς κύριος ὁ θεὸς ὁ κρίνας αὐτήν).

"그러므로"(διὰ τοῦτο) 즉 '결단코 애통함을 당하지 아니하리라고 하므로'(앞 절) "하루 동안에 그 재앙들이 이를 것이라"고 하신다(10절; 사 47:9). 앞 절의 "결단코"란 말과 본 절의 "하루 동안에"란 말은 강하게 대조되고 있다. 절대로 재앙을 당하지 아니할 것이라고 생각했는데 그와는 전혀 반대로 "하루 동안에" 갑작스럽게 재앙들이 임한다는 것이다. 하루 동안에 네 가지 즉 "사망과 애통함과 흉년과 불에 살라지는 것"이 이를 것이라는 말이다(17:16). 하루 안에 죽는 사람도 생기고 애통하는 일도 생기며 흉년을 맞이하며 또 불에 살라지는 일도 발생할 것이라고 한다. 참으로 기가 막힌 재앙들이다. 재앙들이 놀랍게 몰려옴을 보여준다.

위와 같은 재난들이 몰려올 수 있는 이유는 "그를 심판하시는 주 하나님은 강하신 자이기"(ὅτι-이유를 말하는 접속사) 때문이라고 한다(11:17; 렘 50:34). 하나님은 전능하신 분이기 때문에 하루 동안에 많은 재앙을 주실 수 있으신 분이시다. 하나님 앞에 큰 소리 칠 개인이 있으며 국가가 있겠는가? 모두 잠잠해야 할 뿐이다.

2. 바벨론 애가  18:9-20

앞 선 부분(1-8절)은 바벨론(세상, 세속주의)의 멸망에 대한 선언이었는
데 이제 이 부분(9-20절)에서는 바벨론이 멸망한 것을 보고 세 계급의 애가가
나온다. 첫째, 왕들(9-10절), 둘째, 상인들(11-17a), 셋째, 선인(船人)들
(17b-20절)의 애가(哀歌)이다. 이 세 계급은 세상주의 속에서 함께 살았기에
멸망도 함께 당해야 하는 계급들이다.

**계 18:9. 그와 함께 음행하고 사치하던 땅의 왕들이 그가 불타는 연기를
보고 위하여 울고 가슴을 치며**(Καὶ κλαύσουσιν καὶ κόψονται ἐπ᾽ αὐτὴν
οἱ βασιλεῖς τῆς γῆς οἱ μετ᾽ αὐτῆς πορνεύσαντες καὶ στρηνιάσαντες,
ὅταν βλέπωσιν τὸν καπνὸν τῆς πυρώσεως αὐτῆς).

그리스도께서는 "그(세상)와 함께 음행하고 사치하던 땅의 왕들이 그가
불타는 연기를 보고 위하여 울고 가슴을 칠 것이라"고 하신다(3절; 17:2;
겔 26:16-17). 이 땅의 왕들(이 세상 영광, 명예, 지위, 권세 등을 탐하는
사람들은 다 이 부류에 속한다)은 세상과 함께 음란하게 살았고 극도로
사치하게 살았기에 세상이 불타는 것을 보고 울고 또 울고 가슴을 칠 것이다
(18절; 19:3; 렘 50:46). 다시 말해 세상에서 세상과 짝하며 함께 음란하게
그리고 극도로 사치하게 살던 모든 왕족들은 이제 세상이 불타는 연기를
보고 이로 인해 울며 가슴을 치는 날이 올 것이다.

**계 18:10. 그의 고통을 무서워하여 멀리 서서 이르되 화 있도다 화 있도다
큰 성, 견고한 성 바벨론이여 한 시간에 네 심판이 이르렀다 하리로다**(ἀπὸ
μακρόθεν ἑστηκότες διὰ τὸν φόβον τοῦ βασανισμοῦ αὐτῆς λέγοντες,
Οὐαὶ οὐαί, ἡ πόλις ἡ μεγάλη, Βαβυλὼν ἡ πόλις ἡ ἰσχυρά, ὅτι μιᾷ ὥρα
ἦλθεν ἡ κρίσις σου).

땅에서 왕 노릇하며 또 왕족처럼 호화스럽게 그리고 극도로 사치스럽게
살아가던 사람들이 세상이 불타는 무시무시한 광경을 보고 무서워하며 거리

를 두고 "화 있도다 화 있도다 큰 성, 견고한 성 바벨론이여 한 시간에
네 심판이 이르렀다"고 외칠 것이라는 것이다(17절, 19절; 14:8; 사 21:9).
즉 '화가 임했구나, 화가 임했구나, 큰 성 튼튼해 보였던 성 바벨론(이 세상)이
여 단숨에 네 심판이 이르렀구나'라고 외칠 것이다(8절 주해 참조; 사 5:8,
11, 20). 땅의 왕들이 일찍이 세상이 이처럼 불탈 줄 알았더라면 얼마나
좋았을까. 일찍이 알았더라면 회개하고 바르게 살았을 터인데 이제 늦게
세상이 불탈 때에야 알았으니 심히 늦은 것이 아닌가? 이제는 아무 소망이
없이 되고 만 것이다.

**계 18:11.** **땅의 상인들이 그를 위하여 울고 애통하는 것은 다시 그들의**
**상품을 사는 자가 없음이라**(Καὶ οἱ ἔμποροι τῆς γῆς κλαίουσιν καὶ πεν-
θοῦσιν ἐπ' αὐτήν, ὅτι τὸν γόμον αὐτῶν οὐδεὶς ἀγοράζει οὐκέτι).

　　바벨론(이 세상)이 불타기 때문에 둘째로 애통하는 무리는 땅의 상인들
이다. 땅의 상인들이 바벨론(이 세상)을 위하여 울고(큰 소리로 울부짖는
것을 말한다) 애통하는(현재 동사) 이유는 "다시 그들의 상품을 사는 자가
없기" 때문이라고 한다. 상인들의 애통함은 세상이 불타 멸망하는 것이
안타깝고 슬퍼서 라기 보다는  세상이 불타 없어지면 자기들의 사업이 망하
기 때문이다(3절; 겔 27:12-25, 26, 36). 상인들은 자기들을 위하여 이기심에
서 울고 애통하고 있는 것이었다.

**계 18:12-13.** **그 상품은 금과 은과 보석과 진주와 세마포와 자주 옷감과**
**비단과 붉은 옷감이요 각종 향목과 각종 상아 그릇이요 값진 나무와 구리와**
**철과 대리석으로 만든 각종 그릇이요 계피와 향료와 향과 향유와 유향과**
**포도주와 감람유와 고운 밀가루와 밀이요 소와 양과 말과 수레와 종들과**
**사람의 영혼들이라**(γόμον χρυσοῦ καὶ ἀργύρου καὶ λίθου τιμίου καὶ μαρ-
γαριτῶν καὶ βυσσίνου καὶ πορφύρας καὶ σιρικοῦ καὶ κοκκίνου, καὶ πᾶν
ξύλον θύϊνον καὶ πᾶν σκεῦος ἐλεφάντινον καὶ πᾶν σκεῦος ἐκ ξύλου

τιμιωτάτου καὶ χαλκοῦ καὶ σιδήρου καὶ μαρμάρου, καὶ κιννάμωμον καὶ ἄμωμον καὶ θυμιάματα καὶ μύρον καὶ λίβανον καὶ οἶνον καὶ ἔλαιον καὶ σεμίδαλιν καὶ σῖτον καὶ κτήνη καὶ πρόβατα, καὶ ἵππων καὶ ῥεδῶν καὶ σωμάτων, καὶ ψυχὰς ἀνθρώπων).

이 부분(12-13절)에 기록된 상품들은 29가지이고 종류별로 나누면 7종으로 나눌 수 있다. 이 상품들은 상인들이 바벨론(이 세상)에 보급하던 상품들인데 요한은 이제는 더 이상 살 사람이 없는 상품을 기록해 본 것이다. 겔 27장 참조.

첫째 종류는 귀금속들이다. "금", "은", "보석", "진주"이다(17:4).

둘째 종류는 의류이다. "세마포", "자주 옷감", "비단", "붉은 옷감"이다. 막 15:17; 눅 16:19 참조.

셋째 종류는 실내 장식품들이다. "각종 향목", "각종 상아 그릇", "값진 나무와 구리와 철과 대리석으로 만든 각종 그릇"이다.

넷째 종류는 향유 종류이다. "계피", "향료", "향", "향유", "유향"이다. "계피"는 중국이나 인도 등에서 생산되는 나무껍질이며 향료이다. "향료"는 역시 동방에서 나는 식물의 종자에서 빼낸다. "향"은 향단에 피우는 것이고, "향유"는 향료를 섞은 기름이며, "유향"은 아라비아산의 나무 기름으로 예배에 사용했다(마 2:11 참조).

다섯째 종류가 식료품들이다. "포도주", "감람유", "고운 밀가루", "밀"이다.

여섯째 종류가 가축과 차량들이다. "소", "양", "말", "수레"이다.

일곱째 종류가 노예이다. "종들" "사람의 영혼들"이다(겔 27:13). 이 두 낱말을 다시 번역해 보면 "몸들과 사람들의 혼들"이라고 번역된다. 이 두 낱말은 같은 말의 되풀이다. 이 두 가지는 다 같이 노예를 지칭하며(겔 27:13 참조) 사람이 상품 취급되었고 앞으로도 상품 취급될 것을 시사한다. 당시 세계의 왕들은 '사람의 영혼들'도 거래했는데 앞으로도 사람을 거래할 것이다. 이 모든 것들이 없어질 때 거래하던 상인들의 슬픔은 클 것이다.

**계 18:14.** **바벨론아 네 영혼이 탐하던 과일이 네게서 떠났으며 맛있는 것들과 빛난 것들이 다 없어졌으니 사람들이 결코 이것들을 다시 보지 못하리로다** (καὶ ἡ ὀπώρα σου τῆς ἐπιθυμίας τῆς ψυχῆς ἀπῆλθεν ἀπὸ σοῦ, καὶ πάντα τὰ λιπαρὰ καὶ τὰ λαμπρὰ ἀπώλετο ἀπὸ σοῦ καὶ οὐκέτι οὐ μὴ αὐτὰ εὑρήσουσιν, "The fruit for which thy soul longed has gone from thee, and all thy dainties and thy splendor are lost to thee, never to be found again!"-RSV, 네가 마음속으로 탐하던 실과가 네게서 사라지고, 온갖 화려하고 찬란한 것들이 네게서 없어졌으니, 다시는 아무도 그런 것들을 찾아볼 수 없을 것이다-표준 새 번역).

바벨론(세상)을 향한 탄식은 19절까지 계속된다. 본 절 초두의 "바벨론아"라는 말은 헬라어 본문에는 없는 말이다. 그러나 문맥을 살피면 "바벨론아"라는 말을 써넣어도 된다. 이유는 본문은 바벨론("네," "네게서")을 향한 말이기 때문이다.

혹자들은 본 절이 이곳에 있어서는 안 되고 혹은 21절 이후에 있어야 한다고 하고 또 혹은 23절 이후에 있어야 한다고 주장하나, 이곳에 위치해 있어도 아무런 문제가 없다. 다시 말해 21절 이후에 있어도 되고 23절 이후에 있어도 의미상으로 아무런 문제가 없으나 이곳에 있어도 의미상 아무런 문제가 없으니 원래부터 이곳에 있었을 것으로 보아야 한다.

본 절은 바벨론이 원하던 모든 것들이 간데없이 사라졌다는 뜻이다. 다시 말해 12절과 13절에 기록되어 있는 모든 상품들이 몽땅 사라졌다는 탄식이다. 즉 "네 영혼이 탐하던 과일이 네게서 떠났으며 맛있는 것들과 빛난 것들이 다 없어졌으니 사람들이 결코 이것들을 다시 보지 못 하리로다"라는 탄식이다. 본 절에 기록된 "과일"이란 말, "맛있는 것들"이란 말, "빛난 것들"이란 말은 12-13절에 기록된 모든 상품들을 포함하는 말이다.

바벨론의 "영혼이 탐하던 과일"이란 '세상 사람들이 욕심내던 과일'이란 뜻이다. 그리고 "없어졌다"(ἀπῆλθεν)는 말은 부정(단순)과거 시제로 동사 자체가 강조되어 '단번에 사라지고 말았다'는 뜻이다. 그리고 "맛있는 것들과 빛난 것들이 다 없어졌다"는 말은 '기름기 있는 음식들(살찌게 하는 음식들)과 빛난 것들(옷들과 장식품들)이 다 없어졌다'는 뜻이다. "없어졌다"(ἀπώλετο)는 말도 부정(단순)과거 시제로 '단번에 싹없어졌다'는 뜻으로 바벨론(세상)이 불타는 동안 흔적도 없이 사라졌다는 뜻이다. 그래서 "사람들이 결코 이것들을 다시 보지 못 하리로다"고 말한다. 여기 "보지 못 하리로다"(μὴ...εὑρήσουσιν)란 말은 미래 시제로 '앞으로 보지 못할 것이라'는 뜻이다. 세인들에게는 참으로 비참한 탄식이 아닐 수 없다. 세상 사람들은 사실 세상 것들 때문에 사는 것이 아닌가?

**계 18:15. 바벨론으로 말미암아 치부한 이 상품의 상인들이 그의 고통을 무서워하여 멀리 서서 울고 애통하여**(οἱ ἔμποροι τούτων οἱ πλουτήσαντες ἀπ' αὐτῆς ἀπὸ μακρόθεν στήσονται διὰ τὸν φόβον τοῦ βασανισμοῦ αὐτῆς κλαίοντες καὶ πενθοῦντες).

본 절은 바벨론(세상) 때문에 돈을 모은 상인들이 불타는 세상을 보고 자기들도 함께 불 탈까보아 멀리 서서 울고 애통하고 있는 모습을 묘사한다 (3절, 11절). 이는 10절의 왕들의 애가와 방불케 한다. "바벨론으로 말미암아 치부했다"는 말은 '세상 사람들이 세마포 옷과 자주 옷과 붉은 옷을 입고 금과 보석과 진주로 꾸미기(다음 절) 때문에 그 덕에 돈을 모았다'는 뜻이다. 상인들은 사실 세상 사람들이 호화로운 옷을 입고 사치한 장식품을 차고 맛있는 것들을 탐하기 때문에 치부하는 것이다. 만일 세상 사람들이 아주 경건하게 또 아주 절제하면서 산다면 돈을 모으기가 쉽이 않은 것이 현실이다.

상인들은 12-13절에 기록된 상품들을 세상 사람들에게 팔아서 돈을 벌었기에 "그(바벨론)의 고통을 무서워하여 멀리 서서 울고 애통할 것이라"고 한다. 상인들은 세상이 불탈 때 당하는 고통을 무서워하여 멀리 설 것이다.

그들은 세상이 불탈 때 불을 끄려 하거나 혹은 불타는 세상을 위로하기 위해 울고 애통하는 것이 아니라 자기들도 함께 휩싸여 불탈까봐 멀리 서서 울고 애통할 것이다. 우리는 세상에서 사업을 해도 세상 사람들의 영육의 유익을 생각하면서 사업을 해야 한다. 우리는 하나님의 영광을 위해서 모든 일을 수행해야 한다. 돈만 벌려는 생각으로 일을 하면 무서운 날을 맞이할 것이다.

**계 18:16.** 이르되 화 있도다 화 있도다 큰 성이여 세마포 옷과 자주 옷과 붉은 옷을 입고 금과 보석과 진주로 꾸민 것인데(λέγοντες, Οὐαὶ οὐαί, ἡ πόλις ἡ μεγάλη, ἡ περιβεβλημένη βύσσινον καὶ πορφυροῦν καὶ κόκκινον καὶ κεχρυσωμένη ((ἐν)) χρυσίῳ καὶ λίθῳ τιμίῳ καὶ μαργαρίτῃ).

상인들은 세상이 불탈 때 울고 애통하며 말하기를 "화 있도다 화 있도다 큰 성이여 세마포 옷과 자주 옷과 붉은 옷을 입고 금과 보석과 진주로 꾸민 것인데"라고 탄식한다(17:4). "화 있도다 화 있도다 큰 성이여"라고 두 번 말하는 것은 분명히 화가 임했다는 것을 나타내는 표현이다. 상인들은 세상이 화려하게 옷 입고 살고 있으며 또 사치하게 꾸미고 살고 있었는데 이렇게 불탈 줄은 몰랐다는 것이다. 상인들은 세상이 얼마나 세속주의로 살았고 얼마나 죄를 짓고 살았는지에 대해서는 언급하지 않는다.

**계 18:17a.** 그러한 부가 한 시간에 망하였도다(ὅτι μιᾷ ὥρᾳ ἠρημώθη ὁ τοσοῦτος πλοῦτος, For in one hour so great riches is come to nought -KJV).

본 절 초두에는 이유접속사(ὅτι)가 있어 앞 절(16절)에서 말한바 큰 성 바벨론(세상)이 화려하게 입고 사치하게 꾸미고 살았는데 화가 임한다는 데 대한 놀라움을 금치 못하는 이유가 본 절에서 제공되고 있다. 놀라움을 금치 못하는 이유는 "그러한 부가 한 시간에 망하였기" 때문이라는 것이다 (10절). 즉 '그러한 부요가 순간적으로 망했기 때문이라'는 것이다. 있을

수가 없는 일이 닥쳤다는 것이다. 상인들은 세상 사람들에 대한 어떤 긍휼의
마음이나 위로의 마음이 아니라 부에 대한 손실을 생각할 때 어처구니가
없다는 것이다. 세상이 불 탈 때 상인들은 사람 때문에 안타까운 것이 아니라
물품들이 아까워 견딜 수 없을 것이다.

**계 18:17b. 모든 선장과 각처를 다니는 선객들과 선원들과 바다에서 일하는
자들이 멀리 서서**(Καὶ πᾶς κυβερνήτης καὶ πᾶς ὁ ἐπὶ τόπον πλέων καὶ
ναῦται καὶ ὅσοι τὴν θάλασσαν ἐργάζονται, ἀπὸ μακρόθεν ἔστησαν,
And every shipmaster, and all the company in ships, and sailors, and
as many as trade by sea, stood afar off-KJV).

이제는 "모든 선장과 각처를 다니는 선객들과 선원들과 바다에서 일하는
자들"이 울고 애통하는 것을 묘사한다(사 23:14). 겔 27:25-34 참조. 이
사람들은 상인들(15-17a)의 물품을 운반해 주던 사람들이다. 그들도 역시
바벨론(이 세상)이 불타는 것을 보고 멀리 서서 애통한다. 본문의 선장들,
상고들, 선원들은 한마디로 말해 바다에서 일하는 사람들이다. 그들은 바벨
론(이 세상)이 불탈 때 가까이 접근하지 못하고 멀리 서서 울고 애통한다.
여기 "서서"(ἔστησαν)란 말은 부정(단순)과거 시제로 '견고하게 서 있다'
는 뜻으로 모두들 자신들이 함께 휩싸여 불타기는 싫어하여 멀리 서서 있다
는 뜻이다. 그들은 결코 바벨론(이 세상)이 불탈 때 구하려는 노력은 하지
못하고 그저 자신들의 물품이 타는 것을 보고 물품이 아까워 발을 구르는
것이다.

**계 18:18. 그가 불타는 연기를 보고 외쳐 이르되 이 큰 성과 같은 성이
어디 있느냐 하며**(καὶ ἔκραζον βλέποντες τὸν καπνὸν τῆς πυρώσεως
αὐτῆς λέγοντες, Τίς ὁμοία τῇ πόλει τῇ μεγάλῃ).

바다에서 일하는 자들(17b)은 바벨론(이 세상)이 불타는 것을 보고 좀
거리를 두고 멀리 서서 "그가 불타는 연기를 보고 외쳐 이르되 이 큰 성과

같은 성이 어디 있느냐'고 할 것이다(9절; 13:4; 겔 27:30-31). 즉 '바벨론이
불타는 것을 보고 계속해서 외치면서 말하기를 이 큰 성과 같은 성이 어디
있느냐? 자기들은 이렇게 큰 성을 본 적이 없었다'고 울부짖을 것이란 뜻이
다. 여기 "외쳐"(ἔκραζον)란 말은 미완료과거 시제로 '계속해서 외치고 있었
다'는 뜻이다. 이들은 바벨론이 큰 성이라는 것을 부각시키고 있다. 큰 성인
데 불타고 있으니 무섭다는 뜻이다. 이제 앞으로 세상이 불탈 때 아무도
그 불을 끌 사람이 없을 것이다. 그저 큰 세상이 불타는 것만 안타까워
할 것이다.

**계 18:19.** 티끌을 자기 머리에 뿌리고 울며 애통하여 외쳐 이르되 화 있도다
화 있도다 이 큰 성이여 바다에서 배 부리는 모든 자들이 너의 보배로운
상품으로 치부하였더니 한 시간에 망하였도다(καὶ ἔβαλον χοῦν ἐπὶ τὰς
κεφαλὰς αὐτῶν καὶ ἔκραζον κλαίοντες καὶ πενθοῦντες λέγοντες, Οὐαὶ
οὐαί, ἡ πόλις ἡ μεγάλη, ἐν ᾗ ἐπλούτησαν πάντες οἱ ἔχοντες τὰ πλοῖα
ἐν τῇ θαλάσσῃ ἐκ τῆς τιμιότητος αὐτῆς, ὅτι μιᾷ ὥρᾳ ἠρημώθη, And
they threw dust on their heads, as they wept and mourned, crying out,
"Alas, alas, for the great city where all who had ships at sea grew rich
by her wealth! In one hour she has been laid waste-RSV).

본 절은 바다에서 배 부리는 모든 자들이 바벨론(이 세상)이 불타는
것을 보고 울며 애통하는 모습을 묘사한다. 그들은 "티끌을 자기 머리에
뿌렸다"(수  7:6; 삼상 4:12; 욥 2:12; 겔 27:3). 여기 "뿌렸다"(ἔβαλον)는
말은 미완료과거 시제로 '한번만 아니라 계속해서 뿌리고 또 뿌렸다'는
뜻으로 후회하고 자복하는 뜻으로(겔 27:30) 자기들 머리에 티끌을 뿌리고
또 뿌린 것을 뜻한다. 욥 2:12; 애 2:10 참조. 그리고 "외쳐"(ἔκραζον)란
말은 미완료과거 시제로 '계속해서 외치고 있었다'는 뜻이고, "울며 애통하
여"(κλαίοντες καὶ πενθοῦντες)란 말은 둘 다 현재분사 시제로 '울며 슬퍼
한다'는 뜻이다. 그러니까 울면서 애통하면서 입으로는 외치면서 말을 했다

는 뜻이다. 그들이 말한 내용은 "화 있도다 화 있도다 이 큰 성이여 바다에서 배 부리는 모든 자들이 너의 보배로운 상품으로 치부하였더니 한 시간에 망하였구나"라는 내용이다(8절). 즉 '화가 임했구나, 화가 임했구나, 그 동안 보지 못했던 이 큰 성 바벨론(이 세상)에게 화가 닥쳤구나, 바다에서 배 부리는 모든 자들이 바벨론(이 세상)이 쓰는 상품을 운반해서 돈을 벌었는데 이제 단숨에 불타는구나'라고 외치고 또 외치고 있었다. 그들 역시 상인들처럼 바벨론을 위해서 부르짖고 슬퍼한 것이 아니라 자신들의 신세를 생각해서 슬퍼하는 것이었다.

**계 18:20. 하늘과 성도들아 사도들과 선지자들아, 그로 말미암아 즐거워하라 하나님이 너희를 위하여 그에게 심판을 행하셨음이라 하더라**(Εὐφραίνου ἐπ᾽ αὐτῇ, οὐρανὲ καὶ οἱ ἅγιοι καὶ οἱ ἀπόστολοι καὶ οἱ προφῆται, ὅτι ἔκρινεν ὁ θεὸς τὸ κρίμα ὑμῶν ἐξ αὐτῆς, Rejoice over her, [thou] heaven, and [ye] holy apostles and prophets; for God hath avenged you on her-KJV).

그리스도께서는 "하늘아(οὐρανὲ-호격이다) 그리고 성도들아 그리고 사도들아 그리고 선지자들아"라고 부르신 다음 바벨론의 멸망으로 말미암아 "즐거워하라 하나님이 너희를 위하여 그에게 심판을 행하셨음이라"고 하신다(19:2; 사 44:23; 49:13; 렘 51:48; 눅 11:49-50). 혹자는 본 절을 말한 분이 18:1, 4에 의하여 천사일 것이라고 주장하나(G. K. Beale),[109] 18:4에 의하여 그리스도라고 말하는 것이 바를 것이다(18:4주해 참조). 그리스도께서 "즐거워하라"고 하신 부탁은 애통한다는 말과는 얼마나 다른지 모른다. 앞서 땅의 왕들, 상인들, 그리고 바다에서 일하는 사람들은 바벨론의 멸망으로 인해 자신들이 망하여 못살게 된 것을 보고 애통했는데 이 모습과 그리스도의 말씀은 사뭇 다르다. 기억하라! 오늘 우리들에게는 앞으로 엄청나게

109) G. K. Beale, *The Book of Revelation*, The New International Greek Testament Commentary, p. 915.

즐거워할 때가 올 것이다.

그런데 본 절의 네 부류의 실존들은 어디에 있는 분들이냐 하는데 대해서는 여러 견해가 있다. 1) "하늘"이란 말은 '하늘에 있는 천사와 순교자들'을 지칭하고"성도들 사도들과 선지자들"은 '교회의 성도들과 지도자들'을 총칭한다고 보는 견해(이상근). 2) 모두 땅에 있는 자들을 지칭한다는 견해(Ladd). 3) 모두 하늘에 있는 자들을 지칭하고 있다는 견해(Lenski, William Hendriksen, 박윤선). 12:2주해 참조; 사 44:23; 렘 51:48 참조. 이 세 견해 중 셋째 견해가 타당한 것으로 보인다. 이에 대해 박윤선 박사는 "하늘"이란 말을 보아 네 부류 모두 하늘에 속한 참된 신자들을 총칭한다고 주장한다.110) 이 네 부류가 모두 하늘에 속한 자들임을 확신할 수 있는 이유는 즐거워하라는 명령은 요한 당시 사람들에게 즐거워하라는 명령이 아니기 때문이다. 즐거워할 일은 앞으로 그리스도께서 재림하실 때에 될 일이기 때문에 모두 하늘에서 될 일로 보아야 한다.

그런데 여기 한 가지 주의해 보아야 할 내용이 있는데 "하늘아"라고 부르신 내용이 구체적으로 누구를 향하여 부르신 내용이냐 하는 것이다. 혹자는 이 말은 하나의 형용사로 "성도들과 사도들과 선지자들아"를 수식하는 형용사로 사용된 것이라고 주장하나(Lenski)111) 그러나 "하늘아"라고 부르신 것은 아마도 '천사들'을 부르신 것으로 보는 것이 타당할 것이다(Ladd, Morris). 이 단어(οὐρανέ)를 형용사라고 주장하기가 어려운 이유는 "그리고"(καὶ)라는 뜻의 낱말이 중간에 끼어 있기 때문이다. 형용사로 쓰이기 위해서는 접속사가 없어야 한다.

"즐거워하라"고 하신 이유는 "하나님이 너희를 위하여 그에게 심판을 행하셨기" 때문이다. 즐거워해야 할 이유는 바벨론에 대한 하나님의 심판이 공의로우신 하나님의 공의를 실현하시는 것이기 때문이다. 하나님께서 온 세상을 심판하시기 전에는 누가 회개할 자인지 확실히 모르기 때문에 성도들

110) 박윤선, 『계시록』 성경주석, p. 315.
111) 렌스키, 『계시록』 주석성경, p. 422.

은 자신들을 박해하는 사람들을 위해서 기도하도록 명령을 받고 있는데 반해 이제 인류의 끝에는 사람들이 회개할 때가 끝나고 하나님께서 심판하실 때이니 성도들은 하나님의 심판을 보고 아주 즐거워해야 하는 것이다. 그때 가서 성도들이 즐거워하지 않고 박해자들이 망한 것을 보고 슬퍼한다면 성도들 자신들이 하나님보다 더 의롭다는 것을 드러내는 태도를 취하는 것이므로 그런 일은 있을 수 없다. 즐거워할 때가 되면 심히 즐거워해야 한다. 하나님께서 하신 일을 마음껏 즐거워해야 한다.

### 3. 멸망의 모양　18:21-24

바벨론의 멸망은 지금까지는 그리스도께서 그 입으로 선언하셨으나 이 제는 한 천사가 나타나 실제 행동으로 보여준다. 이 부분(21-24절)은 렘 51:62-64에서 그 면모가 보인다. 한 힘센 큰 천사는 맷돌을 들어 바다에 던짐으로 바벨론의 멸망을 생생하게 보여준다.

**계 18:21. 이에 한 힘 센 천사가 큰 맷돌 같은 돌을 들어 바다에 던져 이르되 큰 성 바벨론이 이같이 비참하게 던져져 결코 다시 보이지 아니하리로다**(Καὶ ἦρεν εἷς ἄγγελος ἰσχυρὸς λίθον ὡς μύλινον μέγαν καὶ ἔβαλεν εἰς τὴν θάλασσαν λέγων, Οὕτως ὁρμήματι βληθήσεται Βαβυλὼν ἡ μεγάλη πόλις καὶ οὐ μὴ εὑρεθῇ ἔτι).

한 힘 센 천사가 나타나 바벨론이 망할 것을 실물로 보여주고 또 말로 선언한다. 요한은 "한 힘 센 천사가 큰 맷돌 같은 돌을 들어 바다에 던진" 다음 말로 선언하여 "큰 성 바벨론이 이같이 비참하게 던져져 결코 다시 보이지 아니할 것이라"고 말한 것을 기록한다(12:8; 16:20). 렘 51:63-64 참조. 18:2에서는 큰 음성으로 천사가 외친 것을 기록했는데 이곳에서는 힘 센 천사가 나타나 맷돌을 들어 바다에 던지며 바벨론의 멸망을 선언한 것을 기록한다. "큰 맷돌"은 이스라엘에서 나귀가 돌린 맷돌이다(마 18:6 참조). 큰 맷돌 같은 돌을 들어 바다에 던지면 큰 소리가 나고 다시는 바다 위로 떠오르지 않는다. 바벨론(이 세상)은 하나님의 심판에 의하여 요란하게 망하고 다시 보이지 않을 것이라는 뜻이다. 요한은 다음 절들에서 다시 보이지 않을 것들을 여럿 말하고 있다.

**계 18:22. 또 거문고 타는 자와 풍류하는 자와 퉁소 부는 자와 나팔 부는 자들의 소리가 결코 다시 네 안에서 들리지 아니하고 어떠한 세공업자든지 결코 다시 네 안에서 보이지 아니하고 또 맷돌 소리가 결코 다시 네 안에서 들리지 아니하고**(καὶ φωνὴ κιθαρῳδῶν καὶ μουσικῶν καὶ αὐλητῶν καὶ σαλπιστῶν οὐ μὴ ἀκουσθῇ ἐν σοὶ ἔτι, καὶ πᾶς τεχνίτης πάσης τέχνης οὐ μὴ εὑρεθῇ ἐν σοὶ ἔτι, καὶ φωνὴ μύλου οὐ μὴ ἀκουσθῇ ἐν σοὶ ἔτι).

바벨론(옛날 바벨론 → 로마 → 이 세상)이 없어진(앞 절) 다음 본 절에서는 다섯 가지가 보이지 않을 것이라고 말한다. 다섯 가지는 세 종류로 분류된다. 먼저 "소리" 종류가 "결코 다시" "네 안에서" 들리지 않을 것이라 하고 다음 눈에 보이는 것들이 "결코 다시" 보이지 않을 것이라고 하며 다음 맷돌 소리가 "결코 다시 네 안에서 들리지 않을 것이라"고 한다(사 24:8; 렘 7:34; 16:9; 25:10; 겔 26:13). 사실은 이 다섯 가지만 들리지 않는 것이 아니라 모든 것이 들리지 않을 것이다. 거문고 타는 소리, 풍류 하는 자의 소리, 나팔 부는 자의 소리들(겔 26:13)이 들리지 않는 것은 세상이 망한 것을 뜻한다. 앞으로 향락을 위주 하는 소리들은 말끔히 없어질 것이다. 음악은 원래 좋은 것이었으나 사람들이 자신들의 향락을 추구하기 위해 이를 열심히 사용하였는데 이제 그것들이 그칠 날이 올 것이다. 이제는 앞으로 세공업자들도 보이지 않게 되고 또 일상에서 많이 듣던 맷돌 소리(먹고 마심을 준비하는 시설)도 들리지 않는 날이 올 것이다. 우리는 지금 우리의 인생을 환락 중심으로 살 것이 아니라 그리스도 중심에서 살아야 할 것이다. 세계는 지금 한 없이 시간을 많이 보내는 여행으로 시간을 쓰고 있다. 이럴 때일수록 우리는 더 절제하고 그리스도를 위해 시간을 써야 할 것이다.

**계 18:23. 등불 빛이 결코 다시 네 안에서 비치지 아니하고 신랑과 신부의 음성이 결코 다시 네 안에서 들리지 아니하리로다 너의 상인들은 땅의 왕족들이라 네 복술로 말미암아 만국이 미혹되었도다**(καὶ φῶς λύχνου οὐ μὴ φάνῃ ἐν σοὶ ἔτι, καὶ φωνὴ νυμφίου καὶ νύμφης οὐ μὴ ἀκουσθῇ ἐν σοὶ ἔτι· ὅτι οἱ ἔμποροί σου ἦσαν οἱ μεγιστᾶνες τῆς γῆς, ὅτι ἐν τῇ φαρμακείᾳ σου ἐπλανήθησαν πάντα τὰ ἔθνη).

천사는 본 절에서 두 가지 것이 결코 다시 보이지 않을 것이라 하고 또 바벨론을 망하게 한 원인 두 가지를 말한다. "등불 빛"(렘 25:10)은 일상생활에서 없어서는 안 될 필수품인데 그것이 없어져서 다시는 보이지 않을 것이라 하고 또 "신랑과 신부의 음성이 결코 다시 네 안에서 들리지 아니할 것이라"고 한다(렘 7:34; 16:9; 25:10; 33:11). "신랑과 신부의 음성이 결코 다시 들리지 아니할 것이라"는 말은 혼인 예식이 아주 없어질 것이란 뜻이다(렘 7:34). 결혼이 죄는 아니지만 사람들이 시집가고 장가가면서 하나님에 대해서는 전혀 관심 없었으니 바벨론(이 세상)이 망하게 되는 것도 이런 이치이다.

그리고 천사는 바벨론이 멸망 하게 된 이유 두 가지를 말한다. 하나는 상인들 때문이라고 한다. 즉 "너의 상인들은 땅의 왕족들이라"(사 23:8). 땅의 상인들은 땅의 왕족들이 되어 하나님도 잊어버리고 부에만 정신을 차린 것이 문제가 된 것이다. 여기 "왕족들"이란 말은 '사회를 지배하는 족속들'이란 뜻으로 하나님이 제일이 아니라 이들이 사회에서 제일 영광 받고 이들이 사회를 좌지우지 하는 입장이 되었다는 것이다. 그러니 바벨론(이 세상)이 망하게 되었다는 뜻이다. 오늘 우리 사회에서도 독재자가 영광받고 특별한 사람이 영광을 받으면 그 사회는 끝나는 것이다.

또 하나는 "네 복술로 말미암아 만국이 미혹되었다"는 것이다(17:2, 5; 왕하 9:22; 나 3:4). 여기 "복술"[112]이란 '점을 치는 일'을 지칭하는데 복술은 사람들로 하여금 복술에 끌리게 해서 하나님을 떠나게 한다. 종말에 이르면 무수한 복술이 성행하여 사람들의 마음을 미혹할 것이다(나 3:4 참조).

**계 18:24. 선지자들과 성도들과 및 땅 위에서 죽임을 당한 모든 자의 피가 그 성 중에서 발견되었느니라 하더라**(καὶ ἐν αὐτῇ αἷμα προφητῶν καὶ ἁγίων εὑρέθη καὶ πάντων τῶν ἐσφαγμένων ἐπὶ τῆς γῆς).

천사는 본 절에서 바벨론(이 세상)이 망하게 된 원인 또 하나를 말한다. 즉 "선지자들과 성도들과 및 땅 위에서 죽임을 당한 모든 자의 피가 그 성 중에서 발견되었기" 때문이라고 한다(17:6; 렘 51:49). 선지자들의 피, 성도들의 피, 또 땅 위에서 죽임을 당한 모든 순교자들의 피는 바벨론이 망하게 되는 결정적인 원인이다. 과거에도 로마(바벨론이 어떤 곳임을 보여주는 곳)의 원형극장에서 수많은 기독교인들이 짐승들의 밥이 되었고 로마 제국내의 극장치고 성도들의 피가 흐르지 않은 곳이 없었다. 이런 피는 앞으로 또 이 세상에서 한없이 흐를 것이다. 그리스도께서 재림하시기 전 세계는 성도들의 피로 강을 이룰 것으로 보인다.

---

112) 복술: Divination, Soothsaying. 점(點)을 치는 일(방술 方術), 또는 그런 일을 업으로 삼는 자를 뜻한다. 복술은 이스라엘에서는 엄금되어 있었다(신 18:10). "오묘한 일은 우리 하나님 여호와께 속하였기"(신 29:29) 때문이었다. 히브리어 "케셈"은, 마법적 방법에 관련하여 많이 쓰이는 동사 "카-삼"(qasam)에서 파생된 명사로서, "복술"(민 22:7; 23:23; 신 18:10; 왕하 17:17; 렘 14:14)로도 역되어 있고, "점"(겔 13:6, 23; 21:21, 22)으로 역되어 있는 말이다. 하나님에의 신뢰를 가로막고 떠나게 하는 이교적 미신으로서 배격된 복술은, 신약에서도 그 전통이 견지되어 있다(갈 5:20; 계 9:21, 18:23). 복술로 역된 그리스어 명사 "파르마케이아"는 '약을 복용케 한다. to administer drugs'는 동사에서 온 말로서, 약이나 주문을 쓴데서, '복술,' 또는 '주술'을 가리키는 말로 되었다.

# 제 19 장

### 4. 하늘의 찬송   19:1-10

19장은 두 가지 계시를 기록하고 있는데, 하나는 바벨론 멸망을 기뻐하여 하늘의 찬송이 울려 퍼지는 것이고(1-10절), 또 하나는 그리스도께서 흰말을 타고 재림하셔서 짐승의 군세를 깨뜨리시는 계시이다(11-21절).

요한은 앞에서 바벨론(세상)의 멸망한 것을 기록한(17-18장) 다음, 이제 이 부분(1-10절)에서는 멸망의 계시에 뒤따르는 찬송을 기록하고 있는데 먼저 천사들의 찬송이 나오고(1-3절) 다음 24장로와 네 생물의 찬송이 나오며(4-5절), 다음 하늘 군중의 찬송이 나오고(6-8절), 천사와 요한의 대화(9-10절)가 등장한다.

**계 19:1. 이 일 후에 내가 들으니 하늘에 허다한 무리의 큰 음성 같은 것이 있어 이르되 할렐루야 구원과 영광과 능력이 우리 하나님께 있도다**(Μετὰ ταῦτα ἤκουσα ὡς φωνὴν μεγάλην ὄχλου πολλοῦ ἐν τῷ οὐρανῷ λεγόντων, Ἀλληλουϊά· ἡ σωτηρία καὶ ἡ δόξα καὶ ἡ δύναμις τοῦ θεοῦ ἡμῶν, AFTER THIS I heard what seemed to be the loud voice of a great multitude in heaven, crying, "Hallelujah! Salvation and glory and power belong to our God-RSV).

초두에 나오는 "이 일 후에"란 말은 무슨 일이 끝난 후를 지칭하는 말이 아니라 새로운 환상이 시작된다는 것을 알리는 문구이다(7:1; 13:1; 14:1; 15:1, 5 등). 요한은 "하늘에 허다한 무리의 큰 음성 같은" 음성을 듣는다(11:15). "하늘에 허다한 무리"는 '허다한 천사들의 무리'일 것으로 보인다(5:11 주해 참조). 이렇게 허다한 천사가 나타나 찬송을 하는 것은 아마도 그리스도의 명령 즉 "즐거워하라 하나님이 너희를 위하여 그에게 심판을 행하셨음이라"(18:20)는 명령에 대한 응답일 것이다. 천사들이 허다한 숫자이기 때문에 그들의 음성도 "큰 음성"으로 들린 것이다. 여기 "음성"이란 그냥 평범한 음성이 아니라 다음에 기록된 내용으로 보아 '찬송'임을 알 수 있다.

천사들은 찬송하기를 "할렐루야 구원과 영광과 능력이 우리 하나님께 있다"고 한다(4:11; 7:10, 12; 12:10). 천사들은 찬송을 할 때 "할렐루야"(Ηψ·ΑΩλλῆ, Ἀλληλουϊά)로 시작한다. "할렐루야"(Ἀλληλουϊά)란 말은 '주님을 찬양하라,' '여호와를 찬양하라'는 뜻으로 히브리어의 음이 그대로 헬라어로 옮겨진 것이다. "할렐루야"는 이 부분(1-10절)에서 네 번 나타난다(1, 3, 4, 6절). 구약 시편 중 15편은 "할렐루야"로 시작하거나 끝난다("할렐루야"로 시작하는 시편들, 시 111, 112, "할렐루야"로 끝나는 시편들, 시 104, 105, 115, 116, 117, "할렐루야"라는 말로 시작도 하고 끝나는 시편들, 시 106, 113, 135, 146, 147, 148, 149, 150). 할렐루야 시편은 유월절이나 장막절에 불려졌다. 신약에서는 이곳(19:1-6)에만 나타난다. 천사들이 "할렐루야"를 외친 다음 "구원과 영광과 능력이 우리 하나님께 있다"고 찬송한 내용은 5:12에 있는 찬송의 내용과 거의 같다(그 주해 참조).

"구원"이 하나님께 있다는 말씀은 우리에게 얼마나 위로가 되는지 모른다. 불교는 우리가 스스로 구원을 받아야 한다고 말하나 이는 천부당만부당한 소리이다. 구원은 전적으로 하나님께 있다. 이것을 기독교의 타율구원이라고 한다. 우리는 우리 스스로 죄로부터 빠져나올 수가 없다. 하나님께서만 가능하시다. 하나님은 우리를 구원하시기 위해 우리를 만세 전에 그리스도 안에서 택해주셨고(엡 1:4), 우리의 구원주 그리스도를 보내주셨으며(요 3:16), 그가 십자가에서 대속의 죽음을 죽어주셨으며(막 10:45), 우리의 죄를 십자가에서 해결하시고(요 19:30) 부활하셨고(고전 15장), 승천하신 다음 성령을 보내주셔서 우리를 거듭나게 하시고 그리스도를

알게 해주셨다(행 2:1-4). 그리스도는 우리의 길이시고 진리이시며 생명이
시다(요 14:6). 그리고 "영광"도 하나님께 있다는 말도 얼마나 좋고 위로가
되는지 모른다. "영광"이란 하나님의 존귀하신 본체가 밖으로 빛나는 장관
(壯觀)을 뜻한다(요 1:14; 히 2:9). 우리가 하나님께 영광을 돌린다고 말할
때 그것은 하나님께 모든 존귀를 돌린다는 뜻이다. 모든 존귀는 하나님께
있다. 우리가 하나님께 존귀를 돌릴 때 놀랍게도 우리 또한 존귀에 처하게
된다. "영예"(honour)란 단어가 영국 흠정역(KJV)에는 나타나지만 우리의
본문에는 나타나지 않는다. 이 낱말은 유력한 사본들에는 없다. 그리고
"능력"이 하나님께 있다는 말씀도 우리에게 놀라울 정도로 위로가 되고
힘이 된다. 우리를 구원하시고 모든 것을 이루시는 데 필요한 능력이 하나
님께 있다는 말씀은 우리에게 한없는 힘이 된다. 우리는 하나님의 초자연적
인 능력을 찬송해야 한다.

**계 19:2. 그의 심판은 참되고 의로운 지라 음행으로 땅을 더럽게 한 큰
음녀를 심판하사 자기 종들의 피를 그 음녀의 손에 갚으셨도다 하고**(ὅτι
ἀληθιναὶ καὶ δίκαιαι αἱ κρίσεις αὐτοῦ· ὅτι ἔκρινεν τὴν πόρνην τὴν
μεγάλην ἥτις ἔφθειρεν τὴν γῆν ἐν τῇ πορνείᾳ αὐτῆς, καὶ ἐξεδίκησεν
τὸ αἷμα τῶν δούλων αὐτοῦ ἐκ χειρὸς αὐτῆς).

본 절 초두에는 원인을 뜻하는 접속사(ὅτι)가 있어 천사들이 하나님을
찬양하는 이유를 나타낸다. 천사들이 하나님을 찬양("할렐루야 구원과 영광
과 능력이 우리 하나님께 있다")하는 이유는 "하나님의 심판은 참되고 의롭
기" 때문이라는 것이다(15:3; 16:7). 하나님께서 바벨론(이 세상)을 심판하신
것은 진리에 입각한 심판이고 또 아무리 보아도 의로운 심판이라는 것이다.
우리도 천사들과 같이 하나님의 심판하심이 참되고 의롭기 때문에 찬양한다.
그리고 두 번째로 나타나는 이유접속사(ὅτι)는 하나님의 심판이 참되고
의로운 이유를 제공하고 있다. 즉 "음행으로 땅을 더럽게 한 큰 음녀를
심판하사 자기 종들의 피를 그 음녀의 손에 갚으셨기" 때문이라는 것이다

(6:10; 18:20; 신 32:43). 하나님께서 바벨론(이 세상)을 멸망시키신 것이 참되고 의롭다고 찬양할 수 있는 이유는 두 가지라는 것이다. 첫째는 "음행으로 땅을 더럽게 한 큰 음녀를 심판하셨기" 때문이라는 것이다. 즉 큰 음녀 바벨론(이 세상)이 음행으로 땅을 더럽게 했기에 심판하신 것은 참으로 참되신 것이고 의로운 것이란 뜻이다. 바벨론은 참으로 음행으로 땅을 너무나 더럽게 했다. 사치하고 음란하고 부정하여 땅을 더럽게 했다. 그래서 하나님께서 바벨론을 심판하신 것은 지극히 당연한 것이다. 그리고 또 둘째는 하나님께서 "자기 종들의 피를 그 음녀의 손에 갚으셨기" 때문이라는 것이다. 하나님은 자기 종들(선지자들, 사도들, 성도들)이 피 흘리신 것을 그대로 두실 수가 없으셨다. 그래서 바벨론의 손에 갚으셔야 했다. 그러므로 하나님의 심판은 찬양받으셔야 한다는 것이다. 우리는 본 절에서 바벨론(이 세상)이 행한 두 가지 일을 본다. 땅을 더럽힌 것과 믿는 자들을 박해하고 살해한 것이다. 세상의 범죄는 한쪽으로만 치우친 것이 아니다. 양편을 다 완전하게 망쳐놓았다. 땅을 더럽혔고 선지자들과 사도들, 그리고 성도들을 죽였다. 엄청나게 큰 죄를 범했다.

**계 19:3. 두 번째로 할렐루야 하니 그 연기가 세세토록 올라가더라**(καὶ δεύτερον εἴρηκαν, Ἁλληλουϊά· καὶ ὁ καπνὸς αὐτῆς ἀναβαίνει εἰς τοὺς αἰῶνας τῶν αἰώνων, And again they said, Alleluia. And her smoke rose up for ever and ever-KJV).

혹자는 여기 "두 번째로"라는 말을 '두 번째 무리'라고 하나 이 말은 천사들이 두 번째로 "할렐루야"를 외친 것으로 보아야 할 것이다. 이유는 "두 번째로"(δεύτερον)라는 헬라어 단어가 형용사가 아니라 부사이기 때문이다. 요한은 천사들이 "할렐루야"를 외쳤을 때 "그 연기가 세세토록 올라가고 있다"고 말한다(14:11; 18:9, 18; 사 34:10). 여기 "올라가더라"(ἀναβαίνει)란 말은 현재형으로 계속적으로 영원히 올라간다는 뜻이다. 바벨론(이 세상)이 불타는 것은 순간적인 것도 아니고 얼마의 세월이 지난 후에

꺼지는 것이 아니라 영원히 불탄다는 것을 드러낸다. 바벨론의 멸망은 영원
한 멸망이다.

**계 19:4.** 또 이십사 장로와 네 생물이 엎드려 보좌에 앉으신 하나님께 경배하
여 이르되 아멘 할렐루야 하니(καὶ ἔπεσαν οἱ πρεσβύτεροι οἱ εἴκοσι τέσ-
σαρες καὶ τὰ τέσσαρα ζῷα καὶ προσεκύνησαν τῷ θεῷ τῷ καθημένῳ
ἐπὶ τῷ θρόνῳ λέγοντες, Ἀμὴν Ἁλληλουϊά).

천사들의 찬송에 이어 "이십사 장로와 네 생물이 엎드려 보좌에 앉으신
하나님께 경배한다"(4:4, 6, 10; 5:14). "24 장로"는 '교회의 대표'이고(12명
은 구약의 12지파의 대표이고, 또 12명은 12사도들이다, 4:4주해 참조),
"네 생물"은 '하나님께 가까이에서 섬기는 네 영물들'을 지칭한다(4:6, 8
주해 참조). 이들이 하나님께 경배하면서 "아멘 할렐루야"라고 말했다(5:14;
대상 16:36; 느 5:13; 8:6). 이곳에 쓰인 "아멘"이란 말은 천사가 찬송한
것(1-3절)에 전적으로 동의한다는 뜻이고, "할렐루야"란 말은 '여호와를
찬양하라'는 뜻으로 자신들도 찬양하지만 다른 피조물들(1-3절의 천사들)에
게 찬양을 권유하는 말이다. 이처럼 두 단어가 동시에 나타나는 것(시 106:48
참조)은 위엄 있게 찬양할 것을 권유하는 말이다.

**계 19:5.** 보좌에서 음성이 나서 이르시되 하나님의 종들 곧 그를 경외하는
너희들아 작은 자나 큰 자나 다 우리 하나님께 찬송하라 하더라(Καὶ φωνὴ
ἀπὸ τοῦ θρόνου ἐξῆλθεν λέγουσα, Αἰνεῖτε τῷ θεῷ ἡμῶν πάντες οἱ
δοῦλοι αὐτοῦ ((καὶ)) οἱ φοβούμενοι αὐτόν, οἱ μικροὶ καὶ οἱ μεγάλοι).

24장로와 네 생물의 경배(4절)에 이어 "보좌에서 음성이 나서 말하기를
하나님의 종들 곧 그를 경외하는 너희들아 작은 자나 큰 자나 다 우리
하나님께 찬송하라"고 권한다(11:18; 20:12; 시 134:1; 135:1). "보좌에서
나온 음성"은 본 절의 문맥에 의하여 하나님의 음성이나 그리스도의 음성은
아니고, 아마도 24장로들의 음성이나 아니면 네 생물(영물)의 음성일 것이

다. 그 음성이 말하기를 "하나님의 종들 곧 그를 경외하는 너희들아 작은 자나 큰 자나 다 우리 하나님께 찬송하라"고 권한다. 여기 "하나님의 종들"이란 말은 그 아래 말이 설명하여 준다. 이 권유에 따라 아래 6-8절에 하늘의 성도들이 찬양한다. 오늘 우리는 지금 땅위에 살고 있지만 언제든지 하나님을 찬양하는 삶을 살아야 할 것이다(약 5:13 참조). 하나님을 찬송하는 데는 빠짐이 없어야 한다. 즉 "작은 자나 큰 자나 다" 찬송해야 한다.

**계 19:6.** 또 내가 들으니 허다한 무리의 음성과도 같고 많은 물소리와도 같고 큰 우렛소리와도 같은 소리로 이르되 할렐루야 주 우리 하나님 곧 전능하신 이가 통치하시도다(καὶ ἤκουσα ὡς φωνὴν ὄχλου πολλοῦ καὶ ὡς φωνὴν ὑδάτων πολλῶν καὶ ὡς φωνὴν βροντῶν ἰσχυρῶν λεγόντων, Ἀλληλουϊά, ὅτι ἐβασίλευσεν κύριος ὁ θεὸς ((ἡμῶν)) ὁ παντοκράτωρ).

요한 사도가 들은 것이 또 있었는데 그것은 "허다한 무리의 음성과도 같고 많은 물소리와도 같고 큰 우렛소리와도 같은 소리"였다(14:2; 겔 1:24; 43:2). 이 소리가 누구의 소리인지 확실하지 않다(14:2 주해 참조). 그러나 아무래도 이 소리는 미래에 구원 받은 자들 전체 소리 같다. 그들은 "할렐루야 주 우리 하나님 곧 전능하신 이가 통치하신다"고 찬양한다. 즉 '하나님을 찬양하라. 이유는 주 우리 하나님 곧 전능하신 이(1:8; 4:8; 11:17; 12:10; 15:3; 16:7; 21:22)가 통치하시기 때문이다'(5:10; 11:15; 20:4; 22:5)라는 찬양이다. 본문의 "통치하시도다"(ἐβασίλευσεν)라는 말은 부정(단순)과거 시제로 '확실히 통치하신다,' '분명히 통치하신다'는 뜻이다. 하늘의 모든 성도들은 미래에 하나님께서 전적으로 통치하심을 알고 모두 다 함께 찬양할 것이다.

**계 19:7.** 우리가 즐거워하고 크게 기뻐하며 그에게 영광을 돌리세 어린 양의 혼인 기약이 이르렀고 그의 아내가 자신을 준비하였으므로(χαίρωμεν καὶ ἀγαλλιῶμεν καὶ δώσωμεν τὴν δόξαν αὐτῷ, ὅτι ἦλθεν ὁ γάμος τοῦ ἀρνίου καὶ ἡ γυνὴ αὐτοῦ ἡτοίμασεν ἑαυτὴν, Let us be glad and rejoice, and give honour to him: for the marriage of the Lamb is come, and his wife hath made herself ready-KJV).

하늘 성도들의 찬송은 전절에 이어 계속된다. 즉 "우리가 즐거워하고 크게 기뻐하며 그에게 영광을 돌리세"라고 한다. "즐거워하자"(χαίρωμεν)는 말은 즐거움을 표시하는 일반적인 낱말로서 '마음에 넘치는 즐거움을 가지자'는 뜻이고, "크게 기뻐하자"(ἀγαλλιῶμεν)는 말은 '기쁨을 참지 못해 어쩔 줄 몰라 기쁨의 환성을 지르자'는 뜻이다(마 5:12 참조). 그리고 "그에게 영광을 돌리세"라는 말은 '하나님께 존귀함을 돌리자'는 뜻이다. 모든 좋은 것들은 다 하나님으로부터 오는 것이니 하나님께 영광을 돌리자는 것이다.

찬송할 이유는 "어린 양의 혼인 기약이 이르렀고 그의 아내가 자신을 준비하였기"(for the marriage of the Lamb is come, and his wife hath made herself ready) 때문이라는 것이다(21:2, 9; 마 22:2; 25:10; 고후 11:2; 엡 5:32). 찬송할 이유는 두 가지이다. 하나는 "어린 양의 혼인기약이 이르렀기" 때문이라는 것이다. 즉 어린 양과 신부되는 교회의 완전 연합의 시간이 이르렀기 때문이다. 교회와 그리스도와의 연합은 만세전에 예정된 것이고 또 그리스도께서 성육신 하실 때와 부활하셨을 때 이루어졌고 또 승천하신 후 성령을 보내셨을 때 성령의 역사에 의해서 영적으로 이루어진 것이다(요 14:20; 갈 2:20 주해 참조). 그런데 이제 어린 양이신 예수님과 성도들의 연합이 완전히 이루어질 날이 온 것이다. 그 사실을 본 절에서는 "혼인"(신부, 19:9; 21:2, 9; 22:17)이란 말로 표현하고 있다. 이렇게 연합이 이루어질 날이 이르렀으니 즐거워하고 크게 기뻐해야 할 것이고 하나님께 영광을 돌려야 할 것이다.

또 하나는 "그의 아내가 자신을 준비하였기" 때문이라는 것이다. 혼인날이 이르렀어도 신부가 준비하지 못했으면 결혼예식을 올릴 수 없을 것인데 어린 양의 아내(교회)가 자신을 준비했으므로 즐거워하고 크게 기뻐하며 하나님께 영광을 돌리자는 것이다. 그 준비 내용에 대해서는 다음 절에 기록하고 있다.

**계 19:8. 그에게 빛나고 깨끗한 세마포 옷을 입도록 허락하셨으니 이 세마포 옷은 성도들의 옳은 행실이로다 하더라**(καὶ ἐδόθη αὐτῇ ἵνα περιβάληται βύσσινον λαμπρὸν καθαρόν· τὸ γὰρ βύσσινον τὰ δικαιώματα τῶν ἁγίων ἐστίν, it was granted her to be clothed with fine linen, bright and pure"- for the fine linen is the righteous deeds of the saints-RSV).

하늘 성도들의 찬송은 전절에 이어 계속된다. 전절의 "그의 아내가 자신을 준비하였다"(7절)는 가사(歌詞)에 이어 본 절은 그의 아내가 무엇을 준비했는지를 말한다. 즉 "그에게 빛나고 깨끗한 세마포 옷을 입도록 허락하셨다"는 것이다(3:18; 시 45:13-14; 겔 16:10). 다시 말해 하나님께서 어린 양의 아내로 하여금 빛나고 깨끗한 세마포 옷을 입도록 허락하셨다는 것이다. 어린 양의 아내(교회)가 스스로 세마포[113] 옷을 지어서 입은 것이 아니라 하나님께서 세마포 옷을 입도록 마련해 주셨다는 것인데 이는 하나님의 준비, 하나님의 허락이 있었기에 세마포 옷을 입게 되었음을 우리로 하여금 알게 한다. 사실 우리에게는 하나님의 준비, 하나님의 허락 없이는 되는 것이 하나도 없다.

그리고 요한은 "빛나고 깨끗한 세마포 옷"이 무엇인가를 부연 설명한다. 즉 "이 세마포 옷은 성도들의 옳은 행실이라"고 설명한다(시 132:9). 혹자는 이 말도 가사(歌詞)의 일부로 취급하나 이 부분은 세마포가 무엇인지를 요한이 설명하는 것이다. 즉 세마포 옷이란 성도들의 옳은 행실이라는 것이다. 여기 "옳은 행실"이란 말을 영국 흠정역(KJV)에서는 "성도들의 의"(the fine linen is the righteousness of saints)라고 표현한다. 그러나 "성도들의

---

113) "세마포"(Fine Linen): 아마의 섬유로 짠 제품. 의복, 휘장, 시트(Sheet)등에 썼다. 아마는 애굽에서 일찍부터 재배되고, 기술가공도 고도로 진보되어 있었는데, 아마의 원산지는 메소포타미아 또는 인도인 것으로 알려진다. 흰 세마포는 천사의 옷으로 적합하고(막 14:51-52), 계시록에서는 그리스도의 신부, 즉 성도가, 의(義)의 상징으로 이것을 착용했다(계 19:8). 미라에 아마포를 싸듯, 시체에 세마포로 쌌다(요 19:40).

옳은 행실"(옳은 행위)이라고 표현하는 것이 옳다. 이유는 세마포 옷은 "그의 아내가 자신을 위해 준비한 것"이라는 말이 있기 때문이고(7절), 또 하나님께서 "빛나고 깨끗한 세마포 옷을 입도록 허락하셨다"는 말씀이 있기 때문이다(8a). 순전히 하나님께서 의롭다고 하신 것을 묘사하기 위해서는 "허락하셨다"는 표현을 사용하지 않고 그저 "하나님께서 의롭다 칭하셨다"는 말로 표현한다. 오늘 우리의 옳은 행위도 하나님께서 허락하신 것이니 우리는 하나님께 한없는 감사와 영광을 돌려야 할 것이다. 우리의 노력으로는 옳은 행실을 한 가지라도 맺는 것이 불가능하다.

**계 19:9. 천사가 내게 말하기를 기록하라 어린 양의 혼인 잔치에 청함을 받은 자들은 복이 있도다 하고 또 내게 말하되 이것은 하나님의 참되신 말씀이라 하기로**(Καὶ λέγει μοι, Γράψον· Μακάριοι οἱ εἰς τὸ δεῖπνον τοῦ γάμου τοῦ ἀρνίου κεκλημένοι. καὶ λέγει μοι, Οὗτοι οἱ λόγοι ἀληθινοὶ τοῦ θεοῦ εἰσιν).

요한은 천사가 자신에게 나타나 말한 것 두 가지를 기록한다. 하나는 "천사가 내게 말하기를 기록하라"고 부탁한 것을 기록한다. 계시록에는 어떤 때는 기록하라 하고(1:11, 21:5), 어떤 때는 기록하지 말라고 한다(10:4).

천사가 무엇을 기록하라고 했는가? 그것은 "어린 양의 혼인 잔치에 청함을 받은 자들은 복이 있다"고 말한 것을 기록하라는 것이다(마 22:2-3; 눅 14:15-16). 즉 어린 양과 교회(성도들)가 혼인잔치를 하는데 거기에 초대를 받은 자들은 복이 있다는 것이다. 어린 양의 혼인 잔치에 초대를 받는 것이 복이라는 것은 계시록에 기록된 7대 복 중에 네 번째 복이다(1:3; 14:13; 16:15; 19:9; 20:6; 22:7, 14). 우리가 세상의 결혼예식에 초대를 받는 것도 그만큼 대우를 받는 것이니 복된 것인데 하늘 결혼 예식에 손님으로 초대를 받는 것이 아니라 어린 양의 아내로 초대 받는 것이야 말할 것도 없이 복된 일이다. 하늘 결혼 예식에 초대를 받는 것은 우리가 세마포 옷을 입고 있다는 것을 인정 받는 것이고 또 실제 그리스도와 완전히 연합될 자격이 있는 자들을 말하는 것이니 복이 아닐 수 없다.

또 하나는 천사가 요한에게 말하기를 "이것은 하나님의 참되신 말씀이라"고 한 말을 기록한다(21:5; 22:6). 여기 "이것"이란 '어린 양의 혼인 잔치에 청함을 받은 자들은 복이 있다'는 말씀을 뜻한다. 어린 양의 혼인 잔치에 초대 받은 자들이 복이 있다는 말씀이야말로 하나님의 참되신 말씀이다.

**계 19:10. 내가 그 발 앞에 엎드려 경배하려 하니 그가 나에게 말하기를 나는 너와 및 예수의 증언을 받은 네 형제들과 같이 된 종이니 삼가 그리하지 말고 오직 하나님께 경배하라 예수의 증언은 예언의 영이라 하더라**(καὶ ἔπεσα ἔμπροσθεν τῶν ποδῶν αὐτοῦ προσκυνῆσαι αὐτῷ. καὶ λέγει μοι, Ὅρα μή· σύνδουλός σού εἰμι καὶ τῶν ἀδελφῶν σου τῶν ἐχόντων τὴν μαρτυρίαν Ἰησοῦ· τῷ θεῷ προσκύνησον. ἡ γὰρ μαρτυρία Ἰησοῦ ἐστιν τὸ πνεῦμα τῆς προφητείας).

요한은 천사의 말 즉 "어린 양의 혼인 잔치에 청함을 받은 자들은 복이 있다"(앞 절)는 말을 듣고 너무 황공하고 또 천사의 황홀한 모습을 보고 압도되어 "그(천사의) 발 앞에 엎드려 경배하려 했더니"(22:8) 천사가 요한 사도에게 말하기를 "나는 너와 및 예수의 증언을 받은 네 형제들과 같이 된 종이니 삼가 그리하지 말고 오직 하나님께 경배하라"고 말했다(12:17; 행 10:26; 14:14-15; 22:9; 요일 5:10). 즉 '천사는 요한 사도 및 예수님의 증언을 받은 네 형제들과 똑같은 종이니 절대로 그렇게 천사인 나에게 경배하려 하지 말고 오직 하나님께 경배하라'고 부탁한다. 천사인 나에게 경배하지 말고 하나님께 경배할 이유를 이렇게 말한다. 즉 "예수의 증언은 예언의 영이라"고 말해준다. 이 마지막 문장을 현대인의 성경은 이렇게 번역한다. "예수님을 증거 하는 것은 다 예언의 영을 받아서 하는 것뿐이니 너는 하나님에게만 경배 하여라"로 번역한다. 박윤선 박사는 본문을 주해하면서 "그

천사는 자기와 사도들의 활동이 동일한 성령님에 의한 것이니만큼 그 품위가
일반이라고 한다. 사도들은, 예수님을 증거 하기 위해 대언의 성령을 받은
한(恨) 천사보다 떨어지지 않는다. 대언의 성령은 신구약을 막론하고 예수님
을 증거 한다"고 말한다.114)

## C. 최후의 승리   19:11-20:15

요한은 앞에서 바벨론(이 세상)의 멸망이 선언된 것을 기록하고(18:1-8),
애가(哀歌)를 서술하며(18:9-20), 멸망의 모습을 묘사하고(18:21-24), 하늘
의 찬송을 기록한(19:1-10) 다음 이제 이 부분(19:11-20:15)에서는 요한이
그리스도의 재림에 대해 언급하고(19:11-16), 적그리스도가 심판받는 것을
기록하며(19:17-21), 최후의 심판이 있음을 말하고 천년왕국에 대해 언급한
다(20:1-15). 악의 세력은 파멸되었고 위대한 승리가 왔음을 기록한다.

### 1. 그리스도의 재림   19:11-16

요한은 그리스도인의 승리를 언급하는 단락(19:11-20:15)에서 그리스도
의 재림(11-16절)을 먼저 언급한다. 그리스도는 구름을 타고 재림하시고
흰말을 타신 대장수의 모습으로 나타나신다. 그리고 그리스도는 완전히
승리하는 분으로 묘사된다.

계 19:11. 또 내가 하늘이 열린 것을 보니 보라 백마와 그것을 탄자가 있으니
그 이름은 충신과 진실이라 그가 공의로 심판하며 싸우더라(Καὶ εἶδον τὸν
οὐρανὸν ἠνεῳγμένον, καὶ ἰδοὺ ἵππος λευκός καὶ ὁ καθήμενος ἐπ᾽ αὐτὸν
((καλούμενος)) πιστὸς καὶ ἀληθινός, καὶ ἐν δικαιοσύνῃ κρίνει καὶ πο-
λεμεῖ, Then I saw heaven opened, and behold, a white horse! He who
sat upon it is called Faithful and True, and in righteousness he judges

---

114) 박윤선, *계시록*, 성경주석, p. 322.

and makes war-RSV).

요한은 "내가 하늘이 열린 것을 보았다"고 말한다(15:5). 하늘이 열린 것은 요한이 들어가기 위해 열린 것이 아니라 그리스도께서 재림하시기 위해 열린 것이다. 그리고 "보라 백마와 그것을 탄자가 있다"고 말한다(6:2). 여기 "보라"는 말은 주의를 집중시켜 경성하게 하는 말이다. 주의를 집중해야 하는 것은 '흰말과 그 위에 탄자가 있다'는 사실이다. 그리스도께서 흰말을 타셨다는 것은 승리하셨다는 것을 드러내는 말이다.

그리고 요한은 그리스도의 정체를 밝힌다. 즉 "그 이름은 충신과 진실이라"고 한다(3:14 주해 참조). 그리스도의 이름이 "충신"(πιστὸς)이란 말은 '언약하신대로 우리의 구원을 완성하시는 분'이라는 뜻이고 "진실"(ἀληθινός)이란 말은 '우리의 진정한 구주'라는 뜻이다. 그리스도 안에 있는 우리는 세상에서 항상 하나님의 언약에 충실해야 하고 또 그리스도 안에서 진실해야 한다.

그리고 요한은 예수님께서 무슨 일을 하시는지 알려준다. 즉 "그가 공의로 심판하며 싸우더라"(in righteousness he judges and makes war)라고 한다(사 11:4). 본문의 두 낱말(κρίνει καὶ πολεμει)은 둘 다 현재시제로 그리스도는 계속해서 공의로 심판하시며 또 공의로 싸우신다는 것이다. 예수님께서 공의롭게 심판하시고 또 공의롭게 싸우신다는 사실은 우리 성도들에게 놀랍게도 위로가 되고 힘이 되는 말씀이다. 그는 세상의 독재자와 다르고 또 세상 왕들과도 다르신 분이시다.

**계 19:12. 그 눈은 불꽃 같고 그 머리에는 많은 관들이 있고 또 이름 쓴 것 하나가 있으니 자기밖에 아는 자가 없고**(οἱ δὲ ὀφθαλμοὶ αὐτοῦ ((ὡς)) φλὸξ πυρός, καὶ ἐπὶ τὴν κεφαλὴν αὐτοῦ διαδήματα πολλά, ἔχων ὄνομα γεγραμμένον ὃ οὐδεὶς οἶδεν εἰ μὴ αὐτός).

요한은 본 절에서 그리스도의 모습에 대해 언급하고 또 그리스도의 특별한 이름에 대해 언급한다. 즉 "그 눈은 불꽃같고 그 머리에는 많은

관들이 있다”고 말한다(1:14; 2:18). “그 눈은 불꽃같다”는 말의 주해를
위해서 1:14의 주해를 참조하라. 그리스도께서는 그 눈으로 꿰뚫어보시지
못하는 것이 없으시다. 또 “그 머리에는 많은 관들이 있다”(6:2)는 말은
그리스도는 왕 중의 왕이시라는 뜻이다. 절대 권력을 가지신 분이시고 모든
것을 홀로 다스리시는 분이라는 뜻이다(16절 참조). 그는 우주를 통치하시는
분이시다. 그리고 “이름 쓴 것 하나가 있으니 자기 밖에 아는 자가 없다”고
한다(16절; 2:17). 즉 ‘이름 쓴 것이 하나가 몸에 기록되어 있는데 예수님
밖에는 그 이름의 뜻을 아는 자가 없다고 말한다(2:17; 3:12 참조). 요한도
그리스도의 이름을 보기는 보았는데 몰랐던 것으로 보인다. 누구든지 그
이름을 볼 수도 있고 읽을 수도 있을 것이지만 절대로 알 수는 없다는
것이다.

**계 19:13. 또 그가 피 뿌린 옷을 입었는데 그 이름은 하나님의 말씀이라
칭하더라**(καὶ περιβεβλημένος ἱμάτιον βεβαμμένον αἵματι, καὶ κέκληται
τὸ ὄνομα αὐτοῦ ὁ λόγος τοῦ θεοῦ, And he [was] clothed with a vesture
dipped in blood: and his name is called The Word of God-KJV).

요한은 재림하시는 그리스도께서 “피 뿌린 옷을 입었다”고 말한다(사
63:2-3). “피 뿌린 옷을 입었다”는 말은 ‘피로 적셔진 옷을 입었다,’ ‘피에
젖은 옷을 입었다,’ ‘피에 물든 옷을 입었다’는 뜻이다. 그런데 “피”란 말이
구체적으로 무엇을 지칭하는가에 대해서는 견해가 나뉜다. 1) 그리스도
자신의 십자가의 피로 보는 견해(Leon Morris, Johnson). 2) 사 63:1-6의
예를 들어 원수들의 피로 보는 견해(Clarke, Ladd, Hendriksen, Mounce,
Plummer, 박윤선, 이상근, 이순한). 이 두 견해 중에서 두 번째 견해가
더 타당한 것 같다. 15절에 보면 예수님께서 “하나님 곧 전능하신 이의
맹렬한 진노의 포도주 틀을 밟을 것이라”는 말씀에 의해 원수들의 피로
보는 것이 옳다. 그리스도는 정복자로 오시기 때문에 원수들의 피로 그
옷이 젖은 것으로 보아야 할 것이다. 다시 말해 19장의 문맥은 예수님께서

구속하시러 오시는 문맥이 아니라 심판하시러 오시는 문맥이기 때문에 그의 옷에 묻은 피는 원수들의 피라고 보아야 할 것이다. 그러나 실제로 예수님께서 검으로 싸우셔서 옷에 피가 묻은 것으로 볼 필요는 없다. 예수님은 그의 입에서 나오는 검으로 죽이시리라고 했으니(21절) 이 말씀은 예수님께서 그의 말씀으로 원수들을 정복하실 것을 가리키는 것으로 보아야 한다.

요한은 백마를 탄자의 "이름은 하나님의 말씀이라 칭하더라"고 말한다 (요 1:1; 요일 5:7). 여기 "하나님의 말씀"(ὁ λόγος τοῦ θεου)이 무엇을 지칭하느냐 하는 데는 학자들 간에 견해 차이를 보인다. 1) 세계의 영(World soul)의 한 종류로서 우주에 편만해 있는 합리적 원리라고 보는 견해 (Heraclitus, The Stoics). 2) 하나님의 입에서 나온 발설된 말씀으로 보는 견해(히 4:12). 하나님은 종말에 그의 말씀으로 심판하신다는 것이다. 3) 하나님의 중재자로 보는 견해(요 1:1; 요일 1:1; 필립 휴즈, Hendriksen, Poythress, 이상근, 이순한).[115] 위의 세 견해 중에서 3 번 째 견해가 타당하

---

115) 본 절의 "말씀"이란 예수님께서 하나님을 그대로 보여주시는 분이시라는 뜻으로 사용된 것이다. 요한 사도는 계 19:13에서 하늘에 계신 예수님은 "하나님의 말씀"이라고 말씀한다. 이 성경구절은 "선재하신 아들이 하나님의 때에 성육신하여 사람들 사이에 거하셨던 말씀(요 1:1; 1:14)이라는 요한복음 서론과 놀라운 연결이 있음"은 의심의 여지가 없다(Robert H. Mounce, *The Book of Revelation,* The New International Commentary on the Testament, Grand Rapids: Wm. B. Eerdmans Publishing Co., 1977, p. 345).
그러나 마운스(Robert H. Mounce)는 이 이름 즉 계 19:13의 "하나님의 말씀"은 요 1:1의 "말씀"과는 다른 의미를 가진다고 암시한다. 그는 요 1:1의 "말씀"과 계 19:13의 "하나님의 말씀"은 문맥상으로 다른 뜻을 가지고 있다고 주장한다: "그리스도의 칭호가 계시록에 사용되었으므로...그 칭호는 하나님의 자기 계시를 강조하는 것이 아니라 온 세계 국가가 멸망한다는 권위적인 선언을 강조한다...메시아는 복수하는 장군으로서 적절하게 하나님의 말씀(권위 있고 발랄한 말씀)이라고 불려진 것이다"고 말한다(Robert H. Mounce, *The Book of Revelation,* p, 345).
그러나 예수님이 다른 입장을 취한다고해서 이 이름(oJ lovgo")에 다른 의미를 부여할 필요가 있을까? 예수님은 어제나 오늘이나 영원토록 동일하시지 않은가(히 13:8)? "하늘로 올려지신 이 예수는 하늘로 가심을 본 그대로 오시리라" 하지 않겠는가?(행 1:11). 브루스(F. F. Bruce)는 행 1:11을 주해하면서 "이 동일한 예수는 가신대로 돌아오실 것이다. 그러나 그 말은 예수님이 즉시 돌아오신다는 뜻은 아니다. 갈릴리 사람들이 예수님께서 구름타고 영광중에 가시는 것을 보았다; 구름타고 영광중에 오실 것이다"고 주장한다( F. F. Bruce, *The Book of the Acts,* The New International Commentary on the New Testament, Grand Rapids: Wm. B. Eerdmans Publishing Co., 1984, p. 41.). 패커(J. I. Packer)는 "메시아를 하나님의 말씀이라고 언급하는 것은 주님의 창조적 능력을 암시하는 것이며 '말씀'에 대한 구약 관련들을 우리에게 상기시켜 주기도 한다"고 말한다(J. I. Packer, "Revelation and Inspiration," in *The New Bible Commentary,*

다. 예수님은 중재자로 하나님을 그대로 보여주시는 분으로 하나님의 말씀이
라 불린다. 말은 말한 사람을 그대로 보여준다. 말을 들어보면 그 사람을
알게 된다. 그처럼 예수님은 하나님을 그대로 보여주신다는 뜻에서 "하나님
의 말씀"이시다. 예수님은 우리 가운데 계신 성육신 하신 하나님의 아들이시
다. 요한 사도가 "하나님의 말씀"이라는 명칭을 본서에 쓴 것을 보면 요한복
음이나 요한서신을 쓴 분임을 알 수 있다. 성자 예수님은 "하나님의 말씀"으
로서 하나님의 생각을 그대로 계시하기도 하시며 또 하나님의 생각을 그대로
수행하기도 하신다. 예수님은 심판(행 17:31)에 있어서 하나님의 뜻을 그대
로 성취하시는 분이시다.

**계 19:14. 하늘에 있는 군대들이 희고 깨끗한 세마포 옷을 입고 백마를
타고 그를 따르더라**(καὶ τὰ στρατεύματα ((τὰ)) ἐν τῷ οὐρανῷ ἠκολούθει
αὐτῷ ἐφ' ἵπποις λευκοῖς, ἐνδεδυμένοι βύσσινον λευκὸν καθαρόν).

요한은 재림하시는 예수님은 혼자 오시는 것이 아니라 "하늘에 있는
군대들이 희고 깨끗한 세마포 옷을 입고 백마를 타고 그를 따르고 있었다"고
말한다(4:4; 7:9; 14:20; 마 28:3). "하늘에 있는 군대들"이란 '천사들만
아니라 모든 성도들'도 포함하는 말이다(Alford, Charles, Plummer, 박윤선,
이상근). 12:7; 19:11 주해 참조. 그들도 역시 "희고 깨끗한 세마포 옷을
입고 백마를 타고 그를 따르고 있었다." 예수님은 피 묻은 옷을 입으셨지만
천사들과 성도들은 "희고 깨끗한 세마포 옷을 입고 백마를 타고 그를 따르고
있었다." 그들이 희고 깨끗한 세마포를 입은 것은 메시아의 승리에 동참하고

---

Grand Rapids: Wm. B. Eerdmans Publishing Co., 1970, p. 1314). 요 19:13의 "말씀"의 의미는
요 1:1의 의미와 동일한 의미로 보는 것이 더 옳을 것이다. 계 19:13의 "말씀"도 역시 '하나님의
계시자'라는 뜻으로 보아야 할 것이다.

　　위에서 본바와 같이 예수 그리스도는 항상 말씀이시다: 그는 태초에만 영원한 말씀이
아니라 성육신 하신 후에도 그리고 승천하신 후에도 (마 11:19; 눅 11:49; 골 1:15-19; 히 1:9
참조) 영원히 말씀이시다. 그러므로 우리가 간과할 수 없는 것은 말씀이 말씀하신 말씀들이
예수님을 대표한다는 것이다. 성경에 기록된 예수님의 말씀들은 말씀(the Word)과 통일이 있다.
그 말씀(the Word)은 태초에도 하나님과 함께 계셨고 성육신하셔서 우리 가운데 계신 후에도
역시 하나님이시다(요 1:1, 14).

있음을 보여준다. 여기 "따르고 있었다"(ἠκολούθει)는 말은 미완료과거 시제로 그들은 '계속해서 그리스도를 따르고 있었다'는 뜻이다. 전쟁은 오직 그리스도에게만 속해 있는 것을 볼 수 있다. 그리스도 혼자 이기신다. 구약 성경에도 전쟁은 여호와께 속한 것이라 했는데 역시 계시록에서도 전쟁은 그리스도에게만 속한 것으로 명시되어 있다. 따라서 천사들이나 성도들은 단지 그리스도와 함께 하기 때문에 그리스도의 승리에 동참하게 된다.

**계 19:15.** 그의 입에서 예리한 검이 나오니 그것으로 만국을 치겠고 친히 그들을 철장으로 다스리며 또 친히 하나님 곧 전능하신 이의 맹렬한 진노의 포도주 틀을 밟겠고(καὶ ἐκ τοῦ στόματος αὐτοῦ ἐκπορεύεται ῥομφαία ὀξεῖα, ἵνα ἐν αὐτῇ πατάξῃ τὰ ἔθνη, καὶ αὐτὸς ποιμανεῖ αὐτοὺς ἐν ῥάβδῳ σιδηρᾷ, καὶ αὐτὸς πατεῖ τὴν ληνὸν τοῦ οἴνου τοῦ θυμοῦ τῆς ὀργῆς τοῦ θεοῦ τοῦ παντοκράτορος).

요한은 재림하시는 주님의 활약상을 설명한다. 첫째, "그의 입에서 예리한 검이 나오니 그것으로 만국을 치실 것이라"고 한다(27절; 1:16; 사 11:4; 살후 2:8). 그리스도의 입에서 예리한 검이 나온다는 말은 하나님의 말씀이 나온다는 뜻이다(엡 6:17; 히 4:12). 예수님은 하나님의 말씀으로써 만국을 치신다. 그리스도는 말씀으로 창조하시고 섭리하시며 심판하신다. 이 문장의 주해를 위해서는 1:16의 주해를 참조하라.

둘째, "친히 그들을 철장으로 다스리실 것이다"(2:27; 12:5; 시 2:9). 쇠파이프로 만국을 다스리실 것이란 말은 불가항력적인 권세를 상징한다. 예수님은 만국이 대항할 수 없는 권세로 정복하실 것이다(시 2:9). 세계의 그 어떤 무기도 그리스도 앞에는 무용지물이 된다. 이 문장의 주해를 위해서는 2:27; 12:5의 주해를 참조하라. 우리는 주님의 승리의 정복을 지금도 경험하고 있고 종말에 여실하게 경험할 것이다.

셋째, "친히 하나님 곧 전능하신 이의 맹렬한 진노의 포도주 틀을 밟으실 것이다"(14:19-20; 사 63:3). 본문의 주해를 위해서는 14:20주해를 참조하

라. 진노의 포도주 틀을 밟는다는 말은 하나님을 저항하던 무리가 완전히 박살나게 됨을 보여주는 말이다(사 63:1 이하 참조). 예수님께서 포도주 틀을 밟으실 때 안 밟힐 박해자가 어디 있겠는가? 그들은 한 때 소리를 쳤지만 이제 그리스도 앞에서는 꼼짝 못하고 밟히는 신세가 될 것이다.

**계 19:16. 그 옷과 그 다리에 이름을 쓴 것이 있으니 만왕의 왕이요 만주의 주라 하였더라**(καὶ ἔχει ἐπὶ τὸ ἱμάτιον καὶ ἐπὶ τὸν μηρὸν αὐτοῦ ὄνομα γεγραμμένον· Βασιλεὺς βασιλέων καὶ κύριος κυρίων).

요한은 심판을 수행하시는 "그리스도의 옷과 그 다리에 이름을 쓴 것이 있으니 만왕의 왕이요 만주의 주라 하였더라"고 말한다(12절; 17:14; 단 2:47; 딤전 6:15). 요한은 예수님의 옷과 다리 두 군데에 예수님의 굉장한 이름 즉 만왕의 왕이요 만주의 주라하는 이름이 쓰어 있는 것을 보고 말한다. 옷은 아마도 예수님의 외투일 것이고, 다리라 함은 허벅지를 덮는 외투의 한 부분을 뜻할 것이다. 이렇게 두 군데에 이름을 쓰신 것은 사람들로 하여금 분명히 볼 수 있도록 함이었을 것이다. 그 이름은 "만왕의 왕이요 만주의 주라하는 이름"이다. 아무도 그리스도를 대항할 수 없다는 것을 보여주는 이름이다. 어떻게 세상 왕이라고 하는 사람들, 그리고 세상의 주라고 하는 사람들이 만왕의 왕이시고 만주의 주이신 분을 이길 수 있으랴. 어림없는 일이다. 우리 주님께서 만왕의 왕이시고 만주의 주되심을 알고 기뻐함으로 찬양해야 할 것이다. 그렇기에 우리는 너무 든든한 사람들이고 너무 복된 사람들이다.

## 2. 짐승의 심판   19:17-21

요한은 짐승(적그리스도)과 여러 부하들의 최후의 패배에 대해 간략히 언급한다. 백마를 타신 그리스도께서 그들과 싸우신 결과 무수한 시체들이 발생했을 때 천사는 공중에서 온 세상에 있는 새들에게 하나님께서 마련하신 큰 잔치에 참여하여 먹으라고 초대한다(17-18절). 그리고 적그리스도와 거

제19장 435

짓 선지자가 그리스도에게 잡혀 유황불 붙는 곳에 던져진다(19-21절). 적그
리스도 군대의 죽음은 이미 겔 39:17-20에 예언되어 있다.

**계 19:17.** 또 내가 보니 한 천사가 태양 안에 서서 공중에 나는 모든 새를
향하여 큰 음성으로 외쳐 이르되 와서 하나님의 큰 잔치에 모여(Καὶ εἶδον
ἕνα ἄγγελον ἑστῶτα ἐν τῷ ἡλίῳ καὶ ἔκραξεν ((ἐν)) φωνῇ μεγάλῃ λέγων
πᾶσιν τοῖς ὀρνέοις τοῖς πετομένοις ἐν μεσουρανήματι, Δεῦτε συ-
νάχθητε εἰς τὸ δεῖπνον τὸ μέγα τοῦ θεοῦ).

요한이 보게 된 환상에 "한 천사가 태양 안에 서서 공중에 나는 모든
새를 향하여 큰 음성으로 외쳐 이르되 와서 하나님의 큰 잔치에 모여" 먹으라
고 초청하는 것을 본다(21절; 겔 39:17). 여기 "한 천사"는 어떤 천사인지
알 수 없다. 그가 "태양 안에 서서" 있었다는 말은 낮 시간에 중천 높이
서 있었기에 해 안에 서서 있었던 것처럼 보인 것을 뜻할 것이다. 그가
그렇게 높이 서 있었던 이유는 "공중에 날아다니는 모든 새를 향하여 큰
음성으로 외쳐 이르기 위함이었다." 천사는 세상의 모든 새들에게 하나님께
서 준비하신 "큰 잔치"(시체 잔치)에 모여 먹으라고 초청한다. 삼상 17:44,
46; 마 24:28 참조. 너무도 많은 사람들이 그리스도의 말씀의 칼에 죽었기에
장사를 지낼 수도 없어 그냥 시체들이 거리와 들판에 즐비하게 널려 있었다.
천사는 이 시체들을 그냥 두기 보다는 새들의 밥이 되는 것이 나을 것으로
알아서 초청했다.

**계 19:18.** 왕들의 살과 장군들의 살과 장사들의 살과 말들과 그것을 탄자들의
살과 자유인들이나 종들이나 작은 자나 큰 자나 모든 자의 살을 먹으라
하더라(ἵνα φάγητε σάρκας βασιλέων καὶ σάρκας χιλιάρχων καὶ σάρκας
ἰσχυρῶν καὶ σάρκας ἵππων καὶ τῶν καθημένων ἐπ᾽ αὐτῶν καὶ σάρκας
πάντων ἐλευθέρων τε καὶ δούλων καὶ μικρῶν καὶ μεγάλων).

여기 기록되어 있는 무리는 짐승(적그리스도)을 따르던 부하들이다.

6:15 주해 참조. 이들이 합세하여 적그리스도와 함께 그리스도를 대적했으나 모두 패하고 말아서 그들의 시체가 길거리와 들판에 널려진 것이다(겔 39:4, 17-20 참조). 새들이 찍어먹기에 아주 좋은 위치에 널브러져 있었다.

**계 19:19.** 또 내가 보매 그 짐승과 땅의 임금들과 그들의 군대들이 모여 그 말 탄 자와 그의 군대와 더불어 전쟁을 일으키다가(Καὶ εἶδον τὸ θηρίον καὶ τοὺς βασιλεῖς τῆς γῆς καὶ τὰ στρατεύματα αὐτῶν συνηγμένα ποιῆσαι τὸν πόλεμον μετὰ τοῦ καθημένου ἐπὶ τοῦ ἵππου καὶ μετὰ τοῦ στρατεύματος αὐτοῦ).

요한은 본 절부터 시작하여 21절까지에 걸쳐 양편의 싸움을 자세히 소개한다. 요한은 먼저 땅위에 있던 "짐승(적그리스도)과 땅의 임금들과 임금들의 군대들"이 모여 싸움을 돋운 것을 말한다(16:16; 17:13-14). 요한은 다음으로 싸움을 맞아 대항한 쪽을 언급한다. 즉 "그 말 탄 자와 그의 군대" 곧 '말을 타신 그리스도와 그의 군대들'(천사들과 성도들)이 짐승(적그리스도)과 전쟁을 수행했다고 말한다.

**계 19:20.** 짐승이 잡히고 그 앞에서 표적을 행하던 거짓 선지자도 함께 잡혔으니 이는 짐승의 표를 받고 그의 우상에게 경배하던 자들을 표적으로 미혹하던 자라 이 둘이 산 채로 유황불 붙는 못에 던져지고(καὶ ἐπιάσθη τὸ θηρίον καὶ μετ' αὐτοῦ ὁ ψευδοπροφήτης ὁ ποιήσας τὰ σημεῖα ἐνώ-πιον αὐτοῦ, ἐν οἷς ἐπλάνησεν τοὺς λαβόντας τὸ χάραγμα τοῦ θηρίου καὶ τοὺς προσκυνοῦντας τῇ εἰκόνι αὐτοῦ· ζῶντες ἐβλήθησαν οἱ δύο εἰς τὴν λίμνην τοῦ πυρὸς τῆς καιομένης ἐν θείῳ).

요한은 양편의 싸움의 결과를 설명한다. 결과는 "짐승(적그리스도)이 그 앞에서 표적을 행하던 거짓 선지자도 함께 잡혔다"고 말한다(16:13-14). 그러니까 사탄의 두 부하(짐승, 거짓 선지자)가 잡혔다는 것이다. 짐승(적그리스도)은 교회를 박해하던 개인 혹은 큰 세력이고(13:1 주해 참조), 거짓 선지자는 교회를 내적으로 타락시키던 자이다(13:11-17; 16:13 주해 참조).

요한은 거짓 선지자에 대해 더 자세히 설명한다. 즉 "이는 짐승의 표를 받고 그의 우상에게 경배하던 자들을 표적으로 미혹하던 자라"고 설명한다(13:12, 15). 다시 설명해보면 '그 거짓 선지자는 짐승을 대신해서 기적을 행하여 짐승의 표를 받은 사람들과 그의 우상을 경배하던 사람들을 유혹하던 자'라고 말한다. 참으로 악랄한 사람이다.

그리고 요한은 "이 둘이 산 채로 유황불 붙는 못에 던져졌다"고 말한다(14:10; 20:10; 21:8). 즉 '짐승과 거짓 선지자가 잡혀서 죽음을 당하지 않은 산 채로 유황불 붙는 못에 던져졌다'는 것이다. "유황불 붙는 못"이란 말은 본서에 여러 차례 나타나는 말(14:10; 20:10, 14, 15; 21:8)로 '지옥'을 지칭한다. "유황 불붙는 못"이란 말 앞에 정관사가 있어 '지정된 영벌의 처소'를 지칭한다. 불과 유황은 하나님의 형벌의 도구이다(창 19:24; 시 11:6; 사 30:33; 겔 38:22).

본 절에서 우리가 발견할 수 있는 것은 요한은 전쟁 자체에 대해서는 언급 하지 않는다. 전쟁이 시작하자마자 곧 짐승과 거짓 선지자가 잡혀서 지옥으로 들어간 것을 말한다. 전쟁이 아에 없었던 것으로 보인다. 사실 그리스도 앞에 누가 덤비겠는가? 만일 덤빈다 해도 동시에 패배가 아니겠는가? 할렐루야!

**계 19:21. 그 나머지는 말 탄 자의 입으로부터 나오는 검에 죽으매 모든 새가 그들의 살로 배불리더라**(καὶ οἱ λοιποὶ ἀπεκτάνθησαν ἐν τῇ ῥομφαίᾳ τοῦ καθημένου ἐπὶ τοῦ ἵππου τῇ ἐξελθούσῃ ἐκ τοῦ στόματος αὐτοῦ, καὶ πάντα τὰ ὄρνεα ἐχορτάσθησαν ἐκ τῶν σαρκῶν αὐτῶν).

요한은 앞(20절)에서 사탄의 두 부하(적그리스도와 거짓 선지자)가 잡혀 지옥으로 떨어진 것을 말한 다음 "그 나머지" 곧 '땅의 임금들과 그들의 군대들'이 어떻게 되었는지에 대해 언급한다. "땅의 임금들과 그들의 군대들"(18절주해 참조할 것)은 "말 탄 자의 입으로부터 나오는 검에 죽으매 모든 새가 그들의 살로 배불리더라"고 말한다(15절, 17절-18절; 17:16). 그러니까 지옥으로 떨어질 자(짐승과 거짓 선지자)는 지옥으로 떨어지고 새의 밥이 될 자(짐승과 거짓 선지자의 부하들)는 새의 밥이 된 것이다. 본 절의 그리스도의 "검"이란 그리스도의 '말씀'(사 11:4 참조)을 지칭한다. 부하들이 새의 밥이 되었다는 말은 비참한 최후를 맞이했다는 말이다. 그들은 생전에 자신들이 이런 최후를 맞이할 줄은 전혀 몰랐을 것이다.

# 제 20 장

D. 최후의 심판과 천년왕국    20:1-15

계시록 20:1-6은 천년왕국설의 근거가 되는 구절이다. 천년왕국설은 구약과 신약에서 그 편모를 엿볼 수 있는데 계 20:1-7에 천년왕국이란 말이 6회가 나타남으로 이 부분(1-7절)은 천년왕국설과 긴밀한 관계를 가지고 있다. 천년왕국설은 이 부분(1-7절)의 성구에도 불구하고 계시록 자체의 상징적 성격과 또 본 구절과 다른 성경구절과의 관련성 때문에 가장 문제가 많은 학설이 되고 말았다. 초대교회에서 천년왕국설은 정통적으로 수락되기는 했으나 2세기에 들어서면서 이 학설의 과격파인 몬타나주의 (Montanaism) 등의 반발에 부딪쳐 반대 운동이 일어나게 되었고, 오리겐 (Origen)은 천년왕국설을 경책하고 이 학설을 전적으로 신령화했으며 어거스틴(Augustine)은 오리겐보다 이 학설을 결정짓는데 크게 역할을 했으며 그는 그의 "하나님의 도성"에서 천년 왕국이란 그리스도의 초림에서 세상의 종말까지라 말했고 그리스도의 통치란 교회를 통한 영적 지배로 보았다.116) 그런데 이 알렉산드리아 학파(Origen, Augustine)의 천년왕국설에는 그들의 우화적 성경해석법 때문에 문자적인 천년왕국설은 존재할 수가 없었다. 이 천년왕국설은 중세기의 카톨릭의 체계가 확립된 중(中)세 교회사에 들어서면서 완전히 폐기된바 되었었으나, 교회 개혁시대에 들어와 성경이 더 깊이 연구되면서부터 천년왕국설은 활발히 연구되었고 유럽 각지(독일, 영국, 프랑스)에서 많은 지지자들을 얻게 되었다. 미국의 경우 청교도가 미국으로 옮겨간 후 "프라마우스 형제단"(The Plymouth Brethren)에서 이 학설을

---

116) 어거스틴(Augustine), *City of God*, 20:7.

옹호하게 되었다(Darby, Ironside, Scoffield, Gaeblein, Chafer 등의 옹호자들). 이렇게 성경을 진지하게 연구하여 천년왕국설을 옹호하는 학자들이 있는가 하면 오늘날 자유주의자들은 천년왕국설을 정면으로 부정하고 있다. 다시 말해 천년왕국설이란 유대교적이고 또 동방의 신비종교의 영향에서 형성된 것으로 보아 연구의 대상이 될 수 없다고 주장하기도 한다. 현대신학에 있어 천년왕국설 같은 종말론은 반대를 넘어 아주 무시를 당하고 있다고 해도 과언은 아닐 것이다. 위와 같은 현대 사상의 반대나 무시를 등 뒤로 하고 천년왕국설을 따져보는 학자들을 중심으로 세 가지 학설을 거론할 수 있을 것이다.

**A. 전 천년설**(Pre-millenarianism): 전 천년설은 그리스도께서 재림 (19:11-21에 기록된 대로 재림하신 후)하신 후 1000년 왕국이 건설된다는 학설이다. 이 학설은 초대교회의 정설이었다(Justyn Martyr, Irenaeus, Tertullian, Papias, Dionysius). 이 학설은 중세 카톨릭의 전제시대를 제외하고는 계속해서 그 명맥을 유지해 오고 있고 우리 한국 교회에도 초대 선교사들을 통해 전(前) 천년설이 소개되어 오래 동안 우위를 점유하고 있었고, 지금도 장로교에서 여러분들이 주장하고 있으나 성경연구가 더 깊어짐에 따라 무 천년설로 대치되는 상황이다.

전(前) 천년설에는 두 가지 유형의 이해가 있다.

1) 세대주의 전 천년설: 이 견해는 대환난의 마지막에 아마겟돈 전쟁과 예수님의 이스라엘 통치(19:19-20:6)가 있을 것이라고 믿는다. 그 천년 통치 기간 동안 이스라엘에 대한 구약의 약속들이 성취될 것이라고 믿는다(사 2:4; 9:6-7; 11:6-9; 35:5-6; 42:1 등). 세대주의자들은 천년왕국이 사탄의 그리스도에 대한 반역 때문에 끝날 것이며, 그 다음에 사탄이 불 못에 던져질 것이라고 믿는다. 그 다음 하나님께서는 하늘과 땅을 재창조하실 것이라고 믿는다.

2) 역사적 전 천년설: 이 견해는 그리스도의 재림이 대 환난 후에

일어나 신자들을 천년 왕국에 들어가게 할 것이라고 믿는다. 그리스도께서
는 아마겟돈에서 적그리스도의 세력을 물리치고 적그리스도를 죽임으로
악을 물리칠 것이다. 성도들은 그리스도께서 땅 위에 천년 왕국을 세우실
때 그리스도를 수행할 것이다. 사탄은 이 기간 동안 결박되어 있을 것이다.
그리스도의 천년 통치기간에 이스라엘 사람들이 돌아올 것이며 따라서
이스라엘에 대한 구약 예언들이 성취될 것이다. 이 견해를 따르는 자들은
신자들만이 천년 왕국에서 그리스도와 함께 다스리기 위하여 부활할 것이
며 나머지 죽은 불신자들은 천년 왕국이 끝나는 때에 심판을 받기 위하여
부활할 것이다. 그 때에 하나님께서 새 하늘과 새 땅을 출현하게 하실
것이다.

　　이 학설은 예수님께서 재림하실 때에 죽은 그리스도인들이 부활할 것이
며, 땅 위에서 그 때까지 살아 있던 신자들은 휴거하여 그리스도와 공중에서
만나게 될 것이라고 주장한다(살전 4:17; Herman Bavinck). 전 천년설은
그리스도를 만난 그리스도인들이 1천년 동안 그리스도와 더불어 세상을
통치할 것이라고 주장하는데 1천년이 차면 사탄이 얼마동안 놓여서 세상을
혼미하게 만든다고 말한다. 이 짧은 기간에 죽은 자들의 나머지가 부활한다
는 것이다.

　　전 천년설은 예수님의 재림이 최후의 7년 대 환난 이전에 온다는 전
환난 설(Pretribulationalism)과 그리스도의 재림이 대 환난 후에 온다는
후 환난설(Posttribulationalism)로 양분되고 있다. 이는 교회가 환난 이전에
들려 올리느냐 아니면 환난을 통과하느냐의 차이점 때문에 나뉘는 것이다.
만약 교회가 대 환난 이전에 올린다고 보면 대 환난은 누가 통과하느냐는
큰 문제가 대두되는 것이다. 본서 4장의 이십사 장로(長老)는 환난 이전에
벌써 공중에 들려진 신구약의 성도의 그림자요, 6-18장에는 지상의 대 환난
이 있고, 19장에서 주께서 공중에 들려진 성도들과 재림하시고, 20:1-6에서
천년왕국이 계속되는 것으로 본다. 그렇다면 지상의 대 환난 기간 중에
공중에 들려진 성도들은 상급의 심판을 받고(고후 5:10) 어린 양의 혼인

잔치에 참여하는 것으로 본다(계 19:7). 그런고로 대 환난 기간 동안 천상에서는 복을 받고 지상에서는 저주를 받는 것으로 되는 것이다. 이 환난을 통과하면서 유대인들은 회개하며 또 순교하며 그 때 이방인 중에서도 회개하는 성도들이 있을 것으로 본다. 그리고 이 공중에 들려진 성도들과 지상에서 환난을 통과한 성도들은 주님의 지상 재림에서 회동하여 천년 왕국으로 들어가게 된다. 이런 전 천년설은 두 가지 재림(공중 재림과 지상 재림)과 두 가지 부활(천 년 전의 성도의 부활과 천 년 후의 불신자의 부활)이라는 체계를 두게 되어 무 천년설이 주장하는 현세의 종국에 모든 성도가 다 같이 대 환난을 통과하고 그 후 주님께서 한번 지상에 재림하시고 또 신자와 불신자가 함께 부활하여 영생과 영벌로 나누어진다는 단순한 체계에 비해 약점을 노출하고 있다고 보아야 할 것이다.

**B. 후 천년설(Post-millenarianism):** 후 천년설은 그리스도의 재림이 있기 전 1천년의 태평성대가 있고 난 다음 그리스도의 재림이 있을 것이라고 주장한다(L. Boettner, Whithy, C. H. Hodge, A. H. Stong, D. Brown, Hengstenberg). 가끔 그들은 천년 왕국은 현 시대에도 복음의 승리가 있으면 가능하다고 말한다. 그리고 종말에 문자적인 천국왕국이 올 것으로 생각한다. 이들이 근거를 삼고 있는 성경 구절들은 다음과 같다. 마 28:18에 예수님께서 세계 복음화를 위하여 권세를 받으셨으니 필경 반대 세력을 물리치고 세계 복음화가 이루어져 좋은 시대가 도래 한다는 것이다. 그러나 이 구절이 복음이 전 세계에 전파되어 인류 전체가 회개하리라는 구절은 아니므로 이들의 주장은 성경적 뒷받침이 약하다고 할 수 있다. 또 이들이 근거를 삼고 있는 구절들은 사 2:2-3; 단 2:44이다. 그러나 이 구절들은 그리스도의 초자연적 재림에 의해서만 완전히 이루어질 수 있는 것이다. 다시 말해 이 구절들은 그리스도의 재림 전에 이루어질 일을 말하는 것은 아니다. 또 이들은 계 19:11-21을 근거절로 든다. 이 구절들이 적그리스도의 세력이 멸망할 것을 예언하고 있으니 그리스도의 재림 전에

일천년 동안 태평성대가 올 것이라고 주장한다. 그러나 이 구절들은 그리스도의 재림 이후에 될 일을 예언한 것이다. 또 후 천년설주장자들은 현재 국제적 협력과 과학의 발달과 물질문명이 진보하고 있으니 언제가 한번 온 인류를 점령하리라고 한다. 그러나 지금 세상 되어가는 것을 볼 때 후 천년설 주의자의 주장은 설 자리가 약해 보인다. 이 학설은 지지자가 별로 없다.

C. 무 천년설(A-millennialism): 무 천년설은 문자적인 천년왕국이 없다고 하며 신약 시대가 천년왕국의 기간이라고 주장한다(Augustine). 그들에게는 천년이란 하나의 상징적인 기간이다. 그들에게 천년왕국이란 지상에서의 그리스도의 생활과 그의 재림 사이의 전체 기간을 지칭한다. 그들의 주장을 보면 사탄의 결박(20:2)이란 그리스도의 십자가에서 사탄의 권세가 제한된 것을 지칭한다(요 12:31; 골 2:15). 그들은 신자의 중생(the new birth)을 첫 번 부활로 본다. 첫 번 부활이란 죄로부터 거듭나서 새 생명을 얻어 사는 것을 지칭한다. 어거스틴을 이어 정통신학을 확립한 칼빈도 역시 어거스틴을 따라 무 천년설을 주장했다. 어거스틴과 캘빈의 체계는 많은 학자들에 의해 지지를 받고 있으며(Lenski, A. Kuyper, Leon Morris, G. K. Beale, Poythress), 오늘날 카톨릭의 정설도 어거스틴이 확립한 무 천년설을 따르고 있다. 그런데 어거스틴의 무 천년설을 수정한 학설이 나왔는데 그것이 바로 천년왕국의 통치를 교회를 통한 영적 통치로 보지 않고 천(天)적인 것이라고 주장하는 학설이 나왔다(Berkof, G. Vos, B. B. Warfield).

무(無) 천년설도 역시 약점이 없지는 않지만 세 가지 학설 중에서 가장 받을만한 학설로 보인다. 오늘날 후(後) 천년설은 지지자가 거의 없으나 전(前) 천년설을 주장하는 학자들은 많이 있는 셈이다. 무 천년설을 주장하는 학자들은 전 천년설 자들을 비판하지 말고 또 전 천년설 자들도 무 천년설 자들을 비판하지 말고 자신이 바르다고 생각하는 학설에 대해서 더욱 연구를 강화해야 할 것이다.

### 1. 사탄이 결박당하다  20:1-3

요한은 짐승의 두목인 사탄이 하나님으로부터 내려온 한 천사에 의하여 결박당하여 천년 동안 무저갱에 갇히는 환상을 보았다. 요한이 본 이 환상은 계시록에서 가장 난해한 부분들 중의 하나이다. 요한이 본 이 20장을 이해하기 위하여 수없는 연구가 계속되어 왔고 논쟁들이 있어 왔다. 어떤 학자들은 자신의 견해만을 고집하고 다른 이들의 학설을 무시하기도 하지만 우리는 겸손과 사랑으로 다른 이들의 학설을 대해야 할 것이다.

**계 20:1. 또 내가 보매 천사가 무저갱의 열쇠와 큰 쇠사슬을 그의 손에 가지고 하늘로부터 내려와서**(Καὶ εἶδον ἄγγελον καταβαίνοντα ἐκ τοῦ οὐρανοῦ ἔχοντα τὴν κλεῖν τῆς ἀβύσσου καὶ ἅλυσιν μεγάλην ἐπὶ τὴν χεῖρα αὐτοῦ, And I saw an angel come down from heaven, having the key of the bottomless pit and a great chain in his hand-KJV).

요한은 "내가 보았다"(εἶδον)고 말한다. 혹자는 여기 "천사"를 그리스도라고 하기도 하나 천사로 보는 것이 바른 견해이다(9:1 참조). 무엇인가 새로운 계시가 임하는 것을 보았다는 뜻이다. 천사는 새 계시를 전개함에 있어서 아주 중요한 역할을 해왔다(7:2; 8:1; 10:1; 14:6, 8-9, 15, 17-18; 17:1; 18:1; 19:17). 즉 "천사가 무저갱의 열쇠와 큰 쇠사슬을 그의 손에 가지고 하늘로부터 내려온"(1:18; 9:1) 것을 본 것이다. '한 천사'가 무저갱[117)의 열쇠와 큰 쇠사슬을 가지고 하늘로부터 내려와서 용을 잡은 것을 보면 아주 힘 있는 천사, 아주 유력한 지위에 있는 천사임을 알 수 있다.

한 천사가 "무저갱의 열쇠와 큰 쇠사슬"을 그의 손에 가지고 내려왔다는 표현은 상징적인 표현들이다. 왜냐하면 무저갱의 열쇠가 있을 수 없고 또 쇠사슬로 영적인 존재를 잡는다는 것은 불가능하기 때문이다. 이런 표현은

---

117) "무저갱"(ἀβύσσου): 1) 70인역에서 깊은 못의 물이나 땅 깊은 곳을 가리키는 단어(창 1:2; 7:11; 시 71:20; 107:26). 2) 마귀를 가두는 곳을 지칭하는 단어(눅 8:31; 벧후 2:4; 유 1:6). 3) 죽은 사람이 가는 곳을 뜻하는 단어(롬 10:7). 4) 사탄과 적그리스도를 비롯한 마귀의 세력이 거하는 처소를 뜻하는 단어(계 9:1; 11:7).

천사가 무저갱을 지배하는 권세와 사탄을 구속하는 권세가 있음을 보여주고 있다. 그리고 또 그가 "하늘로부터 내려오고 있었다"는 말은 하나님의 지시 대로 내려와서 사탄을 감금했다는 것을 보여준다.

**계 20:2. 용을 잡으니 곧 옛 뱀이요 마귀요 사탄이라 잡아서 천 년 동안 결박하여**(καὶ ἐκράτησεν τὸν δράκοντα, ὁ ὄφις ὁ ἀρχαῖος, ὅς ἐστιν Διάβολος καὶ ὁ Σατανᾶς, καὶ ἔδησεν αὐτὸν χίλια ἔτη).

요한은 한 천사(1절)가 "용을 잡았다"고 말한다.[118] 이는 상징적인 묘사 이다. 천사가 영적인 존재인 용을 잡았다는 말은 실제로 있을 수 없는 일로서 천사가 용을 결박할 수 있는 권세가 있음을 뜻한다. 본문의 "잡아"(ἐκράτη-σεν)란 말은 부정(단순)과거 시제로 '단번에 잡아 구속했다'는 것을 뜻하는 말로 천사가 용을 단숨에 잡아 구속했다는 것을 뜻한다(마 26:50).

요한은 용을 "옛 뱀이요 마귀요 사탄이라"고 표현한다(12:3, 9 주해 참조). 벧후 2:4; 유 1:9 참조 "옛 뱀"이라고 한 것은 인류의 시조를 유혹했다 는 뜻에서 옛 뱀이라는 명칭이 붙었다(창 3장). "마귀"(Διάβολος)란 말은 '비방하는 자'라는 뜻이다. "사탄"(Σατανᾶς)이란 말은 '대적 자'를 뜻하는 데 본래는 고유명사가 아니었으나 마귀가 항상 대적하는 일을 했기에 후에 고유명사화 되었다.

요한은 천사가 사탄을 "천년 동안 결박하였다"고 묘사한다. 이 "천년 동안"이란 말도 상징어임이 틀림없다. 1,000년은 완전수인 10의 세제곱이다

---

118) "용"(Dragon): 성경에서 주로 사단을 가리키는데 쓰인 말. 그러나 히브리어의 "탄닌-"은 문맥에 따라 용 외에도, "이리"(한글개역, KJV는 dragon, RSV는 jackal, 日改譯는 山犬-욥 30:29), 또는 "뱀"(Serpent-출 7:9, 10, 12; 신 32:33; 시 91:13), 혹은 "(바다의) 큰 물고기"(Sea Monster-창 1:21; 시 148:7에서의 한글개역은 용)로도 번역되어 있다. 겔 29:3 및 32:2의 한글 개역은 악어로 되어 있는데, 원어는 "탄닌"으로, 신화적 표현을 역사화하여 애굽왕을 가리키고 있고, 이 경우 악어를 생각케 하는 것이 있다(욥 41:1-, 비교). 계시록의 "용"(dragon) (계 12:3, 4, 7, 9, 13, 16, 17; 13:2, 4, 11; 16:13, 20:2), 특히 붉은 용(계 12:3)은 사단의 상징으로, 이것은 창세기 3장의 "뱀"과 동일시되고(계 12:9-늙은 뱀), 메시야인 아들 또는 하나님의 교회를 삼키려하고 있는데(계 12:4), 그것은 헛되이 끝난다. 결국 승리는 하나님의 편에 있음이 드러난다(계 12:7-9; 20:2,3).

(10x10x10=1,000). 사탄은 하나님으로부터 권세를 받아가지고 내려온 천사
에 의하여 완전한 기간 동안 결박당한 것이다. 사탄이 결박된 것은 예수님의
십자가와 부활로 이미 패배한 것을 가리키는 동시에 미래적으로 주님의
재림 시에 있을 완전한 파멸을 내다보게 한다. 이런 의미에서 천년왕국은
교회의 승리의 기간이며 복된 기간이라고 할 수 있다. 이제 사탄은 복음이
증거되는 것을 막지 못하여 만국을 미혹하지 못한다(21:3). 그러나 사탄은
여전히 활동하고 있으니 사탄은 활동 면에 있어 제한을 받고 있다.

　이 천년동안의 결박을 두고 전(前) 천년설에서는 그리스도께서 재림하신
후 문자적으로 천년 동안 결박당하는 것으로 말하고, 후(後) 천년설에서는
그리스도께서 재림하시기 전 천년 동안 지상에는 복음의 은혜로 말미암아
태평성대가 올 것이라고 말하며, 무(無) 천년설에서는 문자적인 천년이 아니
라 그리스도께서 십자가에서 죽으심으로 말미암아 사탄의 권세가 결박되어
그리스도 재림 때까지 결박된 상태로 지낸다는 것이다(12:9; 요 12:31; 골
2:15; Leon Morris, Mounce).[119]

　본 절의 사탄의 결박에 대한 주해를 쓰면서 휴즈(Philip E. Hughes)는
눅 10:17-19과 연관시키고 또 요 12:31-32과 연관시킨다. 즉 "우리는 사탄이
매이고 감금되는 일천년의 기간은 영원하신 아드님의 성육신과 특히 성육신
의 목적, 즉 갈보리의 십자가로 사탄과 그의 영역을 정복하고 십자가에서
흘러나오는 은혜로 말미암아 사람을 구원하는 것과 더불어 시작되었다고
결론을 내리게 된다. 이렇게 그리스도께서 마귀를 정복하신 것은 그가 죽은
자 가운데서 부활하시고 승천하시고 지극히 높으신 분의 오른편 영광의
보좌에 앉으신 것으로 확증된다(히 1:3; 12:2)"고 주장한다.[120]

　119) 포이쓰레스(Poythress)는 전 천년 주의자들과 일부 후 천년 주의자들은 사탄의 결박을
그가 강력한 힘을 가지고 있는 현 시대와는 달린 앞으로 도래할 평화와 번영의 특별한 시대와
연결한다(살전 2:18; 벧전 5:8). 그러나 무 천년설의 해석에 근거하면 사탄은 그리스도의 죽음과
부활로 말미암아 이미 결박되었다(요 12:31; 참고. 골 2:15; 계 12:9; 마 12:29). 현재 복음이
모든 나라에 전파되는 것은 사도행전에서 시작된 것과 같이 하나님께서 사탄의 기만하는 능력을
크게 제한한 결과이다(Poythress, 요한계시록 맥잡기, 유상섭 옮김, p. 208).
　120) 필립 휴즈(Philip E. Hughes), 요한계시록, 여수룬 성경주석 시리즈, 오광만 옮김,

**계 20:3.** 무저갱에 던져 넣어 잠그고 그 위에 인봉하여 천 년이 차도록 다시는 만국을 미혹하지 못하게 하였는데 그 후에는 반드시 잠깐 놓이리라 (καὶ ἔβαλεν αὐτὸν εἰς τὴν ἄβυσσον καὶ ἔκλεισεν καὶ ἐσφράγισεν ἐπάνω αὐτοῦ, ἵνα μὴ πλανήσῃ ἔτι τὰ ἔθνη ἄχρι τελεσθῇ τὰ χίλια ἔτη. μετὰ ταῦτα δεῖ λυθῆναι αὐτὸν μικρὸν χρόνον, And cast him into the bottomless pit, and shut him up, and set a seal upon him, that he should deceive the nations no more, till the thousand years should be fulfilled: and after that he must be loosed a little season-KJV).

요한은 천사가 행한 세 가지 일을 소개하며 또 그렇게 행한 목적을 설명한다. 천사가 행한 세 가지 일은 "무저갱에 던져 넣어 잠그고 그 위에 인봉한 것"이다(단 6:17). 첫째, 용을 "무저갱에 던져 넣었다." 여기 "던져 넣었다"(ἔβαλεν)는 말은 부정(단순)과거 시제로 '단번에 던져 넣었다'는 뜻이다. 천사는 사탄이 있어야 하는 무저갱에 던져 넣은 것이다. 그리고 열쇠로 "잠갔다"(ἔκλεισεν)는 말이나 또 그 위에 "인봉했다"(ἐσφράγισεν)이란 말도 역시 부정(단순)과거 시제들로 '확실히 잠갔다,' '단단히 잠갔다'는 뜻이고 또 '단단히 봉인했다'는 뜻이다. 하나님으로부터 파견 받아 일하는 천사는 오로지 하나님의 명령을 철저히 수행했다.

천사가 사탄을 '무저갱에 던져 넣어 잠그고 그 위에 인봉한' 목적은 "천 년이 차도록 다시는 만국을 미혹하지 못하게 하기 위함"(ἵνα μὴ πλανήσῃ ἔτι τὰ ἔθνη ἄχρι τελεσθῇ τὰ χίλια ἔτη)이었다(8절; 16:14, 16). "천년이 차기까지"(ἄχρι τελεσθῇ τὰ χίλια ἔτη)란 말은 '천년이 확실히 찰 때까지'(여기 "차다"란 말도 부정과거 시제이다)란 뜻으로 '신약 시대가 완전히 끝날 때까지'란 뜻이다(무 천년설 입장에서). 천년(신약 시대)이 찰 때까지 마귀가 다시는 만국을 미혹하지 못하게 하기 위하여 천사는 마귀를

---

p. 307.

잡아 무저갱에 던져 넣고 잠그며 인봉한 것이다.

전 천년설자들은 여기 "만국"이 나타나는 것을 보고 의아해 한다. 이유는 19:18-21에서 메시아와 적그리스도의 전쟁에 인류가 참가하여 적그리스도를 따르던 왕들과 군대가 메시아에 의해 패배한 것으로 나타났는데 "만국"이란 말이 등장하니 해석에 어려움을 호소한다. 그런고로 어떤 이는 적그리스도와의 전쟁에 참가하지 않은 나라가 있을 수 있으며(Moffat, Ladd), 또 어떤 이는 전쟁에 참여하였다가 남은 자가 있을 것이라고 말한다. 그러나 무 천년설자들은 이런 어려움은 전혀 없다.

요한은 그리스도께서 재림하시기 바로 전 즉 신약시대가 끝난 "후에는 반드시 잠깐 놓이리라"(μετὰ ταῦτα δεῖ λυθῆναι αὐτὸν μικρὸν χρόνον)고 말한다(1:1; 4:1). 여기 "놓이리라"(λυθῆναι)는 말은 부정(단순)과거 부정사 수동형으로 '확실히 풀리리라,' '분명히 놓이리라'는 뜻으로 사탄이 결박당한 상태로부터 잠시 동안 풀려나서 대 환난을 일으킬 것을 뜻한다. 사탄은 지금도 세상에서 활동하고 있다. 그러나 복음의 세계적인 전파를 방해하지는 못했고 또 우리 성도들이 그리스도와 함께 세상을 다스리는 것을 방해하지도 못했다.

### 2. 천년 왕국 20:4-6

요한은 사탄이 결박당하여 무저갱에 천년 동안 갇힌 기사를 기록한(1-3절) 다음 이제 이 부분(4-6절)에서는 그리스도 때문에 고난을 당한 자들에 대해 다룬다. 요한은 그들은 그리스도와 더불어 천년 동안 통치한다고 말한다. 이 부분은 앞 선 부분과 동시적인 것이다.

**계 20:4. 또 내가 보좌들을 보니 거기에 앉은 자들이 있어 심판하는 권세를 받았더라 또 내가 보니 예수를 증언함과 하나님의 말씀 때문에 목 베임을 당한 자들의 영혼들과 또 짐승과 그의 우상에게 경배하지 아니하고 그들의 이마와 손에 그의 표를 받지 아니한 자들이 살아서 그리스도와 더불어 천**

년 동안 왕 노릇 하니(Καὶ εἶδον θρόνους καὶ ἐκάθισαν ἐπ᾽ αὐτοὺς καὶ κρίμα ἐδόθη αὐτοῖς, καὶ τὰς ψυχὰς τῶν πεπελεκισμένων διὰ τὴν μαρτυρίαν Ἰησοῦ καὶ διὰ τὸν λόγον τοῦ θεοῦ καὶ οἵτινες οὐ προσεκύνησαν τὸ θηρίον οὐδὲ τὴν εἰκόνα αὐτοῦ καὶ οὐκ ἔλαβον τὸ χάραγμα ἐπὶ τὸ μέτωπον καὶ ἐπὶ τὴν χεῖρα αὐτῶν. καὶ ἔζησαν καὶ ἐβασίλευσαν μετὰ τοῦ Χριστοῦ χίλια ἔτη).

요한은 본 절에서 그리스도 때문에 고생한 사람들을 세 부류로 나누어 그들이 천년 동안 그리스도와 더불어 왕 노릇한다고 말한다. 첫째 부류의 사람들은 보좌에 앉은 자들이다. 즉 "내가 보좌들을 보니 거기에 앉은 자들이 있어 심판하는 권세를 받았더라"고 말한다(단 7:9, 22, 27; 마 19:28; 눅 22:30). 요한은 "보좌들"을 보았다고 말한다. 천년을 문자적으로 적용하는 학자들은 여기 이 보좌들이 지상에 있다고 말한다(1절에 의거하여). 그러나 요한은 그 보좌들이 어디에 있는지에 관해서는 언급하지 않는다. 요한은 계시록에 "보좌"란 말은 47회 사용하는 중 그 모든 보좌들은 언제나 하늘에 있었던 것으로 묘사한다(2:13; 13:2; 16:10은 요한은 사탄의 보좌와 짐승의 보좌를 지칭하기 때문에 예외이다). 따라서 본 절의 보좌들도 하늘에 있는 보좌를 지칭하는 것으로 보아야 한다. 요한은 그 보좌들 위에 앉은 자들이 몇 명인지 말하지 않고 그저 "거기에 앉은 자들이 있어 심판하는 권세를 받았다"고 말한다(고전 6:2-3). 그들은 심판하는 권세를 받아가지고 천년 동안 심판했다. 여기 심판했다는 말은 본문 마지막에 나오는 왕 노릇했다는 말로도 해석된다.

요한은 둘째 부류의 사람들 즉 "내가 보니 예수를 증언함과 하나님의 말씀 때문에 목 베임을 당한 자들의 영혼들"을 보았다(6:9). 이 본문의 "내가 보니"란 말은 헬라어 원문에는 없는 말로서 우리 한역에서 보역(補譯)한 말이다. 본문의 "예수를 증언함과 하나님의 말씀 때문에"란 말은 '예수님을 증언 하다가 또 하나님의 말씀을 증거 하다가'란 뜻으로 내용은 같다. 요한은 전도하다가 "목 베임을 당한 자들의 영혼들" 곧 '순교한 자들의 영혼들'을 본 것이다. 요한은 순교한 자들의 육체들은 보지 못했다. 다만 영혼들만 본 것이다. 그들도 역시 본문 끝에 나오는 말과 같이 천년 동안 그리스도와 더불어 하늘에서 왕 노릇을 하고 있다는 것이다.

요한은 셋째 부류의 사람들 즉 "짐승과 그의 우상에게 경배하지 아니하고 그들의 이마와 손에 그의 표를 받지 아니한 자들"을 보았다(13:12, 15-16). 이 셋째 부류의 사람들은 둘째 부류의 사람들과 다른 사람들인지 혹은 똑같은 사람들인지 확인하기는 어렵다. 이 셋째 부류의 사람들은 둘째 부류의 사람들을 설명하는 것일 수도 있으나 문장과 문장 사이에 "또"(και)라는 말이 있는 것을 볼 때 서로 다른 부류의 사람들일 것이다. 즉 둘째 부류의 사람들은 전도자들로서 순교한 자들이고, 셋째 부류의 사람들은 일반 성도들로서 경건하게 살다가 천국에 간 사람들로 보인다. 셋째 부류의 성도들은 적그리스도와 또 적그리스도를 공경하라는 뜻으로 만들어 놓은 우상에게 경배하지 아니하고 성도들의 이마와 손에 짐승의 표를 받지 아니하고 신앙을 지키다가 죽거나 순교한 자들이 "살아서 그리스도와 더불어 천 년 동안 왕 노릇했다"(5:10; 롬 8:17; 딤후 2:12). 여기 그들이 "살아서"(ἔζησαν)는 말은 부정(단순)과거 시제로 '분명히 살게 되었다,' '확실히 살아나게 되었다'는 뜻으로 그리스도와 함께 하늘에서 살아 있음을 뜻하는 말이다. 이 낱말은 일반적으로 부활을 뜻하는 용어가 아니라(요 11:25은 예외이다) 하늘에서 그리스도와 함께 살아 있게 되었다는 것을 지칭한다. 둘째 부류의 사람들이나 셋째 부류의 사람들이나 그저 살아있기만 한 것은 아니고 그들은 천년 동안(신약시대 동안) 그리스도와 더불어 왕 노릇하게 된다는 뜻이다. 그들은 신앙으로 승리한 사람들이고 왕권을 얻은 사람들이다. 신 국제번역(NIV)는 이 세 부류를 한 가지 부류로 고려하여 번역했으나 세 부류로 보는 것이 바람직할 것으로 보인다.

**계 20:5. (그 나머지 죽은 자들은 그 천 년이 차기까지 살지 못하더라) 이는 첫째 부활이라**(οἱ λοιποὶ τῶν νεκρῶν οὐκ ἔζησαν ἄχρι τελεσθῇ τὰ χίλια ἔτη. αὕτη ἡ ἀνάστασις ἡ πρώτη, But the rest of the dead lived not again until the thousand years were finished. This [is] the first resurrection-KJV).

요한은 "그 나머지 죽은 자들은 그 천 년이 차기까지 살지 못하더라"고 괄호구로 넣어놓고 진행한다. 여기 "그 나머지 죽은 자들"은 4절에 언급한 세 부류에 끼지 못한, 불신자들을 지칭한다. 혹자는 여기 "그 나머지 죽은 자들"을 순교하지 않은 믿는 자들과 불신자들이라고 규명하나 하나님을 대적하고 그리스도를 영접하기를 거부한 불신자 전체를 지칭하는 것으로 보아야 한다. 이유는 순교하지 않은 믿는 자들과 불신자들이라고 말하면 큰 모순에 빠진다. 순교하지 않는 믿는 자들이  다음 절에 의하여 첫째 부활에 참여하지 못하고 둘째 사망에 참여하게 되니 큰일이다. 요한은 불신자들은 "그 천 년이 차기까지 살지 못할 것이라"고 말한다. 하나님을 대적하고 그리스도를 거부한 불신자들은 천년이 차기까지는 육체적인 부활을 하지 못할 것이란 뜻이다.

요한은 괄호구를 지나 "이는 첫째 부활이라"고 말한다. "이는 첫째 부활이라"는 말은 4절에서 언급한바 그리스도에게 충성한 자들과 순교한 자들이 그리스도와 함께 영적으로 살아난 것을 지칭한다.

**계 20:6. 이 첫째 부활에 참여하는 자들은 복이 있고 거룩하도다 둘째 사망이 그들을 다스리는 권세가 없고 도리어 그들이 하나님과 그리스도의 제사장이 되어 천 년 동안 그리스도와 더불어 왕 노릇 하리라**(μακάριος καὶ ἅγιος ὁ ἔχων μέρος ἐν τῇ ἀναστάσει τῇ πρώτῃ· ἐπὶ τούτων ὁ δεύτερος θάνατος οὐκ ἔχει ἐξουσίαν, ἀλλ᾽ ἔσονται ἱερεῖς τοῦ θεοῦ καὶ τοῦ Χριστοῦ καὶ βασιλεύσουσιν μετ᾽ αὐτοῦ ((τὰ)) χίλια ἔτη).

요한은 본 절에서 첫째 부활에 참여한 자들이 복이 있는 근거에 대해 언급한다. 요한은 첫째 부활에 참여한 자들이 "복이 있고 거룩하다"고 말한다. 복이 있다고 말할 수 있는 이유와 거룩하다고 말할 수 있는 이유를 뒤따라오는 구절을 통해 알게 된다. 첫째, 그들은 "둘째 사망이 그들을 다스리는 권세가 없기" 때문이다(2:11; 21:8). 즉 둘째 사망 곧 불 못에 던져지는 일이 없기 때문에(14절, 15절; 21:8) 복이 있고 거룩하다고 할 수 있다. 둘째, 그들은 적극적으로 "하나님과 그리스도의 제사장이 되기" 때문이다 (1:6; 5:10; 사 61:6; 벧전 2:9 참조). 첫째 부활에 참여한 자들은 직접적으로 하나님 앞에 나아가 하나님의 임재를 경험하며 교제를 나누기 때문에 복이 있고 거룩하다고 할 수 있다. 셋째, 그들은 "그리스도와 더불어 천년 동안 왕 노릇하기" 때문이다(4절). 첫째 부활에 참여하는 자들은 제사 권을 얻을 뿐 아니라 왕권을 소유하여 그리스도와 더불어 통치하게 되니 복이 있고 거룩한 삶을 살게 된다고 할 수 있다(4절). 첫째 부활에 참여하는 자들은 최상의 기쁨을 누리는데 이는 그리스도의 제사장이 되고 또 그리스도와 더불어 왕 노릇하기 때문이다.

### 3. 사탄이 심판 받다   20:7-10

요한은 천년 왕국 끝에 사탄이 옥에서 놓여나와서 하나님을 대항하다가 심판받고 파멸하는 것을 기록한다. 요한은 이 부분(7-10절)에서 이 사실을 아주 짧게 취급한다. 하나님의 승리는 아주 신속하게 진행된다.

**계 20:7. 천 년이 차매 사탄이 그 옥에서 놓여**(Καὶ ὅταν τελεσθῇ τὰ χίλια ἔτη, λυθήσεται ὁ Σατανᾶς ἐκ τῆς φυλακῆς αὐτοῦ, And when the thousand years are expired, Satan shall be loosed out of his prison-KJV).

요한은 "천년(신약시대)이 차면 사탄이 그 옥에서 놓여나올 것"이라고 한다(2절, 3절 하반 절 주해 참조). 신약 시대에는 사탄이 옥에 갇혀 있기 때문에 복음을 전할 수 있었고 또 복음이 세상에 널리 전파될 수 있었는데 신약 시대가 끝나갈 때 사탄이 옥에서 놓여나와서 사방 백성을 미혹하고 소집하여 성도들과 싸움을 붙일 것이라고 한다. 본문의 "차매"(τελεσθῇ)란 말은 부정(단순)과거 수동태로 "확실히 끝난다"는 뜻으로 천년(신약시대)이 끝나자 사탄이 그 옥에서 나올 것이라는 뜻이다.

**계 20:8. 나와서 땅의 사방 백성 곧 곡과 마곡을 미혹하고 모아 싸움을 붙이리니 그 수가 바다의 모래 같으리라**(καὶ ἐξελεύσεται πλανῆσαι τὰ ἔθνη τὰ ἐν ταῖς τέσσαρσιν γωνίαις τῆς γῆς, τὸν Γὼγ καὶ Μαγώγ, συναγαγεῖν αὐτοὺς εἰς τὸν πόλεμον, ὧν ὁ ἀριθμὸς αὐτῶν ὡς ἡ ἄμμος τῆς θαλάσσης, And shall go out to deceive the nations which are in the four quarters of the earth, Gog and Magog, to gather them together to battle: the number of whom [is] as the sand of the sea-KJV).

본 절은 사탄이 옥에서 나와서 행할 활동 내역을 말한다. 본 절 초두의 "나와서"(ἐξελεύσεται)란 말은 미래형으로 '앞으로 나올 것이다'는 뜻으로 천년(신약 시대)이 끝난 후 사탄이 옥에서 놓여나올 것을 뜻한다. 그리고 요한은 사탄이 행할 일을 말한다. 즉 "땅의 사방 백성 곧 곡과 마곡을 미혹하고 모아 싸움을 붙일 것이라"고 말한다(3절, 10절; 16:14).[121] 요한은 "곡과 마곡"을 구약 성경에 기록된 뜻대로 따르지 않고 이들은 "땅의 사방 백성"이라고 정의한다(겔 38:2; 39:1). 에스겔서에 의하면 "곡"은 회복된 이스라엘을 침략하기 위하여 북쪽 지방인 마곡에서 오는 메섹과 두발의 왕을 의미한다(겔 38:2, 6). 그런데 이것은 시편에서 하나님과 메시아를 대적하는 열방들이다(시 2편). 본문의 곡과 마곡은 사탄의 유혹에 넘어가 하나님과 그의 백성을 대적하기 위하여 일어난 세상 모든 사람들을 가리킨다. 여기 언급된 사방 백성들은 천년 동안(신약 시대기간)에 마음속으로 메시아를 대적한 사람들

---

121) 통속적인 전천년주의자·세대주의자들은 본 절의 "곡과 마곡"을 '러시아'로 해석했다(많은 학자들). 그러나 사실은 곡과 마곡이란 말이 영국 신화(런던의 수호신들이다)에도 나오고 이슬람 안에서도 나온다. 이슬람에서는 곡과 마곡을 몽골로 보았고(몽골은 이스람을 공격하였기 때문이었다), 또 현대의 서양 기독교 세력이나 소련을 중심한 공산세력으로 해석했다. 아무튼 세상의 많은 세력들은 자기들을 공격하는 세력을 곡과 마곡으로 본 것이다. 말틴 루터는 투르크 군대를 곡으로, 교황을 마곡으로 보았다. 역사상 곡과 마곡에 대한 편협한 많은 해석을 만난다. 사람은 보통 자신이 살고 있는 그 시대의 아픔을 생각하며 성경을 해석하는 수가 많이 있다. 우리는 성령의 조명을 받아 성경을 깊이 연구해야 할 것이다.

일 것이다. 사탄은 천년 동안(신약시대 기간) 옥에 갇혀 있었지만 옥에서
놓이자마자 그 본색을 드러내서 사람들을 찾아가 그들을 미혹한다. 사탄의
특기는 미혹이다(3절; 12:9; 13:14; 19:20). 사탄이 세상 사람들을 미혹하여
모아서(16:13-16) 싸움을 붙일 대상은 하나님과 성도들이다(다음 절). 이것
이 인류 최후의 전쟁이 될 것이다(17:14; 19:19 주해 참조). 세월이 지난다고
마귀가 변하지 않듯 사람도 세월이 지난다고 변하는 것이 아니다. 그리스도
를 영접하고 따를 때 변화가 오는 것이다.

　　요한은 땅 사방 백성의 숫자를 말한다. 즉 "그 수가 바다의 모래 같으리
라"고 말한다. 숫자가 많은 것을 말할 때 하늘의 별과 같다든지 혹은 바다의
모래와 같다고 말하는 것은 성경의 특징이다.

**계 20:9. 그들이 지면에 널리 퍼져 성도들의 진과 사랑하시는 성을 두르매
하늘에서 불이 내려와 그들을 태워버리고**(καὶ ἀνέβησαν ἐπὶ τὸ πλάτος
τῆς γῆς καὶ ἐκύκλευσαν τὴν παρεμβολὴν τῶν ἁγίων καὶ τὴν πόλιν
τὴν ἠγαπημένην, καὶ κατέβη πῦρ ἐκ τοῦ οὐρανοῦ καὶ κατέφαγεν αὐ-
τούς).

　　요한은 "그들(땅의 사방 백성들)이 지면에 널리 퍼져 성도들의 진과
사랑하시는 성을 두르매 하늘에서 불이 내려와 그들(땅의 사방 백성들)을
태워버렸다"고 말한다. 그들이 "지면에 널리 퍼졌다"(사 8:8; 겔 38:9, 16)는
말은 그들의 숫자가 심히 많은 것을 암시한다(8절 하반 절 주해 참조).
사탄과 땅의 사방백성들이 지면에 널리 퍼져 공격한 것은 두 가지이다.
즉 "성도들의 진과 사랑하시는 성"을 공격했는데 이 두 단어는 동의어로
하나님의 백성을 뜻한다. "진"(παρεμβολὴν)이란 군사 용어로 '군대의 영문
안'이나 또는 '광야 생활을 영위하던 이스라엘의 진영'을 뜻한다(출 14:19;
민 2:2; 신 23:14; 행 21:34, 37; 22:24; 히 11:34; 13:11, 13). 성도들은
현세에서 여전히 광야 생활을 하고 있음을 보여준다. 우리는 세상에서 나그
네의 삶을 사는 것을 암시한다. 여기 또 "사랑하시는 성"(τὴν πόλιν τὴν

ἠγαπημένην)이란 어떤 장소적인 의미라기보다는 '하나님의 백성들의 모임'을 이름이다(Bruce, Morris, Beasley-Murray). 사탄과 땅의 사방 백성들은 하나님의 백성들을 공격하고 진멸하려 했으나 "하늘에서 불이 내려와 그들을 태워버리고" 말았다. 하나님께서 신속하게 처리하심으로 전쟁이 벌어지기 전에 그들은 불에 태워지고 말았다(겔 38:22; 39:6 참조). 계시록은 성도들에게는 엄청난 위로를 전달하는 책이다.

**계 20:10. 또 그들을 미혹하는 마귀가 불과 유황 못에 던져지니 거기는 그 짐승과 거짓 선지자도 있어 세세토록 밤낮 괴로움을 받으리라**(καὶ ὁ διάβολος ὁ πλανῶν αὐτοὺς ἐβλήθη εἰς τὴν λίμνην τοῦ πυρὸς καὶ θείου ὅπου καὶ τὸ θηρίον καὶ ὁ ψευδοπροφήτης, καὶ βασανισθήσονται ἡμέρας καὶ νυκτὸς εἰς τοὺς αἰῶνας τῶν αἰώνων, And the devil that deceived them was cast into the lake of fire and brimstone, where the beast and the false prophet [are], and shall be tormented day and night for ever and ever-KJV).

요한은 바로 앞 절(9절)에서는 마귀의 미혹을 받아 성도들을 공격하려던 땅의 사방 백성들이 하늘에서 내려온 불에 의해 태워진 것을 말하고 이제 본 절에서는 땅의 사방 백성들을 미혹하던(8절주해 참조) 마귀의 종국에 대해 설명한다. 요한은 "그들을 미혹하는 마귀가 불과 유황 못에 던져졌다"고 말한다(8절; 19:20 주해 참조). 여기 "유황 못"이란 3절의 "무저갱"과 달리 한번 들어가면 나오지 못하는 곳이다.

요한은 불과 유황 못에는 "그 짐승과 거짓 선지자도 있어 세세토록 밤낮 괴로움을 받으리라"고 말한다(14:10-11; 19:20). 불과 유황 못에는 사탄이 던져지기 전에 이미 "짐승" 즉 '적그리스도'와 또 거짓 선지자가 있는 것이 보였다. 그러니까 마귀의 삼합일체가 불과 유황 못에 들어가게 된 것이다. 마귀는 불과 유황 불 못에서 "세세토록" 즉 '끝나는 세월없이' 그리고 "밤낮"없이 괴로움을 받으리라고 한다. 사실 이렇게 괴롭힘을 당할

바에는 아주 단번에 죽임을 당하는 것이 훨씬 나은데 마귀는(그들과 함께)
죽지도 못하고 세세무궁토록 밤낮 괴롭힘을 당하게 되는 것이다.

### 4. 흰 보좌의 심판   20:11-15

이 부분은 모든 인류가 부활해서 처참한 심판을 받는 것을 공개한다.
짐승과 거짓 선지자, 그리고 사탄(20:10)에 이어 전 인류가 심판을 받아
불 못에 던져진다. 이 흰 보좌의 심판은 극히 단순하게 묘사되고 있다.
이 부분의 하나님의 심판은 시 7:6-8; 47:8-9; 단 7:9-10; 마 25:31-46의
심판 장면들과 비슷한 특성들을 가지고 있다.

**계 20:11. 또 내가 크고 흰 보좌와 그 위에 앉으신 이를 보니 땅과 하늘이
그 앞에서 피하여 간 데 없더라**(Καὶ εἶδον θρόνον μέγαν λευκὸν καὶ τὸν
καθήμενον ἐπ' αὐτόν, οὗ ἀπὸ τοῦ προσώπου ἔφυγεν ἡ γῆ καὶ ὁ οὐρανὸς
καὶ τόπος οὐχ εὑρέθη αὐτοῖς, And I saw a great white throne, and
him that sat on it, from whose face the earth and the heaven fled away;
and there was found no place for them-KJV).

요한은 "크고 흰 보좌와 그 위에 앉으신 이를 보았다"고 말한다. "크고
흰 보좌"란 '크면서도 성결한 보좌'란 뜻으로 하나님의 심판이 아주 절대적
으로 위엄스럽다는 것을 말하며 또 전혀 부정이 없을 것을 뜻한다. 시 97:2에
는 "의와 공평이 그 보좌의 기초라"고 한다(시 89:14).

요한은 엄청나게 커서 엄위한 보좌, 의와 공평이 기초가 되어 있는
보좌위에 "앉으신 이를 보았다"고 했는데 "앉으신 이"가 누구인지는 자세히
밝히고 있지 않다. 그 위에 앉으신 이에 대해서 학자들의 견해는 갈린다.
1) 두 분(성부, 성자)이 한 보좌 위에 앉아 계시다는 견해(Grant Osborne).
2) 하나님이라는 견해(Alford, Moffatt, Charles, Ladd, Morris, G. K. Beale,
박윤선). 단 7:9-10 참조. 원래 이 표현은 그 위에 앉으신 이가 하나님이시라
는 데는 이견(異見)이 있을 수 없다(4:2; 5:1, 7, 13; 6:16; 7:10, 15; 19:4;

21:5). 3) 그리스도라는 견해(Bengel, Plummer, Walvoord, 이상근, 이순한).
성경에는 성부 하나님께서 심판을 성자에게 맡기셨다는 말씀도 있어 그리스
도라는 견해도 바른 견해이다(마 25:31f; 요 5:22; 행 10:42; 고후 5:10;
딤후 4:1). 그리고 본서에도 그리스도의 심판권은 명백하게 나타나 있는
것을 고려할 때 그리스도라는 견해도 바르다(14:14-19; 19:11-21). 위의
세 견해 중에 아마도 2번의 견해가 더 문맥에 맞는 것 같다(G. K. Beale).
이유는 계시록의 많은 성구들은 보좌에 앉으신 이가 성부 하나님이라고
언급하고 있기 때문이다. 그러나 성자 예수님이라고 해서 틀린 것은 없다.
성부 하나님께서 성자 예수님을 통하여(고후 5:10) 종말의 심판을 수행하시
는 것으로 보면 무난할 것이다.

요한은 "땅과 하늘이 그 앞에서 피하여 간 데 없더라"고 말한다(6:12;
21:1; 단 2:35; 벧후 3:7, 10-11). 인간의 죄 때문에 오염과 부패가 심한
땅과 하늘은 하나님 앞에서 파괴되어 간에 없이 되었다는 것이다. 벧후
3:10에 "주의 날이 도둑 같이 오리니 그 날에는 하늘이 큰 소리로 떠나가고
물질이 뜨거운 불에 풀어지고 땅과 그 중에 있는 모든 일이 드러나리로다"라
고 말한다(롬 8:19). 이제 옛 질서는 심판주 하나님 앞에서 없어지고 새
질서가 도래한 것이다.

**계 20:12.** 또 내가 보니 죽은 자들이 큰 자나 작은 자나 그 보좌 앞에 서
있는데 책들이 펴 있고 또 다른 책이 펴졌으니 곧 생명책이라 죽은 자들이
자기 행위를 따라 책들에 기록된 대로 심판을 받으니(καὶ εἶδον τοὺς νεκ-
ρούς, τοὺς μεγάλους καὶ τοὺς μικρούς, ἑστῶτας ἐνώπιον τοῦ θρόνου.
καὶ βιβλία ἠνοίχθησαν, καὶ ἄλλο βιβλίον ἠνοίχθη, ὅ ἐστιν τῆς ζωῆς,
καὶ ἐκρίθησαν οἱ νεκροὶ ἐκ τῶν γεγραμμένων ἐν τοῖς βιβλίοις κατὰ
τὰ ἔργα αὐτῶν).

요한은 크고 흰 보좌와 그 위에 앉으신 하나님을 본(앞 절) 다음 이제
본 절에서는 "또 죽은 자들이 큰 자나 작은 자나 그 보좌 앞에 서 있는데

책들이 펴 있고 또 다른 책이 펴져 있는 것"을 보았다(3:5; 13:8; 19:5; 21:27; 시 69:28; 단 7:10; 12:1; 빌 4:3). 즉 '죽은 자들이 큰 자나 작은 자나 아무 차별 없이 하나님의 보좌 앞에 서 있는 것을 보았고 또 두 종류의 책들, 곧 각 사람의 행위가 기록된 책들이 펴 있고 또 다른 책 곧 영생을 얻을 사람들의 이름이 기록된 생명책이 펴져 있는 것'을 보았다는 것이다. 여기 "죽은 자들"이란 '첫째 부활에 참여한 자들(6절)을 제외한 모든 죽은 자들'을 지칭한다. 모든 죽은 자들은 세상에서는 빈부격차가 있었지만 하나님의 심판대 앞에서는 모두가 똑같이 아무런 차별 없이 하나님의 심판을 받기 위하여 보좌 앞에 서게 되는 것이다. 그들은 하나님의 영접을 받은 것이 아니라 심판을 받기 위하여 불려 나온 것이다. 그들은 그리스도의 대속을 믿지 않았기에 자기 행위에 대해 자기가 책임을 지고 심판을 받아야 한다. 그리고 요한은 또 하나님께서 소유하고 계신 "다른 책이 펴졌으니 곧 생명책이라"고 말한다. "다른 책 곧 생명책"이란 그리스도의 대속을 믿어 죄 사함을 받고 성령의 새롭게 하심을 입은 영생에 들어갈 자들의 이름이 기록된 책이다(출 32:32-33; 단 12:1; 눅 10:20; 빌 4:3).

요한은 "죽은 자들이 자기 행위를 따라 책들에 기록된 대로 심판을 받는다"고 말한다(13절; 2:23; 22:12; 렘 17:10; 32:19; 마 16:27; 롬 2:6). 즉 죽은 자들이 각자의 행위대로 심판을 받는다는 것이다. 전 인류가 심판을 받는다는 것은 구약 다니엘서 7:9-10에 예언되어 있다. 즉 "내가 보니 왕좌가 놓이고 옛적부터 항상 계신 이가 좌정하셨는데 그의 옷은 희기가 눈 같고 그의 머리털은 깨끗한 양의 털 같고 그의 보좌는 불꽃이요 그의 바퀴는 타오르는 불이며 불이 강처럼 흘러 그의 앞에서 나오며 그를 섬기는 자는 천천이요 그 앞에서 모여 선 자는 만만이며 심판을 베푸는데 책들이 펴 놓였더라"고 말씀한다.

우리가 어떤 책에 근거하여 심판 받게 될 것인지는 이미 세상에서 결정된다. 그리스도의 죄 사함을 믿지 않으면 내가 지은 죄에 대해서는 내가 책임을 지고 심판을 받아야 하니 내 행위가 기록된 책에 의해서 심판을 받아야

하고, 또 전혀 반대로 그리스도께서 그의 피로 내 죄를 씻어주신 것을 믿으면
내 죄는 없는 것이니 내 이름이 기록된 생명책에 근거하여 내가 상급의
심판을 받게 되는 것이다. 우리는 내 이름을 생명책에 기록해 주신 하나님께
무한한 감사와 영광을 돌려야 할 것이다.

**계 20:13. 바다가 그 가운데에서 죽은 자들을 내주고 또 사망과 음부도
그 가운데에서 죽은 자들을 내주매 각 사람이 자기의 행위대로 심판을 받고**
(καὶ ἔδωκεν ἡ θάλασσα τοὺς νεκροὺς τοὺς ἐν αὐτῇ καὶ ὁ θάνατος
καὶ ὁ ᾅδης ἔδωκαν τοὺς νεκροὺς τοὺς ἐν αὐτοῖς, καὶ ἐκρίθησαν ἕκαστος
κατὰ τὰ ἔργα αὐτῶν, And the sea gave up the dead in it, Death and
Hades gave up the dead in them, and all were judged by what they
had done-RSV).

요한은 "바다가 그 가운데에서 죽은 자들을 내주고 또 사망과 음부도
그 가운데에서 죽은 자들을 내주었다"고 말한다(6:8). 즉 사람이 지구상
어디서 죽었든지 그리스도께서 재림하실 때 부활하여 하나님의 보좌 앞으로
나아간다는 것이다. "바다가 그 가운데에서 죽은 자들을 내주었다"는 말은
사람이 바다에 빠져죽었든지 혹은 바다 상어의 밥이 되어 죽었든지 혹은
사람을 화장하여 재를 바다에 뿌렸든지 모두 부활하여 바다에 더 있지 않고
하나님의 보좌 앞으로 나아간다는 뜻이다.

그리고 "사망과 음부도 그 가운데에서 죽은 자들을 내주었다"는 말은
사람이 죽어 육체가 무덤(KJV는 "음부"를 "지옥"으로 번역해 놓았으나
본문에서는 무덤으로 번역하는 것이 바람직하다) 속에 있다가 그리스도께서
재림하실 때 부활하여 하나님의 보좌 앞으로 나아간다는 뜻이다. 본문의
"사망과 음부"라는 말은 하나의 관용구로 동의어로 사용되었다(6:8 주해
참조). 요한은 사람이 어디서 죽었든지 모두 부활하여 하나님의 심판대
앞에 서는 데는 한 사람도 예외가 없음을 말한다. 세상 모든 사람들은 "바다"
와 "사망과 음부"라는 낱말들 중 하나에 들어가 있다. 우리가 죽어서 어디에

가서 있다가 부활할지 모른다.

요한은 "각 사람이 자기의 행위대로 심판을 받았다"고 말한다(12절). 각 사람이 세상에서 행한 대로 심판을 받는다는 것이다. 심판의 정도가 있음을 명백하게 말한다. 그리스도를 믿지 않는 사람들은 다 멸망 받는 것이지만 정도에는 차이가 있는 것이다. 세상에서 이웃을 크게 해치고 죽은 사람과 좀 덜 해치고 죽은 사람의 심판의 정도가 다르다.

**계 20:14. 사망과 음부도 불 못에 던져지니 이것은 둘째 사망 곧 불 못이라** (καὶ ὁ θάνατος καὶ ὁ ᾅδης ἐβλήθησαν εἰς τὴν λίμνην τοῦ πυρός. οὗτος ὁ θάνατος ὁ δεύτερός ἐστιν, ἡ λίμνη τοῦ πυρός, Then Death and Hades were thrown into the lake of fire. This is the second death, the lake of fire-RSV).

요한은 "사망과 음부도 불 못에 던져졌다"고 말한다(고전 15:26, 54-55). "사망과 음부도 불 못에 던져졌다"는 말은 사망과 음부 자체가 불 못에 던져져서 아주 없어진다는 뜻이다(여기 "사망과 음부"라는 두 단어는 동의어로 사용되었다). 고전 15:26에 "맨 나중에 멸망 받을 원수는 사망이라"고 말씀한다. 죄의 결과인 죽음은 예수님의 부활로 결정적인 힘이 상실되는데 재림하시는 그리스도에 의해 완전히 멸망당할 것이라는 뜻이다. 따라서 성도들은 다시 죽을 수가 없게 된다(눅 20:36; 고전 15:55; 딤후 1:10; 히 2:14; 계 20:14). 사망과 음부가 없어진다는 말은 사망과 음부 안에 있던 사람들, 즉 지구상 어디서 죽었든지 죽은 사람들이 부활하여 하나님의 심판을 받은 후 모두 불 못에 던져진다는 말을 포함한다.

요한은 "이것은 둘째 사망 곧 불 못이라"고 말한다(6절; 21:8). 불신자들의 첫째 사망은 영육이 분리되는 죽음의 때에 되는 것이고, 둘째 사망은 불 못에 던져지는 것을 지칭한다. 불 못에 던져지는 그 때는 인생들의 최후의 원수인 사망이 멸망한다(고전 15:55; 사 25:8). 짐승(적그리스도)과 거짓 선지자와 마귀가 불 못에 던져지자(19:20; 20:10) 사망과 음부도 같은 불바다에 던져진다. 불신자들이 불 못에 던져지는 것이 바로 둘째 사망이다.

**계 20:15. 누구든지 생명책에 기록되지 못한 자는 불 못에 던져지리라**(καὶ εἴ τις οὐχ εὑρέθη ἐν τῇ βίβλῳ τῆς ζωῆς γεγραμμένος, ἐβλήθη εἰς τὴν λίμνην τοῦ πυρός).

　　요한은 "누구든지 생명책에 기록되지 못한 자는 불 못에 던져지는" 환상을 본다(19:20). 즉 생명책에 기록되지 못한 자는 누구든지 예외 없이 불 못에 던져진다는 것이다. 구원은 어린 양을 통해서만 얻을 수 있다는 것을 보여준다. 본 절은 앞 절에 대한 부연설명으로 앞 절에 언급된 바와 같이 어린 양의 생명책에 기록되어 첫째 부활에 참여한 하나님의 백성들은 둘째 사망인 불 못에 던져지지 않는다.

# 제 21 장

VIII. 신천신지   21:1-22:5

요한은 사탄과 적그리스도 및 거짓 선지자(20:10)와 이들 사탄의 삼합일 체를 따르던 악인들이 멸망한(20:12-13) 후 새 하늘과 새 땅이 등장했다고 말하고 또 새 예루살렘이 하늘에서 내려오고 있는 것을 목격한다고 말한다 (21:1-2). 요한은 새 하늘과 새 땅의 개관을 본(21:1-8) 후 새 예루살렘의 모습에 대해 자세히 설명한다(21:9-22:5). 요한은 종종 여러 물질을 가지고 생생하게 묘사한다.

A. 신천신지   21:1-8

요한은 먼저 신천신지의 외관을 묘사하고(1-2절), 그 안에서의 삶을 개관 한다(3-8절). 그 안에는 신앙생활에서 승리한 자들만이 들어가고 모든 악인 들은 들어가지 못한다. 이 부분(1-8절)은 20:11-15에 나오는 심판과 21:9-22:5에 나오는 새 예루살렘에 대한 확대된 묘사를 연결하는 교량이라고 할 수 있다.

이 부분(1-8절)의 주제들은 새 질서(1절), 예루살렘의 거룩한 도시(2 절), 결혼의 이미지를 사용하여 표현된 하나님과의 교제(2절), 성막과 성전 을 포함한 하나님의 거처(3절), 하나님 자신의 백성으로서의 성도들(3절), 고통과 사망의 종결(4절), 새로운 구원 행동들(5절), 하나님 말씀의 신실함 (5절), 생수(6절), 하나님의 아들됨(7절), 신실하지 않은 자들에 대한 경고 와 심판(8절) 등이다.

### 1. 신천신지의 외형   21:1-2

**계 21:1. 또 내가 새 하늘과 새 땅을 보니 처음 하늘과 처음 땅이 없어졌고 바다도 다시 있지 않더라**(Καὶ εἶδον οὐρανὸν καινὸν καὶ γῆν καινήν. ὁ γὰρ πρῶτος οὐρανὸς καὶ ἡ πρώτη γῆ ἀπῆλθαν καὶ ἡ θάλασσα οὐκ ἔστιν ἔτι, And I saw a new heaven and a new earth: for the first heaven and the first earth were passed away; and there was no more sea-KJV).

사탄과 적그리스도 및 거짓 선지자, 그리고 사탄을 유혹을 받아 성도들을 괴롭히던 모든 악인들이 정확히 심판 받는 것(20:10-14)을 본 요한은 이제 전혀 새로운 환상을 보고 묘사한다. 즉 "내가 새 하늘과 새 땅을 보니 처음 하늘과 처음 땅이 없어졌고 바다도 다시 있지 않다"고 말한다(20:11). 요한은 "내가 새 하늘과 새 땅을 보았다"고 말한다(사 65:17; 66:22; 벧후 3:13). 여기 "새 하늘과 새 땅"(οὐρανὸν καινὸν καὶ γῆν καινήν)이란 '질적으로 새로운 하늘과 질적으로 새로운 땅'(사 65:17; 66:22; 벧후 3:13)이란 뜻으로 전에 보던 하늘과 땅은 전혀 아니었다. "새"란 말의 주해를 위해서는 5:9 주해 참조하라. 이 새 하늘과 새 땅이 전혀 새로운 것(Beasley-Murray, Johnson, Mounce, G. Ladd, Leon Morris; 20:11)이냐 혹은 새롭게 개조한 것(Greijdanus, Philip E. Hughes, 박윤선, 이순한)이냐를 두고 많은 토론이 있다. 위의 두 견해 중 두 번째 견해가 더 타당하다. 다시 말해 새로운 개조로 보아야 할 것이다. 그렇게 보아야 할 이유는, 1) 롬 8:19-22; 고후 5:17; 엡 2:10에 의거하여 하나님께서 하늘과 땅을 새롭게 하실 것으로 보인다. 다시 말해 사람도 죄로 더러워졌다고 하나님께서 버리시지 않고 성령으로 거듭나게 하셔서 새사람이라고 하시지 않는가?(고후 5:17).  2) "현존하는 창조를 멸절시켜 없애신다면 하나님은 스스로 그의 목적의 실패를 인정하는 것이 된다. 하나님께서 창조를 멸절시켜 없애신다는 것은 하나님의 목적은 실패할 수 없다는 하나님의 존재에 대한 교리에 어긋난다. 창조주로서 하나님께서 가지고 계신 목적은 만물을 그 아들 안에서 창조하고 그를 위하여 있도록 하는 것에서 찾을 수 있으며(골 1:16), 그러므로 만물은 그 아들 안에서 성취된 창조의 목적이 있으며, 하나님께서는 '그 아들의 십자가의 피로 화평을 이루사 만물 곧 땅에 있는 것들이나 하늘에 있는 것들을 그로 말미암아 자기와 화목하게 되기를 기뻐하셨기'(골 1:20) 때문에"122) 하나님께서 만물을 새롭게 하셨다고 보아야 할 것이다. 이제 새 세계에는 새로워진 만물 포함되어 있다(5절 주해 참조). 마 19:28; 롬 8:19-20; 골 1:20 참조.

그리고 요한은 "바다도 다시 있지 않았다"(there was no more sea)고 말한다. "바다도 다시 있지 않았다"는 말은 바다 자체가 악하다는 것을 의미하지는 않는다. 바다의 어떤 점이 사람에게 적대적이었음을 암시한다. 바다는 그 깊은 곳에 바다에서 멸망당한 수많은 사람들의 시체를 가지고 있다(20:13 주해 참조). "바다의 광활함이 사람과 사람을 분리시키는 것이었기 때문에 바다가 없어진다는 것은 재창조에 있을 온 인류의 조화와 하나 됨, 그리고 안전을 상징 한다"(Philip E. Hughes). 그리고 필요성에 있어서 신천신지에서는 바다가 필요 없기 때문에 바다가 다시없다고 보아야 할 것이다. 바닷물이 증발하여 구름을 이루고 비를 만들어 지구에 뿌릴 필요가 없어졌기 때문에 바다가 필요 없게 된 것이라고 보아야 할 것이다.

**계 21:2. 또 내가 보매 거룩한 성 새 예루살렘이 하나님께로부터 하늘에서 내려오니 그 준비한 것이 신부가 남편을 위하여 단장한 것 같더라**(καὶ τὴν πόλιν τὴν ἁγίαν Ἰερουσαλὴμ καινὴν εἶδον καταβαίνουσαν ἐκ τοῦ οὐρανοῦ ἀπὸ τοῦ θεοῦ ἡτοιμασμένην ὡς νύμφην κεκοσμημένην τῷ ἀνδρὶ αὐτῆς, And I John saw the holy city, new Jerusalem, coming down from God out of heaven, prepared as a bride adorned for her

---

122) 필립 휴즈, *요한계시록*, 여수룬 성경주석 시리즈, pp. 322-23.

husband-KJV).

요한은 앞(1절)에서 새 하늘과 새 땅을 보았고 이제 또 "거룩한 성 새 예루살렘이 하나님께로부터 하늘에서 내려오는" 것을 보았다(10절; 3:12; 사 52:1; 갈 4:26; 히 11:10; 12:22; 13:14). "거룩한 성 새 예루살렘"이란 문자적으로는 '거룩한 도시, 새 예루살렘'이란 뜻이고 '승리한 교회,' '새로운 교회'를 뜻한다. 구약 성경에도 주님의 교회를 도시로 비유한 바 있다(사 26:1; 40:9). 예루살렘을 "새 예루살렘"이라고 한 것은 새 예루살렘에 사는 사람들이 성도이며 거룩한 사람들이기 때문에 "거룩하다"고 묘사하고 있으며(3:12; 갈 4:26; 히 11:10, 16; 12:22; 13:14; 벧전 2:9), 그것이 새 하늘과 새 땅에 속하기 때문에 "새" 예루살렘이라고 표현하고 있다. 새 예루살렘은 지상의 예루살렘과 달리 영구히 계속되는 무궁세계이다.

하늘에서 내려오는 새 예루살렘을 유대인 중심의 천국이라고 상상하는 것은 금물이다. 요한 계시록이 구약의 용어를 많이 사용하고 있다고 하여 구약의 성전 시대를 말세에 다시 재현하려는 시도는 아예 금해야 한다.

요한은 새 예루살렘이 "하나님께로부터 하늘에서 내려오는" 것을 보았다. 새 예루살렘 즉 새 교회는 인간의 노력과 수단에 의해서 만들어진 것이 아니라 하나님께서 지으신 것이요(히 11:10) 하나님의 선물이다. 그 성은 죄와 사망과 모든 고통에서 완전히 자유로운 곳이다(Leon Morris, Johnson).

요한은 "그 준비한 것이 신부가 남편을 위하여 단장한 것 같더라"고 말한다(사 54:5; 61:10; 고후 11:2). 그 성의 외모가 아니라 그 성 안에 살고 있는 시민(성도)들이 구원받은 거룩한 참된 시민들이기 때문에(빌 3:2) 그들이 "준비한 것이 마치 신부가 남편을 위하여 단장한 것 같더라"고 말한다(사 61:10). 여기 "준비한 것"(ἡτοιμασμένην)이란 말은 현재완료 분사 수동형으로 '이미 준비해 놓은 것이 여전히 준비된 채로 계속 존재 한다'는 뜻으로 새 예루살렘의 준비는 오래전에 되었고 요한 사도가 보던 때도 여전히 준비된 그대로 있어 보기에 좋은 상태라는 것이다. 그리고 "단장한 것"(κεκοσμημένην)이란 말은 현재완료 분사 수동형으로 '과거에 단장한 것이 아직도 단장한 대로 계속해서 존재 한다'는 뜻으로 새 예루살렘의 단장이 흐트러지지 않고 여전히 단장된 상태에 있음을 시사한다. 우리는 우리의 단장이 잘 될수록 하나님과의 교제가 잘 이루어지는 법임을 기억하여 우리 자신의 성화에 힘을 써야 할 것이다. 오늘 우리 성도들은 신부의 단장을 잘하고 살고 있는가. 우리는 남편 되시는 그리스도를 위하여 최선을 다하여 단장해야 할 것이다.

### 2. 신천신지에서의 삶   21:3-8

요한은 신천신지에서의 삶이 어떤 것인지 기록한다. 그곳에서의 삶은 불행이 없고 복되기만 하다고 한다. 그리고 그곳에는 모든 불의한 자들이 참여하지 못한다. 이 부분(3-8절)은 큰 음성의 내용(3-4절)과 하나님 자신의 엄중한 선포(5-8절)로 되어 있다.

**계 21:3. 내가 들으니 보좌에서 큰 음성이 나서 이르되 보라 하나님의 장막이 사람들과 함께 있으매 하나님이 그들과 함께 계시리니 그들은 하나님의 백성이 되고 하나님은 친히 그들과 함께 계셔서**(καὶ ἤκουσα φωνῆς μεγ-άλης ἐκ τοῦ θρόνου λεγούσης, Ἰδοὺ ἡ σκηνὴ τοῦ θεοῦ μετὰ τῶν ἀνθρώπων, καὶ σκηνώσει μετ᾽ αὐτῶν, καὶ αὐτοὶ λαοὶ αὐτοῦ ἔσονται, καὶ αὐτὸς ὁ θεὸς μετ᾽ αὐτῶν ἔσται (αὐτῶν θεός)).

요한은 보좌에서 난 큰 음성의 내용을 본 절과 다음 절에 기록한다. 보좌에서 난 큰 음성이 누구의 음성인지 확인할 수는 없다. 그러나 문맥에 의하여(5절)이 음성이 하나님의 음성이라고 해야 할 것이다. 이 음성은 요한이 들은 20번의 큰 음성 중에 제일 마지막 음성이다.

큰 음성의 내용 중 첫 번째 음성은 "보라 하나님의 장막이 사람들과 함께 있으매 하나님이 그들과 함께 계실 것이라"고 알리는 말씀이다(7:15; 레 26:11-12; 겔 43:7; 고후 6:16). "보라"(Ἰδου)는 말은 '조심스럽게 들으라'

는 말이다. "하나님의 장막"(ἡ σκηνὴ τοῦ θεου)이란 문자적으로는 '하나님
의 집'이란 뜻으로 '하나님의 영광의 임재하심'을 뜻한다(출 26:11-12; 겔
37:27). 그러니까 "하나님의 장막이 사람들과 함께 있다"는 말씀은 '하나님
께서 사람들과 함께 임재 하신다'는 뜻이다. "장막"이란 말은 결코 하나님의
임시적인 거주(居住)를 지칭하는 것이 아니라 하나님의 영광의 임재라는
뜻이다. 다시 말해 하나님께서 새 예루살렘(완성된 교회, 무궁시대)과 항상
함께 계신다는 것이다. 즉 하나님께서 새 예루살렘(완성된 교회)을 사랑하시
되 신랑이 신부를 사랑함과 같이 하신다는 것이다.

두 번째 음성의 내용은 "그들은 하나님의 백성이 되고 하나님은 친히
그들과 함께 계실 것이라"는 음성이다. 즉 '새 예루살렘의 모든 백성들은
모든 장벽을 무너뜨리고 어떤 차별 없이(갈 3:28) 하나님의 백성이 되고
하나님은 친히 그들과 함께 계실 것이라(겔 36:28; 히 11:16)'는 뜻이다.
하나님은 그들(성도들)과 함께 계시기를 원하셨으나 역사상에서는 그것이
온전히 성취되지 못했었다. 에덴동산에서는 아담의 불순종으로, 광야의
회막과 이스라엘 땅에서의 성전에서는 이스라엘의 타락으로, 신약의 교회
에서도 역시 성도들의 죄로 인하여 온전한 경지에 들어가지는 못했었으나
요한은 드디어 하나님께서 성도들과 함께 계실 것이라는 음성을 듣게
되었다. 앞으로 우리는 하나님께서 우리와 함께 하시는 지복의 상태로
들어갈 것이다.

**계 21:4. 모든 눈물을 그 눈에서 닦아 주시니 다시는 사망이 없고 애통하는
것이나 곡하는 것이나 아픈 것이 다시 있지 아니하리니 처음 것들이 다
지나갔음이러라**(καὶ ἐξαλείψει πᾶν δάκρυον ἐκ τῶν ὀφθαλμῶν αὐτῶν,
καὶ ὁ θάνατος οὐκ ἔσται ἔτι οὔτε πένθος οὔτε κραυγὴ οὔτε πόνος
οὐκ ἔσται ἔτι, ((ὅτι)) τὰ πρῶτα ἀπῆλθαν).

요한은 하나님께서 친히 성도들과 함께 계셔서(앞 절 후반 절) 모든
불행을 제거하실 것이라고 말한다. 즉 "모든 눈물을 그 눈에서 닦아 주시니

다시는 사망이 없고 애통하는 것이나 곡하는 것이나 아픈 것이 다시 있지 아니할 것이라"고 한다. 하나님은 '모든 눈물을 성도들의 눈에서 닦아 주실 것이라'고 한다(7:17; 사 25:8). 모든 눈물은 불행을 상징한다(7:17 주해 참조). 사 25:8 참조. 다시 말해 하나님께서 사망도(20:14; 사 25:8; 고전 15:26, 54), 애통하는 것도(사 35:10; 51:11; 61:3; 65:19), 곡하는 것도(사 35:10; 61:3; 65:19), 아픈 것도(사 21:2) 다시 있지 않게 하실 것이라고 한다. 하나님 이외에 누가 이 엄청난 불행들을 중지시킬 수 있는가? 하나님 외에는 우리에게 절대적 위로 자가 없다.

요한은 위와 같은 불행들이 없어지는 이유를 말한다. 즉 "처음 것들이 다 지나갔기"(for the former things are passed away-KJV) 때문이라고 한다. 다시 말해 옛 죄악의 것들이 지나갔기 때문에 모든 불행은 없어졌다는 것이다. 불법과 죄는 불행을 불러온다는 것이 성경의 증언이다.

**계 21:5.** **보좌에 앉으신 이가 이르시되 보라 내가 만물을 새롭게 하노라 하시고 또 이르시되 이 말은 신실하고 참되니 기록하라 하시고**(Καὶ εἶπεν ὁ καθήμενος ἐπὶ τῷ θρόνῳ, Ἰδοὺ καινὰ ποιῶ πάντα, καὶ λέγει, Γράψον, ὅτι οὗτοι οἱ λόγοι πιστοὶ καὶ ἀληθινοί εἰσιν).

요한은 본 절부터 7절까지 하나님께서 그의 보좌에서 선포하신 말씀을 기록한다. 요한은 "보좌에 앉으신 이가 이르신" 말씀을 기록한다(4:2, 9; 5:1; 20:11). 다시 말해 하나님께서 말씀하신 것을 기록한다. 보좌에 앉으신 하나님께서 이렇게 선포하신다. "보라 내가 만물을 새롭게 하노라 하시고 또 이르시되 이 말은 신실하고 참되니 기록하라." 하나님께서 "내가 만물을 새롭게 하노라"(I make all things new-KJV)고 하신 말씀(사 43:19; 고후 5:17)은 '만물을 새롭게 만든다'는 뜻이다(사 65:17). 여기 "만든다"(ποιω)는 말은 현재동사로 '계속해서 끊임없이 만든다'는 뜻으로 하나님께서 계속적으로 만물을 새롭게 만드신다는 뜻이다(고후 3:18; 4:16-18; 5:16f; 골 3:1-4). 이 말씀을 보면 1절의 "새 하늘과 새 땅을 보니"란 말씀이 옛것을 완전히 없애버리고 전혀 새로운 것을 만드신 것을 말하는 것이 아니라, 하나님께서 옛것을 새롭게 개조하신 것을 본 절에서 새롭게 만드시는 것으로 보아야 할 것이다. 하나님은 모든 것을 새롭게 개조하시는 분이시다. 하나님 께서는 우리 인간도 새롭게 하셔서(사 43:18-19; 고후 5:17) 천국에 가게 하신다.

요한은 "또 이르시되 이 말은 신실하고 참되니 기록하라 하신" 말씀도 기록한다(19:9). 요한은 아마도 하나님께서 만물을 개조하노라고 말씀하실 때 너무 놀라서 기록할 것을 잊어버리고 있으니 하나님께서 요한에게 "또 이르시되 이 말씀들은 신실하고 참되니 기록하라"고 하신 것으로 보인다. 하나님께서 본 절 상반 절에 하신 말씀은 전적으로 신실하고 참되니(딤전 1:15; 4:9; 딤후 2:11; 딛 3:8) 반드시 기록하라고 하신 것이다. 하나님의 말씀은 언제나 신실하고 참되니 그러므로 우리는 그 말씀들을 묵상하고 연구해야 한다.

**계 21:6. 또 내게 말씀하시되 이루었도다 나는 알파와 오메가요 처음과 마지막이라 내가 생명수 샘물을 목마른 자에게 값없이 주리니**(καὶ εἶπέν μοι, Γέγοναν. ἐγώ ((εἰμι)) τὸ Ἄλφα καὶ τὸ Ὦ, ἡ ἀρχὴ καὶ τὸ τέλος. ἐγὼ τῷ διψῶντι δώσω ἐκ τῆς πηγῆς τοῦ ὕδατος τῆς ζωῆς δωρεάν).

본 절도 역시 하나님께서 요한 사도에게 선포하신 내용이다. 하나님은 요한에게 말씀하시기를 "이루었도다 나는 알파와 오메가요 처음과 마지막이 라"고 하신다. 여기 "이루었도다"(Γέγοναν)란 말은 '인류 갱신을 이루었다' 는 뜻이다(16:17). "이루었다"(γέγοναν)는 말은 현재완료 시제로 '이미 하나 님께서 이루신 것이 요한 사도가 들을 때에도 여전히 이루어진 상태로 존재 한다'는 뜻이다. 하나님 이외에는 천지 갱신을 이룰 자가 없다. 오직 하나님 만이 천지 갱신을 이루실 수가 있다. 예수님은 십자가에서 인류의 구속을 "다 이루었다"(요 19:30)고 하셨고 하나님은 인류 갱신을 이루셨다. 하나님께서는 이루셨다는 것을 확인하시기 위하여 "나는 알파와 오메가요 처음과 마지막이라"고 하신다(1:8; 22:13). 헬라어의 "알파"란 말과 "오메가"란 말은 "처음과 마지막이라"는 뜻이다. 하나님은 인류역사를 시작하셨고 마감하시는 분이시다. "이루었다"는 말과 "마지막"이란 말은 똑같은 뜻이다. 시작하시는 것도 위대하시고 마지막 장식도 위대하시다.

하나님은 또 위대하신 말씀을 선포하신다. 즉 "내가 생명수 샘물을 목마른 자에게 값없이 주겠다"(I will give unto him that is athirst of the fountain of the water of life freely-KJV)고 하신다(7:17; 22:17; 요 4:10, 14; 7:37; 시 42:1; 사 12:3; 55:1). 본문의 "생명수 샘물"(τῆς πηγῆς τοῦ ὕδατος τῆς ζωῆς)이란 '삶을 주는 물의 샘물'이란 뜻이다. "생명수"는 성령을 비유하기도 하고(요 7:38-39), 하나님 말씀을 비유하기도 한다(암 8:11). 하나님은 생명수 샘물을 "목마른 자에게 값없이 주겠다"고 하신다. 목마른 자 즉 한번 생명수를 마셔보았던 사람이 더 얻기 위해서 애쓰는 자는 하나님께서 값없이 주시겠다고 하신다. 목마른 자들은 풍족하게 값없이 필요를 충족시킬 수 있다는 것이다.

**계 21:7. 이기는 자는 이것들을 상속으로 받으리라 나는 그의 하나님이 되고 그는 내 아들이 되리라**(ὁ νικῶν κληρονομήσει ταῦτα καὶ ἔσομαι αὐτῷ θεὸς καὶ αὐτὸς ἔσται μοι υἱός).

요한은 하나님께서 선포하신 것을 기록한다. 요한은 "이기는 자는 이것들을 상속으로 받으리라"고 말한다. "이기는 자" 즉 '신앙생활 중에 하나님으로부터 책망을 듣지 않고 잘 믿어서 칭찬을 받는 자'를 지칭한다. 계 2:7, 11, 17, 26; 3:5, 12, 21 주해 참조. 진정한 신자들은 "이것들을 상속으로 받으리라"고 하신다. '이것들' 즉 '만물'을 상속받으리라는 것이다. 이기는 자는 모든 것들을 상속 받으니 부족함이 없게 된다.

더욱이 하나님은 "그의 하나님이 되고 그는 내 아들이 되리라"고 하신다(슥 8:8; 히 8:10). 만물만 주시는 하나님이 아니라 하나님 자신이 그들의 하나님이 되어 주시고 이기는 자는 하나님의 아들이 되리라(삼하 7:14)고 하신다. 이기는 자는 만물의 절대 통치자와 특별한 관계를 가지게 될 것이다.

**계 21:8.** 그러나 두려워하는 자들과 믿지 아니하는 자들과 흉악한 자들과 살인자들과 음행하는 자들과 점술가들과 우상 숭배자들과 거짓말하는 모든 자들은 불과 유황으로 타는 못에 던져지리니 이것이 둘째 사망이라(τοῖς δὲ δειλοῖς καὶ ἀπίστοις καὶ ἐβδελυγμένοις καὶ φονεῦσιν καὶ πόρνοις καὶ φαρμάκοις καὶ εἰδωλολάτραις καὶ πᾶσιν τοῖς ψευδέσιν τὸ μέρος αὐτῶν ἐν τῇ λίμνῃ τῇ καιομένῃ πυρὶ καὶ θείῳ, ὅ ἐστιν ὁ θάνατος ὁ δεύτερος).

이기는 자(요일 5:4)는 만물을 상속받을 것이고 더욱이 하나님은 이기는 자의 하나님이 되고 또 이기는 자는 하나님의 아들이 될 것이지만 "그러나"(de) 본 절에 기록된 "두려워하는 자들과 믿지 아니하는 자들과 흉악한 자들과 살인자들과 음행하는 자들과 점술가들과 우상 숭배자들과 거짓말하는 모든 자들은 불과 유황으로 타는 못에 던져질 것이라"고 하신다(20:14-15; 22:15; 고전 6:9-10; 갈 5:19-21; 엡 5:5; 딤전 1:9; 히 12:14). 여기 기록된 8종류의 사람들은 22:15에 기록된 사람들과 같이 이기는 자의 대열에 가입하지 못하고 불과 유황으로 타는 못에 던져진다는 것이다. "두려워하는 자"란 말은 세상 것을 두려워하여 그리스도를 부인하는 자들을 말한다(마 8:26; 막 4:40). 하나님의 원수들 앞에서 두려워하던 자들은 최후에 하나님의 축복을 잃게 된다. "믿지 아니하는 자들"이란 하나님과 그리스도를 불신앙하는 자들로서 시험의 때에 사라지는 사람들을 말한다. "흉악한 자들"이란 '믿음이 없어 사람을 증오하며 잔인하게 대하는 자들'을 지칭한다(17:4-5; 마 24:15). 그리고 "살인자들"이란 '사람을 미워하고 죽이는 자들'이다(9:20-21). "음행하는 자들"이란 '몸을 하나님의 성전 삼지 않고 몸을 음란의 도구로 삼는 자들'이다(22:15). 신약

성경에서 이 말은 일반적인 모든 성적 범죄를 나타낸다. "점술가들"이란
행운을 얻기 위하여 부적이나 혹은 그 같은 것들을 지니는 자들 혹은
마술을 행하는 자들을 지칭한다(13:15; 갈 5:20). "우상 숭배자들"이란
하나님보다는 다른 것들을 숭배하는 자들이다(갈 5:20). "거짓말하는 자
들"이란 복음을 저버린 자들을 뜻한다. 위에 기록된 모든 범죄자들은
불과 유황으로 타는 못에 던져진다는 것이다. 요한은 불과 유황으로 타는
못에 던져지는 것을 "둘째 사망"이라고 말한다(20:14에서도 묘사되고
있다). 위에 기록된 모든 죄인들은 한마디로 그리스도를 불신하는 자들이
며 사탄을 따르는 자들이다.

### B. 새 예루살렘   21:9-22:5

요한은 앞(3-8절)에서 새 세계에서의 삶이 어떤 것인지를 설명한 다음
이제 이 부분(21:9-22:5)에서는 새 예루살렘을 묘사한다. 전 천년설자들은
새 예루살렘을 천년왕국의 수도라고 말하나, 무 천년설자들은 새 예루살렘을
무궁세계, 승리한 교회라고 주장한다. 새 예루살렘은 성도의 영광이 얼마나
놀라운 것인가를 보여주는데 계시의 내용이 심히 영광스럽고 화려하여 고도
의 상징으로 기록되었다는 것을 잊어서는 안 될 것이다.

이 부분(21:9-22:5)은 1) 새 예루살렘의 외형(21:9-17), 2) 새 예루살렘의
재료(21:18-21), 3) 새 예루살렘안의 생활(21:22-27), 4) 새 예루살렘 생활의
음식(22:1-5)으로 구성되어 있다.

#### 1. 새 예루살렘의 외형   21:9-17

요한은 새 예루살렘 성의 영광스런 모습을 상세히 묘사한다. 요한은
인간 세계에서 사용하는 가장 아름다운 언어를 가지고 이 성의 외모를 서술
하고 있다. 우리가 살 곳은 너무 아름다운 곳이라는 것을 알 수 있다.

**계 21:9.** 일곱 대접을 가지고 마지막 일곱 재앙을 담은 일곱 천사 중 하나가

나아와서 내게 말하여 이르되 이리 오라 내가 신부 곧 어린 양의 아내를 네게 보이리라 하고(Καὶ ἦλθεν εἷς ἐκ τῶν ἑπτὰ ἀγγέλων τῶν ἐχόντων τὰς ἑπτὰ φιάλας τῶν γεμόντων τῶν ἑπτὰ πληγῶν τῶν ἐσχάτων καὶ ἐλάλησεν μετ᾽ ἐμοῦ λέγων, Δεῦρο, δείξω σοι τὴν νύμφην τὴν γυναῖκα τοῦ ἀρνίου).

요한은 "일곱 대접을 가지고 마지막 일곱 재앙을 담은 일곱 천사 중 하나가 나아와서 내게 말하여 이른"(15:1, 6-7) 것을 이곳에 기록하고 있다. "일곱 대접을 가지고 마지막 일곱 재앙을 담은 일곱 천사 중 하나가 나아와서" 요한에게 새 예루살렘의 외형을 보여준 것은 의미심장하다. 17:1에서는 똑같은 천사(묘사가 똑같다)가 음녀 바벨론(하나님을 대적하기 위해 조직되어 있는 인간 사회)을 보여주었는데 여기서는 어린 양의 신부인 새 예루살렘을 보여주니 양편을 극명하게 서로 대조하기 위함인 것으로 보인다. 바벨론(죄로 가득차서 냄새나는 인간 사회)과 새 예루살렘 (무궁세대, 승리한 교회)은 얼마나 다른가? 서로 놀라운 대조를 이루고 있는 것을 보여주기 위하여 똑같은 천사가 활약한 것으로 보인다. 그 천사는 바벨론(죄로 썩은 세상)은 파괴되고 새 예루살렘이 출현하는 것을 보여주기를 원한 것이다. 죄에 대한 심판은 하나님의 도성의 출현을 위해서 반드시 필요한 것임을 보여주었다.

그 천사는 요한에게 와서 "이리 오라 내가 신부 곧 어린 양의 아내를 네게 보이리라"고 말한다(2절; 19:7). 여기 "이리 오라"는 말은 '크고 높은 산으로 오라'(10절)는 뜻이다. 요한은 2절에서 "내가 보매 거룩한 성 새 예루살렘이 하나님께로부터 하늘에서 내려오는" 것을 보았는데 이제 이곳에서는 천사가 자세하게 보여주기 위하여 산으로 오라고 한 것이다. 우리는 하나님께서 보여주시기 전에는 무엇을 확실히 볼 수가 없다. 본문의 "어린 양"이란 말은 새 예루살렘에 있어 대단히 특별한 존재이다. 그리고 이 마지막 남은 두 장(21장, 22장)에서 일곱이나 언급되고 있다(Leon Morris). 어린 양은 우리를 위해서 죽으셨고, 그분이 우리의 신랑되신다.

**계 21:10.** 성령으로 나를 데리고 크고 높은 산으로 올라가 하나님께로부터 하늘에서 내려오는 거룩한 성 예루살렘을 보이니(καὶ ἀπήνεγκέν με ἐν πνεύματι ἐπὶ ὄρος μέγα καὶ ὑψηλόν, καὶ ἔδειξέν μοι τὴν πόλιν τὴν ἁγίαν Ἰερουσαλὴμ καταβαίνουσαν ἐκ τοῦ οὐρανοῦ ἀπὸ τοῦ θεοῦ).

천사(앞 절의 천사, 17:1의 천사)는 성령의 지배와 인도를 받고 있는 (1:10; 17:3) 요한을 "크고 높은 산으로 올라가 하나님께로부터 하늘에서 내려오는 거룩한 성 예루살렘을 보여 주었다." 천사는 먼저 성령의 지배를 받고 있는 요한을 데리고 크고 높은 산으로 올라갔다(요한은 장소를 산으로 옮긴 것이 아니라 성령으로 충만해 있으면서 환상을 본 것이다). 요한이 이렇게 성령의 지배를 받게 된 것은 거룩한 성 예루살렘을 보여주기 위해서였다. 17:1의 천사는 큰 음녀 바벨론을 보여주기 위하여 광야에서 보여주었는데(17:3 주해 참조) 거룩한 성 예루살렘을 보여주기 위해서는 크고 높은 산으로 올라간 것은 큰 음녀 바벨론은 황야처럼 망하지만 거룩한 성 예루살렘은 크고 높은 산처럼 영원히 흥하리라는 상징을 담고 있다.

그리고 다음으로는 하나님께로부터 하늘에서 내려오는 거룩한 성 예루살렘을 보여주었다. 거룩한 성 예루살렘(2절 주해 참조)이 하늘에서 내려오고 있다(2절)는 말은 거룩한 성 예루살렘을 사람이 만든 것이 아니라 전적으로 하나님께서 지으셨다는 것을 보여준다. 2절에서도 거룩한 성 새 예루살렘이 "하늘에서 내려 온다"는 표현을 썼는데, 이곳에서도 다시 "하나님께로부터 하늘에서 내려 온다"는 표현을 쓴 것을 두고 혹자는 한 번 내려온 것이 올라갔다가 다시 내려온 것이냐고 질문하지만 이런 표현은 예루살렘이 사람에 의해서 만들어진 것이 아니라 하나님의 손에 의해서 만들어졌다는 것을 말하기 위함이다. 우리는 전적으로 하나님께서 지으신 새 교회, 무궁세계에서 영생할 것이다.

**계 21:11. 하나님의 영광이 있어 그 성의 빛이 지극히 귀한 보석 같고 벽옥과 수정 같이 맑더라**(ἔχουσαν τὴν δόξαν τοῦ θεοῦ, ὁ φωστὴρ αὐτῆς ὅμοιος λίθῳ τιμιωτάτῳ ὡς λίθῳ ἰάσπιδι κρυσταλλίζοντι, Having the glory of God: and her light [was] like unto a stone most precious, even like a jasper stone, clear as crystal-KJV).

요한은 새 예루살렘이 "하나님의 영광이 있어 그 성의 빛이 지극히 귀한 보석 같고 벽옥과 수정 같이 맑더라"고 말한다(23절; 22:5). 표준 새 번역은 본문을 "그 도시는 하나님의 영광에 싸였고, 그 빛은 지극히 귀한 보석과 같고, 수정과 같이 맑은 벽옥과 같았다"고 번역한다. 새 예루살렘이 하나님의 영광에 싸였다는 말은 하나님의 광채로 싸였다는 뜻으로(출 40:34; 왕상 8:11 참조) 하나님께서 그 성을 지으셨기 때문에 그렇게 된 것이다.

그리고 그 성이 하나님의 영광으로 싸였기 때문에 그 성의 빛이 귀한 보석과 같이 보인 것이다(빌 2:15 참조). 여기 귀한 보석과 같다함은 지극히 성결하고 영광스럽다는 뜻이다(4:3, 6 주해 참조; 딤전 6:16 참조). 지상의 교회도 빛나려면 자신들은 감추고 빛 되신 그리스도만 나타내면 될 것이다. 또 수정과 같이 맑은 벽옥과 같이 보인 것은 티가 없이 아주 맑은 것을 가리킨다. 그 성이 이렇게 보인 것도 역시 하나님께서 그 성을 지으셨기 때문이다(벧후 3:13 참조).

**계 21:12. 크고 높은 성곽이 있고 열두 문이 있는데 문에 열두 천사가 있고 그 문들 위에 이름을 썼으니 이스라엘 자손 열두 지파의 이름들이라**(ἔχουσα τεῖχος μέγα καὶ ὑψηλόν, ἔχουσα πυλῶνας δώδεκα καὶ ἐπὶ τοῖς πυλῶσιν ἀγγέλους δώδεκα καὶ ὀνόματα ἐπιγεγραμμένα, ἅ ἐστιν ((τὰ ὀνόματα)) τῶν δώδεκα φυλῶν υἱῶν Ἰσραήλ, And had a wall great and high, [and] had twelve gates, and at the gates twelve angels, and names written there-

on, which are [the names] of the twelve tribes of the children of
Israel-KJV).

요한은 자신이 본 새 예루살렘 성을 계속해서 네 가지로 묘사한다. 첫째,
그 성은 "크고 높은 성곽이 있다"고 한다(겔 48:31-35 참조). "크고 높은
성곽이 있다"는 말은 도둑을 지키기 위한 성곽이 있다는 말도 아니고 다른
세력들의 침입을 막기 위하여 성곽을 설치했다는 말이 아니라 그 성이 하나
님으로 둘러 싸여 있다는 뜻이다(슥 2:5 참조). 성도는 하나님으로 둘러
싸여서 사는 존재이다. 둘째, 그 성의 성벽은 "열두 문이 있다"고 한다(겔
48:31, 34). 여기 문은 출구가 아니고 입구이다(25절 참조). 이 문들은 구원받
은 자들이 새 예루살렘으로 들어가는 문들이다. 셋째, 그 성벽의 "문에 열두
천사가 있다"고 한다. 하나님은 천사들로 하여금 그 문을 통제하도록 하셨다.
들어가기를 원한다고 해서 다 들어갈 수 있는 것이 아니라 하나님을 믿고
그리스도를 주님으로 영접한 자들만 들어가게 하신 것이다(사 62:6 참조).
넷째, 그 성벽의 "문들 위에 이름을 썼으니 이스라엘 자손 열두 지파의
이름들이라"고 한다(출 28:9; 겔 48:31 참조). 이 새 예루살렘(천성)은 하나님
께서 이스라엘을 부르신데 대한 응답이다. 문들 위에 이스라엘 자손의 열
두 지파의 이름을 쓴 것은 신구약 시대의 모든 택한 백성들이 그 문들을
통하여 그 안으로 들어가도록 한 것이다. 여기 말한 "이스라엘 자손 열두
지파"란 육적인 이스라엘을 의미하는 것이 아니라 하나님으로부터 택함
받은 모든 성도들을 지칭하는 말이다.

**계 21:13. 동쪽에 세 문, 북쪽에 세 문, 남쪽에 세 문, 서쪽에 세 문이니**(ἀπὸ
ἀνατολῆς πυλῶνες τρεῖς καὶ ἀπὸ βορρᾶ πυλῶνες τρεῖς καὶ ἀπὸ νότου
πυλῶνες τρεῖς καὶ ἀπὸ δυσμῶν πυλῶνες τρεῖς).

문들이 이렇게 동서남북으로 셋씩 있는 것은(겔 48:16-19 참조) 세상
어디서든지 그리스도를 믿은 사람들은 차별 없이 다 들어가도록 설계된
것이다(겔 48:31, 34). 그리스도는 인류를 차별하지 않는다. 다만 믿지 않는

사람에 대해서는 철저히 차별하신다(8절).

**계 21:14.** 그 성의 성곽에는 열두 기초석이 있고 그 위에는 어린 양의 열두 사도의 열두 이름이 있더라(καὶ τὸ τεῖχος τῆς πόλεως ἔχων θεμελίους δώδεκα καὶ ἐπ' αὐτῶν δώδεκα ὀνόματα τῶν δώδεκα ἀποστόλων τοῦ ἀρνίου, And the wall of the city had twelve foundations, and in them the names of the twelve apostles of the Lamb-KJV).

요한이 본 것은 "그 성의 성곽에는 열두 기초석이 있고 그 위에는 어린 양의 열두 사도의 열두 이름이 있더라"고 말한다(마 16:18; 갈 2:9; 엡 2:20). 그 성의 성벽 아래에는 열 두 기초 돌이 있는데, 그 기초 돌 위에는 어린 양의 열 두 사도의 이름이 있다는 것이다. 열 두 사도가 언급된 것은 본서에서 처음 나타난다. 여기 열 두 사도의 이름이 있다는 말은 열두 사도가 전한 복음(그리스도의 피)을 듣고 믿은 신구약 모든 성도가 구원 받아 그 곳에 들어간다는 것을 뜻한다. 그리스도의 피는 구약 성도들도 믿었고 신약성도들도 믿었으며 지금도 믿고 있다. 열두 지파의 이름과 열두 사도의 이름이 기록되어 있는 것은 구약 시대의 이스라엘과 신약 시대의 교회의 통일성과 조화를 보여준다고도 할 수 있다. 구약 시대의 성도들이나 신약 시대의 성도들은 똑같은 신앙의 대상을 믿고 똑같은 예루살렘(천성)에 들어간다는 것을 보여주고 있다.

**계 21:15.** 내게 말하는 자가 그 성과 그 문들과 성곽을 측량하려고 금 갈대 자를 가졌더라(Καὶ ὁ λαλῶν μετ' ἐμοῦ εἶχεν μέτρον κάλαμον χρυσοῦν, ἵνα μετρήσῃ τὴν πόλιν καὶ τοὺς πυλῶνας αὐτῆς καὶ τὸ τεῖχος αὐτῆς).

본 절부터 17절까지 천사가 성(도시)의 크기를 측량한 것으로 실제 크기를 말함이 아니라 상징으로 묘사되어 있다. 요한은 "내게 말하는 자" 곧 '천사'(9절)가 세 가지(성, 문들, 성곽)를 "측량하려고 금 갈대 자를 가졌더라"고 말한다(11:1; 겔 40:3; 슥 2:1). 천사는 세 가지를 측량하려고 했으나 문맥(15-17절)을 보면 "문들"을 측량하지 않은 것으로 보인다. 천사가 그 성과 성곽을 측량한 이유는 성의 안전과 보호를 위함인 것으로 보인다 (11:2 주해 참조). 하나님은 천성을 측량하셔서 아주 안전하게 그리고 아주 철통 같이 보호하신다는 것을 보여주셨다. 그리고 "그 규모가 하나님의 계획과 목적에 딱 맞는다는 것을 보여주셨다."[123] 여기 "금 갈대 자"란 '금으로 만든 잣대'를 가리키는 것으로 천사가 천성을 측량하는 데 쓰기 위한 기구이다.

**계 21:16.** 그 성은 네모가 반듯하여 길이와 너비가 같은지라 그 갈대 자로 그 성을 측량하니 만 이천 스다디온이요 길이와 너비와 높이가 같더라(καὶ ἡ πόλις τετράγωνος κεῖται καὶ τὸ μῆκος αὐτῆς ὅσον ((καὶ)) τὸ πλάτος. καὶ ἐμέτρησεν τὴν πόλιν τῷ καλάμῳ ἐπὶ σταδίων δώδεκα χιλιάδων, τὸ μῆκος καὶ τὸ πλάτος καὶ τὸ ὕψος αὐτῆς ἴσα ἐστίν).

요한은 천사가 측량한 "그 성은 네모가 반듯하여 길이와 너비가 같은지라"고 말한다. "네모가 반듯하다"는 말은 '정사각형'이란 뜻으로 천성(무궁 세계)은 균형이 있고 동시에 안정되어 있으며 광대하다는 것을 보여준다. 네모가 반듯하다는 것은 하나님의 속성이며 동시에 하늘나라의 속성이다.

그리고 요한은 천사가 측량한 그 성은 "그 갈대 자로 그 성을 측량하니 만 이천 스다디온이요 길이와 너비와 높이가 같더라"고 말한다. 12,000 스다디온은 대략 2,200 km가 되니, 크기로 보아도 12,000 스다디온 (2160km)의 정사각형은 대단히 놀라운 크기임으로 많은 사람을 수용할 수 있는 도시임에 틀림없다. 그러나 본문에서는 크기를 말하려는 것 보다는 이 숫자에 담겨 있는 뜻을 드러내려는 것이다. 이 크기(미국의 크기보다 많이 적다) 안에 신구약 성도가 어떻게 살겠는가? 숫자 12는 선민의 숫자임

123) 필립 E. 휴즈, 요한계시록, 여수룬 성경주석시리즈, p. 331.

으로 12,000 스다디온은 하나님의 백성 전체가 온전하다는 것을 뜻하며
(Leon Morris), 또 거룩한 성 예루살렘(무궁세대, 새 교회)이 완전하다는
것을 뜻할 뿐이다(Mounce, Ladd, Johnson). 다시 말해 백성도 온전하고
도시자체도 완전하다는 것을 드러낸다. 우리는 앞으로 온전한 백성이 되어
온전한 천성에서 살 것이다. 7:4의 14,4000에 대한 주해를 참조하라.

그리고 "길이와 너비와 높이가 같다"는 말은 거룩한 성 예루살렘이 정
입방체로 되어 있음을 뜻한다. 레온 모리스(Leon Morris)는 "이 형태는
지성소의 형태(왕상 6:20)이며 완전을 의미한다. 이것은 요한 사도가 천성은
그 자체가 지성소와 같음을 우리에게 알게 하는 것이다. 그곳은 하나님이
거처하는 곳이다. 또한 그곳은 하나님의 백성들이 하나님과의 완전한 교제를
갖는 곳이기도 하다"고 말한다.124) 이에 대해 래드(G. E. Ladd)는 "명백히
이러한 예루살렘 성의 이상적인 균형, 완전, 광대함 그리고 완벽함을 보여준
다. 아마 이제 하나님의 새로운 거주지가 된 예루살렘 성의 측량은 지성소를
연상시켜주는 듯하다(왕상 6:20)"고 주장한다.125)

## 계 21:17. 그 성곽을 측량하매 백사십사 규빗이니 사람의 측량 곧 천사의 측량이라(καὶ ἐμέτρησεν τὸ τεῖχος αὐτῆς ἑκατὸν τεσσεράκοντα τεσσάρων πηχῶν μέτρον ἀνθρώπου, ὅ ἐστιν ἀγγέλου).

요한은 천사가 성곽(성벽)도 측량했음을 말한다. 즉 "그 성곽을 측량하매
백사십사 규빗이니 사람의 측량 곧 천사의 측량이라"고 한다. 천사가 측량한
성곽이 144규빗(Cubit)이라고 한다. 1 규빗이 45cm이니 144 규빗은 65m이
다. 144규빗(65m)이 성벽의 높이인지 혹은 두께인지 언급이 없다. 아마도
성벽의 두께일 것이다. 이유는 이 수치가 성벽의 높이라면 "크고 높은"(12절)
성곽에 비해, 즉 12,000스다디온의 성에 비하여 어울리지 않을 만큼 낮은
높이일 것이다. 그래서 대부분의 주석가들은 이 수치가 성벽의 두께라고

124) 레온 모리스, *요한계시록*, 틴델주석, p. 307.
125) G. E. Ladd, *요한계시록*, 반즈의 성경주석, p. 367.

말한다. 성벽의 두께가 65m라면 아주 두꺼운 성벽임에 틀림없다. 그러니까 예루살렘 성(천성)은 대단히 두꺼운 성벽을 가지고 있는 셈이다. 그러나 이 수치도 역시 상징이다. 지금까지 우리는 상징적인 숫자를 많이 보아왔듯이 이 숫자(144규빗)도 12를 제곱한 상징적인 숫자로 아무라도 예루살렘 도시를 침입하거나 파괴할 수 없다는 것을 강조한 것으로 보아야 할 것이다 (사 54:14).

요한은 성벽의 두께가 144규빗이라는 것을 이상하게 생각할 것이 없다는 뜻으로 "사람의 측량 곧 천사의 측량이라"고 말한다. 즉 사람이 측량한 것이나 천사가 측량한 것이나 동일하다는 것을 말함이다. 천사는 어떤 특수한 방법에 의해 측량한 것이 아니라 사람이 측량한 것이나 동일한 방법으로 측량했다는 뜻이다. 천사는 사람들을 위해서 사람의 측량법을 따라 측량해서 사람들로 하여금 그 측량을 믿게 하고 있다. 15-17절의 모든 측량은 사람의 측량법대로 천사가 측량했음을 알려주고 있다.

### 2. 새 예루살렘 도시의 재료   21:18-21

새 예루살렘을 건축한 재료가 나열되고 있다. 지상에 존재하는 최상급의 보석들이 사용되었다. 이 땅에 있는 사람들에게 새 예루살렘 성을 건축하기 위해 사용된 재료들을 알려줄 때 지상에 존재하는 재료로 말해야 하기 때문에 이 이상의 것으로 묘사할 수는 없는 일이다. 이 부분(18-21절)에 나열된 재료는 먼저 에덴동산의 재료로 묘사된 것을 볼 수 있다(창 2:11-12; 겔 28:13). 그리고 사 54:11-14의 예언도 새 예루살렘 도시 건축에 보석이 사용될 것이라고 말씀하신다. 즉 "너 곤고하며 광풍에 요동하여 안위를 받지 못한 자여 보라 내가 화려한 채색으로 네 돌 사이에 더하며 청옥으로 네 기초를 쌓으며 홍보석으로 네 성벽을 지으며 석류석으로 네 성문을 만들고 네 지경을 다 보석으로 꾸밀 것이며 네 모든 자녀는 여호와의 교훈을 받을 것이니 네 자녀에게는 큰 평안이 있을 것이며 너는 공의로 설 것이며 학대가 네게서 멀어질 것인즉 네가 두려워 아니할 것이며 공포도 네게 가까이하지 못할 것이라"고 말씀하신다(사 54:11-14).

**계 21:18.** 그 성곽은 벽옥으로 쌓였고 그 성은 정금인데 맑은 유리 같더라(καὶ ἡ ἐνδώμησις τοῦ τείχους αὐτῆς ἴασπις καὶ ἡ πόλις χρυσίον καθαρὸν ὅμοιον ὑάλῳ καθαρῷ).

요한은 "성곽" 즉 '성벽'을 쌓은 재료는 "벽옥"126)이라 말한다. "벽옥"은 '옥색 비취' 혹은 '옥색 수정' 혹은 '다이아몬드'일 것으로 추정되는데(4:3주해 참조) 하나님을 상징한다. 그러니까 성벽은 하나님으로부터 나와서 하나님을 계시하고 있다. 성벽이 벽옥으로 건축된 것은 하나님 자신이 그 성의 보호자임을 암시한다. 하나님은 지금도 그러하지만 내세에서도 역시 백성을 둘러싸시는 성벽이시다. 11-12절 주해 참조.

그리고 요한은 새 예루살렘 성을 만든 재료는 "정금"이라고 말하면서 "맑은 유리 같더라"고 말한다. 새 예루살렘 도시가 맑은 유리 같은 정금(pure gold)으로 만들어졌다는 것은 그 도시가 심히 고귀(고상)하게 보이고 또 불변하다는 것을 암시한다. 요한은 천성이 가장 값이 비싼 재료로 되어 있다는 것을 강조하고 있다. 우리는 앞으로 대단히 값비싼 대우를 받을 것이다. 비록 세상에서는 박해받고 천시받을 수 있지만 이제 천성에 가면 그리스도의 은혜로 아주 값비싼 인간대우를 받을 것이다.

**계 21:19-20.** 그 성의 성곽의 기초석은 각색 보석으로 꾸몄는데 첫째 기초석은 벽옥이요 둘째는 남보석이요 셋째는 옥수요 넷째는 녹보석이요 다섯째는 홍마노요 여섯째는 홍보석이요 일곱째는 황옥이요 여덟째는 녹옥이요 아홉째는 담황옥이요 열째는 비취옥이요 열한번째는 청옥이요 열두째는 자수정이라(οἱ θεμέλιοι τοῦ τείχους τῆς πόλεως παντὶ λίθῳ τιμίῳ κε-

---

126) "벽옥"(Jasper): 광물의 하나. 푸른 빛 나는 고운 옥을 말한다. 이것은 대제사장의 흉패에 있어서 넷째 줄에 단 보석이고(출 28:20,39:13), 보좌에 앉으신 이의 모양 설명에도 씌어져 있다(계 4:3). 새 예루살렘 성의 빛 묘사에도 씌어져 있고(계 21:11), 그 성곽을 두른 것(계 21:18), 그 첫째 기초석으로도 되어 있다(계 21:19).

κοσμημένοι· ὁ θεμέλιος ὁ πρῶτος ἴασπις, ὁ δεύτερος σάπφιρος, ὁ
τρίτος χαλκηδών, ὁ τέταρτος σμάραγδος, ὁ πέμπτος σαρδόνυξ, ὁ
ἕκτος σάρδιον, ὁ ἕβδομος χρυσόλιθος, ὁ ὄγδοος βήρυλλος, ὁ ἔνατος
τοπάζιον, ὁ δέκατος χρυσόπρασος, ὁ ἑνδέκατος ὑάκινθος, ὁ δωδέκατος
ἀμέθυστος).

요한은 "그 성의 성곽의 기초 석은 각색 보석으로 꾸며져 있다"고 말한
다(사 54:11). 천성의 성벽의 기초 석은 12개인데 각색 보석으로 꾸며져
있다는 것이다. 이렇게 성벽의 기초 석(주춧돌)이 각색 보석으로 꾸며져
있다는 것은 지극히 영광스럽고 존귀하다는 것을 뜻한다. 이 주춧돌위에
12사도의 이름이 기록되어 있으니(14절 주해 참조) 사도들뿐 아니라 사도의
복음을 듣고 구원받은 모든 성도들도 심히 영광스럽고 또 존귀하다는 것을
시사한다.

이 부분(19-20절)의 12 가지의 보석 이름들을 두고 비교될만한 것들이
있다는 견해가 있다고 한다. 1) 구약 대제사장의 흉패의 12보석과 비교되기
도 한다는 견해(출 28:17-20: 홍보석, 황옥, 녹주옥, 석류석, 남보석, 홍마노,
호박, 백마노, 자수정, 녹보석, 호마노, 벽옥). 2) 두로왕의 의복의 보석과
비교되기도 한다는 견해(겔 28:13: 홍보석, 황보석, 금강석, 황옥, 홍마노,
창옥, 청보석, 남보석, 홍옥, 황금). 위의 두 견해 중 첫째의 견해가 타당하다.
둘째 견해는 사탄을 상징하는 두로왕의 것들과 새 예루살렘 도시의 기초
석을 비교하는 것은 어불성설이다. 이 보석들 하나하나가 무슨 뜻을 지니고
있는지에 대해서는 학자들마다 다르나 세상에서 가장 존귀한 보석들이라는
것, 그리고 하늘에 있는 성도들이 너무 존귀한 존재들이라는 데는 일치하고
있다.

1) 벽옥: 투명함이 특질인고로 의를 상징한다고 한다(4:3의 주해 참조).

2) 남보석: 푸른 색깔의 투명한 보석이다.

3) 옥수: 투명체의 보석으로 다른 빛깔들이 섞인 녹색 옥이라고 한다.

4) 녹보석: 순녹색의 투명체로서 하나님의 긍휼을 상징한다고 한다(4:3

주해 참조).

5) 홍마노: 투명체의 보석으로 죄에 대하여 엄히 경계하는 것을 상징한다고 한다.

6) 홍보석: 투명체의 보석으로 죄에 대하여 엄히 경계하는 것을 상징한다고 한다.

7) 황옥: 금빛을 내는 돌이다. 고대인들이 이를 황수정이라고 했다고 한다.

8) 녹옥: 짙은 녹색 보석이다. 다시 말해 바다 색깔의 보석이다.

9) 담황옥: 투명한 금빛 보석이다. 노란 돌수정을 가리킨다.

10) 비취옥: 회색과 녹색을 합한 보석이다. 푸른 사과 빛의 보석이다.

11) 청옥: 히아신스 꽃의 색깔을 띤 보석이다. 남보석 색깔의 푸른 보석이다.

12) 자수정: 자색(紫色)깔의 보석이다.

"오늘날 가장 조예 깊은 보석가라도 이러한 12가지 귀중한 보석의 정체를 바로 말하지 못한다...주석가들이 이러한 보석들에 대하여 정체를 알아보려고 할 때 그 완전한 확신에 이르기는 아주 어려운 것이다"(Lenski).

**계 21:21.** 그 열두 문은 열두 진주니 각 문마다 한 개의 진주로 되어 있고 성의 길은 맑은 유리 같은 정금이더라(καὶ οἱ δώδεκα πυλῶνες δώδεκα μαργαρῖται, ἀνὰ εἷς ἕκαστος τῶν πυλώνων ἦν ἐξ ἑνὸς μαργαρίτου. καὶ ἡ πλατεῖα τῆς πόλεως χρυσίον καθαρὸν ὡς ὕαλος διαυγής, And the twelve gates [were] twelve pearls; every several gate was of one pearl: and the street of the city [was] pure gold, as it were transparent glass-KJV).

요한은 새 예루살렘 도시의 "그 열두 문은 열두 진주니 각 문마다 한 개의 진주로 되어" 있다고 말한다. 즉 '열 두 문들은 각각 하나의 진주로 되어 있어 모두 열두 진주가 된다'는 것이다(사 54:12 참조). 각 문이 한 개의 진주로 되어 있어 12개의 진주로 만들어진 문이 있으니 심히 부유함을 보여준다. 진주는 모든 보석 중에 가장 잘 알려진 보석이다.

다음으로 요한은 길에 대해 언급한다. 요한은 "성의 길은 맑은 유리 같은 정금이라"고 묘사한다(22:2). 도시의 길바닥은 맑은 유리 같은 정금으로 만들어졌다는 것이다(18절 주해 참조). "맑은 유리 같은 정금"이란 '아무런 불순물도 섞이지 않은 순금'이란 뜻이다. 새 예루살렘 도시의 길은 최상의 금으로 되어 있음을 알 수 있다. 이 길이야 말로 깨끗한 길이고 아름다운 길이며 고귀한 길이다. 어떤 미국인 목사가 필자에게 농담을 하나 했다. 어떤 부자 한 사람이 천국에 들어가는데 순금 덩어리 하나를 가지고 천국문에 이르니 문지기가 그것이 무엇이냐고 물어 금이라고 했더니 문지기가 대답하기를 천국은 그 보다 더 좋은 금으로 바닥을 깔아놓았으니 세상의 금을 가지고 들어갈 필요가 없다고 말해주더라는 것이었다. 우리가 예수님의 십자가 피만 믿는다면 천국에 들어갈 때 세상에서 아무 것도 가지고 갈 필요가 없다는 것이다.

### 3. 새 예루살렘 안에서의 삶  21:22-27

요한은 앞(18-21절)에서 새 예루살렘 도시가 어떤 재료들로 만들어졌는가를 말한 다음 이 부분(22-27절)에서는 새 예루살렘 도시 안에서의 삶에 대해 언급한다. 요한은 새 예루살렘 도시(천성)에는 다섯 가지(성전, 해와 달, 닫힌 문, 밤, 부정한 것)가 없고 그 없는 것들을 대치할 다섯 가지를 소개한다.

**계 21:22. 성 안에서 내가 성전을 보지 못하였으니 이는 주 하나님 곧 전능하신 이와 및 어린 양이 그 성전이심이라**(Καὶ ναὸν οὐκ εἶδον ἐν αὐτῇ, ὁ γὰρ κύριος ὁ θεὸς ὁ παντοκράτωρ ναὸς αὐτῆς ἐστιν καὶ τὸ ἀρνίον).

요한은 "성 안에서 내가 성전을 보지 못하였다"고 말한다(요 4:23). 즉 새 예루살렘 도시(천성)안에서 성전(ναὸν-지성소)을 발견할 수가 없다고 한다. 그 이유는 "주 하나님 곧 전능하신 이와 및 어린 양이 그 성전이시기" 때문이라고 한다. 주 하나님 곧 전능하신 이와 및 어린 양이 지성소이시니 가시적인 성전(지성소)이 필요 없다. 새 예루살렘 도시는 하나님의 임재가 온 성에 가득하고(11절) 하나님과 어린 양이신 그리스도께서 하나님의 백성들 가운데 임재 하셔서 그들과 교제를 나누시니 따로 성전이 필요 없다는 것이다(Johnson).

**계 21:23. 그 성은 해나 달의 비침이 쓸 데 없으니 이는 하나님의 영광이 비치고 어린 양이 그 등불이 되심이라**(καὶ ἡ πόλις οὐ χρείαν ἔχει τοῦ ἡλίου οὐδὲ τῆς σελήνης ἵνα φαίνωσιν αὐτῇ, ἡ γὰρ δόξα τοῦ θεοῦ ἐφώτισ-εν αὐτήν, καὶ ὁ λύχνος αὐτῆς τὸ ἀρνίον).

요한은 그 도시(새 예루살렘 성)에는 "해나 달의 비침이 쓸 데 없다"고 말한다(11절; 22:5; 사 24:23; 60:19-20). 즉 하나님이 계신 곳에 성전이 필요 없듯이 해나 달이 비출 필요가 없다는 것이다. 물론 해나 달이 있지도 않은 곳이다. 이유는 "하나님의 영광이 비치고 어린 양이 그 등불이 되시기" 때문이라는 것이다(사 60:19-20). 즉 '하나님의 영광이 그 도성을 밝혀 주며, 어린 양이 그 도성의 등불이시기' 때문이라는 것이다. 혹시 해나 달의 차이만큼이나 성부와 성자에게도 차이가 있다고 상상해서는 안 된다. 해가 비추고 달이 비추는 것처럼 성부 하나님의 영광이 비추고 또 성자 하나님께서 등불이 되셔서 비추신다는 것이다. 현세에서는 이 빛은 우리 인생의 죄 때문에 가려져 있었으나 새 예루살렘에서는 성부와 성자께서 비춰주시니 다른 빛이 필요 없는 것이다. 우리가 현세에서도 하나님의 빛과 그리스도의 빛을 더 받으려면 죄를 자복하면 된다.

**계 21:24. 만국이 그 빛 가운데로 다니고 땅의 왕들이 자기 영광을 가지고 그리로 들어가리라**(καὶ περιπατήσουσιν τὰ ἔθνη διὰ τοῦ φωτὸς αὐτῆς, καὶ οἱ βασιλεῖς τῆς γῆς φέρουσιν τὴν δόξαν αὐτῶν εἰς αὐτήν).

요한은 본 절에서 두 가지를 말한다. 하나는 "만국이 그 빛 가운데로 다닐 것이라"고 한다(사 60:3, 5, 11; 66:12). 여기 "만국"($\text{ἔθνη}$)이란 말은 '이방인들'이란 뜻으로 민족과 나라를 구별하지 않고 예수님의 대속을 믿은 사람들은 모두 천국의 빛(하나님의 빛, 어린양의 빛) 가운데로 다닐 것이라는 뜻이다. 계시록 다른 곳에서는 "만국"이란 말이 적그리스도와 결탁한 땅의 나라들을 지칭했다(11:2, 18; 18:3, 23: 19:5). 그러나 여기서 이 말은 이방인들이란 뜻으로 어떤 차별도 없이 모든 족속과 나라와 백성과 방언 중에서 하나님의 위대하신 도시에 속하게 될 자들을 택하셨음을 의미한다. 그 도시는 하나님과 어린 양의 영광으로 빛날 것이며(23절), 사람들은 그 빛 가운데로 다닐 것이다.

또 하나는 "땅의 왕들이 자기 영광을 가지고 그리로 들어가리라"고 한다. 세상 사람들만 그 빛 가운데로 다닐 것이 아니라 땅의 왕들까지도 자기 왕관을 하나님 앞에 던지며 그 분의 보좌에 자기 영광을 가지고 올 것이다. 이(자기) 영광은 그들이 영원히 경험할 것에 비하면 아무 것도 아닐 것이다(Grant Osborne).[127] 비록 세상 왕들이라도 자기들의 영광이 아무 것도 아님을 알고 예수님을 믿으면 하나님 나라로 자기들의 영광을 가지고 들어갈 것이다.

**계 21:25. 낮에 성문들을 도무지 닫지 아니하리니 거기에는 밤이 없음이라** ($\text{καὶ οἱ πυλῶνες αὐτῆς οὐ μὴ κλεισθῶσιν ἡμέρας, νὺξ γὰρ οὐκ ἔσται ἐκεῖ}$).

요한은 만국과 세상 왕들이 들어갈 천성 문들은 절대로 닫히지 않을 것이라고 말한다. 즉 "낮에 도무지 닫지 아니하리니 거기에는 밤이 없다"는 것이다(22:5; 사 60:11, 20; 슥 14:7). 천성은 언제나 낮이니 문이 닫히지 않는다는 것이다. 그곳이 언제나 낮인 이유($\text{γὰρ}$)는 밤이 없기 때문이다(5절).

---

127) Grant Osborne, 요한계시록, LAB 주석시리즈, 전광규옮김, p. 392.

세상에서는 도둑도 많고 침입자가 많아 낮에도 대문을 모두 닫지만 천성에서는 절대로 문을 닫지 않으니(사 60: 11, 20) 하늘나라로 들어갈 사람들은 언제나 들어갈 수 있는 곳이다. 천국은 영원한 낮이다.

**계 21:26. 사람들이 만국의 영광과 존귀를 가지고 그리로 들어가겠고**(καὶ οἴσουσιν τὴν δόξαν καὶ τὴν τιμὴν τῶν ἐθνῶν εἰς αὐτήν, And they shall bring the glory and honour of the nations into it).

요한은 항상 열려 있는 천성문 안으로 "사람들이 만국의 영광과 존귀를 가지고 그리로 들어갈 것이라"고 말한다(24절; 사 60:11). 땅의 왕들이 자기의 영광을 가지고 그리로 들어가듯이(24절), 세상 사람들도 각자의 영광과 존귀를 가지고 천성으로 들어갈 것이다. 사람들이 각자 자기의 영광과 존귀를 가지고 있지만 하나님의 영광과 존귀에 비하면 아무 것도 아닐 줄 알고 예수님을 믿으면 천성 문으로 들어가게 된다. 그러나 아무나 그렇게 되는 것은 아니라는 것을 다음 절에서 밝힌다.

**계 21:27. 무엇이든지 속된 것이나 가증한 일 또는 거짓말하는 자는 결코 그리로 들어가지 못하되 오직 어린 양의 생명책에 기록된 자들만 들어가리라**(καὶ οὐ μὴ εἰσέλθῃ εἰς αὐτὴν πᾶν κοινὸν καὶ ((ὁ)) ποιῶν βδέλυγμα καὶ ψεῦδος εἰ μὴ οἱ γεγραμμένοι ἐν τῷ βιβλίῳ τῆς ζωῆς τοῦ ἀρνίου).

요한은 천국 문이 항상 열려 있지만(25절) "무엇이든지 속된 것이나 가증한 일 또는 거짓말하는 자는 결코 그리로 들어가지 못할 것이라"고 말한다(22:14-15; 사 35:8; 52:1; 60:21; 욜 3:17). "속된 것"이란 '거룩하지 못한 것,' '더러운 것'을 지칭하고, "가증한 것"이란 '우상숭배'를 지칭하며(17:4 주해 참조), "거짓말하는 자"란 '예수님을 믿지 않는 자'를 뜻한다(21:8; 요일 2:22). 예수님을 믿지 않는 사람들은 자신이 필요할 때라고 생각하면 언제든지 거짓말을 한다. 어떤 사람들은 숨 쉬는 것 빼놓고는 모두 거짓인 사람이 있다. 더러움을 그리스도의 피로 씻지 않은 사람들과 우상 숭배자들과 예수님을 믿지 않는, 거짓말쟁이들은 절대로 천성 문으로 들어가지 못한다.

　　요한은 "오직 어린 양의 생명책에 기록된 자들만 들어가리라"고 말한다 (3:5; 13:8; 20:12; 빌 4:3). 그곳에는 어린 양의 생명책에 기록된 자들만 들어간다. 생명책에 기록되지 못한 사람들은 모두 불 못으로 가게 된다 (20:15 주해 참조). 예수님은 생명책에 기록된 자들만을 위해서 십자가에서 대속의 죽음을 죽으셨다. 요한은 20:15("누구든지 생명책에 기록되지 못한 자는 불 못에 던져지리라")에서는 이 진리를 부정적으로 언급했는데 본 절에서는 이를 긍정적으로 진술하고 있다.

# 제 22 장

4. 새 예루살렘 안에서의 음식물   22:1-5

요한은 새 예루살렘 도시의 외형(21:9-17), 새 예루살렘 도시의 건축재료
(21:18-21), 새 예루살렘 도시 안에서의 삶(21:22-27)에 대해 언급한 다음
이제 이 부분(22:1-5)에서는 새 예루살렘 안에서의 음식물에 대해 언급한다.
거기에는 생명수의 강이 흐르고 있고 생명나무가 강 좌우에 있어 열매를
맺으며 또 생명나무의 잎사귀들은 만국의 치료에 쓰인다. 인생은 죄로 말미
암아 에덴을 잃었으나(창 2:8-13; 3:22; 시 46:4; 겔 47:1-23) 그리스도로
말미암아 완전하고 영원한 새 에덴을 찾은 것으로 묘사한다.

**계 22:1. 또 그가 수정 같이 맑은 생명수의 강을 내게 보이니 하나님과
및 어린 양의 보좌로부터 나와서**(Καὶ ἔδειξέν μοι ποταμὸν ὕδατος
ζωῆς λαμπρὸν ὡς κρύσταλλον, ἐκπορευόμενον ἐκ τοῦ θρόνου τοῦ
θεοῦ καὶ τοῦ ἀρνίου, THEN HE showed me the river of the water
of life, bright as crystal, flowing from the throne of God and of the
Lamb-RSV).

요한은 "그가 수정 같이 맑은 생명수의 강을 내게 보여주었다"고 말한다
(겔 47:1; 슥 14:8). 여기 "그"라는 말은 21:9, 15에 언급된 천사이다. 새
예루살렘 도시를 측량했던 천사는 '수정과 같이 맑은 생명수의 강을 요한에
게 환상으로 보여주었다'(7:17; 21:6; 22:17). 구약의 선지자들도 생명강과
생수를 본 경험이 있었다. 에스겔은 성전으로부터 강이 흘러나와 사해에
이르고 점점 물이 불어나서 온 땅에 생명을 주는 것을 보았고(겔 47장),

스가랴는 '예루살렘으로부터 흘러나오는 생수'를 본 적이 있었다(슥 14:8).
이제 요한은 구약의 예표들이 성취된 것을 본 것이다.

본문의 "수정 같이 맑다"는 말은 '대단히 빛난다'는 뜻으로 생명수의
강이 눈부실 정도로 맑다는 것을 시사한다. 요한이 본 생명수의 강은 "하나님
과 및 어린 양의 보좌로부터 나오고 있었다." 에스겔이 본 물은 성전으로부터
흘러나왔는데 요한이 본 물은 보좌로부터 흘러나오고 있었다. 이유는 이제
새 예루살렘 도시 안에는 성전이 없기 때문에(21:22) 보좌로부터 흘러나온
것이다. 물론 이 묘사는 상징적인 묘사이다. 모든 생명은 하나님과 어린
양으로부터 나온다는 것을 보여준 것이다. 본문의 "하나님과 및 어린 양의
보좌"란 말을 보면 하나님과 어린 양께서 한 보좌에 앉으셨음을 알 수 있다.
"보좌"(qrovnou)라는 말이 단수로 되어 있으니 한 보좌에 두 위(성부, 성자)
께서 앉아 계신 것이다. 이는 하나님과 예수님께서 동등하심을 보여주는
말이다(3:21; 요 10:30; 17:11, 22 참조).

**계 22:2. 길 가운데로 흐르더라 강 좌우에 생명나무가 있어 열두 가지 열매를
맺되 달마다 그 열매를 맺고 그 나무 잎사귀들은 만국을 치료하기 위하여
있더라**(ἐν μέσῳ τῆς πλατείας αὐτῆς καὶ τοῦ ποταμοῦ ἐντεῦθεν καὶ
ἐκεῖθεν ξύλον ζωῆς ποιοῦν καρποὺς δώδεκα, κατὰ μῆνα ἕκαστον ἀποδι-
δοῦν τὸν καρπὸν αὐτοῦ, καὶ τὰ φύλλα τοῦ ξύλου εἰς θεραπείαν τῶν
ἐθνῶν, through the middle of the street of the city; also, on either side
of the river, the tree of life with its twelve kinds of fruit, yielding its
fruit each month; and the leaves of the tree were for the healing of
the nations-RSV).

요한이 본 생명수의 강이 보좌로부터 흘러나와 "길 가운데로 흐르더라"
고 말한다(21:21; 겔 47:12). "길 가운데로 흐른다"는 말은 새 예루살렘
도시의 주민들이 원하는 대로 얼마든지 마실 수 있도록 도시 중앙을 통하여
흐른다는 것이다. 생명수에 접근하는 일에 아무 막힘이 없는 것을 말한다.

그리고 요한은 "강 좌우에 생명나무가 있어 열두 가지 열매를 맺되 달마다 그 실과를 맺는다"[128]고 말한다(창 2:9; 겔 47:12-"강좌우 가에는 각종 먹을 과실나무가 자라서 그 잎이 시들지 아니하며 열매가 끊이지 아니하고 달마다 새 열매를 맺으리니 그 물이 성소를 통하여 나옴이라"를 참조할 것). 즉 '생명수가 흐르는 강 좌우에 생명나무가 있는데 그 생명나무가 열두 가지 종류의 열매를 맺되, 달마다 그 실과를 맺는다'는 것이다. 그 생명나무는 일 년에 한번 혹은 두 번 열매를 맺는 것이 아니라 한 달에 열두 종류의 실과를 맺는 식으로 일 년에 열두 번 맺는다는 것이다. 놀라운 일이다. 어떻게 이런 일이 있을 수 있는 것인가? 한 종류의 생명나무가 한 종류만 맺을 것으로 보이는데 12가지 종류의 열매를 맺는다는 것은 설명이 불능한 일이다. 그런고로 이런 일은 다른 무엇을 보여주는 상징이라고 할 수밖에 없다. 12숫자는 선민의 숫자이니 이 12종류의 과일은 선민들을 위한 과실이라고 밖에 말할 수 없다. 그리고 이렇게 많은 열매를 맺는다는 것은 생명이 풍부하다는 것을 보여주는 것으로 설명하는 수밖에 없다.

혹자는 "달마다 그 실과를 맺는다"는 말을 두고 천국에 "달"이 어디 있느냐고 말한다. 사실 그 세계에는 달(month)의 구분도 없다. 이유는 해와 달(moon)이 없기 때문이다(21:23 참조). 이런 표현은 현세의 우리의 표현대로 표현한 것뿐이니 굳이 심각한 의문을 가질 필요는 없을 것이다.

아담 부부는 그들의 죄로 인해 생명나무에 접근할 수 없었지만(창

---

128) "열두 가지 열매를 맺되 달마다 그 실과를 맺는다"는 문장에 대한 주석가들의 해석은 다양하다. 1) '열두 가지 종류의 실과가 아니라 매달 계속적으로 열매를 맺는다'는 뜻이라고 함. 그러나 이 해석은 문장을 잘 못 해석한 것이다. 분명히 "열두 가지 열매를 맺는다"고 성경은 말씀한다. 2) '일 년에 한 차례만 열매를 맺고 그 중간에는 결실이 없는 것이 아니라 매달 새롭고 신선한 과실을 맺는다'는 뜻이라고 함. 이 해석도 "열두 가지 실과를 맺는다"는 말을 뺐다. 3) '무수하게 많은 생명나무가 12가지 열매를 달마다 새롭게 맺는다고 한다면 결국 1년 동안에 144가지 열매를 맺는다'는 뜻이라고 함. 이 견해는 1년 동안에 144가지 열매를 맺는 것으로 말한 것이 문제인 것 같다. 이런 수치가 나오기 위해서는 첫째 달에 맺은 열매와 둘째 달에 맺은 열매가 전혀 다른 열매가 되어야 한다. 그러나 본문에 그런 암시는 없는 것 같다. 4) '문자적인 의미의 열매가 풍성함을 의미하는 것이 아니라 생명나무의 생명력이 왕성하여 영생을 의미하는 열매가 풍성함을 시사한다'는 견해(Johnson, Morris, Mounce). 위의 4가지 견해 중 4번의 견해가 바른 것으로 보인다.

3:22-24), 이제 새 예루살렘 도시의 모든 주민은 생명나무 실과를 얼마든지
먹을 수 있게 되었다. 그리스도로 말미암아 죄 문제가 해결된 곳이기 때문이
다. 물론 생명수가 흐르는 강이나 또 강 좌우에 자라고 있는 생명나무는
그리스도를 보여주는 상징임은 사실이다. 그리스도를 제외하고는 생명이
존재하지 않기 때문이다.

요한은 "그 나무 잎사귀들은 만국을 치료하기 위하여 있다"고 말한다
(21:24). 여기 "치료하기 위하여 있다"는 말씀은 '병을 치료하기 위하여
있다'는 뜻인데, 이 말씀 때문에 혹자는 천국에도 무슨 질병이 있는가라는
의문을 가지고 있으나 천국에 무슨 질병이 있어서 생명나무 잎사귀들로
치료한다는 뜻이 아니라 새 예루살렘 도시에는 질병이 전혀 없다는 것을
보여주는 말씀이다.

**계 22:3. 다시 저주가 없으며 하나님과 그 어린 양의 보좌가 그 가운데에
있으리니 그의 종들이 그를 섬기며**(καὶ πᾶν κατάθεμα οὐκ ἔσται ἔτι.
καὶ ὁ θρόνος τοῦ θεοῦ καὶ τοῦ ἀρνίου ἐν αὐτῇ ἔσται, καὶ οἱ δοῦλοι
αὐτοῦ λατρεύσουσιν αὐτῷ).

요한은 본 절부터 5절까지 새 예루살렘 도시 안에서의 복된 삶에 대하여
언급한다. 첫째, 거기에는 "다시 저주가 없다"(πᾶν κατάθεμα οὐκ ἔσται
ἔτι)고 말한다(슥 14:11). 즉 '저주 받는 일이 하나도 없다'는 것이다(슥
14:11). 다시 말해 병이나 죽음이나 다른 심적, 육적인 모든 저주가 있을
수 없다는 것이다. 왜냐하면 "하나님과 그 어린 양의 보좌가 그 가운데에
있기" 때문이다(겔 48:35). 하나님과 그리스도의 통치가 있는 곳에는 한
가지의 저주가 있을 수가 없다.

둘째, 요한은 "그의 종들이 그를 섬길 것이다"라고 말한다. 여기 "섬길
것이다"(λατρεύσουσιν)라는 말은 미래 시제로 '예배할 것이다,' '섬길 것이
다'라는 두 가지 뜻이 있다. 문맥에 따라 뜻이 갈라지는데 여기서는 두
가지 뜻을 다 취할 수 있는 것으로 보인다. 종들은 하나님과 그 어린 양을

예배하며 또 봉사할 것이다. 나를 만드시고 나를 지극히 사랑하신 하나님, 그리고 나를 위해서 십자가에서 피를 흘려주신 예수님을 예배하고 섬긴다는 것은 지극한 복이 아닐 수 없다. 현세의 교회에서는 사람들이 예배하기 싫어하고 또 섬기기 싫어한다. 이유는 아직 사람들의 속에 죄가 있어서 그런 것이다. 죄가 우리로 하여금 하나님을 거부하게 하고 또 그리스도를 거부하게 만들어 예배하기 싫어하는 것이다. 그러나 죄가 그리스도의 피로 말미암아 완전히 해결된 곳에서는 예배하고 섬기는 것이 너무나 좋아진다.

**계 22:4. 그의 얼굴을 볼 터이요 그의 이름도 그들의 이마에 있으리라**(καὶ ὄψονται τὸ πρόσωπον αὐτοῦ, καὶ τὸ ὄνομα αὐτοῦ ἐπὶ τῶν μετώπων αὐτῶν).

셋째, 요한은 하나님의 종들이 "그의 얼굴을 볼 것이라"고 말한다(마 5:8; 고전 13:12; 요일 3:2). 하나님의 얼굴을 보는 것은 모든 종들의 특권인데 천국에서는 하나님의 얼굴을 볼 것이라고 한다. 모세는 하나님의 얼굴을 보는 특권을 누리지 못했다(출 33:20, 23). 출 33:20에 하나님께서 모세에게 "네가 내 얼굴을 보지 못하리니 나를 보고 살 자가 없음이니라"고 하셨다. 이제 천국에 있는 모든 종들은 하나님의 얼굴을 뵙고 그 앞에서 살게 되니 큰 복이 아닐 수 없다. 우리를 지극히 사랑하셔서 독생자를 주셔서 대속의 죽음을 죽게 하신 하나님의 얼굴을 뵙는다는 것은 기쁜 일이고 복된 일이 아닐 수 없다.

넷째, 요한은 "그의 이름도 그들의 이마에 있으리라"(τὸ ὄνομα αὐτοῦ ἐπὶ τῶν μετώπων αὐτῶν)고 말한다(3:12; 14:1). 본문에는 "있으리라"는 말은 없으나 문맥에 의하여 이렇게 미래형으로 번역할 수가 있다. 하나님의 이름과 그리스도의 이름이 종들의 이마에 있을 것이란 말은 하나님과 종들이 완전히 연합된 것을 보여주는 말이다(14:1 주해 참조). 짐승(적그리스도)의 경배 자들은 짐승의 이름을 그들의 이마에 가지고 있다(13:16 주해 참조). 짐승의 경배 자들은 짐승과 아주 밀착되어 떠날 수 없다는 뜻으로 그들의 이마에 짐승의 이름을 가지고 있다. 하나님의 사랑과 하나님의 은총이 영원히 우리들에게 있다는 것을 말한다. 이제 우리에게는 영원히 저주가 없고 복만이 있을 뿐이다.

**계 22:5. 다시 밤이 없겠고 등불과 햇빛이 쓸 데 없으니 이는 주 하나님이 그들에게 비치심이라 그들이 세세토록 왕 노릇 하리로다**(καὶ νὺξ οὐκ ἔσται ἔτι καὶ οὐκ ἔχουσιν χρείαν φωτὸς λύχνου καὶ φωτὸς ἡλίου, ὅτι κύριος ὁ θεὸς φωτίσει ἐπ᾿ αὐτούς, καὶ βασιλεύσουσιν εἰς τοὺς αἰῶνας τῶν αἰώνων).

다섯째, "다시 밤이 없겠고 등불과 햇빛이 쓸 데 없을 것이라"고 한다 (11:23, 25; 21:23, 25; 슥 14:6). 밤이 없고 낮만 있으니 등불과 햇빛이 쓸데 없다는 것이다. 새 예루살렘 도시의 빛은 태양이 아니고 하나님이시다. 등불과 햇빛이 필요 없는 이유는 "주 하나님이 그들에게 비치시기" 때문이다 (시 36:9; 84:11). 하나님께서 비치시니 다른 것이 필요할 리가 없다. 새 예루살렘에서 처음으로 그 환경을 만나는 성도들마다 대단히 어리둥절할 것으로 여겨진다. 해가 없어도 밝을 것이니 말이다.

여섯째, "그들이 세세토록 왕 노릇할 것이다"(3:21; 20:4; 단 7:27; 롬 5:17; 딤후 2:12). 20:4에서는 그리스도인들이 신약시대 동안 왕 노릇할 것을 말했다. 신약 시대 성도들은 그리스도와 더불어 왕 노릇하여 자연을 통치하고 또 세상을 통치하는 것이다. 그러나 여기 새 예루살렘 도시에서는 영원히 왕 노릇할 것이라고 한다. 여기서는 누구를 지배하는 것이 아니라 왕의 영광을 누릴 것을 뜻한다. 성도들은 영원무궁 세계에서 지극히 복을 받고 존귀해지고 왕적 영광을 가지고 살 것이다.

IX. 결론   22:6-21

요한은 이 부분(6-21절)에 와서 여러 가지를 기록하면서 계시록을 마감한다. 특히 요한은 예수님께서 속히 오실 것을 독자들에게 각인시키면서 모든 계시를 끝맺는다.

A. 계시록의 가치 22:6-7

요한은 이 부분(6-7절)에서 계시록의 가치에 대해 언급한다. 계시록의 말씀들은 신실하고 참되기 때문에 이 예언의 말씀을 지키는 자는 복이 있다고 말한다. 이 부분은 7대접을 가진 7천사 가운데 하나가 새 예루살렘 도시에 대해 전한(21:9-10절) 다음 이어 계시록의 가치에 대해 언급하는 것으로 보인다.

**계 22:6.** 또 그가 내게 말하기를 이 말은 신실하고 참된지라 주 곧 선지자들의 영의 하나님이 그의 종들에게 반드시 속히 되어질 일을 보이시려고 그의 천사를 보내셨도다(Καὶ εἶπέν μοι, Οὗτοι οἱ λόγοι πιστοὶ καὶ ἀληθινοί, καὶ ὁ κύριος ὁ θεὸς τῶν πνευμάτων τῶν προφητῶν ἀπέστειλεν τὸν ἄγγελον αὐτοῦ δεῖξαι τοῖς δούλοις αὐτοῦ ἃ δεῖ γενέσθαι ἐν τάχει, And he said to me, "These words are trustworthy and true. And the Lord, the God of the spirits of the prophets, has sent his angel to show his servants what must soon take place-RSV).

천사(21:9, 15; 22:1)는 요한에게 "이 말은 신실하고 참되다"(Οὗτοι οἱ λόγοι πιστοὶ καὶ ἀληθινοι)고 말한다(19:9; 21:5). 즉 '이 말씀들은 신실하고 참되다'는 것이다. 여기 "이 말씀들"이란 계시록 내용을 지칭하는 말이다. 문법적으로는 "이 말"이란 말이 앞의 말을 지칭할 수도 있고 또 뒤따라오는 말을 지칭할 수도 있으나, 문맥에 의하여 계시록 전체의 내용을 지칭한다고 보는 것이 바람직하다. 계시록 내용들은 신실하고 참되다는 것이다(3:14; 19:9, 11; 21:5). 단 8:26 참조. "신실하고 참되다"는 말은 계시록의 예언이 하나님 앞에 신실하고 거짓이 없다는 뜻이다.

계시록의 내용이 신실하고 참된 이유는 "주 곧 선지자들의 영의 하나님이 그의 종들에게 반드시 속히 되어질 일을 보이시려고 그의 천사를 보내서서"(1:1) 요한에게 계시하셨기 때문이라는 것이다. 즉 하나님께서 반드시 속히 될 일들을 그의 종들(성도들)에게 보이시려고 천사를 보내어 요한에게 계시하신 것이 신실하고 참될 수밖에 없다는 것이다. 하나님께서 계시하신 것이 신실하지 않고 진실하지 않으면 무엇이 신실하며 무엇이 진실하겠느냐 는 것이다.

본문의 "선지자들의 영의 하나님"(ὁ θεὸς τῶν πνευμάτων τῶν προφητῶν)이란 말은 '선지자들의 영을 주관하시고 지배하시는 하나님'이란 뜻이다. 어떤 한글번역들은 "선지자들의 영의 하나님"이란 말을 '선지자들 에게 성령을 주시는 하나님'이란 말로 번역했으나 '선지자들의 영을 지배하 시고 주관하시는 하나님'이란 뜻으로 해석해야 할 것이다.[129] 신약 시대의 선지자들(9절의 말씀을 보면 신약 시대의 선지자들임을 알 수 있다)의 영을 지배하시는 하나님께서 선지자들을 주관하셔서 신실하시고 또 참되게 일하 신 것처럼 이제 천사를 통해 하나님의 뜻을 계시하셔서 요한에게 보여주신 것이 신실하시고 참되시다는 것이다.

**계 22:7. 보라 내가 속히 오리니 이 두루마리의 예언의 말씀을 지키는 자는 복이 있으리라 하더라**(καὶ ἰδοὺ ἔρχομαι ταχύ. μακάριος ὁ τηρῶν τοὺς λόγους τῆς προφητείας τοῦ βιβλίου τούτου).

천사가 앞(6절)에서 말한바 "속히 되어 질 일"이 무엇인가를 본 절에서 말하고 있다. 천사는 예수님의 말씀을 인용하면서 예수님께서 속히 오실 것이라고 말한다(10절, 12절, 20절; 3:11). 여기 "내가 속히 오리니"(ἔρχομαι ταχυ)란 말은 예수님께서 하신 말씀인데 천사가 인용하고 있다. 이 동사 (ἔρχομαι)는 현재형으로 '그가 지금 오고 계시다'는 뜻이다. 그는 매일 계속 해서 오고 계신다는 것이다. 그가 오실 날은 매일 가까워오고 있다. "속

---

129) 본 절의 "영"이란 말을 한글 번역판들(새 표준번역판, 현대인의 성경)에서는 "성령"으로 번역했으나, KJV나 NKJV는 번역하지 않았고 NIV, ASV, NASB, RSV에서는 "영"으로(소문자 spirits) 번역하고 있다.

히"(ταχυ)라는 말은 우리 인간들의 계산으로 '속히'라는 뜻은 아니다. 이유는 예수님께서 이 말씀을 2,000년 전에 요한에게 하신 말씀이니 말이다. 이 말씀은 예수님의 계산에 의한 것이다. 성경은 "주께는 하루가 천년 같고 천년이 하루 같다"고 말씀한다(벧후 3:8). 인간과 하나님의 시간관념은 많이 다른 것을 알 수 있다.

예수님께서 지금 오고 계시니 "이 두루마리의 예언의 말씀을 지키는 자는 복이 있으리라"는 것이다(1:3). 계시록의 예언의 말씀을 지키는 성도들은 복이 있다는 것이다(1:3 주해 참조). 이곳에 말씀한 복은 계시록의 7복중에 여섯 번째 복이다. 복을 기록한 장절을 보면 1:3; 14:13; 16:15; 19:9; 20:6; 22:7, 14.

### B. 천사가 증언하다 22:8-9

요한은 앞(6-7절)에서 천사가 계시록의 내용은 값지다고 주장한 것을 기록한 다음 이 부분(8-9절)에서는 천사가 전하는 계시의 내용이 너무 놀라워 천사에게 경배하려고 했을 때 천사가 요한을 만류했던 사실을 기록한다. 요한은 천사의 만류를 받아드린 다음 천사의 권면을 받아드린 것을 기록한다.

**계 22:8. 이것들을 보고 들은 자는 나 요한이니 내가 듣고 볼 때에 이 일을 내게 보이던 천사의 발 앞에 경배하려고 엎드렸더니**(Κἀγὼ Ἰωάννης ὁ ἀκούων καὶ βλέπων ταῦτα. καὶ ὅτε ἤκουσα καὶ ἔβλεψα, ἔπεσα προσκυνῆσαι ἔμπροσθεν τῶν ποδῶν τοῦ ἀγγέλου τοῦ δεικνύοντός μοι ταῦτα).

본문의 "이것들"(ταῦτα)이란 아마도 '요한 자신에게 계시된 새 예루살렘 도시의 찬란한 장면들'을 지칭할 것이다. 혹자는 여기 "이것들"이란 말이 바로 앞 선 계시 즉 6-7절의 계시만이라고 주장하나, 더욱 폭넓게 새 예루살렘 도시의 찬란한 장면(21:9-22:5)과 바로 앞 선 계시(6-7절)를 지칭할 것이다.

요한은 천사가 계시한바 새 예루살렘 도시의 장면을 "보고 들은 자는 나 요한"(Κἀγὼ Ἰωάννης ὁ ἀκούων καὶ βλέπων ταῦτα)이라고 말한다. 즉 요한 사도는 새 예루살렘 도시(천국)의 장면을 '보고 있고 듣고 있는 자는 나 요한"이라고 분명히 강조하여 말한다. 요한은 계시록을 기록하던 시초에도 세 번(1장)이나 자신의 정체를 밝혔는데 이제는 글을 끝낼 무렵 다시 한 번 더 자신의 정체를 밝히고 있다. 본서의 저자가 요한이라는 사실은 움직일 수 없는 사실이다. 그런데 본문의 "보고 들은"(ἀκούων καὶ βλέπων)이란 두 단어는 현재시제로 '지금 보고 있고 지금 듣고 있는'이란 뜻으로 현장감을 주고 있다. 이렇게 현장감을 말하므로 더욱 본서의 저자가 요한임을 확인시켜주고 있다.

요한은 자신이 천사의 계시를 듣고 볼 때에 천사가 보여주던 계시에 너무 감격하고 두려운 나머지 천사에게 경배하려고 했다고 말한다. 즉 "내가 듣고 볼 때에 이 일을 내게 보이던 천사의 발 앞에 경배하려고 엎드렸다"(ὅτε ἤκουσα καὶ ἔβλεψα, ἔπεσα προσκυνῆσαι ἔμπροσθεν τῶν ποδῶν τοῦ ἀγγέλου τοῦ δεικνύοντός μοι ταῦτα)고 말한다(19:10). 여기 "듣고 볼"(ἤκουσα καὶ ἔβλεψα)라는 두 동사는 부정(단순)과거 시제로 동사가 강조되어 '분명히 듣고 있을 때 그리고 분명히 볼 그 당시에'라는 뜻으로 요한은 자신이 천사에게 경배하려고 했던 순간을 묘사하고 있다. 요한은 천사가 새 예루살렘 도시의 찬란한 장면을 보여줄 그때에 자신에게 새 예루살렘 도시의 놀라운 찬란한 장면을 보여주던 천사의 발 앞에 엎드려 경배하려고 했다는 것이다.

요한 사도가 자신이 천사에게 경배하려고 했다는 것을 기록한 것을 두고 혹자는 요한의 겸손을 보여준다고 말하고 또 혹자는 천사가 보여준 계시의 위엄과 두려움을 표시하는 것이라고 말하고 또 혹자는 요한 자신은 자신의 실수를 드러내어 천사 숭배를 하지 말고 오직 하나님께만 경배하도록 권면하는 것이라고 주장한다. 아마도 요한 자신이 겸손했다는 것을 드러내는 것은 아닐 것으로 보이고 또 너무 두려워서 천사에게 경배하려고 했다는 주장은 설득력이 있으나 그 보다는 19:10의 말씀과 다음 절의 말씀을 고려할 때 천사에게 경배하지 말고 하나님께만 경배하라는 권면의 말씀을 하려는 것이 목적인 것으로 보인다. 오늘 우리는 황금만능시대에 살고 있고 성공주의 시대에 살고 있는데 세상 그 어떤 우상에게나 어떤 세력에게 경배하지 말고 오직 모든 것을 가능하게 하시는 하나님께만 경배해야 할 것이다.

**계 22:9. 그가 내게 말하기를 나는 너와 네 형제 선지자들과 또 이 두루마리의 말을 지키는 자들과 함께 된 종이니 그리하지 말고 하나님께 경배하라 하더라**(καὶ λέγει μοι, Ὅρα μή· σύνδουλός σού εἰμι καὶ τῶν ἀδελφῶν σου τῶν προφητῶν καὶ τῶν τηρούντων τοὺς λόγους τοῦ βιβλίου τούτου· τῷ θεῷ προσκύνησον, but he said to me, "You must not do that! I am a fellow servant with you and your brethren the prophets, and with those who keep the words of this book. Worship God"-RSV).

천사는 먼저 요한의 천사경배를 막고, 다음으로 천사경배를 막는 이유를 말하며, 오직 하나님께 경배하라고 권면한다(19:10 주해 참조). 천사는 먼저 "그리하지 말라"(Ὅρα μη)고 말한다(19:10). 헬라어 원문에서는 문장 초두에 이 말씀이 나타나 아주 강조되고 있다. 여기 헬라어 단어 "호라"(Ὅρα)란 단어는 "호라오"(Ὅραω)의 현재 명령형으로 '...하도록 하라,' '주의하라,' '조심하라'는 뜻으로 "호라 메"(Ὅρα μη)란 말은 '이렇게 하지 말아라,' '그렇게 하지 말아라'는 뜻으로 절대로 '나 천사에게 경배하지 말라'는 뜻으로 아주 강조된 말이다.

천사는 요한에게 천사 경배를 하지 말아야 하는 이유로 자신도 요한과 똑같이 하나님의 종에 지나지 않는 존재라고 말한다. 즉 "나는 너와 네 형제 선지자들과 또 이 두루마리의 말을 지키는 자들과 함께 된 종이라"고 한다. "나" 즉 '천사'는 "너" 즉 '요한'과 "네 형제 선지자들"130)과 "이

두루마리의 말을 지키는 자들"과 함께 똑같은 종이라는 것이다. 그러니까
넷(천사, 요한, 선지자들, 일반 성도들)이 다 똑같이 하나님의 종이라는 것이
다. 그러니 누구는 경배를 받고 또 누구는 경배할 자리에 있지 않다는 것이었
다. 그런고로 천사는 요한에게 오직 "하나님께 경배하라"고 말해준다. 천사
는 오늘날 사이비 이단의 교주들과는 너무나 다른 말을 했다. 그들은 일반
사람들로부터 숭배를 받고 재산을 수탈한다.


    C. 최후의 심판에 대해 증언하다    22:10-15

    요한은 앞에서 천사가 계시록의 내용은 값지다고 주장한 것(6-7절)과
또 천사가 요한에게 천사경배를 만류한 것(8-9절)을 기록한 다음 이 부분
(10-15절)에서는 그리스도(12-13절)와 천사(10-11절, 14-15절)가 최후의 심
판이 임박하다고 말씀한 것을 기록하고 최후의 심판 때 성도들은 상을 받고
불신자들은 저주를 받을 것이라고 말씀한 것을 기록한다.

**계 22:10. 또 내게 말하되 이 두루마리의 예언의 말씀을 인봉하지 말라
때가 가까우니라**(καὶ λέγει μοι, Μὴ σφραγίσῃς τοὺς λόγους τῆς προφη-
τείας τοῦ βιβλίου τούτου, ὁ καιρὸς γὰρ ἐγγύς ἐστιν, And he saith
unto me, Seal not the sayings of the prophecy of this book: for the time
is at hand-KJV).

    천사는 요한이 기록할 이 책의 예언의 말씀을 인봉하지 말고(10:4 주해
참조) 가르치고 지키라고 부탁한다. 계시록의 내용은 공개되어야 한다는
것이다. 계시록의 예언은 감추어 두어야 할 지혜가 아니다(사 8:16; 단 8:26;
12:4, 9). 책의 내용을 감추어두지 말라는 이유는 "때가 가깝기 때문이라"고
한다(1:3). 심판의 때가 가까우니 부지런히 가르치고 지켜야 하기 때문에
예언의 말씀을 감추어 두어서는 안 된다는 것이다. 하나님께서 우리에게

---

    130) "네 형제 선지자들" 즉 '요한의 형제 선지자들'은 하나님의 종들로서 천사들과 동급이라
는 것이다.

주신 모든 계시의 말씀이 기록된 성경은 항상 열어놓고 읽고 묵상하며 연구해야 한다.

**계 22:11.** **불의를 행하는 자는 그대로 불의를 행하고 더러운 자는 그대로 더럽고 의로운 자는 그대로 의를 행하고 거룩한 자는 그대로 거룩되게 하라**(ὁ ἀδικῶν ἀδικησάτω ἔτι καὶ ὁ ῥυπαρὸς ῥυπανθήτω ἔτι, καὶ ὁ δίκαιος δικαιοσύνην ποιησάτω ἔτι καὶ ὁ ἅγιος ἁγιασθήτω ἔτι, He that is unjust, let him be unjust still: and he which is filthy, let him be filthy still: and he that is righteous, let him be righteous still: and he that is holy, let him be holy still-KJV).

천사는 각 사람이 행하는 그대로 행하라고 말하고 있다. 즉 불의를 행하는 사람은 그대로 계속해서 불의한 일을 행하게 놓아두고, 더러운 자는 그대로 계속해서 더러운 일을 행하도록 그냥 놓아두며, 의로운 자는 그대로 계속해서 의로운 일을 행하도록 그냥 놓아두고, 거룩한 자는 계속해서 거룩한 일을 행하도록 그냥 계속해서 놓아두라는 것이다. 이 말씀은 계시문학에서 하나의 경고문으로 사용하고 있다(겔 3:27; 20:39; 단 12:10; 딤후 3:13). 하나님께서 선지자들을 통하여 아무리 외치셔도 듣지 않을 사람들은 죽어도 듣지 않고 악인들은 죽어도 돌아서지 않을 것이며 오히려 더욱 악하게 행동할 것이니 그냥 놓아두라는 것이다. 반면 의인들은 하나님의 계시의 말씀을 듣고 더욱 경성하여 계시의 뜻을 깨닫고 의롭게 살 것이라는 뜻이다.

혹자는 천사가 이런 말을 한 이유는 더 강퍅한 자들에게 회개를 더 이상 권면할 시간 여유가 없다는 것을 말하는 것이라고 주장하나, 본 절의 말씀이 10절의 "때가 가까우니라"는 말씀을 뒤따라오는 것을 감안하고, 또 17절에서 회개하도록 초청하는 것을 볼 때 지금 시급히 회개하도록 권면하는 말씀으로 받아야 할 것이다(Morris, Mounce, Grant Osborne). 우리는 재빨리 회개해야 할 것이다. 십자가 곁의 강도는 목숨 끊어지기 몇 시간 전 회개해서 낙원으로 갔다. 지금 이 시대는 회개할 시간적인 여유가 없을 정도라고 말할 만큼 종말이 다가왔다. 그럴수록 빠른 속도로 회개하고 새 예루살렘 도시로 들어가야 할 것이다.

**계 22:12. 보라 내가 속히 오리니 내가 줄 상이 내게 있어 각 사람에게 그가 행한 대로 갚아 주리라**('Ιδοὺ ἔρχομαι ταχύ, καὶ ὁ μισθός μου μετ' ἐμοῦ ἀποδοῦναι ἑκάστῳ ὡς τὸ ἔργον ἐστὶν αὐτοῦ).

12절과 다음 절(13절)은 그리스도의 말씀이다. 예수님은 "보라 내가 속히 오리니 내가 줄 상이 내게 있어 각 사람에게 그가 행한 대로 갚아 줄 것이라"고 하신다(7절). 그리스도는 중대한 것을 말씀하시기 위해 "보라"는 경고의 말씀으로 시작하신다. 예수님은 여기 또 "내가 속히 오리니"라고 말씀하신다(7절, 3:11 주해 참조). 예수님은 "내가 줄 상이 내게 있다"고 하신다(사 40:10; 62:11). 불 못에 들어가는 사람들을 제외하고 새 예루살렘 도시에 들어가는 사람들에게 줄 상이 있다고 하신다. 요한 사도 시대로부터 지금까지 사람들은 예수님의 이 말씀으로 큰 격려를 받았을 것이다. 우리가 상을 받는다는 것을 유치한 사상이라고 말하는 자들이 있으나 그런 말을 하는 자들은 교만한 마음의 소유자들이다. 우리는 하나님에 의해서 지음을 받은 피조물인 것을 감안하면 우리가 상 받으려고 노력하는 것은 아주 당연한 것으로 보아야 한다.

예수님은 "각 사람에게 그가 행한 대로 갚아 주겠다"고 하신다(20:12; 롬 2:6; 14:2). 이 사상은 구약 성경에서도 일관된 사상이고(욥 34:11; 시 62:12; 사 40:10; 62:11; 렘 32:19), 계시록에도 역시 일관된 사상이다(2:23; 20:12-13). 본문의 "갚아준다"(ἀποδοῦναι)는 단어는 '답례하다,' '보상하다'는 뜻으로 성도들이 그리스도의 지혜와 힘으로 일한데 대하여 그리스도께서 상급으로 갚아주신다는 것이다. 우리는 우리의 것으로 한 것이 없다. 그리스도의 지혜와 능력으로 일하고 상급은 우리가 받는 것이다. 우리는 큰 상급을 받도록 놀라운 능력도 구하고 지혜도 구하며 일할 것을 구하여 꾸준히 섬겨야 할 것이다.

**계 22:13. 나는 알파와 오메가요 처음과 마지막이요 시작과 마침이라**(ἐγὼ τὸ Ἄλφα καὶ τὸ Ὦ, ὁ πρῶτος καὶ ὁ ἔσχατος, ἡ ἀρχὴ καὶ τὸ τέλος, I am Alpha and Omega, the beginning and the end, the first and the last-KJV).

예수님은 똑같은 말씀을 세 번 반복하신다. 즉 "나는 알파와 오메가요 처음과 마지막이요 시작과 마침이라"고 말씀하신다(1:8, 11; 21:6; 사 41:4; 44:6; 48:12). 이 칭호는 하나님의 칭호인데(1:8; 21:6), 본 절에서는 그리스도에게 적용되어 나타난다(1:17; 2:8). 두 분이 동일하심을 보여주고 있다. 두 분 다 알파와 오메가이시고 처음과 나중이시며 시작과 마침이시라는 것이다. 본 절에 나타난 세 가지 묘사 즉 알파와 오메가이시고 처음과 나중이시며 시작과 마침이시라는 말씀은 똑같은 뜻을 가진 표현으로 부활하신 그리스도께서 역사의 심판자가 되심을 지칭한다. 예수님은 처음과 나중이시고 시작과 마침으로 성도들에게 상급을 주시는 분이시다(앞 절).

**계 22:14. 자기 두루마기를 빠는 자들은 복이 있으니 이는 그들이 생명나무에 나아가며 문들을 통하여 성에 들어갈 권세를 받으려 함이로다**(Μακάριοι οἱ πλύνοντες τὰς στολὰς αὐτῶν, ἵνα ἔσται ἡ ἐξουσία αὐτῶν ἐπὶ τὸ ξύλον τῆς ζωῆς καὶ τοῖς πυλῶσιν εἰσέλθωσιν εἰς τὴν πόλιν, Blessed are those who wash their robes, that they may have the right to the tree of life and that they may enter the city by the gates-RSV).

12절과 13절은 그리스도께서 말씀하신 것이었으나 본 절은 누구의 말인지 분명하지 않다. 아마도 요한이 말한 것으로 보인다(Leon Morris). 본 절은 계시록에서 말하는 7복 중에 마지막 복이다(다른 복들은 1:3; 14:13; 16:15; 19:9; 20:6; 22:7에 기록되어 있다).

요한은 "자기 두루마기를 빠는 자들은 복이 있다"고 기록한다(요일 3:24;

단 12:12). 여기 "빤다"(πλύνοντες)는 말은 현재시제로 '계속해서 빤다'는 뜻인데 자기 두루마기를 계속해서 빨아야 한다는 뜻이다. 이미 그리스도 앞에 나아가 사죄를 받고(7:14; 마 9:2) 의롭다함을 받은 자(롬 8:1)가 매일 죄를 자복하는 삶을 살아야 할 것(요일 1:7)을 말한다.

그러면 죄를 계속해서 자복해서 성결하게 해야 하는 목적은 무엇인가? 그것은 "그들이 생명나무에 나아가며 문들을 통하여 성에 들어갈 권세를 받기 위함이다." 즉 두 가지를 목적하고 계속해서 두루마기를 빤다는 것이다. 그 중 하나는 "생명나무에 나아가기" 위함이고(2절; 2:7), 또 하나는 "문들을 통하여 성에 들어갈 권세를 받기" 위함이다(21:27). "성에 들어간다"는 것은 '새 예루살렘 도시에 들어간다'는 뜻으로 우리가 계속해서 죄를 자복하는 삶을 살아야 한다는 것이다. 일단 구원을 받은 자들(사죄 받고 의롭다함을 받은 자들)은 반드시 성화에 힘을 써야 한다. 예수님께서는 목욕을 한 제자들을 위해 발을 씻기셨다(요 13:10).

**계 22:15.** 개들과 점술가들과 음행하는 자들과 살인자들과 우상 숭배자들과 및 거짓말을 좋아하며 지어내는 자는 다 성 밖에 있으리라(ἔξω οἱ κύνες καὶ οἱ φάρμακοι καὶ οἱ πόρνοι καὶ οἱ φονεῖς καὶ οἱ εἰδωλολάτραι καὶ πᾶς φιλῶν καὶ ποιῶν ψεῦδος).

"개들"(κύνες)은 '더럽고 깨끗하지 못한 자들'을 지칭하는데(신 23:18; 시 22:16, 22; 마 15:26; 빌 3:2) 신앙을 떠난 비루한 사람들을 총칭한다. "점술가들과 음행하는 자들과 살인자들과 우상 숭배자들"의 뜻을 위해서는 21:8의 주해를 참조하라. "거짓말을 좋아하며 지어내는 자"란 말은 '거짓말 하기를 좋아하며 또 거짓말을 만들어내는 자들'을 지칭하는데 21:8의 "거짓말하는 모든 자들" 보다 더 악이 심한 사람들을 가리킨다. 이런 사람들은 "다 성 밖에 있을 것이라"고 한다(9:20-21; 21:8; 고전 6:9-10; 갈 5:19-21; 골 3:6). 성 밖에 있다는 말은 불 못으로 던져진다는 뜻이다(21:8 주해 참조). 누구든지 그리스도의 구원에 동참하지 못한 자, 두루마기를 빨지 아니하는 자들은 모두 성 밖 즉 멀리 불 못에 들어가게 된다는 것이다.

### D. 예수님이 자증하시다   22:16

**계 22:16. 나 예수는 교회들을 위하여 내 사자를 보내어 이것들을 너희에게 증언하게 하였노라 나는 다윗의 뿌리요 자손이니 곧 광명한 새벽 별이라 하시더라**(Ἐγὼ Ἰησοῦς ἔπεμψα τὸν ἄγγελόν μου μαρτυρῆσαι ὑμῖν ταῦτα ἐπὶ ταῖς ἐκκλησίαις. ἐγώ εἰμι ἡ ῥίζα καὶ τὸ γένος Δαυίδ, ὁ ἀστὴρ ὁ λαμπρὸς ὁ πρωϊνός).

12-13절에서와 같이 또 예수 그리스도께서 말씀하신 것을 요한이 기록한다. 예수님은 "나 예수"(Ἐγὼ Ἰησοῦς)라고 분명히 자신을 밝히신다(1:1 주해 참조). 즉 예수님 자신이 "교회들을 위하여 내 사자를 보내어 이것들을 너희에게 증언하게 하였다"고 하신다(1:1). 여기 "교회들"이란 '소아시아의 7교회'를 지칭하는 말로 우주적인 교회를 망라하는 말이다. 모든 참된 교회들은 모두 여기 "교회들" 속에 포함된다.

예수님은 교회들을 위하여 "내 사자" 즉 '천사'를 보내어 "이것들" 즉 '계시록 예언의 내용들'을 요한에게뿐 아니라 모든 성도들에게 증언하게 했다고 하신다. 예수님은 계시록 전체를 주신 분이시다. 계시록은 결코 요한이 만들어낸 것이 아니고 또 요한이 여러 가지 글을 편집한 것이 아니라 예수 그리스도께서 주신 계시이다.

예수님은 자신을 "다윗의 뿌리요 자손이니 곧 광명한 새벽 별이라"고 하신다(5:5). 여기 "다윗의 뿌리"란 말은 다윗의 하나님이시요 다윗의 창조자란 뜻이다. 뿌리는 둥치와 가지와 잎사귀와 열매를 존재하게 하는 근본이니 예수님은 다윗을 존재하게 만드신 분이시다(5:5 주해 참조). 그리고 다윗의 "자손"이란 말은 예수님은 인성으로 보아 다윗의 직계 중 하나로(사 11:1-5; 마 1:1-17 참조) 이 땅에 메시아로 오셨다는 뜻이다. 신약 성경에서 "다윗의 자손"이란 말은 메시아의 별칭으로 통한다(마 9:27; 15:22; 21:9; 롬 1:3; 딤후 2:8 주해 참조).

그리고 예수님은 자신을 "광명한 새벽별"이라고 하신다(2:28; 민 24:17; 슥 6:12; 벧후 1:19). "빛나는 새벽별"이란 '새벽을 밝혀주는 샛별'이란 뜻으로 어두운 세상에 '세상을 밝혀주시는 메시아'로 오신다는 뜻이다. 새벽에 뜨는 샛별이 어둠을 밝혀주는 것처럼 예수님은 어둡던 세상에 재림하셔서 밝히 비추어주실 것이다. 그 때 우리는 얼마나 기쁠까를 생각해 본다는 것은 형언할 길 없을 기쁨일 것이다.

### E. 성령과 신부가 증언하시다   22:17

**계 22:17. 성령과 신부가 말씀하시기를 오라 하시는도다 듣는 자도 오라 할 것이요 목마른 자도 올 것이요 또 원하는 자는 값없이 생명수를 받으라 하시더라**(Καὶ τὸ πνεῦμα καὶ ἡ νύμφη λέγουσιν, Ἔρχου. καὶ ὁ ἀκούων εἰπάτω, Ἔρχου. καὶ ὁ διψῶν ἐρχέσθω, ὁ θέλων λαβέτω ὕδωρ ζωῆς δωρεάν, And the Spirit and the bride say, Come. And let him that heareth say, Come. And let him that is athirst come. And whosoever will, let him take the water of life freely-KJV).

요한은 본 절에서는 성령과 신부가 말씀하시는 것을 기록한다. 앞(16절)에서는 예수님께서 말씀하신 것을 기록했는데 여기서는 성령께서 교회를 통하여 말씀하시는 것을 기록한다. "성령과 신부가 말씀하신다"(21:2, 9)는 말은 '성령께서 신부인 교회를 통하여 말씀하신다'는 뜻이다. 성령은 홀로 말씀하실 수 있으시나 보통 교회를 통하여 말씀하시니 이렇게 "성령과 신부가 말씀하신다"는 표현을 쓴 것이다. 교회는 결코 홀로 아무 것도 말씀하지 못한다. 말해야 효과가 없다. 교회는 성령의 감동을 받고서야 말을 하는 것이다.

성령님은 교회를 통하여 "오라 하시는도다 듣는 자도 오라 할 것이요 목마른 자도 올 것이요 또 원하는 자는 값없이 생명수를 받으라"고 하신다(21:6; 사 55:1; 요 7:37). 첫째, 성령님은 교회를 통하여 주님께 "오라 하시는도다"라고 한다. 이는 7절, 12절의 "내가 속히 오리니"라는 예수님의 말씀에 대해 성령님과 신부가 응답하시는 말씀이다. 성령님은 교회의 종들과 성도들을 통하여 예수님을 향하여 속히 오시라고 하신다. 20절에 요한은 예수님을 향하여 "아멘 주 예수여, 오시옵소서"라고 말한다. 우리는 예수님에게 '주여 어서 오십시오'라고 간구해야 할 것이다. 둘째, "듣는 자도 오라 할 것이라"고 한다. 성령님의 말씀을 듣는 모든 성도들(1:3)도 함께 주님을 향하여 오시라고 기원할 것을 저자는 부탁한다. 성령과 신부(교회)와 일반 성도들 모두는 그리스도의 오심을 진정으로 갈망해야 한다.

셋째, 성령과 교회는 "목마른 자도 올 것이라"고 한다. 즉 '성령에 목마른 사람들은 와서 성령을 마시라'는 것이다(7:16, 17; 21:6; 22:1; 고전 12:13). 세상의 수많은 사람들은 세상 것에 목말라 하고 있다. 그러나 그런 것에 목말라하고 세상 것을 취해보아도 심령에 해갈이 없다. 여전히 목마를 뿐이다. 넷째, 성령과 교회는 "원하는 자는 값없이 생명수를 받으라"고 한다. '영혼의 갈증을 느끼는 자는 와서 값없이 생명수(성령)를 받으라'고 한다. 성령이야 말로 참으로 생명수이시다.

본 절의 상반 절("성령과 신부가 말씀하시기를 오라 하시는도다 듣는 자도 오라 할 것이요")은 성령과 교회, 그리고 일반 신자들이 그리스도의 재림을 촉구하는 말씀이고, 하반 절("목마른 자도 올 것이요 또 원하는 자는 값없이 생명수를 받으라")은 교회가 일반 사회를 향하여 전도해야 할 책임을 부여한 말씀이다. 그런데 혹자는 상반 절도 불신자들을 향한 전도의 책임을 말한 것이라고 한다. 이에 대해 포이쓰레스(Poythress)는 반론을 제기한다. "성령은 '오소서!'라는 기도로 교회를 인도한다(22:17). 다시 말해 기도의 내용은 '오소서, 주 예수여'이다(20절), '신부' 곧 교회(19:7; 엡 5:22-33)는 성령의 가르침을 받은 대로 기도와 갈망을 수용한다(롬 8:15-16 참고). 계시록은 목마른 자에게 '누구든지 목마르거든 오라'고 권고한다(17절). 이것 때문에 어떤 해석가들은 '오라'의 모든 사용은 목마른 인간에게 주어진 말씀으로 본다. 그러나 재림을 기대하는 분위기는 '오라'의 첫 두 사용은 그리스도의 오심을 갈망하여 그에게 한 말이다. 그렇다면 목마른 자의 초대는 놀라운 급진전이다. 그러나 가까이 옴이 '오라'의 첫 두 사용에 의하여 역설된 것과 같이 이것은 재림의 가까이 옴이 임박한 사실과 일치한다. 회개를 위한 문은 열려있다. 초대는 모두 그리스도를 이미 신뢰하는 자들과 여전히 반박하고 있는 자들에게 확대된다. 주님이 오시기 전에 아직도 시간이 있을 때에 주님께 오라"고 주장한다.131)

F. 계시록의 가치에 대한 증언   22:18-19

요한은 앞(6-7절)에서 계시록의 가치가 절대적임을 이미 말했는데 이를 또 한 번 말한다. 그만큼 이 계시록의 가치는 대단하다는 것이다.

**계 22:18-19. 내가 이 두루마리의 예언의 말씀을 듣는 모든 사람에게 증언하노니 만일 누구든지 이것들 외에 더하면 하나님이 이 두루마리에 기록된 재앙들을 그에게 더하실 것이요 만일 누구든지 이 두루마리의 예언의 말씀에서 제하여 버리면 하나님이 이 두루마리에 기록된 생명나무와 및 거룩한 성에 참여함을 제하여 버리시리라**(Μαρτυρῶ ἐγὼ παντὶ τῷ ἀκούοντι τοὺς λόγους τῆς προφητείας τοῦ βιβλίου τούτου· ἐάν τις ἐπιθῇ ἐπ᾽ αὐτά, ἐπιθήσει ὁ θεὸς ἐπ᾽ αὐτὸν τὰς πληγὰς τὰς γεγραμμένας ἐν τῷ βιβλίῳ τούτῳ καὶ ἐάν τις ἀφέλῃ ἀπὸ τῶν λόγων τοῦ βιβλίου τῆς προφητείας ταύτης, ἀφελεῖ ὁ θεὸς τὸ μέρος αὐτοῦ ἀπὸ τοῦ ξύλου τῆς ζωῆς καὶ ἐκ τῆς πόλεως τῆς ἁγίας τῶν γεγραμμένων ἐν τῷ βιβλίῳ τούτῳ).

요한은 자신이 그리스도로부터 천사를 통하여 받은 계시록의 말씀의 가치가 절대적이라고 말한다. 요한은 이 두루마리의 예언의 말씀을 듣는 모든 사람에게 경고한다. 혹자는 이 계시록의 예언을 이 책을 복사할 서기관들에게 주는 교훈이라고 주장한다(Leon Morris). 그러나 본문에 분명히 계시록의 말씀을 듣는 모든 사람에게 준 것으로 보아야 한다.

---

131) 포이쓰레스(Poythress), *요한계시록 맥잡기*, p. 224.

요한이 말하는 요지는 계시록의 말씀에 무엇을 더하면 이 두루마리에 기록된 재앙들을 더할 것이요(신 4:2; 12:32; 잠 30:6) 만일 무엇을 제하여 버리면 이 두루마리에 기록된 생명나무와 거룩한 성에 들어가지 못한다는 것이다(3:5; 13:8; 21:2; 출 32:33; 시 69:28). 우리는 이 부분(18-19절)의 말씀을 볼 때 인간이 하나님의 말씀을 조금도 가감할 수 없다(신 4:2; 12:32; 잠 30:6; 렘 26:2).

### G. 예수님의 재림 약속   22:20

**계 22:20. 이것들을 증언하신 이가 이르시되 내가 진실로 속히 오리라 하시거늘 아멘 주 예수여 오시옵소서**(Λέγει ὁ μαρτυρῶν ταῦτα, Ναί, ἔρχομαι ταχύ. Ἀμήν, ἔρχου κύριε Ἰησοῦ).

"이것들" 즉 '계시록의 내용'을 천사를 통하여 증언하신 그리스도께서 말씀하시기를 "내가 진실로 속히 오리라"고 하신다. 예수님께서 "진실로"(Ναι, ͑ερι λψ)라고 말씀하신 것은 앞서(17절) 성령과 신부(교회)와 일반 성도가 주님을 향하여 재림을 촉구한 것에 대한 응답으로 말씀하신 것이다. "내가 진실로 속히 오리라"(12절)는 말씀은 본장(22장)에서도 벌써 두 번이나 말씀하셨다(7절, 12절). 여기 "오리라"(ἔρχομαι)는 말씀은 현재형으로 '지금 오고 계신다'는 뜻이다. 예수님의 재림은 진행 중이라는 것을 우리가 잊어서는 안 된다. 우리는 경성하며 살아야 한다. 주님의 확답을 들은 요한은 응답하기를 "아멘 주 예수여 오시옵소서"라고 한다(요 21:25; 딤후 4:8). 오늘을 사는 우리 역시 "아멘 주 예수여 오시옵소서"라고 간구해야 할 것이다.

### H. 축도   22:21

**계 22:21. 주 예수의 은혜가 모든 자들에게 있을지어다 아멘**(Ἡ χάρις τοῦ κυρίου Ἰησοῦ μετὰ πάντων).

"주 예수여, 오시옵소서"(20절)라고 간구한 요한은 예수님께서 이 땅에

재림하시기전 "주 예수의 은혜가 모든 자들에게 있을지어다"라고 축복한다
(롬 16:20, 24; 살후 3:18). 주님께서 직접 이 땅에 오셔서 성도들과 함께
하시기 전 주 예수의 은혜가 임하기를 바라는 것은 아주 합당한 일이다.
이런 축복은 전형적 편지의 결문이다(롬 16:20; 고전 16:23-24; 고후 13:13).
저자는 본서의 서두에 편지 형식의 문안(1:4-6)을 말하고, 끝에 와서 축복을
하여 편지 형식을 따르고 있다.

본문 가운데 "모든 자들에게"라는 말이 약간 의심을 자아낸다. 이유는
사본에 따라 서로 다르기 때문이다. 어떤 사본은 "성도들"로, 또 어떤 사본은
"모두"로, 또 어떤 사본은 "모든 성도들", 혹은 "너희 모두로" 되어 있다(The
Greek New Testament, UBS판). 그러나 우리 성경번역과 같이 "모든 자들에
게"라고 쓰는 것이 가장 타당한 것 같다. 이유는 축복은 모든 자들에게
있어야 하기 때문이다.

요한은 모든 사람들에게 그리스도의 은혜가 있기를 빌고 있다. 요한은
몇 명만이 아니라 모든 사람들에게 은혜가 임하기를 비는 것을 보여줌으로
우리로 하여금 그를 본받아 모든 자들에게 은혜가 있기를 기도하게 만들고
있다.

"은혜가 있을지어다"라고 비는 것은 '하나님의 호의가 그리스도를 통하
여 임하기를 빈다'는 뜻인데 그리스도를 통하여 하나님의 호의가 임하기를
빌 때 실제로 하나님의 은혜가 임하는 것이니(마 10:12-13; 눅 10:5-6) 은혜
가 있기를 비는 일은 대단히 귀한 일이다. 은혜가 임하기를 빌면 그 은혜가
우리의 상대방에게 임하고 만일 상대방이 은혜를 받을 수 없는 사람이라면
그 은혜가 우리 자신에게로 돌아오는 것이니 은혜를 비는 것은 천금처럼
귀하다. 우리는 세상에 살면서 계속해서 다른 이들에게 은혜가 임하도록
빌면서 살아야 할 것이다.

요한 사도는 "주 예수의 은혜가 모든 자들에게 있을지어다"라고 축도한
후"아멘"을 덧붙여 말하고 있다. "아멘"이란 말은 '진실로,' '참으로'라는
뜻으로 그의 축도가 참으로 이루어지기를 원하는 뜻으로 사용한 것이다.

사본에 따라 "아멘"이 없는 사본들도 있고, 혹은 "아멘"을 붙인 사본들도 있으며, 혹은 "아멘" "아멘"이라고 두 번 붙인 사본도 있다. 우리 한국판 번역들은 모두 "아멘"을 붙였고 영어번역판들도(NLT, DBY, BBE는 예외) 대부분 아멘("Amen")을 써 놓았다. 붙이는 것이 바를 것이다. 오늘 한국 전도자들의 축도에도 "아멘"을 붙이고 있다. 전도자는 자신이 축도한바가 참으로 이루어지기를 바라는 마음으로 "아멘"을 말해야 할 것이다.

### -요한 계시록 주해 끝-

"우리가 어떻게 이 세상이 망한 뒤 천년왕국이 임하고, 또 천년왕국 끝에 곡과 마곡이 망하고, 곡과 마곡이 망한 끝에 닥칠 흰 보좌 위에 앉으신 이의 심판 날짜를 알 수 있습니까? **알 수 없습니다.**" (박윤선목사의 요한계시록 강해에서)

# 요한계시록 주해

2012년  4월 15일  1판 1쇄 발행 (도서출판 목양)
2024년  8월 30일  2판 1쇄 발행

지은이 | 김수홍
발행인 | 박순자
펴낸곳 | 도서출판 언약
주    소 | 수원시 영통구 중부대로 271번길 27-9, 102동 1303호
전    화 | 031-212-9727
E-mail | kidoeuisaram@naver.com
등록번호 | 제374-2014-000006호

　정가 25,000원

ISBN : 979-11-89277-00-0 (94230)(세트)
ISBN : 979-11-89277-27-7 (94230)